À LA MAISON BLANCHE

GEORGE BUSH
avec BRENT SCOWCROFT

À LA MAISON BLANCHE

4 ans pour changer le monde

Traduit de l'anglais (États-Unis)
par Christian Cler, Michèle Garène, Patrice Jorland,
Sylvie Kleiman-Lafon

EDITIONS
ODILE JACOB

Ouvrage originellement publié en langue anglaise
par Alfred A. Knopf, Inc. sous le titre :
A World Transformed

Cette traduction est publiée en accord
avec Alfred A. Knopf, Inc.

Pour la traduction française :

15, RUE SOUFFLOT, 75005 PARIS
INTERNET : http://www.odilejacob.fr

ISBN : 2-7381-0676-5

À ma famille adorée qui me comprend si bien
et tout particulièrement à Barbara,
ainsi qu'à l'équipe exemplaire que j'ai eue à mes côtés.
George BUSH

À Jacquie et Karen, lumières de ma vie.
Brent SCOWCROFT

Introduction

Certains des événements les plus décisifs du XXe siècle, ceux qui ont marqué leur époque, ont eu lieu pendant une courte période comprise entre 1989 et 1991. Ces événements sont tous plus ou moins liés à la fin du dernier grand affrontement de ce siècle : la guerre froide. Ce livre est notre vision personnelle de ces développements. Ce qui va suivre n'est ni un mémoire ni une histoire de l'administration Bush, ou de sa politique étrangère. Nous laissons aux historiens le soin d'écrire l'histoire. Notre compte rendu entend, en revanche, éclairer les décisions qui ont forgé un monde nouveau.

Tant de choses se sont produites durant nos quatre années de travail qu'un seul volume ne suffirait à les couvrir toutes de manière satisfaisante. Pour nous, parler de tout revenait à ne parler de rien, et nous aurions dû écrire plusieurs milliers de pages (ce que nous avons cru devoir faire pendant un temps) ou nous contenter d'un résumé superficiel. Nous avons donc choisi de nous concentrer sur les événements les plus marquants des années 1989-1991 : la fin de la guerre froide, la révolte en Chine, l'opération Tempête du Désert, l'effondrement de l'Union soviétique et l'émergence des États-Unis comme puissance dominante.

Restreindre notre sujet était une décision difficile à prendre, car nous avons été forcés de laisser de côté beaucoup plus d'éléments que nous ne pouvions en retenir. Nous avons laissé de côté les changements survenus en Amérique latine, l'opération au Panama, ainsi que la reprise du processus de paix au Moyen-Orient. Nous avons également décidé de ne pas couvrir les événements survenus lors de la dernière année de notre Administration, comme les conflits qui ont secoué la Somalie ou la Bosnie. La limitation des armements est notoirement absente de notre ouvrage, et nous n'en parlons qu'incidemment. S'il est vrai qu'il s'agit là d'une question centrale dans les relations entre les États-Unis et le bloc soviétique (pendant des années cette question avait été quasiment le seul champ de dialogue politique entre les deux puissances), celle-ci est extraordinairement complexe et ne saurait guère intéresser que les experts. Nous avons souhaité ne pas infliger une litanie de détails inutiles à nos lecteurs. Enfin, nous n'abordons les questions de politique intérieure que lorsque ces dernières sont indissociables des affaires étrangères, en nous contentant d'ailleurs de mentionner cette interaction, essentiellement dans la mesure où le Congrès est concerné. En limitant ainsi le sujet de notre livre, nous avons pensé pouvoir produire quelque chose de différent – à la fois plus personnel et plus approfondi – sur les développements historiques qui se sont concentrés sur ces trois années. Nous voulions donner au lecteur l'occasion d'explorer ces décisions politiques cruciales et le défi que représentait leur élaboration, de notre point de vue, à l'intérieur de la Maison Blanche.

Ce livre est, pour l'essentiel, rédigé à la première personne, mais à trois voix. Nous donnons chacun un éclairage personnel sur les événements et les décisions (chaque passage est identifié par notre nom), nous y apportons notre réflexion personnelle et notre propre interprétation. En arrière-plan, il y a une histoire, écrite à la première personne du pluriel, donnant des indications quant au contexte et un fil conducteur reliant les faits entre eux. Nous sommes tous les deux ce « nous » de narration, mais il représente aussi, plus généralement, notre Administration. Nous avons la plupart du temps limité notre contribution individuelle à ce que chacun de nous a vu, pensé ou vécu directement, laissant le reste de l'histoire à la voix narratrice. Nous ne sommes ni des experts ni des spécialistes universitaires de l'Union soviétique, du Moyen-Orient ou de l'Allemagne et nous ne prétendons pas avoir le mot de la fin sur ces événements. La narration représente un « tableau général », en aucun cas l'histoire définitive. Nous ne prétendons pas couvrir le travail monumental du NSC (National Security Council), du Département d'État ou du ministère de la Défense, dont le personnel a mis en place et appliqué une série de décisions et de politiques à la Maison Blanche.

Nous avons reconstruit notre histoire avec attention, et celle-ci repose presque entièrement sur les sources originales. Nous avons largement exploité les ressources de la Bibliothèque présidentielle Bush à Texas A & M (dont plusieurs milliers de documents originaux du NSC), les journaux personnels du Président, des notes, des lettres, et autres sources directes. À quelques rares exceptions près – lorsque nous avons eu du mal à mettre la main sur certains éléments – rien n'est uniquement le fruit de nos souvenirs en dehors, bien sûr, des anecdotes. Aucune citation n'est inventée, aucune conversation n'a été retenue qui ne soit pas de première main. Il va sans dire que nous avons rencontré des difficultés dans l'exploitation de nos sources. Nous avons fait un usage intensif des comptes rendus de conversations couvrant des discussions au téléphone ou de vive voix. Il s'agit de notes prises lors de conversations par des employés physiquement présents. Bien que ces comptes rendus soient la plupart du temps excellents, fiables et pris presque mot pour mot, ils ne sont jamais vraiment complets. Parfois une question était posée à un membre de l'équipe, un traducteur restait à la traîne, ou plusieurs personnes parlaient en même temps, rendant la prise de notes difficile. Dans bien des cas, au moins l'un de nous deux prenait ses propres notes, que nous avons utilisées en plus du compte rendu du preneur de notes officiel. Brent Scowcroft faisait toujours office de preneur de notes pour les États-Unis dans le cas de conversations privées entre le président Bush et les dirigeants étrangers. Cela nous donne l'assurance que le contenu est tout au moins correct sinon complet.

Nous avons laissé de côté pratiquement toutes les sources de seconde main, comme des relations d'événements, qui nous semblent parfois inexactes (et parfois même assez « inventives ») parce que les comptes rendus officiels n'étaient alors pas encore accessibles. Nous avons cependant utilisé le fruit des recherches de Philip Zelikow et Condoleezza Rice, qui nous ont précédés dans la rédaction de leur excellent ouvrage, *Germany Unified and Europe Transformed*. Ils faisaient tous deux partie du NSC, et ont personnellement assisté à tous les événements qu'ils décrivent. Ils avaient également accès à des documents originaux, tant aux États-Unis qu'à l'étranger. Pour ces raisons, nous nous sommes appuyés sur leur recherche afin de rafraîchir notre mémoire quant à certaines questions liées à la réunification allemande.

Parce que la plupart des documents que nous avons consultés restent inaccessibles aux chercheurs, nous n'avons pas utilisé de notes de bas de page. La plupart des sources que nous avons utilisées ne nécessitent pas de précisions supplémentaires comme lorsqu'il s'agit, par exemple, d'une conversation, à une date donnée, avec le Premier ministre canadien Brian Mulroney. Il n'en va pas forcément de même avec le journal du Président. Il notait épisodiquement ce qu'il pensait, mais ce journal n'a jamais prétendu être exhaustif, ni être un compte rendu officiel de la vie du Président. Nous en avons inclu certains passages, mais le tout ne saurait faire l'objet d'une publication séparée ou être mis à la disposition des chercheurs. Dans certains cas, pour des raisons de clarté uniquement, le texte original a été légèrement modifié.

L'administration Bush a atteint le but que s'était fixé la nation au début des années 1950, et pour lequel bien des patriotes américains ont donné leur vie. Ce but, qui avait presque été atteint sous le mandat de Ronald Reagan, n'est autre que la liberté de l'Europe de l'Est et la fin de la terrible menace qui planait sur les États-Unis. Ce que la politique de *containment* de Harry Truman et des administrations qui lui ont succédé avait patiemment mis en place, nous l'avons mené à terme. Avions-nous compris ce qui allait se produire lorsque nous avons pris nos fonctions ? Non, certainement pas, pas plus que nous ne l'avions planifié. Le monde que nous avons trouvé en janvier 1989 était celui, familier, d'une opposition bipolaire entre deux superpuissances, même si l'affrontement n'était déjà plus aussi fort. Pourtant, en l'espace de trois ans à peine – un court instant à l'échelle de l'histoire – la guerre froide a pris fin. Même s'il y a eu des temps forts et des moments poignants, dont le plus marquant a sans nul doute été la chute du mur de Berlin, il est réellement frappant de constater que tout cela s'est déroulé en grande partie sans véritable tragédie. L'Europe de l'Est a rejeté la domination soviétique, l'Allemagne s'est réunifiée et l'Union soviétique s'est effondrée, tout cela sans effusion de sang. Même si l'on a pu déplorer des pertes humaines à cause de bouleversements internes à certains de ces pays, notamment dans les républiques soviétiques, le plus grand changement dans l'équilibre stratégique depuis la fin de la Première Guerre mondiale n'a fait aucun mort. En un sens, ces années sont venues conclure près de trois quarts de siècle de bouleversements : les vagues de totalitarisme, les deux guerres mondiales et l'intransigeance atomique. Elles ont été marquées par la coopération pacifique, parfois maladroite, entre les deux superpuissances, symbolisée par la réaction à la première crise de l'après-guerre froide : l'invasion du Koweït par l'Irak. Ce moment a marqué l'aube d'une ère d'espoir et de progrès.

La ligne directrice à long terme de la politique étrangère de George Bush était très réfléchie : il fallait encourager, guider et gérer le changement sans provoquer ni contrecoups ni cassures. À court terme, notre action pratique comprenait également une certaine dose de planification et de diplomatie à l'instinct. À un moment où la personnalité de chacun et les relations entre les personnes ont conditionné le cours de l'histoire, les dirigeants de l'Est et de l'Ouest se sont rendu compte qu'ils pouvaient généralement coopérer pour le règlement des questions les plus délicates : l'Allemagne, l'Irak, l'avenir de l'Europe. Les grandes forces de l'histoire auraient pu conduire à une catastrophe mondiale, mais en acceptant de prendre les problèmes à bras-le-corps et de mouiller notre chemise, nous avons pu faire en sorte qu'il n'y ait aucun perdant, seulement des vainqueurs, prolongeant ainsi, au nom de la paix, la stabilité et les relations à long terme. Nous avons chassé le spectre d'un second Versailles. Un climat de suspicion paralysant a laissé place à une confiance grandissante ; la confrontation a cédé le pas à la collaboration. Ce que nous décrivons ici, ce sont les gens, les événements et les changements que nous avons connus et vécus, c'est aussi le rôle de l'Amérique dans la transformation du monde.

CHAPITRE PREMIER

Passé et prologue

GEORGE BUSH

Alors que le ferry qui transportait Mikhaïl Gorbatchev approchait lentement de la base des gardes-côtes de Governors Island, fendant les eaux grises de la baie de New York, un sentiment d'impatience et de tension s'est peu à peu emparé des officiels américains et soviétiques qui attendaient en rangs serrés. Le point de débarquement avait été dégagé de tout spectateur. Les gardes-côtes et leurs familles étaient à leurs fenêtres, cherchant à apercevoir le dirigeant soviétique au moment où il mettrait le pied sur l'île. C'était le 7 décembre 1988, il faisait un froid sec ; j'avais hâte de rencontrer Gorbatchev qui venait tout juste de terminer un discours devant l'assemblée générale des Nations unies : un discours plein de propositions ambitieuses concernant le contrôle des armements. Il s'apprêtait à rencontrer le président Ronald Reagan pour un rapide entretien qui avait été placé tout à la fin de son séjour à New York.

À dire vrai, j'étais quelque peu mal à l'aise. En tant que premier vice-président en exercice à être élu président depuis Martin Van Buren, j'avais la tâche délicate d'agir en tenant compte de ma position présente et de ma position future. Je n'étais qu'un candidat élu, à quelques semaines encore de mon entrée en fonctions, et il n'était pas question pour moi de mettre en place une politique. En même temps, je me rendais bien compte que Gorbatchev était impatient de connaître la direction que j'envisageais de prendre concernant l'Union soviétique. Je jouais les équilibristes depuis l'élection du mois de novembre. Il fallait que je sépare soigneusement mes propres intentions de celles du Président Reagan qui, après tout, était encore à la tête du pays et qui avait été extraordinairement bienveillant à mon égard au cours des huit années qui venaient de s'écouler. J'essayais donc d'éviter tout ce qui pouvait donner l'impression que je voulais miner son autorité : rencontrer séparément des dirigeants étrangers en faisait partie. J'étais déterminé à être le vice-président que j'avais toujours été : un soutien loyal envers le Président.

J'ai rencontré Gorbatchev pour la première fois le 13 mars 1985, alors que j'assistais à Moscou, en tant que représentant du Président Reagan et des États-Unis, aux funérailles de son prédécesseur Konstantin Tchernenko. Au début des années 1980, les Soviétiques avaient vu défiler bon nombre de dirigeants – de Leonid Brejnev à Tchernenko en passant par Youri Andropov – et je m'étais rendu à Moscou pour les funérailles de chacun d'entre eux. Il me semble que c'est Jim Baker qui m'avait trouvé ce slogan, « Mourez, je vole vers vous », pour décrire ces voyages. Même s'il s'agissait là d'événements assez sombres, je les trouvais fort utiles. Les funérailles de chefs d'État fournissent aux dirigeants de tous les pays l'occasion de courtes entrevues. Qui plus est, nous en profitions également pour rencontrer le nouvel homme fort du régime. À cause du taux de mortalité très élevé qui touchait à l'époque les leaders du Kremlin, nous n'avions jamais vraiment l'occasion de les connaître : le temps de faire connaissance, et ils étaient déjà morts.

Après les funérailles de Tchernenko, notre délégation, qui comprenait le chef de la diplomatie, George Shultz, s'est vu diriger vers une des salles de réception du Kremlin, haute de plafond, au décor invariablement empesé et solennel. Gorbatchev nous y attendait. J'ai fait part de mes premières impressions à son sujet dans un câble que j'ai envoyé au président Reagan. Les mots utilisés sont le reflet de l'époque comme du climat de suspicion de la guerre froide ; mais, avec le recul, je pense qu'en substance ils annonçaient sans le savoir ce qui allait suivre :

> Gorbatchev fera plus qu'aucun (j'insiste : aucun) autre de ses prédécesseurs le nécessaire pour orienter l'Union soviétique vers un mode de consommation occidental. Il a un sourire désarmant, un regard chaleureux et une façon intéressante d'insister sur une question déplaisante puis de faire marche arrière pour rétablir une communication véritable avec ses interlocuteurs.
>
> Il sait être très ferme. Exemple : lorsque j'ai insisté sur la question des Droits de l'homme, il a interrompu mon exposé pour revenir aux excès rhétoriques que nous avons connus. Je cite : « À l'intérieur même des frontières américaines, les droits de l'homme ne sont pas respectés. » Ou encore à propos des Afro-Américains : « Vous réprimez leurs droits par la brutalité. » Mais, par ailleurs, il est aussi capable de tenir les propos suivants : « Nous sommes prêts à réfléchir à la question », ou encore : « Nommons des rapporteurs et discutons-en. » L'essence de son discours étant : « Ne nous donnez pas de leçons sur les Droits de l'homme, n'attaquez pas le socialisme mais discutons ensemble des questions qui nous préoccupent ! »

En relisant ces quelques lignes des années plus tard, je me rends compte qu'il s'agissait presque d'un rapport sur la façon dont les relations américano-soviétiques allaient évoluer dans les années à venir. Nous allions effectivement discuter des problèmes sans les laisser faire obstacle au progrès. Mais il y avait d'autres signes de changements, même si nous ne les avons pas identifiés comme tels en 1985. À la fin de cette rencontre, Shultz a fait un impeccable discours dans lequel il disait à Gorbatchev que Reagan entendait avoir une relation personnelle avec le dirigeant soviétique. Il s'est exprimé avec beaucoup d'authenticité et de chaleur. Même si son discours est passé par le prisme de la traduction, il est clair que Gorbatchev a réagi avec cette même sincérité d'homme à homme. Peut-être que celui-là serait différent de ses prédécesseurs, qu'il ne se cacherait pas derrière le même paravent de rhétorique usée.

J'étais donc plutôt favorablement disposé envers Gorbatchev lorsqu'il s'est rendu à Washington pour une rencontre au sommet en décembre 1987. Lorsque je l'ai vu à l'ambassade soviétique, nous avons discuté de la course à la présidence qui allait avoir lieu aux États-Unis. Je suis persuadé qu'il n'avait aucun désir de s'impliquer dans une élection américaine, mais j'avais l'impression qu'il ne lui aurait pas déplu que je gagne. Je suppose qu'il s'attendait à une continuité sans surprise à la suite de ce qu'avait fait l'administration Reagan : contrôle et régulation des armements, coopération sur les questions régionales, encouragement des Soviétiques à poursuivre sur la voie de l'ouverture et de la réforme.

J'ai dit à Gorbatchev de ne pas se sentir visé par les « canons vides de la rhétorique » qu'il entendrait tonner au cours de la campagne, et je lui ai expliqué ce que j'entendais par là. C'est une expression que les dirigeants chinois, et en particulier, je crois, Mao Zedong, avaient utilisée des années auparavant pour décrire leur propagande de dénigrement des États-Unis. Ne vous souciez pas de nos excès de langage, disaient-ils, concentrez-vous plutôt sur nos actions. Je lui ai dit que dans la campagne à venir chacun allait faire des déclarations fortes et intransigeantes sur les relations américano-soviétiques, et qu'il ne fallait pas qu'il prenne tout cela trop au sérieux. Je lui ai aussi affirmé que j'étais prêt à reconsidérer les relations à venir entre nos deux pays.

Ce jour-là, un incident m'a permis de voir à l'œuvre le politicien habile qu'était Gorbatchev. Nous devions nous rendre de l'ambassade soviétique jusqu'à la Maison Blanche dans le même convoi de voitures, et il se mettait en retard sans que cela semble lui importer. Sans réfléchir, il m'a demandé si je voulais monter dans son « tank » (une limousine blindée) et faire le trajet en sa compagnie. Le long du chemin, une foule immense d'Américains se pressait pour le voir passer. À un moment, je lui ai dit que j'aurais aimé qu'il ait le temps de s'arrêter et de parler aux gens, qu'il serait très bien accueilli. Une minute plus tard la limousine a freiné brusquement, Gorbatchev ayant ordonné au chauffeur de se ranger sur le bas-côté. Des agents des services secrets soviétiques et américains se sont précipités à leur poste tandis qu'il plongeait dans la foule des badauds surpris mais ravis. Il s'est mis à serrer des mains, adressant à chacun quelques mots de russe. C'était un spectacle incroyable qui agissait sur lui comme une formidable poussée d'adrénaline. Il est retourné dans la voiture, visiblement exalté par l'accueil chaleureux qui lui avait été fait.

Plus tard au cours de cette visite, j'ai aussi appris quelque chose sur la personnalité de son épouse Raïssa. J'étais assis à côté d'elle lors du dîner de remerciement donné par Gorbatchev à l'ambassade soviétique en l'honneur de Ronald Reagan. La soirée n'en finissait pas, entre les cérémonies, les formalités et les toasts. Après un excellent repas au cours duquel nous avons tous beaucoup trop mangé, une énorme chanteuse d'opéra russe a fait son entrée à l'autre bout de la salle à manger. Elle avait beaucoup de talent, mais elle était dotée d'un physique plutôt ingrat, et je ne pense pas que mon objectivité puisse être mise en doute. Dans un effort suprême pour introduire une certaine mesure de légèreté dans cette soirée plutôt pesante, je me suis penché vers Raïssa alors que la chanteuse entonnait son dernier air et je lui ai dit : « Je sens que je suis en train de tomber amoureux. » Raïssa a marqué une pause et m'a regardé avec un air tout à fait sérieux : « J'espère bien que non, m'a-t-elle répondu sur un ton sévère, souvenez-vous de ce qui est arrivé à Gary Hart ! » Elle était à l'évidence très bien informée sur les ennuis que l'ancien sénateur avait eus lors des primaires démocrates. Je l'ai regardée droit dans les yeux pour voir si elle plaisantait, mais non, je crois qu'elle était on ne peut plus sérieuse.

Un an plus tard, à Governors Island, je rencontrais donc Gorbatchev en tant que futur président, en pleine offensive de propagande soviétique. À ce moment-là, il avait déjà séduit le monde entier et était sans doute devenu le dirigeant le plus populaire. Le discours qu'il venait d'adresser aux Nations unies avait marqué les esprits, tant par son contenu que par la façon dont il avait été prononcé, et il était évident qu'il appréciait tout le jeu qui allait de pair avec ce genre d'exercice. C'était un discours encourageant. Gorbatchev avait déclaré que la menace ou l'usage de la force ne devaient plus être un instrument de politique étrangère. Il avait promis d'opter pour une ligne plus défensive en matière de doctrine militaire et de réduire unilatéralement les effectifs militaires de cinq cent mille hommes en deux ans, ce qui, au regard de la taille de l'armée soviétique, représentait une première étape modeste mais significative. Il avait également annoncé que plusieurs divisions blindées seraient retirées de Tchécoslovaquie, de Hongrie et d'Allemagne de l'Est d'ici à 1991, puis démantelées. J'avais hâte d'entendre ce qu'il allait ajouter devant le Président.

C'est un Gorbatchev souriant qui est sorti du ferry en saluant de la main. Il portait un costume gris très élégant et une cravate rouge très officielle. Juste après que le président Reagan l'eut accueilli, je les ai rejoints sur le quai, me sentant un peu embarrassé, puis nous nous sommes engouffrés dans l'un des bâtiments. Reagan n'avait plus qu'un mois et demi de mandat devant lui, il s'agissait donc d'une rencontre d'adieu avec un homme qu'il avait appris à respecter et pour qui il éprouvait une réelle amitié. Reagan avait fait faire de grandes avancées aux relations américano-soviétiques. Il avait coupé court à la rumeur selon laquelle il s'opposait sans réserve à tout ce qui touchait de près ou de loin l'Union soviétique, et les dirigeants soviétiques ne le considéraient plus comme un chevalier de la guerre froide attaché à des principes dépassés.

Nous avons eu une discussion fort étrange, un mélange d'ancien et de nouveau. Je suis intervenu ça et là. À un moment, Reagan m'a demandé si je souhaitais ajouter quelque chose. J'ai répondu que j'espérais continuer ce qu'il avait entrepris dans les relations entre nos deux pays. Nous allions avoir besoin d'un peu de temps pour revoir ensemble tous les problèmes, mais ce qui avait été accompli ne devait pas être détruit. Gorbatchev a dit qu'il comprenait. Il lui semblait que l'avenir de nos relations était positif. Nous allions pouvoir faire beaucoup ensemble, et il m'a demandé de refaire quelques suggestions.

Souhaitant éviter d'entrer dans les détails, j'ai plaidé pour une continuité avec la politique de Ronald Reagan concernant l'Union soviétique. J'ai dit à Gorbatchev que j'allais mettre sur pied une nouvelle équipe. Je n'avais nullement l'intention de bloquer les choses, mais j'avais également à cœur de formuler mes propres options en matière de défense nationale. Dans notre groupe, certains allaient tout mettre en œuvre pour faire progresser nos relations, et si nous pouvions reprendre notre souffle avec le Nicaragua (où les Soviétiques faisaient affluer les aides en tout genre), cela serait bénéfique pour le contrôle des armements et tout le reste. Il n'a pas réagi, pas plus qu'il n'a donné de précision quant à sa propre vision de l'avenir des relations entre nos deux pays ; il s'est contenté de vagues remarques, souhaitant que les choses continuent telles qu'elles avaient été jusque-là.

Assis du côté soviétique, j'ai reconnu Anatoly Dobrynin, un homme que je connaissais bien et que j'appréciais. Il avait été ambassadeur aux États-Unis pendant plus de vingt ans et travaillait à présent comme conseiller spécial de Gorbatchev. Au cours d'une pause, Gorbatchev s'est approché de moi et m'a dit que si j'avais un message particulier à lui faire passer, je pouvais m'en remettre à Anatoly. Étant donné que le ministre des Affaires étrangères Édouard Chevarnadzé, le secrétaire du comité central Alexandre Yakovlev, l'ambassadeur du moment, Yuri Dubinin et d'autres encore étaient présents, je me suis étonné de ce que Gorbatchev désigne Dobrynin comme son canal officieux. Avec le recul, je pense qu'il me signalait son impatience de voir progresser les relations américano-soviétiques et son désir d'établir avec moi des contacts étroits. C'était un signe positif.

Au cours de cette rencontre, Gorbatchev ne s'est irrité qu'une seule fois. Il est facile de déceler l'énervement chez lui. Ses yeux s'allument, son visage s'empourpre, il serre les lèvres et se met presque à trembler. Plus tard, lorsque j'ai appris à mieux le connaître, j'ai eu le sentiment qu'il rajoutait volontairement quelques accents de colère dans une déclaration pour faire passer une idée avec davantage d'efficacité. Mais cette fois-là, il s'était véritablement enflammé lorsque Reagan lui avait innocemment posé quelques questions sur les réformes en cours et la *perestroïka*. Gorbatchev avait répondu d'un air très sérieux : « Et vous, avez-vous mené à bien toutes les réformes que vous avez entreprises ? »

Je crois qu'il avait pris la question de Reagan pour une critique, car une fois que nous lui avons fait part de notre souhait de voir ces réformes couronnées de succès, il s'est calmé et a retrouvé sa bonne humeur.

Beaucoup de dirigeants étrangers éprouvent du ressentiment lorsqu'ils se retrouvent face aux États-Unis, persuadés que nous nous croyons parfaits alors qu'il leur reste un long chemin à parcourir. Il est vrai que nous donnons souvent l'impression de donner des leçons et d'affronter publiquement les autres nations sur des questions comme les Droits de l'homme, par exemple. Pour cette raison, je me suis efforcé de faire bien attention aux questions que je posais aux dirigeants étrangers comme aux diplomates, à propos de la conduite de leurs affaires intérieures. Je n'ai jamais hésité à leur faire part de notre attachement à la défense des Droits de l'homme, mais j'ai toujours fait en sorte d'éviter de jouer les redresseurs de torts ou de me montrer suffisant. Dans ce cas précis, Gorbatchev avait l'air de croire que Reagan se faisait le relais de certains « éléments » occidentaux, comme il les appelait, qui espéraient que ses réformes échoueraient et que l'Union soviétique sombrerait dans le chaos et la stagnation.

La visite de Gorbatchev a été interrompue le lendemain par la nouvelle du terrible tremblement de terre qui venait de secouer l'Arménie, faisant au moins cinquante mille morts et un demi-million de sans-abri. Cette catastrophe a eu des conséquences tragiques, et pour la première fois depuis la Seconde Guerre mondiale, l'Union soviétique a autorisé l'aide étrangère. Americares, une extraordinaire organisation caritative fondée par mon ancien camarade de classe Bob Macauley, un homme authentique et généreux, envisageait d'envoyer un avion de fournitures médicales à Erevan. Macauley a appelé pour savoir si un membre de la famille Bush souhaitait faire partie de ce vol. Il pensait qu'un tel geste aurait un grand impact sur le peuple russe.

Notre fils Jeb et son fils de douze ans, George P., ont accepté, même s'ils devaient pour cela passer les fêtes de Noël loin de chez eux. Ils ont aidé à décharger l'avion, puis ont été pris en charge par une équipe d'accueil. Ils se sont rendus à l'hôpital et ont ensuite fait leurs prières de Noël dans une petite chapelle. Mes deux garçons on pleuré, frappés par ce qu'ils avaient vu. Plus tard, Gorbatchev devait me dire, comme Chevarnadzé le dirait à Jim Baker, que lorsque les Bush – père et fils – se sont mis à pleurer, l'Union soviétique tout entière a alors senti que l'Amérique s'intéressait vraiment à sa souffrance. Cette image reflétait le ton nouveau qui marquait désormais l'attitude de chaque peuple l'un envers l'autre.

Au lendemain du sommet de Governors Island, je me suis assis en compagnie de Brent Scowcroft, mon conseiller à la Défense nationale, dans la résidence du vice-président à l'observatoire naval de Washington. Je lui ai dit que je voulais trouver quelque chose de marquant pour faire avancer nos relations avec Moscou. Il ne s'agissait pas seulement de réagir aux dernières idées de Gorbatchev, il fallait trouver quelque chose d'audacieux et de novateur qui confirmerait le leadership américain sur la scène internationale. Gorbatchev nous offrait une occasion unique de changer radicalement les choses. Même si je ne pouvais pas entrevoir les événements incroyables qui allaient avoir lieu au cours des quatre années à venir, j'étais vraiment convaincu qu'en raison de la détermination de Gorbatchev à mettre en place des réformes et à améliorer les relations avec les États-Unis, nous avions une chance réelle d'obtenir des avancées significatives, notamment sur la limitation des armements.

D'un point de vue pratique, il était également politiquement nécessaire de réagir aux ouvertures de Gorbatchev. Même si les réductions d'effectifs dans l'armée Rouge n'avaient pas entamé de façon significative la supériorité soviétique dans les forces conventionnelles, je savais que ses propositions séduiraient les Européens, et tout particulièrement les Allemands. Gorbatchev était très populaire en Europe, où l'atmosphère était plutôt à l'euphorie. Son discours avait augmenté la pression sur notre nouvelle Administration : il nous fallait aller de l'avant, avoir quelque chose à proposer pour contrebalancer ses suggestions. Je ne voulais pas que l'on puisse dire que j'étais à la traîne derrière Gorbatchev, que je pinaillais en faisant des propositions qui ralentissaient les choses. Mais je ne voulais pas non plus m'emballer et faire des choix à courte vue, sur un coup de tête.

Je me méfiais sans doute moins de Gorbatchev que la plupart de ceux qui allaient former mon équipe. Je pensais ce que le Premier ministre Margaret Thatcher avait dit un jour de lui : que c'était un homme avec lequel il était possible de travailler. Je le connaissais assez bien pour sentir qu'il était sincère dans sa volonté de changer l'Union soviétique et les relations entre les deux superpuissances. Gorbatchev était, et continue d'être, très fier d'être russe. C'est un homme de convictions. Je pense qu'il avait tellement à cœur de réformer son pays et sa politique étrangère qu'il ne pouvait pas, et ne voulait pas, enrayer la révolution qu'il avait mise en route. Je n'ai jamais adhéré à l'idée, si largement répandue chez les spécialistes de l'URSS, qu'il allait nous tester immédiatement avec quelque chose de provocateur pour voir comment la nouvelle Administration allait réagir. En revanche, j'étais convaincu qu'il nous observait attentivement pour chercher à savoir si nous allions opter pour une ligne plus dure que celle que Reagan avait choisie à la fin de son mandat.

Si je fais le bilan de l'évolution de ma relation avec Gorbatchev, je suis frappé de constater à quel point cette relation reflétait les changements intervenus dans les relations américano-soviétiques dans les derniers instants de la guerre froide. Dans les années 1980, nous avons commencé par des rencontres officielles telles que je les ai décrites, nous adressant l'un à l'autre par nos titres, « monsieur le Président », ou, à l'époque, « monsieur le vice-Président ». Au début des années 1990, nous en étions arrivés à des conversations informelles et authentiquement amicales entre « Mikhaïl » et « George ». (Barbara et Raïssa ont connu une évolution similaire de leur relation.) Cette confiance grandissante que nous avions l'un pour l'autre est devenue capitale et nous a aidés à prendre des décisions difficiles et, à l'époque, très controversées. J'avais le sentiment que je pouvais lui faire confiance et je crois que lui-même sentait qu'il pouvait avoir confiance en l'Ouest, en ces temps de crise profonde et même irréversible pour l'Union soviétique. Si entre nous et avec les autres dirigeants la dynamique avait été différente, les changements dont nous avons été témoins auraient sans doute été plus douloureux qu'ils ne l'ont été. Je ne veux pas dire qu'il y aurait nécessairement eu une guerre, mais le visage de l'Allemagne réunifiée, les réductions d'armes et d'effectifs militaires – sans parler de la gestion de la guerre du Golfe –, tout cela aurait certainement été bien différent, et le monde dans lequel nous vivons sans doute beaucoup moins sûr.

Ce qui contrastait le plus avec les relations américano-soviétiques telles que nous les avions connues jusqu'alors, c'était la fréquence des contacts que j'avais avec Gorbatchev. J'ai probablement eu davantage d'interactions avec lui que tous mes prédécesseurs réunis avec leurs homologues soviétiques. J'appréciais ces contacts personnels avec Mikhaïl et surtout, je l'appréciais, lui. Combien de présidents américains seraient capables d'en dire autant à propos d'un dirigeant soviétique ? Pouvons-nous imaginer Roosevelt ou Truman dire cela de Staline, Kennedy de Kroutchtchev, ou encore Nixon de Brejnev ? Je sais que le président Reagan avait lui aussi une très bonne opinion de Gorbatchev – un sentiment d'ailleurs véritablement réciproque –, mais il n'a jamais eu l'occasion de travailler avec lui de manière aussi rapprochée. Gorbatchev et moi nous étions rendu compte que nous pouvions tout simplement nous asseoir et discuter. Nous pouvions faire un tour du monde des questions en cours. Nous fonctionnions au même rythme. L'ouverture et la candeur remplaçaient désormais les indéracinables soupçons du passé. Le contraste était saisissant avec les années noires de la guerre froide, à présent derrière nous.

En effet, comparé aux relations entre superpuissances que nous avions connues au cours des cinquante dernières années, pendant lesquelles la politique étrangère des États-Unis avait été largement définie par les relations américano-soviétiques, cela représentait un changement remarquable. La guerre froide, et une préoccupation bien légitime pour la sécurité nationale, avaient modifié la façon dont les Américains voyaient le monde et la manière dont nous définissions nos priorités en matière de politique intérieure ou de politique étrangère. Moscou et Washington étaient embourbés dans une compétition qui s'étendait à tout le globe et pénétrait chaque aspect des relations internationales. Les guerres civiles dans le tiers-monde, les divisions en Europe et les blocages des Nations unies, tout cela découlait de cette longue bataille.

L'histoire de ces années était émaillée de collisions évitées de justesse entre ces deux géants ou leurs affidés, dans ce qui était devenu un monde bipolaire : Berlin (encore et toujours), la Corée, la crise des missiles cubains, le Viêtnam, l'Éthiopie, l'Afghanistan, le Nicaragua, et une incessante course aux armements. L'affrontement américano-soviétique était un enchevêtrement complexe dont nous nous sommes vite rendu compte qu'il exigeait de la patience et un certain sens de l'équilibre. Tous les changements qui allaient avoir lieu en Europe sous le mandat de George Bush se sont produits sur fond d'antagonismes, depuis les révolutions de 1989 jusqu'à la réunification allemande, en passant par la crise des pays baltes, la réforme de l'OTAN et, pour finir, l'effondrement de l'Union soviétique.

Cette atmosphère de suspicion et de rivalité avait, au mieux, engendré des relations difficiles entre nos pays. Durant l'essentiel de la guerre froide, il n'y a pratiquement pas eu de communication directe entre Moscou et Washington, sauf sur les questions de défense et de limitation des armements. Les deux puissances avaient des vues diamétralement opposées sur la société, les modes de gouvernement et leur rapport avec l'être humain. L'Union soviétique était, en théorie comme en pratique, attachée à l'idée que les deux systèmes ne pouvaient coexister indéfiniment. Nos divergences allaient bien au-delà de désaccords théoriques embourbés dans la rhétorique du débat politique. Alors que l'animosité entre ces deux anciens alliés provenait des éléments idéologiques de cette compétition, l'urgence de la situation politique découlait de ses conséquences dramatiques sur la défense nationale. Pour la première fois, les États-Unis devaient faire face à un ennemi capable de frapper en tout lieu et à tout moment, infligeant d'énormes pertes en vies humaines, d'importants dommages aux infrastructures et la misère pour le peuple américain. Les océans, derrière lesquels des générations entières s'étaient senties en sécurité, n'étaient plus d'aucune aide en cas d'attaque nucléaire. L'URSS représentait une menace de mort pour nous ainsi que pour nos alliés, qui se tournaient vers nous pour la protection de leur indépendance politique. Après tout, les États-Unis étaient la seule nation ayant à la fois la volonté et les ressources lui permettant d'affronter l'Union soviétique partout dans le monde. Nous avons accepté cette responsabilité et cette prééminence.

Depuis les années 1950, l'épine dorsale de notre politique étrangère et de notre stratégie en matière de défense consistait à « contenir » l'Union soviétique, sa domination et son influence. Il s'agissait d'empêcher Moscou d'étendre son contrôle, dans l'espoir que le communisme soviétique finirait par être transformé en quelque chose de moins menaçant. Vers la fin des années 1960, le caractère purement oppositionnel de notre politique de containment *a progressivement inclus l'idée de détente. Pour les États-Unis, l'idée de base était que les deux systèmes et les deux superpuissances allaient exister côte à côte pour un temps indéfini. En conséquence, le nœud de notre politique devait être de réduire le risque de conflit en cherchant à atténuer les tensions et à étendre les aires de coopération. En pratique, cependant, une rivalité et une suspicion tenaces ont eu raison de la détente. Incapable de modifier de manière significative les attitudes et le comportement de l'Union soviétique, la détente s'est finalement effondrée avec l'invasion soviétique de l'Afghanistan en 1979.*

Lorsque Reagan est entré en fonctions, la politique américaine est brutalement retombée dans la confrontation. Au départ, l'administration Reagan, au moins en partie, percevait l'Union soviétique comme « l'empire du mal », image largement utilisée dans sa rhétorique. La détente était remplacée par le projet de mettre à genoux l'URSS à long terme en exerçant des pressions économiques et politiques visant à précipiter son effondrement. La stratégie de Reagan consistait à être en position de force pour négocier avec les Soviétiques. Il se focalisait sur une surenchère défensive destinée à faire pression sur eux, plutôt que de se reposer plus simplement sur la négociation. Aucun sommet n'a été organisé au début des années Reagan. Les États-Unis reconstruisaient leurs défenses et modernisaient leur force de frappe nucléaire. Vers 1984-1985, toutefois, alors que la reconstruction de nos défenses était déjà en cours, cette rhétorique a commencé à s'assouplir et l'arrivée de Gorbatchev et de ses réformes en 1985 a contribué à l'accélération de ce processus de changement. À la consternation des plus durs parmi ses subordonnés, Reagan appréciait Gorbatchev et en était venu à penser que ce dernier était authentiquement attaché aux réformes. Il en était venu à entretenir l'idée que l'Union soviétique pouvait changer, et que l'on pourrait faire affaire avec elle ; il commençait même à parler de la fin possible de la guerre froide.

BRENT SCOWCROFT

Alors même que j'étais, en règle générale, un fervent adepte de la politique soviétique de Reagan, j'étais quelque peu critique quant à son mode d'application. À mon sens, la rhétorique de « l'empire du mal » avait été trop loin. Elle avait tendance à effrayer nos alliés, et la prééminence de l'Amérique sur le monde occidental était plus difficile à justifier. Cette période dure a ensuite été suivie assez rapidement par un autre extrême fondé sur la conviction, à laquelle j'hésitais à souscrire, que les changements d'attitude et de discours des Soviétiques, et peut-être même l'accession de Gorbatchev au pouvoir, annonçaient la fin de quarante années d'affrontements entre l'Est et l'Ouest.

L'impatience de l'administration Reagan à déclarer la fin de la guerre froide sans prendre en considération tout ce que cela allait impliquer me dérangeait. Nos lignes de défense étaient toujours prêtes à entrer en action, alliées à un savant dosage d'armement conventionnel et d'armement nucléaire stratégique. Les armes nucléaires représentaient à mes yeux l'élément indispensable de toute stratégie visant à maintenir les Soviétiques à distance, elles compensaient leur écrasante supériorité en matière d'armement conventionnel. Je suivais donc de très près les conséquences du sommet de Reykjavik en 1986, qui risquait de nous faire réduire, voire éliminer, cette compensation sans qu'en contrepartie l'URSS réduise véritablement ses forces conventionnelles. Il s'est avéré que l'administration Reagan avait négligé l'aspect stratégique de la limitation des armements, faisant de cette réduction elle-même le but à atteindre. À mon sens, on avait trop rapidement jugé de l'évolution future de l'Union soviétique.

Alors que nous commencions à envisager d'autres types d'approche, j'avais le sentiment que les enjeux étaient bien trop élevés pour que nous continuions de prendre nos désirs pour des réalités. En tant que pays, nous avions déjà, par le passé, pris un simple infléchissement pour un changement de cap, et j'étais déterminé à nous faire retrouver le chemin de la prudence. J'avais la réputation d'être assez timoré, et pour cela je plaide coupable. Je crois que l'on ne doit manœuvrer le vaisseau de l'État qu'avec beaucoup de précautions, car une fois les changements effectués, il est extrêmement difficile de renverser la vapeur. C'était là l'aspect vraiment négatif de la détente du début des années 1970. En raison de son attrait politique, ce qui était en pratique une manœuvre purement tactique prenait, pour l'opinion publique, l'apparence d'un changement stratégique irréversible dans les relations américano-soviétiques. C'est une erreur que nous avons payée cher et pendant longtemps. La discipline, la dureté et le coût de la guerre froide ne semblaient plus nécessaires, et la détermination américaine à contenir les avancées de l'Union soviétique commençait à s'effriter. En conséquence, en partie tout au moins, l'URSS est devenue plus agressive sur des questions telles que l'Éthiopie, l'Angola ou l'Afghanistan. Il a fallu toute l'âpreté et la détermination de l'administration Reagan, à un coût budgétaire considérable, pour retomber dans une vision réaliste des choses. Étant donné le prix que nous avions payé pour l'expérience malheureuse de la détente, je ne voulais pas que nous retombions dans la même erreur. La vraie question était la suivante : faisions-nous à nouveau l'erreur de prendre un mouvement tactique de la part de l'URSS pour une transformation fondamentale de nos relations ? La réponse dépendait largement de Gorbatchev, de ce qu'il envisageait de faire et de la manière dont cela serait perçu à l'intérieur même de l'Union soviétique.

Je me méfiais des motivations de Gorbatchev et j'étais sceptique quant à son avenir. Il représentait sans nul doute un phénomène nouveau. Après une période, dans les années 1970, où les États-Unis semblaient faiblir et où les Soviétiques parlaient avec assurance d'un changement permanent dans la « corrélation des forces » (à l'aune duquel, suivant les principes de leur idéologie, ils jugeaient de l'opportunité de faire une avancée offensive), le vent se mettait désormais à tourner. Les dernières années d'un Brejnev à moitié sénile, suivies par un Andropov atteint de maladie mortelle puis par un Tchernenko faible et maladif : tout cela représentait un peu plus d'une douzaine d'années de stagnation presque totale. À l'opposé, les États-Unis, pendant le mandat du Président Reagan, ont connu une période de renouveau saisissant. Une économie soviétique plus que déclinante est venue s'ajouter à ces deux développements parallèles, de sorte qu'à la mort de Tchernenko, l'ensemble du Politburo s'accordait à considérer comme indispensable l'arrivée d'un dirigeant fort, capable de mettre en place des changements radicaux. En choisissant Gorbatchev, il est clair que la vieille garde du Politburo ne songeait pas à sélectionner quelqu'un qui allait révolutionner le système, mais plutôt quelqu'un susceptible de le remettre à flot. La réputation de ténacité de Gorbatchev, et la personnalité de ceux qui ont soutenu son ascension semblaient confirmer ce choix. La question fondamentale était de savoir s'ils avaient tort. En 1989, je ne pensais pas qu'ils avaient pu se tromper.

Pour simplifier à l'extrême, je pensais que le but de Gorbatchev était de redynamiser le système économique et politique socialiste et de revitaliser l'Union soviétique sur le plan national et international de façon à pouvoir concurrencer l'Ouest. Pour moi, surtout avant 1990, cela rendait Gorbatchev potentiellement plus dangereux que ses prédécesseurs, qui avaient tous, par des choix politiques agressifs, permis à l'Ouest de revenir de ses illusions concernant l'URSS avant qu'il ne soit trop tard. Dans les années 1960, le programme de développement nucléaire stratégique de l'URSS nous avait convaincus que nous avions tort de croire qu'il ne visait qu'une capacité de destruction nucléaire modeste ou équivalente à la nôtre. Dans les années 1970, nous pensions que SALT I avait essentiellement tué dans l'œuf la modernisation stratégique de l'Union soviétique ; une fois encore, l'émergence de nouveaux missiles, perfectionnés, nous a donné tort. L'occupation de l'Afghanistan en 1979 a mis fin à l'idée que les Soviétiques avaient des ambitions modérées dans le tiers-monde. Ce ne sont là que des exemples parmi d'autres, mais ils montrent comment les dirigeants soviétiques nous ont régulièrement rappelé leurs ambitions agressives.

Gorbatchev était différent. Plutôt que d'user du procédé classique d'intimidation, il essayait de nous endormir par la gentillesse. Il disait exactement ce que nous voulions entendre, multipliait les propositions séduisantes pour occuper toujours plus le terrain de l'opinion publique internationale. Les initiatives unilatérales de réduction des armements contenues dans son discours de décembre devant les Nations unies n'avaient guère de poids sur le plan militaire ; mais, chez beaucoup, ce discours a touché une corde sensible et lui a valu un large soutien, plaçant psychologiquement l'Ouest sur la défensive. Tout le monde en avait assez de la guerre froide, et même des dirigeants comme le Premier ministre britannique Margaret Thatcher en annonçaient désormais la fin. J'avais peur qu'à force de belles paroles, Gorbatchev réussisse à nous convaincre de désarmer sans que l'Union soviétique n'ait à modifier quoi que ce soit dans sa propre structure militaire ; de sorte que, dans une dizaine d'années environ, nous nous retrouverions devant une menace encore plus sérieuse que par le passé.

En bref, je pensais que Gorbatchev restait avant tout communiste, attaché à un avenir socialiste pour l'Union soviétique. À travers la *glasnost* (transparence) et la *perestroïka* (restructuration), il cherchait à redynamiser l'URSS et à renforcer son économie. Les réformes politiques en elles-mêmes ne l'intéressaient que comme moyen de traiter avec les membres du parti qui étaient hostiles aux changements économiques qu'il ambitionnait.

Gorbatchev espérait, et croyait sans doute, qu'il pourrait amener l'économie exsangue de l'URSS à un niveau proche de celui des économies occidentales d'ici l'an 2000. Je n'ai jamais vraiment su s'il comprenait ce que nécessitait une réforme économique de fond, ni à quel point il était prêt, voire capable, d'accepter les méthodes occidentales. Dans quelle mesure le système soviétique existant pouvait-il être modifié pour rendre possibles les changements que Gorbatchev avait en tête ? Il était difficile de se faire une idée de l'étendue et de la profondeur des difficultés auxquelles ce système devait faire face. En réalité, la situation était bien pire que quiconque, aussi bien en URSS qu'à l'étranger, avait pu l'imaginer.

La glasnost *a peu à peu révélé l'étendue des problèmes, dont l'Ouest ne connaissait ou ne subodorait qu'une faible partie. Des pans entiers de l'agriculture et de l'industrie centralisées étaient contrôlés par les dirigeants du parti, qui les géraient comme de véritables fiefs, détournant l'argent à leur profit et falsifiant les chiffres de la production pour satisfaire des quotas gonflés. Le système de distribution était rudimentaire : les récoltes pourrissaient sur place dans les zones rurales pendant que la population des villes subissait les restrictions devant les étagères vides des magasins. La rareté du combustible pendant les légendaires hivers russes ne permettait pas à la majeure partie de la population de se chauffer convenablement, en dépit des immenses réserves de pétrole et de charbon de l'URSS. Dès 1989, face à ces difficultés, Gorbatchev s'est tourné vers l'Ouest pour l'aide dont il avait un besoin si urgent. Il fallait endiguer l'effondrement de l'économie soviétique et atténuer les effets des réformes qu'il était en train de mettre en place.*

Aussi infranchissables que ces obstacles aient pu paraître, Gorbatchev devait relever un défi encore plus insurmontable : obtenir le soutien du parti communiste pour cette vague de réformes. Même si une structure administrative gouvernementale existait et exerçait son autorité, en réalité le parti et son appareil se partageaient le contrôle de l'État. Le parti choisissait les dirigeants de l'État au nom du peuple, et c'est de là, en tant que secrétaire général du parti communiste, que Gorbatchev tirait son pouvoir et son autorité. Les changements économiques souhaités par Gorbatchev se sont heurtés à la résistance farouche de l'idéologie, aux tactiques politiques de la bureaucratie et de la corruption, ainsi qu'à l'ignorance et aux préjugés concernant l'économie de marché. Les efforts déployés par Gorbatchev pour remettre à flot le système soviétique ont contribué à allumer la crise. Non seulement ils menaçaient les institutions du parti et les intérêts de la bureaucratie, mais ils offraient la possibilité à des éléments extérieurs à l'establishment de s'affirmer : libéraux, dissidents ou nationalistes des diverses républiques. La réforme divisait ouvertement le parti et le processus politique soviétique, ainsi que les groupes d'intérêts puissants de l'armée et de l'industrie.

BRENT SCOWCROFT

Gorbatchev avait compté sans la résistance du système soviétique à son projet de réforme. Il a commencé avec un programme assez ambitieux visant à améliorer la productivité des ouvriers, puis il a fait campagne contre l'alcoolisme, l'absentéisme et la corruption. Il a également cherché à remplacer le règne de la terreur par la perspective positive d'une augmentation quantitative et qualitative des biens de consommation. À mon sens, devant son incapacité à entraîner le parti derrière ces changements, Gorbatchev a institué des réformes démocratiques de façon à convaincre les apparatchiks récalcitrants par la menace d'élections qui les opposeraient à ceux qui soutenaient son programme. Sa politique de *glasnost* visait sans doute très sincèrement à débarrasser le système des horreurs du stalinisme, mais il l'a également utilisée pour faire pression sur la bureaucratie du parti en rendant publics ses excès. Il essayait de sauver le système, pas de le détruire.

Néanmoins, tant que Gorbatchev faisait le travail à notre place, en faisant avancer les choses dans notre direction, j'étais d'accord avec George Bush pour dire qu'il méritait notre coopération prudente. La prudence et la méfiance ne m'empêchaient toutefois nullement d'agir avec audace. J'étais convaincu qu'il nous fallait désormais innover et reformuler les bases de notre stratégie envers l'Union soviétique. Il y avait deux grands aspects de notre relation qui, pour moi, garantissaient des avancées significatives qui nous redonneraient l'initiative et qui feraient progresser nos intérêts. Tout d'abord l'Europe de l'Est, où des embryons de courants réformateurs pouvaient nous donner l'occasion de capitaliser sur la « nouvelle pensée » en Union soviétique de façon à desserrer la mainmise de Moscou sur ses satellites. Ensuite, le contrôle des armements conventionnels et nucléaires, où nous héritions des négociations en cours sur le contrôle des armements stratégiques dans le but de conclure un traité START, ainsi que des négociations à venir sur les forces conventionnelles. Je voyais là l'occasion de faire des coupes sombres, non seulement pour renforcer la stabilité stratégique, mais également pour réduire les forces conventionnelles sur lesquelles Moscou comptait pour asseoir son contrôle sur l'Europe de l'Est. Nous allions devoir nous familiariser avec les subtilités des positions américaines et soviétiques sur les questions concernées. Plus exactement, nous allions devoir examiner dans quelle mesure les positions américaines existantes reflétaient notre philosophie (philosophie qu'il nous fallait définir), notamment à propos de ce que devait permettre un traité START. Nous devions également trouver le meilleur moyen de tirer profit des nouvelles possibilités qui se profilaient en Europe de l'Est.

GEORGE BUSH

Alors que je me préparais à la présidence, vers la fin de l'automne, je songeais à ceux que je voulais nommer aux postes élevés de la nouvelle Administration, ceux qui auraient la lourde responsabilité de traiter ces questions. J'avais la chance d'avoir servi sous trois présidents républicains : Richard Nixon, Gerald Ford et Ronald Reagan. J'avais observé Lyndon Johnson lorsque j'étais membre du Congrès, puis, plus tard et de loin, Jimmy Carter. À travers leur expérience, j'ai compris comment devaient fonctionner les Affaires étrangères et la Défense nationale, comment l'on devait travailler avec le Congrès. J'ai également appris quels étaient les défis que comportait la fonction présidentielle.

C'est aux côtés de Ronald Reagan que j'ai le plus appris sur le rôle de président. Lorsqu'il m'a demandé d'être sur sa liste en 1980, je n'avais pas encore eu l'occasion de le connaître vraiment, mais j'ai eu la grande joie de pouvoir très vite le connaître davantage. Il était le parfait exemple du dirigeant volontaire sachant toujours rester affable et attentionné. J'affirme qu'il était un modèle pour la nation tout entière. Il était guidé par quelques principes auxquels il restait fermement attaché. Tout le monde connaissait ses positions sur des questions telles que la fiscalité et l'Union soviétique. J'admirais la façon dont il pouvait exprimer au peuple américain, en termes simples mais parlants, son opinion sur des questions compliquées.

Reagan donnait la preuve que le rôle de dirigeant pouvait fort bien se passer d'un style démonstratif. Certains appuient leur pouvoir sur la rhétorique, sur de grands discours, tandis que d'autres s'appuient sur une personnalité forte et sur l'exemple. Je ne me suis jamais senti à l'aise devant les phrases alambiquées créées par ceux qui écrivent les discours. J'ai toujours été convaincu que les gens verraient tout de suite que je ne suis pas un grand historien et qu'un langage trop compliqué ne pouvait être sorti de ma plume. Un jour, au cours d'une de nos rencontres hebdomadaires en tête à tête, j'ai demandé à Reagan comment il parvenait à faire passer les discours très vibrants qu'il avait l'habitude de donner. Je pensais notamment aux mots qu'il avait prononcés près d'Omaha Beach en Normandie, alors qu'il rendait hommage à ceux qui étaient tombés là-bas. Il m'a dit qu'il commençait par noter quelques remarques, puis qu'il y repensait sans cesse jusqu'à ce que la charge émotionnelle qu'il ressentait se soit quelque peu atténuée. Il s'est aperçu qu'en faisant cela, il pouvait donner aux mots tout leur sens sans devoir s'interrompre au milieu d'une phrase. Je n'ai jamais eu cet art. Ma gorge se noue bien trop facilement.

Même si je ne pouvais l'exprimer aussi bien que Reagan, je savais ce que j'espérais pour mon pays et pour le monde entier. Je voulais m'attaquer aux grands problèmes auxquels nous faisions face, et l'affrontement entre les deux superpuissances en faisait partie. J'étais bien déterminé à faire tout ce que je pouvais pour améliorer l'état du monde, et la sécurité des personnes qui ne devaient plus avoir à redouter l'imminence d'une attaque nucléaire. Même si je n'étais guère versé dans les détails techniques du contrôle des armements, je voulais réduire les armes nucléaires sans porter atteinte à notre force de dissuasion. Il m'était difficile de faire des discours marquants sur ce que j'envisageais pour mon pays. J'étais certain que des résultats, des résultats concrets qui apporteraient plus de paix dans le monde, seraient bien plus efficaces que la rhétorique pour parvenir à convaincre les gens.

Moi aussi j'avais mes propres principes et mes propres valeurs. Tout ce que j'ai appris de l'histoire ; tout ce que j'ai appris de mon père, Prescott Bush ; tout ce que j'ai retiré de mon service dans l'US Navy venait renforcer les mots « devoir, honneur, patrie ». Je crois que le devoir de chacun est de servir son pays. On peut le faire à travers le service militaire, surtout en temps de guerre, mais aussi à travers un mandat, que l'on ait été élu ou nommé. Je pense qu'il est important de réinjecter quelque chose dans le système, de descendre dans l'arène au lieu de se contenter d'épiloguer et de critiquer de loin. L'honneur et l'intégrité sont deux choses qui me sont également très chères. Le Viêtnam et le Watergate avaient généré un certain cynisme parmi les journalistes, qui semblaient convaincus que tous les fonctionnaires pouvaient s'acheter, qu'ils étaient incapables de dire la vérité et que, de toute façon, ils n'avaient pas une once de sens moral. En conséquence, on accordait foi à la moindre rumeur sans se soucier de la vérité, sans se soucier des conséquences parfois désastreuses pour les innocents. Dans ce climat de cynisme, j'avais le sentiment qu'il était important que mon Administration fasse ses preuves en atteignant le plus haut niveau d'exigence. Je pense que nous avons réussi, et que mon Administration était constituée de gens qui respectaient les fonctions qui étaient les leurs. Je sais que j'ai fait des erreurs au cours de mes années de service public, mais lorsque les historiens se pencheront sur la période Bush, j'espère qu'ils écriront que j'ai servi dans l'honneur et l'intégrité.

En dehors d'exemples de carrières présidentielles comme celle de Reagan, mes prédécesseurs me permettaient d'entrevoir les rouages complexes de la politique étrangère et de la défense nationale. En tant que président j'avais l'intention de m'impliquer dans ce qui se passait. Je voulais que les principaux acteurs de la politique étrangère sachent que j'entendais intervenir personnellement dans un certain nombre de détails concernant la défense nationale, le commerce international et la politique étrangère. Toutefois je ne prétendais pas essayer de maîtriser tous les détails et toutes les subtilités de notre politique. Je comptais en apprendre suffisamment pour pouvoir prendre des décisions en toute connaissance de cause sans avoir à me perdre dans des détails. Pour cela, j'envisageais de m'appuyer sur les experts du département et, en dernière analyse, sur mes ministres, et sur le conseiller à la Sécurité nationale pour des questions plus élaborées. Un président doit s'entourer d'hommes forts et ne doit jamais craindre de déléguer.

En même temps, des individualités fortes peuvent générer des problèmes pratiques dans la prise de décisions et l'application de celles-ci. J'avais été le témoin d'inévitables conflits de personnes qui opposaient des membres de mon cabinet, des conseillers, voire des départements entiers. J'avais la ferme intention de définir très précisément les procédures et les structures décisionnelles de la nouvelle Administration de façon à minimiser l'éventualité de problèmes de ce type. C'est le rôle du chef de la diplomatie d'informer et de conseiller le Président sur la conduite des affaires étrangères, mais j'envisageais de modifier les prérogatives du conseiller à la Sécurité nationale, qui est directeur du Conseil national de sécurité *. J'avais besoin d'un agent honnête capable de présenter en toute objectivité au Président l'opinion des différents chefs de cabinets. Quant au conseiller à la Sécurité nationale, s'il savait se faire respecter il pouvait éviter bien des antagonismes. C'est la raison pour laquelle je souhaitais voir des personnes de confiance, des personnes exceptionnelles à ces deux postes clés.

Pour le poste de chef de la diplomatie, j'ai fait le choix de ce qu'en golf on appelle un « gimmie ». James Baker et moi nous connaissions depuis très, très longtemps. En 1959, lorsque Barbara et moi avons déménagé à Houston, à huit cents kilomètres de Midland, Jim est devenu l'un de mes meilleurs amis dans ma nouvelle ville. Nos épouses sont également devenues très amies. Jim était là lorsque le virus de la politique m'a pris au début des années 1960. Il était encore à mes côtés lorsqu'en 1970, après deux sessions, j'ai quitté la Chambre des députés pour me présenter aux sénatoriales pour la deuxième fois. J'ai été battu par Lloyd Bentsen, mais Jim m'a beaucoup aidé dans cette élection comme dans bien des campagnes qui allaient suivre. Au travers de notre collaboration en politique, comme dans bien d'autres domaines tels que le sport, j'avais pu me rendre compte que Jim avait l'esprit de compétition et que c'était quelqu'un de très solide. Je l'ai aussi vu faire face à de très gros problèmes personnels avec beaucoup de force, notamment lorsque sa première épouse est décédée d'un cancer. J'étais à son chevet avec lui, et j'étais là pour l'épauler lorsque la mort a mis un terme à ses souffrances. Dans tout ce qu'il entreprend, Jim est un vrai battant, il va jusqu'au bout. Cette qualité, je l'ai retrouvée encore et toujours, dans ces interminables réunions à travers le monde, surtout lorsque nous avons mis en place la coalition qui a combattu pendant l'opération Tempête du Désert. Jim est aussi un rude négociateur. Je savais qu'il me dirait toujours franchement et sans prendre de gants ce qu'il pensait sur tel ou tel problème.

Je savais que je voulais aussi que Brent Scowcroft, un autre ami de confiance, soit mon conseiller à la Sécurité nationale. J'avais tra-

* Le Conseil national de sécurité (NSC) comporte quatre membres statutaires : le président, le vice-président, le ministre des Affaires étrangères et le ministre de la Défense. Le directeur de la CIA et le président des chefs d'état-major, conseillers statutaires, ainsi que le conseiller à la Sécurité nationale assistent également aux réunions.

vaillé en étroite collaboration avec lui lorsqu'il était en poste sous le président Ford et que j'étais directeur de la CIA et, plus tard, vice-président. Je pensais qu'ayant déjà occupé ce poste il préférerait sans doute faire quelque chose de différent, et j'ai envisagé un moment de lui demander d'accepter la Défense ou la CIA. Mais plus je réfléchissais, plus j'étais convaincu que mettre Brent au poste de conseiller à la Sécurité nationale était ce qu'il y avait de mieux pour moi comme pour la nation. Sa réputation, alliée à sa grande expérience des questions de politique étrangère, était telle qu'il était sans aucun doute l'honnête collaborateur que je recherchais. Il ne tenterait pas de doubler les membres du cabinet, ni de les couper du Président, et en même temps, je savais qu'il me ferait part de son opinion et de son expérience sur les problèmes qui se feraient jour. En le choisissant, je faisais également clairement comprendre à mon cabinet et aux observateurs extérieurs que le conseiller à la Sécurité aurait un rôle déterminant dans le processus décisionnel. Il y avait également un autre aspect à prendre en considération. J'entrais en fonctions en sachant parfaitement quel monde j'avais envie de voir, mais je n'avais aucun plan précis sur la façon d'y parvenir. Brent a fait plus que combler mes lacunes sur le contrôle des armements et les questions de défense. Il a été parfait. C'est le genre de personne qui était capable de garder le cap, quoi qu'il arrive.

BRENT SCOWCROFT

Le dimanche 20 novembre 1988 au matin, le futur président Bush m'a demandé de venir prendre le café à la résidence du vice-président à l'Observatoire naval. Lorsque je suis arrivé, j'ai vu que Jim Baker était également présent.

Je considérais George Bush comme un ami, quelqu'un que je connaissais bien et que j'admirais énormément. Nous nous étions rencontrés en 1972, lorsque je suis arrivé à la Maison Blanche en tant qu'assistant militaire du président Nixon. Il était alors ambassadeur auprès des Nations unies. À la fin de l'administration Nixon, nos contacts se limitaient aux réunions de cabinet. Toutefois, en 1974, alors que j'étais l'adjoint de Henry Kissinger, conseiller à la Sécurité nationale, le président Ford a nommé George Bush chef du bureau de liaison américain en Chine – il était le deuxième à occuper ce poste. Le bureau de liaison avait été créé en 1972 à la suite du voyage de Nixon en Chine ; c'est la seule forme de représentation que nous avons eue en Chine jusqu'à ce que la république populaire de Chine et les États-Unis établissent des relations diplomatiques en 1979. Depuis les premiers temps de l'administration Ford, nous étions fréquemment en contact, même si au moment où Bush était en Chine, ces contacts passaient essentiellement par le téléphone ou le câble.

C'est au cours de son séjour à la CIA que nous sommes devenus proches.

Nous avions coutume de dire en plaisantant qu'il était notre baromètre de crise. Il passait fréquemment le week-end dans la maison de campagne de sa famille à Kennebunkport, dans le Maine, et il m'en informait à chaque fois. Peu à peu, j'ai fini par remarquer une étrange coïncidence entre ses séjours dans le Maine et le déclenchement de crises ; de sorte qu'à chaque fois qu'il m'annonçait son départ pour Kennebunkport, je me demandais où l'inévitable crise allait se déclencher.

Mes relations avec Jim Baker étaient plus détendues. Nous nous connaissions depuis 1975, mais nous étions surtout liés par certains événements : la façon, par exemple, dont nous avions tous deux essayé de gérer les déboires de Ford lors de la campagne de 1976, lorsque dans un débat qui l'opposait à Carter, il avait déclaré que la Pologne n'était pas dominée par l'Union soviétique. C'est une expérience assez désagréable. Je me souviens que mon cœur s'était arrêté de battre quand je l'avais entendu prononcer ces mots, mais lors de la conférence de presse qui avait immédiatement suivi le débat, personne n'avait posé de question sur la Pologne. J'avais poussé un soupir de soulagement, pensant un moment que nous avions esquivé ce coup. Lorsque nous sommes rentrés à l'hôtel, les journalistes au grand complet nous attendaient pour savoir ce que nous avions à dire sur la question. Baker, en tant que directeur de campagne, et moi, en tant que conseiller à la Sécurité nationale, avons dû descendre dans l'arène. La première question concernait le nombre de divisions soviétiques stationnées en Pologne. Nous avons tenté d'expliquer en tremblant ce que Ford voulait dire. Cette rude journée restera à jamais gravée dans ma mémoire, elle a aussi marqué le début d'une amitié.

Treize ans plus tard, en ce dimanche matin glacial, le futur président Bush, Baker et moi nous sommes rendus dans le petit bureau attenant au salon ; un feu crépitait dans la cheminée. Après quelques échanges préliminaires, Bush m'a demandé d'être son conseiller à la Sécurité nationale. Cette proposition m'a incroyablement étonné, même si j'avais envisagé que l'on me propose de faire partie de la nouvelle Administration. Au mois de juin, nous avions déjà discuté de stratégie en politique étrangère car nous pensions qu'il devait en parler au cours de sa campagne. Je lui avais proposé toute l'aide que je pouvais lui offrir, sans jamais attendre une quelconque « récompense ». Si l'on m'avait donné le choix, j'aurais sans doute préféré être ministre de la Défense, d'autant que j'avais déjà occupé les fonctions de conseiller à la Sécurité nationale. Mais je savais que John Tower briguait le ministère de la Défense et j'ai donc accepté sans hésiter la proposition qui m'était faite.

Je considérais George Bush comme l'incarnation idéale de toutes les qualités qu'un président se doit de posséder, et j'étais très honoré et très impatient de pouvoir travailler à ses côtés.

GEORGE BUSH

Un autre membre éminent de l'équipe chargée de la politique étrangère est le directeur de la CIA. Là aussi, je savais très précisément qui je voulais. En tant que directeur de la CIA sous le président Ford, j'avais appris exactement quel était le rôle de ce personnage dans la défense nationale. Il n'a en aucun cas pour rôle d'élaborer et de mettre en place une politique ; il doit rester au-dessus de la politique et s'en tenir strictement au renseignement. La seule exception, à mon sens, concerne les actions secrètes dans le cadre d'une décision politique spécifique. Je n'ai jamais demandé à avoir le rang de membre du cabinet présidentiel et j'ai toujours été convaincu que le directeur de la CIA ne doit pas assister aux réunions du cabinet si celles-ci ne portent pas sur des questions de politique étrangère ou de défense nationale. Lorsque les discussions délaissaient la politique étrangère pour, par exemple, aborder la politique agricole, je me levais et je quittais la pièce. Pour toutes ces raisons, une fois président, j'ai décidé de ne pas inclure le directeur de la CIA dans le cabinet.

Je pensais aussi que le choix du directeur de la CIA ne devait pas être mis sur le même plan que les autres choix présidentiels. Le changement systématique de directeur à chaque nouvelle Administration aurait tendance à politiser une fonction qui se doit de rester en dehors de la politique. Traiter le directeur de la CIA comme les présidents traitent habituellement le directeur de cabinet – qui demeure en poste malgré les changements d'administration – reste en règle générale la meilleure des formules. La direction de la CIA doit, à mon sens, revenir à un fonctionnaire de carrière ou à quelqu'un susceptible de s'entendre immédiatement avec les hommes de la CIA. Lorsque Ford m'a nommé directeur de la CIA, j'ai dû batailler ferme pour convaincre tout le monde que la politique n'était pas en train de faire son entrée à l'Agence. Je voulais que mon propre choix fasse passer un message aux professionnels du renseignement. La chose n'était pas difficile. William Webster, qui s'était distingué dans la magistrature fédérale à Saint Louis, puis comme chef du FBI, et enfin comme directeur de la CIA sous Reagan, faisait très bien son travail. Il s'était tenu à l'écart de la politique au FBI comme à la CIA. Je lui ai demandé de rester en poste, certain qu'il saurait s'attirer le respect des membres de l'équipe qui travaillerait à la défense nationale. Je n'ai jamais eu à regretter cette décision.

Le choix du ministre de la Défense s'est révélé plus délicat. L'ancien sénateur John Tower était le premier sur ma liste. John était un vieil ami très loyal ; nous nous connaissions depuis plus de vingt-cinq ans dans le monde politique du Texas et d'ailleurs. Il était le dirigeant à poigne de la commission sénatoriale aux questions militaires, et de temps à autre, je l'avais vu se battre pour une politique de défense réaliste soutenue par un budget réaliste. Même si je n'avais aucun doute quant à la science de Tower en matière de défense, j'avais pourtant quelques réserves. Je voulais être tout à fait sûr, en mon âme et conscience, qu'une forte personnalité telle que la sienne était susceptible de s'entendre avec la nouvelle équipe qui allait travailler à la Défense nationale. Même si certains voyaient en lui un homme sans concession, ceux qui avaient travaillé avec lui savaient qu'il était bien plus modéré et accommodant que ne le laissait penser son personnage public.

Lorsque j'ai nommé Tower, je ne me doutais pas de la détérioration du processus de confirmation, et je ne savais pas à quel point tout ce qui allait advenir serait blessant et humiliant pour John et sa famille. Cet épisode allait également détourner de Washington un certain nombre de personnes compétentes. Les membres du Congrès, ou les anciens membres, ont toujours été traités avec respect, voire déférence, par leurs pairs. J'étais certain, après les années que Tower avaient passées au Sénat, que le processus de confirmation ne serait pour lui qu'une formalité. Je connaissais sans doute John bien mieux que ne le connaissaient ses collègues du Sénat. Jamais je ne l'avais vu renoncer ou échouer dans son devoir. Les rumeurs sordides qui ont entouré l'action du Sénat à l'encontre de Tower sont véritablement scandaleuses. Je n'ai jamais pris cet échec de la nomination de Tower le 9 mars comme un échec personnel, mais j'étais profondément attristé pour John et sa famille. Je suis fier de l'avoir soutenu pendant toute la durée de cette pénible épreuve. C'était un homme de grande valeur. Comme tout le monde, il avait ses défauts, mais il avait suffisamment de qualités pour mériter que je lui sois loyal et que je le soutienne lorsque la situation a commencé à se durcir.

La nomination de Tower torpillée par un excès de sectarisme, je devais rapidement trouver un remplaçant à la hauteur. L'absence de ministre de la Défense avait paralysé le travail du Pentagone au cours des premières semaines de mon mandat, nous devions donc trouver quelqu'un pour qui le processus de confirmation serait vraiment une formalité ; dans l'idéal, il nous fallait un membre du Congrès. Je continuais de penser que Brent serait excellent dans ce genre de poste, mais je savais aussi que j'avais terriblement besoin de lui comme conseiller à la Sécurité nationale. J'ai donc décidé que Dick Cheney serait l'homme de la situation, à condition qu'il puisse se laisser convaincre de délaisser le Congrès, où il jouait un rôle important.

Contrairement à Tower, Cheney n'avait jamais dirigé de commission sur la Sécurité nationale, mais comme dirigeant du groupe républicain et membre influent de la commission d'enquête sur le renseignement, il avait une grande connaissance des questions de défense. En outre, il avait été le chef de cabinet du président Ford, et savait comment l'on échafaudait une politique. Il avait la réputation d'être un homme intègre, fidèle à ses principes et, en même temps, capable de s'entendre avec les autres. Il était fort, âpre mais juste. Je ne doutais pas que comme ministre de la Défense, il serait compétent et efficace dans ses rapports avec le Sénat et le Parlement, où il était apprécié et unanimement respecté. Moins de quarante-huit heures après le vote contre Tower, j'ai proposé le portefeuille à Dick, qui l'a immédiatement accepté. Comme je l'espérais, il a obtenu la confirmation du Sénat.

BRENT SCOWCROFT

J'étais ravi du choix de Cheney, que j'avais rencontré au tout début de l'administration Ford, lorsqu'il est devenu l'adjoint du chef de cabinet Donald Rumsfeld. Puis, dans le grand chamboulement d'octobre 1975, Cheney a été nommé chef de cabinet au moment où je devenais conseiller à la Sécurité nationale et où George Bush rentrait de Chine pour diriger la CIA. Dick et moi avons toujours travaillé en étroite collaboration. Il était tout d'un bloc, ne s'embarrassait pas de manières et avait un grand sens pratique. Il ne laissait jamais son ambition personnelle prendre le pas sur la tâche à accomplir. Sa façon de travailler lui attirait la coopération de tous. À la fin de l'administration Ford, et après son entrée au Congrès, je l'ai aidé à prendre part aux activités d'un groupe de travail sur le contrôle des armements et d'autres questions stratégiques ; de sorte que Dick avait une connaissance bien plus solide des problèmes de défense que ne le laissait penser son action officielle au sein des commissions sénatoriales.

GEORGE BUSH

L'autre personnage clé de la Défense nationale est le directeur des chefs d'état-major. Légalement, son mandat est limité à deux ans, et l'amiral William Crowe avait fait un peu plus de la moitié de son mandat. Comme il s'agit avant tout d'un rôle de conseil, je pensais que ce type de poste convenait plutôt à un fonctionnaire de carrière échappant par définition aux pressions politiques habituelles. Bill m'avait favorablement impressionné, et j'ai donc décidé de le garder. Il nous a été d'une aide précieuse jusqu'à son départ en retraite, à la fin du mois de septembre 1989.

Lorsque Crowe m'a annoncé qu'il nous quittait, Cheney m'a suggéré de choisir Colin Powell comme remplaçant. J'avais fait la connaissance de Colin lorsqu'il était le conseiller à la Sécurité nationale de Reagan. Il était facile de l'apprécier, et facile de s'entendre avec lui. Nous sommes rapidement devenus amis. Il avait un incroyable sens de l'humour, ce qui nous a permis de tenir bon dans les coups durs. Même si Colin représentait un excellent choix, deux choses me préoccupaient. Tout d'abord j'avais peur de lui faire gravir les échelons trop vite et de le faire passer avant d'autres militaires ayant plus d'ancienneté que lui, qui venait seulement d'être nommé général d'armée. Je me demandais si, à ce stade de sa carrière, un haut commandement ne serait pas plus approprié. Il était assez jeune pour devenir ultérieurement directeur des chefs d'état-major. Cheney est resté inflexible et a su me convaincre. Inutile de dire que je n'ai jamais regretté de l'avoir nommé à ce poste.

Colin nous a rejoints le 1er octobre, au milieu de la longue crise déclenchée par les élections panaméennes et, quelques jours plus tard, le coup d'État manqué contre le dictateur panaméen Manuel Noriega par un membre de sa garde rapprochée. Plus tard, au mois de décembre, j'ai pu l'observer au cours de la mise en place de l'opération destinée à sauver des vies américaines, à traduire Noriega en justice, et à restaurer la démocratie au Panama. Chaque fois qu'il venait me faire son rapport, je pouvais me rendre compte que sa façon calme et efficace de présenter les choses et de répondre aux questions atténuait mes craintes et me donnait confiance. J'admirais son perfectionnisme, et avant tout le souci qu'il avait de ses troupes ; c'est là un élément qui est revenu sans arrêt dans l'organisation de l'opération Tempête du Désert et de notre opération humanitaire en Somalie.

BRENT SCOWCROFT

La première fois que j'ai rencontré Colin, il était responsable de l'exécutif auprès du ministre de la Défense Caspar Weinberger, mais nous n'étions pas en contact régulier. Nos chemins se sont à nouveau rencontrés peu de temps après son accession au poste d'adjoint du conseiller à la Sécurité nationale Frank Carlucci. Nous nous sommes retrouvés sur la même estrade au National War College, pour un débat sur le NSC. À l'époque, j'étais très impressionné par sa vision des choses et sa clarté d'esprit. Cette impression a été renforcée pendant la période de transition avec l'administration Bush, lorsque je l'ai remplacé comme conseiller à la Sécurité nationale. Ce remplacement s'est fait très simplement, comme un banal transfert de responsabilités.

Il savait ce que je voulais savoir et, ayant déjà occupé ce poste, j'ai rapidement pu me faire une idée de son opinion en matière de défense nationale et de politique étrangère, opinion que je partageais par ailleurs. J'avais un peu peur que sa nomination, alors qu'il venait tout juste d'être nommé général d'armée et qu'il était encore assez jeune, l'empêche d'être bien accepté par les militaires, surtout si l'on ajoute ses relations à la Maison Blanche. J'avais tort de m'inquiéter, sa nomination n'a pas fait la moindre vague.

Powell savait rester totalement imperturbable, même lorsqu'une situation ou une discussion devenaient très tendues. Étant à la fois membre clé du NSC et travaillant en étroite collaboration avec son supérieur direct, il savait gérer avec brio les relations parfois orageuses entre le ministre de la Défense et le directeur du NSC lors des discussions avec le Président.

GEORGE BUSH

Deux autres personnages importants, bien que travaillant uniquement sur les questions de politique intérieure, ont apporté leur contribution à notre équipe de travail sur la politique étrangère : il s'agit du vice-président Dan Quayle et du chef du cabinet présidentiel John Sununu. Ils étaient tous les deux brillants et montraient un réel intérêt pour le contrôle des armements, si bien qu'au fil des années, leurs conseils se sont avérés extraordinairement utiles.

S'il est vrai qu'il est capital de choisir avec précaution et discernement les personnes destinées à occuper les postes clés, il est tout aussi vital de leur laisser une certaine liberté dans le choix de leurs associés. Jim Baker m'avait dit qu'il souhaitait prendre Lawrence Eagleburger comme adjoint. J'étais très satisfait de ce choix. Larry était un homme exceptionnel qui s'était distingué à plus d'un titre au cours de sa carrière dans les affaires étrangères. Il avait une grande expérience de terrain, ayant servi à l'étranger en tant qu'ambassadeur et ayant occupé des fonctions déterminantes au Département d'État sous les administrations Ford et Reagan.

BRENT SCOWCROFT

Baker et moi avions discuté du choix de son adjoint. Il avait mentionné plusieurs noms, dont Eagleburger, et m'avait demandé ce que j'en pensais. Je lui avais répondu que personne ne me paraissait aussi qualifié qu'Eagleburger. J'avais tout d'abord été quelque peu surpris que Baker cite son nom. Larry et moi étions très proches, tant sur le plan professionnel que personnel, et nous avions tous deux longuement travaillé avec Henry Kissinger. Cet état de fait aurait pu faire hésiter Baker. Je pense qu'en sachant choisir la personne la plus compétente en dépit des éventuels inconvénients, il a fait montre d'une grande force de caractère. Je suis encore réellement impressionné par cette décision. La présence de Larry a singulièrement facilité et amélioré le travail de mise en place et d'application de notre politique de défense.

Comme Baker, j'ai aussi sélectionné mes collaborateurs. Le personnel du NSC est relativement réduit, et ceux qui veulent en faire partie doivent s'attendre à un travail herculéen et à une pression constante. Lorsqu'ils sentent qu'ils ne peuvent plus tenir le rythme, c'est qu'il est temps pour eux de passer à autre chose. Il est capital que chaque personne accomplisse sa propre charge de travail. Je pense qu'une bonne équipe peut même permettre à une structure de travail déficiente de fonctionner convenablement, mais, à l'inverse, une bonne structure ne saurait compenser une mauvaise équipe.

Le choix d'un adjoint était ma priorité absolue. J'avais besoin d'un alter ego, de quelqu'un qui possède une formation solide, et maîtrise les rouages du NSC et de l'exécutif. Mais, plus important encore, j'avais besoin de quelqu'un qui ait la confiance du Président. Mon choix s'est fixé sur Robert Gates, directeur adjoint de la CIA. J'avais fait venir Gates au NSC comme simple collaborateur sous l'administration Ford. Il avait également travaillé au NSC sous l'administration Carter et connaissait donc bien la maison, qu'il avait pu voir fonctionner sous différents présidents. Bob avait été nommé très jeune directeur de la CIA par le président Reagan. Il s'était rapidement et injustement empêtré dans les filets de l'Irangate et des Contras. Alors que l'opinion publique réagissait avec une vive émotion, Gates, plutôt que de tenir bon et de se défendre (mais sa meilleure défense a été sa confirmation au poste de directeur de la CIA en 1991), a eu le courage de se retirer de façon à faire courir le moins de risques possible au Président. Le futur président Bush le connaissait très bien, et lorsque j'ai avancé son nom, il a soutenu avec enthousiasme sa nomination.

L'équipe sélectionnée par le Président était une équipe soudée. La plupart de ses membres avaient déjà travaillé ensemble et ont mis leur grande expérience au service de l'Administration. Nous étions également liés par une grande camaraderie. Je pense que cette qualité-là a distingué l'administration Bush de toutes celles que j'ai connues, et sans aucun doute de toutes celles dont j'ai fait partie. Cette équipe était composée de personnalités fortes sans que jamais aucun excès d'amour-propre ne vienne entraver les affaires de la nation. Un grand sens de l'humour, largement partagé, a égayé notre travail quotidien de plaisanteries et de petites taquineries, nous permettant de tenir bon pendant les crises les plus difficiles. Nous formions un groupe assez décontracté et en même temps tout ce qu'il y a de plus sérieux. Cela était également vrai des membres de mon équipe au NSC. Même si la plupart d'entre eux n'avaient jamais travaillé ensemble par le passé, ils ont su dès le départ créer des liens très forts, notamment lorsque nous avons dû nous atteler au bilan de l'Administration précédente. Une très bonne ambiance de travail s'est mise en place et je dois dire que j'ai encore une grande affection pour chacun d'entre eux.

GEORGE BUSH

Alors que le mois de janvier approchait et avec lui la cérémonie d'inauguration, je rencontrais Brent presque tous les jours pour ce que nous appelions des séances « prospectives ». Il est venu à Camp David (que le président Reagan m'autorisait généreusement à utiliser lorsqu'il n'y était pas) le 2 janvier pour discuter des problèmes qui nous attendaient. Dans une atmosphère détendue, surtout au cours des grandes promenades dans les sous-bois enneigés qui bordent le périmètre du camp, nous avons discuté de l'Union soviétique, de la limitation des armements et nous avons passé en revue les questions de politique générale. Nous ne tentions pas de résoudre les problèmes, mais de formuler nos attentes et nos priorités. Je voulais que les choses avancent rapidement.

Peu de temps après, le 9 janvier, je me suis longuement entretenu de la question soviétique avec Henry Kissinger, John Sununu, Jim Baker et Brent. J'ai un grand respect pour les connaissances historiques de Henry et pour son analyse. Il disait que nous avions besoin d'un projet ambitieux et, même s'il était trop poli pour le dire, il était clair qu'il avait le sentiment que notre approche de la situation en Europe et en Union soviétique péchait par absence de vision stratégique globale. Kissinger poussait également à la création d'un canal de communication informel avec Moscou. C'est une chose qui avait été en usage sous d'autres administrations, et c'est sans doute lui qui avait fait office de messager. J'étais circonspect. Je voulais être certain de faire passer les bons messages en direction de Moscou et je voulais éviter que certains membres de notre Administration disent une chose tandis que d'autres mèneraient des négociations secrètes qui feraient passer le message inverse. Même s'ils sont parfois d'une grande utilité, les canaux officieux peuvent laisser certaines personnes importantes dans l'ignorance d'une décision politique à venir ou des détails de quelque conversation entre le Président et un dirigeant étranger.

J'hésitais à désigner qui que ce soit pour remplir le rôle de canal officieux, mais à Governors Island, Gorbatchev avait suggéré Dobrynin. J'ai saisi l'occasion d'un voyage de Kissinger à Moscou pour faire passer une note personnelle à Gorbatchev. Je le remerciais pour toute l'attention qu'il avait accordée à Jeb et à mon petit-fils lors de leur séjour en Arménie. Je réitérais également les remarques que je lui avais faites lors de sa visite aux Nations unies et je lui expliquais que la nouvelle équipe allait devoir prendre le temps de réfléchir aux questions centrales de la relation entre nos deux pays, notamment la limitation des armements. Je pensais qu'il était important que notre dialogue aille au-delà du simple contrôle des armements et porte davantage sur une vision élargie de la relation que nous voulions établir.

BRENT SCOWCROFT

J'étais d'accord avec Kissinger. J'étais un farouche partisan des canaux officieux comme moyen de passer outre la bureaucratie d'un côté comme de l'autre et d'être en contact permanent avec Gorbatchev. Mais Dobrynin, que Gorbatchev avait déjà mis au parfum, était davantage susceptible de remplir ces deux exigences que Kissinger. En janvier, Baker et moi avons rencontré Dobrynin chez Baker pour un échange de vues et pour déterminer les dispositions nécessaires. En fin de compte, ce canal n'a pas vraiment rempli sa fonction, en dépit de mes innombrables efforts pour en faire usage dans les mois qui ont suivi. Dobrynin est tombé malade à un moment de bouleversements dans l'organigramme soviétique, ce qui a réduit, voire supprimé ses possibilités d'accès à Gorbatchev. Je regrette que nous ayons perdu l'usage d'une voie de communication comparable à celles qui ont si bien servi avec les Anglais, les Français et les Allemands.

Quelques jours après son retour de Moscou, Kissinger nous a envoyé un compte rendu détaillé et passionnant des ses conversations avec le dirigeant soviétique, nous permettant d'y voir plus clair dans les intentions de ce dernier. Gorbatchev déclarait qu'il accueillait favorablement l'idée d'un dialogue confidentiel avec notre Administration et ajoutait qu'il considérait comme un gage de bonne foi et d'attachement aux vertus du dialogue le fait que le futur président Bush l'ait approché avant même la cérémonie inaugurale.

Gorbatchev avait également dit à Kissinger que les Soviétiques n'exerceraient aucune pression concernant START, mais qu'il pensait que les négociations politiques pouvaient commencer dès le mois de mars. Il soulignait l'importance d'un certain nombre de questions internationales, notamment en Europe. « Je suis d'avis que nous gardions un œil sur l'Allemagne, c'est-à-dire sur les deux Allemagne, avait-il déclaré. Nous ne devons rien faire qui soit susceptible de plonger l'Europe dans un état de crise. » Il n'en avait pas dit plus. Quant à l'Europe de l'Est et aux efforts de réforme, la vie apportait des changements contre lesquels nul ne pouvait aller, et cela s'appliquait également à l'Europe de l'Ouest. Mais nos deux puissances devaient éviter de menacer leur sécurité réciproque. C'est dans cet état d'esprit qu'il envisageait le dialogue.

Gorbatchev avait également dicté un message que Kissinger devait rapporter à Washington : « Je suis prêt à participer à un échange de vues sur la nécessité d'harmoniser nos politiques sur les questions internationales. J'apprécie tout particulièrement votre message, et notamment le fait qu'un canal confidentiel ait pu être mis en place si tôt. » À en juger par le ton et le contenu du message, il semblait clair qu'il souhaitait établir une relation positive et qu'il était prêt à reprendre le travail là où s'était arrêtée l'administration Reagan.

Dans son rapport, Kissinger a raconté qu'au moment où il se levait pour partir, Gorbatchev lui a semblé préoccupé. « Je dirige un bien étrange pays, lui avait-il dit. J'essaie de mettre mon peuple sur une voie qu'il ne comprend pas et que beaucoup de gens ne veulent pas emprunter. Lorsque je suis devenu secrétaire général, je pensais qu'à l'heure où je vous parle, la perestroïka *serait dans sa phase finale. Au lieu de cela, la réforme économique n'en est qu'à son balbutiement. Mais une chose est sûre : quoi qu'il arrive à la* perestroïka*, ce pays ne sera plus jamais le même. » Kissinger lui a demandé comment, étant lui-même le produit de l'ancien système, il pouvait être à ce point déterminé à en changer les fondements. « Il est facile de voir ce qui ne marchait pas, a alors déclaré Gorbatchev, mais il est plus dur de trouver ce qui peut marcher. Pour cela, j'ai besoin d'une longue période de paix. » Kissinger concluait en disant que le président soviétique tentait de garder la tête hors de l'eau avec la* perestroïka *et qu'il voyait dans la politique étrangère une porte de sortie. Il pensait également que Gorbatchev était prêt, pour cela, à payer un prix raisonnable.*

CHAPITRE II

De la théorie à la pratique

GEORGE BUSH

Le Bureau Ovale en lui-même n'est pas très grand, mais il y règne une atmosphère particulière. Même en quittant la présidence, j'avais encore ce même sentiment de respect mêlé de crainte que j'avais éprouvé, il y a des années, lors de mon arrivé à la Maison Blanche. C'est le symbole de l'institution présidentielle, un symbole auréolé d'un grand prestige historique. Je pouvais sentir autour de moi la présence de tous les présidents qui m'avaient précédé, et ce sentiment était renforcé par mon goût personnel pour la lecture d'ouvrages sur l'histoire des États-Unis et sur les événements qui s'étaient déroulés dans ce bureau. Cette présence pouvait parfois être assez inhibante. Ainsi, chaque fois que quelqu'un pénétrait dans le Bureau Ovale en pensant venir dire son fait au Président, il se retrouvait à court d'arguments, comme intimidé par l'endroit. En un sens, cela nous permettait à tous, moi le premier, de nous souvenir qu'il y avait là quelque chose qui nous dépassait. Cela nous permettait de prendre du recul.

J'aimais beaucoup travailler dans cette pièce. Je pouvais regarder par la fenêtre et voir mes petits-enfants jouer dans le parc. Parfois, mon chien Ranger, dégoulinant de pluie, venait gratter à la porte, me suppliant de le laisser entrer. En automne et en hiver, il y avait toujours du feu dans la cheminée, et la pièce s'emplissait d'une chaleureuse quiétude. Attenant au Bureau Ovale se trouvait un autre petit bureau, presque un cagibi en réalité, où je pouvais me rendre avec une ou deux personnes lorsque je souhaitais discuter dans un cadre moins formel. Il y avait également une petite salle à manger qui donnait sur un jardin, et où je pouvais recevoir des personnes à déjeuner. À côté de la salle à manger se trouvait la minuscule cuisine où Domingo Quicho pouvait organiser un repas en un tournemain. Domingo était une véritable institution à la Maison Blanche, où il travaillait depuis l'administration Kennedy. Je le considérais comme un ami très cher (il possède à présent un des chiots de ma chienne Millie). C'est cette atmosphère accueillante, presque familiale qui faisait que la Maison Blanche n'était pas seulement un lieu de travail, et que l'exercice des responsabilités y était moins pesant.

Dans les quelques jours qui ont suivi la cérémonie inaugurale, nous avons tout de suite commencé à mettre en place l'emploi du temps quotidien et les procédures de base. Un des rendez-vous importants était la réunion sur la Sécurité nationale. Elle avait lieu à huit heures du matin et permettait à la CIA de me tenir au courant des derniers développements sur la scène internationale. La première partie de cette réunion concernait donc les informations de la CIA ; Brent, Bob Gates, John Sununu et, une à deux fois par semaine, Bill Webster, y assistaient également. Un responsable de la CIA présentait ce que l'on appelle le briefing présidentiel quotidien, c'est-à-dire un document écrit contenant les rapports et analyses les plus importants, rédigé durant la nuit et les premières heures du matin. Dès le premier jour, j'ai insisté pour lire ce document en présence d'un responsable de la CIA et de Brent ou de son adjoint. De cette façon, je pouvais demander à la CIA de me faire parvenir davantage d'informations sur certains points, ou bien, lorsque cette lecture renvoyait à des questions politiques, demander à Brent de travailler sur un détail particulier. Les responsables de la CIA notaient mes questions et me faisaient parvenir une réponse ou un développement le lendemain ou le surlendemain.

Connaissant mon intérêt pour ce service clandestin mais essentiel (bien que souvent décrié), Webster demandait parfois l'autorisation de faire venir des personnes qui avaient risqué leur vie pour ramener de précieux renseignements. Je trouvais ces réunions fascinantes, et j'étais toujours impressionné par le courage, le patriotisme et le professionnalisme de ceux qui ont servi à la direction des opérations. J'ai le plus grand respect pour celles et ceux qui dédient leur vie au renseignement. Ils ne sont jamais reconnus pour ce qu'ils ont accompli et n'ont jamais l'occasion d'être sur le devant de la scène, mais ils comptent parmi les citoyens américains les plus dévoués à leur patrie. Ils courent sans arrêt le risque de perdre la vie si leur couverture vient à être percée à jour par ceux que je considère comme des traîtres ; mais ils continuent malgré tout de servir avec honneur.

BRENT SCOWCROFT

Après cet entretien avec la CIA, la deuxième partie de cette réunion sur la Sécurité nationale pouvait commencer. Le vice-président, déjà briefé séparément par une autre équipe de la CIA, faisait son entrée et passait en revue les événements les plus importants de la journée, pour lesquels il souhaitait l'avis du Président, ainsi que tout ce qui méritait d'être discuté. Le Président, qui, à ce moment-là, avait déjà parcouru au moins sept journaux ainsi que la synthèse presse de la Maison

Blanche, avait souvent des questions à poser ou des commentaires à faire sur ce qu'il avait lu, et soulevait des points d'actualité qui avaient retenu son attention ou poursuivait sur d'autres sujets.

J'ai fait très attention aux questions qui ont pu être soulevées lors de ces réunions au moment des enquêtes sur l'Iran ou le financement des Contras. Certaines personnes semblaient croire qu'à cette réunion se prenaient des décisions secrètes à l'insu de ceux qui auraient dû être tenus au courant. Ainsi, je faisais bien attention à ce que ces réunions ne deviennent pas le prétexte de décisions concernant d'autres départements ou bureaux travaillant à la Sécurité nationale. Si le Président mentionnait une ligne politique qu'il souhaitait suivre, je m'assurais que tous ceux qui étaient concernés en soient informés de façon à pouvoir faire tous les commentaires qu'ils pouvaient juger utile de faire. De plus, j'avais obtenu que Gates assiste à ces réunions pour prendre des notes qui puissent servir de référence quant à l'interprétation qui devait être faite de ce qui venait de se dire. C'est d'ailleurs un système que j'ai étendu aux réunions du NSC.

La commission Tower, qui avait enquêté sur l'affaire de l'Iran et des Contras, avait recommandé un certain nombre de changements dans l'organisation et les procédures du NSC. J'avais rédigé l'essentiel de cette partie du rapport et j'en avais discuté avec Frank Carlucci et Colin Powell lorsque, l'un après l'autre, ils étaient devenus conseillers à la Sécurité nationale. En conséquence, quasiment toutes les recommandations de la commission avaient déjà été appliquées : le NSC fonctionnait bien et dans une totale intégrité. Le changement le plus important que je souhaitais apporter dans les opérations du NSC n'avait rien à voir avec la crise de l'Iran et des Contras (qui, à mon sens, devait beaucoup aux personnes qui y étaient mêlées). J'avais à cœur de créer un « comité directorial, « qui comprendrait tout le NSC à l'exception du Président et du vice-président. Je pensais que cela aiderait les principaux responsables à clarifier leurs positions avant que les questions ne soient portées à la connaissance du Président. Cela devait permettre à ce dernier une substantielle économie de temps, et il me semble que le temps est ce qu'il a de plus précieux. J'ai donc inclus ce comité dans le projet de directive sur l'organisation et le fonctionnement du NSC que j'ai remis à Baker et Tower peu de temps après la cérémonie inaugurale. Ni l'un ni l'autre n'ont soulevé d'objection, et ce comité s'est révélé d'une grande utilité.

Il y avait également un domaine dans lequel je souhaitais modifier ma propre façon de faire : les relations avec le Congrès. Puisque le conseiller à la Sécurité nationale ne prête pas serment devant le Congrès, cette relation est informelle. Sous l'administration Ford, j'avais eu tendance à lui accorder une importance mineure. Plus tard j'ai jugé que c'était là une erreur. Le Congrès est une institution déterminante dans le succès d'une politique étrangère et, de son côté, il a tout à gagner à entretenir des relations de proximité avec le conseiller à la Sécurité nationale, si proche du Président par sa fonction.

Lorsque j'ai constitué l'équipe du NSC, j'ai tout de suite demandé à Virginia Lampley de se charger des relations avec le Congrès. Elle savait toujours d'instinct qui je devais appeler et quand, et elle veillait à ce que le Congrès soit toujours au centre de mes préoccupations. Par ailleurs, elle savait toujours présenter les choses de manière à capter l'attention des membres du Congrès. Ginny assurait la coordination du processus législatif entre les différents bureaux avec juste ce qu'il fallait de diplomatie et de fermeté. Elle veillait également à ce que l'Administration s'exprime d'une seule voix au Congrès sur les questions de Sécurité nationale. Sa personnalité et sa capacité à comprendre mes priorités ont rapidement fait d'elle la confidente des autres directeurs, soucieux de tester leurs idées avant de les soumettre. Je me reposais donc sur elle pour un grand nombre de problèmes sortant du cadre de ses responsabilités officielles.

GEORGE BUSH

Comme toute nouvelle Administration, nous avons dû réfléchir à la disponibilité du Président. Il était très difficile de trouver le juste équilibre entre ce que je voulais savoir et ce que je devais ou avais besoin de savoir. La mise en place de la procédure d'accès au Président ne s'est pas faite sans heurts. En tant que vice-président, j'avais beaucoup apprécié les contacts personnels et directs, chaque fois que cela était possible ; mais à présent, Sununu voulait m'éviter d'être submergé ou trop occupé à régler des choses sans importance et à surnager au milieu d'une foule de détails inutiles. Ce qui me manquait le plus, c'était la lecture de tous les documents qui arrivaient sur mon bureau lorsque j'étais directeur de la CIA ou même vice-président. J'enviais les présidents du passé, qui avaient eu tout le temps de lire et d'écrire. Je ne voulais pas torpiller le système mis en place par Sununu : un certain contrôle était nécessaire. Je me reposais beaucoup sur Brent pour faire le tri dans tout ce qui concernait la Sécurité nationale et pour décider de qui devait voir quoi.

BRENT SCOWCROFT

La présence aux réunions officielles du NSC posait un sérieux problème d'organisation. Le président Reagan avait désigné un certain nombre de personnes invitées à se joindre aux discussions, en plus des membres statutaires et des conseillers. Mais comme il s'agissait d'un privilège très couru, chaque exception avait tendance à ouvrir la porte à un flot de demandes supplémentaires. Le Président et moi voulions réduire les effectifs au minimum nécessaire au traitement du problème en cours. Il s'agit à la fois de faciliter un dialogue franc et ouvert et de réduire les possibilités de fuite. Le fait d'assister aux réunions ne se limite cependant pas au rôle que l'on peut y tenir. Certaines personnes semblaient croire que leur mise à l'écart était un indice négatif de leur cote dans le Bureau Ovale.

Le Président a exigé que chaque fois que l'on devait discuter de questions importantes en relation avec un département ou un bureau particulier, le responsable concerné soit présent. Il pensait aussi que Marlin Fitzwater, son porte-parole en qui il avait une grande confiance, devait également être présent. Ce point précis soulevait quelques difficultés. Il était important que Fitzwater soit au courant de ce qui se passait mais, en même temps, il fallait éviter qu'il ne se retrouve dans la situation délicate de devoir refuser de discuter avec la presse de certains sujets encore trop brûlants pour être divulgués. Marlin s'est déclaré prêt à faire face à ce genre de problèmes et il s'est acquitté de sa tâche avec beaucoup d'efficacité. John Sununu faisait également partie de ceux qui doivent savoir ; il n'était donc jamais très loin. Certaines voix se sont élevées contre ce système, mais globalement, nous avons toujours su gérer la situation.

GEORGE BUSH

Toutes les personnes autorisées n'assistaient pas systématiquement aux réunions du NSC ou du cabinet dans leur intégralité. Souvent, certaines personnes étaient épuisées par le décalage horaire ou par un problème qui les avait tenues éveillées une bonne partie de la nuit. Malgré de louables efforts pour tenir debout, certains s'endormaient en cours de route. Brent était de loin celui qui travaillait le plus à la Maison Blanche. Il travaillait toute la nuit, puis rentrait chez lui faire son jogging, avalait un dîner léger et ne dormait que quelques heures. En conséquence, de temps en temps (pour tout dire, assez fréquemment) il somnolait aux réunions. Pour être plus précis, je dirais même qu'il sombrait dans un sommeil de plomb. Il avait élevé cela au rang de grand art. Il s'endormait profondément pendant quelques secondes, puis se réveillait comme s'il n'avait pas raté une miette de la discussion. Ce véritable don forçait l'admiration de tous, au point que nous avons fini par appeler cela le « facteur de récupération ». Cela pouvait par exemple se traduire, au moment du réveil, par une frénésie d'écriture : Brent se mettait à écrire tout et n'importe quoi sur un carnet ; ou par un énergique mouvement de tête approbateur alors même qu'il n'avait pas écouté un traître mot de ce qui venait d'être dit.

Cette faculté me paraissait si extraordinaire que, la première année, j'avais eu l'idée de lancer un prix : le prix Scowcroft de la somnolence, remis chaque année lors d'un dîner très bon enfant donné pour les membres du cabinet. Certaines personnes passaient la saison à observer les performances de candidats qui, selon elles, méritaient d'être retenus pour le prix. Les nominés n'étaient pas nécessairement membres du cabinet.

Une commission secrète d'évaluation composée d'un unique membre était chargée d'évaluer, dans la plus totale subjectivité, chaque candidature, en se basant sur le fameux « facteur de récupération ». Il s'agissait de choisir celui qui avait su développer la technique la plus efficace pour détourner l'attention de son absence momentanée, et convaincre son entourage qu'il n'avait pas perdu un mot de la conversation. La première année, le prix a été décerné à Brent, ce qui était la moindre des choses ; mais par la suite, le choix s'est révélé bien plus délicat. Certains concurrents forçaient le respect par la durée de leur endormissement ou par les modalités et l'originalité de leur procédure de retour à la réalité. Régulièrement, un des concurrents, tout à fait conscient de l'honneur et du prestige que représentait l'attribution de ce prix, protestait de son innocence, prétendant avoir momentanément fermé les yeux à cause d'une conjonctivite ou d'une sensibilité particulière à la lumière du moment. La commission était incorruptible et prenait scrupuleusement note des performances de chaque candidat, notes qui étaient ensuite mises à l'abri dans un dossier informatique inviolable.

Voici certaines des notes prises au cours du moi de mai 1991. Elles démontrent la grande qualité des candidatures ainsi que le don d'observation de la commission.

8 mai

Une belle tentative de la part de John Sununu. À notre réunion habituelle de 8 heures du matin, John s'est assoupi à 8 h 16 précises. Il a ensuite ronflé légèrement lors d'une autre réunion avec des législateurs tout ce qu'il y a de plus sérieux (ce qui constitue cependant une assez modeste performance).

15 mai

Le général Scowcroft et John Sununu on clamé partout que j'étais entré en lice au cours d'un récital de Jessy Norman, lors d'un dîner officiel en l'honneur de la reine Elizabeth. Sûr de mon innocence, j'ai discuté de l'affaire avec Barbara, qui m'a confirmé qu'à aucun moment je n'avais donné de signe de lassitude. Le témoin principal de Brent n'était autre que ma fille Doro. Interrogée, cette dernière à défendu son président de père contre cette attaque infamante. Même si cet épisode fait désormais partie du « Dossier Scowcroft », il s'agit là d'une accusation si mensongère qu'elle n'aurait jamais dû rencontrer le moindre crédit. À la surprise générale, sa Majesté la Reine a fait une modeste tentative à notre retour du match de base-ball, mais il est vrai qu'il faisait déjà nuit et qu'il était 4 heures du matin en Angleterre : il n'y a donc pas lieu d'en prendre note.

31 mai

Au cours d'un dîner privé en compagnie du président du Soviet suprême Evguéni Primakov et de moi-même, Brent s'est montré un candidat tout à fait prometteur. Après un biscuit au chocolat – disons deux – son regard est devenu légèrement vitreux. Il est impossible de dire s'il a réellement dormi, mais Primakov a remarqué la chose et m'a adressé un petit sourire de connivence. Il savait. Mais ça n'est pas tout. Lors d'une réunion avec la délégation qui s'est rendue en Union soviétique, Brent a été l'auteur d'une brillante performance, sans, toutefois, pouvoir prétendre à la première marche du podium.

Il est 2 heures de l'après-midi dans la salle de réunion du cabinet ; douze personnes sont présentes. Brent est séparé de moi par trois personnes, peut-être deux.

Il pique du nez.

Il se ressaisit assez joliment, en approuvant énergiquement de la tête alors que son voisin de gauche fait une intervention remarquée...

À plusieurs reprises, il ferme les yeux complètement, raflant d'un coup plusieurs points. Plusieurs réveils sont gérés avec aplomb. Ce n'est que vers la fin de la réunion (14 h 48) qu'il se penche en avant, la tête reposant sur le bras, le coude sur la table.

[Bob] Zoellick intervient à nouveau. Scowcroft se rétablit une fois de plus avec maestria, et approuve avec la dernière énergie ce que Zoellick vient de dire sur le budget de l'agriculture.

14 h 51, la tête est bien baissée. Le coude a disparu et la tête se trouve à présent à dix centimètres de la table. Une seule critique cependant : les paupières ne sont pas parfaitement closes.

C'est finalement Dick Cheney qui a été le deuxième lauréat de ce prix, récompensé dans la catégorie du « sommeil le plus profond ». Son discours de remerciement est d'ailleurs des plus révélateurs : « Je suis très honoré, a-t-il déclaré, mais je ne mérite nullement une telle récompense. » Il la méritait pourtant plus qu'aucun autre.

Une fois le système du NSC en place, Brent s'est retrouvé responsable de la Sécurité nationale et de la politique étrangère. Je suis convaincu que lorsque vous faites confiance aux gens qui travaillent pour vous, et lorsque ceux-ci parviennent à s'entendre, la solution qu'ils trouvent en commun est sans doute la plus efficace. Brent essayait d'élaguer les questions de manière à ce que lui et moi, éventuellement Jim Baker ou Dick Cheney, puissions traiter ce qui restait. Parfois, certains membres du cabinet pouvaient avoir des divergences d'opinions, ou des départements rivaux pouvaient avoir des idées bien arrêtées sur certaines questions. Brent s'assurait toujours de ce que l'opinion de chaque personne concernée soit parfaitement comprise par lui et par moi. S'il ne pouvait sortir seul d'une impasse, les directeurs réglaient le problème avec moi. Même à ce moment-là, Brent essayait de débroussailler le terrain avant de leur donner accès à mon bureau. Il m'enlevait une grande partie de la pression en gardant une approche honnête et ouverte du rôle du NSC. C'est en partie grâce à lui que nous avons pu bénéficier d'un processus efficace et cohérent dans la mise en place de notre politique : les décisions clés étaient systématiquement examinées à l'avance. Ce système n'était pas parfait, mais il fonctionnait.

Pour préserver le rôle de Brent, je veillais à ce qu'il soit informé de tout et qu'il ne soit jamais pris de court, surtout dans les décisions importantes. Si j'avais à m'entretenir de choses significatives avec Jim ou Dick, Brent assistait généralement à ces entretiens. Il a pu arriver, notamment au moment de la réunification allemande ou de l'opération

Tempête du Désert, que Jim me parle en privé, ou par téléphone ou câble, et que je lui donne directement le feu vert ; mais je n'ai jamais manqué d'en informer Brent et de partager avec lui ces informations. D'ordinaire, toute personne demandant à me parler directement au téléphone sur des questions de défense ou de politique étrangère passait de toute façon par Brent.

Brent et Jim pouvaient parfois s'opposer, mais cela arrivait très rarement. Jim craignait d'être tenu à l'écart d'une décision qui pouvait concerner son ministère. En tant qu'ancien chef de cabinet, il savait à quel point un conseiller présidentiel doté d'une très forte personnalité et soutenu par le Président pouvait isoler tel ou tel membre du cabinet. Il est sans doute exact de dire que le NSC et Brent avaient à cœur de savoir ce que l'État faisait. Nous essayions tous, je crois avec succès, de tenir tout le monde informé et d'éliminer les conflits de personnes susceptibles de torpiller la mise en place d'une politique ou l'efficacité d'une mission diplomatique.

BRENT SCOWCROFT

C'est le lundi 23 juin, le premier jour de travail de notre nouvelle Administration, que nous avons pu tester, grandeur nature, notre processus de crise. Les services secrets m'ont calmement informé qu'une grande et mystérieuse boîte en provenance de l'Union soviétique venait d'être livrée à la Maison Blanche. De l'extérieur, rien ne pouvait permettre de l'identifier, et l'ambassade soviétique n'a pu nous donner aucune information. Avec toutes les précautions possibles, les démineurs des services secrets ont transporté la boîte en lieu sûr et l'ont ouverte. À l'intérieur se trouvait un gâteau d'un quart de tonne, richement décoré. Quelqu'un s'était donné beaucoup de mal, mais qui ?

J'ai fait passer le gâteau à Gates qui, en toute logique, l'a transmis à Condoleezza Rice, directrice du département soviétique du NSC *, qui devait donc jouer les détectives et remonter jusqu'aux origines du fameux gâteau. Une enquête rondement menée a eu tôt fait de révéler que le gâteau avait été confectionné pour le Président par un collectif de citoyens d'une ville soviétique dont j'ai oublié le nom, en l'honneur de son entrée en fonctions. C'était un geste très délicat et le Président a été très touché. Il a proposé que l'on prenne une photo, si possible avec un membre de sa famille debout à côté du gâteau. Il se proposait ensuite d'envoyer la photo avec une petite lettre à ce collectif et de donner le gâteau à une association caritative. Tout cela a pris des jours, et au moment où toutes les formalités ont été remplies, nous nous

---

* J'avais choisi Condi car elle possédait une solide connaissance de l'histoire politique de l'URSS et une grande objectivité dans sa manière d'interpréter ce qui se passait là-bas. Elle avait, en outre, un esprit aiguisé et un grand sens de la stratégie et de la conceptualisation. Elle avait également assisté aux réunions des chefs d'état-major et maîtrisait donc les derniers développements de nos affaires militaires. Elle était charmante et affable, mais savait se montrer ferme lorsque la situation l'exigeait.

sommes aperçus que les rats de l'entrepôt des services secrets s'en étaient donné à cœur joie. L'idée de l'association caritative a donc dû être abandonnée. Quelque part à l'Est, un collectif de pâtissiers qui n'existe peut-être plus possède une photo de son gâteau, accompagnée d'une lettre du président des États-Unis. Notre cellule de crise avait bien besoin de quelques améliorations.

Au cours de ces premiers jours, nous nous sommes lancés dans un état des lieux stratégique, passant en revue les politiques et les objectifs pour chaque région du monde, ainsi que les questions de contrôle des armements. Nous voulions nous y atteler tout de suite car nous savions que tout cela prendrait du temps et nous voulions pouvoir apposer notre sceau sur tous les aspects de cette politique étrangère. Notre Administration était nouvelle et différente, mais la presse semblait ne pas vouloir le comprendre. Nous devions profiter de cette occasion pour définir la direction que nous allions prendre, plutôt que d'accepter passivement ce dont nous avions hérité. Les relations avec Moscou et les changements en cours en Union soviétique représentaient, bien entendu, notre absolue priorité, à côté des divers soubresauts qui agitaient l'Europe de l'Est.

L'évolution des choses et les nouvelles possibilités à l'intérieur du pacte de Varsovie étaient à la base de notre réflexion sur l'Union soviétique. L'instabilité grandissait en Europe centrale et en Europe de l'Est sur le mode « deux pas en avant, un pas en arrière » (ou le contraire). Au fil des ans, une sorte de cycle spécifique s'était fait jour dans la région : répression, montée du ressentiment, explosion immédiatement suivie d'une autre vague de répression. Mais à présent les choses étaient en train de changer : Gorbatchev avait donné de nouveaux espoirs aux réformateurs. Tout occupée qu'elle était à résoudre ses propres problèmes, l'Union soviétique s'était mise à négliger ses satellites européens. La *perestroïka* et le relâchement de l'emprise soviétique permettaient désormais aux pays d'Europe centrale et d'Europe de l'Est d'avoir un contrôle plus actif de leur vie politique et de prendre leurs distances par rapport aux systèmes politiques autoritaires et aux systèmes économiques centralisés du passé. En conséquence, des mouvements de réaction contre les régimes en place se faisaient jour un peu partout, même s'ils n'étaient pas partout de la même force.

Je pensais que la Pologne était davantage susceptible de mener cette marche vers la libéralisation. La situation dans ce pays ne s'était jamais vraiment stabilisée depuis la crise de 1981 et l'entrée en vigueur de la loi martiale. Le pape Jean-Paul II, un homme pour lequel le Président et moi avions le plus grand respect, et l'Église catholique elle-même insufflaient une énergie tranquille à cette quête de liberté. Solidarnosc, le syndicat ouvrier dissident, était en conflit quasi permanent avec le gouvernement. Vers 1989, toutefois, des signes positifs de changement sont apparus. Varsovie a approuvé un ensemble de lois encourageant la libre entreprise et les investissements étrangers. Au cours d'un extraordinaire revirement, le général Jaruzelski, qui avait symbolisé la répression militaire du début des années 1980, ainsi que d'autres dirigeants ont menacé de démissionner pour forcer l'adoption d'une résolution qui ouvrait la voie à la légalisation de Solidarnosc.

Après un long conflit avec le syndicat, le gouvernement polonais a fini par laisser entendre qu'il était prêt à lui accorder une fraction de pouvoir parlementaire en échange du soutien de Solidarnosc à ses programmes économiques. Des pourparlers ont alors été organisés pour discuter des modalités de cette participation politique. De notre point de vue, nous pensions avoir tout à gagner de ce processus, et il nous semblait en tout cas qu'il était dans nos intérêts de l'encourager. Le seul fait que le gouvernement accepte de discuter à la même table que son principal opposant constituait déjà une avancée significative. La raison en était simple : la situation économique était désespérée et le gouvernement semblait croire qu'il n'y avait pas d'autre issue. À Moscou, Big Brother ne pouvait rien faire pour la Pologne.

La situation en Hongrie me paraissait également prometteuse. En novembre 1988, le gouvernement avait annoncé un plan visant à légaliser les partis politiques non communistes, et dévoilé un ambitieux programme de réformes comprenant la promesse d'une nouvelle Constitution pour 1990. Le réformateur Miklós Németh a été nommé Premier ministre et, au début du moi de janvier, un ensemble de lois garantissant la liberté de réunion a été adopté. Puis vint le tour de la Tchécoslovaquie. Les Tchèques, prudents de nature, étaient encore quelque peu abattus par les durs événements de 1968 et l'invasion des forces alliées du pacte de Varsovie. La police réprimait sévèrement les manifestations non autorisées et effectuait des descentes régulières au domicile des leaders de l'opposition. C'est ainsi qu'en janvier, la police a arrêté le leader dissident Vaclav Havel. Simultanément, le gouvernement autorisait pour la première fois certaines organisations indépendantes à défiler massivement dans les rues pour le quarantième anniversaire de la Déclaration universelle des droits de l'homme. L'Allemagne de l'Est, la Roumanie et la Bulgarie restaient loin derrière, en queue de peloton.

Je pensais que ce changement d'atmosphère devait entraîner un changement de priorité pour les États-Unis : il s'agissait désormais de nous détourner partiellement de l'URSS, sur laquelle nous avions concentré tous nos efforts dans le contrôle des armements, pour regarder en direction de l'Europe de l'Est.

Mettre l'accent sur l'Europe de l'Est rappellerait également à tous que la structure fondamentale de la guerre froide était encore en place et que l'armée Rouge occupait toujours cette partie du monde. La ligne directrice que je me proposais de suivre reposait sur deux éléments. Premièrement, nous devions tenter de chasser progressivement l'armée soviétique de la région ou tout au moins réduire sa présence de manière significative, par le biais d'une réduction des armements conventionnels. Cela devait nous permettre de créer les conditions propices au changement politique. Deuxièmement, nous devions réviser notre stratégie afin de prendre en compte individuellement les États d'Europe de l'Est.

Pendant des années, les États-Unis avaient appliqué un traitement de faveur aux satellites soviétiques montrant le plus d'indépendance vis-à-vis du contrôle de Moscou sur leur politique intérieure et extérieure. En faisant cela, nous étions parvenus à compliquer singulièrement la tâche de l'Union soviétique. Dans ce cadre, la Roumanie, sans doute le plus stalinien de tous les États concernés, avait rapidement obtenu notre préférence. Si nous devions développer une relation de coopération avec les Soviétiques, je pensais qu'il valait mieux donner désormais la préférence aux satellites qui entreprenaient les réformes les plus vigoureuses en matière d'économie et de politique intérieure. Nous encouragions ainsi les changements, dans l'espoir de parvenir à long terme à libérer la région dans sa totalité. Un tel changement dans notre politique allait avoir pour conséquence de reléguer la Roumanie à la dernière place de notre classement, en raison de la dictature sanglante de Nicolae Ceausescu.

GEORGE BUSH

Je pensais comme Brent que l'accent mis par Gorbatchev sur la nécessité d'un plan de réformes était susceptible d'influencer favorablement la situation en Europe de l'Est, mais je restais prudent. Les soulèvements tragiques en Allemagne de l'Est (1953), en Hongrie (1956) et en Tchécoslovaquie (1968) me restaient en mémoire. Je ne voulais pas encourager certains événements susceptibles d'engendrer de la violence et d'échapper à tout contrôle, ne nous laissant alors d'autre choix que celui de retirer notre soutien, laissant les gens seuls derrière leurs barricades. J'espérais encourager une libéralisation aussi rapide que possible sans provoquer de cassure interne, comme cela s'était produit en Pologne en 1981, ou de réplique de la part de l'URSS. Le plus dur était de trouver le point d'équilibre et de savoir par avance ce qui serait perçu comme une provocation par l'Union soviétique.

BRENT SCOWCROFT

Cette tâche était grandement compliquée par la stratégie que semblait avoir adoptée Gorbatchev pour l'Europe de l'Est. Il y encourageait les réformes et, dans une certaine mesure, nous pouvions donc le considérer comme un allié de fait. Il semblait motivé par la volonté de pouvoir opposer aux adversaires des réformes à l'intérieur même de l'Union soviétique les progrès déjà accomplis dans ces différents pays. Je pense que Gorbatchev se méprenait sur la situation réelle de l'Europe de l'Est. Il semblait désireux d'encourager un certain nombre de « petits Gorbatchev » bénéficiant du soutien de la population et susceptibles de représenter une amélioration effective et permanente pour la région. Il ne comprenait visiblement pas que les régimes communistes, quelle que soit l'intensité de leur coloration politique, étaient imposés artificiellement de l'extérieur et qu'ils seraient renversés dès que l'occasion s'en présenterait.

La politique intérieure de Gorbatchev devait également entrer en ligne de compte. Quelle était la situation intérieure de l'Union soviétique ? Quelles étaient les relations de Gorbatchev avec les conservateurs du parti, et quelle était sa capacité d'endurance ? Toutes ces questions intervenaient dans un calcul déjà très complexe, augmentant la difficulté de définition de ce que l'on pouvait considérer comme une cadence raisonnable dans la mise en place des réformes. Ces questions conditionnaient, de surcroît, chacune de nos décisions politiques concernant l'Europe de l'Est.

GEORGE BUSH

Tandis que le rapport du NSC sur l'Union soviétique était en bonne voie, j'ai sollicité l'avis d'autres experts. Jack Matlock, notre ambassadeur à Moscou mis en place par Reagan et observateur de longue date de la vie politique soviétique, m'a ainsi fait parvenir de longs documents câblés, très détaillés et fort utiles. J'avais également demandé à Brent d'organiser des rencontres avec des spécialistes extérieurs. La première de ces rencontres a eu lieu au début du mois de février à Kennebunkport, dans notre chambre à coucher, qui était pour ainsi dire la seule pièce chauffée de toute la maison. Même si les avis étaient partagés, je trouvais que leur contribution me permettait de réfléchir en profondeur à ce qui pouvait se passer en Union soviétique. Dès lors, j'ai demandé que des rencontres similaires soient organisées sur les principales questions de politique étrangère.

BRENT SCOWCROFT

Le rapport stratégique officiel concernant l'Union soviétique (NSR-3) est arrivé sur le bureau du Président le 14 mars. Il était assez décevant : il s'agissait d'un compte rendu général, pauvre en détails et en informations, et dépourvu de ces initiatives particulières et novatrices dont nous avions besoin pour engager les relations américano-soviétiques sur une voie productive. En raison de ce contretemps, nous avons travaillé en nous aidant d'un mémo sur les intentions et la politique de Gorbatchev, rédigé par une équipe du NSC dirigée par Condoleezza Rice.

Ce mémo détaillait les informations qui, selon moi, devaient guider le développement d'une stratégie globale concernant les relations américano-soviétiques, et il s'achevait sur une approche en quatre parties de l'attitude à adopter vis-à-vis de Gorbatchev. Tout d'abord, nous devions faire en sorte de renforcer l'idée que la politique étrangère américaine poursuivait des objectifs précis. Nous ne pouvions faire face à Gorbatchev si nous ne paraissions pas certains de nos intentions et de notre calendrier. Ensuite, nous devions faire clairement comprendre au monde que nos relations avec nos alliés restaient au sommet de nos priorités. Il était important d'amoindrir la crédibilité de la dissuasion nucléaire de l'OTAN par le biais de la modernisation. En outre, l'Alliance allait avoir rapidement besoin d'une stratégie politique pour les prochains pourparlers sur la réduction des armements conventionnels et sur le rôle que nous voulions lui voir jouer. Nous devions aussi préparer avec le plus grand soin les accords bilatéraux de contrôle des armements, notamment START, que le monde entier suivait de très près. Si nous arrivions à bien manœuvrer sur le contrôle des armements, l'Alliance aurait davantage confiance en notre capacité à gérer les relations américano-soviétiques dans leur ensemble.

Une fois notre bilan politique terminé, nous avions toute latitude pour prendre des initiatives en Europe de l'Est. Parce que les Européens de l'Est répondaient favorablement à l'invitation qui leur était faite par Gorbatchev d'exercer davantage de contrôle sur leurs propres affaires intérieures, la région était devenue le point faible de la cohésion du bloc de l'Est. Notre outil majeur était la promesse d'une aide économique. Le rapport se terminait sur la question de la stabilité régionale. De récents développements en Afghanistan et en Afrique du Sud nous avaient donné l'espoir que la coopération entre les États-Unis et l'Union soviétique encouragerait la mise en place d'accords dans d'autres régions du monde. Nous devions promouvoir de façon plus agressive la stabilité régionale, conscients que l'URSS pouvait être un atout majeur dans certaines régions, mais pas dans toutes. L'Amérique centrale faisait partie de ces exceptions. Le Kremlin n'avait montré là-bas aucun signe de relâchement dans son soutien aux activités militaires communistes.

Le mémo reprenait une théorie surprenante que Matlock, parmi d'autres, avait déjà plus ou moins formulée : nous avions sans doute un moyen de pression sur Moscou en raison de sa très forte demande en ressources et en savoir-faire économiques. Dans un document annexe, Condi insistait sur le fait que l'Union soviétique était en pleine crise intérieure et se tournait vers l'extérieur pour trouver les idées et les ressources nécessaires à la reconstruction de son système défaillant. Nous pouvions apparemment profiter de cette situation pour bousculer de manière spectaculaire le calendrier des relations américano-soviétiques. Nous avions là une bonne raison de nous concentrer sur la transformation de l'attitude soviétique dans sa politique étrangère comme dans sa politique intérieure. Le propos était ambitieux et proposait un tournant dans la politique américaine. Cette stratégie en quatre étapes est devenue, au début de notre Administration, la base de notre politique concernant l'Union soviétique. Elle allait toutefois devoir passer par une révision complète, avec parfois quelques changements de dernière minute, justifiés par l'évolution rapide de la situation en Europe de l'Est.

Au bout d'environ six semaines les conclusions de deux autres rapports stratégiques, l'un sur l'Europe de l'Est (NSR-4), l'autre sur l'Europe de l'Ouest (NSR-5, mettant l'accent sur le projet d'unification européenne de 1992 – ce qui allait devenir le traité de Maastricht) nous sont parvenues *. Nous devions discuter de l'Europe de l'Est lors d'une réunion du NSC le 30 mars. Au fur et à mesure que je commençais à préparer cette réunion, il est devenu très clair que nous ne pouvions commencer à discuter de la direction politique générale sans maîtriser toutes les données du problème. J'ai demandé au Président de repousser cette réunion pour nous permettre d'organiser d'abord une autre réunion portant, cette fois, sur l'Europe en général. J'avais également une autre idée. Même si nous n'en étions qu'au début de notre Administration, il me paraissait clair qu'une réunion du NSC au grand complet n'était pas forcément propice à une discussion franche entre les proches conseillers du Président. Certains se sentiraient sans doute gênés de s'exprimer en toute franchise en présence de tout le personnel, et avec toutes les possibilités de fuite que cela représentait.

J'ai donc proposé que cette première réunion ait lieu dans le Bureau Ovale en petit comité, c'est-à-dire, en l'occurrence : Quayle, Baker, Cheney, moi-même, Eagelburger, Gates et Sununu. Le Président a accepté et la chose a bien fonctionné. Ce nouveau mode de communication au plus haut niveau (le « groupe de tête ») allait fonctionner pendant toute la durée de notre Administration. Tandis que les réunions officielles du NSC continuaient d'avoir lieu, la tenue d'autres réunions, officieuses, a fini par devenir la règle en amont de la prise de décisions.

Au début de la réunion, Scowcroft a passé en revue les questions qui nous attendaient. La politique américaine menée depuis la fin de la guerre vis-à-vis de l'Europe et de l'URSS avait été couronnée de succès. L'URSS avait été maintenue à distance pendant près de quarante ans et l'Europe occidentale avait prospéré. Nous nous trouvions cependant dans une période de changement rapide, à mesure que l'affrontement Est-Ouest perdait de sa force.

La question centrale restait la stabilité de l'Union soviétique. Quelles que soient les intentions de Gorbatchev, ni lui ni personne ne pouvait prévoir les conséquences de ce qu'il mettait en place. Si l'on gardait toujours à l'esprit le fait que le pays était et resterait une grande puissance militaire, trois points semblaient ressortir de ce que nous savions. Tout d'abord, les réformes économiques. Étions-nous à l'aube d'une période de tumulte et de paralysie, quelle que soit l'issue de ces changements ? Ensuite, les modalités politiques de ces réformes. Ce processus allait-il créer des conditions de vie nouvelles ou allait-il générer davantage de

---

* Robert Blackwill était à la tête de l'équipe du NSC travaillant sur l'Europe. Ce haut fonctionnaire des Affaires étrangères était sur le point de quitter ses fonctions au gouvernement pour aller enseigner à l'Université. Je ne le connaissais pas très bien mais nous nous côtoyions depuis vingt ans. Il avait la réputation d'être aussi brillant qu'irascible. Il avait une pensée originale et savait mieux que personne trouver le moyen de profiter des changements rapides dans le paysage politique européen pour échafauder des stratégies destinées à faire progresser les intérêts américains et à mettre en place une nouvelle donne dans les relations internationales.

répression ? Le troisième point portait sur la question des nationalités. La lutte entre des groupes d'intérêts nationalistes et l'autorité politique centrale allait-elle se transformer en bataille impérialiste ?

Quant à l'Europe de l'Est, elle avait longtemps constitué la barrière de sécurité de l'URSS, mais l'instabilité de la région prenait à présent des proportions incroyables. Quel était l'objectif des États-Unis ? L'Europe de l'Est n'était-elle qu'un instrument pour atteindre l'Union soviétique, ou voulions-nous simplement lui venir en aide ?

Il y avait enfin la question de l'unification européenne. Étions-nous en train d'assister à la naissance d'une nouvelle superpuissance en Europe occidentale ? Notre attitude avait toujours été ambiguë vis-à-vis de l'unification européenne. Nous ne savions pas vraiment si les conséquences de cette unification allaient nous être bénéfiques ou pas. Une Europe forte pouvait renforcer l'efficacité de l'OTAN. Pouvait-elle également se substituer aux forces américaines ?

Nous devions également tenir compte des effets du réveil des nationalismes à l'Est. La révolution russe de 1917, puis la montée de Staline et l'ascension de l'Allemagne nazie dans les années 1930, avaient gelé le processus de restructuration qui, en Europe de l'Est, devait suivre l'effondrement de l'Empire austro-hongrois après la Première Guerre mondiale. Il s'est avéré que nous étions en train d'assister à la fin de la domination soviétique dans la région, l'URSS ayant été, par bien des aspects, le successeur de l'Autriche-Hongrie. Qu'annonçaient pour nous tous ces changements, et allaient-ils dans le sens de nos intérêts ? L'instabilité et le nationalisme qui régnaient avant la Première Guerre mondiale allaient-ils revenir ? La vie politique de ces pays avait-elle subi une modification telle que la montée de nouveaux nationalismes en devenait inenvisageable ? Même si en Europe occidentale la notion de conflit nationaliste n'avait plus cours, il était trop tôt pour dire si l'évolution politique de l'Europe de l'Est depuis 1945 avait suivi la même allure dans des pays comme la Yougoslavie, la Hongrie ou la Roumanie, où d'anciennes rivalités ethniques et d'anciennes volontés séparatistes continuaient d'exister.

L'occupation soviétique en Europe de l'Est avait débouché sur la présence d'effectifs militaires très importants de chaque côté du rideau de fer. Une autre raison, cependant, justifiait la nécessité d'un important stationnement militaire en Europe centrale : la partition de l'Allemagne résultant de la Seconde Guerre mondiale et prolongée par la guerre froide. L'éventualité d'une réunification, à présent que le contrôle soviétique se faisait moins présent, n'était pas sans conséquences, à la fois pour l'Union soviétique et pour le sud-est de l'Europe. L'Europe unifiée par le traité de Maastricht allait-elle réussir à prévenir les dangers et les problèmes qui n'allaient pas manquer de survenir ?

Dans le débat qui a suivi, nous étions tous d'accord sur la nécessité de modifier notre stratégie vis-à-vis de l'Europe de l'Est en tenant compte des tendances que nous avions dégagées au cours de la période de transition entre les deux Administrations. Nous devions encourager les réformes et obtenir la réduction ou la suppression des troupes soviétiques, mais nos initiatives dans la région allaient devoir être ambitieuses.

Scowcroft a souligné le fait que les États-Unis étaient en train de perdre leur influence sur l'Europe au profit de Gorbatchev. Le dirigeant soviétique annonçait partout la fin de la guerre froide et la nécessité d'en démanteler les structures (même s'il donnait peu de détails concernant l'avenir des forces soviétiques stationnées en Europe). Si nous donnions l'impression de traîner des pieds, les Européens ne suivraient plus et les Soviétiques pourraient à loisir s'emparer du calendrier politique international. Le Président pensait lui aussi que Gorbatchev avait torpillé les bases de la suprématie américaine, et il entendait se rendre au sommet de l'OTAN, qui devait avoir lieu en mai, avec une série de propositions qui nous redonneraient l'avantage.

BRENT SCOWCROFT

J'ai avancé la version modifiée d'une initiative que j'avais déjà suggérée au Président pendant la période de transition : le retrait des forces terrestres américaines et soviétiques stationnées en Europe centrale. Du point de vue militaire, c'était tout à fait justifié par le fait que l'OTAN, même diminuée par le départ des troupes américaines, représentait une force supérieure à celle du pacte de Varsovie une fois privé des troupes soviétiques. Mais avant tout, une telle manœuvre allait permettre de réduire la présence paralysante des forces soviétiques en Europe centrale, ce qui constituait un de nos principaux objectifs.

Dick Cheney a eu l'air sonné, et a répondu qu'il était trop tôt pour envisager de prendre une décision aussi capitale. Nous devions, selon lui, attendre de voir comment les choses allaient évoluer en Union soviétique. En échange, il a proposé que, forts de la *glasnost*, nous demandions des comptes à Gorbatchev sur les dépenses publiques. Jim Baker est entré dans la discussion en proposant l'élimination de tous les chars d'assaut d'un côté comme de l'autre. À la différence des troupes, a-t-il expliqué, la suppression des chars était facilement réversible, or nous ne devions rien décider de définitif pour le moment. Baker passait à côté de mon argument principal. Nous devions, bien sûr, faire un geste ambitieux afin de reprendre le contrôle de la situation ; mais je pensais que notre objectif principal devait être la levée du joug soviétique en Europe de l'Est. Les Soviétiques n'avaient pas besoin de chars pour dominer cette région. Le Président a conclu la réunion en déclarant d'un ton résigné : « Si nous ne reprenons pas le dessus, tout va s'écrouler. »

C'était notre première réunion sur la stratégie globale, et elle était importante pour bien des raisons. Tout le monde s'accordait sur la nécessité d'encourager les réformes et une libéralisation économique rapide. Le seul désaccord sur ce point est venu plus tard, du ministère des Finances. La stratégie n'était pas en cause, mais les récompenses devant être distribuées au fur et à mesure de la mise en place des réformes économiques posaient problème. Le Président avait également dit et répété qu'il attendait des projets ambitieux. Puisque ni Cheney ni Baker n'avaient reçu de soutien, il ne nous restait plus que le retrait des troupes. Ce que je proposais allant trop loin, c'est une version fortement remaniée et revue à la baisse qui a finalement été choisie.

Cette réunion a mis en évidence les divergences de vues d'un conseiller à l'autre concernant la philosophie générale de notre réponse aux événements en Europe et en URSS. Cheney était le plus sceptique, soutenant l'idée que ces changements n'étaient qu'une façade et que nous ne devions pas bouger d'un pouce. Gates pensait la même chose. Pour lui, Gorbatchev n'avait aucune chance de réussir à réformer l'Union soviétique, et s'il réussissait, cette victoire ne serait, de toute façon, que de courte durée. Baker était le plus optimiste, et son optimisme s'est accentué au contact du ministre des Affaires étrangères Édouard Chevarnadzé.

GEORGE BUSH

Si je repense à ce qu'a dit Brent ce jour-là, c'est sa remarque sur la réunification allemande qui me vient tout de suite à l'esprit. À l'époque, aucun de nous ne pouvait se douter de son imminence. Mon seul objectif était de redonner le contrôle de la situation aux États-Unis, et de conforter notre rôle de leader du monde occidental tout en relevant les défis de l'Europe de l'Est et de l'Union soviétique. Nous devions regagner notre avantage si nous voulions encourager la stabilité dans une Europe de l'Est en pleine mutation. Tout se passait très vite, et plus nous attendions et restions passifs, moins nous avions de prise sur l'avenir. Notre politique à court terme concernant les réformes dans chaque État du bloc soviétique était limitée dans ses choix, car nous ne pouvions pas faire grand-chose pour influencer la cadence des changements. Nous ne pouvions pas inciter les populations à la révolte, car nous courrions le risque de susciter ainsi une violente vague de répression et d'anéantir les progrès des années passées. L'approche générale de Brent visant à favoriser la mise en place d'un *environnement* propice au changement – le retrait des troupes soviétiques – me paraissait tout à fait réaliste. Je me rendais bien compte, cependant, que nous allions devoir consulter fréquemment nos alliés et leur expliquer très précisément les objectifs et la stratégie qui justifiaient une réduction de notre présence militaire.

J'appréciais énormément les discussions à bâtons rompus dans lesquelles se lançaient les membres du « groupe de tête », c'est pourquoi j'ai fortement encouragé le recours fréquent à ces réunions en petit comité. Cet échange d'idées entre Cheney, Baker et Scowcroft me stimulait. Toutes leurs suggestions nous mettaient sur la bonne voie. La suprématie américaine exigeait des propositions susceptibles de rencontrer l'assentiment général au sein de l'Alliance et au-delà. Cette première discussion était pour moi la preuve que j'avais tout les éléments en main pour prendre une décision. Mais j'étais impatient de donner une suite concrète à tout ce qui s'était dit. Un gigantesque travail nous attendait.

BRENT SCOWCROFT

Si nous avions abordé la réduction des armements conventionnels en Europe dans le cadre de la réunion du NSC, la question du contrôle des armements nucléaires constituait une rubrique distincte à l'intérieur de nos rapports. Après tout, cette question avait formé la base de notre politique vis-à-vis des Soviétiques pendant vingt ans. Jusqu'à présent, les négociations à ce sujet avaient été plus ou moins menées sur fond de néant politique, parce que les relations entre nos deux pays étaient conflictuelles. Le fait que les deux adversaires cherchent à coopérer sur cet épineux sujet avait rendu la situation paradoxale. Nous avions géré cette anomalie en séparant le contrôle des armements de nos relations politiques et en traitant le problème comme s'il s'agissait d'une question militaire technique. Je pense que cette tendance a quelque peu perduré sous l'administration Bush, où certaines personnes ont continué de considérer le contrôle des armements comme un sujet à part. Cette façon de penser a persisté, même lorsque le contrôle des armements est devenu vecteur de dialogue et de coopération dans des relations américano-soviétiques en constante amélioration. Au départ, cependant, étant donné l'importance du problème pour la sécurité américaine et pour les relations entre les États-Unis et l'Union soviétique, je voulais que nous réfléchissions à notre position jusqu'à ce que nous soyons confiants dans la décision que nous nous proposions de prendre. Lorsque nous avons fait le bilan de la politique américaine en matière de contrôle des armements, je me suis largement reposé sur mon directeur général chargé de la politique et du contrôle des armements, Arnold Kanter. En plus d'un remarquable esprit d'analyse, Arnie réfléchissait en véritable stratège, ce qui, pour autant que je sache, est très rare. Il connaissait parfaitement les détails de la question, mais ne laissait jamais l'arbre cacher la forêt en matière d'objectifs stratégiques.

J'avais la conviction que le but premier du contrôle des armements devait être la stabilité, et non les réductions à tout prix. Nous devions avant tout éviter une situation au sein de laquelle chacune des deux parties aurait peur d'être détruite faute de n'avoir pas eu recours la première à son arsenal nucléaire ; ou, ce qui revenait au même, penserait tirer un avantage décisif de sa rapidité de réaction. Ce genre d'instabilité était dangereuse car elle encourageait la montée en épingle de la moindre crise qui, dès lors, pouvait dégénérer en conflit. Voilà précisément ce que le contrôle des armements devait contribuer à supprimer. Ces questions étaient importantes, et il allait nous falloir du temps pour les résoudre. Pour prendre le temps qu'il nous fallait, nous avons repoussé au mois de juin la discussion que nous devions avoir avec les Soviétiques à ce sujet.

La question du sommet américano-soviétique était très liée à celle du contrôle des armements. Même au cours de la période de transition, la presse avait spéculé sur une rencontre rapide, spéculation aux allures de plaidoyer. Un sommet organisé au plus tôt offrait des avantages évidents. Il pouvait s'emparer de l'attention du public et nous permettre un début retentissant. Un simple échange de vues entre les deux dirigeants avait également ses avantages. Mais, tout bien réfléchi, j'étais fermement opposé à l'idée d'une rencontre qui n'aurait pas été méticuleusement préparée et au cours de laquelle aucune décision concrète ne pouvait être prise.

À mon sens, les sommets mal préparés, destinés à servir de façade, ne pouvaient être que dangereux en ce sens qu'ils ne pouvaient servir qu'à conforter la position soviétique. Sans avancées substantielles, sur le contrôle des armements par exemple, les Soviétiques pourraient tirer profit de la seule conséquence d'un tel sommet : l'effet bénéfique sur l'opinion publique internationale.

Ils utiliseraient l'euphorie générale pour miner la résolution des Occidentaux, et un sentiment général de satisfaction encouragerait certaines personnes à penser qu'il est temps pour les États-Unis de relâcher leur vigilance. Les Soviétiques en général, et Gorbatchev en particulier, étaient passés maîtres dans l'art de créer ce genre d'atmosphère. Le discours que Gorbatchev avait prononcé aux Nations unies avait donné naissance, grâce à un art consommé de la rhétorique, à un courant d'optimisme. Il pouvait faire passer une rencontre rapide avec le nouveau Président pour une preuve de la fin de la guerre froide, ce qui le dispenserait d'avoir à faire quoi que ce soit pour mettre l'URSS sur la voie du changement. Dans ces circonstances, je pensais qu'un sommet avancé ne ferait qu'aller dans le sens de la campagne de propagande des Soviétiques.

Si nous devions être les instruments de la diffusion de ce vent d'euphorie artificielle, j'avais le sentiment que nous devions au moins pouvoir en tirer quelques avantages. Une fois de plus, il nous faudrait du temps et de l'énergie. J'étais l'un des plus farouches opposants à l'organisation rapide d'un sommet, mais cette question ne soulevait pas de discussion majeure à l'intérieur de l'Administration. Jim Baker pensait à peu de choses près comme moi, même s'il n'allait pas aussi loin. J'avais la nette impression que le Président voulait rencontrer Gorbatchev le plus rapidement possible. Il n'insistait jamais, mais il remettait périodiquement la question sur le tapis à mesure que les mois passaient.

Au cours du printemps 1989, certains se sont plaints de la lenteur du processus d'inventaire que nous avions mis en place, s'attendant sans doute à ce que nous nous contentions de reprendre ce qui avait été entrepris sous la précédente Administration. Chaque jour, la presse nous demandait si les rapports étaient terminés et commençait à laisser entendre qu'ils ne servaient à rien. Au mois de mars, certains articles ont paru çà et là, suggérant que ce bilan était en fait destiné à masquer le fait que notre Administration n'avait aucune philosophie, aucune stratégie, et aucun projet précis. Il faut reconnaître que la rédaction de ces rapports nous fournissait une excuse bien utile car nous n'étions pas encore prêts à dévoiler publiquement notre stratégie. Par ailleurs, ces accusations nous blessaient, et nous savions que nous allions avoir encore plus de mal à obtenir un compte rendu honnête de notre politique lorsque nous nous déciderions à la rendre publique.

À présent que nous avions une vision détaillée des principales questions de stratégie et de politique, il était temps que nous commencions à réfléchir à un programme afin de dévoiler les grandes lignes de notre stratégie. Deux impératifs de temps jouaient sur la façon dont nous allions rendre publiques nos nouvelles options. Une conclusion positive aux pourparlers qui avaient lieu en Pologne entre le gouvernement et Solidarnosc nous obligerait à réagir, et nous pouvions nous servir de cette occasion comme d'une rampe de lancement pour notre nouvelle politique d'encouragement des réformes auprès des gouvernements d'Europe centrale et d'Europe de l'Est.

Nous avions suivi de près l'évolution de ces négociations polonaises, car leur échec rendrait sinon impossible, du moins extrêmement périlleux le lancement de notre politique vis-à-vis de l'Europe de l'Est. Les pourparlers étaient souvent très houleux : des extrémistes dans chaque camps les dénonçaient et manifestaient publiquement leur désaccord. À mi-chemin des six semaines de négociations prévues, Moscou a fait connaître sa position. Le 1er mars, les Soviétiques ont autorisé la publication d'une longue interview, très positive, de Lech Walesa, le leader de Solidarnosc, jusque-là régulièrement critiqué dans la presse soviétique. Ce développement était très prometteur car il signifiait que nous allions avoir une relative marge de manœuvre nous permettant d'envoyer de l'aide à la Pologne sans que cela soit perçu comme une provocation par l'URSS.

Les discussions ont largement débordé le cadre des six semaines. Enfin, le 5 avril, les parties en présence sont parvenues à un accord, entraînant un profond changement dans le système politique polonais. Solidarnosc a été légalisé, un nouveau bureau présidentiel investi de pouvoirs supplémentaires a été créé, ainsi qu'un nouveau Sénat de cent membres. L'opposition s'est vu autorisée à présenter des candidats aux élections sénatoriales, et pour cent soixante et un des quatre cent soixante sièges dans le Sejm, le Parlement en activité. Nous étions ravis de ce dénouement, à telle enseigne que nous avons envoyé Marlin Fitzwater dans la salle de conférences de la Maison Blanche pour qu'il salue la nouvelle de cet accord avant même qu'il ne soit officiellement annoncé à Varsovie. Ce que nous ne savions pas, en effet, c'est que les négociateurs avaient décidé de faire une pause pour le dîner avant de rendre public le résultat de leur travail. Personne n'a apparemment remarqué notre erreur.

Cet accord historique, signé deux jours plus tard, marquait la fin de quarante-cinq ans de pouvoir hégémonique pour le parti communiste polonais. Il était désormais certain que la Pologne était sur la voie d'un développement politique autonome, indépendant de tout contrôle communiste. Ce processus nécessitait le soutien et les encouragements des États-Unis. Nous avions là un excellent point d'ancrage pour notre nouvelle politique à l'égard de l'Europe de l'Est. Le tout était de savoir quand et comment la rendre publique.

BRENT SCOWCROFT

Comme nous n'étions encore qu'en avril, le discours sur notre politique en Europe de l'Est devrait avoir lieu avant la fin de l'année scolaire et universitaire. Les organisateurs de la Maison Blanche ont donc déterminé l'endroit le plus approprié. Ils ont déniché la ville de Hamtramck, dans le Michigan, une enclave dans la région de Detroit et l'endroit rêvé pour ce discours. C'était un haut lieu du patriotisme, présentant par ailleurs une forte concentration de familles attachées d'une façon ou d'une autre à l'Europe de l'Est, en particulier à la Pologne, et un grand nombre d'ouvriers reaganiens. Nous ne pouvions trouver meilleur endroit pour parler des changements qui bouleversaient l'Union soviétique et de ce que nous envisagions de faire pour la liberté de la Pologne.

En préparant le discours, nous avions trois objectifs en tête. Les deux premiers concernaient notre politique : il nous fallait la rendre claire et déterminer le type d'aide que nous pouvions offrir aux pays d'Europe de l'Est qui le souhaitaient. Le troisième objectif était purement bureaucratique mais, en un sens, déterminant : qui allait rédiger le discours ? Il était facile de formuler les grandes lignes de notre nouvelle politique, puisque nous avions décidé de faire de ce changement en Europe de l'Est un but en soi et non un instrument de pression vis-à-vis de l'URSS. Sur le plan pratique, notre aide allait donc dépendre davantage des réformes économiques et politiques internes à ces pays et moins de leur politique étrangère. Cette évolution était le reflet de ce qui nous semblait être le scénario le plus probable pour l'empire soviétique : la disparition progressive des liens avec Moscou et une tolérance croissante pour les systèmes sortant du dogme léniniste et stalinien.

La question de la nature, de l'importance et des conditions d'attribution de cette aide soulevait davantage de difficultés. Condi Rice a fait le tour des ministères à la recherche de programmes d'aide que nous pourrions utiliser pour la Pologne et les autres États d'Europe de l'Est. Les budgets étaient partout serrés au maximum, et le gigantesque déficit fédéral laissait peu de place à de nouvelles dépenses. Le plus important sujet de controverse portait sur le calendrier d'attribution de cette aide. Lors d'une réunion du NSC, le 4 avril, le ministre des Finances Nicholas Brady a soutenu l'idée que cette aide devait récompenser des réformes économiques et non des réformes politiques. Il a rappelé l'expérience faite dans les années 1970, lorsque les États-Unis avaient inondé la Pologne d'argent en réaction à des changements dans son attitude politique. Cette aide n'avait été suivie d'aucune réforme économique et l'argent avait été dilapidé. La situation du peuple polonais ne s'était pas améliorée et la dette polonaise avait continué de se creuser. Baker et moi-même avons rétorqué que cette fois-ci les données étaient différentes, notre politique se fondant non seulement sur la distance vis-à-vis de l'URSS, mais également sur un véritable mouvement politique vers une société plus ouverte, et dont la réforme du système économique était partie intégrante. Nos points de vue étaient irréconciliables. Il a fallu l'intervention du président Bush pour que nous sortions de cette impasse.

GEORGE BUSH

Il n'a pas été facile de choisir entre la position de Nick et celle de Brent. Nick démontrait avec rigueur la raison pour laquelle, selon lui, nous devions agir avec circonspection et ne pas dépenser l'argent à tort et à travers. Les sommes dont nous disposions étaient réduites, et le déficit nous liait les mains. J'avais moi-même veillé à ce que nos possibilités soient limitées. J'avais imposé comme règle absolue la nécessité de financer un nouveau programme avec des fonds qui provenaient d'un autre secteur du budget, de sorte que nous devions réfléchir à deux fois avant de faire des propositions nécessitant de grosses dépenses. Dick Darman, chef du bureau de la gestion et du budget, me rappelait sans cesse que nous ne pouvions disposer de chèques en blanc. Il était très intelligent et très inventif, ses conseils avisés sur la nécessité de limiter nos élans ont influencé mes quatre années de mandat.

D'un autre côté, Brent et Jim reconnaissaient qu'en dépit de la dette polonaise, nous devions donner un coup de pouce aux changements spectaculaires qui se préparaient là-bas. J'étais convaincu que notre aide devait être concrète, et que la rhétorique ne permettrait jamais de garantir l'évolution vers une plus grande transparence et un plus grand changement en matière de politique. Même si la situation en Europe de l'Est était à ce point mauvaise que notre aide ne pouvait avoir que des effets limités, il me semblait que nous devions tout tenter. J'ai donc déclaré que je voulais voir sur mon bureau des propositions d'aide concrètes, espérant secrètement que Darman parviendrait miraculeusement à trouver un financement.

BRENT SCOWCROFT

Il nous restait encore à décider de la personne qui allait être chargée de rédiger le discours présidentiel. Cette question a allumé un débat qui a perduré tout au long de notre Administration. Cela donnait une juste mesure de l'hystérie qui peut parfois entourer la préparation de ces allocutions présidentielles. Il me semblait que le NSC devait être naturellement chargé du premier projet pour les discours portant sur notre politique en matière de Sécurité nationale. Cela me paraissait logique car il était capital de ne faire aucune erreur de contenu et d'interprétation. Le message s'adressait non seulement au peuple américain mais également au reste du monde. Une fois le contenu déterminé, le projet pouvait être donné aux rédacteurs pour le travail de la langue. Il s'agissait de mettre le discours en conformité avec le style présidentiel, d'ajouter quelques phrases marquantes et autres touches destinées à transformer cette substance en discours mémorable.

Les rédacteurs avaient un autre avis sur la question. Ils ne se voyaient pas comme de simples techniciens de la langue, mais comme de vrais professionnels, parfaitement à même de décider du contenu comme de la forme. Ils préféraient la solution d'une conférence avec les membres du NSC concernés, afin de discuter du contenu et de l'approche générale, à la suite de laquelle ils rédigeraient alors le premier projet ainsi que toutes les versions successives. Ils insistaient sur le fait que non seulement l'idée qu'ils n'étaient pas compétents sur le contenu était une insulte personnelle, mais que le NSC ne savait guère qu'écrire dans un style académique, lourd et ampoulé, trop difficile à corriger par la suite.

Au cœur de cette querelle se trouvait une conséquence de la bureaucratie : l'auteur du premier projet avait, en règle générale, une influence prépondérante sur le résultat final. John Sununu, qui supervisait l'équipe des rédacteurs, était généralement de leur avis, en grande partie, je pense, parce qu'ils travaillaient ensemble et parce qu'il pensait que le Président avait besoin d'une rhétorique plus spectaculaire. Le directeur du personnel de la Maison Blanche, Jim Cicconi, a souvent tenté de départager les adversaires, mais comme il s'intéressait de très près, à titre personnel, à la politique étrangère et pensait, non sans raison, qu'il disposait de certains talents de plume, il avait intérêt à ce que la question de la rédaction reste ouverte, de façon à influencer le résultat final.

Pour moi, en résumé, le fond du problème tenait en ce que les rédacteurs de la Maison Blanche, à quelques exceptions près, étaient incapables d'écrire ce que je considère comme un bon discours. Leurs textes semblaient marqués par le style haché des campagnes électorales, étudié pour susciter les applaudissements aux meetings de campagne mais inapproprié dans une discussion sérieuse sur des questions politiques de première importance. Dans le cas présent, Condi et le rédacteur principal, Mark Davis, ont élaboré le premier projet, mais la procédure variait pour chaque discours.

Nous avons essayé la solution de la conférence suggérée par les rédacteurs, mais nous nous sommes rendu compte que, du point de vue du NSC, quelle que soit la précision des informations échangées sur le contenu et quel que soit le temps passé à peser chaque détail, le rédacteur restait convaincu qu'il savait mieux que personne comment décrire notre politique. La situation était meilleure ou pire selon la personnalité du rédacteur concerné, mais nous avons assisté à des cas de projets concurrents entre le rédacteur et le NSC.

Pour les discours importants, le Président participait fréquemment dès la première étape, de sorte que la position du NSC sur le contenu était presque toujours adoptée. Il retravaillait alors le texte jusqu'à ce qu'il corresponde exactement à la teneur et au ton souhaités. Les nuances de son travail de réécriture reflétait non seulement la profondeur de son jugement, mais également sa conviction que le message était aussi important que la façon dont il était exprimé. En ce qui me concerne, je considère qu'aucune solution satisfaisante n'a jamais été adoptée concernant le processus lui-même. Ce point de discorde a perduré, engendrant un certain nombre de conséquences négatives pour la qualité de certains discours présidentiels sur la politique étrangère.

GEORGE BUSH

Je compatissais avec nos rédacteurs, car ils ne passaient pas suffisamment de temps avec moi, et j'étais le premier à reconnaître que ma façon de prononcer les discours n'était pas la meilleure. Cependant, le discours de Hamtramck fait partie de ceux pour lesquels je suis intervenu dès la première étape. J'ai travaillé sur le contenu et sur la façon de lire à Camp David, le week-end précédant le jour où je devais me rendre à Hamtramck. Il y avait un certain nombre de choses que je voulais voir apparaître et un certain nombre de questions que je ne souhaitais pas aborder. Par exemple, je voulais réagir à une remarque faite par Gorbatchev au cours de la rencontre de Governors Island au mois de décembre. J'ai donc demandé à ce qu'une déclaration soit intégrée au discours, déclaration niant énergiquement que certaines personnes aux États-Unis espéraient voir échouer la *perestroïka* et la *glasnost*, et affirmant, au contraire, que nous saluions sans l'ombre d'une hésitation les changements déjà opérés et encouragions les réformes. Je souhaitais également supprimer un passage dans lequel il était dit que « certains régimes sont en train de tester les limites de la tolérance soviétique », et rendre brièvement hommage à Jaruzelski pour ce qui se passait en Pologne. J'ai également retravaillé le choix des mots : c'est le genre de petit travail que j'affectionne et qui pousse parfois les rédacteurs à bout.

La version finale correspondait à ce que nous voulions et, le 17 avril, le président Bush prononçait son discours avec conviction devant le public assemblé à l'hôtel de ville de Hamtramck. Il a annoncé un ensemble de mesures commerciales et financières en direction de la Pologne, destinées à montrer que nous prenions acte des réformes en cours et que nous soutenions l'émergence d'une économie de marché. Nous allions nous efforcer de faire bénéficier la Pologne d'un allégement des tarifs douaniers, et proposer à nos amis et alliés un rééchelonnement de la dette polonaise. Il nous fallait également convaincre le Congrès de laisser l'OPIC (Organisme d'investissement privé outre-Atlantique) travailler en Pologne, soutenir les prêts internationaux aux entreprises, encourager le FMI à déterminer avec la Pologne une politique économique saine, orientée vers une économie de marché, promouvoir l'endettement pour favoriser la circulation des actions, et proposer des négociations en vue d'un accord commercial portant sur la coopération entre les entreprises américaines et les entrepreneurs privés polonais. Le Président a par ailleurs déclaré que si l'expérience polonaise était couronnée de succès, d'autres pays pourraient bénéficier des mêmes efforts. Nous allions continuer d'opérer des distinctions politiques entre les différentes nations d'Europe de l'Est, mais la Pologne nous avait permis de nous rendre compte de deux choses. Tout d'abord, qu'aucun progrès n'était possible sans une libéralisation économique et politique ; ensuite, que l'aide occidentale devait récompenser les efforts de libéralisation. La longue liste des mesures d'encouragement à la réforme détaillée dans le discours du Président rendait patent le fait que nous n'avions que peu de moyens pour récompenser les efforts des pays d'Europe de l'Est. C'était un bon début, mais n'importe quel observateur sérieux pouvait se rendre compte que tout cela restait insuffisant pour faire face à l'ampleur des problèmes rencontrés par les économies d'Europe de l'Est.

GEORGE BUSH

Hamtramck s'était dotée d'un vrai décor de fête. Des drapeaux américians flottaient à toutes les fenêtres, et les mêmes drapeaux en plus petit s'agitaient entre les mains de chaque spectateur. L'émotion était à son comble et le public enthousiaste m'écoutait avec attention dévoiler les détails de notre programme. Cette foule sympathique et bariolée s'intéressait avant tout à Solidarité, qui venait d'être officiellement reconnu le jour même. J'ai particulièrement apprécié de pouvoir terminer ma visite par un excellent déjeuner polonais dans un des restaurants de la ville. Nous avions là un merveilleux exemple de cette Amérique communautaire des petites villes. Une fausse note est toutefois venue assombrir cette visite. Au fond de la salle, un homme armé était venu dans l'intention de me tuer. Les détecteurs de métaux l'avaient dissuadé de venir tout près de la tribune. À la fin de mon discours, il s'est rendu à Washington, où il a essayé à deux reprises de m'intercepter dans des restaurants que Barbara et moi fréquentions à l'occasion. Heureusement, nous ne sommes jamais allés dans ces endroits en même temps que lui. Il a fini par quitter la ville et par être appréhendé sur la côte ouest, où il a tout avoué.

BRENT SCOWCROFT

Nous avions fait un grand pas en avant en ce qui concernait l'Europe de l'Est. Ce n'était qu'un début, mais il nous permettait de profiter au maximum des signes de dégel dans les États communistes en Europe, et d'orienter les événements dans une direction productive, tout en respectant une cadence acceptable pour Moscou. Nous nous efforcions sérieusement de résoudre les contentieux majeurs de la guerre froide. C'était la première fois que le Président s'adressait à la nation sur une question de politique étrangère, mais à l'intérieur des États-Unis, ce discours n'a guère provoqué qu'un haussement de sourcils. Une partie du problème est sans doute venue de ce que nous avions quelque peu négligé la presse jusqu'au jour de l'allocution ; mais les journalistes en poste à Washington pensaient en fait que, si nous avions quelque chose d'important à dire, nous n'irions pas le dire à Hamtramck.

En revanche, le discours du Président a été amplement commenté en Europe comme en Union soviétique. La presse d'Europe de l'Est se divisait en fonction de la position adoptée par les divers régimes au sujet des réformes et de l'attrait que représentait l'aide américaine. La Hongrie et la Pologne ont ainsi réagi de manière positive mais prudente ; la presse bulgare est restée ambiguë ; la Tchécoslovaquie et l'Allemagne de l'Est ont réagi négativement et la presse roumaine est restée silencieuse. La réaction soviétique a été mitigée. La *Pravda* était globalement favorable, insistant avec approbation sur le fait que le Président avait évoqué favorablement les réformes soviétiques et l'avenir encourageant des relations américano-soviétiques. La radio internationale de Moscou s'est montrée plus critique, déclarant que Bush avait renoué avec l'idée de refouler le communisme hors de l'Europe de l'Est. Selon cette radio, toute tentative visant à remettre en question le choix historique fait par les pays d'Europe de l'Est au lendemain de la Seconde Guerre mondiale ne pourrait qu'alimenter un retour à la guerre froide.

Il nous a fallu un peu plus de temps pour rendre publique notre politique à l'égard de l'Union soviétique. Déçu par les résultats du bilan stratégique, j'ai demandé au personnel du NSC de rédiger un mémo d'aide à la décision pour le Président, faisant principalement état de la direction que nous devions prendre et reprenant des idées contenues dans des mémos antérieurs rédigés par Rice et d'autres. Cette stratégie prenait en compte les différents courants qui animaient l'URSS, et poussait les Soviétiques à démontrer par leurs actions leur attachement aux principes qu'ils commençaient à rendre publics. Il n'y avait rien là de spectaculaire, mais ce document proposait une modification fondamentale de notre relation avec Moscou. Nous avons fait l'annonce de cette nouvelle stratégie le 12 mai, à l'occasion du discours de fin d'année que le Président a prononcé à l'université de Texas A & M à College Station.

L'essentiel du discours prononcé au Texas reflétait le langage des mémos du NSC. L'ambition des États-Unis allait dépasser le simple endiguement de l'expansionnisme soviétique. Nous allions désormais viser à intégrer l'Union soviétique dans la communauté des nations ; nous allions nous attacher à répondre aux efforts soviétiques pour une plus grande ouverture par des efforts de notre côté. Enfin, notre objectif allait être d'accueillir l'URSS dans un nouvel ordre mondial, tout en demandant à Moscou de donner la preuve de sa sincérité :

> *L'Union soviétique affirme qu'elle cherche à faire la paix avec le monde et revient sur les choix politiques qu'elle a faits au lendemain de la Seconde Guerre mondiale. Nous ne pouvons qu'applaudir à ces déclarations, mais une nouvelle relation ne saurait faire l'objet d'une simple déclaration de la part de Moscou, ni être simplement entérinée par les autres nations : une*

nouvelle relation doit se mériter. Elle doit se mériter car les promesses ne suffisent jamais.

Les Soviétiques allaient devoir prendre des mesures positives, telles que la réduction de leurs forces conventionnelles. Ils allaient devoir permettre à toute l'Europe de l'Est de faire le libre choix de son avenir (et de briser le rideau de fer). Ils allaient devoir travailler avec l'Ouest au règlement diplomatique de différends régionaux un peu partout dans le monde, dans le respect des Droits de l'homme et d'un pluralisme politique durable. Ils allaient devoir enfin se joindre aux États-Unis pour tenter d'apporter une solution à des problèmes majeurs tels que le trafic de drogue et l'environnement de la planète.

Pour attirer l'attention sur cette nouvelle politique et aider le peuple américain à mieux comprendre ce que nous voulions accomplir, nous avons ajouté au discours une proposition suggérée au Président quelques jours plus tôt par le Premier ministre canadien Brian Mulroney : la résurrection d'Open Skies. Ce projet avait vu le jour sous l'administration Eisenhower et devait permettre à des avions de surveillance de survoler le territoire de chaque pays. Nous nous proposions d'élargir ce champ de surveillance aux pays alliés des États-Unis et de l'Union soviétique.

BRENT SCOWCROFT

Pour moi, la proposition d'Open Skies sentait le gadget et donnait la fausse impression que nous étions incapables d'innover et que nous devions chercher nos idées dans ce qui se faisait trente ans auparavant. Après tout, le travail de surveillance pouvait être effectué par des satellites. Je n'ai pas eu le dernier mot, faute de pouvoir proposer mieux.

GEORGE BUSH

Je n'ai pas le sentiment qu'Open Skies ait été une si mauvaise idée, personne n'avait à y perdre. Attaché à la *glasnost*, Gorbatchev allait avoir du mal à refuser ce projet sans faire du tort à son image. C'était une vieille idée, mais étant donné la nouvelle offensive d'ouverture de Gorbatchev, je crois que nous avions beaucoup à y gagner. Je savais que certaines personnes au ministère de la Défense s'arracheraient quelques poignées de cheveux à déterminer quelle portion de notre territoire pouvait être survolée, mais je pensais que le problème était facile à résoudre. Notre pays est déjà si ouvert que je ne pensais pas que les Soviétiques puissent en tirer beaucoup d'informations révélatrices. En revanche, je savais qu'ils allaient avoir quelques problèmes à accepter le survol de leur territoire. Si Gorbatchev acceptait, tout le bénéfice serait pour nous, car il nous restait beaucoup à apprendre de l'Union soviétique.

Le discours du Président à l'université de Boston le 21 mai était le troisième de la série. C'était une fin d'année quelque peu inhabituelle car le président François Mitterrand devait également faire un discours. Les deux présidents se sont rendus ensemble de Kennebunkport à Boston, et ont ensuite donné une conférence de presse commune. Même si le discours de Boston portait principalement sur l'Europe, le président Bush a insisté sur notre optimisme tempéré vis-à-vis des Soviétiques. Nous saluions les changements positifs qui avaient lieu, mais nous insistions simultanément sur le fait que ces changements étaient loin d'être suffisants même s'ils étaient spectaculaires. L'Union soviétique était encore dotée d'un formidable appareil militaire, et notre principale priorité était de parvenir à négocier une démilitarisation de l'Europe. Nous voulons « une paix véritable, dans un optimisme partagé, a-t-il déclaré aux étudiants, nous ne voulons pas d'une paix de camps retranchés ».

BRENT SCOWCROFT

Le président Bush a donné le dernier des quatre discours prévus à la Coast Guard Academy, le 24 mai. La préparation de cette allocution s'est révélée bien plus délicate que pour les précédents discours. Nous n'avons tout d'abord disposé que de peu de temps. Les premiers projets ont été écrits par les rédacteurs de la Maison Blanche, avec l'intervention limitée du NSC. Le Président a violemment rejeté la version qui lui était proposée, la jugeant trop belliqueuse. Il en avait assez qu'on l'accuse d'être embourbé dans les ornières de la guerre froide. Il trouvait cette version trop ampoulée, trop dure, remplie d'expressions « machistes » typiques de la guerre froide et qui, pour lui, sonnaient faux. En conséquence, j'ai dû veiller toute la nuit précédant l'allocution, afin de réviser le texte avec les rédacteurs.

Pour faire honneur à l'endroit, le discours portait sur la stratégie militaire et le contrôle des armements pour les années 1990. Nous voulions conserver une dissuasion nucléaire efficace, mais nous cherchions à aborder la question du contrôle des armements de façon à garantir la stabilité tout en réduisant le nombre d'armes au maximum de ce que permettait la plus élémentaire des prudences. Le Président a présenté les grandes lignes de notre état des lieux stratégique sur la politique d'armement. Il a également replacé le contrôle des armements dans le contexte des changements intervenus en URSS et de la nécessité où nous nous trouvions de faire tout notre possible pour construire une relation stable avec Moscou, relation qui ne s'appuierait plus seulement sur la puissance militaire. Le traité sur les armes nucléaires de moyenne portée et le plaidoyer de Gorbatchev en faveur d'une réduction unilatérale des forces conventionnelles représentaient une occasion de mettre l'Europe à l'abri d'une guerre. Dans la droite ligne de son discours du Texas, le Président a appelé l'Union soviétique à tenir ses promesses : à sortir de la voie unique d'une stratégie militaire offensive, et à transformer le pacte de Varsovie en une alliance défensive sur le modèle de l'OTAN. Ce discours a été très bien accueilli. Une fraction de la presse l'a trouvé trop dur, mais il avait le mérite de rendre claire notre idée de ce qui devait changer dans notre stratégie militaire et dans le contrôle des armements, si nous voulions tirer parti des changements rapides du paysage stratégique mondial.

Le discours de la Coast Guard Academy mettait un point final à l'exposé public de notre nouvelle stratégie vis-à-vis de la confrontation Est-Ouest. Nous étions prudents et réfléchis, et notre politique était la seule possible en ces temps de turbulences et de changements brutaux. Elle s'est révélée applicable sur le long terme et nous a utilement servi de référence pour les décisions à venir. Nous quittions la vieille politique à courte vue du contrôle stratégique des armements pour entrer dans une ère de dialogue sur la réduction de la menace de guerre et l'émergence d'une paix véritable. Ce nouveau dialogue portait également sur les progrès de l'Europe de l'Est, sur les forces conventionnelles stationnées en Europe et sur les conflits régionaux. Tout cela visait à encourager une Union soviétique changée par les réformes, prête à jouer un rôle de confiance dans la communauté des nations ; un rôle bien moins menaçant pour les États-Unis et leurs alliés.

CHAPITRE III

Diriger l'Alliance

BRENT SCOWCROFT

Alors que nous mettions en place nos nouvelles orientations politiques, nous nous retrouvions face à tout un lot d'exigences pratiques. Nous devions préparer le sommet de l'OTAN à Bruxelles, à la fin du mois de mai, puis le sommet économique du G7, prévu pour le mois de juillet. Le sommet de l'OTAN qui s'annonçait était plus important que les précédents. C'était le quarantième anniversaire de l'Alliance et les spectaculaires réductions d'armements annoncées en décembre par Gorbatchev devant les Nations unies avaient mis l'OTAN et nous-mêmes sur la défensive politique.

L'OTAN devait bientôt relever deux défis liés, et les changements intervenus dans les relations Est-Ouest modifiaient la façon de les aborder. Le premier de ces deux défis était le démarrage des négociations prévues sur la réduction des forces conventionnelles (non nucléaires) en Europe (CFE). Le second, plus controversé, portait sur la politique de l'Alliance concernant les forces nucléaires de courte portée (SNF) : il s'agissait de discuter de leur modernisation et de décider de l'opportunité de négocier leur réduction. Ces questions étaient cruciales pour l'OTAN, mais elles étaient arides et desservies par le calendrier. Gorbatchev multipliait les allocutions sur la paix et la démocratie en Europe de l'Est tandis que nous nous perdions dans des discussions sans fin sur les tanks et les missiles stationnés à l'Ouest. L'impression que les tensions entre les deux superpuissances avaient diminué, alliée à la formidable campagne de relations publiques lancée par Gorbatchev, a poussé certains dirigeants européens à remettre en question la nécessité de dépenses substantielles en matière de défense. Certains pays, surtout l'Allemagne, ont saisi l'occasion pour rouvrir le débat concernant notre force de frappe nucléaire sur le continent. À un moment où les Soviétiques semblaient avoir dépassé les antagonismes de la guerre froide, certains nourrissaient des doutes quant aux priorités américaines. Amener les Allemands à discuter de la chose et obtenir l'accord unanime de l'Alliance sur les solutions proposées allait être un véritable cauchemar diplomatique.

Il était urgent de résoudre la question des CFE et des SNF, même si l'environnement politique était globalement hostile. Le président Bush et moi étions convaincus que l'OTAN avait besoin d'une force nucléaire moderne. Cette opinion est restée en vigueur tout au long de notre Administration et même au-delà. Cette force était indispensable si nous voulions contrer la dangereuse supériorité du pacte de Varsovie dans les forces conventionnelles. C'était la position « officielle » de l'Alliance, celle des États-Unis et de la Grande-Bretagne. Mais la position de l'OTAN cachait un désaccord de plus en plus important avec l'Allemagne, où la résistance de l'opinion publique aux armements nucléaires était particulièrement forte, mettant le chancelier Kohl face à une grave crise de politique intérieure.

À cause de leur portée inférieure à cent cinquante kilomètres, les missiles à courte portée ne pouvaient être dirigés que vers des cibles situées à l'intérieur de l'Allemagne de l'Est ou de l'Ouest. Les Allemands de l'Ouest se sentaient donc les cibles privilégiées de toute attaque nucléaire. Le mouvement antinucléaire en RFA, puissant et très bien organisé, s'opposait donc bruyamment à une éventuelle modernisation, demandant à l'inverse l'élimination des armes restantes (quatre-vingt-huit lance-missiles, contre environ mille quatre cents du côté soviétique). En juin 1987, sous la pression de l'Allemagne de l'Ouest, l'OTAN avait déjà accepté de repousser toute décision de modernisation jusqu'à ce que soit définie une vision globale concernant l'intégration stratégique de l'Alliance et le contrôle des armements. Tout cela devait être prêt pour le sommet de l'OTAN, au mois de mai. Néanmoins, ayant à faire face à une question aussi brûlante dans un contexte hostile, Kohl et son partenaire au sein de la coalition (le ministre des Affaires étrangères Hans-Dietrich Genscher, du parti libéral démocratique) espéraient un report supplémentaire de cette décision jusqu'aux élections allemandes de 1990.

Face à l'Allemagne, les États-Unis et la Grande-Bretagne, qui représentaient la majeure partie de l'Alliance, maintenaient que l'OTAN ne pouvait ni réduire le nombre des armes nucléaires ni freiner leur modernisation tant qu'elle n'avait pas contrebalancé la supériorité du pacte de Varsovie dans le domaine des forces conventionnelles. De plus, la réduction des forces soviétiques nous tenait particulièrement à cœur, car elle allait dans le sens d'un retrait soviétique en Europe de l'Est, permettant à la libéralisation d'avancer sans la menace d'un retour de bâton. En règle générale, les membres de l'OTAN s'accordaient à dire que des négociations sur les forces conventionnelles devaient précéder celles sur les armes nucléaires. Mais certains pensaient qu'il était important de faire des concessions aux impératifs de la politique intérieure allemande en différant la modernisation des missiles.

Nous comprenions le dilemme auquel Kohl devait faire face, d'autant plus que nous voulions faire notre possible pour renforcer son assise politique. Nous préférions que ce soit lui qui dirige le pays, plutôt que les démocrates sociaux, qui s'étaient rapprochés de la gauche du temps de Helmut Schmidt. Ils étaient à présent en faveur de l'élimination pure et simple des armes nucléaires et leur conception de la politique étrangère et de la défense était assez tendre avec l'URSS. Une partie du problème semblait venir de ce que certains groupes politiques en Allemagne de l'Ouest (notamment les démocrates sociaux et les verts) étaient prêts à prendre pour argent comptant la rhétorique de Gorbatchev sur la réduction des armements. Le président Bush et Margaret Thatcher voulaient des preuves des réductions militaires soviétiques avant de s'engager en faveur de la modification du rempart de l'OTAN.

Le 14 janvier, les deux alliances étaient tombées d'accord sur le principe d'une négociation concernant les forces conventionnelles. Celles-ci devaient être organisées dans le cadre de la CSCE (Conférence sur la sécurité et la coopération en Europe *). Nous avions hérité de la position de l'Alliance, présentée par Baker à Vienne lors de l'ouverture, le 6 mars. L'Alliance plaidait en faveur d'une inégalité dans les réductions devant être effectuées par l'OTAN et le pacte de Varsovie de façon à ramener les deux forces à un niveau équivalent, c'est-à-dire environs cinq à dix pour cent de moins que les effectifs de départ de l'OTAN. La proposition de l'Alliance s'est immédiatement heurtée à la critique générale. Elle était jugée insuffisante et pas assez novatrice, car elle n'exigeait presque rien de l'OTAN et beaucoup du pacte de Varsovie (une diminution d'environ cinquante pour cent dans chaque catégorie). Toutefois, le pacte de Varsovie acceptait cette approche, et Chevarnadzé, qui était chargé de présenter les propositions du pacte, était partisan de réductions encore plus importantes de part et d'autre.

Les propositions de Chevarnadzé ont fait l'effet d'une bonne surprise. Certains avaient prédit que Moscou choisirait de dévoiler un arsenal de mesures spectaculaires destinées à mettre l'OTAN dans l'embarras. La bonne volonté, pour ne pas dire l'impatience des Soviétiques à effectuer des réductions encore plus importantes que celles réclamées par l'OTAN ou l'Alliance alimentait les critiques en direction de l'administration Bush, accusée d'être embourbée dans la guerre froide et de ne pas savoir saisir au vol les opportunités qui lui étaient offertes par l'URSS. Le sénateur Les Aspin, président de la commission sénatoriale aux armées, accusait l'OTAN d'être incapable de proposer un nouvel ordre sécuritaire mondial pour la fin du siècle. Pour résumer, il avait déclaré : « Nous avons l'air de couper les cheveux en quatre alors que Gorbatchev a l'air d'un type qui veut établir une nou-

---

* Lancée à Helsinki en 1975 sous la forme d'un forum sur les questions de sécurité Est-Ouest.

velle relation avec l'Europe. » Loin de reprendre l'initiative à Gorbatchev, la proposition de l'OTAN accentuait nos problèmes, nous plaçant davantage encore sur la défensive.

Le débat sur les missiles nucléaires à courte portée a agité l'Alliance pendant quelques mois, et il allait falloir déployer des trésors de diplomatie pour parvenir à un consensus avant le sommet de l'OTAN. Nous avions besoin de faire la preuve que l'OTAN, déterminée, était aux commandes ; que l'Ouest, et non Gorbatchev, allait montrer la voie à l'Europe. Les alliés de l'OTAN restaient divisés, avec de fortes personnalités dans chaque camp. Le président Bush et le Premier ministre britannique avaient une même opinion quant à la substance de ces problèmes, mais Margaret Thatcher refusait d'accepter la moindre modification susceptible d'affaiblir les défenses de l'OTAN. À l'opposé, le chancelier Kohl avait la ferme intention d'obtenir au moins le report de la modernisation et la tenue de négociations concernant la réduction des missiles. Il allait falloir beaucoup de volonté pour réconcilier les deux parties. De notre point de vue, il était impératif de parvenir à temps à un consensus, c'est-à-dire avant le début du sommet, et d'y parvenir d'une manière qui renforcerait l'unité de l'OTAN et nous donnerait l'avantage face à Gorbatchev. C'était le premier défi que devait relever le président Bush à la tête de l'Alliance.

GEORGE BUSH

J'ai toujours été convaincu que les États-Unis avaient une trop lourde part de la responsabilité de la paix en Europe, ajoutée à l'obligation de diriger l'OTAN. Dans les années 1930, nous avons appris à nos dépens que nous n'aurions pas dû nous isoler après la fin du premier conflit mondial. Nous nous sommes contentés d'observer l'Europe aux prises avec le fascisme, mais nous avons inévitablement pris part à la bataille lorsqu'il s'est agi de lui redonner sa liberté. Au début de la guerre froide, l'Europe occidentale était en première ligne pour faire écran à la menace soviétique, et nos alliés comptaient sur les États-Unis pour montrer le chemin à l'OTAN. Le président américain devait servir de guide.

Je pensais que les contacts personnels seraient déterminants dans notre façon d'aborder la diplomatie et de diriger l'Alliance. Certains croient que les liens personnels entre dirigeants sont inutiles et sans importance. Henry Kissinger m'a affirmé un jour que ces liens ne pouvaient en aucun cas remplacer les intérêts de la nation. Il a insisté sur le fait que le dirigeant d'un pays ne changera jamais sa politique en fonction de l'amitié qui le lie à un autre dirigeant. Je pense effectivement qu'il est naïf et dangereux de croire que, par amitié, l'autre va finir par se rallier à votre point de vue, mais ce danger me paraissait très lointain. Pour moi, la diplomatie de personne à personne et la capacité à diriger un pays étaient indissociables.

Il y avait, en fait, des raisons de bon sens pour que le président américain tente de construire de solides relations avec ses homologues à l'étranger. Si un dirigeant étranger parvient à connaître la personnalité et les sentiments du Président (et inversement), il me semble que, par la force des choses, moins d'erreurs seront commises de part et d'autre. De bonnes relations entre les personnes ne suffiront sans doute pas à résoudre les crises les plus graves, mais la bonne volonté peut parfois éviter les méprises. C'est un atout qui permet au Président de reformuler ou d'ajuster une politique de manière à convaincre les autres dirigeants. Ces relations permettent de préférer le bénéfice du doute à la suspicion.

J'ai donc décidé de me servir de ces contacts personnels pour montrer aux dirigeants étrangers que les États-Unis s'intéressaient à eux et étaient prêts à s'engager à leurs côtés. Si un président délègue trop souvent la diplomatie de haut niveau à des subordonnés, il donne l'impression d'être indifférent, voire arrogant. Chaque chef d'État ou de gouvernement est fier de son pays et doit être traité avec respect et dignité : il faut donc les consulter en privé. Bien des pays respectent les États-Unis, mais ils veulent avoir l'assurance que les États-Unis les respectent à leur tour, respectent leurs décisions et leur souveraineté. Il est donc important de signaler par des attentions particulières le fait que leur point de vue nous intéresse. Il faut que ces contacts soient les plus fréquents possible, surtout si certains problèmes doivent être réglés en collaboration. Lorsque l'on a la confiance de quelqu'un, confiance gagnée au fil de ces contacts personnels, on peut faire beaucoup plus de chemin. On ne peut jamais obtenir cette confiance et ce respect sans effort. J'ai eu de la chance. Je connaissais beaucoup de dirigeants depuis des années, j'avais même connu certains d'entre eux avant leur entrée en fonctions. Notre relation de confiance allait s'en trouver grandement facilitée.

BRENT SCOWCROFT

Le président Bush investissait une quantité énorme de son temps dans cette diplomatie de personne à personne. Elle était, à mon sens, l'alliée indispensable du succès de notre politique étrangère. Les relations directes qu'il entretenait avec ses homologues avaient une grande influence sur ces derniers, qui se sentaient généralement très flattés. Ils pouvaient désormais être autre chose que des étrangers ; ils avaient davantage à attendre que quelques contacts épisodiques et formels. Le Président appelait très souvent ses principaux alliés et amis. Souvent, il n'avait aucune idée précise en tête et se contentait de discuter de tout et de n'importe quoi, ou d'échanger des avis sur l'état du monde en général. Certains d'entre eux, comme son ami le Premier ministre néerlandais Ruud Lubbers ou le président égyptien Hosni Moubarak, sont devenus les indicateurs sûrs des tendances et des opinions générales. Il téléphonait ainsi presque tous les jours ; parfois brièvement, pour vérifier quelque chose, parfois plus longuement, lorsqu'il souhaitait avoir de longues conversations détaillées sur des sujets précis. Il appréciait énormément cette tâche, qu'il s'était lui-même fixée, et je pense qu'il s'est davantage entretenu avec des dirigeants étrangers que l'ensemble des cinq présidents qui l'ont précédé. De par ces contacts, ses homologues étrangers en venaient à le connaître personnellement, à connaître ses valeurs. Ils étaient ainsi enclins à répondre plus favorablement lorsqu'il sollicitait leur soutien. En général, ils étaient là quand il avait besoin d'eux, souvent parce qu'ils savaient, qu'ils comprenaient et qu'ils se sentaient davantage concernés du simple fait qu'ils avaient pu discuter avec lui en de nombreuses occasions.

Les dirigeants qui jouaient un rôle moins important dans la politique américaine avaient également toute l'attention du Président. Vers la fin de l'année 1989, par exemple, il avait appelé pour ainsi dire tous les chefs de gouvernement d'Amérique latine. Concrètement, nous avons tous pu voir le résultat de cet effort diplomatique lorsque nous avons envoyé nos troupes au Panama en décembre afin d'y restaurer la démocratie. En d'autres temps, une telle action aurait soulevé un torrent de protestations de la part des dirigeants sud-américains, très chatouilleux dès qu'il était question d'une intervention étrangère, à plus forte raison yankee. Parce que ces dirigeants connaissaient George Bush, comprenaient ses intentions et savaient quel genre d'homme il était, nous n'avons rencontré qu'une opposition silencieuse.

Cette diplomatie de personnes marchait en parallèle avec la diplomatie traditionnelle et en renforçait notablement l'action. L'utilisation du Département d'État et du ministère de la Défense comme canaux réguliers, renforcés par les coups de téléphone présidentiels nous permettait d'obtenir un large soutien pour notre politique. Les ministères étrangers avaient leur propre vision des choses et celle-ci différait parfois d'avec l'opinion des chefs d'État ou de gouvernement. Le Quai d'Orsay (le ministère des Affaires étrangères français), par exemple, était réputé pour son caractère oppositionnel et obstiné. Il était très utile à Jim Baker que les divers ministères étrangers sachent que, s'ils avaient l'intention de s'opposer ou simplement de traîner des pieds pour une question quelconque, un simple appel de George Bush pouvait convaincre le chef du gouvernement de mettre le nez dans leurs affaires. Nos amis avaient ainsi l'impression que nous avions fait notre travail, que nous avions parlé d'une seule voix, et que nous nous intéressions sincèrement à leur opinion pour la formulation d'une décision politique.

GEORGE BUSH

Pour moi, le meilleur exemple de la valeur que j'accordais à ces relations personnelles était incarné par Brian Mulroney, le Premier ministre canadien. Il représentait un atout particulier, en tant qu'ami tout d'abord, en tant que source inappréciable de conseils ensuite. Nous étions devenus proches dans les années 1980, lorsqu'il est devenu Premier ministre et moi vice-président. Je l'ai tout suite trouvé d'un abord facile, amical et doté d'un remarquable sens de l'humour. Il a un éclat particulier dans le regard et l'on sent tout de suite qu'il est sincère lorsqu'il dit : « Je suis content de vous revoir. » De tous les dirigeants étrangers qu'il m'a été donné de côtoyer, Brian est celui qui s'intéresse le plus aux affaires de la planète. Lorsque je suis devenu président, il m'a conseillé sur la façon de travailler avec certains de nos collègues. Il se sentait, à juste titre, libre de donner son avis à tout moment. J'ai toujours trouvé ses conseils pertinents et j'appréciais beaucoup sa manière franche et directe. Il était très bien informé de tout et savait écouter quand il le fallait. Brian est devenu pour moi un rouage essentiel dans l'élaboration de notre politique. Nous nous entretenions souvent par téléphone ou en tête à tête. Je lui parlais en toute confiance et je savais qu'il se ferait l'écho fidèle de mes convictions auprès des autres dirigeants. Un jour, je lui ai demandé d'expliquer à Gorbatchev la pression exercée sur moi par une partie de l'opinion publique américaine concernant la Lituanie. Je n'ai eu aucune hésitation à lui demander de jouer ce rôle, et nul ne s'est senti blessé de savoir que Brian et moi avions des conversations privées sur ces sujets, à l'écart de la bureaucratie et des conseillers habituels. Parlant un français impeccable (grâce aux liens historiques qui reliaient depuis toujours le Canada et la France), Brian était également très proche de François Mitterrand, et pouvait me donner de précieuses informations sur les préoccupations et les opinions de ce dernier.

Brian démontrait qu'il était possible de diriger le Canada avec fermeté tout en étant le véritable ami des États-Unis. Lorsque nous n'étions pas d'accord sur les échanges commerciaux ou sur la protection de l'environnement, il avait toujours en tête l'intérêt du Canada avant toute autre chose. Même lorsque nous n'étions pas du même avis, nos relations personnelles nous aidaient à parler franchement de ce qui nous éloignait, et nous permettait souvent de trouver une solution entre nous, sans souci de notre image publique.

Le 11 février, nous nous sommes rencontrés à Ottawa pour ce qui s'est finalement transformé en séance de *brain-storming*. Le sujet du jour était la politique à l'égard de l'Union soviétique. Jim Baker, Brent, Joe Clark (le secrétaire d'État canadien aux Affaires externes) et d'autres assistaient à cette réunion. Brian m'a demandé quels étaient mes projets pour l'OTAN. Je lui ai répondu qu'avant de pouvoir négocier positivement avec les Soviétiques, nous devions accorder nos violons sur nos actions collectives et individuelles et renforcer la solidarité au sein de l'Alliance. L'Allemagne m'inquiétait tout particulièrement. Brian m'a demandé si, afin de contrer les efforts de Gorbatchev en matière de relations publiques, un voyage présidentiel en Europe de l'Est ne serait pas nécessaire. Si je partais avec un projet global concernant cette région du monde, et si je savais utiliser à notre avantage toute la symbolique de l'événement, cela ferait faire un grand bon en avant à notre image, et ce ne serait pas forcément mauvais non plus pour celle de Gorbatchev. J'ai trouvé l'idée excellente. Nous rappellerions ainsi au monde les véritables différences qui existent entre l'Union soviétique et l'Occident. « Nous devons tirer davantage parti de notre force, ai-je déclaré, de ce que nous sommes les promoteurs de la démocratie, des Droits de l'homme et de l'économie libérale. » Clark nous a toutefois rappelé que l'Allemagne de l'Ouest (le cœur de l'OTAN, là où le gros de nos forces était regroupé) restait un enjeu dans la bataille des relations publiques, et que l'Occident n'avait pas le dessus.

L'Allemagne est devenue le terrain privilégié de notre offensive contre les efforts de propagande de Gorbatchev en Europe. Son discours de décembre devant les Nations unies avait allumé la controverse sur les missiles nucléaires à courte portée stationnés dans la région. Il allait nous être d'autant plus difficile de convaincre l'opinion publique allemande de l'urgence d'une modernisation. Le gouvernement allemand n'en était également que plus désireux de participer le plus tôt possible à des négociations sur les réductions d'armes. Bonn soutenait que de telles négociations feraient la démonstration de la volonté occidentale de tirer parti de cette nouvelle situation. De plus, si l'OTAN refusait de négocier, l'Alliance aurait l'air de ne pas vouloir mettre un terme à la guerre froide. Bonn suggérait très nettement que cela pouvait faire voler en éclats la coalition au pouvoir.

GEORGE BUSH

Les Allemands étaient de plus en plus inflexibles et pressants quant aux négociations sur le contrôle des armes nucléaires et le report de la modernisation de l'arsenal. Ils voulaient commencer avant même que nous ayons réglé la question des forces conventionnelles. Pour moi, et plus encore pour Margaret Thatcher, les Allemands étaient en train de se fourvoyer et un compromis pouvait être dangereux. J'avais toujours cru que Helmut Kohl était un ami des États-Unis et qu'il croyait en la solidarité de l'OTAN. Mais je me rendais compte que les problèmes politiques qu'il rencontrait pouvaient le pousser à quitter les rangs de l'Alliance. Lorsque j'étais vice-président, je lui avais rendu visite lors d'un voyage en Europe au cours duquel je devais convaincre de l'utilité du déploiement des missiles de moyenne portée Pershing II. J'avais alors été le témoin de manifestations violentes contre ces missiles. La modernisation nous posait un épineux problème, mais je pensais que nous pouvions l'aider. Si l'Alliance avait une position forte, elle pouvait servir de couverture à Kohl pour un éventuel accord. Je doutais que le peuple allemand s'attende à ce qu'il tourne le dos à l'OTAN.

La CDU (l'Union des démocrates-chrétiens), le parti de Kohl, et son parti frère la CSU, gouvernaient la RFA en coalition avec les libéraux-démocrates (FDP) de Genscher. Pour cette raison, Kohl n'avait souvent pas la possibilité de prendre position sur des sujets controversés qui divisaient l'électorat allemand. Il devait constamment consulter ses partenaires politiques et se tenir à l'affût des pressions qui pouvaient affaiblir sa majorité parlementaire et, dans le système allemand, lui faire perdre son poste. C'est précisément ce qu'avait fait le FDP quelques années auparavant en quittant la coalition du prédécesseur de Kohl, le social-démocrate Helmut Schmidt. Genscher avait également été le ministre des Affaires étrangères de Schmidt et avait su faire entendre sa voix.

J'avais la certitude que Helmut aurait le dessus. C'est un politicien expérimenté, sans doute le plus expérimenté de tous ceux que j'ai connus, et je l'admirais profondément. Même lorsqu'il est au plus bas dans les sondages, même lorsque les médias le déclarent politiquement mort, il parvient toujours à s'en sortir. Son instinct politique semble infaillible. S'il a survécu, ce n'est pas en suivant son opposition, mais en la comprenant et en anticipant ses mouvements. Il est toujours au fait des manœuvres de l'opposition, mais, en dernière analyse, il suit toujours ses propres convictions. Au bout du compte, j'ai toujours pensé qu'il essayait d'aller dans le sens des États-Unis et de l'Alliance.

Gigantesque et affable, Helmut me fait parfois penser à un ours énorme. Il aime bien plaisanter. Je le taquinais toujours à propos de Petra Kelly, la boutefeu germano-américaine qui est devenue leader des verts et une farouche opposante de Kohl, l'accablant de protestations et de critiques chaque fois qu'elle en avait l'occasion. Un jour, alors que j'étais vice-président, j'avais été invité par Kohl à Krefeld, où nous avons célébré la première vague d'émigration allemande en Amérique. À l'époque, les verts étaient très militants, ils n'avaient rien à voir avec les amoureux des arbres que leur nom évoque. Au cours des cérémonies, ils ont pris part à des manifestations contre les forces nucléaires américaines en Europe. Plus tard, Kelly est venue interrompre un déjeuner que Kohl donnait en mon honneur. Alors qu'elle jouait des coudes pour atteindre la table avant d'être arrêtée par les hommes de la sécurité, je me suis tourné vers Helmut avec un air parfaitement innocent et je lui ai demandé si son attachement pour Petra était purement intellectuel ou s'il éprouvait aussi de l'attrait physique. J'ai cru qu'il allait mourir de rire.

BRENT SCOWCROFT

Si nous voulions éviter une division de l'Alliance sur la question des ogives nucléaires, nous devions mettre en route les négociations sur les armes conventionnelles. Une fois que l'équilibre des forces conventionnelles serait connu – et que des réductions significatives auraient commencé –, nous aurions en main tous les éléments nous permettant de déterminer les effectifs nucléaires dont nous avions besoin, ce qui nous servirait de base dans la négociation. Une élimination totale de ces armes nucléaires restait impensable. Quant à la modernisation, si une décision rapide n'était pas indispensable, elle servirait à souligner la détermination de l'Alliance à conserver une capacité de dissuasion et de défense suffisante. Je considérais que tout report pouvait dangereusement exacerber le sentiment, de plus en plus répandu en Europe, qu'aucun effort supplémentaire de défense n'était nécessaire. Si les Soviétiques effectuaient un repli général, c'est précisément parce que nous avions su rester fermes et déterminés au fil des ans. Nous ne devions pas abandonner la politique qui avait toujours été nôtre à deux doigts de la victoire. Et puis, il y avait le Congrès américain. Il rechignait de plus en plus à dépenser de l'argent dans la modernisation de notre arsenal nucléaire tactique, surtout si nous n'avions aucune garantie que les Européens acceptent d'accueillir ces armes.

Le 10 février, la veille du jour où Baker devait arriver à Bonn pour un voyage de « familiarisation » à travers l'Europe, Kohl a officiellement demandé à l'Alliance de reporter à 1991 ou 1992 la décision concernant la modernisation des forces nucléaires de courte portée de l'OTAN. Il soulignait que le système existant n'aurait pas besoin d'être remplacé avant 1995 ou 1996, et qu'en conséquence, cette décision pouvait bien attendre 1990 et la fin des élections allemandes. Cela nous a fait l'effet d'une douche froide. Kohl semblait vouloir empêcher Baker d'essayer de persuader les Allemands de se prononcer spécifiquement en faveur du principe d'une modernisation. Baker commençait sa visite sous de mauvais auspices, la suite des événements a confirmé ce mauvais départ. Kohl n'a fait que durcir sa position. Non seulement il a renouvelé son appel au report de la décision de modernisation jusqu'au lendemain des élections, mais il a également demandé à l'OTAN de commencer sans délais les négociations avec Moscou concernant la réduction des armes nucléaires de courte portée, sans attendre que la question des forces conventionnelles soit résolue. Genscher est allé plus loin. Le 14 février, dans une interview radiophonique, il a remis en question la nécessité de procéder à la modernisation des armements nucléaires quels qu'ils soient, arguant de ce que les Soviétiques avaient promis des réductions de leur arsenal.

Kohl paraissait réagir en fonction du soutien politique de sa coalition, qui s'affaiblissait dangereusement. Par ailleurs, la question du nucléaire était l'un des chevaux de bataille de prédilection de l'opposition sociale-démocrate. Le Christian Science Monitor *du 5 avril a annoncé qu'un sondage montrait que deux tiers des Allemands de l'Ouest voulaient la démission de Kohl. À la mi-avril, il a remanié son cabinet et s'est montré de plus en plus insistant sur l'organisation rapide de négociations, relançant le débat au sein de l'Alliance.*

GEORGE BUSH

Cherchant à résoudre le problème directement, je me suis entretenu avec Kohl et je lui ai proposé de venir à Camp David ou à Washington pour une entrevue informelle destinée à clarifier nos points de vue. Helmut m'a répondu que des problèmes à l'intérieur de sa coalition l'empêchaient de venir, mais qu'il pouvait envoyer son conseiller Horst Teltschik, l'homologue de Brent à Bonn. Cette solution me convenait, car Teltschik avait toute la confiance de Kohl. Helmut m'a assuré que cette rencontre allait être organisée rapidement, mais en fait, aucune rencontre n'a jamais eu lieu. Les annulations répétées de Teltschik m'ont donné à penser que non seulement Kohl devait faire face à une pression grandissante qui l'enjoignait d'obtenir le report de la décision de moderniser et de soutenir des négociations avancées avec Moscou, mais qu'il ne se sentait pas en position de discuter avec nous. Il avait sans doute peur que ce geste soit interprété comme un compromis par l'opinion publique allemande. Cette valse-hésitation commençait à me contrarier. Nous devions aboutir à une résolution quelconque si nous voulions parvenir à un consensus avant le sommet de l'OTAN.

Le 12 avril, j'ai rencontré le secrétaire général de l'OTAN, Manfred Wörner, ancien ministre de la Défense de Kohl et membre éminent de la CDU. Il a insisté pour que je m'efforce d'empêcher ce débat de plus en plus houleux de gâcher le prochain sommet, qui se trouvait avoir lieu le jour anniversaire de l'OTAN. Il m'a aussi rappelé qu'il était temps d'engager l'Alliance sur une nouvelle voie. « Nous sommes dans une situation historique, m'a-t-il dit, et même si nous avons l'avantage, l'opinion publique est persuadée que Gorbatchev est en train d'écrire une page d'histoire. » Manfred a proposé que nous nous concentrions sur le message politique de l'Alliance, et plus seulement sur le défi lancé par Moscou sur le contrôle des armements. L'OTAN doit ouvrir la voie du futur et apparaître comme une source de stabilité et de sécurité à une époque de changement politique. « Les États-Unis ne doivent pas trop attendre des autres, a-t-il déclaré. Ils attendent tous que les Américains fassent le premier pas. » Manfred avait raison, c'était à moi de trouver une solution pour les SNF (une solution qui rassemblerait les pays de l'Alliance avant le sommet) et une nouvelle orientation pour l'Alliance.

Quelques jours plus tard, Geoffrey Howe, le ministre britannique des Affaires étrangères, est arrivé à Washington pour discuter du problème. Il m'a à nouveau fait part de l'opposition de Margaret Thatcher à toute négociation, ce dont elle m'avait déjà fait part lors de la première conversation que nous avions eue après mon entrée en fonctions. Je partageais certaines de ses préoccupations. Une fois les négociations mises en route, la pression de l'opinion publique en faveur du retrait total des missiles prendrait une ampleur incontrôlable avant même que nous ayons pu parvenir à un équilibre des forces conventionnelles. Howe m'a fait comprendre ce que souhaitait Margaret : les États-Unis devaient se retirer momentanément et la laisser régler le problème avec Kohl. Je n'avais pas l'intention d'aller dans ce sens, en partie parce que nous étions convaincus que Kohl et Thatcher ne s'entendaient guère. Elle était, de surcroît, bien plus inflexible que nous, et bien plus hostile à un compromis. Je ne voyais pas très bien comment elle comptait trouver un terrain d'entente avec Helmut. Je pense que Margaret avait des doutes sur la manière dont j'allais diriger l'OTAN, et elle prenait publiquement position contre les SNF, en se disant sans doute que cela m'empêcherait d'accéder à une solution de compromis avec l'Allemagne. Je pense qu'elle s'exprimait aussi au nom des liens particuliers qui unissent nos deux pays, comme elle l'avait déjà fait avec Ronald

Reagan. Mais je tenais absolument à ce que le président des États-Unis dirige l'Alliance.

BRENT SCOWCROFT

Soucieux des problèmes politiques de la RFA, les ministres de la Défense des pays de l'OTAN se sont rencontrés le 20 avril. Ils ont rédigé un projet de communiqué dans lequel ils plaidaient en faveur d'une « force nucléaire flexible », réactualisée régulièrement ; tout en accédant, par ailleurs, à la demande allemande de report de la décision sur la modernisation. Moins de un jour après ce geste de conciliation, Bonn a lâché une nouvelle bombe. Nous avons appris, grâce à une fuite en direction de la presse, que la coalition au pouvoir avait voté en faveur de la tenue immédiate de négociations Est-Ouest sur la réduction des armes nucléaires de courte portée. Cette fuite était voulue ; il s'agissait de manipuler l'opinion publique de façon à ce qu'elle fasse pression sur l'OTAN pour faire adopter la proposition allemande plutôt que de continuer à traiter la question par le biais de la diplomatie secrète.

GEORGE BUSH

Cette manœuvre unilatérale m'ennuyait. Je voyais là un bon exemple de la façon dont il ne fallait surtout pas diriger l'Alliance. Lorsque j'ai parlé à Helmut le lendemain, il m'a expliqué que la coalition avait travaillé sur la question du nucléaire et était parvenue à un consensus écrit. Il m'a promis de m'en faire parvenir une copie dans l'heure, et m'a demandé de rencontrer Genscher et son nouveau ministre de la Défense, Gerhard Stoltenberg, lorsqu'ils viendraient le lundi suivant s'entretenir avec Baker, Cheney et Scowcroft. Cela lui permettrait de dire que l'Allemagne discutait de la question avec ses amis, ce qui sous-entendait que la position de l'Allemagne faisait toujours l'objet d'une discussion. Il voulait redorer son image en montrant au peuple allemand qu'il avait fait la proposition, même si celle-ci n'était pas adoptée.

J'ai dit à Helmut que je comprenais sa situation et que je ne voulais pas intervenir, mais qu'il aurait dû discuter des SNF avec nous avant de prendre ce genre de décisions, et surtout de les rendre publiques. « Le problème n'est pas là, ai-je ajouté. Le problème, c'est que la RFA n'a pas à prendre position de manière aussi tranchée et aussi prématurée au nom de l'Alliance. Nous devons faire preuve d'ouverture, discuter des questions qui nous divisent et trouver ensemble une solution commune. C'est maintenant que nous devons régler le problème, de façon à ce que le sommet de l'OTAN soit un succès sans diminuer la solidarité à l'intérieur de l'Alliance. »

Margaret Thatcher partageait mon irritation et mon inquiétude vis-à-vis de la tactique allemande. Le lendemain, je lui ai parlé des efforts que j'avais faits pour persuader Kohl de nous consulter avant toute chose ; son manque de coopération ne laissait pas de me préoccuper. Je pensais que l'engagement de l'Alliance en faveur de la modernisation suffisait : il fallait être réalistes, c'est tout ce que nous pouvions espérer des Allemands. Les décisions spécifiques concernant le redéploiement pouvaient attendre 1991.

Margaret ne cachait pas son agacement. Elle pensait que la position de l'Allemagne reflétait l'opinion de Genscher et non celle de Kohl, et que Genscher utilisait ces propositions de manière à les voir acceptées. En fait, elle pensait qu'il était possible que Kohl compte sur les États-Unis et la Grande-Bretagne pour contrer les efforts de Genscher. Elle disait que l'OTAN n'était pas l'Allemagne, et que nous ne devions pas accepter que Kohl dicte son bon vouloir à l'Alliance. En dernière analyse, si nous parvenions à rester fermes sur les principes de l'Alliance, Kohl ne pourrait de toute façon pas se défaire de ses alliés américains et britanniques. Les conséquences en seraient « bien trop tragiques. » Le « sauvetage » de l'Alliance dépendait, selon elle, de Washington et de Londres. Nous devions être fermes avec l'Allemagne. Les Allemands ont eu tort de rendre leur position publique. Elle s'est proposée de rendre publique sa propre position, mais en la faisant passer pour celle de l'OTAN et non la sienne.

Pour Margaret, il ne fallait pas que le sommet donne le sentiment que l'Alliance n'avait plus d'épine dorsale, ou ce serait pour nous tous un échec. Elle a insisté sur le fait qu'il n'était absolument pas question de négocier sur les SNF. « Les Allemands savent très bien que notre capacité de réaction, et sa flexibilité, dépendent des SNF et que ces armements doivent donc être régulièrement modernisés, a-t-elle déclaré énergiquement. Les Allemands reconnaissent que nous avons besoin d'un mélange de nucléaire et de forces conventionnelles en Europe, mais ils rejettent ce même principe du fait même de leur position sur certains types d'armements. Cela ne ressemble pas à Kohl. C'est Genscher qui veut diriger l'Alliance, fort des cinq pour cent que représente l'électorat allemand. »

Pourtant, Margaret a reconnu qu'à l'occasion du sommet, nous pouvions retarder la décision concernant le redéploiement de notre arsenal nucléaire modernisé. Nous ne pouvions guère aller au-delà de ce report. « Ce qui compte, c'est que les États-Unis et la Grande-Bretagne soient d'accord, a-t-elle ajouté, parce que sans ces deux pays, il n'y a plus d'OTAN. » Elle a ensuite demandé si nous pouvions au moins rendre publique notre conversation téléphonique, pour montrer que les États-Unis et la Grande-Bretagne coopéraient dans le règlement de la question allemande. J'ai répondu que j'avais demandé à Kohl de ne faire aucune déclaration, et que j'avais obtenu sa parole qu'il ne nous placerait pas devant le fait accompli. Je préférais attendre la fin des pourparlers avec les Allemands à Washington avant de déclarer quoi que ce soit. Nous pouvions régler la question en privé, avec les Allemands.

Cette conversation était typique de Margaret Thatcher, forte sur ses principes. Elle reflétait les frictions qui existaient entre elle et les

Allemands ; elle reflétait également tous les efforts que je faisais pour faire contrepoids aux hésitations de Kohl. J'avais déjà eu plusieurs fois l'occasion d'admirer la ténacité de Margaret. Nous nous sommes rencontrés pour la première fois à Houston, où l'on m'avait demandé de la présenter lors d'une réunion de l'English Speaking Union. Elle n'était pas encore Premier ministre, et je n'étais pas encore au service de l'État. J'avais été très impressionné par ses talents d'orateur. Plus tard, alors vice-président, je l'ai rencontrée très fréquemment lors de visites à Londres ou à l'occasion de ses déplacements aux États-Unis. Nous sommes devenus bons amis, mais je regrette que nous n'ayons jamais été aussi proches qu'elle ne l'a été de Ronald Reagan.

Margaret avait un véritable respect et une authentique affection pour Reagan. Si ce dernier donnait généralement le ton dans les rencontres internationales, il semblait souvent confier le reste de la discussion à Thatcher, la laissant parler pour eux deux. Elle aimait ce rôle de porte-parole, et commençait souvent ses déclarations par : « Ron et moi pensons que. » J'ai toujours gardé à l'esprit l'importance des relations entre nos deux pays et j'ai toujours eu à cœur de travailler en étroite collaboration avec Margaret, mais je voulais aussi m'exprimer seul. Lorsque nous n'étions pas d'accord, nous nous efforcions d'aplanir nos divergences. Dans ses mémoires, elle répète souvent qu'il faut que je m'affirme davantage. Je pense que sa perception des choses découlait de la décision que j'avais prise peu de temps auparavant de ne conserver qu'un seul porte-parole pour les États-Unis. Je savais qu'elle me comprenait, mais c'était un changement par rapport au passé et par rapport à l'autorité supplémentaire avec laquelle elle avait pu jusque-là s'exprimer.

Margaret avait toujours une opinion sur tout, et elle la faisait savoir haut et fort. Je vois très bien ce qui a pu faire d'elle un dirigeant aussi ferme. Elle savait se mettre en avant, n'hésitait jamais à prendre la parole ou à soutenir un avis contraire à celui des autres. Alors que Mitterrand aimait émailler son argumentation de références aux leçons de l'histoire, Thatcher avait davantage tendance à chercher la manière directe, et à dire ce qu'elle avait à dire sans se soucier de faire des fioritures. Elle était forte mais jamais impolie. Elle était très bien informée et savait toujours parfaitement de quoi elle parlait, notamment en matière de contrôle des armements. J'avais beaucoup de respect pour sa sagesse et sa clairvoyance, surtout lorsqu'il s'agissait de l'Europe et de l'OTAN. Tout comme Reagan, elle m'a appris qu'il est important de s'attacher à des principes. J'admirais sa fermeté et son absolue confiance en elle-même. Elle n'appréciait guère l'excentricité et je ne l'ai jamais connue sensible à l'humour. Elle n'a pas cette faculté de légèreté que peuvent avoir Brian Mulroney, John Major ou Helmut Kohl. Gorbatchev et Eltsine avaient tous deux beaucoup plus d'humour que Thatcher.

Margaret n'a jamais cherché à cacher le grand attachement qu'elle éprouvait à l'égard des États-Unis, ni l'importance qu'elle accordait aux relations entre nos deux pays. Elle s'efforçait de préserver autant que possible cette relation « spéciale ». Elle ne voulait pas que nos deux pays s'opposent dans les sommets internationaux, et s'il fallait pour cela qu'elle accepte de faire des concessions, elle acceptait toujours de nous donner le bénéfice du doute. Je lui en étais extrêmement reconnaissant. Mal à l'aise face à l'unification européenne, elle voyait dans les États-Unis son principal allié et son meilleur ami. Je crois qu'elle nous considérait aussi comme un contrepoids face à une coopération franco-allemande qu'elle jugeait grandissante. Elle ne faisait pas totalement confiance aux Européens.

BRENT SCOWCROFT

À l'instar de Thatcher, je réagissais mal à la manœuvre des Allemands. L'atmosphère était déjà passablement tendue et cette décision unilatérale de l'Allemagne sur un problème qui concernait tant de pays – et tout le battage qui était ensuite censé faire passer la pilule – n'a guère arrangé les choses. Baker, Cheney et moi avons rencontré les deux ministres allemands le 24 avril. L'humeur n'était pas à la conciliation et, même si plusieurs propositions ont été faites (dont celle d'une réduction unilatérale de notre arsenal de courte portée, avec l'idée que les Soviétiques relèveraient le défi et s'aligneraient sur nos effectifs), nous n'avons abouti à rien. La situation menaçait de déboucher sur une crise majeure au sein de l'Alliance.

L'impasse dans laquelle se trouvaient les Américains et les Allemands suscitait de plus en plus de critiques dans le monde politique américain. Le sénateur Sam Nunn, président de la commission sénatoriale sur les questions militaires, prétendait que l'OTAN était en train de se saborder et qu'il ne voyait aucune stratégie susceptible de résoudre le différend germano-américain. Pour Paul Nitze, qui venait de prendre sa retraite de conseiller gouvernemental sur le contrôle des armements, les États-Unis couraient le risque de se retrouver isolés à l'intérieur de l'Alliance, du fait de leur refus de négocier. Il a déclaré qu'il serait politiquement impossible pour l'Allemagne de l'Ouest d'accepter une modernisation des missiles de courte portée sans la décision d'entreprendre des négociations avec les pays du pacte de Varsovie. L'opinion publique pensait, à juste titre, que nous étions d'accord pour négocier sur les SNF, mais aussi, à tort, que nous ne savions pas vraiment ce que nous voulions faire. Nous voulions retarder les négociations sur les armements nucléaires jusqu'à ce que l'équilibre des forces conventionnelles soit assuré. Le tout était d'aider Kohl à trouver le moyen d'accepter cette approche sans courir trop de risques politiques et sans compromettre les besoins de sécurité fondamentaux de l'OTAN.

GEORGE BUSH

Kohl m'a rappelé le 5 mai, pour que nous discutions de la situation. Je lui ai dit que j'étais ennuyé que nos divergences privées soient en train de devenir publiques, et que je m'efforçais de travailler avec lui pour un sommet harmonieux. Il m'a assuré qu'il allait faire de son mieux pour trouver un compromis à temps pour le sommet. Il pensait que nous avions toutes les chances d'y parvenir. Je ne partageais pas son optimisme. Même s'il avait déclaré deux jours auparavant, à Rome, qu'il ne voyait aucun inconvénient à lier les négociations sur les missiles aux négociations sur les forces conventionnelles, il n'avait toujours pas été dit qu'il fallait d'abord réduire concrètement l'arsenal conventionnel. Nous tournions en rond sans aboutir à quoi que ce soit. J'espérais encore qu'une discussion franche entre Helmut et moi créerait une ouverture vers un consensus sur le fond, et nous éviterait un désastre pendant le sommet.

Les Soviétiques ont su tirer parti de ces dissensions au sein de l'OTAN. Le 11 mai, à Moscou, Baker s'est retrouvé pris de court, lorsque Gorbatchev, à côté de qui il était assis, a annoncé un plan de retrait pour cinq cents ogives nucléaires de courte portée stationnées en Europe de l'Est (ce qui laissait, malgré tout, l'avantage du nombre aux Soviétiques). Kohl et Genscher ont accueilli favorablement cette décision, et Genscher a noté que la volonté de Bonn d'accélérer les négociations sur les SNF s'en trouvait renforcée. L'Allemagne de l'Ouest et d'autres officiels européens ont suggéré à la presse que Washington avait une fois de plus permis à Moscou de dominer le cours des événements.

BRENT SCOWCROFT

Le 17 mai, Stoltenberg est revenu à Washington pour une entrevue de deux jours. Il devait s'entretenir principalement avec Dick Cheney, mais je les ai rejoints pour le déjeuner. Kohl faisait preuve de finesse en envoyant Stoltenberg seul. Il était nettement plus attentif que Genscher à la position américaine, et il avait récemment critiqué le ministre des Affaires étrangères pour sa mauvaise approche du problème. Pour les Allemands, l'OTAN devait accepter les négociations sur les SNF dès que les Soviétiques auraient donné la preuve de leur engagement à effectuer des coupes sombres dans les armements conventionnels, notamment par un accord visant à un équilibre du nombre de chars de part et d'autre. En revanche, rien n'était dit sur la nécessité pour ces réductions de précéder les négociations sur les missiles.

Stoltenberg a également réitéré une proposition qu'il avait déjà faite concernant la création d'un groupe d'étude pour les questions liées aux négociations séparées sur les forces conventionnelles et les armements nucléaires. Il était en faveur de négociations avancées et, pour lui, la seule question était de déterminer la date et non de décider de leur opportunité. Je pensais que le recours à un groupe d'étude permettrait à l'Alliance de sortir du sommet sans véritables heurts, mais cela revenait, en fait, à repousser l'échéance sans régler les problèmes. En dehors de l'acceptation du principe d'une négociation, je ne pensais pas que cette proposition puisse être d'un quelconque secours à Kohl. Même si ce dernier semblait aller enfin dans le bon sens, nous ne pouvions accepter telles quelles les initiatives allemandes.

Pendant ce temps-là, nous avions développé notre propre position. Nous voulions inclure une clause spécifiant que les négociations sur les SNF ne pourraient commencer tant qu'un traité sur la réduction des armes conventionnelles n'aurait pas été signé et que son application ne serait pas déjà bien engagée. Nous faisions clairement de ces réductions notre priorité. Notre proposition exigeait un accord sur le fait qu'une partie de l'arsenal nucléaire de courte portée resterait en place après les négociations. Nous étions convaincus que cette approche allait permettre aux Allemands de déclarer qu'une étape importante avait été franchie. Apparemment, c'est ce qui s'est passé. Le 21 mai, le porte-parole de Kohl, Hans Klein, a déclaré aux journalistes que les Allemands de l'Ouest considéraient notre offre comme la base possible d'un accord, mais que la solution « était encore loin d'être trouvée ».

Thatcher n'était pas satisfaite de notre nouvelle proposition, en grande partie parce que nous ne l'avions pas consultée. Comme elle l'a expliqué dans ses mémoires, elle voulait obtenir un soutien clair et explicite de l'Alliance en faveur du maintien de l'arsenal nucléaire et de sa modernisation. Elle préférait même renoncer aux négociations. « Et s'il devait y en avoir, a-t-elle écrit plus tard, je voulais des conditions bien plus contraignantes que celles qui étaient contenues dans la proposition américaine. Par-dessus tout, aucune ambiguïté ne devait subsister sur la question du “troisième zéro” [l'élimination des systèmes nucléaires de courte portée] *. »

Même si nous nous vantions de consulter nos alliés, il y avait quelques exceptions à la règle. En vérité, nous savions comment Thatcher allait réagir et nous avions donc décidé de ne pas précipiter les choses. Nous pensions que nous devions faire ce geste en direction des Allemands, que les avantages étaient plus nombreux que les inconvénients, et que, si nous avions consulté les Britanniques, il nous aurait été difficile d'avancer sans tenir compte de leurs objections.

Nous avions espéré que la question des forces nucléaires de courte portée serait derrière nous avant le sommet de l'OTAN. À deux semaines de cette rencontre, il semblait clair que cela ne serait pas le cas. Nous allions devoir résoudre ce différend au cours du sommet lui-même, et d'une manière qui ne vienne pas ternir les célébrations prévues pour l'anniversaire. Notre proposition était utile, mais sans doute incapable d'effacer les divisions au sein de l'Alliance. Nous avions besoin d'un geste de soutien dans les négociations sur les armements nucléaires. Une nouvelle initiative pouvait encourager les Allemands à accepter notre proposition sur les missiles nucléaires de courte portée. Nous pouvions aussi, sans doute, faire taire les critiques qui s'élevaient

---

* Margaret Thatcher, *10, Downing Street*, Paris, Albin Michel, 1993.

un peu partout et stigmatisaient notre manque de vision d'ensemble et notre incapacité à nous débarrasser de la guerre froide. La question était de savoir comment faire.

Je restais convaincu que nous devions faire quelque chose d'audacieux pour affirmer notre leadership, retrouver le contrôle des événements internationaux, resserrer et redynamiser les rangs de l'OTAN. Notre proposition devait être assez substantielle pour démentir les rumeurs selon lesquelles nous n'offrions que des réductions symboliques pour faire retomber la pression. Pourtant, dans ce cas précis, la politique ne supplantait pas les besoins stratégiques. Il ne faisait aucun doute que des réductions américaines supplémentaires au sein de l'OTAN étaient inévitables. De plus, quelle que soit notre proposition, nous continuerions à exiger de plus grandes réductions pour les forces soviétiques que pour les forces américaines, renforçant ainsi l'équilibre. Ma vieille idée de proposer des réductions drastiques avait été dictée par ces impératifs, elle possédait l'avantage d'affaiblir l'influence soviétique en Europe de l'Est. Je n'avais jamais cessé de rappeler, en réunion, le besoin d'une nouvelle proposition concernant les forces conventionnelles : la question devait rester à l'ordre du jour. Mes efforts étaient superflus, car le Président voulait agir.

GEORGE BUSH

Dans les semaines qui ont suivi l'échec de notre proposition sur les CFE, j'ai commencé à m'impatienter, car mes experts en contrôle des armements n'avaient pu trouver aucune idée marquante. Un certain nombre de notes et de rapports circulaient à droite et à gauche, mettant en valeur telle ou telle option. Mais nous étions loin des coupes sombres que j'avais en tête. Après lecture de tous ces documents, et après discussions avec Brent et Dick Cheney, j'ai proposé vingt-cinq pour cent de réductions dans les quelque trois cent vingt mille hommes de troupes américains au sein des forces de l'OTAN, avec une réduction équivalente du côté soviétique. Je pensais que cette mesure était suffisamment importante pour donner la preuve de notre sérieux et de notre attachement à encourager les changements positifs intervenus dans la politique de l'URSS. J'ai convoqué une réunion à Kennebunkport, le 19 mai, avec Dick, Brent, l'amiral Crowe et d'autres, afin de leur présenter mon idée. Crowe s'est alarmé. Il a répondu que des réductions de cette ampleur forceraient l'OTAN à effectuer d'importants changements stratégiques. Après un long débat, je lui ai demandé de retourner devant les chefs d'état-major pour déterminer avec exactitude jusqu'où nous pouvions aller sans ébranler l'Alliance.

Les chefs d'état-major étaient plutôt hostiles à des réductions d'effectifs quelles qu'elles soient, mais lorsque j'ai fait part à Crowe de ma détermination, ils m'ont proposé le chiffre de trente mille hommes, soit dix pour cent. Cela ne me semblait pas aller bien loin, mais je ne pouvais pas ne pas tenir compte de la mise en garde des chefs d'état-major. En règle générale, je voulais que les propositions de l'exécutif sur l'utilisation de notre arsenal ou sur le contrôle des armements recueillent, dans la mesure du possible, l'assentiment général. J'étais décidé à ne pas museler les militaires et à ne pas leur forcer la main. Dans ce cas précis, si je n'avais pas sérieusement poussé les choses, le Pentagone n'aurait sans doute rien proposé du tout. Crowe a fini par accepter que les réductions touchent les troupes de combat (et non les troupes de soutien), qui représentaient environ la moitié de nos effectifs. Cela nous permettait de refaire nos calculs et de demander une réduction de vingt pour cent, ce qui me semblait plus sérieux.

BRENT SCOWCROFT

Nous avons également proposé que le calendrier d'un éventuel accord sur les forces conventionnelles soit ramené à six mois ou un an au lieu des deux ans prévus, de même que la date effective des réductions que nous voulions voir ramenée à 1992-1993 au lieu de 1997. Grâce à ce délai plus court, les Allemands allaient sans doute accepter plus facilement de repousser les négociations sur les missiles nucléaires de courte portée jusqu'à ce que nous soyons certains que les réductions d'effectifs dans les forces conventionnelles allaient bien avoir lieu. La proposition était substantielle. Nous espérions ainsi résoudre le problème politique qui divisait l'Alliance et démontrer à la fois aux Soviétiques et aux Européens que nous étions sérieux, désireux d'aller de l'avant et prêts à prendre des risques afin de faire progresser les relations Est-Ouest.

GEORGE BUSH

Au beau milieu de cette agitation concernant la réduction des effectifs militaires, j'ai pris le temps de recevoir François Mitterrand, les 20 et 21 mai. Cela devait être notre première rencontre depuis un déjeuner à Tokyo au moment des funérailles de l'empereur Hirohito. Je l'avais invité à Kennebunkport afin de donner un nouveau départ aux relations franco-américaines, car depuis quelques années elles avaient quelque peu souffert. Les relations entre le Département d'État et le Quai d'Orsay tournaient souvent à l'orage, mais certains hauts fonctionnaires de l'administration Reagan avaient eu le sentiment que Mitterrand n'était pas non plus très facile. Pour parler franchement, ils le détestaient et se sentaient d'autant plus libres de le critiquer que Reagan et lui n'avaient jamais été proches. Je voulais que cela change, et un week-end au calme à Kennebunkport pouvait sans doute aider les choses.

Camp David et Kennebunkport étaient des endroits parfaits pour des conversations informelles. À Camp David, nous bénéficiions d'un tranquille paysage de montagne, d'arbres, de sentiers de promenade, d'un cinéma et d'un grand nombre d'activités sportives qui favorisaient les conversations franches et qui nous donnaient l'occasion de mieux connaître nos invités. Dans notre propriété du Maine, nous avions tous les plaisirs de l'air marin et des produits de la mer, les vagues qui viennent battre les rochers, la pêche ou les promenades le long des côtes atlantiques dans mon douze mètres à moteur, le *Fidelity*. Les gens aimaient beaucoup venir à la Maison Blanche, mais les rencontres y étaient plus formelles et moins propices à un candide échange de points de vue.

Lorsque j'ai suggéré que cette rencontre ait lieu à Kennebunkport, Barbara a cru que j'étais devenu fou. Tout le monde s'attendait au pire. Le président Mitterrand, si solennel et si amoureux des cérémonies officielles allait donc se rendre dans la plus décontractée de nos résidences. Par ailleurs, Mitterrand n'a jamais rien eu d'un athlète, et les habituelles activités annexes de Kennebunkport – pêche, tennis, golf, promenades en bateau, jeux d'adresse – risquaient de ne guère l'enthousiasmer. Alors que la date approchait, une importante délégation française est venue en éclaireur inspecter les lieux et nous faire part de ses exigences. Barbara et moi avions décidé de loger les Mitterrand dans le bungalow de ma mère, qui est indépendant et situé à Walker's Point, juste à côté de notre maison. Nous avons vite craint que cela ne convienne pas.

Comme Barbara l'a raconté dans son livre, ce petit bungalow en bois avait été construit soixante-dix ans auparavant et, hormis quelques travaux il y a trente ans et un entretien régulier, rien n'avait été changé. Notre fille Doro a accompagné l'équipe française jusqu'à la maisonnette et lui a montré la pièce où les Mitterrand devaient dormir. Comme nous étions encore au printemps et que nous venions d'ouvrir la maison pour la belle saison, elle avait l'air un peu sale et humide. Pire que tout : le lit médicalisé de ma mère se trouvait encore dans la chambre. Doro a dit aux Français dubitatifs de ne pas s'inquiéter, et que nous allions acheter un nouveau lit pour leur président. D'après Doro, le moment le plus embarrassant a été la visite de la salle de bains, où les toilettes étaient encore équipées d'un élévateur. Barbara a tout organisé et s'est occupée de l'équipe de nettoyage qui a travaillé nuit et jour sans relâche pendant plusieurs jours pour remettre le bungalow et la maison principale en état pour la visite. L'élévateur a été supprimé, un nouveau lit a été installé, des lignes téléphoniques spéciales ont été branchées, et notre petit cottage a attendu nerveusement l'arrivée de son illustre visiteur. Finalement, nous n'aurions pas dû nous inquiéter. Mitterrand a beaucoup apprécié l'endroit et, comme il me l'a dit lui-même lorsque je l'ai appelé à Paris en juin 1995, il a également beaucoup aimé l'atmosphère familiale qui y régnait.

Je connaissais déjà Mitterrand depuis quelques années. Lorsque François a été élu pour la première fois, en 1981, le président Reagan m'a demandé de me rendre à Paris pour l'assurer de notre volonté de nouer des relations solides. Reagan ne savait que penser de la détermination avec laquelle Mitterrand avait annoncé qu'il souhaitait prendre des communistes dans son gouvernement. Je revois très clairement Mitterrand me disant qu'il allait, en fait, donner des ministères sans importance à une poignée de communistes. « Dans cinq ans, le vote communiste aura réduit de moitié, passant de quatorze à sept pour cent. » Je suis ressorti de cette entrevue, et de celles qui ont suivi, avec le sentiment que Mitterrand nous pensait beaucoup trop obsédés par les communistes, qui étaient tous, à nos yeux, de dangereux staliniens. Nous doutions de ses tactiques et de leurs effets supposés, nous pensions qu'il avait été berné par les communistes. L'histoire a prouvé que Mitterrand avait raison : le vote communiste en France a diminué de moitié entre 1977 et 1987.

Quand je suis entré en fonctions, j'avais déjà noué une véritable relation d'amitié avec Mitterrand, mais celle-ci s'est encore approfondie avec le temps. Je me demandais au début s'il pensait qu'en tant que conservateur, j'allais avoir plus de sympathie pour les gaullistes. Il savait que j'étais très ami avec l'un de ses rivaux, Jacques Chirac, alors maire de Paris, et pour lequel j'avais beaucoup d'estime. Mais j'ai toujours trouvé ma relation avec Mitterrand très gratifiante et très enrichissante.

J'aimais sa façon de prendre des décisions. Chaque fois que je l'appelais pour un problème difficile, il me donnait une réponse immédiate et franche. Il m'a toujours dit ce qu'il allait faire, et il a toujours tenu parole. J'aimais beaucoup écouter ses analyses historiques. Lors de réunions de chefs d'État, il aimait toujours expliquer à l'aide d'exemples comment l'histoire pouvait nous aider à interpréter les événements présents. Il avait une sorte d'humour tranquille, et une étincelle dans le regard qui dénotait une chaleur humaine que peu de gens lui reconnaissaient.

Dans les années Reagan, le protocole et les formalités semblaient faire obstacle au développement de bonnes relations. Les présidents français et américain, en tant que chefs d'État, suivent un protocole différent de leurs collègues du G7 en ce sens qu'un président passe toujours avant un Premier ministre. Leurs entourages respectifs ont développé une rivalité féroce dans l'observance du protocole aux sommets internationaux, chacun voulant voir son président passer avant l'autre.

Je n'accordais aucune espèce d'importance à tout cela, et si je pouvais m'effacer devant Mitterrand sur certains points de protocole, je le faisais toujours de bon cœur. Dans mon esprit, les États-Unis n'allaient pas en sortir diminués pour autant. Il était plus âgé que moi et il était en fonctions depuis plus longtemps, alors pourquoi ne pas lui témoigner un certain respect ? À mon avis, il vaut mieux rester ferme sur ses positions et lâcher du lest sur le protocole. Mitterrand a toujours été d'une indéfectible courtoisie envers moi. Cette bonne volonté ne pénétrait pas tous les rouages de nos deux gouvernements, mais nous faisions des efforts dans ce sens et nous n'avons jamais laissé nos divergences prendre le pas sur tout le reste. J'ai toujours apprécié les moments que je passais en compagnie de cet homme sage. Sa politique intérieure socialiste s'opposait à mes principes, mais il a toujours été un ami et un allié sur lequel je pouvais compter. À Kennebunkport, nous avons discuté des problèmes de l'OTAN concernant la réduction des forces militaires. Quelques jours auparavant, il avait soutenu la position américaine et britannique. Je lui ai expliqué comment nous voulions lier les négociations sur les forces nucléaires à celles concernant les forces conventionnelles et nous rallier les Allemands. J'ai noté que Thatcher ne voulait pas bouger d'un pouce, mais il était nécessaire de trouver le moyen d'aider Helmut Kohl sans laisser l'OTAN à la dérive.

François pensait que même si Kohl était, à titre personnel, très proche des États-Unis, il était poussé par une opinion publique hostile à la présence d'armes nucléaires sur le sol allemand. « Plusieurs facteurs entrent en ligne de compte, a-t-il ajouté, mais la popularité de Gorbatchev est un élément déterminant. Il y a aussi la Seconde Guerre mondiale, la destruction de l'Allemagne, les communistes, les partisans de la neutralité, les verts et les "réalistes". » Même s'ils n'avaient conclu aucun accord politique, ces groupes formaient un front commun. « Idéalistes, ils en sont venus à dénoncer les armes nucléaires et à suggérer la possibilité d'un accord germano-soviétique pouvant mener à la réunification de l'Allemagne, a-t-il déclaré. C'est un rêve, car les Européens comme les Soviétiques ont toujours eu à redouter l'expansionnisme allemand. Dans l'esprit des Russes, ce dernier remonte au XIIe siècle et aux chevaliers teutoniques ; l'URSS en a gardé une profonde méfiance. »

Même s'il était l'ami des socialistes allemands, François disait qu'il était très difficile de raisonner avec eux dans la cadre de l'OTAN. Il préférait travailler directement avec Kohl et il voulait que nous le soutenions. « Pour être tout à fait franc », a-t-il ajouté, le problème vient de l'antagonisme entre Kohl et Thatcher. « Il ne l'appelle jamais autrement que "cette femme" », m'a-t-il confié. Thatcher était également agacée par l'axe franco-allemand. « Pendant des siècles la Grande-Bretagne a tout fait pour empêcher des alliances sur le continent. Cette attitude reste ancrée dans le subconscient britannique. »

« Néanmoins, a-t-il poursuivi, il est capital de savoir ce que nous voulons faire à Bruxelles, techniquement parlant. Les Soviétiques demandent un troisième zéro *. Étant donné la situation actuelle, cela est inacceptable à cause de la supériorité des Soviétiques dans les armements conventionnels, chimiques et nucléaires. Un troisième zéro ne serait guère facteur d'équilibre. Kohl est d'accord mais il ne peut guère ajouter grand-chose. Alors il propose de négocier. Nous devons l'aider à sauver la face. Il est d'accord pour rejeter l'éventualité d'un troisième zéro ; c'est pourquoi nous devons d'abord réduire les forces conventionnelles. » La modernisation n'avait aucun caractère d'urgence, et pouvait aisément attendre 1992.

À la suite des remarques qu'il venait de faire sur le sujet, j'ai demandé à François ce qu'il pensait de la réunification allemande.

---

* Les deux adversaires avaient éliminé les missiles de moyenne portée et de portée intermédiaire. L'élimination des missiles de courte portée équivaudrait à un troisième zéro.

Il prédisait que tant que l'Union soviétique resterait forte, la chose serait impossible. « Depuis 1917, les Soviétiques ont été extrêmement préoccupés par l'encerclement. De la guerre civile, ils ont gardé une mentalité d'assiégés. À présent, ils doivent faire face au problème de l'Europe de l'Est, des pays baltes, etc. Ils ne courront jamais le risque d'une réunification.

– Comment réagiriez-vous à une éventuelle réunification ? lui ai-je demandé.

– Si c'est ce que souhaite le peuple allemand, je ne m'y opposerai pas, a-t-il répondu, mais trop peu de choses ont changé depuis la Seconde Guerre mondiale pour que cela soit envisageable. » Il pensait que la chose resterait impossible pendant encore dix ou quinze ans. « Mais les Soviétiques ne céderont jamais sur la question allemande, a-t-il ajouté. Gorbatchev est très satisfait de savoir que l'Allemagne de l'Est est le plus réactionnaire [de ses satellites].

– Est-ce que Gorbatchev peut contrôler la situation ? Les choses bougent en Pologne comme en Hongrie.

– Il se peut que les choses changent un jour, à l'échelle de l'histoire », a-t-il reconnu. Toutefois, il ne pensait pas que l'Allemagne puisse déjà pousser à la réunification. Cette décision, ou l'acquisition d'armes nucléaires par l'Allemagne, constituerait un *casus belli*.

François ne souhaitant pas sortir en mer à bord du *Fidelity*, nous avons passé un après-midi à nous promener dans les bois, en compagnie de Danielle, son épouse. Jamais le Maine n'avait été aussi beau. Je suis convaincu que cette visite amicale et détendue nous a aidés à développer une grande confiance l'un pour l'autre ; une confiance qui allait lui permettre, dans les années à venir, de nous accorder le bénéfice du doute lorsque nous ne serions pas d'accord.

BRENT SCOWCROFT

La rencontre de Kennebunkport constituait le plus pur exemple de cette diplomatie personnelle développée par le Président. La relation établie au cours de ce week-end a joué un grand rôle dans la façon dont certains événements majeurs se sont déroulés au cours des trois années qui ont suivi. En dépit de divergences occasionnelles, la relation de confiance entre les deux hommes a pu permettre un degré suffisant de coopération pour que les problèmes soient résolus de manière satisfaisante. Seules quelques questions, l'Uruguay Round du GATT et certains détails concernant l'avenir de l'OTAN, ont résisté à la magie de George Bush et de Kennebunkport. Quant à l'impasse concernant les négociations sur les SNF, Mitterrand semblait croire que Kohl était dos au mur et qu'il avait besoin d'une porte de sortie qui lui permette de garder la face. J'espérais que la nouvelle proposition du Président sur les CFE, ainsi que le calendrier réduit devant aboutir à un accord sur les réductions, lui permettraient d'accepter de reporter les négociations sur les missiles.

Jacques Attali était également présent à Kennebunkport ; il était mon homologue à l'Élysée. Attali déplaisait à la plupart de ceux qui le connaissaient à Washington. Tout le monde s'accordait à le trouver brillant, arrogant, intolérant et globalement antiaméricain. Je l'ai trouvé extrêmement intelligent, très cultivé, notamment en histoire, très sûr de lui – voire imbu de sa personne – et maîtrisant parfaitement la langue anglaise. Nous avons eu un échange de vues très vivant sur un éventail de sujets de politique étrangère. Nous étions parfois d'accord, parfois pas. À la grande surprise de presque tous mes collègues, nous nous sommes très bien entendus et nous avons ainsi jeté les bases d'une très bonne association. Il était très proche du président Mitterrand, dont il semblait lire les pensées et anticiper les réactions. Il pouvait être effectivement un peu cassant, et s'il n'était sans doute pas antiaméricain, il considérait l'Amérique avec une certaine condescendance. Néanmoins, il était toujours très stimulant et j'ai toujours beaucoup apprécié la relation qui s'était tissée entre nous.

Au bout de un an, Attali a été remplacé par l'amiral Jacques Lanxade, qui faisait déjà partie de l'entourage présidentiel à l'Élysée. Il était bien plus liant qu'Attali et plus en accord avec ma conception des relations stratégiques et militaires entre l'Europe et les États-Unis. Il n'était pas aussi proche de Mitterrand qu'Attali, et le fonctionnement interne de l'Élysée faisait qu'il n'était pas à proprement parler mon homologue. Son bureau était situé en face de celui du président, mais de l'autre côté de la rue. Lorsque notre ligne directe a été installée, l'appareil français a été placé juste à l'extérieur du bureau de François Mitterrand, de sorte que je devais le prévenir de mon appel afin de lui laisser le temps de traverser la rue. Cette procédure avait tendance à réduire à néant les avantages de sécurité que représentait une ligne directe.

Nonobstant ces obstacles, nous avons pu développer une bonne entente mutuelle. Un épisode, en particulier, est venu renforcer les liens qui existaient entre nous et même, à mon sens, entre les deux présidents. Un soir, vers dix-huit heures, pendant la guerre du Golfe, Lanxade se trouvait dans mon bureau. Nous étions en pleine conversation lorsque ma ligne directe avec le Président s'est mise à sonner. C'était Mme Bush, qui me demandait si je voulais me joindre au couple présidentiel pour dîner dans un restaurant chinois des environs. Je lui ai demandé à quelle heure ils comptaient s'y rendre. « Tout de suite ! », a-t-elle répondu. Essayant de parler sans mettre mon visiteur mal à l'aise, j'ai dit que j'étais en plein rendez-vous et que je ne pouvais pas partir tout de suite. Cinq minutes plus tard, le téléphone a sonné de nouveau. « Votre visiteur n'est autre que l'amiral Lanxade, n'est-ce pas ? », me demanda-t-elle. Lorsque j'ai répondu par l'affirmative elle a dit : « Emmenez-le donc avec vous ! » C'est ainsi que Jacques et moi sommes montés dans la berline présidentielle qui nous a conduits tous les quatre à Virginia, en banlieue de Washington, où nous avons excellemment dîné. L'amiral n'aurait visiblement jamais imaginé une chose pareille. C'était typique des Bush et tout à fait inconcevable à Paris.

Il nous avait fallu du temps pour réussir à trouver un accord au sein de l'Administration concernant la nouvelle proposition sur les CFE. Nous nous retrouvions à présent à la fin du mois de mai, presque à la veille du sommet de l'OTAN. Afin de renforcer l'effet que ne devait pas manquer pas de faire notre offre, nous l'avions échafaudée en grand secret, avec la seule aide des membres les plus prééminents de l'équipe et sans consultation préalable de nos alliés de l'OTAN. Ces derniers ont été maintenus dans une complète ignorance, en grande partie parce que nous pensions qu'il s'agissait là d'une proposition importante, intervenant à un moment crucial de l'histoire, et qu'il fallait donc protéger des dangers extérieurs. Si nous lui faisions suivre l'itinéraire classique de la bureaucratie de l'OTAN, nous donnions à ses adversaires trop d'occasions d'en supprimer certains éléments et de la vider peu à peu de sa substance ; sans parler des risques de fuite. Mais nous ne pouvions non plus atteindre notre but en forçant la main de nos alliés et en leur imposant notre solution à la dernière minute. Il nous semblait que leur donner au moins deux jours pour réfléchir à notre proposition relevait de la plus élémentaire courtoisie. La presse commençait à colporter des échos négatifs, prédisant que le sommet n'allait servir à rien et que ce serait la faillite du leadership présidentiel. Nous voulions présenter cette proposition dans le calme et donner l'occasion aux dirigeants alliés d'y réfléchir avant d'en lire les détails dans les journaux. Il nous semblait également capital de pouvoir expliquer notre stratégie, de manière à augmenter nos chances d'engranger des soutiens alliés dans le débat qui n'allait pas manquer de secouer l'OTAN.

Pour cela, et pour souligner également l'importance que nous accordions à une solution rapide du problème, nous avons décidé d'envoyer Larry Eagleburger et Bob Gates faire le tour de l'Europe afin d'expliquer notre proposition aux chefs de gouvernement britannique, français, allemand et italien. Eagleburger et Gates ont été très bien accueillis partout où ils se sont rendus, sauf à Londres. Thatcher les a personnellement très bien reçus, leur donnant par la suite les sobriquets affectueux de « pince-mi et pince-moi », mais elle est restée de marbre devant notre proposition. Elle a commencé et fini la discussion sur la même phrase : « Je suis très circonspecte. » Elle n'appréciait pas du tout que notre proposition lui ait été soumise si tardivement. Elle n'appréciait pas non plus que certaines réductions d'équipement soient susceptibles d'encourager Gorbatchev à rouvrir le débat sur d'autres points contenus dans notre offre. En dépit de son mécontentement, elle avait conclu la rencontre par un commentaire éloquent : « Si le Président y tient, nous le soutiendrons. »

BRENT SCOWCROFT

Le 26 mai, nous nous sommes rendus au sommet de l'OTAN en faisant un crochet par l'Italie. Nous avions choisi cet itinéraire non seulement parce que nous voulions donner aux Italiens plus d'informations concernant notre proposition, mais également parce que, nous trouvant en Europe pour Memorial Day, nous avions à cœur de nous rendre dans un cimetière militaire américain. L'Italie représentait un excellent choix. Aucun président ne s'était jamais rendu dans un cimetière militaire sur le sol italien et c'était l'occasion pour nous de commémorer l'un des épisodes les plus ignorés, mais les plus douloureux et les plus pénibles de la Seconde Guerre mondiale : le débarquement d'Anzio. Notre choix s'est révélé parfait. Le cimetière américain de Nettuno était magnifique, méticuleusement entretenu par des employés italiens dévoués. Le service nous a beaucoup touché et le temps était splendide. Nous en sommes repartis pleins de fierté patriotique, de gratitude et de tristesse, pour tous ceux qui reposaient là, et qui avaient donné une dernière fois la pleine mesure de leur dévouement à la patrie. Il était important pour nous de savoir que leurs tombes étaient impeccablement entretenues dans un site aussi agréable.

Après l'enchaînement traditionnel de réunions, de dîners et de discussions sur notre proposition – que les Italiens ont accepté de soutenir –, nous nous sommes envolés pour Bruxelles. Nous étions tous parfaitement conscients que tout dépendait de l'issue du sommet. Pouvions-nous étayer la coalition au pouvoir en Allemagne ? Allions-nous être capables d'amener la Grande-Bretagne et l'Allemagne de l'Ouest à un compromis ? Le Président allait-il apparaître clairement comme le dirigeant ferme de l'Alliance ? Pouvions-nous nous mesurer à Gorbatchev et renverser l'image fortement négative que la presse avait donnée de l'action présidentielle et même de la compétence du Président et de l'Administration en matière de politique étrangère ?

Le sommet n'avait guère démarré sous de bons auspices. Lors du traditionnel café offert aux chefs de gouvernement et aux ministres des Affaires étrangères, Thatcher s'était montrée mécontente et inquiète. En dépit de la petite phrase rassurante qu'elle avait prononcée devant Eagleburger et Gates, elle avait répété en privé au Président les craintes dont elle leur avait déjà fait part. Elle a continué la discussion alors même qu'elle entrait dans la salle de réunion, où elle et le président Bush étaient placés côte à côte.

Lors de la séance formelle, le Président a détaillé les quatre temps forts de notre proposition. Tout d'abord : verrouiller l'acceptation, par les pays du pacte de Varsovie, de la proposition de plafonds pour les tanks, les transports de troupes blindés et l'artillerie, pour l'un et l'autre camp. Tous les équipements retirés devaient être détruits. Ensuite : étendre la proposition de l'OTAN à la réduction de quinze pour cent sous les niveaux actuels de l'OTAN de divers types d'hélicoptères et d'avions de combat. Troisièmement : abaisser les effectifs des troupes de combat jusqu'à un plafond de deux cent soixante-quinze mille hommes stationnés en Europe côté soviétique comme côté américain. À cet effet, les Soviétiques devaient réduire leurs effectifs de trois cent vingt-cinq mille hommes (les États-Unis n'ayant à en supprimer que trente mille). Enfin : ramener le délai de signature d'un accord à six mois ou un an, de façon à ce que les réductions aient été terminées pour 1992 ou 1993.

La suite du débat nous a quelque peu rassurés. Notre proposition était sérieuse, et la manière dont nous l'avions préalablement présentée, surtout dans les rangs des principaux membres, a suscité un certain nombre de discours en sa faveur. L'atmosphère était à l'optimisme. Même Thatcher a accueilli chaleureusement notre proposition, et la première manche de la bataille, celle des forces conventionnelles, s'est avérée pour nous un succès total. Les Soviétiques ont également réagi favorablement. Dans son premier commentaire officiel, Gorbatchev a déclaré qu'il accueillait l'initiative « avec satisfaction », ajoutant qu'il s'agissait d'une réponse spécifique et sérieuse aux propositions des pays du pacte de Varsovie. Il avait ajouté que cela devait nous permettre de trouver un accord bien plus tôt que prévu.

Supprimer les dissensions sur la question des forces nucléaires s'est révélé bien plus difficile. Les experts, qui avaient discuté de cette question pendant que les chefs de gouvernement examinaient notre proposition concernant les forces conventionnelles, n'avaient pas avancé d'un pouce. Les dirigeants de l'Alliance ont décidé en fin d'après-midi que, pour faire avancer les choses, les pourparlers devaient désormais avoir lieu au niveau ministériel. Les discussions se sont vite enlisées. Les ministres avaient prévu de se réunir autour d'un grand banquet, mais ils ont finalement pris la décision d'annuler l'événement et de se faire livrer des sandwiches. Ils ont continué à délibérer tard dans la nuit.

GEORGE BUSH

Au dîner des chefs d'État et de gouvernement, l'atmosphère était légèrement tendue, car nous attendions de connaître le résultat des négociations entre nos ministres des Affaires étrangères. Je me suis assis à côté de Margaret, qui m'a immédiatement fait la leçon. « Nous ne devons pas céder sur ce point, a-t-elle déclaré. Vous n'avez pas l'intention de céder, n'est-ce pas ? » Notre hôte, Manfred Wörner, essayait de prolonger le débat en appelant ceux qui n'avaient pas encore pu s'exprimer à donner leur avis sur les questions débattues au cours de l'après-midi. De temps à autre, il nous annonçait une avancée dans les pourparlers des ministres. J'étais assez pessimiste quant à la possibilité d'un accord, et, dans l'éventualité d'un compromis, je doutais sérieusement de l'approbation de Margaret. Aux environs de minuit, longtemps après le dîner, Jim Baker a téléphoné pour nous faire part d'une formule. Une fois que les réductions des forces conventionnelles auraient commencé, les États-Unis, en accord avec les alliés concernés, seraient prêts à négocier une réduction partielle (et non une élimination totale) des missiles nucléaires terrestres de courte portée, soviétiques et américains, jusqu'à des niveaux équivalents et vérifiables. Je ne savais pas si Margaret allait avaler ça, mais Jim était confiant. Je lui ai demandé de revoir tout cela avec Brent. Il a rappelé pour dire que Brent était d'accord. Je lui ai dit qu'il pouvait se lancer, qu'il fallait être optimiste et espérer que nous allions réussir à vendre l'idée aux Britanniques.

Vers deux heures du matin, après des heures d'un débat parfois très houleux, mené de main de maître par le ministre hollandais des Affaires étrangères Hans van den Broek, qui présidait la réunion, et entrecoupées d'interventions brillantes de la part de Baker, les ministres sont enfin parvenus à un accord. Notre tactique, qui consistait à utiliser notre proposition sur les forces conventionnelles pour encourager un marché sur les forces nucléaires, avait bien fonctionné. Les Allemands de l'Ouest ont reconnu que les discussions avaient été âpres et ont souligné le fait que la proposition sur les forces conventionnelles les avaient aidés à accepter des conditions sur les négociations des forces nucléaires qu'ils avaient rejetées quelque temps plus tôt. Le lendemain matin, lorsque nous nous sommes à nouveau réunis, Margaret était débordante d'enthousiasme. Je la soupçonne d'avoir craint d'être séparée des États-Unis. Ses conseillers avaient par ailleurs dû lui dire que la formulation était acceptable. Je lui suis reconnaissant de nous avoir soutenus dans cette négociation capitale.

BRENT SCOWCROFT

Le sommet de l'OTAN a eu un succès retentissant. Une atmosphère quasi euphorique a entouré la conférence de presse de Wörner. Les journalistes devaient reconnaître que nous avions entièrement modifié la situation. Même si nous avons eu par la suite beaucoup de problèmes avec la presse sur des questions spécifiques, les journalistes ont définitivement abandonné leur rengaine du printemps : que nous n'avions aucune vision d'ensemble et aucune stratégie autre que le pourrissement.

Nous nous sommes rendus directement à Bonn, pour rendre visite au chancelier Kohl, qui était véritablement débordant d'enthousiasme. Il a donné une énergique accolade au Président, comme si les tensions et les difficultés des semaines passées n'avaient jamais existé. Lorsque les deux hommes ont rencontré les journalistes dans le jardin après une petite conversation à la chancellerie, Kohl a déclaré que le sommet avait été « le plus beau cadeau d'anniversaire » que l'OTAN pouvait recevoir, et « un résultat fantastique » pour tout le travail accompli. C'était un incroyable revirement par rapport à l'atmosphère de crise qui avait entaché les rencontres de Washington et de Bonn.

L'Allemagne de l'Ouest allait connaître des élections pour le Parlement européen ainsi que des élections locales déterminantes dans les Länder de Rhénanie-Palatinat et de Sarre, le 18 juin. Ce n'est donc pas un hasard si Kohl nous a conviés à descendre le Rhin dans un grand yacht de croisière. Il s'agissait pour lui d'un voyage de campagne électorale destiné à souligner les bonnes relations germano-américaines et à montrer à tous son grand ami George Bush. La journée fut mémorable, en particulier le discours prononcé par le Président devant une salle comble au Rheingoldhalle, dans la cité historique de Mainz.

Ce discours était la clé de voûte de la présentation de notre stratégie en matière de relations avec l'Europe et l'Union soviétique. Nous avions pris soin de lui donner une tonalité allemande. Un des sujets qui nous préoccupaient était la question sensible de la réunification allemande. Nous n'avions pas encore arrêté notre position sur le sujet, pas plus que nous n'en avions discuté avec les Allemands. Le texte original en faisait mention, mais je ne souhaitais pas encourager inutilement le nationalisme allemand et j'ai donc supprimé cette partie.

Le président Bush a prononcé son discours avec tact, et il a été très bien reçu. Il a parlé de l'avenir de l'Europe, a appelé à la destruction du mur de Berlin et à la fin des divisions sur le continent. Pour l'occasion, il a trouvé l'expression « une Europe entière et libre » et, contrairement à une autre petite phrase (« au-delà du *containment* »), celle-ci a fait mouche. Toutefois, une autre de ces petites phrases est venue involontairement inquiéter Margaret Thatcher. Le Président a décrit les États-Unis et la RFA comme des « partenaires de leadership ». Thatcher l'a pris comme une remise en question des relations particulières existant entre les États-Unis et la Grande-Bretagne. En vérité, elle n'avait pas lieu de s'inquiéter. L'expression n'avait aucune connotation d'exclusion et n'avait été prononcée que comme un encouragement.

GEORGE BUSH

J'ai quitté l'Allemagne pour Londres où je devais rencontrer Margaret Thatcher le 1er juin. Ce devait être notre première longue conversation privée. La discussion s'est révélée passionnante, et l'atmosphère détendue changeait agréablement des tracas des semaines précédentes, surtout au sommet de l'OTAN, où elle avait été plutôt à cran. Nous avons tous deux comparé des rapports sur la situation en plusieurs endroits du globe : de la réforme économique et du nationalisme en URSS jusqu'au Moyen-Orient et à l'Afrique du Sud. Elle était très bien informée et ses analyses étaient très fines. J'ai également découvert que nous étions pour ainsi dire du même avis sur bon nombre de ces questions, et c'est une impression qui n'a fait que se confirmer par la suite.

BRENT SCOWCROFT

Charles Powell, mon homologue au sein du gouvernement britannique, m'a rejoint comme preneur de notes lors de cette entrevue privée. Je n'ai pas souvenir de notre première rencontre, mais je le connaissais déjà un peu lorsque notre Administration a commencé à travailler. Nous avons très vite établi une relation étroite, qui s'est révélée un précieux atout dans les mois qui ont suivi. Nos techniciens en communication avaient entrepris de me fournir une ligne directe et sûre avec chacun de mes homologues à Londres, Paris et Bonn. La ligne avec l'Angleterre a été la première installée et chacun de nous n'avait qu'à appuyer sur un bouton et soulever le combiné pour se connecter à l'autre appareil. Cela nous permettait d'avoir des conversations fréquentes et naturelles, au cours desquelles nous explorions l'opinion de nos supérieurs respectifs sur divers sujets, franchissant ainsi une première étape dans la définition d'une politique sur laquelle il nous serait, de fait, plus facile de coopérer.

Charles était un homme sage et modeste, qui savait toujours mieux que personne employer les mots qui convenaient. Mais cet enrobage ne diminuait en rien la ténacité avec laquelle il défendait les intérêts britanniques. Nous avons vite appris à explorer dans le calme les limites de la flexibilité dont nos supérieurs étaient prêts à faire preuve sur un certain nombre de sujets. Il jouait un rôle capital dans l'élaboration de notre politique, et j'ai fini par être convaincu qu'il était le seul à avoir une influence notoire sur l'opinion de Margaret Thatcher en matière de politique étrangère. Il était proche d'elle, avait une capacité surprenante à lire dans ses pensées, et, malgré la personnalité forte de Thatcher, il savait la convaincre. Pour moi, cette association avec Powell, et la manière dont elle a facilité la coopération entre nos deux pays, était la meilleure illustration de cette fameuse relation particulière.

Le séjour à Londres venait clore ce qui avait été pour nous une période de tensions et de frustrations, mais il a permis au Président d'asseoir sa crédibilité et son autorité. En renforçant les efforts du Département d'État et du ministère de la Défense par des contacts personnels directs, le Président avait réussi à atténuer les divergences complexes qui existaient entre Thatcher et Kohl. Par la recherche du consensus et par la consultation, il a réussi à faire passer une proposition capitale sur les forces conventionnelles. Il allait falloir du temps avant qu'un accord sur les CFE ne soit conclu (novembre 1990), mais les premières étapes vers une réduction des effectifs militaires soviétiques en Europe de l'Est avaient été franchies. Nous avions préservé la stratégie de l'OTAN en matière de défense et renforcé l'Alliance. C'est une équipe épuisée mais contente qui s'est engouffrée à bord d'Air Force One.

CHAPITRE IV

Défaire un nœud

Nous venions à peine de rentrer du sommet de l'OTAN qu'une crise qui couvait depuis longtemps en Aise a fini par exploser. Les 3 et 4 juin, les troupes chinoises envahissent la place Tienanmen à Pékin, dispersant avec violence ce qui restait des quelques dizaines de milliers de manifestants qui l'occupaient depuis près de un mois. Le choc et la brutalité de cette action suscitent des vagues de protestations à travers le monde. Au États-Unis, l'indignation est générale. Le soulèvement avait été catalysé le 15 avril, par la mort de Hu Yaobang, ancien secrétaire général du parti communiste qui avait été démis de ses fonctions en 1987 pour libéralisme excessif.

Dans les années 1980, le dirigeant absolu de la Chine, Deng Xiaoping, s'était embarqué dans un nouvel effort de réforme économique. Aux yeux de bien des observateurs, à l'intérieur comme à l'extérieur du pays, ceci était apparu comme un pas vers la libéralisation, mais à aucun moment il n'avait proposé de changements politiques. Le parti demeurait l'autorité centrale du système politique. Pourtant, les changements opérés par Deng ont alarmé certains membres conservateurs de la vieille garde du parti, et il s'est ensuivi une lutte entre ceux qui soutenaient les réformes commerciales et une plus grande ouverture, et ceux qui exigeaient une plus grande orthodoxie et le respect absolu du contrôle politique du parti. Encouragés par les décisions de Deng, les étudiants ont commencé à manifester en 1986 et 1987, soutenant des réformes de plus grande envergure. Cette dissidence affichée a donné aux tenants de l'orthodoxie communiste l'occasion de se débarrasser de Hu Yaobang, qui apparaissait dores et déjà comme le successeur désigné de Deng. Il a été remplacé par Zhao Ziyang, lui-même un réformateur.

Pour accompagner le décès de Hu, que beaucoup considéraient comme un réformateur sincère, des milliers d'étudiants se rendent sur la place Tienanmen, un carrefour au centre de Pékin, cœur symbolique de la capitale et qui avait été bien souvent le site de célébrations nationales. La plupart des bâtiments les plus importants de Pékin sont situés autour de cette place, notamment le grand palais du Peuple, la Cité interdite et Zhongnanhai, l'ensemble d'immeubles où réside une grande partie des plus vieux dirigeants de la République populaire. C'était comme si des milliers de gens s'étaient soudain massés devant la Maison Blanche. Les étudiants ont présenté une liste de doléances au gouvernement, au nombre desquelles figurent l'élargissement des libertés démocratiques, la lutte contre la corruption, et les réformes politiques, mais aussi l'amélioration concrète des conditions de vie sur les campus universitaires. Ils avaient pris bien soin de reconnaître l'autorité du parti et l'impossibilité d'adapter en Chine un système démocratique à l'américaine. La réaction officielle se fait très sévère. La police essaie de briser les manifestations et s'en prend aux étudiants, tandis que Deng les attaque dans un discours où il les accuse de fomenter des troubles. Ce discours est largement diffusé le 26 avril, sous la forme d'un éditorial dans lequel les étudiants sont accusés d'être de dangereux « contre-révolutionnaires ». Les étudiants, qui se considèrent comme des patriotes et des artisans de la démocratie, sont furieux. Ils passent rapidement du deuil de Hu à des manifestations contre le gouvernement. Mais la réaction conservatrice a entre-temps divisé les autorités. Zhao, qui a tout d'abord semblé soutenir l'éditorial, se met à plaider en faveur d'un ton plus conciliant. Le 4 mai, jour anniversaire symboliquement très important de la campagne estudiantine de 1919 pour la démocratie et contre l'ancien gouvernement républicain, un cortège bien plus important se forme soudain, et des dizaines de milliers de manifestants se ruent sur la place. Le même jour, dans une allocution, Zhao qualifie les étudiants de « patriotes » et leurs doléances de « raisonnables ». Ce discours a un effet apaisant, et certains manifestants commencent à quitter les lieux.

En raison de la visite officielle de Mikhaïl Gorbatchev, qui doit avoir lieu le 15 mai, la première effectuée par un secrétaire général soviétique depuis la rupture entre la Chine et l'URSS quelque trente ans auparavant, des équipes de télévision occidentales installent déjà leurs caméras et couvrent les événements de la place Tienanmen au fur et à mesure de leur déroulement. Les étudiants sont galvanisés par l'attention internationale dont ils sont l'objet et par les spéculations des observateurs occidentaux qui prédisent que les manifestations vont ouvrir la voie de la démocratie. La veille de l'arrivée de Gorbatchev, plusieurs centaines de personnes entament une grève de la faim sur la place Tienanmen. Dans l'espoir de ne pas perdre la face, des membres modérés du gouvernement rencontrent les dirigeants étudiants afin de les convaincre de se retirer, mais en vain. Le jour de l'arrivée de Gorbatchev, la foule amassée sur la place (et le long de l'itinéraire des voitures officielles) est si dense que la cérémonie d'arrivée doit avoir lieu à l'aéroport, tandis que d'autres événements doivent être annulés. En quelques jours les manifestants se retrouvent près de un million. La presse étrangère semble ignorer Gor-

batchev et se concentre sur la tragédie qui était en train de se dérouler sous ses yeux.

Comme l'une des principales étapes de la visite devait être la grande fierté du régime, c'est-à-dire le grand palais du Peuple sur la place Tienanmen, les caméras de télévision occidentales avaient un point de vue excellent d'où elles pouvaient couvrir les manifestations. Elles ont donc montré en détail la paralysie causée par l'occupation de la place. Le gouvernement chinois se ridiculisait devant son invité soviétique, et devant les téléspectateurs du monde entier. Au même moment, des manifestations ont commencé a être organisées dans les capitales provinciales. Le gouvernement chinois semble alors tétanisé par l'audace des contestataires, ou tout au moins, divisé sur l'opportunité de faire une démonstration de force. Pendant un temps, aucun effort sérieux n'est entrepris pour déloger les manifestants. Même les forces de sécurité appelées sur place pour le maintien de l'ordre sont vues en train de fraterniser avec les étudiants, ou assises en rang sur les côtés de la place.

Lorsque Gorbatchev quitte Pékin pour se rendre à Shanghai, le 18 mai, le pouvoir chinois reprend le débat concernant une réaction éventuelle. Zhao veut à tout prix que le gouvernement prenne en compte les exigences de réforme des étudiants, tandis que Deng et les conservateurs refusent de bouger d'un pouce. Ce matin-là, Zhao est vu rendant visite à des grévistes de la faim dans des hôpitaux. L'après-midi, dans une émission de télévision, le Premier ministre Li Peng discute avec des représentants étudiants dans le grand palais du Peuple. Li leur fait la leçon sur les désordres qu'engendrent les manifestations, et il déclare que le gouvernement ne peut rester les bras croisés.

Apparemment, les divisions au sein des dirigeants ont atteint leur plus haut niveau au matin du 19 mai, lorsque Zhao, décidé à ne pas cautionner l'usage de la force, se voit privé de tout pouvoir, ne conservant que son titre de secrétaire général. Il retourne malgré tout à Tienanmen et lance un dernier appel en direction des étudiants, leur demandant de quitter la place. Les dirigeants étudiants réagissent en mettant fin à la grève de la faim et en exhortant les manifestants à modérer les excès de leur rhétorique afin d'éviter toute attaque directe contre le gouvernement. Le lendemain, Li annonce que le gouvernement a décidé d'imposer la loi martiale. Les forces de sécurité se retirent et les troupes locales de l'Armée de libération du peuple prennent leur place. Des milliers de résidents pékinois tentent d'empêcher les soldats d'approcher la place Tienanmen, et vers la fin de la journée d'autres encore descendent dans les rues pour défier la loi martiale, exigeant la démission de Li et de Deng. Quelques-uns parmi les soldats et les officiers semblent s'opposer à l'usage de la force contre leurs concitoyens. Le commandant de la 38ᵉ armée, basée à Pékin, démissionne, et plus d'une centaine d'officiers signent une lettre contre la violence.

Alors que l'affrontement avec le gouvernement continue, un certain nombre de participants se découragent et commencent à quitter les lieux. Le 27 mai, quelques dirigeants étudiants appellent à la fin de l'occupation de la place, tout en précisant qu'ils continueront d'organiser des mani-

festations de grande ampleur afin de faire pression en faveur de la démocratie et de la démission de Li Peng. Le 30 mai, ils érigent ce qui est devenu le symbole de la contestation : une statue de dix mètres de haut représentant la « déesse de la démocratie » (et ressemblant étrangement à la statue de la Liberté). Elle est installée en face du portrait géant de Mao qui trône au-dessus de l'entrée de la Cité interdite. Dans les premiers jours de juin, quelques milliers de personnes continuent d'occuper la place Tienanmen. La nuit du 2 juin, des soldats sans armes tentent de marcher sur la place, mais ils sont repoussés par des milliers de Pékinois. La nuit suivante, des chars et des soldats provenant d'unités sûres cantonnées loin de Pékin se fraient à coups de fusil un chemin vers la place, dispersant la foule dans un bain de sang.

GEORGE BUSH

J'avais suivi les événements de Pékin avec beaucoup d'appréhension, mais la brutalité de l'assaut final, après des semaines de relative tolérance, m'a littéralement pris par surprise. Le dimanche 4 juin, j'étais à Kennebunkport pour le week-end afin d'oublier la fatigue de notre voyage en Europe. J'ai immédiatement appelé Jim Lilley, qui était, depuis le mois d'avril, notre ambassadeur à Pékin. Jim m'a dit ce matin-là (heure de Pékin) que tout était calme, mais qu'il s'inquiétait de la sécurité des étudiants américains logés sur le campus. Je me suis rendu à Washington où, dès lundi matin, Jim Baker, Brent et moi-même avons commencé à envisager la meilleure forme de réaction.

En tout premier lieu, il paraissait évident que nous devions montrer que nous tenions pour inacceptable la réplique militaire, et que nous devions faire une déclaration publique. Je voulais que notre réaction soit mesurée, et qu'elle vise ceux qui avaient encouragé et permis l'usage de la force : les tenants de la ligne dure du parti et l'armée. Je ne voulais pas punir le peuple chinois pour les actions de son gouvernement. Je pensais que les liens commerciaux entre nos deux pays avaient contribué à encourager cette quête de liberté. Si les gens ont des motivations commerciales, que ce soit en Chine où sous d'autres régimes totalitaires, le mouvement vers la démocratie devient inexorable. Pour cette raison, je voulais éviter de couper brutalement toute relation commerciale. J'ai donc décidé de suspendre les ventes de matériel militaire et les contacts entre nos deux pays. Il était important que les dirigeants chinois sachent que nous ne pouvions continuer à faire affaire comme si de rien n'était et que l'Armée de libération du peuple se rende compte que nous voulions qu'elle se modère. Je ne voulais en aucun cas briser une relation que nous avions péniblement mise en place depuis 1972. Nous devions garder le contact et discuter avec le gouvernement chinois si nous voulions avoir une chance d'œuvrer pour la modération et la coopération, à plus forte raison si nous voulions aider les Droits de l'homme et la démocratie. Si certains se satisfont momentanément d'une rhétorique bilieuse, je pensais qu'il n'en sortirait rien de bon pour notre action à long terme. Les Chinois sont extrêmement sensibles à tout ce qui peut être interprété comme une tentative d'ingérence dans leurs affaires intérieures ; c'est l'héritage de plusieurs décennies d'intrusion étrangère catastrophique. Il ne s'agissait pas seulement de prier les autres de se mêler de leurs propres affaires. Pour ce peuple fier, au passé glorieux et traditionnellement tourné vers l'intérieur, toute critique venant de l'étranger (de peuples qu'ils continuent de percevoir comme des « barbares » et des colonialistes dépourvus de la finesse et des manières chinoises) était un affront, et les mesures prises à leur encontre, la rétribution des coercitions du passé.

Nous avons discuté du type de langage approprié pour une déclaration publique et avons décidé d'un ensemble de mesures de rétorsion, puis je me suis rendu dans la salle des conférences de presse afin d'en faire l'annonce. Ces mesures comprenaient la suspension de tout échange commercial de gouvernement à gouvernement et de toute exportation d'armes ; la suspension des visites entre dirigeants militaires chinois et américains, et le réexamen positif des demandes de prolongation de séjour déposées par les étudiants chinois présents aux États-Unis. Nous avions également décidé d'offrir une aide humanitaire et médicale aux victimes des violences policières, par l'intermédiaire de la Croix-Rouge *.

J'avais la certitude que nous avions pris une juste décision. J'avais personnellement un grand intérêt pour la Chine, et je crois que c'est un pays que je comprenais bien, assez bien pour diriger de très près notre politique à son égard. Mon expérience datait de mes années passées comme ambassadeur des Nations unies, et, même si j'avais œuvré pour la défense de la position de Taiwan au sein des Nations unies dans le cadre de la politique de « double représentation » de Nixon, je m'étais efforcé de développer de bonnes relations avec Huang Hua, le premier représentant de la république populaire de Chine auprès de l'ONU. J'avais également rencontré le ministre chinois des Affaires étrangères de l'époque, Qiao Guanhua. Mais c'est lorsque je suis devenu chef du bureau de liaison américain à Pékin que j'ai pu connaître en profondeur ce peuple extraordinaire, qui représente à lui seul un cinquième de la population mondiale. Lorsqu'en 1974, Gerald Ford m'avait donné un choix d'ambassades – Londres et Paris étant au nombre des possibilités –, je lui avais demandé s'il voulait bien m'envoyer en Chine, ce qui représentait pour moi un nouveau défi. Notre relation avec cette grande nation n'en était qu'à ses balbutiements, et nous n'avions pas encore d'ambassade à Pékin. Richard Nixon n'avait rétabli le contact qu'en 1972, lorsque nos deux pays avaient installé des bureaux de liaison dans l'une et l'autre capitales. Les relations diplomatiques formelles et les ambassades allaient devoir attendre jusqu'en 1979.

J'ai passé plus de un an en Chine, à essayer de connaître les diri-

---

* Le gouvernement américain a été le premier à imposer des sanctions à la Chine après le massacre de Tienanmen.

geants et les Chinois eux-mêmes aussi bien que possible. Nos efforts diplomatiques vis-à-vis de Pékin étaient très soutenus à l'époque, et, même si le ministre des Affaires étrangères Henry Kissinger se chargeait de l'essentiel, j'ai trouvé mon travail fascinant et je n'ai jamais eu l'occasion de m'y ennuyer. Nous tentions de construire une relation avec un pays avec lequel nous n'avions eu aucun contact pendant vingt ans, et nous avancions à tâtons. Barbara et moi avons essayé d'élargir nos contacts de toutes les manières possibles. Nous nous sommes acheté des vélos et nous nous promenions en ville comme le font les Chinois. Je trouvais tous les prétextes pour inviter des Chinois à certains événements, et j'ai toujours assisté aux célébrations nationales organisées par les autres pays. Mais les contacts de haut niveau restaient peu nombreux et très espacés, toujours étroitement contrôlés depuis les étages supérieurs du gouvernement. Je n'ai rencontré le président Mao Zedong que deux fois, lors d'une visite de Ford et, quelque temps avant, lorsque Kissinger s'était rendu en Chine. Lors de sa rencontre avec Ford, Mao avait demandé : « Pourquoi cet ambassadeur ne vient-il jamais me voir ? » Nos experts ont tous voulu y voir une marque de politesse, mais plus tard, deux proches de Mao m'ont affirmé qu'il n'aurait jamais dit une chose pareille par simple courtoisie, et que si j'avais essayé de le rencontrer, j'aurais très certainement été reçu. C'est un de mes grands regrets. Je regrette également de n'avoir jamais rencontré le légendaire Zhou Enlai, sans doute le plus respecté de tous les dirigeants chinois.

BRENT SCOWCROFT

Au cours de la transition entre les deux présidences, nous avions envisagé la possibilité d'une visite en Chine dans les premières semaines de notre Administration, d'autant plus que Gorbatchev venait d'annoncer son intention de se rendre en Chine. Nous voulions à tout prix rencontrer les dirigeants chinois afin d'examiner et de renforcer les relations sino-américaines, avant que Gorbatchev ait eu l'occasion de s'entretenir avec eux. Nous nous attendions à ce qu'il tente un rapprochement entre Moscou et Pékin, et nous aurions voulu être certains que ce rapprochement ne se fasse pas à nos dépens. Cependant, nous ne pouvions pas justifier un voyage en Chine dès le premier trimestre de mon mandat présidentiel. Malgré l'importance d'une rencontre de ce type, j'avais pour ainsi dire abandonné l'idée lorsque, le 7 janvier 1989, l'empereur Hirohito est décédé. En termes strictement diplomatiques, ce triste événement représentait l'occasion que nous attendions. Les funérailles devaient avoir lieu le 24 février.

La présence du Président revêtait une grande importance aux yeux des Japonais. Sa décision de se rendre au Japon, en dépit d'objections faisant état du rôle de l'empereur dans la Seconde Guerre mondiale, comptait également beaucoup dans la décision d'autres dirigeants de se rendre aux funérailles. Ce voyage nous donnait l'occasion de faire étape à Pékin pour des discussions stratégiques bien avant la visite prévue par Gorbatchev. Le délai était bien trop court pour que nous envisagions une véritable visite de chef d'État, avec toute la préparation et le protocole compliqué qui s'y rattachent. Nous avons donc rapidement organisé une « visite de travail » et des entrevues avec les membres éminents du gouvernement chinois, dont Deng Xiaoping, Li Peng et Zhao Ziyang. Le président Bush était le premier à se rendre en Asie avant de se rendre en Europe : un indice de nos priorités pour les années à venir.

GEORGE BUSH

Le soir de notre arrivée à Pékin, le 25 février, j'ai rencontré le président Yang Shangkun. Il m'a assuré que les futures relations entre la Chine et l'URSS n'auraient rien à voir avec ce qu'elles étaient dans les années 1950. Il n'y aurait aucune alliance ou coopération militaire. « Nous ne mettrons en aucun cas en péril les intérêts d'un pays tiers dans notre tentative d'améliorer nos relations avec les Soviétiques, a-t-il ajouté. En un mot, nous jugerons M. Gorbatchev sur ses actes et non sur ses promesses. » Plus tard, au cours du banquet officiel donné par Yang et Li Peng dans le grand palais du Peuple, nous avons parlé de l'avenir de la *perestroïka*. Yang et Li souhaitaient la réussite de Gorbatchev, mais Yang pensait qu'il allait falloir attendre au moins dix ans les premiers résultats, parce qu'il avait fallu dix ans à la Chine pour en arriver à sa situation actuelle.

Le lendemain matin, j'ai eu une entrevue formelle avec Li Peng, en compagnie du vice-Premier ministre Wu Xueqian, et du ministre des Affaires étrangères Qian Qichen, dans la salle Xinjiang du grand palais du Peuple. Comme Yang, Li a précisé que la visite imminente de Gorbatchev faisait partie des efforts chinois de normalisation des relations avec l'Union soviétique, mais qu'ils ne cherchaient pas à conclure une alliance. « Pour être francs, nous allons attendre de voir dans quelle mesure l'Union soviétique modifie sa politique », a-t-il déclaré. Il pensait qu'il était possible que les Soviétiques soient obligés de faire des coupes sombres dans leur budget militaire afin de développer leur économie. Cela devait permettre d'apaiser les tensions. « Mais l'Union soviétique doit faire face à d'énormes difficultés dans l'application de la *perestroïka*. Nous avons le sentiment que [celles-ci] sont dues au fait que le peuple soviétique n'a pour l'instant bénéficié d'aucune retombée positive de la *perestroïka*. Il y a eu plus de belles paroles que d'actions, et le peuple n'est pas convaincu... Pendant un temps, les Soviétiques ont mis l'accent sur les réformes économiques, mais ils mettent à présent l'accent sur les réformes politiques et la démocratisation. Ce dernier développement sera sans doute du goût des États-Unis. Toutefois, les effets de ce changement de politique risquent d'être assez limités et de provoquer des affrontements ethniques dans les républiques soviétiques. Au mieux, l'enthousiasme des intellectuels pour la *perestroïka* s'en trouvera renforcé. À mon sens, l'URSS devrait se concentrer avant tout sur les problèmes économiques qui sont les siens. »

Quant aux relations avec les États-Unis, il espérait pouvoir faire plus dans le domaine des échanges économiques en augmentant les possibilités d'investissement américain. Mais il nous a mis en garde contre la tentation américaine de chercher à influencer la politique chinoise. « Pour parler clairement, tout cela dénote une volonté d'ingérence dans les affaires intérieures de la Chine, et nous en sommes très mécontents, a-t-il ajouté. Bien sûr, par le passé, les problèmes ne sont presque jamais venus du gouvernement américain, mais de certains cercles de pouvoir, notamment les membres du Congrès ou autres qui nous harcèlent sans arrêt sur telle ou telle question... Nous serions encore plus mécontents si nous en venions à constater des interférences au niveau gouvernemental. Nous ne nous opposerons pas à ce que les États-Unis observent l'évolution de la situation en Chine, mais nous réagirons vivement à toute tentative de nous imposer une vision particulière des choses. » Il nous a remerciés de soutenir les réformes entreprises par la Chine, mais il espérait que nous allions également soutenir leur conviction que l'amélioration de l'environnement économique chinois exigeait un État centralisé et fort. « Nous espérons que l'amitié continuera à entourer le développement des relations entre nos deux pays, j'insiste donc tout particulièrement sur les points que je viens de développer, a-t-il poursuivi. Nous sommes de vieux amis, et je pense donc que nous pouvons nous parler en toute franchise. Avec d'autres, je n'aborderais certainement pas la question de cette manière. »

Presque immédiatement après cette discussion avec Li Peng, j'ai rencontré Deng Xiaoping, le dirigeant vieillissant de la Chine, vétéran des luttes de pouvoir au sein du parti. Deng avait une personnalité fascinante. Je l'avais rencontré lors des visites de Ford et Kissinger, alors que je dirigeais le bureau de liaison. Lors de ces rencontres, Deng était assis assez loin de Mao. Il passait son temps à se pencher en avant, en portant la main à son oreille pour entendre plus distinctement ce qui était en train d'être dit, afin de ne pas se sentir à l'écart.

Deng était un petit homme hyperactif, avec des traits irréguliers. Il fumait cigarette sur cigarette, allumant toujours la suivante avec le mégot de celle qu'il venait de finir. Un de ses signes distinctifs était un crachoir en cuivre qui le suivait partout et dont il faisait un usage très adroit. Pour ce genre de discussion, les Chinois installent en fer à cheval des fauteuils rembourrés à l'extrême, les participants étant installés au centre de ce fer à cheval, côte à côte, dans le même sens. Avec une telle organisation, il est possible d'avoir une discussion au cours de laquelle les membres principaux regardent droit devant eux sans jamais se regarder les uns les autres. Ce n'était jamais le cas avec Deng. Il se contorsionnait toujours pour faire face à son interlocuteur, maintenant le contact visuel et s'adressant directement et énergiquement à son partenaire. Il était toujours très intense et s'exprimait avec une franchise qui ne laissait aucune place au doute. Lorsque Barbara et moi nous sommes préparés à quitter la Chine, en 1975, il nous a conviés à déjeuner. Dans la mesure où la Chine n'avait aucune relation diplomatique formelle avec les États-Unis, ce déjeuner a fait jaser toute la communauté diplomatique. Au cours du repas, il a plaisanté sur le fait que je rentrais pour prendre la direction de la CIA, me demandant si j'avais pu affiner mes techniques d'espionnage lors de mon séjour en Chine. Après l'élection de Jimmy Carter et mon départ du gouvernement, Deng s'est rendu aux États-Unis et a fait étape à Houston. Lorsque je suis venu lui rendre visite à cette occasion, il m'a accueilli comme un vieil ami.

Après ma nomination à la vice-présidence, Ronald Reagan m'a demandé de me rendre en Chine afin de rassurer Deng et de lui dire qu'en dépit des propos tenus lors de la campagne électorale, il ne croyait pas en l'existence de deux Chine, et qu'il ferait honneur à la déclaration de Shanghai, qui affirmait en effet qu'il n'y avait qu'une seule Chine. Entouré de son équipe de politique étrangère, Deng m'avait écouté attentivement expliquer que les déclarations de Reagan avaient été sorties de leur contexte. Alors que je terminais ce que j'avais à dire, une porte s'est ouverte et un message est passé de main en main pour finalement parvenir entre celles de Deng. Au fur et à mesure qu'il le lisait, son visage se teintait de stupéfaction et d'agacement. « Il vient de récidiver ! a-t-il annoncé. Ronald Reagan vient à nouveau de faire allusion aux deux Chine dans un de ses discours ! » J'ai rapidement fini ce que j'avais à dire et je suis sorti précipitamment. Plus tard, Reagan devait démontrer qu'en dépit de son indéfectible attachement à Taiwan, il n'avait pas l'intention de s'attaquer à la déclaration de Shanghai. Une fois président, je plaisantais souvent de cet incident embarrassant avec Deng et quelques autres. Lorsque Deng m'a qualifié de *lao pengyou*, de vieil ami de la Chine, j'ai eu le sentiment que cette phrase ne relevait pas de la flatterie habituelle. Il me semblait qu'il prenait acte de ce que je comprenais l'importance des relations entre nos deux pays et de la nécessité de les maintenir intactes. J'aurai toujours le plus grand respect pour les changements positifs que ce dirigeant ferme, malgré ses changements d'humeurs, a su apporter à la Chine.

Lors de notre entrevue de 1989, Deng voulait surtout parler des relations entre la Chine et l'URSS. Il m'a assuré à son tour que le voyage de Gorbatchev ne devait pas être pris comme le signal d'un renouveau de la vieille alliance contre les États-Unis. « Jusqu'à présent, je ne sais pas ce qu'il vient nous apporter en cadeau, a-t-il déclaré en secouant la tête. Je ne sais même pas ce qui va advenir du retrait des troupes vietnamiennes du territoire cambodgien. » Deng a rappelé mon propre séjour en Chine et l'intérêt que je portais à son pays, et il a ajouté que cette visite laissait bien augurer de l'avenir. Nous n'allions sans doute pas pouvoir discuter de tout, mais il souhaitait voir émerger un nouveau type de relations entre l'Amérique et la Chine. Il a reconnu que notre association ne serait pas stratégique, mais qu'elle serait placée sous le signe d'une confiance partagée qui pourrait nous aider à minimiser nos désaccords. Deng a ensuite entrepris de nous faire part de sa propre analyse des relations sino-soviétiques. Il était très rare d'avoir accès à ses pensées, et j'étais content qu'il se sente suffisamment à l'aise pour me les faire partager et pour souhaiter que les États-Unis comprennent bien ses intentions.

Il a commencé par dire que la Chine, comme les États-Unis, était en train d'améliorer sa relation avec l'Union soviétique. Toutefois, il existait le même nombre important de problèmes entre les Américains et les Soviétiques qu'entre Pékin et Moscou. « En fait, la Chine et l'Union soviétique ont rompu tout contact en 1963, m'a-t-il rappelé. Il s'est bien passé vingt-cinq ans depuis. Les relations sino-américaines ont été interrompues en 1949 et ont repris dès 1972... il y a de cela seize ans. Nous avons continué à progresser... » Si l'entretien avec Gorbatchev s'avérait fructueux, et que les relations se normalisaient, que pouvait-il advenir ? « Personnellement, je pense que nul n'est en mesure de le dire, a-t-il dit, pour répondre à la question qu'il venait de formuler. Le fait est que bien des problèmes se sont accumulés ; des problèmes fortement ancrés dans l'histoire. Le peuple chinois est très attentif à l'histoire. C'est sans doute parce que la Chine a été humiliée et envahie par des puissances étrangères qui ont voulu interférer dans ses affaires intérieures. Tout a commencé avec la guerre de l'Opium en 1840, et a duré cent cinquante ans. En un siècle et demi, les puissances étrangères ont infligé d'énormes pertes en vies humaines au peuple chinois. Mais deux pays ont à eux seuls causé la majeure partie de ces dommages. Un de ces pays est le Japon, l'autre n'est autre que la Russie tsariste et, plus tard, l'Union soviétique. Lorsqu'il s'agit de savoir qui a retiré le plus d'avantages de ces conflits contre la Chine, la réponse est sans conteste la Russie tsariste et l'Union soviétique. Le Japon a causé le plus de dégâts. Des dizaines de milliers de vies humaines ont été sacrifiées, et les dégâts matériels atteignent des sommes incalculables. Toutefois, le Japon n'a finalement pas réussi à s'emparer de portions du territoire chinois. Entre le Japon et la Chine, la question du territoire se limite aux îles Diaoyutai... Nous avons offert de laisser cette question en suspens pour le moment...

En revanche, en ce qui concerne la Russie tasriste et l'Union soviétique, la situation est fort différente, a-t-il ajouté. À l'issue de la Seconde Guerre mondiale, les Soviétiques ont obtenu une certaine étendue de territoire chinois : plus de trois millions de kilomètres carrés... Je dois ajouter que l'une des conséquences de la conférence de Yalta, à laquelle participaient l'Union soviétique, la Grande-Bretagne et les États-Unis a été la partition de la Chine... Ce problème a principalement concerné l'URSS et les États-Unis. Cependant, parce que Tchang Kai-chek était vaincu en Chine, les États-Unis n'ont rien pu obtenir. Je ne fais qu'exposer les faits, je ne cherche pas à vous offenser.

– Vous ne m'offensez pas le moins du monde, ai-je répondu. Moi non plus je n'aime guère Yalta. Avec le recul, Yalta n'a pas eu les conséquences auxquelles on pouvait s'attendre. Elle prévoyait des élections libre en Europe de l'Est, or celles-ci n'ont toujours pas eu lieu.

– Yalta a non seulement détaché la Mongolie-Extérieure de la Chine, mais elle a également placé le nord-est de la Chine sous contrôle soviétique, a-t-il ajouté. À la fondation de la république populaire de Chine, nous avons commencé par exiger de l'Union soviétique que le chemin de fer de Changchun et Port-Arthur retourne sous la souveraineté de la Chine. Ce n'est qu'ensuite que l'autorité de la République populaire sur le nord-est de la Chine a été confirmée... Nous avons alors posé la question de la Mongolie-Extérieure, mais les Soviétiques n'ont pas daigné répondre.

– À présent, l'Union soviétique se lance dans une campagne de déstalinisation. Mais au lendemain de la création de la république populaire de Chine, Staline a fait de bonnes choses pour notre pays. Il nous a aidés à nous développer économiquement. Il y a eu, par exemple, pas moins de cent cinquante-six projets industriels. Les experts soviétiques avaient vraiment l'intention de nous aider. Néanmoins, lorsque Krouchtchev est arrivé au pouvoir, il a annulé du jour au lendemain plusieurs centaines de contrats entre la Chine et l'Union soviétique. De plus, la stratégie de Krouchtchev, en dehors d'une tentative de contrer les États-Unis et d'autres pays, visait à l'encerclement de la Chine. Tout au long de la frontière sino-soviétique, à l'ouest et à l'est, l'URSS a stationné un million d'hommes et déployé environ un tiers de tous ses missiles nucléaires.

Monsieur le Président, vous êtes mon ami. Je souhaiterais que vous observiez une carte pour vous rendre compte de ce qui est arrivé à la Mongolie-Extérieure après sa séparation d'avec la Chine. Dans quel type de situation stratégique nous sommes-nous retrouvés ? Ceux qui, en Chine, ont plus de cinquante ans se souviennent qu'autrefois la Chine avait la forme d'une feuille d'érable. Si l'on regarde à présent une carte, on peut voir qu'un grand bout du nord du pays a été enlevé... Cette situation stratégique n'est pas du tout favorable à la Chine... Cet encerclement s'est prolongé de l'ère Krouchtchev à la période brejnévienne, et jusqu'à nos jours.

Aux frontières nord et ouest de la Chine, les Soviétiques ont placé d'énormes effectifs militaires et un très grand nombre de missiles. L'Inde a fait de même, ainsi que le Viêtnam *. À présent, les Soviétiques ont le droit de faire transiter des avions militaires par l'espace aérien de la Corée du Nord, ce qui leur permet un lien avec la baie de Cam Ranh [au Viêtnam]. Leurs avions peuvent désormais se livrer à des missions de reconnaissance sur le territoire chinois. Comment la Chine pourrait-elle ne pas percevoir l'Union soviétique comme la plus grande des menaces ? C'est pourquoi nous nous posons la question d'une normalisation des relations entre la Chine et l'URSS. Nous avons fait une liste de divers obstacles qui devaient disparaître : le danger que représente cet encerclement de la Chine doit disparaître.

C'est précisément à cause de celui-ci que, du temps du président

* Une allusion au soutien soviétique envers ces pays, que des tensions et des affrontements ont opposés à la Chine.

Mao et du Premier ministre Zhou Enlai, la Chine s'est intéressée au développement des relations avec les États-Unis, l'Europe occidentale et le Japon. Si je vous raconte tout cela, c'est pour vous montrer que c'est dans son propre intérêt que la Chine en est venue à prendre cette décision stratégique. Il n'était pas question de jouer tel pays contre tel autre, et ce n'était pas non plus une question de convenance. J'ai expliqué cet épisode de l'histoire pour donner aux gens les bases nécessaires à une juste compréhension de la politique étrangère et économique chinoise. Au cours de ces dernières années, nous n'avons pas réussi à éduquer la jeunesse chinoise. Ils ne comprennent pas tout ce que je viens de vous dire. Nous avons commencé à nous soucier de ce problème, mais il nous sera difficile d'obtenir des résultats rapides.

Je viens de dire que nous ne savions pas ce qui allait se passer après la venue de Gorbatchev à Pékin. Le plus important est de savoir si les Soviétiques ont l'intention de démanteler leur dispositif d'encerclement. Sur ce point, l'Afghanistan et le Cambodge sont les deux questions les plus importantes. Nous faisons frontière commune avec l'Afghanistan, même si celle-ci est très courte. Quelles seront les bases de la normalisation de nos relations ? En raison du passé, peut-on vraiment affirmer que la Chine et l'Union soviétique vont revenir à des relations fortes, semblables à ce qu'elles étaient dans les années 1950 ? En vérité nul n'a de réponse... »

Ce jour-là, j'ai également rencontré Zhao Ziyang, qui m'a dit que le mouvement de réformes économiques en Chine était irréversible. Le peuple chinois était en faveur de ces réformes, mais il n'était sans doute pas préparé psychologiquement à affronter les difficultés et les complexités d'une telle entreprise. Certains jugeaient de tels changements trop difficiles et souhaitaient renouer avec l'ancien système. Un petit nombre de voix s'élevaient également pour dire que les problèmes économiques que rencontrait la Chine provenaient de ce que le gouvernement restait à la traîne en matière de réformes politiques. Ces personnes voulaient un système parlementaire et un multipartisme à l'occidentale. Deng a ajouté que ces voix étaient peu nombreuses, mais qu'elles savaient se faire entendre. « Écartons totalement l'aspect idéologique, a-t-il dit. Cette proposition ne tient pas compte des réalités de la Chine. Si nous mettons un tel système en place, nous n'obtiendrons que le chaos, et tout le processus de réformes s'en trouvera interrompu.

Certains journalistes en Occident et aux États-Unis sont très favorables à ceux qui, en Chine, se font les avocats d'un système politique à l'occidentale, a-t-il ajouté. Pour nous, si certains Américains soutiennent ces Chinois qui s'opposent à la politique de notre gouvernement, cela ne peut que causer du tort aux réformes et à l'amitié entre nos deux pays. Monsieur le Président, vous savez que le peuple et le gouvernement chinois, et non ces quelques personnes, soutiennent les réformes actuelles à la lumière des conditions qui existent en Chine. [Vous] connaissez bien l'histoire de la Chine et ses réalités... J'espère que le gouvernement américain sera attentif à cette question et aura à cœur la sauvegarde de l'amitié sino-américaine, la stabilité de la Chine et le succès de nos réformes. »

En s'exprimant avec franchise sur les défis qui attendaient la Chine en matière de politique étrangère et de politique intérieure, les dirigeants chinois avaient montré qu'ils souhaitaient sérieusement développer une relation concrète avec les États-Unis, une relation qui nous permettrait au moins d'exprimer nos différences et d'en discuter librement. J'espérais qu'une véritable relation de confiance était en train de se mettre en place. Je ne m'attendais pas à ce que nous trouvions toujours un terrain d'entente, ni même que nous soyons systématiquement d'accord sur la nature de nos divergences et sur la façon de les supprimer, mais je voulais qu'ils sachent que nous n'avions pas l'intention de leur donner des leçons ou de leur faire de beaux discours. Cela serait immédiatement traduit en termes d'« interférences » devant lesquelles ils voudraient coûte que coûte ne pas perdre la face, et nos relations s'en trouveraient singulièrement compliquées. Au contraire, j'espérais favoriser l'ouverture et le dialogue. Nous ne pouvions simplement détourner le regard lorsqu'il s'agissait des Droits de l'homme ou des réformes politiques, comme semblaient le demander Li Peng et Zhao Ziyang ; mais nous pouvions leur expliquer clairement notre point de vue et les encourager à progresser sur la voie qu'ils avaient choisie (et de nombreux progrès avaient déjà été accomplis depuis la mort de Mao), au lieu de leur opposer un éternel mur de critiques publiques. Je comprenais qu'il valait mieux réserver les mots forts et les conversations franches aux entrevues privées, comme cette visite, plutôt qu'aux conférences de presse et aux discours vindicatifs.

J'avais quitté Pékin avec l'idée optimiste que nous avions accompli un travail de fond qui inaugurait une ère nouvelle et productive dans nos relations diplomatiques, en dépit des menaces de troubles dans les affaires intérieures de la Chine. À peine quelques mois plus tard, les tragiques événements de Tienanmen, qui avaient débuté avec l'espoir d'une solution pacifique, ont sérieusement détérioré ce que nous avions gagné de haute lutte. Je commençais, pessimiste, à craindre que nous nous retrouvions rapidement dans la situation dans laquelle nous étions en 1972. Tienanmen a ébranlé la bonne volonté avec laquelle l'Occident avait fini par se pencher vers la Chine. Aux yeux de beaucoup, il semblait que les réformes n'étaient guère qu'un écran de fumée, et que la Chine restait la dictature qu'elle avait toujours été. Je n'étais pas de cet avis. Me fondant sur ce que j'avais vu de la Chine au cours des quatorze dernières années, je pensais qu'elle changeait lentement et que le vent de la réforme était encore assez fort. Tout au long des six semaines de Tienanmen, nous avons eu des exemples de cette volonté de réformes, avant que les tenants de la ligne dure du parti ne reprennent les choses en main. Pour moi, il s'agissait de savoir de quelle façon nous pouvions condamner ce que nous avions vu et réagir de manière appropriée, tout en restant en liaison avec la Chine, même si nos relations se trouvaient suspendues. Je savais que la colère montait un peu partout aux États-Unis. Dans les jours qui allaient suivre, alors que le gouvernement chinois commencerait à rechercher les meneurs étudiants, nous allions sans doute être l'objet de pressions, nous poussant à des réactions plus dures.

> *Journal, 5 juin*
> [Le député Steve] Solarz à gauche et [le sénateur Jesse] Helms à droite veulent que nous prenions des mesures bien plus radicales. Helms a toujours abhorré cette relation, et Solarz [qui veut que je rappelle notre ambassadeur] est toujours en faveur d'un renversement de pouvoir, sans se soucier des personnes impliquées. Il fait partie de ces gens qui se sont réjouis du renversement du Shah, sans prendre en compte la nature du régime qui allait le remplacer *.
> J'ai parlé à Nixon à huit heures ce matin, il m'a conseillé de ne pas interrompre nos relations. Pour lui, ce qui venait de se produire était déplorable, mais il fallait envisager les choses sur le long terme. Je lui ai dit que j'avais l'intention de rappeler [l'ambassadeur] Lilley, et il m'a dit que j'avais raison. Il ne pense pas que nous devions interrompre nos échanges commerciaux, ou faire un geste symbolique, mais nous devons préserver une relation satisfaisante et durable... et c'est ce que je vais tenter de faire tout en dénonçant la violence et l'abus de pouvoir... Les nouvelles qui nous parviennent de Chine continuent d'être invraisemblables... Le bruit court que « Li Peng a été assassiné », et que « Deng est mort ». Tout cela me prouve qu'il faut agir avec prudence et sang-froid.

BRENT SCOWCROFT

Plus tard dans la matinée du 5 juin, nous avons organisé une rencontre avec des étudiants chinois venus suivre un cursus aux États-Unis, afin de marquer symboliquement notre solidarité. Ce même jour, dans l'après-midi nous devions avoir une séance avec la direction bipartite du Congrès, afin de permettre au président Bush de présenter le bilan de son voyage européen. Il a profité de l'occasion pour dénoncer les événements chinois et préciser les différentes étapes de la réaction américaine. La direction du Congrès, y compris Helms, a soutenu son approche prudente.

Le Président n'avait pas l'intention de ne réagir que négativement. Il voulait communiquer avec les dirigeants chinois, à la fois pour ne pas couper tout contact à une période aussi déterminante, mais également pour tenter de leur faire comprendre la gravité de leur geste aux yeux du monde entier. J'étais tout à fait d'accord et je pensais que nous avions déjà trop investi en Chine pour tout gâcher sur un coup

---

* J'allais plus tard changer d'avis sur Solarz, lorsqu'en 1990, il a usé de son influence pour obtenir un soutien massif à l'usage de la force contre Saddam Hussein.

de tête. Après discussion, il a décidé de téléphoner à Deng, ce qui représentait un geste extraordinaire puisque nous n'avions jamais essayé de joindre directement par téléphone un dirigeant chinois. Mais nous n'avons jamais réussi à avoir la ligne.

Cette situation déjà passablement compliquée n'a fait qu'empirer lorsqu'un dissident célèbre, Fang Lizhi, un astrophysicien de renom, est venu demander asile à l'ambassade américaine à Pékin. Fang critiquait depuis longtemps le gouvernement et faisait entendre sa voix. Lors de notre voyage en février, l'ambassadeur de l'époque, Winston Lord, avait invité Fang au banquet que nous donnions en l'honneur des dirigeants chinois, provoquant l'indignation de ces derniers. Il s'est avéré que les autorités chinoises avaient fini par l'intercepter en chemin et l'avaient empêché d'assister au dîner. Fang avait également été présent sur la place Tienanmen, et avait réussi à fuir les représailles policières. Les Chinois étaient furieux. Ils exigeaient que nous le leur remettions et menaçaient de venir le chercher. Mais nous ne pouvions faire une telle chose, sachant qu'il aurait été immédiatement emprisonné, ou pire encore.

Journal, 10 juin

Le dissident Fang est dans notre ambassade, et il apparaît que sa femme a pu être soutenue par des éléments adverses, ce qui ne manquera pas d'exaspérer les Chinois. Nous n'avions d'autre choix que celui de le prendre sous notre protection, mais c'est un rude camouflet pour le gouvernement de Pékin.

À la conférence de presse, j'ai souligné le fait que nous ne savions pas qui tenait les rênes du pouvoir, c'est alors qu'hier – au lendemain de la conférence de presse – Deng et Li Peng ont refait surface, et la rumeur veut que les tenants de la manière forte aient repris les choses en main. Il faut que la Chine s'exprime clairement sur le volet des réformes et du progrès. Ce serait bien s'ils pouvaient exprimer également des regrets pour ce qui s'est passé ; mais ils semblent trop occupés à poursuivre les étudiants, ou à montrer des photos de soldats blessés... Je veux préserver les relations entre nos deux pays, mais je veux également qu'il soit clair pour tout le monde que les États-Unis ne peuvent fermer les yeux sur ce genre d'atteinte aux Droits de l'homme. Les médias, menés par Dan Rather, montent en épingle le moindre détail susceptible d'émouvoir le public et nous emmènent tout droit vers une rupture de nos relations avec la Chine, ce que je ne veux à aucun prix.

Comme le Président ne parvenait pas à joindre Deng, Baker a convoqué l'ambassadeur chinois, Han Xu, à deux reprises. Le 7 juin, il lui a exprimé notre déplaisir à l'égard de ce qui s'était passé, et a tenté d'organiser avec lui l'évacuation des ressortissants américains. Le 10 juin, ils ont essayé de trouver une solution au problème Fang, vraisem-

blablement sous la forme d'une autorisation de quitter le territoire chinois. En ce qui concerne Fang, la discussion a rapidement abouti à une impasse. Il s'est avéré que les Chinois ne voulaient pas qu'il quitte l'ambassade, craignant qu'une fois à l'étranger, il se sente libre de redoubler ses critiques envers la Chine. S'il était jeté en prison, le monde entier condamnerait Pékin. C'est pourquoi Fang restait là où il était, et que les Chinois ont posté des forces de sécurité et de police aux alentours de l'ambassade.

GEORGE BUSH

J'ai été assez déçu que les Chinois rejettent ma proposition de dialogue. Nous avions agi pour les Droits de l'homme et avions ouvert la voie à l'application de sanctions, encourageant nos amis et alliés à faire de même. Mais je ne voulais pas que la question en reste là. Si je ne pouvais parler à Deng, j'avais donc décidé d'expliquer par lettre ma façon de penser et de suggérer la solution d'un émissaire chargé de remettre notre relation à flot, même si cela devait prendre du temps. Je voulais que cette lettre vienne du cœur, et je l'ai donc rédigée moi-même :

> C'est le cœur lourd que j'écris ces mots. Je voudrais que nous puissions trouver un moyen de discuter de tout cela en tête à tête, mais malheureusement cela n'est pas possible. Qu'il me soit avant tout permis de dire que j'écris dans un esprit d'amitié authentique. Je suis sûr que vous ne doutez pas que cette lettre est celle d'un homme qui est convaincu que de bonnes relations entre les États-Unis et la Chine servent les intérêts fondamentaux de nos deux pays...
>
> Mais je voudrais également exprimer ici le profond respect que m'inspire tout ce que vous avez fait, personnellement, pour le peuple chinois, afin d'aider votre magnifique pays à avancer sur la voie du progrès. Il est cruellement ironique de constater que vous, qui avez subi plusieurs revers de fortune dans votre projet de réformes et d'ouverture, deviez à présent faire face à une situation marquée par tant d'angoisse.
>
> Je me souviens que la dernière fois que nous nous sommes rencontrés, vous m'avez dit que vous vous détachiez de la gestion au jour le jour des affaires de votre pays. Mais je me souviens également de votre inoubliable remarque sur la nécessité d'entretenir de bonnes relations avec l'Occident, de vos inquiétudes concernant l' « encerclement » de la Chine et ceux qui lui avaient fait grand tort ; je me souviens aussi de votre engagement personnel à maintenir la Chine sur la voie du progrès. Si je vous écris aujourd'hui, ce n'est pas pour tenter d'usurper les prérogatives des dirigeants chinois. C'est un ami qui vous écrit, un authentique *lao pengyou*.
>
> C'est dans cet état d'esprit que je vous écris pour vous demander de m'aider à préserver des relations que nous considérons tous deux comme capitales. Je me suis efforcé de ne pas m'ingérer dans les affaires internes de la Chine. Je me suis efforcé de ne pas paraître dicter à la Chine la façon dont elle devait gérer cette crise intérieure. Je suis respectueux des différences qui existent entre nos deux pays et nos deux systèmes.
>
> J'ai beaucoup d'admiration pour la culture, l'histoire et la tradition chinoises. Vous avez grandement contribué au développement de la civilisation dans le monde. Mais je vous demande aussi de vous souvenir des

principes sur lesquels la jeune nation américaine a été fondée. Ces principes ont pour nom démocratie et la liberté : liberté de parole, liberté de réunion, liberté de ne pas subir une autorité arbitraire. C'est le respect de ces principes, qui affecte inévitablement la manière dont les Américains envisagent les événements qui se produisent dans les autres pays. Il ne s'agit pas d'arrogance, ni d'un désir de forcer les autres à croire en nos valeurs ; il s'agit d'une foi simple dans la valeur inébranlable de ces principes et de la possibilité de leur application universelle.

Cela nous mène directement au nœud du problème. Les premiers jours du mouvement étudiant et, bien sûr, la façon dont ces derniers ont été traités par l'armée chinoise, ont frappé l'imagination du monde entier. Le miracle de la télévision a transporté tous les détails des événements de la place Tienanmen jusque dans tous les foyers du globe, et non seulement du monde occidental. La tolérance qui fut d'abord montrée, la retenue et la générosité avec lesquelles les manifestants ont d'abord été traités a valu aux dirigeants chinois le respect du monde entier. Partout, des gens se sont efforcés de comprendre les énormes problèmes auxquels devaient faire face ceux qui sont chargé du maintien de l'ordre ; et ils ont pu constater avec admiration, en effet, la concrétisation d'une politique qui reflétait les mots mêmes des dirigeants : « L'armée aime le peuple. » La planète entière a applaudi lorsque des dirigeants chinois ont été vus en train de discuter patiemment avec les étudiants, malgré les sit-in et malgré le désordre qui perturbait le cours normal de la vie politique.

Je laisserai aux livres d'histoire le soin de raconter ce qui a suivi, mais une fois de plus, les habitants de la planète ont vu de leurs propres yeux le tumulte et les massacres qui ont mis fin aux manifestations. Plusieurs pays ont réagi, chacun à sa manière. Fondées sur les principes que j'ai énoncés plus haut, les mesures que j'ai prises en tant que président des États-Unis étaient inévitables. Comme vous le savez, la pression de l'opinion publique en faveur de mesures plus sévères reste intense. J'ai jusqu'ici résisté à cette pression, et j'ai déclaré fermement que je ne voulais pas voir détruite une relation que nous avons bâtie ensemble au prix de longs efforts. J'ai expliqué au peuple américain que je ne voulais pas faire injustement supporter au peuple chinois le lourd fardeau des sanctions économiques.

Il y a aussi la question de Fang Lizhi. Dès que j'ai appris que Fang était dans notre ambassade, j'ai su qu'une faille s'ouvrait entre nous. Fang n'a pas été encouragé à venir se réfugier dans notre ambassade, mais en vertu de notre interprétation du droit international, nous ne pouvions lui en refuser l'accès.

[...] Nous ne pouvons laisser Fang sortir de notre ambassade sans avoir l'assurance qu'il ne court aucun danger. De par le monde, des cas semblables ont été résolus avec le temps ou encore parce que les gouvernements acceptaient le départ sous couvert d'une expulsion. Je veux simplement vous assurer que nous avons à cœur de trouver une solution qui vous satisfasse et qui ne soit pas en contravention avec nos principes fondamentaux. Lorsque, comme c'est le cas maintenant, certains problèmes séparent deux amis, il me semble qu'il faut trouver le moyen d'en parler...

J'ai pensé vous demander de recevoir un émissaire spécial qui pourrait vous parler en toute franchise et vous faire connaître mon intime conviction sur ces questions. Si vous pensez qu'un tel émissaire peut être utile, je vous prie de me le faire savoir, et nous travaillerons ainsi en étroite collaboration afin d'assurer le caractère confidentiel de cette mission. J'ai insisté pour que tous les ministères du gouvernement américain soient guidés directement par la Maison Blanche dans leurs actions et dans leurs déclarations. Parfois, dans un système ouvert comme le nôtre, il est impossible de prévenir toutes les fuites ; mais il n'existe aucune copie de cette lettre, pas une seule, en dehors de mon dossier personnel.

[...] C'est avec un profond respect et une sincère préoccupation que je vous fais donc parvenir cette lettre. Nous ne devons pas laisser cette relation capitale souffrir davantage. Je vous demande de m'aider à la garder forte. Toute déclaration de la Chine qui s'appuierait sur des déclarations antérieures prônant la paix et le dialogue pour résoudre le différend qui vous oppose aux contestataires, serait très bien reçue chez nous. Le monde entier applaudirait des deux mains si vous faisiez montre de clémence envers les manifestants étudiants. Nous ne devons pas laisser les séquelles de ces événements tragiques miner une relation que nous avons mis dix-sept ans à construire. Je serais, bien évidemment, très sensible à une réponse personnelle à la présente. Cette question est trop importante pour que nous la confiions à nos bureaucraties.

J'ai donné la lettre à Brent, et seul lui, Jim et John Sununu ont pu prendre connaissance de son contenu. J'espérais que cette ouverture, ajoutée à la chaleur qui avait jusque-là entouré mes rapports avec Deng, réussirait à rétablir la communication. Il devait y avoir un moyen de convaincre les dirigeants chinois de nous écouter. C'était notre meilleur espoir de voir la situation se débloquer, et peut-être aussi d'influencer un peu les Chinois de manière à éviter une tragédie supplémentaire dans le futur.

Journal, 20 juin

[...] J'envoie des signaux en direction de la Chine, pour leur faire comprendre que nous voulons garder intactes nos relations. Mais s'ils exécutent des gens, nous devons réagir. Nous devons réagir en vertu de ce en quoi notre pays croit : les Droits de l'homme, le droit de manifester en paix, etc. Hier, ils ont tué trois hommes qui sont supposés avoir fait brûler un train à Shanghai, mais j'espère qu'ils ne vont pas poursuivre tous les meneurs étudiants à Pékin avec la même brutalité. Le dissident Fang ne nous aide pas à arranger les choses, sans compter que son fils s'est stupidement montré lors d'une conférence organisée par Jesse Helms.

Mercredi 21 juin au matin. J'ai dit à Brent Scowcroft que je voulais [demander] à Han Xu s'il voulait venir me voir. Avant même que Brent ait eu la possibilité de me communiquer la date du rendez-vous, la presse se demandait déjà si le Président allait rencontrer Han Xu. C'est tout simplement incroyable ! Je suis descendu au bureau de Brent pour que nous en parlions. Patty Presock était la seule a avoir eu vent de l'affaire ; mais elle a reçu un coup de téléphone du bureau de Brent et, apparemment, quelqu'un au bureau de la presse a entendu la conversation. Cette situation est terrible. Nous avons tout de suite annulé le rendez-vous. Nous ne pouvons nous permettre de rendre publique une telle entrevue.

BRENT SCOWCROFT

Il est rapidement devenu clair que le meilleur moyen de transmettre le message à Deng était que je le remette directement et personnellement entre les mains de l'ambassadeur Han Xu. J'ai rencontré Han pour la première fois en décembre 1971, lorsque je suis arrivé à Pékin avec l'équipe qui devait assurer les préparatifs de la visite du président Nixon. Je n'étais à la Maison Blanche que depuis dix jours. Han était alors vice-chef du protocole au ministère des Affaires étrangères et il nous attendait en bas de l'escalier, à notre descente d'avion. C'est littéralement le premier officiel chinois que j'ai rencontré. Par la suite, Han est venu en poste à Washington pendant d'assez longues périodes – il avait à Washington la même fonction que George Bush à Pékin – et nous sommes devenus amis. C'était quelqu'un de bien, à tous les points de vue. Il était entièrement dévoué à son travail et, d'après ce que je sais, au régime en place ; mais il était également l'ardent promoteur de relations étroites entre l'Amérique et la Chine.

Lorsque je suis arrivé en vue de l'ambassade chinoise ce matin-là, je me suis tout de suite rendu compte qu'elle avait été la cible d'une foule nombreuse et agressive. Une reproduction de deux mètres de haut de la Déesse de la démocratie, qui avait été érigée sur la place Tienanmen, avait été installée dans le minuscule jardin qui faisait face à l'ambassade. Une marionnette à l'effigie de Deng avait également été pendue à un arbre. Des bouquets de fleurs et des dizaines d'affiches avaient été déposés tout autour de la place. Les fleurs étaient fanées à présent, la statue un peu défraîchie, et les affiches étaient éparpillées un peu partout. C'était un triste spectacle. Lorsque j'ai raconté cela au Président, il a demandé à la division en uniforme des services secrets d'effectuer un nettoyage immédiat des lieux.

J'ai remis la lettre à Han et je lui ai expliqué que le président Bush souhaitait communiquer directement avec Deng, mais sous le sceau de la plus absolue confidentialité. Han a dit qu'il pouvait arranger ça et que l'idée d'un émissaire lui convenait parfaitement.

Journal

24 juin... à notre grand étonnement, nous avons reçu une réponse personnelle [de Deng] jeudi, soit moins de vingt-quatre heures plus tard. Il accepte le principe d'un émissaire. [Le tout est de savoir qui] Jim Baker ne veut pas être en position de faiblesse, alors j'ai pensé à d'autres solutions. Kissinger et Nixon : trop haut placés et trop enclins à faire des confidences aux uns et aux autres, même s'ils seraient tous deux excellents ; [John] Holdridge * ou d'autres ambassadeurs : pas assez de prestige ; Jim Lilley : inenvisageable à cause du dis-

* Chef de mission adjoint lorsque j'étais en Chine de 1974 à 1975.

sident Fang. Je ne veux pas mettre Lilley dans l'embarras en le laissant sur la touche, mais je ne veux pas non plus miner la politique étrangère de Baker. Je veux le meilleur expert connaissant aussi Deng, c'est-à-dire Scowcroft. Samedi, j'ai donc proposé à Brent qu'il se charge de cette mission avec Eagleburger. Il est d'accord. J'ai appelé Baker qui est d'accord aussi. Nous nous réunirons dimanche après-midi.

Pour le moment, l'idée est d'affréter un avion sans marques extérieures et qui rallierait directement une base chinoise. C'est une bonne idée. La Chine critique les États-Unis qu'elle accuse d'intervenir dans ses affaires intérieures, et nous critiquons la Chine, même si nous ne le faisons pas avec la vigueur souhaitée par la majeure partie du Congrès. La gestion de nos relations avec la Chine s'est révélée très délicate. La Chine est en train de se rapprocher légèrement des Soviétiques, et il se pourrait bien, en effet, qu'ils reviennent en force si nous avançons unilatéralement contre eux et si nous les coupons de l'Occident. Deng est toujours préoccupé par cette histoire d'encerclement, et moi aussi.

L'affaire Fang est horrible. D'après le Renseignement, il se pourrait qu'ils le condamnent et le mettent dehors, et c'est ce qui pourrait arriver de mieux pour l'instant... Jusqu'ici, notre gestion de l'affaire est assez bien notée, et nous sommes soutenus par Broomfield, Foley et Lee Hamilton. Le Sénat est un peu plus divisé, et Lloyd Bentsen m'a dit aujourd'hui qu'il veut nous aider. Tout cela est d'une extraordinaire complexité, et pourtant, je suis décidé à tout tenter pour sauver nos relations avec la Chine. Il faut modérer notre discours. Je suis très choqué par ce que la Chine a fait subir aux étudiants et à ceux qui les ont courageusement soutenus. Je suis indigné par l'éviction de Zhao Ziyang *. Mais je me suis souvenu de ce qu'il m'avait dit sur les réformes et la « prudence ». Cette relation me tient très à cœur, et c'est [comme ça] que je veux m'en occuper.

BRENT SCOWCROFT

Je connaissais très certainement Deng bien mieux que mes collègues. En plus du voyage de février en compagnie du président Bush, j'avais rencontré Deng en 1975, lors de la visite en Chine du président Ford. Je l'ai revu ensuite en 1981, à nouveau avec Ford. À l'époque, Deng avait organisé un déjeuner privé pour nous deux seulement, au cours duquel il avait pesté contre le Nord-Viêtnam. Je lui avais répondu que cela faisait des années que les Américains pensaient la même chose des Viêtnamiens du Nord et qu'il était dommage que la Chine ne se

* Le 24 juin, Zhao a été démis de ses fonctions de secrétaire général. Il a été remplacé par Jiang Zemin.

soit pas rendu compte de la situation beaucoup plus tôt. Deng a insisté sur la justesse de la politique chinoise au moment de la guerre du Viêtnam, mais il a ajouté que, si les États-Unis et la Chine n'avaient pas été si éloignés à l'époque, les choses ne se seraient sans doute pas passées ainsi.

Je suppose que l'autre raison pour laquelle j'ai été choisi était que Baker, en tant que membre du gouvernement, n'aurait jamais pu faire un voyage officieux à l'étranger à l'insu de la presse. J'étais content que Larry Eagleburger soit également du voyage. Non seulement sa présence m'était précieuse, mais elle démentait la possibilité pour le conseiller à la Sécurité nationale de devenir « opérationnel ». Il assurait par ailleurs la circulation de l'information jusqu'au Département d'État.

À cinq heures du matin, le 30 juin, Larry et moi avons quitté la base de l'US Air Force d'Andrews, accompagnés de ma secrétaire, Florence Gantt *. Nous avons fait le voyage à bord d'un C-141, un avion cargo de l'armée dans lequel on avait installé ce que l'on appelait une « paillasse de confort » portative : doux euphémisme, puisqu'il s'agissait en fait d'une énorme boîte contenant des couchettes et un endroit pour s'asseoir. Nous avons opté pour un mode de transport aussi inhabituel car l'avion pouvait être ravitaillé en vol, ce qui nous évitait de devoir faire escale. Le plan de vol précisait notre destination officielle : Okinawa ; mais nous allions changer tout cela une fois en l'air. Toutes les marques d'identification de l'US Air Force avaient été retirées du fuselage, et les pilotes et les membres de l'équipage avaient reçu l'ordre de commencer le vol en uniforme, puis de revêtir des vêtements civils avant notre arrivée. On nous a dit plus tard que notre mission était connue de si peu de personnes en Chine que personne n'a jamais songé à avertir les unités chinoises de défense militaire aérienne. Ces unités de défense ont apparemment appelé le président Yang Shangkun, pour lui signaler la présence d'un avion non identifié pénétrant dans l'espace aérien chinois dans la région de Shanghai, et pour lui demander s'il fallait l'abattre. Heureusement pour nous, l'appel a été directement transmis à Yang qui leur a dit qu'il s'agissait d'une mission de la plus haute importance et qu'il ne fallait pas tirer.

Après une éternité passée dans les airs, nous avons atterri à Pékin le 1er juillet, vers treize heures. Les Chinois ont garé l'avion derrière l'ancien terminal (celui-là même qu'avait utilisé Nixon en 1972) de façon à ce qu'il ne puisse être vu ; puis nous nous sommes rendus directement à la résidence gouvernementale de Diaoyutai. Le lendemain matin on nous a conduits jusqu'au grand palais du Peuple. Deng

* Florence Gantt avait été la secrétaire de Colin Powell et je lui ai demandé de devenir la mienne. Flo faisait partie du secrétariat de Kissinger lorsque je suis arrivé au NSC. J'avais travaillé en étroite collaboration avec elle et j'avais pu apprécier ses méthodes de travail et sa personnalité rayonnante. Elle était incroyablement efficace et toujours enjouée, même après vingt ans de travail sous pression. Florence était une véritable institution à la Maison Blanche, et tout le monde l'adorait.

Xiaoping nous a accueillis avec chaleur et nous avons posé pour la photo traditionnelle. Il nous a assuré qu'il s'agissait de son photographe personnel, et que le cliché était destiné aux archives (le photographe en question n'était autre que le propre fils du président Yang). Li Peng, le vice-Premier ministre Wu Xueqian et le ministre des Affaires étrangères Qian Qichen se joignirent à nous.

Deng a ouvert la rencontre par un long monologue. « La raison pour laquelle j'ai choisi le président Bush comme ami, c'est parce que j'ai pu me rendre compte dès notre premier contact que sa parole était fiable, a-t-il déclaré. Il n'emploie pas de mots creux et ne se cache pas derrière une sincérité de façade. C'est pourquoi, avant même vos élections présidentielles, j'ai souhaité qu'il soit un jour élu président... Toutefois, il n'a pas eu de chance, car à peine avait-il pris ses fonctions... que des troubles ont éclaté en Chine. Ces événements ont remué la planète entière et il est très regrettable que les États-Unis se soient trop investis dans cette histoire... Depuis le début, il y a plus de deux mois, nous avons le sentiment que la politique étrangère américaine, par bien des aspects, a poussé la Chine dans une impasse. C'est comme cela que nous voyons les choses... parce que le but des rebelles contre-révolutionnaires était de renverser la république populaire de Chine et son système socialiste. S'ils devaient y parvenir, le monde en serait changé. Pour être franc, un tel événement pourrait plonger la planète dans la guerre. »

Il a ensuite déclaré que l'essentiel de ce qui avait été dit sur les événements de la place Tienanmen n'était que rumeur, et que les chiffres avancés sur le nombre des victimes était exagéré. Si un pays en venait à asseoir sa politique sur de telles rumeurs, il en pâtirait beaucoup. Le Congrès, a-t-il ajouté, a pris des mesures contre la Chine sur la base de semblables rumeurs. « Il est vrai que les relations entre la Chine et les États-Unis sont dans une situation extrêmement délicate et l'on peut même aller jusqu'à dire qu'elles sont terriblement menacées. De telles mesures mènent inévitablement à l'interruption de ces relations. » Il pensait que le fait que le Président nous ait envoyés était un gage de sagesse et de sang-froid. « Il semble donc qu'il y ait encore un espoir de maintenir de bonnes relations, a-t-il ajouté. Je crois que c'est là l'espoir du président Bush, et je partage cet espoir. Toutefois, une question de cette nature ne peut être résolue par deux personnes sur la seule base de leur amitié. »

Pour lui, le différend qui existait entre nos deux pays n'était pas dû au fait que la Chine avait agi à l'encontre des intérêts américains. C'était plutôt les Américains qui s'étaient ingérés à grande échelle dans les affaires chinoises et avaient blessé la dignité de la Chine. « Quant à savoir comment ce problème doit être résolu, laissez-moi vous donner un vieux proverbe chinois : c'est à la personne qui a fait le nœud de le défaire. » Les États-Unis devaient cesser de jeter de l'huile sur le feu. Il a ajouté que Pékin n'en avait pas fini avec les dirigeants de la contre-révolution. « Dans le respect des lois chinoises, la Chine continuera à punir les instigateurs de la rébellion et ceux qui, dans l'ombre, tirent les ficelles. La Chine ne reviendra en aucun cas sur cette résolution, sinon comment la république populaire de Chine pourrait-elle continuer d'exister ? » Il m'a dit qu'ils ne permettraient jamais à des éléments extérieurs de se mêler de leurs affaires intérieures, quelles qu'en soient les conséquences. Il a ajouté qu'il n'avait jamais souhaité que je vienne discuter de tout cela, mais que puisque j'étais là, il avait bien voulu me voir. « Je viens de vous faire part de mes sentiments personnels sur cette question, et j'espère que vous transmettrez ces sentiments à mon ami, le président Bush. Je vous prie de lui transmettre également ceci : quels que soient les résultats de ces discussions entre nos deux pays sur cette question, je serai ravi de continuer à le considérer comme un ami, s'il voulait bien, de son côté, me considérer comme le sien. » Il laissait à Li Peng la responsabilité de décider des discussions futures.

J'ai rappelé à Deng que nos deux pays avaient parcouru un long chemin depuis la déclaration de Shanghai. « Nous sommes les représentants de deux cultures différentes, de deux façons de penser et de concevoir les choses, ai-je dit. Nos relations ont connu des hauts et des bas mais, en règle générale, elles se sont approfondies. Non seulement parce que cela correspondait aux intérêts fondamentaux des deux parties, mais aussi parce que nous respectons la diversité qui existe entre nos deux sociétés. » Chaque pays avait pu tirer avantage de ces relations. D'un point de vue stratégique, d'une part, vis-à-vis de l'Union soviétique, et par la stabilité que ces relations ont apporté au monde dans son ensemble. Économiquement, ensuite, puisque nos échanges bilatéraux étaient passés du néant à un volume de dix milliards de dollars par an. « Enfin, il est à noter que le peuple américain a fortement encouragé l'amélioration et le renforcement de nos liens, ai-je dit. Au fur et à mesure que ces derniers se développaient, notre admiration pour le peuple chinois a augmenté, ainsi que les efforts du gouvernement chinois pour encourager la réforme économique... »

J'ai poursuivi en disant que c'était dans ce climat partagé de coopération approfondie et de compréhension grandissante que les événements de la place Tienanmen s'étaient imposés. « Ce que le peuple américain a retenu – à tort ou à raison – des manifestations qu'ils ont pu voir, c'est l'expression de valeurs qui correspondent à leurs convictions les plus profondes, et qui leur viennent de la révolution américaine... Comme vous, nous sommes extrêmement attachés aux principes qui ont guidé notre combat pour l'indépendance. Notre expérience en tant que nation, et qui a commencé avec notre révolution, est tout entière tournée vers l'expansion des frontières de la liberté telle que nous l'envisageons. Notre révolution avait pour but l'établissement de la liberté de parole, de la liberté de réunion, de la liberté de ne pas subir une autorité arbitraire. Ces convictions forment le socle de la tradition et de la culture américaines. Il est inévitable et naturel que les Américains réagissent avec passion lorsqu'ils constatent que leurs valeurs sont prônées ailleurs dans le monde.

La façon dont le gouvernement chinois a choisi de traiter ceux qui ont pris part aux récents événements en Chine est, comme vous l'avez souligné, une affaire spécifiquement chinoise. Cependant, la façon dont le gouvernement des États-Unis et le peuple américain considèrent cette activité est, à son tour, une affaire spécifiquement américaine... Il est évident que les mesures prises par le gouvernement chinois dans le cadre de ces événements ont suscité une réaction populaire qui est le reflet de nos propres croyances et de nos propres traditions. Ces réactions spécifiquement américaines sont bien réelles et le Président doit en tenir compte. Elles sont au cœur du problème que le président Bush doit désormais affronter.

Le Président partage les sentiments du peuple américain concernant les récents événements en Chine, mais il croit aussi en l'avenir des relations entre nos deux pays. Il veut agir de manière à assurer la bonne santé de ces relations sur le long terme. Cela n'est pas facile. Cela ne s'est pas fait sans sacrifices et, en fonction de la tournure des événements, cela pourrait bien devenir impossible. Les mesures prises par le gouvernement chinois contre les manifestants ont poussé le peuple américain et le Congrès à exiger de nous que nous prenions également des mesures destinées à montrer notre désaccord.

Le président Bush a pris des mesures qu'il jugeait nécessaires et appropriées au regard des circonstances. Vous avez protesté contre ces mesures, tandis que le Congrès et la majeure partie de la presse américaine ont reproché au Président son manque de fermeté. » Trois jours avant, la Chambre des représentants avait voté en faveur de sanctions plus sévères à l'encontre de la Chine par quatre cent dix-huit voix contre zéro *. « Le Président continuera à s'opposer à de telles résolutions, mais l'ampleur de ce vote illustre bien les réalités politiques dont il doit tenir compte. Même son droit de veto ne peut rien contre une telle unanimité.

Le Président est très sensible aux préoccupations de la Chine concernant les mesures qu'il doit prendre afin de garder le contrôle de la situation à l'intérieur des États-Unis, mais il n'est pas tout-puissant et ne peut pas tout contrôler. [Cette capacité de contrôle] serait sans aucun doute renforcée si les dirigeants chinois acceptaient eux aussi de se montrer sensibles – dans les jours et les semaines qui viennent – au fait que vos décisions et la manière dont vous les appliquez auront un impact décisif sur l'opinion publique aux États-Unis et dans tout le monde occidental. » J'ai conclu en disant que je n'étais porteur d'aucune consigne concernant la suite des événements, que je n'étais là que pour expliquer notre point de vue.

---

* Le 28 juin, la Chambre a ajouté un amendement au projet de loi sur l'aide aux pays étrangers, imposant des sanctions économiques supplémentaires à l'égard de la Chine. Même si les sanctions demandées n'étaient pas très sévères (revoyant à la baisse un projet plus restrictif introduit par le sénateur Helms), et limitaient simplement l'OPIC et autres soutiens à l'investissement en faveur de Pékin, nous nous sommes opposés à une interférence en politique étrangère, même si le Président n'a pas fait usage de son veto. Le Sénat a suivi, le 14 juillet, avec un texte similaire qui a recueilli quatre-vingt-une voix contre dix.

Deng a répondu qu'il souhaitait que le gouvernement et le peuple américains comprennent une chose. « Je pense qu'il faut essayer de comprendre l'histoire ; nous avons remporté une victoire matérialisée par la création de la république populaire de Chine. Cette victoire, nous l'avons remportée après vingt-deux ans de guerre et plus de vingt millions de morts ; cette guerre a été menée par le peuple chinois, sous la direction du parti communiste ; et si l'on devait ajouter à cela trois années de guerre aux côtés de la Corée contre l'agression américaine, alors nous pourrions parler d'un effort de vingt-cinq ans. Par ailleurs, les gens doivent comprendre que la Chine est un pays indépendant, ce qui exclut toute ingérence de l'étranger... Aucune force ne saurait se substituer à l'autorité de la république populaire de Chine, représentée par le parti communiste chinois. Ce ne sont pas là des mots creux. C'est un fait que plusieurs dizaines d'années d'expérience ont démontré. » Il était en désaccord avec pratiquement tout ce que je venais de dire. « Quant à conclure ce triste épisode dans les relations entre la Chine et les États-Unis, laissez-moi simplement répéter que nous devons d'abord voir le genre de mesures qui vont être prises par les États-Unis. » Sur ces mots, il a quitté la pièce.

Li Peng a dit qu'il prenait acte des différences qui existaient entre nos deux cultures et nos valeurs traditionnelles. Nul ne pouvait ignorer les préoccupations des Américains. « Mais nous désapprouvons la façon dont vous essayez d'influer sur la ligne politique des autres pays au nom des convictions de votre gouvernement », a-t-il pousuivi. Il ne pensait pas que les États-Unis réussissent à influer sur la politique chinoise, et il nous a conseillé d'agir au regard des faits et non des rumeurs. « En Chine, nous avons un vieux proverbe qui dit que l'émotion ne peut remplacer la politique », a-t-il insisté. Il était convaincu que nous ne savions pas exactement ce qu'il s'était passé, que nous n'avions eu que des informations partielles. Il a souligné que le nombre de morts avancé à l'Ouest était inexact ; il ne s'agissait pas de dizaines de milliers de personnes, ni même d'un millier, mais de trois cent dix environ, et ce chiffre comprenait les victimes dans les rangs de l'armée. Selon lui, seuls trente-six étudiants avaient péri. Ils étaient en train d'établir une liste de noms mais l'origine provinciale des victimes rendait la tâche délicate. Il voulait aussi insister sur le fait qu'ils avaient pris la décision d'agir après quarante-huit jours de troubles : du 15 avril au 3 juin.

Li nous a ensuite fait part de sa version des faits. Les manifestations avaient plongé Pékin dans l'anarchie, et aucun gouvernement n'aurait toléré une chose pareille. Les manifestants avaient occupé la place, la plus vaste du monde, et tenté de s'emparer de la porte Xinhua. Ils avaient coupé les voies d'accès à la place, élevé des barricades, arrêté des véhicules civils et gouvernementaux et distribué des permis de voyager. Pour lui, il ne s'agissait pas d'une manifestation pacifiste. Aux États-Unis, les autorités auraient décidé de l'endroit où la manifestation devait avoir lieu. Il a alors commencé à nous raconter ce qui s'était passé aux États-Unis dans les années 1960, et comment le gouvernement américain avait maté la contestation. Les Chinois essayaient de maintenir une certaine stabilité sociale, comme le ferait n'importe quel autre gouvernement. Les manifestants avaient tenté de renverser le gouvernement et l'autorité du parti. La punition serait assignée dans le respect des lois aux organisateurs et aux participants de cette rébellion, ainsi qu'à ceux qui se sont rendus coupables de trahison. Certains échapperaient à la peine de mort. Il attribuait la responsabilité de ces événements à Zhao et à son indulgence, ainsi qu'à son « incapacité d'éduquer la jeunesse ».

À la fin de cette éprouvante entrevue, il était tout à fait clair, à mes yeux, que le choc des cultures avait creusé un profond fossé entre nos deux pays. La rancœur des Chinois contre les « interférences » étrangères était omniprésente. Ils se focalisaient sur la sécurité et la stabilité. Nous nous intéressions à la liberté et aux Droits de l'homme. Le but de mon voyage n'était toutefois pas la négociation, car il n'y avait pour l'instant rien à négocier. Je devais m'efforcer de garder les lignes de communications ouvertes avec un peuple plutôt enclin à l'isolement et dont la longue expérience des étrangers avait généré de la xénophobie. Chacun avait fait preuve de franchise et d'ouverture. Nous avions chacun exprimé nos différences et écouté l'autre, mais il nous restait encore un long chemin à parcourir avant que ce fossé ne soit comblé. Il me semblait qu'aucun d'entre nous ne voulait que Tienanmen n'oblitère nos relations.

J'ai essayé de pousuivre cette conversation à la table du déjeuner. D'un geste de la main, Li a déclaré que les deux parties se comprenaient. « Parlons d'autre chose. » Il s'est ensuivi une discussion sur les événements de certaines régions du monde et la façon dont ils affectaient le monde en général, la Chine et l'Amérique en particulier. J'ai longtemps eu le sentiment qu'il était important de maintenir la Chine dans un dialogue stratégique concernant la situation mondiale, c'était là l'occasion rêvée.

De mon point de vue, ce voyage avait été extrêmement utile. Nous avions transmis le message du Président sur la gravité que revêtaient les événements chinois aux yeux de l'Amérique, mais nous avions également souligné à quel point le président Bush était convaincu de l'intérêt que représentaient nos relations pour la nation. Ces dernières années, des Chinois de toutes origines nous ont dit et répété que ce voyage et ce geste représentaient beaucoup à la fois pour le régime et pour ceux qui avaient soutenu les manifestations. Pour moi, c'était un excellent exemple de l'instinct et de la touche personnelle du Président quant aux grandes questions de politique étrangère. Si je repense à ces entrevues, il me semble que dans ce cas précis, les relations personnelles avaient permis à chaque protagoniste d'envisager avec confiance les motivations de son homologue. Tout au moins, elles avaient permis de garder une porte ouverte, comme l'avait espéré le Président, même si nous divergions sur la manière d'avancer.

GEORGE BUSH

Brent et Larry ont superbement mené à bien ce voyage. Dès le 3 juillet, le lendemain de son retour, Brent est venu me faire son rapport chez moi, dans le Maine. Pour le moment, nous réussissions à garder secrète cette discussion avec les Chinois. C'est avec cette question chinoise en tête que je me suis envolé pour l'Europe.

> *Journal*
> Nous sommes le 9 juillet, et cela fait trois heures que nous sommes en route pour la Pologne. En bas, l'Atlantique d'un bleu profond semble s'étirer à l'infini. Les moteurs bleu et argent d'Air Force One semblent regarder par-dessus mon épaule... La Chine me préoccupe toujours. Je ne vois pas vraiment ce que je voudrais que la Chine fasse pour annuler la menace qui pèse sur nos relations. Je pense qu'aucun autre pays occidental n'a d'idée. Je pense qu'ils sont tous content que je reste ferme. Ils peuvent toujours revenir à la charge avec une autre salve de rhétorique, mais j'essaierai de garder mon cap, même si je ne suis pas sûr de pouvoir faire grand-chose pour maintenir ces relations sur la bonne voie. Tant que la Chine entendra nier les massacres de la place Tienanmen, et dire que les seules pertes en vies humaines n'ont affecté que les rangs de l'armée, la situation restera explosive.

CHAPITRE V

Des radis

Même si notre visite en Europe de l'Est avait été rajoutée en dernière minute à notre voyage à Paris pour le sommet du G7, elle a éclipsé ces deux étapes par son importance. La présence du président Bush serait une façon de souligner de manière visible notre nouvelle politique, ce serait également l'occasion de reprendre l'initiative à Gorbatchev en matière de propagande. Nous allions montrer que les États-Unis soutenaient les efforts de réforme en Europe de l'Est, et projeter une vision occidentale de l'avenir.

La Pologne et la Hongrie représentaient les étapes idéales. Ces deux pays remplissaient les critères de réforme économique et politique justifiant une aide américaine, tels qu'ils avaient été définis par le Président dans son discours d'Hamtramck. Ils se démarquaient aussi fortement du reste de l'Europe de l'Est. La Pologne en particulier faisait courageusement figure de pionnier dans les réformes, et se détachait de plus en plus de la mainmise soviétique. La Hongrie n'était pas loin derrière. Dès le 2 mai, elle avait démantelé les barrières qui la séparaient de l'Autriche, déchirant ainsi une portion du rideau de fer. L'enlèvement de ces clôtures devait revêtir une signification encore plus profonde vers la fin de l'année, pour les Allemands de l'Est désireux de quitter leur pays. Le président Bush avait des raisons spéciales de retourner en Pologne, qu'il avait déjà visitée en tant que vice-président en 1987. Ce voyage avait contribué à légitimer et à encourager le mouvement naissant en faveur de la réforme, aux yeux du peuple polonais comme à ceux du monde entier. Après une entrevue avec le général Jaruzelski, le président Bush avait en effet convié les dirigeants de Solidarnosc à l'ambassade américaine pour des entretiens historiques. Une nouvelle visite allait lui permettre à nouveau de proposer l'aide et les encouragements de l'Amérique à un moment de transition difficile.

Depuis la table ronde du 7 avril, la cadence des événements politiques s'était accélérée. Les Polonais avaient voté le 4 juin pour élire leurs représentants à l'Assemblée nationale, et Solidarnosc avait remporté les élections haut la main. Les accords réservaient soixante-cinq pour cent des sièges du Sejm aux communistes, mais Solidarnosc avait remporté les cent soixante et un sièges restants. Le syndicat avait également remporté quatre-vingt-dix-neuf sièges sur les cent qui étaient à pourvoir au Sénat, et dont aucun n'était réservé aux communistes. Ce résultat était remarquable et dépassait les projections les plus optimistes. Cela compliquait singulièrement l'élection d'un président.

Le nouveau président devait être désigné à la majorité des votes par l'Assemblée nationale, et les élections étaient prévues pour le 6 juillet, soit trois jours avant l'arrivée du président Bush. Les communistes n'avaient plus de majorité, et ni Solidarnosc ni les partis paysan et démocrate n'avaient indiqué leur intention de soutenir Jaruzelski. Devant l'éventualité d'une défaite, ce dernier, pour qui la fonction avait été créée, a déclaré qu'il ne serait pas candidat. Il proposait en remplacement le général Czeslaw Kiszczak, le ministre de l'Intérieur qui avait négocié au nom du gouvernement lors de la table ronde, et qui avait gagné le respect de Solidarnosc. Selon les termes des accords, Lech Walesa ne pouvait être candidat à la fonction présidentielle. Le dirigeant de Solidarnosc, qui ne souhaitait pas obtenir le titre tant que le pays ne s'était pas entièrement démocratisé, poussait le syndicat à soutenir Jaruzelski ou Kiszczak. Mais dans l'opinion publique, le soutien à ces deux symboles du régime communiste et de la répression militaire de 1981 était très faible. Le 5 juillet, cette impasse a finalement décidé le gouvernement à repousser les élections, qui devaient désormais avoir lieu après la visite du président Bush. Ce dernier allait donc se retrouver au milieu d'une situation politique extrêmement confuse. Son hôte officiel allait être Jaruzelski, président du Conseil d'État, mais le général n'aurait pas l'autorité de chef du nouveau système politique.

BRENT SCOWCROFT

Lors de la préparation de ce voyage, nous avons dû faire face à un grand problème. Il nous fallait trouver la réaction appropriée aux remarquables transformations qui étaient en train de se produire en Pologne et, dans une moindre mesure, en Hongrie. La Pologne avait un gros déficit budgétaire, une inflation galopante, une productivité déclinante, une dette extérieure excessive et le moral de l'opinion publique était au plus bas. Varsovie avait officieusement suggéré la somme de dix milliards de dollars d'aide répartie sur trois ans. La Pologne rentrait indiscutablement dans les critères d'attribution d'une aide américaine, et des groupes de pression américano-polonais nous appelaient à récompenser les efforts de réforme par une aide substantielle. Mais nous restions face au même dilemme : il n'y avait pas moyen de débloquer une telle somme et, d'un point de vue pratique, l'essentiel de l'effort économique devait provenir des Polonais eux-mêmes.

Le sommet du G7 était un point positif. À cause de l'intense intérêt porté à l'Est par l'Europe de l'Ouest, nous pouvions proposer une répartition de la réponse économique aux besoins de l'Europe de l'Est. Le temps n'était plus où les États-Unis pouvaient systématiquement régler l'addition : il ne pouvait y avoir un autre plan Marshall. Nos ressources avaient diminué, et nos principaux alliés et partenaires savaient bien que notre gigantesque déficit s'était creusé au détriment de leur croissance économique. Le sommet venant clore notre voyage en Pologne et en Hongrie, nous allions pouvoir dire en toute franchise à leurs gouvernements respectifs que nous ne pouvions leur donner tous les détails de ce programme d'aide avant même d'avoir consulté nos alliés.

C'est avec ces contraintes à l'esprit que nous avons mis au point une offre comprenant une proposition de rééchelonner la dette extérieure de trente-neuf milliards de dollars de la Pologne, une requête auprès de la Banque mondiale en faveur d'un prêt supplémentaire de trois cent vingt-cinq millions de dollars, et cent millions de dollars de fonds américains « pour capitaliser et revigorer le secteur privé polonais ». D'un point de vue politique, notre offre était très maigre. Si une assistance économique, même raisonnable, n'aurait pas changé grand-chose à l'économie politique et à son évolution, le peuple polonais avait besoin de sentir que les États-Unis étaient à leurs côtés pour les aider à faire face aux sacrifices économiques qui les attendaient. Je pensais que notre offre ne pouvait pas suffire à faire passer ce message.

Alors que la Pologne se débattait dans une période de transition politique et économique, Gorbatchev avait prévu un grand tour d'Europe au printemps et à l'été. Il s'est rendu avec force publicité en Allemagne de l'Ouest le 12 juin, en France le 4 juillet, puis il a assisté à une réunion des pays du pacte de Varsovie à Bucarest du 7 au 8 juillet, qui s'est terminée la veille de notre arrivée dans la capitale polonaise. Lors de sa visite en RFA, Gorbatchev avait été assailli par une foule d'Allemands qui soutenaient ses positions rhétoriques sur les réductions massives ou l'élimination des armes nucléaires.

BRENT SCOWCROFT

Dans un discours majeur devant le Conseil européen de Strasbourg, le 6 juillet, Gorbatchev a proposé des réductions immédiates des missiles nucléaires de courte portée, si l'OTAN acceptait de négocier, l'idée étant de parvenir à une élimination totale de ce type d'armements. Une telle proposition, suivant ainsi de très près les déclarations de l'OTAN sur ce sujet, avait comme ambition affichée de diviser l'OTAN et de rouvrir des blessures qui ne s'étaient refermées qu'à grand-peine lors du dernier sommet. De telles sorties me confirmaient que nous avions raison d'avancer avec précaution quant à Gorbatchev.

À ce stade, tout au moins, il ne semblait en aucun cas se conduire comme un dirigeant soviétique de l'après-guerre froide.

Dans le même discours, Gorbatchev a tracé les grandes lignes, restant sans doute vague à dessein, de sa vision d'une « maison européenne commune ». Il écartait résolument la menace ou l'usage de la force au sein des deux alliances et entre celles-ci. Il a déclaré qu' « aucune interférence dans les affaires internes et aucune tentative de réduire la souveraineté des États – amis, alliés ou autres – n'était admissible ». Il renonçait implicitement à la doctrine brejnévienne, qui mettait en avant le droit de l'URSS à empêcher toute tentative de sécession d'avec le bloc socialiste. Il a fait comprendre à demi-mot que Moscou n'interviendrait pas dans les changements politiques en Hongrie et en Pologne. Gorbatchev a aussi proposé que les États qui avaient rédigé la version définitive des accords d'Helsinki en 1975 se réunissent à nouveau pour envisager une nouvelle Europe, dans laquelle « les seuls champs de bataille seraient les marchés ouverts aux échanges commerciaux et les esprits ouverts aux idées neuves ». Mais son discours contenait également des détails troublants. Il mettait par exemple en garde contre toute tentative de mettre fin à la division de l'Europe en triomphant du socialisme. Cela, a-t-il prévenu, aboutirait à une confrontation, sinon pire. En dépit de preuves concrètes du contraire à la fois en Pologne et en Hongrie, Gorbatchev continuait d'exprimer sa confiance en un futur socialiste en Europe de l'Est. Un autre problème était son refus, malgré d'insistantes demandes, de dénoncer la répression chinoise de la place Tienanmen. C'était sans doute le signe d'une volonté de réconciliation avec la Chine, mais on pouvait également interpréter ce refus comme une façon de montrer que les Soviétiques avaient encore les moyens de faire taire la contestation au sein de leurs satellites.

À Bucarest, les pays du pacte de Varsovie ont confirmé le rejet de l'ancienne doctrine brejnévienne, prononcé à mots couverts par Gorbatchev. Le pacte disait désormais ouvertement que ses pays membres étaient libres de définir le rythme de leurs réformes. Cependant, il ne pouvait feindre d'ignorer totalement les divisions qui se multipliaient dans ses rangs. L' « hérésie » politique de la Pologne et de la Hongrie réformistes était fermement critiquée par la Tchécoslovaquie, la Roumanie et l'Allemagne de l'Est, restées farouchement réactionnaires.

GEORGE BUSH

La popularité des nouvelles propositions énoncées par Gorbatchev en Europe de l'Ouest a rendu mon voyage en Europe de l'Est indispensable : il fallait affaiblir l'attrait de son message, qui annonçait en substance que l'Ouest n'avait pas besoin d'attendre que l'Union soviétique prenne des mesures concrètes pour baisser sa garde et diminuer sa vigilance militaire. Toutefois, ma visite était avant tout destinée à encourager les réformateurs : j'allais devoir faire attention à tout ce que j'allais dire ou faire. La querelle ouverte à l'intérieur du pacte de

Varsovie démontrait toute la difficulté de la situation. Là où cela était possible, nous étions dans l'obligation de tenir le rôle de catalyseur du changement démocratique en Europe de l'Est, et ce rôle comportait un certain nombre de responsabilités. Nous pouvions soutenir la liberté et la démocratie, mais nous devions le faire sans jamais donner l'impression de nous repaître des problèmes politiques que Gorbatchev rencontrait avec les tenants de la ligne dure du parti, qui lui reprochaient de s'éloigner de la politique de fer de ses prédécesseurs. Je n'allais pas laisser tomber mes principes de peur que ceux-ci n'offensent Gorbatchev. Mais un discours musclé allait inutilement raviver les antagonismes entre les éléments militants de l'URSS et du pacte de Varsovie, les poussant peut-être même à s'opposer à ces changements et à Gorbatchev, qui en était l'artisan.

Les Soviétiques craignaient que mon voyage en Europe de l'Est n'ait pour but d'encourager la sédition, même involontairement. Bien au contraire, je partageais certaines de leurs préoccupations. Si des foules nombreuses se rassemblaient dans l'intention de montrer leur opposition à la mainmise soviétique, les choses pouvaient rapidement devenir incontrôlables. Un accueil enthousiaste pouvait tourner à l'émeute violente contre le régime, avec des conséquences dévastatrices sur le sentiment grandissant d'optimisme et de progrès qui commençait à souffler sur la région. Pour toutes ces raisons, nous n'avons conservé dans notre programme que deux événements susceptibles d'attirer une foule importante : un à Gdansk, où Lech Walesa pouvait contrôler la situation, et un à notre arrivée à Budapest.

BRENT SCOWCROFT

Nous avons atterri à l'aéroport Okecie de Varsovie vers dix heures, par une chaude et humide soirée d'été. Une cérémonie officielle nous a accueillis à notre descente d'avion. Il n'y avait aucun spectateur, mais un important comité d'accueil officiel, dans lequel se trouvait le général Jaruzelski, mais également des représentants de Solidarnosc. Après un échange de discours entre le Président et Jaruzelski, et une parade de militaires défilant au pas de l'oie, nous avons quitté l'aéroport pour le centre de Varsovie. Notre route était bordée de passants sympathiques et détendus, agitant des drapeaux et faisant le « V » de la victoire, le salut de Solidarnosc. En raison de la chaleur, certaines personnes étaient sans doute dans les rues pour échapper à la température oppressante des habitations. Nous nous sommes rendu compte de la touffeur de l'atmosphère lorsque nous sommes arrivés à notre hôtel. C'était un bâtiment moderne, bien équipé, mais le système de conditionnement d'air était notoirement insuffisant. À l'intérieur, la température était bien plus insupportable qu'à l'extérieur, et comme les fenêtres n'étaient pas faites pour être ouvertes, nous nous trouvions face à un véritable problème. J'ai finalement réussi à ouvrir une fenêtre et j'ai installé mon matelas à même le sol, juste sous la fenêtre, afin de bénéficier d'un infime souffle d'air. D'après la direction de l'hôtel l'approvisionnement en électricité était tout simplement insuffisant pour que le système puisse fonctionner efficacement : cela nous rappelait à quel point l'économie polonaise était en retard et le long chemin qui lui restait à parcourir.

Nous avons commencé véritablement notre visite le 10 juillet, associant le protocole et le cérémonial des visites officielles à des événements plus intimes, sous la forme de discussions avec Jaruzelski et Walesa sur les prochaines étapes de l'évolution de la Pologne vers un État non communiste et une économie de marché. Nous voulions encourager les deux bords à travailler ensemble. Notre journée officielle a débuté avec un dépôt de gerbe sur la tombe du soldat inconnu, et aussi à Unschlagplatz, au pied du monument à la mémoire des souffrances endurées par les Juifs polonais au cours de la Seconde Guerre mondiale. Ces événements, et la route qui nous y menait, n'ont attiré qu'un public clairsemé. J'aurais préféré voir une foule de Polonais enthousiastes saluant le Président avec chaleur, d'autant que je me souvenais que la place était noire de monde quand Nixon était venu, lui aussi, y déposer une gerbe. À l'époque, l'équipe de préparation avait prévu que la limousine de Nixon se séparerait du reste du convoi au centre de la place pour pénétrer directement au milieu de la foule. Ce simple changement avait généré une réaction enthousiaste qui aurait bien pu se terminer en véritable émeute.

D'un point de vue intellectuel, je voyais très bien ce qui séparait les Polonais d'alors et ceux de maintenant. En 1972, les gens n'avaient pour ainsi dire aucun moyen d'exprimer la haine qu'ils éprouvaient à l'égard de leur gouvernement. Lorsqu'une occasion légitime se présentait, comme la visite de Nixon, ils en profitaient pleinement pour faire passer leur colère contre le système. À présent, les choses évoluaient prestement dans une direction positive, et la colère n'emplissait plus les esprits. C'est la raison pour laquelle les badauds ne venaient plus en nombre.

GEORGE BUSH

Alors que nous nous rendions en voiture à une visite de courtoisie envers Jaruzelski, à présent si peu chef d'État, j'ai repensé à mon voyage de 1987. Lors de ma précédente visite, nous avions eu des conversations fort intéressantes, et j'avais hâte de le revoir. Je l'avais trouvé bien plus raisonnable et attentionné que je ne le croyais ; j'avais rencontré un homme charmant et doté d'un véritable sens de l'humour. J'avais été particulièrement impressionné par son patriotisme. Bien évidemment son pouvoir dictatorial me dérangeait, de même que le fait que tant de Polonais aient été emprisonnés pour le seul fait d'avoir parlé au nom de la démocratie et de la liberté. Néanmoins, j'avais eu devant moi un homme tiraillé entre son amour pour son pays et la soumission à l'Union soviétique exigée de lui par les réalités géopolitiques. Lors de cette précédente visite, il avait répété que Solidarnosc était effectivement mort. Il voulait que je croie que les changements qui se profilaient ne seraient pas radicaux, et qu'ils ne bousculeraient pas l'ordre politique établi par Moscou. J'avais également eu l'impression, cependant, qu'il sentait que les États-Unis, en soutenant si ouvertement la cause de Solidarnosc et du changement, méprisaient d'une manière ou d'une autre les progrès déjà accomplis en Pologne. Deux ans plus tard, nous avons eu une conversation tout aussi ouverte. Lorsque je suis arrivé au palais du Belvédère, ce qui ne devait être au départ qu'une conversation de dix minutes autour d'une tasse de café s'est prolongé pendant deux heures.

Jaruzelski m'a ouvert son cœur et m'a demandé quel était, selon moi, le rôle qu'il devait à présent jouer. Il m'a fait part de sa volonté de ne pas se représenter à la présidence, et de son désir d'éviter une lutte politique violente, dont la Pologne n'avait pas besoin. Il ne pensait pas que Solidarnosc pourrait soutenir suffisamment sa candidature, et il redoutait d'avoir à subir l'humiliation d'une défaite. Je lui ai dit que par son refus de se présenter il pouvait sans le vouloir provoquer une importante instabilité et je l'ai enjoint de reconsidérer sa décision. La situation ne manquait pas de piquant : voilà un président américain qui essayait de persuader une vieux dirigeant communiste de se présenter à un mandat présidentiel. Mais je sentais que l'expérience de Jaruzelski pouvait, seule, garantir une transition douce en Pologne.

Jaruzelski pensait que la Pologne avait besoin d'un gouvernement de coalition, avec un Premier ministre communiste et un Premier ministre adjoint provenant de l'opposition. Le problème était que tout gouvernement, quel qu'il soit, allait devoir prendre des décisions économiques radicales, et ceci était particulièrement difficile pour Solidarnosc, qui était à la fois un syndicat ouvrier et un parti politique. Il a fait remarquer que le syndicalisme ouvrier aux États-Unis contrôlait environ vingt pour cent des travailleurs, alors qu'il en contrôlait quatre-vingts pour cent en Pologne. Il était difficile de mettre en place une saine compétition dans de telles conditions. « La libre entreprise et le secteur privé sont malades », a-t-il ajouté. Solidarnosc exigeait que les fermiers reçoivent trois fois plus que le prix de vente au détail pour les produits laitiers.

« Solidarnosc doit comprendre que tout cela doit changer, ai-je répondu.

– La direction le sait, mais elle a peur de perdre son électorat, m'a répondu Jaruzelski. L'Ouest peut nous aider, car en cette période où la Pologne a grand besoin d'austérité, il faut une pression extérieure pour faire adopter les réformes. » Ils devaient avancer pour empêcher l'effondrement économique : alors seulement ils pourraient stabiliser l'économie. La restructuration, c'est-à-dire l'étape finale, pouvait en elle-même prendre dix ans. Il avait écrit une lettre à l'attention des pays du G7, dans laquelle il soulignait les problèmes de la Pologne ; il espérait que je soulèverais ces questions une fois à Paris.

J'ai dit à Jaruzelski que j'allais m'entretenir de certains de ces problèmes avec Walesa dès le lendemain, et que je verrais avec le G7 ce qui pouvait être fait pour la Pologne. J'ai expliqué les détails de l'offre que nous avions apportée avec nous et que nous devions annoncer officiellement devant le Sejm dans l'après-midi. J'ai dit que j'étais conscient que certaines personnes en Pologne demandaient une aide de dix milliards de dollars, mais que sans une réforme fondamentale au préalable, tout cet argent serait dépensé en pure perte.

Jaruzelski était d'accord. « Il est important que vous rappeliez aux travailleurs polonais la nécessité pour eux de garder la tête froide et de travailler dur, m'a-t-il dit. Il ne suffit pas d'admirer la richesse des États-Unis. » Il voulait que je sache que le peuple polonais était en train de s'unir. Il respectait Walesa, et m'a assuré que le dirigeant ouvrier était en train de devenir un partenaire à part entière dans la recherche de solutions aux problèmes polonais. Il lui était donc désagréable de critiquer Solidarnosc.

« J'en suis tout à fait conscient, lui ai-je répondu. C'est une période délicate, et il est important de ne pas reculer, maintenant que la Pologne a déjà fait un si long chemin. » Je lui ai dit que je pensais que le système américain était le meilleur, mais qu'il ne pouvait peut-être pas s'appliquer partout. « Nous soutiendrons la réforme, sous quelque forme que ce soit.

– Certains croient que l'Europe soutient Gorbatchev plus que les États-Unis parce que les Européens voient tous les avantages qui peuvent découler de la stabilité », a-t-il dit. Il a ajouté que notre conversation l'avait convaincu du contraire et qu'il en ferait part à Gorbatchev, qui espérait me rencontrer prochainement.

Je lui ai demandé si une entrevue avec Gorbatchev aurait une valeur quelconque sans un accord sur le contrôle des armements. Il m'a répondu que j'étais mieux à même d'en juger. « Mais il faut se souvenir que Reykjavik semblait une cause perdue d'avance et que si les choses se sont bien terminées, c'est parce que les positions des deux camps ont fini par se rapprocher », a-t-il dit.

J'ai dit que nous ne ferions rien pour freiner le rythme des réfomes en URSS. « Les Américains et les Russes sont assez proches dans leur goût de l'excès, a-t-il répondu après une courte pause. Gorbatchev m'a dit que les gens ne voient dans la *perestroïka* que des émeutes et des problèmes ethniques. Les Français, par exemple, ne donnent pas cher de la *perestroïka*. Mais la réforme a considérablement fait évoluer les choses et des changements imprévus rendent déjà impossible un renversement de tendance. »

Cette rencontre exceptionnelle a été suivie par un déjeuner également exceptionnel à la résidence de l'ambassadeur américain John R. Davis Jr. Haut fonctionnaire des affaires étrangères plein d'expérience, Davis était très respecté de l'ensemble des invités : une quarantaine de dirigeants communistes, catholiques ou de Solidarnosc. C'était littéralement la première fois qu'ils s'asseyaient ensemble pour un événement officiel, geôliers et prisonniers assis à une même table. Le porte-parole de Solidarnosc, Janus Onyszciewicz, qui trinquait avec Jaruzelski, a dit que si l'on songeait qu'une année auparavant il était encore en prison, on mesurait l'ampleur du changement.

Il faisait encore très chaud, et j'ai proposé que nous tombions la veste, suggestion qui a été accueillie avec enthousiasme. Lorsque Jaruzelski est arrivé, il a hésité à faire de même, mais il a disparu dans une pièce adjacente dont il est ressorti sans sa veste. Au moment des toasts, il m'a avoué qu'il avait également retiré ses bretelles et qu'il craignait de faire un discours trop long de peur que son pantalon ne descende.

BRENT SCOWCROFT

Les toasts ont eu un franc succès. « Il vous faut surmonter le manque de confiance, afin de rassembler le peuple polonais derrière un but commun », a déclaré le président Bush. Jaruzelski, surpris de se voir demander un toast, a dit : « Je trouve très significatif que ce soit ici, à la résidence de l'ambassadeur, que nous puissions nous retrouver sous le signe du pluralisme. » Bronislaw Geremek, qui dirigeait le groupe Solidarnosc au Sejm, a eu des mots optimistes :

> La Pologne est encore divisée, mais il est possible que ce qui se passe ici soit également vrai pour le pays tout entier... Ce début même nous montre ce qu'est devenue la Pologne. Tout d'abord, et avant tout, nous voulons que le monde comprenne ce qui se passe dans notre pays. L'avenir des réformes en Pologne ne repose que sur les Polonais. Nous ne nous attendons pas à ce que d'autres les mènent à bien, ni à ce que d'autres en paient le prix.

La scène était édifiante, et démontrait concrètement que les États-Unis jouaient le rôle d'une sage-femme, à un moment clé de l'évolution pacifique mais tendue qui conduisait l'Europe de l'Est de l'autocratie au pluralisme.

Après le déjeuner, le Président s'est adressé à l'Assemblée nationale ; c'était la première fois qu'un membre important du gouvernement américain s'exprimait à cette tribune. Son discours se voulait encourageant. C'était en Pologne qu'avait débuté la guerre froide, cinquante ans auparavant, et ses habitants pouvaient à présent permettre de mettre fin aux divisions de l'Europe. Il a repris les promesses faites à Hamtramck et détaillé les mesures que les États-Unis se proposaient de prendre pour réagir aux progrès de la réforme en Pologne. Comme il fallait s'y attendre, nos propositions limitées de soutien économique ont reçu un accueil réservé. À la fin, les Polonais étaient tout de même reconnaissants, admettant que personne n'allait faire le travail à leur place, et que le soutien politique montré par le Président avait plus de valeur intrinsèque sur le long terme qu'une poignée de dollars en plus. Les membres de l'Assemblée nationale se sont montrés enthousiastes et ont entonné pour lui le ban traditionnel polonais, *sto lat* : « Cent ans, cent ans, qu'il vive, qu'il vive pour nous. » Jaruzelski m'a dit plus tard qu'aucun autre dirigeant étranger n'avait eu droit à cette acclamation, ni de Gaulle, ni Krouchtchev, ni Brejnev.

Lors du dîner officiel, j'étais assis à côté du général Kiszczak. Je l'ai trouvé pragmatique et compréhensif quant aux transformations rapides qui étaient en train de se produire. Il soutenait le mouvement pour une démocratie ouverte et il m'a donné franchement son sentiment sur la cadence et la manière qui lui semblaient les plus appropriées. Il était d'accord avec Solidarnosc pour dire que les communistes devaient occuper la présidence, qu'une passation complète des pouvoirs entre les mains de Solidarnosc exercerait une trop grande pression sur le système politique. Je crois qu'il avait le sentiment de mieux comprendre l'opposition que ne le faisait Jaruzelski, parce qu'il avait négocié avec eux. Néanmoins, il était persuadé de l'importance de convaincre Jaruzelski de changer d'avis à propos de sa candidature. Je suis sorti de cette conversation tout à fait rassuré quant à la maturité des acteurs politiques et quant aux chances de succès de cette délicate période de transition.

GEORGE BUSH

Le lendemain, 11 juillet, nous nous sommes rendus à Gdansk pour un déjeuner suivi d'un discours. Ce voyage a rempli toutes nos attentes et m'a donné l'occasion de mieux connaître Walesa. Ce dernier est d'un enthousiasme contagieux. Lors de mon dernier voyage, je l'avais apprécié dès la première minute. Il a une étincelle dans le regard et ne fait jamais l'économie d'un sourire ou d'un rire. Je me souviens qu'en 1987, il avait effrontément ignoré les forces de sécurité polonaises stationnées autour de la résidence où j'étais logé, et s'était avancé jusqu'à ma voiture officielle alors que celle-ci s'apprêtait à me conduire jusqu'à la place Paderewski. Il était monté, et nous nous étions rendus ensemble en centre-ville. Il me tardait de revoir cet homme téméraire.

La journée a commencé avec un déjeuner donné pour Barbara et moi-même par Danuta et Lech Walesa, dans leur modeste demeure des faubourgs de Gdansk. Lech nous a dit que c'est dans cette petite maison qu'ils avaient élevé leurs nombreux enfants. Il y manquait une grande partie du confort moderne dont la plupart des familles américaines jouissent sans même y penser, mais il y régnait une vraie chaleur humaine. La presse nous harcelait pour des photos, et nous sommes donc sortis dans le jardin des Walesa, où Lech nous a montré avec fierté ses plantations et sa vigne. Il y avait quelque chose d'authentique et de naturel chez ce véritable héros de la Pologne, qui vivait près de ses racines, en syndicaliste, selon ses moyens, sans extravagance ni luxe tapageur.

Le repas lui-même était tout ce qu'il y a de plus intime. Il n'y avait que nous quatre, mais les Walesa avaient prévu cinq ou six plats servis dans de la belle vaisselle et accompagnés de plusieurs vins différents. Un personnel stylé provenant d'un hôtel voisin assurait le service. Danuta a semblé mal à l'aise pendant tout le repas. Elle, d'un naturel calme et réservé, semblait un peu intimidée par l'intrusion de tant de luxe dans sa maison.

Lech parlait avec effusion, mais il semblait quelque peu incertain et irréaliste quant à ce qu'il attendait de nous. Il a dit que la Pologne ne demanderait pas un milliard de dollars, comme le laissait entendre la presse, mais il voulait que les banques rentrent dans le jeu et accordent des prêts à hauteur de cette somme, que la Pologne rembourserait naturellement jusqu'au dernier cent. Il m'a tendu un papier qui faisait état de requêtes auprès de la Banque mondiale, du FMI et autres institutions. Il était persuadé que les banques et les partenaires privés pourvoiraient aux besoins du pays. Je me demandais s'il comprenait bien tous les détails de ce qu'il me montrait. J'avais le sentiment que cet homme fier ne voulait pas que son pays en soit réduit à mendier de l'argent.

Walesa m'a dit que les Polonais savaient qu'ils allaient devoir travailler dur, mais il a insisté sur le fait qu'il leur était impossible d'attendre les réformes pour recevoir enfin de l'aide. Il voulait que l'Occident prenne des parts dans l'avenir de la Pologne. Il m'a proposé un plan destiné à vendre toutes les entreprises aux enchères, y compris les exploitations agricoles, qui, selon lui, pouvaient intéresser les fermiers américains. Ce plan ne manquait pas d'ambition. « Je suis au pied du mur, plaisanta-t-il. Si j'échoue, je n'aurai plus qu'à trouver asile politique quelque part. »

Walesa pensait que seul Kiszczak pouvait être président et il se déclarait prêt à le soutenir. « Cela ne me plaît guère, et ce n'est pas ce que je souhaite, mais je le ferai », a-t-il promis. Il pensait que Jaruzelski représentait un meilleur choix, mais qu'il ne serait pas candidat. Tout dépendait de l'économie. Pour lui, sans une aide substantielle des États-Unis, il y aurait des grèves et Jaruzelski n'aurait d'autre choix que d'envoyer ses troupes pour faire reprendre le travail. Il avait le sentiment que le général était injustement traité par certains membres de l'opposition. Selon lui, il y avait peu de vrais communistes. « Les autres, y compris Jaruzelski, sont comme les radis : ils ne sont rouges qu'à l'extérieur. » Il a ajouté que bien des gens croyaient qu'ils avaient des comptes à régler avec le général. « Ils le sous-estiment », a-t-il conclu.

Walesa voulait que l'aide parvienne directement à Solidarnosc. « Nous devrions ralentir l'évolution politique pour laisser à l'économie le temps de se mettre à niveau », a-t-il dit, prévoyant un second Tienanmen au cœur de l'Europe si les Polonais échouaient. Je lui ai calmement demandé ce que voulait Solidarnosc. Il m'a dit que son syndicat était pragmatique et comprenait qu'il ne pourrait avoir la haute main sur toutes les décisions. Je n'en étais pas si sûr, mais je n'en ai rien laissé paraître. Les problèmes économiques de la Pologne étaient assez décourageants, et je me demandais si Solidarnosc prenait bien toute la mesure de l'effort à faire pour les résoudre. Certaines des exigences du syndicat, comme le congé maternité de cinq ans, étaient si disproportionnées qu'aucun gouvernement ne pouvait les satisfaire tout en menant à bien des réformes économiques.

Après déjeuner, Barbara et moi nous sommes rendus avec les Walesa jusqu'au chantier naval Lénine, où je devais faire un discours. Alors que nous approchions de l'endroit, Walesa a paru dépassé par l'ampleur de la foule. « Oh ! mon Dieu, oh ! mon Dieu », répétait-il en anglais. Il n'avait jamais vu une foule pareille.

J'ai parlé devant le monument des travailleurs de Solidarnosc, face à une foule animée qui débordait de la place. Il m'est impossible de décrire l'excitation qui régnait. Des milliers de gens bordaient la route qui menait jusqu'en ville, et environ deux cent cinquante mille personnes s'étaient massées sur la place. L'instant était très émouvant, des hommes et des femmes pleuraient devant moi. Partout surgissaient des témoignages de sympathie envers les États-Unis : petits drapeaux, écriteaux portant quelques mots de bienvenue ou d'amitié entre nos deux pays, et partout, le « V » de la victoire.

Dans mon discours, j'ai parlé du combat de la Pologne au cours de la Seconde Guerre mondiale, dont elle ne s'est sortie que pour retomber dans les affres de la guerre froide. « Votre heure est venue, ai-je dit. Tout est désormais possible en Pologne. La Pologne a rendez-vous avec le destin, c'est le moment pour elle de faire vivre ses rêves. » J'ai dit aussi que l'Amérique serait à leurs côtés dans leur découverte de ce nouveau pays, un pays qu'ils allaient créer : une Pologne forte et fière. Au fur et à mesure que je parlais je sentais l'émotion grandir en moi. Je pensais aux violences passées qui avaient agité la Pologne, au courage de Walesa, et à la fierté du peuple polonais. La foule était au diapason et aurait applaudi à n'importe quoi. Ils martelaient alternativement mon nom et celui de Lech Walesa.

Au bout du compte, j'avais le sentiment vertigineux d'assister à l'écriture d'une page d'histoire, alors que les dirigeants du gouvernement et de Solidarnosc se rapprochaient. J'ai été extrêmement sensible à la chaleur des gens à qui je me suis adressé, qu'il s'agisse de Solidarnosc ou du gouvernement. Le chemin accompli par la Pologne en l'espace de deux ans tenait du miracle. J'étais convaincu que la soif de liberté de ce peuple était inaltérable et invincible, et que le pays ne reviendrait jamais de son plein gré sous la tutelle de l'URSS. Je me demandais cependant si les Soviétiques allaient essayer de freiner les changements en Pologne, par peur que la Pologne ne leur échappe totalement.

Lorsque je repense à ce voyage quelques années plus tard, et aux conversations que j'ai eues avec les dirigeants polonais, je suis convaincu que Jaruzelski et d'autres communistes, occupant encore des postes importants, étaient des personnes exceptionnelles : de véritables patriotes et non de simples idéologues. Jaruzelski avait une personnalité complexe, mais l'esprit clair. D'un côté, il symbolisait la répression militaire de 1981 et l'ordre ancien ; de l'autre, il semblait vouloir ce qu'il y avait de mieux pour la Pologne, même si cela comprenait le démantèlement partiel du socialisme polonais. Je savais qu'il considérait Gorbatchev comme un ami et qu'il éprouvait une certaine loyauté envers lui. Toutefois, il en était venu à la conclusion que la Pologne pouvait, et devait, se libérer de la tutelle soviétique. Son amitié pour Gorbatchev l'a clairement influencé lorsqu'il a décidé de faire de ce but plus qu'un simple espoir. Je crois que vers le milieu de l'année

1989, il avait acquis la certitude que les Soviétiques n'interviendraient pas, et qu'il avait désormais une liberté de manœuvre qu'il n'avait jamais eue auparavant.

BRENT SCOWCROFT

Cette visite en Pologne a rempli tous nos objectifs. Nous avions fait à coup sûr la démonstration de notre soutien au processus de réformes, et nous l'avions fait d'une manière qui encourageait les Polonais sans que les choses n'échappent pour autant à tout contrôle. Nous avions évité tout risque de retour de bâton. Cela n'était pas si mal. Lorsque nous avons quitté la Pologne, en proie à une crise constitutionnelle non résolue, nous ne nous rendions pas encore compte de l'influence bénéfique que les entrevues séparées que le Président avait eues avec Jaruzelski et Walesa auraient sur le rapprochement des parties et les progrès qu'elles avaient accomplis ensemble. Peu de temps après notre départ, des indices de notre succès ont commencé à se faire jour. Le 14 juillet, Walesa a déclaré qu'il soutiendrait le candidat du parti communiste, quel qu'il soit, insistant sur le fait que le président devait provenir de la coalition gouvernante dirigée par les communistes, en raison de la situation politique. La déclaration de Walesa a recueilli l'approbation de Jaruzelski et du parti paysan. Voyant que ses chances d'être élu augmentaient de façon significative, des déclarations plus positives ont commencé d'émaner du camp Jaruzelski.

Quant à nous, nous sommes arrivés en Hongrie le 11 juillet. Tout comme George Bush avait été le premier vice-président américain à se rendre en Hongrie six ans auparavant, il allait être à présent le premier président américain à faire de même. Vue de l'extérieur, la différence d'état d'esprit entre la Pologne et la Hongrie était immense. La Pologne, bien que pleine d'espoir, restait prudente et inquiète. Les Polonais semblaient se concentrer davantage sur les problèmes de la vie quotidienne que sur la promesse d'un avenir radieux. En Hongrie, il y avait une effervescence et une impatience communicatives. Il n'y avait pas Solidarnosc, bien entendu, mais il y avait un incroyable ferment intellectuel au sein même du parti communiste. À en juger par l'état d'esprit des gens à Budapest, j'avais le sentiment que la société hongroise pouvait gérer la dure période de transition qui l'attendait. En un sens, toutefois, les deux pays semblaient proches. Ils étaient tous deux déterminés à effectuer des changements drastiques dans le calme et l'ordre. Les provocations du début s'étaient envolées, ce qui interdisait virtuellement toute intervention de Moscou.

Alors que la Hongrie n'avait pas encore parcouru autant de chemin que la Pologne vers la transition politique, le changement était dans l'air. Le très conservateur Karoly Grosz était toujours secrétaire général du parti communiste, mais il était désormais entouré de trois autres dirigeants, dont l'un avait été élevé au rang nouvellement créé de président. Grosz était, à l'évidence, en train de s'éloigner des rênes du pouvoir. Un congrès du parti était prévu pour octobre, et on y attendait des changements substantiels. Le 16 juin, deux cent cinquante mille personnes s'étaient rassemblées à Budapest pour les secondes obsèques d'Imre Nagy, Premier ministre à l'époque du soulèvement de 1956, exécuté en 1958.

Nous sommes arrivés à Budapest au moment où éclatait un violent orage d'été, ce qui a retardé l'atterrissage d'Air Force One. Le président Bush devait, dès son arrivée, faire quelques commentaires place Kossuth, au centre de la ville, et la foule l'y attendait sous une pluie battante tandis que notre avion tournait dans le ciel. Les gens étaient trempés, mais leur enthousiasme n'en était pas diminué. Ils ont accueilli le Président avec ferveur et ont même patiemment attendu que le président Bruno Straub, qui n'entendait pas adapter son discours d'introduction aux circonstances, soit allé jusqu'au bout des quinze minutes qu'il s'était fixées.

Lorsque Straub est finalement arrivé à la conclusion de son discours, le président Bush est monté au micro, a refusé le parapluie qui lui était proposé et a entrepris de déchirer son discours, devant tout le monde. La foule s'est déchaînée. Il a ensuite fait quelques déclarations improvisées dans lesquelles il saluait l'esprit réformateur des dirigeants hongrois. Alors qu'il achevait ses quelques rapides commentaires, le soleil couchant s'est mis à percer à travers les nuages sombres, semblant baigner l'atmosphère déjà chaleureuse de ses doux rayons. Remarquant une vieille femme debout près du podium et trempée jusqu'aux os, le Président a enlevé son imperméable et lui en a entouré les épaules. Tandis que les gens hurlaient de joie, il est descendu pour un bain de foule, serrant des mains et distribuant à tous des mots d'encouragement. C'était un spectacle incroyable que je n'oublierai jamais. Entre lui et la foule des spectateurs, l'osmose était totale.

GEORGE BUSH

À vrai dire, l'imperméable appartenait à un agent des services secrets qui avait insisté pour que je le porte. Lorsque j'ai vu cette petite grand-mère debout et transie de froid, sans rien pour se protéger, j'ai oublié que ce vêtement n'était pas à moi.

Une fois retournés à la voiture, Barbara m'a gourmandé pour avoir si généreusement donné l'imperméable de quelqu'un d'autre. Nous avons ri, mais je suis allé d'un air penaud vers l'agent des services secrets afin de lui expliquer ce que j'avais fait de son manteau. Je lui en ai bien sûr acheté un autre.

BRENT SCOWCROFT

Le lendemain, 12 juillet, était une journée chargée pour le président Bush. Il avait plusieurs réunions avec des dirigeants communistes, suivies d'un discours et d'autres réunions, cette fois avec les leaders de l'opposition. Il a rendu visite au président du parti, Rezso

Nyers, au secrétaire général Karoly Grosz et au Premier ministre Miklos Nemeth. Plus tard dans la journée, il a rencontré Imre Pozsgay, membre du Présidium et leader de l'aile réformatrice du parti, le premier à déclarer publiquement que la « contre-révolution » de 1956 était en fait un soulèvement. À l'exception de Grosz, ce qu'il y avait de plus frappant chez ces hommes, c'était la façon dont ils regardaient devant eux et non en arrière. Ils ne montraient aucun regret, aucune nostalgie du passé. Pozsgay a déclaré qu'il espérait qu'un État libéral, doté d'une Constitution, verrait le jour en Hongrie. Un des moments les plus poignants a été lorsque Nemeth a offert au président Bush une plaque contenant un morceau du barbelé qui séparait autrefois la Hongrie de l'Autriche : c'était au sens propre un morceau du rideau de fer.

Dans l'après-midi, le Président est venu parler devant un public calme et concentré à l'université Karl-Marx. Il a déclaré que la fonction d'une université était de promouvoir une saine émulation, et que c'est cet esprit qui avait guidé l'un des plus fameux professeurs de l'université : Imre Nagy :

> Alors que ses funérailles se déroulaient sur la place des Héros il y a quelques semaines, on pouvait entendre la voix de la Hongrie réciter le *Szozat* *. Et dans cette triste cérémonie, le monde a pu voir bien plus qu'un acte de dignité et de réconciliation : nous avons été témoins d'un acte de vérité. C'est sur cette vérité, plus solide que la pierre, que les Hongrois ont commencé de bâtir un avenir nouveau. Une génération entière a attendu pour honorer le courage d'Imre Nagy, puissent les cent générations à venir en garder le souvenir.

La Hongrie était en train de redevenir un phare de la culture européenne ; et à sa frontière avec l'Autriche, elle effaçait l'ignoble symbole de la division de l'Europe. « Pour la première fois, le rideau de fer commençait à se déchirer, et c'est la Hongrie, votre grand pays, qui ouvre la voie. »

Le président Bush a proposé le partenariat des États-Unis afin de promouvoir des changements durables en Hongrie, puis il a détaillé nos propositions d'aide. Entre autres mesures, il a annoncé l'accès de la Hongrie au système généralisé des préférences (GSP), un fonds d'investissement privé de vingt-cinq millions de dollars (semblable aux cent millions de la Pologne), une dotation de cinq millions de dollars en faveur du centre régional pour l'environnement, une série de programmes d'échanges entre nos deux pays, et l'ouverture d'un centre culturel américain à Budapest. Dès que le Parlement voterait une loi recommandée par le gouvernement et donnant aux Hongrois la liberté d'émigrer, il ferait de la Hongrie le premier pays libéré des restrictions de l'amendement Jackson-Vanik, lui conférant ainsi le statut perma-

---

* *Szozat* est un poème hongrois mis en musique et d'une importance comparable au *America the Beautiful* des États-Unis.

nent de MFN *. Il a ajouté qu'il enverrait des bénévoles des Peace Corps en Hongrie afin qu'ils y enseignent l'anglais. Ils formeraient le premier corps de volontaires des Peace Corps à se rendre dans un pays communiste et même en Europe. La Hongrie jouissait d'une bien meilleure santé économique que la Pologne, et l'auditoire n'a pas semblé réagir à ce que je considérais comme une maigre proposition d'assistance.

Ce discours a sans aucun doute été le meilleur de tout notre périple, par son contenu comme par la façon dont il a été prononcé, mais le silence complet de l'auditoire m'a laissé songeur. À la fin, cependant, le Président a eu droit à un tonnerre d'applaudissements de l'auditoire qui s'était levé, et nous avons appris plus tard qu'il n'était pas habituel d'interrompre un discours par des applaudissements.

Après ce discours, le Président s'est rendu à l'ambassade américaine, où nous avons rencontré les leaders des groupes et partis d'opposition, qui étaient désormais libres d'agir. J'ai été frappé du contraste entre ces dirigeants vieillissants (certains occupaient les mêmes fonctions à l'intérieur de leur parti depuis leur mise au ban en 1947-1948) et les penseurs progressistes que nous avions rencontrés dans les rangs communistes. Un certain nombre d'entre eux continuaient de défendre les mêmes positions éculées qui avaient permis aux communistes de les écarter si facilement lorsqu'ils avaient pris le pouvoir au début de la guerre froide.

Alors que nous quittions Budapest pour Paris, je réfléchissais à cette nouvelle Europe qui était en train de naître. Malgré les différences entre les peuples et entre les chemins qu'ils avaient choisi de suivre vers la réforme, quelque chose de fondamental était en train de se produire, quelque chose qui ne serait pas remis en question : j'en avais à présent la certitude. La réforme semblait définitive, volontaire, et débarrassée de l'amertume ou de la soif de vengeance qui auraient pu appeler une nouvelle vague de répression. Je ne savais pas que le compte à rebours allait être si court, mais tout ce que je venais de voir était très prometteur.

Nous nous dirigions à présent vers la dernière étape de notre voyage. C'était le premier sommet du G7 pour le président Bush, et nous voulions attirer l'attention sur l'Europe de l'Est et les changements dont nous avions été témoins. Nous espérions convaincre nos partenaires de supporter une partie du fardeau économique qui pesait sur les fragiles épaules de ces pays. Après tout, les sommets du G7 avaient été créés pour cela même. Il allait sans doute être difficile d'orienter la discussion sur l'Europe de l'Est, car les discussions du sommet portent généralement sur des sujets qui ont été négociés et définis par nos équipes des mois à

* En vertu de l'amendement Jackson-Vanik de 1973, le renouvellement annuel du statut commercial de MFN était exigé pour les pays qui ne participaient pas à l'économie de marché. Jackson-Vanik ne s'est jamais appliqué à la Pologne, parce qu'elle avait obtenu le statut de MFN avant que ce texte ne soit adopté.

l'avance. De plus, la confirmation du leadership américain et de notre calendrier de priorités allait requérir une bonne mesure de délicatesse. François Mitterrand présidait le sommet, et il avait sa propre idée de ce que devait être cette conférence, qui revêtait cette fois-ci une importance particulière. Il avait prévu que le sommet interviendrait immédiatement après les célébrations du bicentenaire de la Révolution française, auxquelles il avait convié un nombre important de chefs d'État de pays en voie de développement, dont beaucoup de francophones. Nous avions peur que Mitterrand ne tente de mélanger les genres de manière à satisfaire l'une de ses grandes ambitions : l'organisation d'une conférence Nord-Sud entre les pays développés et les pays en voie de développement.

Nous étions opposés à une telle réunion, car nous pensions que le Sud ne manquerait pas d'exiger, avec une rhétorique teintée de marxisme-léninisme, des « réparations » pour les années d'« exploitation » coloniale, assisté en cela par les partis de gauche au pouvoir dans quelques pays du Nord. Même si le sort des nations les plus pauvres ne nous était pas indifférent, nous préférions la tenue de discussions bilatérales sur l'aide que nous pouvions leur apporter. Afin d'éviter que Mitterrand ne parvienne à ses fins, nous avions au départ envisagé de n'arriver à Paris qu'au matin de la première journée du sommet économique. Cependant, le Président ne voulait pas risquer de blesser Mitterrand en ne se rendant pas aux célébrations décisives de la prise de la Bastille. Après discussion avec des officiels français, nous avons pu clarifier notre position et, après avoir été assurés qu'il n'y aurait pas de rencontre Nord-Sud, nous avons accepté de passer toute la journée du 14 juillet à Paris.

BRENT SCOWCROFT

Lors du gigantesque défilé militaire du 14 juillet, Mitterrand a mis en valeur tout ce que l'armée française semblait contenir de régiments et d'équipements. On se serait cru au défilé militaire de la fête du travail soviétique. Il s'agissait de montrer que la grandeur de la France ne s'était pas ternie, et de faire comprendre aux invités du tiers-monde que la France continuait d'être une grande puissance militaire. La tribune faisait face aux Champs-Élysées, que remontaient les régiments qui se séparaient juste sous la tribune. Le défilé était interminable mais très impressionnant. Il fallait voir la fierté, bien compréhensible, de Mitterrand.

À la fin, ce dernier a demandé sa limousine, et il a quitté les lieux, laissant là ses invités encore assis dans la tribune. Il était évident qu'il y avait un problème : personne n'avait reçu l'ordre de départ des invités. Il y avait environ vingt-cinq chefs d'État, et chacun avait sa voiture officielle. Il s'est ensuivi un indescriptible embouteillage, tandis que le personnel de chaque pays essayait de mettre la main sur son chef d'État et de quitter les lieux. C'était le chaos le plus absolu.

Le sommet économique, qui durait trois jours, a débuté dans l'après-midi. L'heure n'était visiblement pas à la controverse, à tel point que les dirigeants présents ont décidé de conclure tôt et de sauter le dîner de clôture. Alors que la majeure partie de la discussion tournait autour des questions d'environnement, le président Bush a réussi à mettre l'Europe de l'Est au cœur du débat, décrivant à la fois l'ampleur des changements et l'ampleur de sa détresse économique. Nous avons assoupli le calendrier de remboursement de la dette extérieure polonaise et décidé d'une conférence afin de développer et coordonner l'aide occidentale en direction de la Pologne et de la Hongrie. Nous avions fait une avancée significative, en grande partie grâce aux talents de négociateur de Jim Baker. Afin d'obtenir cet accord, dont nous avions terriblement besoin si nous voulions pouvoir augmenter notre propre assistance envers ces deux pays, Baker a proposé que la Communauté européenne organise la distribution de ces subsides. Une nouvelle entité est donc apparue dans le paysage déjà encombré des organisations internationales : le G24. Il ne s'est guère avéré très productif, mais il a servi la cause polonaise et hongroise.

Une réaction commune aux événements de Tienanmen devait également être discutée. Tous semblaient vouloir imposer de lourdes sanctions économiques à la Chine. Le Président était convaincu que cette dernière devait payer le prix des mauvais traitements qu'elle infligeait à ses citoyens, mais il a fait valoir le fait que la stabilité des relations sino-américaines était trop importante pour la paix mondiale pour être définitivement compromise par de telles mesures. Après d'interminables discussions, au cours desquelles plusieurs collègues ont continué de plaider en faveur de sanctions dures, le Président, soutenu par le Premier ministre japonais Sosuke Uno, est parvenu à contenir les sanctions dans la limite du raisonnable. Nous avons demandé à la Banque mondiale de suspendre tout nouveau prêt à la Chine, nous avons mis en garde la Chine que sa politique répressive risquait de l'isoler, et nous avons demandé à pouvoir garder chez nous les étudiants chinois à l'étranger aussi longtemps que possible. Non sans ironie, l'ardeur de l'Europe s'est vite envolée et, au bout du compte, seules les sanctions voulues par les États-Unis ont fini par être appliquées.

GEORGE BUSH

Ce sommet a été marqué par un autre développement : le début de la participation soviétique (ou russe). Gorbatchev a envoyé une lettre à Mitterrand, dans laquelle il plaidait pour une plus grande coopération entre l'Est et l'Ouest sur les questions d'économie générale. Il évoquait également le souhait de l'URSS de pouvoir prendre part à l'économie mondiale. Même s'il ne demandait pas officiellement à devenir membre du sommet économique, l'intention était claire. Gorbatchev voulait bénéficier du prestige attaché à la qualité de membre, mais également d'une aide économique occidentale. J'avais peur qu'il soit encore trop tôt pour admettre la participation de l'Union soviétique à ces réunions. Les sommets du G7 visaient à coordonner les efforts des économies de marché. À mon sens, les réformes soviétiques n'étaient pas encore suffisamment avancées pour que l'URSS puisse devenir un partenaire à part entière. Tous les dirigeants du G7 ont été d'accord pour donner une réponse positive, mais qui ne valait pas engagement.

BRENT SCOWCROFT

Ce sommet n'a pas été très marquant, mais il a été satisfaisant. Nous avons pu mettre l'Europe de l'Est à la pointe de nos priorités et nous avons réussi à éviter un certain nombre de terrains potentiellement délicats. Néanmoins, une certaine frange de la presse prétendait que, contrairement à ses prédécesseurs, le Président n'avait pas dominé les discussions, et s'était contenté d'accueillir les suggestions de ses collègues. Il me semblait de plus en plus que la presse s'accommodait mal de son style académique. Les journalistes sont sensibles aux effets de manche et aux grandes démonstrations plus qu'à la persuasion amicale, à la coopération et, surtout, aux résultats. Le style du président Bush était destiné à faire accepter le fond plus que la forme. Nos amis et alliés appréciaient davantage une approche coopérative qu'une approche autoritaire. J'étais frustré, même si mes sentiments étaient atténués par le fait que le scepticisme et les critiques n'étaient pas unanimes et que certains correspondants (à mes yeux les plus perspicaces) nous créditaient pleinement du succès de ce sommet.

Un autre événement a marqué notre séjour à Paris. Le dimanche 16 juillet, alors que le président Bush, Jim Baker et moi-même étions assis sur la terrasse de l'ambassade surplombant le jardin, occupés à discuter de notre voyage, le Président a envisagé la possibilité d'une rencontre avec Gorbatchev. Il s'est contenté de dire que le moment était venu de le rencontrer, mais nous avons tout de suite compris que sa décision était prise. Ni Baker ni moi ne lui en avons fait le reproche. Baker n'avait jamais été aussi opposé que moi à l'idée d'une rencontre anticipée avec Gorbatchev, et quant à moi je n'y étais plus aussi hostile que par le passé. Notre stratégie concernant l'Europe de l'Est était à présent bien lancée, et nous courrions toujours le risque de faire un mauvais calcul faute de connaître exactement les sentiments de Gorbatchev. Peut-être allions-nous trouver le moyen de mettre en place une entrevue qui nous éviterait tous les pièges d'un sommet, sans accord spécifique à conclure.

GEORGE BUSH

Cela faisait plusieurs semaines que je pensais à une rencontre avec Gorbatchev. Le 18 juin j'avais déjà noté dans mon journal :

J'ai toujours à l'esprit l'idée que je devrais rencontrer Gorbatchev. Je veux le faire, mais je ne veux pas me retrouver piégé par les questions de contrôle des armements. Il faudrait trouver une cause mondiale, un événement majeur, sur lequel nous pourrions travailler ensemble avec les Soviétiques : une catastrophe internationale, ou un événement qui nous permettrait de montrer notre désir mutuel de coopérer et nous donnerait l'occasion de nous entretenir dans le calme, sans penser que nous allons résoudre la question des armements stratégiques en une simple rencontre de ce type.

Alors que mon voyage en Europe tirait à sa fin, je me suis rendu compte qu'il était dangereux de repousser sans cesse cette rencontre. Trop de choses se passaient à l'Est – comme j'avais pu le constater – et si les deux superpuissances ne commençaient pas à gérer cette situation nouvelle, ces mêmes événements pouvaient déstabiliser l'Europe de l'Est et, du même coup, les relations entre nos deux pays. Nous ne savions toujours pas dans quelle mesure Gorbatchev était prêt à accepter les changements dans la région, et je voyais bien que les pays d'Europe de l'Est étaient décidés à aller le plus loin possible. Les dirigeants d'Europe de l'Ouest soulignaient eux aussi l'urgence d'une telle rencontre. À en juger par la lettre de Gorbatchev au G7, je savais que la pression allait se faire plus forte, mais je pensais que nous pouvions discuter de manière informelle sans attendre trop de choses de cette entrevue. Je voulais avoir avec Gorbatchev le même échange de vues honnête et franc que j'avais pu avoir avec Jaruzelski, les dirigeants hongrois ou ceux d'Europe de l'Ouest.

J'étais motivé par l'espoir dont j'avais été témoin en Europe de l'Est. Ce voyage avait rempli sa fonction : souligner l'importance que la région avait à nos yeux, rappeler aux Européens la promesse d'avenir meilleur que leur offrait l'Ouest et déjouer le message adverse de Gorbatchev, qui proposait un désarmement préalable avant d'annoncer la fin de la guerre froide. Nous avions pu également encourager les mouvements pour la démocratie et la liberté économique. Mais je repartais avec bien plus que tout cela. Je m'étais rendu compte de tout ce qui était en jeu pour ces pays, et de la fragilité de la situation. Nous ne pouvions considérer comme définitifs les progrès accomplis dans cette région du monde. Je n'avais visité que les deux pays les plus avancés sur la voie des réformes ; ailleurs, les choses commençaient à bouger, dans les pays où les gouvernements s'intéressaient plus au pouvoir et à la façon de le conserver qu'à l'amélioration des conditions d'existence des gens. Nous avions avancé avec précaution en Pologne et en Hongrie, en évitant tout ce qui pouvait froisser les Soviétiques, dont la présence militaire était encore forte. C'était un bon début. Mais je savais à présent que la pression exercée sur Gorbatchev par les tenants de la ligne dure et interventionniste du parti allait grandissant, au fur et à mesure que s'éloignaient ces alliés autrefois fiables, et que s'effritait le bouclier qu'ils formaient contre l'Occident. De grands dangers nous attendaient, et j'allais devoir redoubler de précautions, alors même que les pays d'Europe de l'Est se frayaient un chemin vers un avenir meilleur. Nous ne pouvions laisser tomber ces peuples ; d'autres Tienanmen étaient encore possibles.

CHAPITRE VI

Espoir et révolution

GEORGE BUSH

Tandis que nous quittions Paris pour rentrer chez nous, j'ai rédigé le brouillon d'une lettre à Gorbatchev, dans laquelle je lui proposais une rencontre. « Je ne veux pas d'une nuée d'assistants épiant nos moindres faits et gestes, ai-je écrit, je ne veux pas des sempiternels documents de briefing et je ne veux pas que la presse demande toutes les cinq minutes qui est en train de gagner... » Jusqu'à présent, ai-je expliqué, j'avais toujours eu le sentiment qu'une rencontre de ce type devait déboucher sur des accords déterminants, afin de ne pas décevoir tous ceux qui nous observaient de par le monde. « J'ai changé d'avis. »

« Sans doute ma visite en Pologne et en Hongrie y est-elle pour quelque chose, ou peut-être est-ce ce que j'ai entendu dire de vos récents voyages en France et en Allemagne, ai-je poursuivi. Quelle qu'en soit la cause, je veux simplement réduire l'éventualité d'une incompréhension entre nous. Je veux que nos relations prennent un tour plus personnel. » J'ai proposé une visite informelle, sans programme officiel. « À mon sens, il vaut mieux éviter le mot "sommet", qui est, au mieux, trop pompeux, et qui, au pire, évoque un événement capital. » Il pouvait venir à Camp David ou à Kennebunkport. J'étais ouvert à toute autre proposition, et je comprenais très bien qu'il puisse trouver étrange une réunion aussi informelle et décline une invitation de ce type.

BRENT SCOWCROFT

Nous avons donné la lettre du Président au maréchal Sergueï Akhromeyev, lorsqu'il est venu à la fin du mois de juillet pour discuter du contrôle des armements. Ancien chef de l'état-major général soviétique,

Akhromeyev s'était retiré du service actif en décembre 1988 pour devenir le principal conseiller militaire de Gorbatchev, auquel il avait donc accès facilement. Nous pensions qu'en ayant recours à lui nous nous assurions l'entière confidentialité de ce délicat échange de lettres, même si certains membres du Département d'État n'approuvaient pas notre façon de contourner les canaux habituels. J'ai pris le petit déjeuner avec le maréchal et nous avons eu l'une des plus fascinantes conversations que j'ai jamais eues sur les données fondamentales du contrôle des armements et des objectifs stratégiques de chaque camp. Il était franc et ouvert.

GEORGE BUSH

Akhromeyev s'est révélé un messager efficace. Quelques jours plus tard, nous avons reçu une réponse, apportée par Alexander Bessmertnykh, qui avait été ministre conseiller et chargé d'affaires à l'ambassade soviétique à Washington dans les années 1970, et qui était à présent le premier adjoint d'Édouard Chevarnadzé. Bessmertnykh avait fait le voyage tout spécialement pour discuter de ma proposition et m'a dit que Gorbatchev était d'accord pour une entrevue dès septembre. Gorbatchev appréciait le format que j'avais suggéré et avait dans l'idée de balayer un large éventail de sujets. Mais la question du lieu s'est vite révélée problématique.

BRENT SCOWCROFT

Plusieurs endroits ont été suggérés, de l'Alaska à l'Espagne, mais aucun ne semblait convenir aux deux parties, soit pour des raisons de calendrier, soit pour des raisons de protocole. Pendant des semaines, nous avons tout essayé, et j'étais sur le point de jeter l'éponge – doutant même de la volonté des Soviétiques de voir cette rencontre se concrétiser – lorsque Gorbatchev m'a annoncé qu'il se rendait en visite officielle en Italie, à la fin du mois de novembre. Nous avons commencé à réfléchir aux possibilités que pouvait nous offrir un tel voyage. Le frère du président, William « Bucky » Bush revenait tout juste de Malte et ne tarissait pas d'éloges. J'ai mentionné comme précédent la rencontre Roosevelt-Churchill à bord d'un bateau au large de Terre-Neuve, en 1942. Le Président aimait l'idée d'une conférence en mer parce que cela nous permettait d'éviter les hordes de journalistes et de membres du personnel, ainsi que les fastidieux événements dictés par le protocole. Gorbatchev allait devoir revoir le déroulement de son propre voyage de façon à ce que notre rencontre puisse avoir lieu le week-end, mais cela ne semblait nullement le contrarier. Il demandait simplement que chacun des deux présidents se mette en rapport avec les Maltais et qu'il n'y ait aucun voyage en hélicoptère, car il les redoutait. En raison du lieu, et de notre volonté de réduire le protocole au minimum, Barbara Bush ne serait pas des nôtres.

Nous avions reporté à plus tard des contacts de haut niveau avec les Soviétiques ; nous voulions attendre d'avoir passé en revue nos buts et notre stratégie, et d'avoir réajusté nos positions, surtout concernant le contrôle des armements stratégiques. Seul le voyage de Baker à Moscou au mois de mai avait fait exception à la règle. À la grande surprise de Baker, qui était assis à ses côtés, Gorbatchev a annoncé de nouvelles propositions de réduction des forces nucléaires de courte portée. Cette surenchère, couplée à son effort de propagande en Europe de l'Ouest, destinée à créer et exploiter des divisions au sein de l'OTAN, n'avait servi qu'à nous faire douter de ses intentions et de son désir de voir se nouer de meilleures relations. Notre bilan terminé, nous avons commencé à faire quelques ouvertures en direction des Soviétiques au sujet des armes nucléaires stratégiques. Une lettre du Président, datée du 20 juin, détaillait nos propositions, mais nous n'avons reçu de réponse qu'en septembre.

Nous avions d'autres problèmes à régler avec Moscou. Sur les questions régionales, pour lesquelles les États-Unis et l'Union soviétique s'affrontaient depuis des années, nous n'avions guère progressé. Comme le Président l'avait déclaré dans son discours de Texas A & M, Moscou devait dépasser la rhétorique et faire la démonstration de la réalité de la « pensée nouvelle » qui animait sa politique étrangère. Nous pensions que ces questions régionales nous permettraient de tester efficacement la sincérité des Soviétiques, car leur attitude dans le tiers-monde semblait embourbée dans la guerre froide. À la fin de l'été, Moscou distribuait massivement de l'aide à plusieurs pays sensibles, dont l'Afghanistan et le Nicaragua. L'importance de cette aide était pour ainsi dire sans précédent. Ils se cramponnaient également avec la dernière énergie à des positions dures qui auguraient mal de la conlusion d'un accord. Nous avons fini par comprendre qu'ils nous croyaient indifférents, hésitants ou tout simplement incapables de leur faire payer le prix de leurs actions au détriment des relations entre nos deux pays. Dans certains cas, les clients soviétiques semblaient être dans une position plus confortable qu'ils ne l'étaient quelques mois auparavant. Moscou en avait peut-être conclu qu'un investissement supplémentaire de leurs maigres ressources dans des zones choisies pouvaient avoir des retombées positives.

En février, les Soviétiques avaient retiré leurs troupes d'Afghanistan, mais six mois plus tard nous n'avions toujours pas trouvé de solution au problème du régime de Kaboul, encore dirigé par Mohammad Najibullah, la marionnette des Soviétiques. Au moment du retrait militaire soviétique, tout le monde pensait que le gouvernement de Najibullah n'en avait plus que pour quelques semaines. Au lieu de cela, il s'en était trouvé renforcé. Les choses avaient tellement bien marché pour les Soviétiques qu'ils insistaient à nouveau pour que Najibullah fasse partie du gouvernement de coalition. Pour nous, il symbolisait tout ce qui ne fonctionnait pas en Afghanistan, et les moudjahidin, soutenus par les États-Unis, avaient laissé clairement entendre qu'ils ne cesseraient de se battre que lorsqu'il serait parti. Quant à nous, nous ne pouvions simplement accepter de couper les livraisons d'armes sans règlement politique. Cela ne ferait que générer un déséquilibre militaire en faveur de Najibullah, et un statu quo *politique inacceptable, préparant le terrain pour de futurs combats. Nous n'étions pas davantage prêts à permettre aux Soviétiques de remporter une victoire géopolitique décisive. Nous avions besoin d'une solution à long terme pour l'Afghanistan, qui mette fin aux combats et permette l'existence d'un gouvernement libre.*

La question qui empoisonnait le plus les relations entre nos deux pays n'était autre que l'Amérique centrale, où les Soviétiques continuaient de soutenir leur client, le Nicaragua, et à travers lui et Cuba, la guérilla au Salvador. Le président Bush n'avait jamais parlé à Gorbatchev sans évoquer l'Amérique centrale, ou Cuba, ou les deux sujets à la fois. Et nous voulions absolument le pousser vers une solution pour le Nicaragua. Les Soviétiques nous rétorquaient que le principal obstacle à un règlement de la question était l'absence de tout accord concernant le démentèlement des Contras, soutenus par les États-Unis. Même si Chevarnadzé insistait sur le fait que les Soviétiques avaient cessé toute livraison d'armes, les Cubains et les Allemands de l'Est les avaient remplacés au pied levé. Lorsqu'on leur en faisait la remarque, les Soviétiques se retranchaient derrière l'impossibilité de contrôler Fidel Castro.

Nous avions également hérité d'une bataille avec le Congrès sur la question de l'Amérique centrale, bataille qui avait entravé la politique de l'administration Reagan dans cette région. Nous avons abordé ce point dans notre bilan de transition, et Baker comme Scowcroft ont admis qu'il était temps de proclamer un cessez-le-feu avec le Congrès. Nous envisagions d'appeler à des élections démocratiques au Nicaragua, espérant non seulement déloger ainsi le principal régime fauteur de troubles du continent, mais également forcer Gorbatchev à aller jusqu'au bout de son plaidoyer pour la démocratie et à montrer son jeu.

BRENT SCOWCROFT

La récalcitrance soviétique quant au tiers-monde accentuait mes réserves vis-à-vis de Gorbatchev. Les quelques changements régionaux positifs qui avaient pu se produire me semblaient davantage le fruit des échecs soviétiques que d'un changement général d'attitude sur la compétition régionale entre les deux superpuissances. Le retrait des troupes soviétiques d'Afghanistan, par exemple, est la conséquence évidente d'une extension exagérée. Lorsqu'il est devenu évident qu'ils ne pourraient dominer la situation, ils ont décidé de limiter les pertes. Cela ne voulait pas forcément dire que leur appétit avait diminué pour autant. Dans des pays comme l'Angola ou la Namibie, je pensais que l'URSS jugeait à présent les investissements trop coûteux au regard des bénéfices. En fait de changer, les priorités soviétiques ne faisaient guère que se rétrécir. Les questions régionales allaient rester sensibles jusqu'à l'effondrement de l'Union soviétique, malgré trois sommets et plusieurs rencontres entre ministres. S'il devait y avoir un changement positif dans la politique soviétique, il semblait désormais que celui-ci se produirait plus près d'ici, sous la pression politique et économique combinée de l'Europe de l'Est et de l'Union soviétique.

Durant tout l'été, les changements en Europe de l'Est se sont poursuivis à un rythme effréné. Nous les suivions de près mais dans le calme. Nous avions tout à gagner à éviter tout commentaire intempestif. Nous nous sommes faits les chantres de l'autodétermination, évitant soigneusement toute rhétorique interventionniste. Cela n'aurait fait qu'ulcérer les Soviétiques à un moment où nous espérions qu'ils encourageraient l'évolution positive qu'ils avaient contribué à mettre en branle.

À notre retour de Paris, le 18 juillet, Jaruzelski a annoncé qu'il allait être à nouveau candidat à la présidence. Le lendemain, il était élu par l'Assemblée nationale ; mais il avait fallu l'abstention de plusieurs membres de Solidarnosc pour qu'il obtienne la majorité requise. La situation ne manquait pas de piquant. Jaruzelski, qui avait longtemps été l'oppresseur de Solidarnosc, avait toujours été considéré par l'Occident comme l'un des communistes polonais les plus endurcis. Voilà qu'il était à présent choisi pour président, au terme d'élections libres, et avec le soutien d'une grande partie de ceux qu'il avait emprisonnés.

L'élection de Jaruzelski a clarifié singulièrement le processus de transition en Pologne, et il était évident à mes yeux que les discussions que le président Bush avaient eues avec les uns et les autres avaient joué un rôle décisif. Le général s'était laissé convaincre que sa participation était essentielle, et Solidarnosc avait compris que Jaruzelski serait la principale garantie de stabilité politique. Malgré notre force de persuasion, le passé de Jaruzelski et la difficulté pour les deux camps à accepter de coexister avaient introduit quelques discordances dans ces élections.

Pour la Pologne, la prochaine étape allait être le remplacement du gouvernement du Premier ministre Mieczyslaw Rakowski. En vertu des accords de la table ronde, Solidarnosc devait rester dans l'opposition tandis qu'un gouvernement dirigé par les communistes gérerait les affaires du pays. Les résultats des élections venaient remettre ces dispositions en question, les communistes recherchant la participation de Solidarnosc (afin de partager la responsabilité de la gestion de la crise économique). Mais Solidarnosc était divisé. La plupart des modérés au sein de Solidarnosc ne voulaient pas prendre part à un gouvernement sur lequel ils n'auraient aucun contrôle, et les anticommunistes les plus virulents pensaient que les résultats des élections donnait le droit à Solidarnosc de fonder son propre gouvernement.

Ayant apparemment déclaré à Solidarnosc que l'Union soviétique, l'Allemagne de l'Est et la Tchécoslovaquie s'opposeraient à la nomination d'un membre du syndicat au poste de Premier ministre, Jaruzelski a choisi le général Kiszczak et appelé à la formation d'un gouvernement de coalition. Solidarnosc a déclaré qu'il attendrait de pouvoir former son propre gouvernement. Kiszczak a été élu Premier ministre le 2 août, mais malgré deux semaines d'efforts, il s'est avéré incapable de mettre sur pied un cabinet. Les alliés des communistes au Parlement – le parti paysan et l'Alliance démocratique – ont refusé de coopérer et, le 16 août, Lech Walesa a annoncé qu'il allait rassembler un cabinet « sous sa direction » et sous la bannière de Solidarnosc.

La manœuvre était osée, et dépassait largement ce qui avait été prévu par les accords de la table ronde. Jaruzelski devait désormais faire face à un problème épineux. Il devait soit accepter une telle accélération du calendrier de transition, soit dissoudre le corps législatif et convoquer de nouvelles élections. Sans les contraintes imposées par la table ronde, ces élections promettaient de se solder par un désastre pour les communistes, ce qui allait accélérer les changements. Après que Walesa eut affirmé que la Pologne resterait dans le pacte de Varsovie et que les communistes se verraient offrir les ministères de la Défense et de l'Intérieur, des deux maux Jaruzelski a choisi le moindre. Kiszczak a démissionné, et Solidarnosc a été appelé à former un gouvernement.

BRENT SCOWCROFT

Même si en privé nous ne cachions pas notre satisfaction devant la tournure des événements, notre jubilation était quelque peu tempérée. Moscou conservait d'importants dispositifs militaires en Europe de l'Est et nous ne voulions pas embarrasser les Soviétiques et compromettre la liberté de la Pologne. Notre attitude officielle était donc assez contenue. Marlin Fitzwater se contentait de dire que le Président « encouragerait » la formation d'un gouvernement non communiste.

Rassurés ou non par la réaction américaine, les Soviétiques se sont montrés placides. Evguéni Primakov, un proche conseiller de Gorbatchev, a déclaré que la nature du gouvernement polonais était entièrement l'affaire de la Pologne, mais qu'une coalition comprenant Solidarnosc et deux petits partis non communistes représentait une option raisonnable. En effet, lorsque les communistes polonais ont refusé de participer à un gouvernement dirigé par Solidarnosc, Gorbatchev a appelé Rakowski. Nul ne connaîtra jamais la teneur de leur conversation, mais les communistes ont soudain accepté de coopérer. C'est sans doute la plus sûre indication permettant de dater le changement d'attitude des Soviétiques à l'égard à l'évolution de la situation en Europe de l'Est. Sur proposition de Walesa, Jaruzelski a nommé Tadeusz Mazowiecki Premier ministre. Ce dernier avait participé à la création de Solidarnosc en 1980. Il a été élu le 24 août, avec seulement quatre voix contre. Cela représentait un gigantesque bond en avant, après quarante années de pouvoir communiste.

GEORGE BUSH

Lors de ces manœuvres, Jaruzelski avait fait la preuve de son immense talent politique. Il était resté en arrière, comme un guerrier indécis, jusqu'au moment opportun. Il avait ensuite fait montre d'un grand discernement politique en obtenant le soutien des principaux dirigeants de Solidarnosc. Il avait dû sans arrêt s'interroger sur le rôle des Soviétiques, essayant de déterminer la marge de manœuvre dont disposait effectivement la Pologne pour sortir des rangs. Je pense que cet épisode de sa vie à poussé beaucoup de Polonais, qui l'avaient jusque-là détesté, à envisager cet homme complexe de façon plus positive. En Pologne aujourd'hui, même si beaucoup ne se souviennent guère que de la brutalité de sa férule communiste, la plupart ont pardonné le passé, reconnaissant le dilemme auquel il avait dû faire face, et saluant son rôle dans la libération de la Pologne de la domination soviétique *.

Entre-temps, la Hongrie s'attelait à son tour au procesus de réforme des élections et de sa structure gouvernementale. Le 18 septembre, les parties concernées ont conclu un accord partiel sur la transition vers une démocratie parlementaire pluraliste. Le 7 octobre, le parti communiste a voté sa dissolution et s'est reformé sous le nom de parti socialiste hongrois. Cette manœuvre s'est révélée désastreuse car seule une poignée de membres ont adhéré au nouveau parti. Le processus de changement politique était désormais bien enclenché.

BRENT SCOWCROFT

La situation politique en Pologne et en Hongrie étant à présent sur des rails, notre attention s'est entièrement reportée sur l'aide économique. Deux batailles ont alors fait rage. L'une à l'intérieur de notre Administration, et qui portait sur les fondements encore vagues de notre politique d'aide. L'autre nous opposait au Congrès sur le délicat sujet des montants et des financements. Nos difficultés budgétaires ne s'étaient pas arrangées au cours de l'été, mais un autre problème était venu s'y greffer. Le Congrès, désormais pleinement conscient des transformations sans précédent qui avaient lieu en Europe de l'Est, conscient également du pouvoir politique des citoyens américains ayant gardé des liens avec ces pays, et par ailleurs peu concerné par notre déficit budgétaire, était prêt à distribuer d'énormes sommes d'argent, notamment à la Pologne. Il nous était désagréable de devoir

---

* En 1996, Walesa, qui n'était plus en fonctions, est venu nous rendre visite à Kennebunkport. Je lui ai posé des questions sur Jaruzelski. Il a été tout à fait magnanime, soulignant qu'en dépit des grandes répressions du passé, l'histoire se montrerait généreuse avec le général.

nous battre contre des fonds supplémentaires alors même que nous avions cruellement besoin de nouvelles sources de financement.

Nous avons finalement mis en place une nouvelle proposition d'aide, qui venait s'ajouter à celle que le Président avait emportée avec lui en Pologne. Le G24 avait accepté de fournir cent vingts millions de dollars d'aide alimentaire d'urgence, auxquels sont venus s'ajouter cinquante millions supplémentaires. Pour éviter d'avoir à quémander de l'argent à notre Administration à une date si avancée du calendrier fiscal, nous avons demandé une avance de fonds sur le budget de l'année suivante, qui débutait le 1er octobre. Le 15 septembre, nous avons annoncé une rallonge de cinquante millions de dollars sur plusieurs années, pour l'aide alimentaire non urgente à la Pologne. Pour la Hongrie, nous étions encore moins généreux. Trois jours plus tard, le ministre du Commerce Robert Mosbacher a annoncé que la Hongrie allait recevoir le statut permanant de MFN, et que les garanties de l'OPIC seraient étendues à tous les investissements américains en Hongrie.

Le président du groupe de la majorité au Sénat, George Mitchell, a dénoncé notre proposition d'aide à la Pologne comme insuffisante et révélatrice d'une Administration « quasiment nostalgique de la guerre froide ». Baker a déclaré qu'il s'agissait là d'une manœuvre politicienne, « que le président des États-Unis bénéficiait de soixante-dix pour cent de satisfaits dans les sondages pour sa gestion des affaires étrangères. Si j'étais leader de l'opposition, je tiendrais sans doute ce genre de discours ». Le commentaire de Baker n'a fait qu'augmenter mon sentiment de malaise. Notre position n'était guère confortable. Si cette évolution historique hors de la mainmise de l'URSS et du léninisme échouait à cause de nos pratiques bureaucratiques en matière de comptabilité, l'histoire ne nous le pardonnerait jamais, pas plus que nous ne nous le pardonnerions. C'est ainsi qu'alors même que j'étais d'accord avec Baker pour dire qu'il s'agissait d'une attaque partisane, je pensais également que nous devions faire davantage.

Le 20 septembre, la commission sénatoriale sur les Relations extérieures a accentué la pression en approuvant une proposition d'aide de un milliard deux cents millions de dollars sur trois ans pour la Pologne et la Hongrie, malgré le départ de tous les sénateurs républicains sauf un, protestant contre cette ingérence dans la politique étrangère de l'Administration. La commission a déclaré qu'elle financerait cette proposition en prélevant des fonds du budget recherche et développement du ministère de la Défense, violant un accord qui interdisait les transferts entre le budget de la Défense et celui de l'aide. Le Congrès semblait déterminé à fournir plus d'argent que ce que nous avions demandé, et il serait extrêmement étrange que le Président ait à opposer son veto à l'aide en faveur de la Pologne. Mais nous ne savions pas quoi faire.

À l'intérieur de notre Administration, la bataille a repris sur l'opportunité d'un envoi d'aide à la Pologne. Le département d'État et le NSC étaient en faveur d'un programme renforcé ; ils voulaient également amener le FMI et la Banque mondiale à faire des investissements substantiels. Le Président devait parler à la conférence annuelle de ces deux institutions le 27 septembre, c'était l'occasion rêvée de proposer un plan aussi ambitieux. Le ministère des Finances restait cependant fermement opposé à toute action jusqu'à ce que la Pologne adopte des réformes économiques. Le bureau du Management et du Budget, sans faire autant d'obstruction, a insisté sur le fait que les fonds devaient être systématiquement compensés. Mais le bureau s'est bien gardé de proposer une véritable solution au problème.

Le vice-Premier ministre et ministre des Finances polonais, Leszek Balcerowicz, m'a rendu visite la veille du discours présidentiel, afin de souligner les besoins de son pays et de me faire part de son programme de réforme économique musclée. Balcerowicz a présenté ce qu'il considérait comme une offre minimum : cinq cents millions de dollars destinés à couvrir un déficit dans la balance des paiements pour le dernier trimestre, et un milliard de dollars destiné à stabiliser la monnaie. Son programme semblait satisfaire aux conditions requises pour le déblocage d'une aide, mais il était trop tard pour inclure notre réaction dans le discours présidentiel du lendemain, sans compter que nous n'étions toujours pas d'accord sur notre politique d'aide. Nous avons dû nous contenter de dire que « nous devrions faire plus », et que « pour leur part, les États-Unis entendaient bien être à la hauteur de cet effort ». L'auditoire n'a pas applaudi à tout rompre.

Malgré le plan proposé par la Pologne, le ministère des Finances et le BMB restaient indécis. Les Finances ne voulaient pas bouger tant que le FMI et la Banque mondiale n'avaient pas débloqué un prêt destiné à soutenir ce plan. Selon le BMB, les fonds de tout nouveau prêt devaient provenir du budget d'aide à l'étranger et donc être rognés sur l'aide allouée à un autre pays. Exaspéré, le Président est passé outre le ministère des Finances et le BMB, et a décidé que nous tenterions de trouver de quoi aider la Pologne auprès de la communauté internationale plutôt que de compter autant sur l'aide minime des seuls États-Unis. Nous nous sommes mis d'accord pour soutenir le fonds d'aide de un milliard destiné à stabiliser la monnaie. Les Etats-Unis y participeraient à hauteur de deux cents millions de dollars ; mais ce fonds serait bloqué jusqu'à ce que les négociations entre la Pologne et le FMI aient abouti. Le reste viendrait d'Europe, notamment de l'Allemagne. Le Congrès a pris tout cela au sérieux et à tenu sa promesse budgétaire. Si le compromis final représentait davantage que ce que le Président avait proposé, les chiffres avancés plus tôt (qui étaient bien plus importants) avaient été abandonnés.

Les défis à l'autorité soviétique en Europe de l'Est, qui avaient vu le jour à l'été, commençaient à présent de s'étendre à l'Union soviétique elle-même. Le nationalisme, longtemps étouffé, commençait de refaire surface. Couplé à une situation économique en pleine détérioration, il représentait la plus grande menace politique à laquelle Gorbatchev avait jamais été confronté jusqu'à ce jour. Dans les pays baltes, les nationa-

listes, enhardis, passaient du soutien de la perestroïka *et des plans pour une économie autonome, à des exigences d'indépendance. L'Estonie avait déjà déclaré sa souveraineté au mois de novembre précédent, et l'avait confirmée le 18 mai. La Lituanie avait adopté une législation similaire le même jour, et la Lettonie a suivi le 29 juillet. Au cours d'une conférence de presse, le 18 août, l'un des conseillers principaux de Gorbatchev, comme preuve de la* glasnost, *a condamné le pacte de 1939 entre Hitler et Staline : pacte qui avait eu entre autres conséquences l'annexion de ces États. Mais il a poursuivi en déclarant que Moscou considérait encore que ces républiques faisaient partie de l'Union, et résisterait à toute tentative séparatiste. Les déclarations de Yakovlev ont déchaîné les passions, et le barrage qui contenait le nationalisme balte était en train de se fissurer. Quatre jours plus tard, le parlement lituanien a décrété illégale l'annexion soviétique. Les nationalistes des trois républiques ont commencé à pousser vers l'indépendance.*

La réaction soviétique au nationalisme balte a été très éloignée de son approche de la libéralisation en Europe de l'Est. Le Comité central du parti communiste a dénoncé la campagne de pression en faveur de l'indépendance. Contrastant singulièrement avec son message au dirigeant du parti communiste polonais quelques jours auparavant, Gorbatchev a téléphoné au chef du parti en Lituanie pour le prévenir que les trois républiques « ne devaient pas envisager la sécession ». Ce changement d'attitude était compréhensible. En Pologne et en Europe de l'Est, il ne s'était agi que de réformer les régimes existants. Les intérêts fondamentaux des Soviétiques en matière de sécurité, tels que la cohésion à l'intérieur du pacte de Varsovie, n'étaient pas encore remis en question. Toutefois, ce ferment indépendantiste dans les pays baltes représentait pour les Soviétiques une menace mortelle contre l'intégrité même de l'Union, et ils étaient incapables de considérer la chose avec sérénité.

Pour les États-Unis aussi, les pays baltes représentaient quelque chose de différent. Ils symbolisaient pour nous le sommet de la perfidie soviétique. Nous n'avions jamais reconnu leur incorporation au sein de l'Union soviétique en 1940, et il n'y avait aucune chance que nous réagissions de façon « normale » à des événements qui pouvaient, enfin, justifier notre attachement à leur cause. Il y avait également un lobby très puissant – des conservateurs pour la plupart et des balto-américains en particulier – qui était impatient d'assister à la déconfiture des Soviétiques sur la question. Ils ne voulaient pas seulement la liberté pour les pays baltes, mais une liberté immédiate. *De sorte que Moscou comme Washington étaient extrêmement attentifs à tout ce qui pouvait se produire dans cette région. C'est dans cette dernière que nous étions le plus disposés à exercer une pression forte et à faire montre d'une tolérance minimale ; c'était également sur ce terrain que les Soviétiques étaient le plus paranoïaques et le moins tolérants.*

L'importante crise interne en Union soviétique commençait également à enfler, essentiellement en raison des stratégies de Gorbatchev en matière de réforme économique et politique. Afin d'accélérer les changements au niveau des républiques comme au niveau local, Gorbatchev a fait planer la menace d'élections véritables, puis en a donné l'ordre, tentant ainsi de faire pression sur les membres récalcitrants du parti. Il a volontairement encouragé le peuple à affronter les dirigeants et les cadres du parti communiste, auxquels il faisait porter la responsabilité des problèmes auxquels le pays devait faire face. Dans le même temps, il a commencé à passer outre le parti, qui s'opposait aux changements qu'il proposait, se tournant vers la hiérarchie du gouvernement pour appliquer ses réformes. Il concentrait le pouvoir entre ses seules mains et celles de quelques conseillers. Cette approche comprenait des risques, car Gorbatchev était en train de miner l'autorité et la légitimité du parti au niveau local, ainsi que sa capacité à maintenir l'ordre.

BRENT SCOWCROFT

Au début du mois de septembre, il a été question de savoir si le Président devait rencontrer l'un des plus farouches critiques de Gorbatchev, Boris Eltsine, alors que celui-ci venait à Washington lors d'un voyage de huit jours. Cette visite d'Eltsine ne passerait pas inaperçue. Le personnage était haut en couleur, et ses manies, notamment son penchant pour la boisson, suscitaient nombre d'anecdotes immédiatement rapportées par la presse. Mécontent du rythme et de l'ampleur des réformes, il saisissait la moindre occasion de bousculer Gorbatchev, n'hésitant pas à utiliser les attaques personnelles lors des interviews qu'il donnait aux émissions de télévision du matin. Gorbatchev ne devait pas apprécier la performance d'Eltsine aux États-Unis, mais ce n'était pas une raison pour éviter de le rencontrer. C'était de toute évidence une figure très populaire de l'opposition en Russie, et il était sur le point de jouer un rôle clé dans les affaires soviétiques, ce qui lui valait bien une certaine reconnaissance. Mais après ? Méritait-il d'être reçu à la Maison Blanche, et si tel était le cas, dans quelles circonstances ? Nous devions faire bien attention à ne pas le laisser utiliser cette visite comme arme contre Gorbatchev.

Une partie de mon rôle consistait à dire au Président quelle figure politique étrangère il devait essayer de rencontrer. Deux éléments rentraient en ligne de compte. Tout d'abord, nous devions évaluer l'effet qu'une rencontre à la Maison Blanche (ou une absence de rencontre) pouvait produire dans le pays en question et dans l'esprit du visiteur. Ensuite, nous ne devions pas gâcher le précieux temps du Président. Nous avions tous deux mis au point une sorte d'échelle à l'aune de laquelle nous classions les visiteurs éventuels. Au sommet de l'échelle, les visiteurs avaient droit à une entrevue avec le Président en personne. Au niveau inférieur, ils se contentaient de me rencontrer, après quoi je les introduisais brièvement dans le bureau du Président. Encore un cran plus bas, le visiteur s'entretenait avec moi, et c'est le Président qui « passait » saluer ce dernier, ce qui lui donnait le contrôle absolu du temps qu'il entendait consacrer à son visiteur. Au bas de l'échelle, exception faite de ceux qui n'avaient même pas le droit de pénétrer dans la Maison Blanche, le visiteur n'avait droit qu'à une simple entrevue avec moi. En plus de ces subtiles nuances, nous avions toujours la ressource de diriger le visiteur vers le vice-président Dan Quayle. Mais nous allions plus loin encore. La Maison Blanche disposait de trois accès par lesquels le visiteur pouvait entrer et sortir. Au premier niveau, les gens arrivaient par l'entrée diplomatique. Ceux dont nous voulions qu'ils puissent rencontrer la presse entraient par le hall ouest. Les visiteurs qui n'étaient pas sur la liste officielle et qui ne devaient pas rencontrer les journalistes arrivaient par l'entrée ouest à l'entresol.

Eltsine n'était pas un cas facile. J'avais encore en mémoire la visite du dissident soviétique Alexandre Soljenitsyne, sous l'administration Ford. Du point de vue de la politique étrangère, Ford n'avait aucune raison de rencontrer Soljenitsyne : c'était un émigré, et il était officiellement considéré comme un paria dans son propre pays. De plus, il n'avait été reçu par aucun chef d'État lors de son tour d'Europe. Toutefois, le refus initial de Ford s'était soldé par un désastre. Il a été accusé de faire des courbettes à Brejnev et de ne pas soutenir la liberté et les Droits de l'homme en URSS. Avec Eltsine, la situation était assez semblable, et le président Bush n'avait certainement pas besoin de remous dans l'opinion publique.

GEORGE BUSH

Je souhaitais rencontrer Eltsine, car il soutenait les changements fondamentaux que nous espérions voir naître en Union soviétique. Les Soviétiques avaient longtemps reçu toutes sortes de candidats américains à la présidence ; ils devaient donc se montrer compréhensifs quant à notre volonté de rencontrer des membres de leur opposition, surtout ceux d'entre eux qui soutenaient la *perestroïka*. Je voulais connaître son point de vue sur les changements en Union soviétique. Finalement, j'ai décidé que je « passerais » le voir dans le bureau de Brent.

BRENT SCOWCROFT

Le 12 septembre, Eltsine est arrivé avec une demi-heure de retard à l'entrée ouest, à l'entresol, où il devait être accueilli par Condi Rice. Il a refusé de sortir de la voiture tant qu'il n'aurait pas eu l'assurance de rencontrer le Président. Elle lui a dit qu'il avait rendez-vous avec moi. Eltsine avait l'air très mécontent. Après un bref échange, Condi lui a dit que s'il n'avait pas l'intention d'honorer son rendez-vous avec moi, il n'avait qu'à retourner à son hôtel. Ayant perdu de sa superbe, Eltsine l'a donc suivie jusqu'à mon bureau.

J'ai ouvert la discussion en lui demandant la raison de son voyage aux États-Unis. Un peu froid, Eltsine s'est lancé dans un long monologue, décrivant un programme en dix points grâce auquel les États-Unis pouvaient aider les réformes économiques en URSS, mêlant à cela sa propre conception de la meilleure façon de diriger son pays. L'arrivée du Président a interrompu la présentation d'Eltsine, mais son visage s'est éclairé et il est devenu un peu plus expansif. Le Président n'est resté que quelques minutes, au cours desquelles il a dit à Eltsine qu'il considérait ses relations avec Gorbatchev comme positives, et qu'il soutenait les réformes qu'il avait entreprises. Peu après le départ du Président, le vice-président Quayle est venu pour la traditionnelle photo et une rapide discussion. Après son départ, nous avons poursuivi notre conversation et, au bout d'une heure, Eltsine est parti.

Nous avions fait entrer Eltsine par l'entresol pour lui éviter toute rencontre avec la presse. Toutefois, alors qu'il s'éloignait sur West Executive Avenue, il a dû remarquer quelques journalistes sur la pelouse où ils filment leurs commentaires en direct depuis la Maison Blanche. La voiture s'est arrêtée et Eltsine en est sorti d'un bond, attirant immédiatement l'attention sur lui. Il s'est bientôt retrouvé entouré d'une nuée de reporters et en a profité pour improviser une conférence de presse. Nous étions loin de la conclusion calme et sans vagues que nous avions souhaitée pour cette visite, mais il n'y a eu aucune conséquence néfaste.

À la fin du mois de septembre, Édouard Chevarnadzé est arrivé aux États-Unis. En dehors des fois où les États-Unis voulaient faire connaître sa désapprobation à Moscou, il était habituel pour le ministre des Affaires étrangères soviétique de rendre visite au Président à Washington, à l'occasion de son discours d'ouverture de la session d'automne de l'assemblée générale. Nous avions suggéré une rencontre à New York, où le Président devait lui aussi faire un discours à la même assemblée générale des Nations unies, concernant un traité global sur l'interdiction des armes chimiques. Les Soviétiques ont, au contraire, insisté pour que la rencontre ait lieu dans le Bureau Ovale, et ils se sont donné beaucoup de mal pour qu'elle ne passe pas inaperçue. Visiblement, Moscou voulait montrer que les relations américano-soviétiques étaient entre de bonnes mains, détournant ainsi l'attention des problèmes intérieurs.

Chevarnadzé avait déjà rencontré trois fois Baker depuis le début de notre Administration, mais ce devait être sa première rencontre avec le président Bush. Cela devait nous permettre de mieux évaluer l'avancement des réformes de Gorbatchev, et de lui transmettre directement notre soutien. Nous voulions surtout signaler à Chevarnadzé que nous comprenions les aléas de ces réformes et que nous n'accordions guère de crédit au sombre tableau de la perestroïka *brossé dans la presse.*

Nous étions également impatients de savoir ce qu'il avait à dire à propos de la montée des nationalismes en Union soviétique. Il arrivait deux jours après une importante réunion plénière du Comité central sur ce sujet. Le conflit durable entre l'Azerbaïdjan et l'Arménie avait engendré des grèves massives et incapacitantes, et l'imposition de la loi martiale pour endiguer les violences ethniques. Les troubles gagnaient à présent l'Ukraine, avec des grèves de mineurs et des manifestations. Les mesures décidées par la réunion plénière ne semblaient toutefois pas démontrer que Gorbatchev comprenait toute la gravité de la question nationaliste. Si elle appelait à la transformation radicale de la fédération soviétique afin d'octroyer une plus grande autonomie aux républiques, la conférence plénière n'en a pas moins renforcé l'autorité centrale de Moscou. Gorbatchev a déclaré que la perestroïka *ne pouvait se faire qu'avec le parti communiste. Il s'agissait clairement d'un recul par rapport à son discours sur la démocratisation et la multiplicité des formes politiques, et d'une confirmation sans appel de l'inviolabilité de l'unité du parti.*

BRENT SCOWCROFT

Chevarnadzé est venu à la Maison Blanche le 21 septembre, et il a remis au Président une lettre de Gorbatchev dans laquelle ce dernier réagissait aux propositions de contrôle des armements de George Bush. Il a mis en avant un certain nombre de concessions prometteuses, et il a déclaré que les Soviétiques voulaient accélérer le travail sur une convention interdisant les armes chimiques. Ils voulaient en fait avancer sur la question du contrôle des armements et étaient prêts à faire quelques modifications. Néanmoins, lorsque le Président a soulevé la question délicate des problèmes régionaux, Chevarnadzé est resté évasif. Il me semblait que le contrôle des armements était le sujet préféré de Gorbatchev dans les relations américano-soviétiques, et qu'en dépit des difficultés politiques, il avait toujours la capacité de retirer les décisions difficiles à la bureaucratie. Tout cela pouvait également démontrer qu'il pensait que tout allait pour le mieux pour l'URSS dans le tiers-monde, et qu'il n'avait ni besoin ni intérêt à dialoguer avec nous sur ce sujet.

La rencontre avec Chevarnadzé a été fascinante pour une autre raison. Il nous a fait une description éloquente de la situation intérieure en Union soviétique. C'était la première fois que l'un d'entre nous, hormis Baker, bénéficiait d'un témoignage de première main. Il m'a semblé s'agir d'une honnête évaluation et elle n'était pas des plus optimistes. D'après Chevarnadzé, les problèmes des Soviétiques étaient sérieux et ne faisaient qu'augmenter. Sa franchise était rafraîchissante, parce qu'elle était si peu soviétique. J'avais le sentiment qu'elle était le reflet d'un nouveau regard par rapport aux décennies de langue de bois à la Potemkine.

Vers la fin de l'été, les troubles avaient encore gagné en intensité en Europe de l'Est, et s'étendaient désormais à l'Allemagne de l'Est, pierre angulaire du pacte de Varsovie et alliée la plus fiable de l'Union soviétique. Là-bas, l'exemple de Gorbatchev tranchait avec le gouvernement stalinien d'Erich Honecker, dont le refus opiniâtre d'admettre les changements ou de s'y adapter avait provoqué une crise. En réponse à la répression et aux privations économiques, les Allemands de l'Est commençaient à profiter des vacances d'été et de conditions de voyages plus souples pour quitter le pays. Ils n'avaient pas besoin de visas pour se rendre en Pologne, en Hongrie ou en Tchécoslovaquie. Donnant ainsi la meilleure preuve des bouleversements qui secouaient la région, les Allemands de l'Est arrivaient en nombre important dans les ambassades de

RFA dans ces pays, ainsi qu'à la mission en Allemagne de l'Est, demandant l'asile.

Un nouveau moyen de partir, plus facile, venait également de s'ouvrir. Lorsqu'en mai la Hongrie avait commencé a retirer les barbelés le long de sa frontière avec l'Autriche, elle avait donné aux « touristes » est-allemands la possibilité de se glisser de l'autre côté de la frontière et, de là, de rejoindre l'Allemagne de l'Ouest. Le gouvernement hongrois s'est vite retrouvé dans une position inconfortable : devait-il empêcher cette vague d'émigration ou fermer les yeux ? Après maintes hésitations et de vaines tentatives pour convaincre les deux Allemagne de trouver une solution à ce problème, le 10 septembre, la Hongrie a ouvert sa frontière avec l'Autriche, laissant passer plus de dix mille Allemands de l'Est. Le gouvernement de Budapest était ouvertement sorti des rangs vis-à-vis de ses camarades est-allemands, et les récriminations, vives et amères, ne se sont pas fait attendre. Berlin-Est a accusé la Hongrie de violer les traités et les intérêts fondamentaux de la RDA. Les Hongrois ont répondu qu'ils n'avaient eu d'autre choix, en vertu des accords d'Helsinki, ce qui n'a pas laissé d'irriter plus encore les Allemands de l'Est. Le porte-parole du ministère des Affaires étrangères soviétique, Gennady Gerasimov, se bornait à répéter que la Hongrie avait pris « une mesure inattendue et très inhabituelle », et que cet épisode, bien que préoccupant, n'affectait pas directement l'Union soviétique.

BRENT SCOWCROFT

La manœuvre hongroise mettait la RDA face à un intéressant dilemme. L'exode de ses citoyens – comme en 1961, lorsque le mur de Berlin avait été construit en réponse à une vague similaire de départs – était une humiliation publique pour le régime, qui se targuait d'avoir les niveaux de vie les plus élevés du pacte de Varsovie.

Empêcher tout départ pouvait mener à une explosion de la situation intérieure. Mais réformer le système revenait à torpiller tout ce qui justifiait un État d'Allemagne de l'Est séparé : sans le socialisme, l'existence de deux Allemagne n'était plus justifiée, ce qui revenait à envisager la réunification.

Intervenant après la création d'un gouvernement non communiste en Pologne, et ayant obtenu elle aussi l'approbation silencieuse de l'URSS, l'ouverture de la frontière hongroise a révélé et creusé le fossé existant à l'intérieur du pacte de Varsovie entre les pays en voie de libéralisation et les régimes durs de RDA, de Roumanie et de Tchécoslovaquie. Nous avons réagi avec un optimisme prudent. Il était possible que le Pacte ne puisse plus fonctionner en tant qu'alliance militaire de cohésion. Nous étions les témoins de changements qui semblaient irréversibles et qui pouvaient modifier à jamais la nature de la menace contre l'OTAN, voire le futur de l'Europe.

Après une période de colère indignée, le régime Honecker a accepté le départ vers l'Allemagne de l'Ouest des rescapés qui avaient trouvé refuge dans les ambassades de RFA à Berlin, Varsovie et Prague. Mais sitôt que ces ambassades se vidaient, elles se remplissaient de nouveau, si bien que le 3 octobre, l'Allemagne de l'Est a procédé à la fermeture effective de ses frontières, à la veille des célébrations du pacte de Varsovie qui devaient marquer le quarantième anniversaire de la RDA, le 7 octobre, et auxquelles Gorbatchev devait assister. Le spectacle des Allemands de l'Est tentant de s'évader au beau milieu de ce qui devait être un événement triomphal représentait sans doute une trop grande humiliation pour le régime. Honecker espérait visiblement que la visite de Gorbatchev servirait à consolider le régime et à lui insuffler un peu d'espoir. En même temps, assez paradoxalement, les dissidents d'Allemagne de l'Est considéraient généralement Gorbatchev comme un héros qui allait imposer la perestroïka *à un fief du stalinisme.*

BRENT SCOWCROFT

La façon dont Gorbatchev allait se comporter à Berlin-Est allait envoyer un signal puissant, non seulement en Allemagne de l'Est mais dans toute l'Europe de l'Est. Allait-il se démarquer d'un régime qui représentait presque tout ce qu'il tentait de changer en Union soviétique, ou allait-il ravaler ses principes dans l'espoir de consolider les murs branlants de son empire occidental ? Il est vrai que dans l'esprit de Gorbatchev, l'alternative ne devait pas être aussi claire. Il essayait de débarrasser son propre système politique de gens comme Honecker, et ne devait donc pas trouver sympathique le dirigeant est-allemand. Qu'il puisse se comporter comme lui dans une situation similaire à l'intérieur de l'URSS lui semblait sans doute raisonnable, car je pense qu'il se méprenait sur la nature artificielle des gouvernements communistes en Europe de l'Est ; il était impossible de se contenter d'y écarter les tenants de la ligne dure et de les remplacer par des communistes libéraux tels que lui.

Il s'est avéré que Gorbatchev a un peu essayé de ménager la chèvre et le chou. Il a évité de critiquer directement Honecker, se bornant à déclarer que les sociétés socialistes devaient faire face au besoin de changement. Mais, pour reprendre le contrôle de la situation, Honecker avait besoin d'un soutien franc et massif. Les commentaires tièdes de Gorbatchev n'ont fait que l'affaiblir. Je pensais bien que les problèmes de Honecker ne pouvaient que s'aggraver.

Les dissidents d'Allemagne de l'Est ont profité de la visite de Gorbatchev pour attirer l'attention sur leurs exigences de changements. Les manifestations de colère se succédaient à Dresde et à Leipzig ; elles rassemblaient de plus en plus de monde, et s'accompagnaient parfois de violences. Le plus ironique est que les manifestants scandaient : « Gorby ! Gorby ! Gorby ! » Ils semblaient sentir que le vent était en train de tourner pour le régime Honecker. Jusque-là, le problème n'avait porté que sur la poignée d'Allemands de l'Est qui avaient fui le pays, mais à présent, les manifestants avaient changé de slogan et martelaient : « Nous ne par-

tirons pas ! » Le message était clair : plutôt que de chercher à fuir l'oppression, un grand nombre d'Allemands de l'Est était déterminé à imposer les réformes. Il n'a pas été fait usage de la violence à l'encontre des manifestants, mais Honecker lançait des menaces déguisées. Lors d'une réunion avec le vice-Premier ministre chinois Yao Yilin, il a comparé ses manifestants à ceux de la Chine (qui avaient eux aussi profité de la venue de Gorbatchev) et a sombrement laissé entendre qu'ils encourageaient une réaction similaire.

Le 18 octobre, Honecker a été forcé de démissionner et a été remplacé par un de ses protégés : Egon Krenz. Mais les manifestations devenaient chaque jour plus importantes et les Allemands de l'Est continuaient à fuir le pays par centaines. Le 31 octobre, Krenz s'est rendu à Moscou pour consulter Gorbatchev, et à son retour il a bouleversé le gouvernement est-allemand, rejetant les membres du Politburo les plus proches de Honecker. Il a également indiqué qu'un certain assouplissement dans le droit de voyager allait être accordé aux Allemands de l'Est, même s'il les enjoignait à rester dans leur pays. Une fois de plus, cette manœuvre n'a rien changé. Au lendemain de cette annonce, cinq cent mille personnes (un chiffre record) sont descendues dans la rue, tandis que d'autres continuaient de passer la frontière pour entrer en Tchécoslovaquie. Le 7 novembre, le cabinet est-allemand a démissionné dans sa totalité. Le lendemain, Hans Modrow, un réformiste du parti, a été nommé Premier ministre.

BRENT SCOWCROFT

J'en venais à penser que la situation avait passé le point de non-retour. Le mécontentement était si général que le régime ne pouvait même plus envisager la répression. Je doutais fort que la situation puisse se stabiliser. Helmut Kohl devenait de plus en plus nerveux. L'arrivée massive d'Allemands de l'Est commençait à générer des tensions en RFA, où ils percevaient immédiatement une aide en tant que citoyens allemands. Il était possible que la RDA s'effondre dans le chaos et la violence et qu'elle entraîne la RFA dans sa chute. Et puis, il fallait compter avec les Soviétiques. Ils n'allaient certainement pas abandonner l'Allemagne de l'Est aussi facilement. S'il y avait même un endroit en Europe où ils pouvaient être tentés d'intervenir, c'était là.

GEORGE BUSH

Journal, 8 novembre

Je passe mon temps à entendre les critiques dire que nous ne faisons pas assez pour l'Europe de l'Est ; ici, les changements nous arrivent amplifiés, et si n'importe quel événement se produisait (en Pologne, en Hongrie ou en RDA) les gens trouveraient cela formidable. Tout bouge extrêmement vite, et nous devons suivre la cadence ; et voilà qu'une poignée de critiques s'agitait un peu partout en criant que nous devrions faire davantage. Ce qu'ils veulent, c'est que nous dépensions deux fois plus. Peut importe d'où vient l'argent, il faut en envoyer coûte que coûte, et je pense que cette attitude est irresponsable. Si nous gérions mal la situation, et si nous donnions trop l'impression d'encourager la dissidence, nous provoquerions une réaction répressive qui pourrait se terminer dans un bain de sang.

Le 9 novembre, l'Allemagne de l'Est a annoncé qu'elle assouplissait sa politique de contrôles aux frontières tout le long de sa frontière avec la RFA. Cette annonce, grâce à un oubli de la bureaucratie, n'excluait pas Berlin, qui avait pourtant généralement droit à un traitement particulier. La foule a commencé à s'assembler le long du fameux Mur, exigeant que les gardes-frontières ouvrent les postes de contrôle vers Berlin-Ouest. Après quelques hésitations, prétextant qu'ils n'avaient pas reçu d'instructions, les gardes ont cédé à la pression de la foule et libéré le passage. À cet instant précis, le Mur est tombé.

GEORGE BUSH

J'étais à mon bureau, en milieu d'après-midi, lorsque Brent, totalement surexcité, est entré pour me dire que certains rapports faisaient état de l'ouverture du mur de Berlin. Nous sommes allés dans le petit bureau qui jouxte le Bureau Ovale et j'ai allumé la télévision, où l'on pouvait voir en direct des foules joyeuses défiler dans les rues de Berlin. Quelques instants plus tard, Marlin Fitzwater est arrivé avec quelques témoignages qu'il avait reçus du service des dépêches. Il m'a suggéré de faire une déclaration à la presse. Même si j'étais ravi de ce qui était en train de se produire, je ne voulais pas faire de commentaire hâtif. Ces nouvelles n'avaient toujours pas été confirmées, et je ne voulais pas me lancer avant de connaître tous les détails. Par-dessus tout, je savais que nous devions faire attention à la façon dont nous allions réagir à ces événements. Je devais anticiper la réaction de Gorbatchev, et celle de son opposition. Comme l'a fait remarquer Brent, il ne s'agissait pas de se réjouir trop bruyamment de ce que beaucoup d'Occidentaux allaient interpréter comme une défaite pour Gorbatchev.

Marlin a suggéré que nous convoquions les journalistes pour une conférence de presse impromptue et rapide, dans ce bureau même. Cela me semblait beaucoup mieux qu'une déclaration officielle, qui, selon moi, n'aurait pas eu le ton approprié. Peu après, le service de presse de la Maison Blanche se pressait dans le Bureau Ovale, caméras, éclairages et enregistreurs au poing. J'étais assis à mon bureau, serré de près par les journalistes ; parmi eux, Lesley Stahl était quasiment debout à côté de mon fauteuil.

J'ai trouvé cette conférence très étrange et assez désagréable. La presse voulait que je fasse un résumé de cet événement historique. Bien sûr, j'étais très satisfait de ce qui se passait à Berlin, mais alors que je répondais aux questions, je ne pouvais m'empêcher de penser à l'éventualité d'une réaction violente de la part de l'URSS, ce qui aurait, d'un coup, transformé cette explosion de joie en véritable tragédie. Mes réponses ont été prudentes. J'ai essayé d'expliquer que nous gérions la situation de manière à ne pas provoquer les Soviétiques. Lesley, arc-boutée au-dessus de ma tête, a remarqué : « C'est tout de même une grande victoire pour notre camp dans la grande bataille Est-Ouest, et vous ne semblez pas véritablement satisfait. Je me demande si vous percevez toute l'ampleur de la situation.

– Je ne suis pas très émotif, ai-je répondu.

– Mais êtes-vous vraiment satisfait ? a-t-elle demandé.

– Je suis très content », ai-je répondu sur le même ton.

On me bombardait de remarques sur l'impression que donnait cet échange. Stahl et d'autres en avait conclu, soit que je ne percevais pas la signification de ce qui était en train de se produire, soit que je ne m'en souciais pas le moins du monde. Pourtant, rien n'était plus loin de la vérité. Je comprenais parfaitement ce que devaient ressentir tous ces Berlinois que nous avions vus danser dans les rues. Je m'étais rendu au pied du Mur lorsque j'étais vice-président, en compagnie de Kohl et du maire de Berlin-Ouest, Richard von Weizsacker. Ils m'avaient montré l'endroit où de jeunes Allemands de l'Est avaient été abattus alors qu'ils tentaient de passer à l'Ouest, et ils m'avaient donné tous les détails horribles de l'histoire. Je m'étais également rendu dans la ville de Moedelreuth, au centre de laquelle passait la frontière entre les deux Allemagne. Je savais que ces deux grandes familles seraient un jour à nouveau réunies, et que tous ces gens pourraient à nouveau aller et venir comme ils l'entendaient et jouir de cette liberté qui nous était si naturelle. Mais si nous voulions voir tout cela se concrétiser, nous devions faire attention à ne pas interrompre le processus qui venait de s'enclencher. Une seule fausse manœuvre pouvait anéantir toute la joie dont nous étions témoins. Le sénateur George Mitchell, Dick Gephardt, membre du Congrès, et d'autres démocrates ont rapidement suggéré que j'aille à Berlin « danser » sur le Mur. C'était insensé. Kohl m'a dit plus tard à quel point une telle action de ma part aurait été stupide. Cela serait revenu à jeter de l'huile sur le feu, à provoquer ouvertement une réaction militaire de la part des Soviétiques.

En fait, la réaction soviétique à l'effondrement du Mur a été marquée par la panique. Le jour où le Mur a été percé, Gorbatchev a envoyé des messages à Kohl, le mettant en garde contre toute allusion à la réunification, et il m'a demandé par câble de ne pas réagir de façon trop démonstrative. Il avait peur que les manifestations ne finissent par échapper à tout contrôle, et que « les conséquences en soient imprévisibles », il nous demandait de faire preuve de compréhension. C'était la première fois que Gorbatchev faisait clairement part de son inquiétude à propos des événements en Europe de l'Est. Jusqu'à présent, il était toujours apparu détendu, voire blasé, vis-à-vis du processus qui éloignait de plus en plus rapidement la région du communisme et du contrôle soviétique. Alors que je lisais ce câble, je repensais à la suggestion aberrante des membres du Congrès.

Journal, 10 novembre

Nous avons reçu hier un message de Gorbatchev nous demandant de ne pas réagir trop exagérément... Je pense que Kohl et les autres dirigeants savent que nous nous refrénons... Moscou me prévient dans la même lettre qu'il faut absolument cesser toute allusion à la réunification. Cela leur pose de sérieux problèmes, mais j'ai dit que c'était une question d'autodétermination, que la décision appartenait au peuple allemand, et je ne crois pas qu'il puisse trouver quoi que ce soit à redire.

La grande question que je me pose, c'est comment profiter de ces changements ? Que devons-nous attendre de l'Union soviétique avant de modifier radicalement notre structure défensive ? Les bureaucrates répondraient qu'il ne faut rien faire, et qu'il faut attendre de voir comment les choses évoluent. Mais je ne veux pas laisser passer l'occasion... Le budget est en train d'écraser la Défense, mais je dis à tous que nous devons remettre en question notre système de défense, refaire de nouvelles études de façon à définir quel type de proposition sur le contrôle des armements serait bénéfique à l'humanité tout en permettant d'assurer la sécurité de l'Occident. Au fil des changements, je suis de plus en plus convaincu que les [dépenses] en matière de défense seront de moins en moins soutenues en Europe.

Quelques jours plus tard, j'ai écrit à Gorbatchev que je partageais ses craintes concernant le maintien de l'ordre, et je lui ai dit que les trois alliés occidentaux avaient coopéré avec les Allemands de façon à ce que la sécurité soit assurée. Toutefois, je ne pouvais partager son sentiment que Kohl essayait d'utiliser les événements pour faire monter l'émotion. « Tel que je vois les choses, ai-je dit, le gouvernement de la RFA a agi de manière extrêmement responsable, soulignant l'importance d'une progressivité dans la manière d'envisager les changements en RDA, et le besoin impérieux d'éviter de déstabiliser l'Europe. » J'ai également dit que je pensais que l'engagement de Gorbatchev vis-à-vis des réformes en URSS avait joué un rôle décisif en encourageant les alliés des Soviétiques à suivre un chemin semblable. Je l'ai assuré que nous n'avions pas l'intention de tirer des avantages unilatéraux de l'actuel processus de changement en RDA ou dans d'autres pays du pacte de Varsovie, et nous ne souhaitions pas déstabiliser la situation. « Nous restons attachés à la résolution finale d'Helsinki, en particulier aux principes de changement pacifique et d'autodétermination. D'après vos déclarations, je pense que vous partagez mon opinion. »

Kohl, encore secoué par les événements vertigineux de Berlin, m'a appelé dans l'après-midi qui a suivi la chute du Mur pour me décrire ce qui se passait. « C'est comme si j'assistais à un gigantesque festival, a-t-il déclaré avec enthousiasme. Les frontières sont totalement ouvertes. » Il pensait ou espérait que les gens allaient désormais se contenter de passer et repasser la frontière au lieu de fuir à l'Ouest. La liberté de mouvement ne serait efficace que si la RDA mettait en place un plan de réformes. Il avait des doutes à ce sujet. « Krenz mènera des réformes, mais je pense qu'elles seront limitées... Je pense que la situation peut se prolonger pendant quelques semaines, et qu'au bout de cette période, les gens vont attendre de voir si les réformes arrivent... [mais] si aucune lumière ne vient annoncer le bout du tunnel, ils quitteront l'Allemagne de l'Est en très grand nombre. » Une telle éventualité aurait des « conséquences catastrophiques sur le développement économique, prévenait-il. Des gens de valeur – médecins, avocats, spécialistes – quittaient le pays, et ne pourraient être remplacés. « Plus de cent trente mille personnes sont déjà en RFA, la plupart sont jeunes et ont entre vingt-cinq et trente ans. Ils peuvent espérer gagner davantage ici. » Kohl, exubérant, a ajouté que « sans les États-Unis les événements de la journée n'auraient pas été possibles. Dites cela au peuple américain ».

BRENT SCOWCROFT

En une nuit, le plus important symbole du rideau de fer avait été détruit. Cela a très fortement marqué un tournant dans les révolutions en Europe de l'Est. Jusqu'à présent, les transitions avaient été possibles grâce à la collaboration entre les peuples et des gouvernements communistes ouverts à l'idée de réforme. C'est ce qui s'était passé en Hongrie et en Pologne. Mais en Allemagne de l'Est, le souffle populaire en faveur du changement avait heurté de plein fouet l'un des régimes les plus immuables du pacte de Varsovie, et l'avait terrassé. Le gouvernement est-allemand s'efforçait désespérément de s'accrocher au pouvoir, en dépit du chaos politique. Ces révolutions étaient désormais écrasantes. Avec la chute du Mur, tout devenait soudain possible, même ce rêve dont aucun de nous ne pensait qu'il se réaliserait de son vivant : une Europe entière et libre.

CHAPITRE VII

Fins et commencements

Les régimes communistes restants s'effondraient à une vitesse étourdissante, mais cela n'était rien après l'onde de choc causée par la chute du mur de Berlin. Pris séparément, ils semblaient presque perdus dans le tourbillon naissant des événements qui avaient marqué la fin de l'année. Le 10 novembre, le jour où le Mur est tombé, Todor Zhivkov, président de Bulgarie et dirigeant du parti communiste bulgare, a annoncé sa démission après vingt-cinq ans d'exercice stalinien du pouvoir. Son départ a surpris tout le monde, car il n'a presque pas été précédé des troubles qui avaient eu lieu ailleurs. Ce partisan docile et conciliant de l'autorité soviétique se démarquait à présent de Moscou. Sans doute Zhivkov espérait-il partir dignement plutôt que d'être mis à la porte comme Kadar et Honecker. Quelles qu'en aient été les raisons, son départ ne laissait plus que deux conservateurs au pouvoir : Milos Jakes en Tchécoslovaquie, et Nicolae Ceausescu en Roumanie.

La Tchécoslovaquie était le pays le plus directement touché par le déclin de l'autorité communiste en Allemagne de l'Est. Le régime répressif de Jakes était idéologiquement proche de celui de Honecker par sa résistance au changement et par sa désapprobation horrifiée face aux événements en RDA. Mais le peuple tchèque avait fait le premier l'expérience de l'exode massif des Allemands de l'Est : le principal chemin vers la liberté passait par leur pays. Ils avaient regardé passer ces rescapés, puis s'étaient liés d'amitié avec eux, si bien que, même s'il était difficile de le mesurer, l'exode a certainement eu sur eux une grande influence.

À la différence de ce qui s'était produit en Pologne, la résistance tchèque était restée modeste et timorée. Elle donnait largement l'image d'un groupe inefficace d'intellectuels, nostalgiques du printemps de Prague de 1968, isolés des travailleurs et de la jeunesse sans lesquels la révolution ne pouvait se concrétiser. Mais il y avait également eu une sorte d'accord tacite entre le gouvernement et le peuple tchèque : une certaine prospérité en échange d'une forme de passivité politique. Cet « arrangement » n'avait été accepté qu'à contrecœur, et une série d'événements ont commencé à galvaniser les Tchèques.

L'émergence du dramaturge Vaclav Havel comme figure héroïque centrale de l'opposition a représenté un tournant décisif. Lorsque, du fait des débordements de janvier, le gouvernement a décidé de l'arrêter pour l'exemple, de le juger et de l'emprisonner, il n'a fait que transformer Havel en leader charismatique. En un sens, il est devenu le Lech Walesa tchèque, symbolisant – et exprimant avec talent – les espoirs de son peuple. Cet homme tranquille et pacifique est rapidement devenu une figure de ralliement pour la population tout entière. Cependant, le changement d'attitude des Soviétiques encourageait également le peuple à défier l'ordre existant. Par ailleurs, le régime de Jakes était choqué du soutien de Moscou au gouvernement non communiste de Pologne, et de son incapacité à soutenir Honecker.

Le cours des événements en Tchécoslovaquie est resté relativement calme tout au long de l'été et de l'automne. Tout juste y a-t-il eu une petite manifestation le 21 août. Toutefois, encouragés par le succès des manifestations en Allemagne de l'Est – qui avaient réussi à faire plier Honecker –, les dissidents ont renforcé leur action le 28 octobre, date anniversaire de la fondation de la République tchèque en 1918. Les autorités, qui détenaient Havel et autres leaders de la dissidence, ont bouclé la place Wenceslas pour une demi-journée et dispersé plus de dix mille manifestants. Mais le camouflet final contre la crédibilité du régime a été porté le 3 novembre, lorsque Alexandre Dubcek a été favorablement interviewé par la télévision soviétique, pour sa première apparition de ce genre depuis sa destitution en 1968. Il est soudain devenu clair que les jours de Jakes au pouvoir étaient désormais comptés.

Au même moment, au lendemain de l'interview de Dubcek, l'Allemagne de l'Est a rouvert sa frontière avec la Tchécoslovaquie, et une fois de plus, les Allemands de l'Est ont commencé à affluer. La cassure dans le mur de Berlin et le départ de Zhivkov ont suscité d'autres rassemblements, plus importants, place Wenceslas, avec, dès le 12 novembre, environ dix mille personnes qui se sont retrouvées deux cent mille à la fin de la semaine. Le 24 novembre, Havel a fait une apparition très remarquée sur la place, aux côtés de Dubcek. Une grève nationale de deux heures le 27 novembre a forcé le régime à accepter un gouvernement de coalition. Ce dernier, avec une majorité de non-communistes, a vu officiellement le jour le 10 décembre. La « révolution de velour » était en marche.

GEORGE BUSH

Les bouleversements marquants en RDA, en Bulgarie et en Tchécoslovaquie justifiaient bien plus encore ma rencontre avec Gorbatchev début décembre. Dans les quelques semaines qui ont précédé, j'ai commencé à me préparer, à l'aide de nombreuses et exténuantes séances de briefing. Brent m'a proposé de choisir entre vingt sujets : je les ai tous choisis. Je voulais être préparé à tout. J'ai trouvé l'avis des experts de la CIA particulièrement utile, même si ces derniers étaient pessimistes. Une de leurs analyses concluait que les réformes économiques de Gorbatchev couraient droit à l'échec, et que ses changements politiques commençaient à générer des problèmes qu'il n'allait sans doute pas être capable de contrôler. Elle disait également que les réformes étaient suffisamment fortes pour briser le système soviétique, mais pas assez fortes pour offrir au peuple soviétique les bénéfices d'une économie de marché. Fortes de ces conclusions, certaines personnes au NSC ont commencé à croire que Gorbatchev allait au-devant d'une crise qui allait le contraindre à employer la force en Union soviétique afin d'assurer le maintien de l'ordre, voire le contraindre à quitter le pouvoir.

BRENT SCOWCROFT

Chaque membre de notre Administration semblait d'accord pour dire que Gorbatchev avait peu de chance d'appliquer une réforme globale ; mais nous étions divisés quant à la signification que l'expression « réforme globale » revêtait pour lui. Baker me semblait le plus optimiste vis-à-vis de la sincérité réformatrice de Gorbatchev. Il avait pu être influencé en cela par sa relation avec Chevarnadzé, qui à nos yeux faisait quasiment figure d'apôtre du changement radical. Je continuais de penser que Gorbatchev restait communiste. Sans doute n'était-il plus totalement attaché à la notion de conflit inévitable entre nos deux systèmes, mais il restait prêt à prendre avantage sur nous dès que l'occasion s'en présenterait. Il allait dans le sens de ce que nous souhaitions, mais parce qu'il avait ses propres raisons. Tant qu'il continuait sur cette voie, il méritait notre soutien, notamment parce qu'à mon sens, les conservateurs communistes ne craignaient pas qu'il renverse le système. Il était donc le plus à même de les maintenir à bord, tout en avançant vers la « gauche ».

Pragmatique, Larry Eagleburger a fait remarquer que Gorbatchev avait eu le mérite d'admettre que le système était devenu une chose atroce, et de mettre en route des changements de grande envergure. Il trouvait académique et stérile que nous nous battions encore pour savoir si nous devions l'aider. Gorbatchev était à la tête de l'Union soviétique. D'un point de vue pratique, nous n'avions d'autre choix que de travailler avec lui. Bob Gates était plus pessimiste. Il pensait qu'un système communiste réformé – avec la démocratie et l'économie de marché – n'était pas sérieusement envisageable, et que les efforts de Gorbatchev dans ce sens pouvaient aisément être contrés.

Dick Cheney était négatif. Il pensait qu'il était prématuré de relâcher la pression qui avait marqué la guerre froide. Le système soviétique rencontrait des difficultés et nous devions poursuivre la politique inflexible qui nous avait conduits à ce résultat. Pourquoi abandonner alors que nous étions sur le point de récolter le fruit de nos efforts ? Il était difficile de connaître la position de Colin Powell, à présent président de la conférence des chefs d'état-major. Par loyauté, il ne voulait pas prendre position contre Cheney, mais il avait semblé, en diverses occasions, suivre avec modération l'avis de celui-ci. Le vice-président Quayle était le plus conservateur de tous. Il caressait l'idée que ce qui se passait en URSS n'était qu'un leurre destiné à nous faire croire que le danger était écarté et que nous pouvions démanteler notre dispositif de défense. Ces avis différents étaient rarement exprimés en des termes aussi clairs. Ils ressortaient plus fréquemment au cours de discussions sur les mérites respectifs de certains aspects de notre politique.

GEORGE BUSH

J'étais plus optimiste que Brent ou Gates à propos des chances de survie politique de Gorbatchev et à propos de sa volonté de réforme. Néanmoins, je partageais certaines de leurs préoccupations, ainsi que celles de la CIA et des membres du NSC. J'avais peur que nous ne soyons en présence d'une bombe à retardement. Nous ne pouvions savoir quelles pressions internes s'opposaient à Gorbatchev et ses programmes. Moscou nous faisait vaguement comprendre que l'un des objectifs de Gorbatchev à Malte allait être d'obtenir de nous un peu de « compréhension » vis-à-vis de sa situation et des mesures qu'il allait peut-être devoir prendre pour ramener l'ordre. Je ne pouvais faire cela, ou alors, avec des contreparties historiques, politiques et morales durables.

Je savais aussi qu'à Malte, il me faudrait contraindre Gorbatchev à ne plus se mêler de la situation en Amérique centrale. Les incidents de la fin du mois de novembre – comme l'atterrissage en catastrophe, au Salvador, d'un avion nicaraguayen rempli de missiles sol-air soviétiques ainsi que d'autres armes et munitions – n'ont rien arrangé. Il y avait également eu une livraison soviétique de MIG-29 à Cuba. Il s'agissait d'un avion d'interception qui pouvait également servir à larguer des bombes atomiques. Je n'avais aucune raison de penser que Cuba possédait des armes atomiques, mais cela ne me plaisait guère en soi, et arrivait à un mauvais moment.

BRENT SCOWCROFT

Ces incidents nous ont encouragés à penser que, fondamentalement, nous étions encore en présence d'un système brejnévien, auquel on avait simplement rajouté quelques guirlandes humanitaires. Je ne rendais pas Gorbatchev personnellement responsable de l'incident des MIG, mais il était difficile de croire qu'il n'était pas au courant. C'était le genre de manœuvre offensive gratuite dont « l'ancien système soviétique » s'était fait une spécialité. Rien ne la justifiait, surtout à un moment aussi critique. Mais cette manœuvre n'avait aucune conséquence importante sur le plan militaire, et je ne pensais pas que nous devions laisser libre cours à notre agacement en réagissant d'une manière qui pouvait compromettre des enjeux plus importants.

GEORGE BUSH

Dans le même temps, cette rencontre avec Gorbatchev avait l'avantage supplémentaire de nous fournir une bonne raison de rencontrer à nouveau les dirigeants chinois – sous le prétexte de les tenir informés – et peut-être de rouvrir le dialogue. L'impasse dans laquelle nous nous trouvions avec la Chine ne laissait pas de me préoccuper, et j'étais contrarié que nous ayons fait si peu de progrès depuis le voyage de Brent à Pékin au mois de juin. J'avais écrit une autre lettre à Deng dans l'avion qui me ramenait en Amérique après mon séjour en Europe du mois de juillet. J'espérais le convaincre de bouger, d'aller vers une forme d'ouverture. J'ai dit à Deng que Brent m'avait transmis son proverbe sur le nœud. « C'est là qu'est pour nous tout le problème, ai-je écrit. Vous avez le sentiment que nous avons "noué la situation" par nos actions... Nous avons le sentiment que les mesures que vous avez prises à l'encontre de manifestants pacifiques et non violents, ainsi que la répression nationale contre ceux qui parlaient tout simplement de réforme, ont noué la situation. »

> [...] J'ai le plus grand respect pour la position de la Chine concernant l'ingérence dans ses propres affaires.
>
> Pour cette raison, je comprends également que je risque de mettre à mal notre amitié en faisant quelques suggestions sur ce qui devrait être fait à présent. Mais les relations entre nos deux pays, que nous nous sommes tous deux efforcés de consolider, exigent la franchise avec laquelle seul un ami peut s'exprimer.
>
> S'il existe un moyen de refermer le chapitre de ces étudiants dont les actes furent ceux de manifestants pacifiques, cela constituerait une avancée décisive... Si le pardon pouvait être accordé à ses étudiants, et même à leurs enseignants, cela contribuerait grandement à restaurer la confiance que le monde entier avait placée en vous. Une telle mesure pourrait bien conduire à une amélioration de vos relations avec bien des pays. Par exemple, cela me donnerait l'occasion de faire une déclaration dans laquelle j'approuverais votre décision. Et si cela pouvait être utile à la Chine, je dépêcherais officiellement un émissaire de haut niveau à Pékin, signifiant ainsi au monde entier que notre pays est prêt à œuvrer vers une normalisation de nos relations.
>
> Voyez-vous, à tort ou à raison, ce sont les étudiants qui se sont emparés de l'imagination de tant de gens de par le monde. Ils sont jeunes et, comme tous les étudiants, ils sont idéalistes...
>
> Je vous écris cette lettre à trente-sept mille pieds d'altitude, alors que je reviens d'un voyage en Pologne, en Hongrie, en France et aux Pays-Bas. En Pologne et en Hongrie tout le monde ne parle plus que de réforme économique. D'autres trouvent, à l'instar de la Chine, que la motivation économique est une bonne chose, que l'entreprise privée est une bonne chose, et que le niveau de vie peut s'améliorer grâce à la réforme de l'économie.
>
> J'espère que vous continuez de penser que les contacts économiques avec l'Occident sont une bonne chose. En dépit du fait que le Congrès américain continue de faire pression sur moi pour que je coupe ces liens économiques avec la Chine, je continuerai de faire mon possible pour empêcher que le bateau ne soit trop secoué... Vous êtes un homme

d'expérience, vous avez connu des hauts et des bas. À présent, je vous demande de vous tourner avec moi vers l'avenir... Nous pouvons tous deux faire davantage pour la paix dans le monde et pour le bien-être de nos peuples si nous pouvons remettre notre relation à flot. Je vous ai donné mon avis sans que vous me l'ayez demandé. S'il doit y avoir une période d'ombre, alors qu'il en soit ainsi ; mais essayons tout de même d'allumer quelques bougies.

Le 11 août, Deng m'a envoyé une réponse polie. Il m'a affirmé que la Chine était souveraine, et qu'elle agissait en vertu des lois qui la gouvernent afin d'anéantir la « rébellion ». Il espérait que nos relations s'améliorent, mais il exigeait que nous « arrêtions de permettre aux criminels présents sur le sol américain [c'est-à-dire aux dissidents et étudiants chinois aux États-Unis] de continuer leurs activités contre le gouvernement chinois ». Il nous a rappelé que des sanctions étaient encore en cours, et qu'il y avait d'autres « incidents d'ingérence ». Les Chinois n'avaient pas bougé d'un pouce, et la situation est restée bloquée des mois entiers.

Plus tard, ce même automne, j'ai discuté de la Chine avec Richard Nixon, quelques jours après un voyage qu'il avait effectué là-bas.

Journal, 5 novembre

Nixon est venu dîner à la Résidence ce soir... Il a dit des choses intéressantes sur la Chine. Il pense que nous devrions faire un geste en direction des Chinois. Là-bas, il leur a expliqué clairement la situation, et leur a brossé un tableau réaliste de l'état des choses dans [ce] pays. Il pense que le mieux est d'envoyer Brady en Chine. Je n'en suis pas sûr. Je continue de penser que nous devrions tout replacer dans le contexte de ma rencontre avec Gorbatchev, et dire clairement à la Chine que nous nous intéressons vraiment à leur avis et à leur position sur la question... [Le député] Solarz et d'autres ont [introduit] un certain nombre de résolutions destinées à aggraver les sanctions envers la Chine. Je ne peux accepter une chose pareille. L'affaire leur a échappé, et ils ont commis une terrible erreur. [Les Chinois] sont en train d'essayer de nous faire porter le chapeau ; mais nous devons aller de l'avant, et d'une certaine manière, nous devons remettre à flot les relations entre nos deux pays. C'est dans notre intérêt d'un point de vue stratégique, culturel et économique...

Fort de ce que Nixon m'avait dit, j'ai écrit une autre lettre à Deng, dans laquelle je proposais l'envoi d'un émissaire à Pékin, immédiatement après la rencontre de Malte, afin de le tenir informé des discussions avec Gorbatchev *.

---

* L'attitude des Américains au Congrès, dans l'opinion publique et dans la presse restait passionnée et extrêmement négative. S'il y avait un moyen de revenir en arrière avant que les choses ne deviennent trop sérieuses et ne portent irrémédiablement atteinte à notre relation, nous devions essayer.

À peu près à cette époque, Henry Kissinger s'est également rendu en Chine et en est revenu avec une lettre de Deng, qu'il m'a remise à la Maison Blanche, le 13 novembre. J'ai dicté une éventuelle « solution ». Fang Lizhi et son épouse, toujours enfermés dans les bâtiments de notre ambassade, allaient avoir le droit de quitter la Chine, mais Deng voulait que les deux camps fassent des efforts sérieux pour parvenir à un accord de coopération dans un avenir proche, et il a suggéré que les États-Unis invitent le secrétaire général Jiang Zemin à Washington au cours de la première moitié de 1990. Comme Nixon, Kissinger croyait que les Chinois étaient prêts pour des discussions sérieuses et que nous devions envoyer quelqu'un à Pékin. Nixon et Kissinger étaient rentrés de leurs séjours respectifs en Chine avec la même analyse de la situation.

BRENT SCOWCROFT

Le 15 novembre, le nouvel ambassadeur chinois, Zhu Qizhen, est venu se présenter officiellement à la Maison Blanche. Nous nous sommes rencontrés deux fois le même jour, et je lui ai expliqué que nous voulions envoyer une équipe en Chine pour trouver un « chemin » qui nous permettrait de nous éloigner du précipice au-dessus duquel nous étions suspendus en équilibre depuis le mois de juin. Zhu m'a tendu une réponse à la lettre du Président. Deng était favorable à l'idée d'un autre émissaire qui l'informerait sur Malte. Le Président a écrit à nouveau pour dire qu'il serait ravi de recevoir la visite de Jiang Zemin en 1990, mais que la date exacte et le lieu seraient définis lorsque la situation de Fang serait clarifiée. « Je fais tout mon possible pour dénouer ma part de ce nœud, mais je vous demande de m'aider en dénouant votre part. »

Notre refus de rejeter la Chine dans une totale obscurité en avait irrité plus d'un au Congrès. Le 16 novembre, le Sénat a fait passer un texte visant à imposer des sanctions plus dures, notamment un arrêt de toutes les ventes d'armes, des exportations américaines de satellites et d'équipements de police, la fin de la coopération nucléaire, l'arrêt de la libéralisation des contrôles à l'exportation, et une suspension de la garantie de l'OPIC. Après des négociations de dernière minute, nous avons réussi à inclure certaines clauses permettant au Président de lever les sanctions s'il jugeait que cela servait l'intérêt national. Fort de cette provision, il a signé. Il n'était cependant plus question de coopérer sur un texte devant autoriser les Chinois étudiant aux États-Unis à prolonger leur visa jusqu'à ce que leur gouvernement ait clarifié sa position sur les Droits de l'homme. Nous avions déjà décidé d'accepter cela, mais dans le calme, par l'intermédiaire du ministère de la Justice. Nous étions certains qu'une décision si polémique pousserait la Chine à annuler son programme d'échanges d'étudiants, ce qui serait une véritable tragédie. Tous nos espoirs pour l'avenir des changements en Chine reposaient sur le fait que des étudiants chinois puissent se familiariser avec les valeurs améri-

caines. Nous étions également contre le fait que le Congrès légifère sur une question qui devait être laissée à l'exécutif. Néanmoins, le 19 novembre, la proposition de loi Pelosi a donc été adoptée par la Chambre par quatre cent trois voix contre zéro et par le Sénat, à l'unanimité, le lendemain.

GEORGE BUSH

Journal

Nous sommes le 29 novembre, et nous nous apprêtons tous à partir pour Malte dès demain. Mais voilà que nous nous retrouvons avec la proposition de loi Pelosi sur la Chine... J'ai déjà pris toutes ces mesures ou presque au niveau de l'exécutif, mais à présent le Congrès veut que je signe une proposition de loi. La Chine m'a fait clairement comprendre que si je signais une telle proposition, tous les échanges universitaires seraient suspendus. Je [vais opposer mon droit de veto], même s'il a fait l'unanimité des deux chambres... Les gens écrivent des éditoriaux contre mon utilisation du veto, mais je ferai une déclaration officielle pour bien expliquer que ces gens ne seront pas renvoyés dans leur pays contre leur gré, etc., même si je dois me heurter aux libéraux et aux conservateurs. C'est sans doute la pire des décisions que j'ai jamais eu à prendre, mais sans cela nous sommes finis. Ce n'est pas facile. Nous allons sans doute devoir sortir notre veto en d'autres occasions ; mais nous devons leur montrer ce que nous avons dans le ventre.

Le lendemain, j'ai posé mon veto, et je me suis préparé à une dure bataille.

Lors de la dernière réunion préparatoire à la rencontre de Malte, j'ai insisté pour consulter tous nos alliés de l'OTAN, y compris l'Islande, le Luxembourg et d'autres petits pays. Je voulais savoir ce qu'ils voulaient que je dise à Gorbatchev.

Journal, 25 novembre

Margaret Thatcher est venue à Camp David [hier] et tout s'est bien passé [mais] elle ne voulait pas entendre parler de réduction dans notre arsenal de défense... Je lui ai expliqué que les pressions sont exercées au niveau du budget ; mais ce qui m'a vraiment irrité c'est que je n'ai pas pu... la convaincre que nous devions dépenser moins pour la défense... Colin Powell et Cheney [sont d'accord] avec moi, mais elle est plus inflexible que jamais sur ce sujet. Aujourd'hui, j'ai appelé Lubbers, González, Martens, et ils m'ont tous dit : « Restez du côté de l'OTAN : n'essayez pas de faire pression pour une dissolution du pacte de Varsovie. » Mais ils ne sont toutefois pas

> inflexibles au point de dire qu'aucun accord ne doit être pris [à Malte] sur les questions de défense.
>
> À la fin, Margaret m'a tout de même envoyé un télégramme sympathique m'assurant de son soutien en des termes très encourageants.

J'ai également eu une grande discussion avec Brian Mulroney au cours d'un dîner, le 29 novembre. Nous avons discuté de la conversation qu'il avait eue avec Gorbatchev lors de sa visite à Moscou. Brian a dit que Gorbatchev voulait rétablir une relation de confiance avec moi à l'occasion de notre rencontre à Malte. Il ne s'attendait à aucune solution miracle, il ne s'attendait pas non plus à ce que nous lui fassions des propositions. Il voulait simplement mieux me connaître et me faire part de ses objectifs et de ses raisonnements. J'ai dit à Brian que j'allais essayer de convaincre Gorbatchev que nous voulions travailler avec lui.

Enfin, il y avait la question de savoir comment tenir nos alliés informés par la suite. François Mitterrand m'avait invité dans le sud de la France sur mon chemin de retour. Même si je voulais le voir, je pensais que cela encouragerait d'autres pays à demander des entrevues, or je n'avais tout simplement pas le temps de courir à travers l'Europe entière. En fin de compte, nous avons eu l'idée de demander à Manfred Wörner d'organiser un sommet de l'OTAN au cours duquel nous pourrions briefer tous les membres d'un seul coup.

BRENT SCOWCROFT

La presse spéculait sur l'éventualité d'une « surprise » de la part de Gorbatchev, dans la droite ligne de ce qui s'était produit avec Reagan au sommet de Reykjavik en 1986, et avec Baker à Moscou en mai. Cette éventualité préoccupait certains d'entre nous. Nous avons discuté de la façon de nous en prémunir et d'y réagir. Nous avons finalement décidé que si nous étions confrontés à une proposition que nous n'avions pu analyser, le Président remercierait Gorbatchev et lui dirait tout simplement qu'il allait y réfléchir à Washington, et qu'il lui transmettrait sa réponse. Baker a alors eu l'idée que ce soit nous qui prenions l'initiative, pour essayer de mettre Gorbatchev sur la défensive. Son idée était de mettre au point un lot d'initiatives sur chaque sujet et d'en faire la présentation inaugurale du président Bush. Le Président aimait bien l'idée, car il pensait qu'entre autres choses, cela ferait taire les critiques qui continuaient de nous accuser de dériver par manque d'objectifs. Nous avons mis au point un ensemble de dix-sept propositions distinctes.

Je n'étais pas tout à fait convaincu par l'idée de Baker ; je la trouvais au mieux peu professionnelle, au pire éculée. Pour moi, une présentation inaugurale devait être philosophique, un « grand panorama » de sa vision du monde, du rôle que les États-Unis et l'Union soviétique pouvaient y jouer, des dangers et des occasions qui se présentaient à nous. Cela devait jeter un cadre pour des discussions plus détaillées, même si, je dois l'admettre, cela donnait aussi à Gorbatchev une bonne occasion de prendre le contrôle de cette rencontre.

La nuit où nous nous sommes envolés pour Malte s'est révélée riche en complications. Nous sommes partis de la base aérienne d'Andrews vers sept heures du soir, le 30 novembre. Après le dîner, tout le monde s'apprêtait à tirer le meilleur parti possible de cette très courte nuit. Sununu et moi étions les deux seuls à nous activer encore lorsque le radio est venu me dire que j'avais un appel de Bob Gates. Gates m'a dit qu'il avait l'impression qu'il se préparait un coup d'État aux Philippines. Il avait convoqué une réunion des adjoints mais il y avait eu quelques anicroches. Le vice-président Quayle voulait transformer cette réunion en réunion du NSC. Cheney était chez lui et refusait de se rendre à la Maison Blanche, au motif que le vice-président n'était pas aux commandes et qu'une telle réunion n'aurait aucune valeur. Eagleburger était venu à la réunion.

Les personnes présentes ont débattu d'une demande d'aide émanant de la présidente Cory Aquino. Les rebelles avaient pris le contrôle d'une base aérienne et menaçaient de faire sauter le palais présidentiel. Sur proposition de Powell, le groupe a proposé de positionner un avion chasseur américain au-dessus de la piste de décollage tenue par les rebelles afin d'éviter qu'un avion ne décolle. J'aimais bien cette idée, parce qu'elle nous permettait de répondre à la demande d'Aquino sans nous faire courir le risque de prendre directement part au conflit.

Baker dormait à poings fermés et j'ai décidé de ne le réveiller que si le Président avait besoin de quelques précisions. Il n'y avait aucune raison que tout le monde se réveille fatigué le lendemain matin. J'ai rapidement dû jongler avec les appels de Quayle et de Cheney, Gates m'appelant toutes les trente secondes pour me donner son interprétation sur les intentions des deux autres. J'avais les deux mains prises à essayer de calmer les uns et les autres, j'ai donc demandé à Sununu d'aller réveiller le Président, de lui expliquer notre idée et de lui demander son approbation, qu'il a eue aussitôt.

Il s'agissait vraiment d'une tempête dans un verre d'eau, même si sur la question de qui était aux commandes, Cheney avait raison. Cette brève crise m'a montré que le système fonctionnait, même dans les conditions les plus inhabituelles. J'avais peur que la modeste mesure que nous avions prise en envoyant ce chasseur soit insuffisante, et que les choses deviennent rapidement plus difficiles à gérer. Mais elle s'est révélée suffisante à tuer le soulèvement dans l'œuf, et nous avions atteint notre but sans avoir à faire usage de nos armes.

GEORGE BUSH

Nous sommes arrivés à Malte aux environs de dix heures du matin. Il pleuvait un peu, et après un rapide entretien avec le Premier ministre maltais Fenech Adami et une visite à l'USS *Forrestal*, nous avons pris place à bord du croiseur USS *Belknap* – vaisseau amiral de la Sixième

Flotte – dans le port de La Valette *. À quelques encâblures de là, le *Slava*, un bateau de croisière soviétique, avait mouillé l'ancre, tandis qu'un autre bateau de croisière soviétique, encore plus grand, le *Maxime Gorky*, était amarré au quai : des trois navires impliqués dans cette rencontre, c'était donc le plus protégé. J'avais mes quartiers à bord du *Belknap*, où je logeais dans la confortable cabine de notre hôte, l'amiral Jonathon D. William. Alors que nous nous installions à bord, j'ai réussi à prendre le temps de pêcher à l'arrière du bateau. Je n'ai rien attrapé, mais je peux affirmer qu'un poisson a mordu à l'hameçon.

À l'extérieur, la tempête s'était levée, mais lorsque je suis allé me coucher la première nuit, il y avait une accalmie et j'entendais la mer battre contre la coque. Dans la journée et la nuit du lendemain, le temps n'a fait que se dégrader. La mer démontée mettait à mal le planning et nous a même obligés à annuler une réunion. Gorbatchev, qui était à bord du *Maxime Gorky*, ne voulait pas s'aventurer sur le *Slava*, où la première réunion devait avoir lieu. Nous nous sommes donc rendus sur le *Maxime Gorky*. Monter à bord relevait de l'exploit sportif, tant la houle nous empêchait de prendre pied.

Le *Maxime Gorky* était un superbe navire, avec de larges baies vitrées. Récemment refait à neuf, il avait été amené là pour loger la délégation soviétique et tout son personnel. Gorbatchev m'a accueilli en haut des escaliers, à l'extérieur du salon. Il était arrivé très tard la nuit précédente et avait l'air fatigué mais souriant. Il avait un costume bleu foncé à rayures tennis, une chemise crème et une cravate rouge. Il me semblait que ses cheveux étaient plus gris que l'année précédente. À ses côtés se trouvaient Chevarnadzé, Yakovlev, Bessmertnykh et Anatoly Chernyayev, ainsi qu'une foule de conseillers : Valentin Falin, l'ancien ambassadeur Dobrynin, Akhromeyev, Viktor Karpov, l'actuel ambassadeur Youri Dubinin, le porte-parole Gennady Gerasimov et d'autres encore. Alors que Gorbatchev faisait les présentations, je me suis rendu compte que j'avais déjà rencontré tous les participants.

BRENT SCOWCROFT

Comme le Président, je les connaissais tous. Malgré cela, l'atmosphère, bien qu'amicale, n'était guère détendue. Un sentiment nerveux d'attente envahissait le salon alors que nous nous saluions de part et d'autre de la table. Étant notre hôte à bord, Gorbatchev nous a officiellement souhaité la bienvenue et a invité le Président à faire le discours d'ouverture. Le Président était nerveux lorsqu'il a pris la parole,

* Notre hôte à bord du *Forrestal* était l'amiral Jonathan Howe, commandant en chef des forces alliées pour le sud de l'Europe. J'ai rencontré Jon pour la première fois lorsque j'ai rejoint le NSC en 1972. Il y exerçait les fonctions de capitaine de corvette, et travaillait directement pour Kissinger. Il avait fait de l'excellent travail au NSC et au fil des missions militaires et politico-militaires, il avait réussi à atteindre les échelons les plus élevés de la marine. Lorsque le Président a nommé Bob Gates directeur de la CIA, j'ai demandé à Jon de le remplacer.

visiblement tendu par l'importance de ce qui était en train d'avoir lieu. Au fur et à mesure, il s'est un peu détendu.

GEORGE BUSH

J'ai exposé mes propositions et j'ai suggéré la tenue d'un sommet vers la fin du mois de juin. J'ai alors abordé la question des obstacles au commerce. « Je veux annuler Jackson-Vanick, qui interdit le statut de MFN, ai-je dit. Deux choses doivent se produire. [Tout d'abord], vous devez modifier vos lois sur l'émigration avant le début de l'année prochaine. [Deuxièmement], nos lois exigent un accord commercial avant que le statut de MNF ne soit accordé. Je propose que nous commencions dès maintenant à négocier sur le commerce. Je demanderai au camp américain d'aller de l'avant. Je veux que cela soit fait. Si le message n'est pas parvenu jusqu'aux plus hauts échelons de notre Administration, j'y veillerai personnellement. Je voudrais parvenir à un accord pour le sommet de 1990... » J'ai énoncé quelques problèmes préoccupants : les Droits de l'homme, et les familles soviétiques déchirées, dont une partie était venue vivre aux États-Unis. Alors que je parlais, Jim Baker a remis à Gorbatchev une liste de cas. Gorbatchev a fait remarquer que l'ambassade américaine n'avait pas été capable de gérer le flot de ceux qui souhaitaient émigrer. Il a promis de donner suite.

J'ai ensuite soulevé la question de l'Amérique centrale : la plus délicate. J'ai expliqué comment les dirigeants de cette région m'enjoignaient de lui demander de contraindre Fidel Castro à cesser d'exporter la révolution dans ces démocraties. « C'est là le contentieux le plus important, dans une relation qui semble par ailleurs aller dans la bonne direction, ai-je ajouté. L'affaire ne préoccupe pas seulement la droite américaine ; cela va beaucoup plus loin. Je sais que pour vous c'est une question sensible, mais chez nous certains disent : "Comment les [Soviétiques] peuvent-ils donner tant d'argent à Cuba et vouloir obtenir des crédits [pour leur agriculture] ?"... Le Nicaragua a promis à M. Chevarnadzé qu'il n'enverrait plus d'arme. [Les sandinistes] vous doivent quelques explications. » J'ai ajouté que la solution passait par des élections honnêtes et un transfert de pouvoir.

J'ai poursuivi sur le contrôle des armements. « Je veux me débarrasser des armes chimiques, vraiment. » J'ai proposé une solution, avec une concession de notre part. Si les Soviétiques étaient d'accord pour adopter les mesures contre les armes chimiques que j'avais énoncées dans mon discours de septembre devant les Nations unies, j'étais prêt à suspendre la modernisation de notre arsenal chimique dès que l'interdiction globale serait appliquée. Je voulais également que nous signions un traité sur les CFE en 1990, et je voulais accélérer les travaux sur un accord START. J'ai donné le détail des changements que nous étions prêts à effectuer dans nos principes de négociations, afin de faire avancer les choses. Je lui ai demandé de rendre public les détails de leur budget militaire, les chiffres des effectifs militaires soviétiques, et les chiffres de production d'armes, comme le faisaient les États-Unis. « En tant qu'ancien membre de la CIA, j'espère que vous avez obtenu tous ces chiffres du KGB avant notre réunion.

– Ils disent que vous ne publiez pas tout, a répondu Gorbatchev avec un demi-sourire.

– J'espère que vous ferez cela pour renforcer notre relation de confiance », ai-je dit. J'ai achevé en donnant une liste d'autres questions sur lesquelles nous pouvions coopérer, telles que l'environnement ou les programmes d'échanges scientifiques et universitaires. « C'est ainsi que s'achève mon non-programme », ai-je ajouté en plaisantant.

BRENT SCOWCROFT

Le plan Baker avait fonctionné. Nul ne saura jamais ce que Gorbatchev avait tout d'abord eu l'intention de dire ; le Président avait visiblement chamboulé ses plans. Il paraissait interdit après cette avalanche de propositions américaines. Il a rapidement retrouvé ses esprits et fait une prestation honorable. Toutes nos craintes de ressortir sur la défensive de cet échange initial s'étaient envolées.

GEORGE BUSH

Gorbatchev a marqué une pause avant de me répondre. « Tout cela est fort intéressant, a-t-il dit lentement. Cela montre que l'administration Bush sait déjà ce qu'il faut faire. » Il a lu à haute voix ses propres notes, dans lesquelles il soulignait sa vision du monde, consignée dans un petit livre orange. « Je crois qu'il est important pour nous deux de faire le bilan de la guerre froide. Vous ne pouvez réécrire l'histoire. Ce qui s'est passé s'est passé. C'est le privilège de l'histoire. Mais c'est notre privilège, et même notre devoir, de nous pencher sur ce qui s'est passé... Aujourd'hui, nous sentons tous que nous sommes à un tournant de l'histoire. Nous devons nous atteler à des problèmes totalement nouveaux, des problèmes que nous n'avions pas anticipés et dont nous n'avions pas prévu l'ampleur. À présent, il s'agit de savoir si nous devons traiter ces problèmes comme par le passé. » Il a déclaré que certains aux États-Unis croyaient encore en l'excellence des anciennes politiques, et que tout ce que nous avions à faire était d'en récolter les fruits. « Mais je sais que vous n'êtes pas d'accord avec cela, a-t-il dit. Je sais que vous avez entendu des experts donner leur avis, mais ce que vous avez dit aujourd'hui montre que le président Bush a sa propre vision des choses, qui est cohérente avec les défis de notre temps. »

Il a parlé du monde nouveau qu'il voyait évoluer : un monde multipolaire avec une Europe unie, une Chine et un Japon forts. L'Inde aussi devenait plus dynamique. Il pouvait imaginer que de nouvelles et importantes questions allaient entrer en jeu, toutes liées à la concurrence face à des ressources limitées. « En Union soviétique, nous pensons à tout cela depuis longtemps. Les États-Unis et l'URSS sont condamnés à coopérer pour un bon bout de temps, mais nous devons cesser de nous percevoir comme des ennemis. »

Gorbatchev a précisé qu'il n'envisageait pas un condominium américano-soviétique, mais qu'il ne faisait que décrire la réalité. « Je ne remets pas en question notre responsabilité conjointe, ni les anciennes structures de coopération, a-t-il poursuivi. Mais nous devons trouver des structures de coopération qui tiennent compte des réalités nouvelles. » Il était dangereux pour chacun de nos deux pays d'ignorer ou de négliger les intérêts de l'autre. « Les États-Unis n'ont pas tout à fait abandonné ses anciens schémas de pensée. Je ne peux pas dire, d'ailleurs, que nous ayons tout à fait abandonné les nôtres. Parfois, nous avons l'impression que les États-Unis sont donneurs de leçons, qu'ils veulent faire pression sur les autres. Nous avons conscience de cela. Je veux connaître votre réaction, parce que c'est comme cela que nous ferons passer les ponts par-dessus les rivières, plutôt que le long de celles-ci...

– J'espère que vous avez remarqué qu'alors que la dynamique du changement s'est accélérée depuis quelques mois, ai-je répondu, nous n'avons pas réagi d'une manière outrancière ou arrogante qui aurait compliqué nos relations. Ce que je dis est sans doute un peu vaniteux. On a dit de moi que j'étais prudent et timoré. Je suis effectivement prudent, mais je ne suis pas timoré. J'ai agi de manière à ne pas vous compliquer la vie. C'est pourquoi je n'ai pas grimpé aux rideaux lorsque le mur de Berlin est tombé.

– Oui, nous avons vu cela, et nous avons apprécié, a déclaré Gorbatchev. Une chose nous préoccupe : ce que vous faites aux Philippines. » Quant à l'Amérique centrale, la question des livraisons d'armes avait été mal comprise. « Si nous promettons quelque chose, nous voulons tenir notre promesse car nous ne voulons pas compromettre notre relation de confiance. Nous voulons vous convaincre que nous ne jouons aucun jeu politique. Nous avions promis de ne plus fournir d'armes au Nicaragua et nous avons tenu notre promesse. » Il a ajouté qu'après le crash de l'avion, ils avaient appelé les Nicaraguayens et les Cubains. Tous deux niaient avoir une quelconque responsabilité dans cet incident. « Mais nous tiendrons parole », a-t-il promis.

« Le système politique nicaraguayen est pluraliste, a-t-il poursuivi. Il n'a rien à voir avec le marxisme. Il est ridicule de dire des sandinistes qu'ils sont marxistes. L'origine de la situation actuelle au Nicaragua est économique et historique. Je ne comprends pas pourquoi vous jugez si inacceptable ce qui se passe au Nicaragua. Après les élections ils auront un nouveau gouvernement. Laissez les Nations unies et l'Amérique latine encadrer les élections. Franchement, nous ne sommes pas si préoccupés que cela. Quant à Cuba, Castro s'en est tiré sans aucune aide de notre part... Personne ne peut vraiment donner d'ordres à Castro, absolument personne. Castro a sa propre conception de la *perestroïka*, qui consiste à dire ce qu'il pense. » Gorbatchev a éclaté de rire. « Mais nous avons besoin de compréhension mutuelle.

Nous ne voulons pas de tête de pont à Cuba ou en Amérique centrale. Nous n'en avons pas besoin. Vous devez vous en convaincre. »

Cette première réunion m'avait amplement satisfait. Avec tous les acteurs présents, elle était bien éloignée des petits entretiens sans programme que j'avais tout d'abord envisagés. Notre présentation avait été bien conçue, notamment par Jim et Brent, et elle avait été bien perçue. Malgré tout, je pense que Gorbatchev s'est senti soulagé lorsque nous nous sommes retrouvés en privé dans l'après-midi. Lors de cette réunion, seul Brent, notre interprète et moi avons rencontré Gorbatchev, Chernayev et leur interprète.

Gorbatchev a insisté pour que je parle à Castro. « Ma visite à Cuba n'a pas été simple, a-t-il déclaré. Castro a exprimé des réserves quant à notre politique [de réforme]. Je lui ai expliqué que nos intentions étaient bonnes... En fait, il m'a demandé d'aider à la normalisation des relations américano-cubaines... C'est la première fois que je dis cela, et cela doit rester entre nous, a-t-il ajouté.

– Jouons cartes sur table à propos de Castro, ai-je répondu. Nos alliés ne comprennent pas pourquoi nous sommes préoccupés par l'Amérique centrale. Cela ne représente rien pour eux. Pour la gauche américaine, cela ne représente rien non plus. Mais pour les démocraties en herbe d'Amérique latine et pour la droite américaine, il s'agit effectivement d'une question importante. Castro est comme une ancre marine, il vous freine dans votre avancée, et il freine l'hémisphère ouest sur sa route vers la démocratie. »

Gorbatchev avait déclaré que les sandinistes n'avaient rien à voir avec le marxisme. « J'ai tendance à penser comme vous, ce qui n'a pas toujours été le cas, ai-je dit. Mais je suis convaincu qu'ils exportent la révolution. Ils envoient des armes. Peu m'importe ce qu'ils vous ont dit, ils soutiennent le FMLN [les forces d'insurrection de gauche au Salvador]. J'ai maintenant la certitude qu'une nouvelle livraison d'hélicoptères transite entre l'Union soviétique et le Nicaragua. » Je lui ai dit que pour moi la solution passait par une élection contrôlable, et à l'issue de laquelle Daniel Ortega devrait s'incliner devant les résultats quels qu'ils soient, sans chercher à s'accrocher au pouvoir. Quant aux États-Unis, je lui ai assuré que s'il s'agissait d'une élection libre, nous respecterions les résultats du scrutin. Restait la question de Panama, où Manuel Noriega continuait de nous préoccuper. J'ai confié à Gorbatchev que nous préparions de sérieuses mesures à son encontre *.

« Laissez-moi vous dire comment vos décisions sont perçues en Union soviétique, a répondu sèchement Gorbatchev. Les gens se disent : n'y a-t-il aucune limite à l'ingérence américaine dans les pays indépendants ? Les États-Unis jugent et appliquent leur jugement. »

J'ai abordé la question des Philippines, à laquelle Gorbatchev avait fait allusion lors de notre précédente réunion. Je pensais tenir là un bon exemple d'ingérence américaine positive. « Il existe un groupe dis-

---

* L'opération militaire qui a fini par restaurer la démocratie au Panama n'a eu lieu que le 26 décembre.

parate au sein de l'armée [dirigé par le colonel Honasan], ai-je dit. La présidente Cory Aquino, démocratiquement élue, nous a demandé notre aide pour empêcher que le palais présidentiel ne soit bombardé par ces rebelles. Il ne m'est jamais venu à l'idée que cela serait une source de problèmes avec l'Union soviétique, même si cela n'aurait sans doute rien changé à ma décision.

– En Union soviétique, certains disent que la doctrine Brejnev est en train d'être remplacée par la doctrine Bush », a déclaré Gorbatchev d'un ton dur. Je lui ai rappelé que les Philippines étaient une démocratie ayant demandé de l'aide pour lutter contre des rebelles.

« C'est une démocratie, l'affaire est entendue, a répondu Gorbatchev. C'est une question de contexte. En Europe de l'Est, des gouvernements légitimement élus sont en train d'être remplacés. La question est de savoir ce qui se passerait si, dans les luttes qui ont lieu en Europe de l'Est, quelqu'un demandait à l'armée soviétique d'intervenir. Tout est lié. Certains disent à présent que nous ne faisons pas notre devoir envers nos amis. Mais personne ne nous a rien demandé.

– En Europe de l'Est, les changements sont pacifiques et encouragés par vous, ai-je répondu. Aux Philippines, un colonel est en train de se frayer un chemin jusqu'au pouvoir à coups de mitrailleuse. »

Gorbatchev a fait un signe de tête affirmatif. « Il est bon de changer dans le calme, a-t-il dit. Nous prônons la non-ingérence. Le changement peut être douloureux. Il y aura toujours et partout des colonels pour faire ce genre de travail. »

Il est passé à l'Europe de l'Est et à l'Allemagne, déclarant qu'il avait trois remarques à formuler. Tout d'abord, « les changements en Union soviétique et en Europe de l'Est nous rapprochent tous, ce qui est très important. » Ensuite, il a dit qu'il détestait entendre les hommes politiques américains dire que l'Europe devait se fonder sur les valeurs de l'Occident. « On nous a accusés d'exporter notre idéologie, a-t-il ajouté. C'est pourtant à présent ce que prônent certains, dont vous ne faites pas partie, je dois le reconnaître. Enfin, M. Kohl est trop pressé de voir régler la question allemande. Ce n'est pas bon. »

Gorbatchev pensait que les récentes déclarations * de Kohl avaient été motivées par le jeu politique préélectoral. Il suggérait que nous fassions comprendre à Kohl que cette approche était dangereuse. Certaines questions restaient également sans réponse. « Par exemple, est-ce qu'une Allemagne réunifiée existerait en dehors des alliances ou à l'intérieur de l'OTAN ? Il est prématuré de donner une réponse et nous ne devrions pas pousser les choses : nous devrions laisser les choses aller à leur rythme. Vous et moi ne sommes pas responsables de la partition de l'Allemagne. Laissons l'histoire décider de la suite des événements. Nous devons être d'accord là-dessus. »

J'ai dit à Gorbatchev que je pensais que Kohl avait senti un grand

* Le 28 novembre, alimentant la discussion sur une éventuelle réunification au lendemain de la chute du Mur, Kohl avait annoncé un plan pour renforcer la coopération entre les deux Allemagne.

vent d'émotion après ce qui s'était passé. « Son programme contient des éléments politiques, mais il contient aussi beaucoup d'émotions, ai-je admis. Je pense qu'il connaît les problèmes de ses alliés : ils ont soutenu le droit du peuple allemand à se réunifier, mais ils ont des réserves quant au processus de réunification.

– Oui, je sais, a dit Gorbatchev. Contrairement à eux, et à vous, j'affirme qu'il y a deux États, créés par l'histoire. Alors laissons l'histoire décider de la suite. Kohl m'a assuré qu'il se plierait à ce que nous avons décidé à Bonn [en mai]. À présent, il veut que nous parlions au téléphone, et Genscher va venir me voir. Je pense que nous devons faire preuve d'une grande prudence. »

J'ai approuvé d'un signe de tête. « Nous ne ferons rien qui risquerait d'accélérer la réunification, ai-je répondu. Lorsque vous parlerez à Kohl, vous vous rendrez compte qu'il est d'accord... Je passerai pour timoré : c'est comme cela que le sénateur Mitchell décrit mon refus de gambader sur les ruines du Mur. Ce n'est pas le moment de se lancer dans un pas de deux qui pourrait s'avérer élégant mais dangereux.

– Nous vivons une époque où les responsabilités sont énormes ; les opportunités sont grandes, mais les responsabilités aussi », a ajouté Gorbatchev.

BRENT SCOWCROFT

Après environ quatre heures et demie à bord du *Maxime Gorky*, nous sommes retournés sur le *Belknap*. Le temps s'était nettement dégradé. Les creux, même dans le port, étaient énormes et le vent hurlait. Nous n'avons réussi à monter à bord que grâce à l'adresse et à l'expérience de l'équipage. Les creux faisaient faire à notre canot des bonds de cinq mètres en une seconde : passer du canot à la plate-forme du *Belknap* était assez périlleux. Le canot a été propulsé contre la plate-forme à tribord et a volé en éclats, mais nous avons finalement pu nous hisser sur la plate-forme de sabord. L'équipage avait peur que le canot ne vienne endommager cette autre plate-forme ; si tel avait été le cas, nul n'aurait plus pu monter ou descendre du bateau jusqu'à ce que la mer se soit calmée : les hélicoptères ne pouvant opérer.

À la tombée de la nuit, le bateau tanguait de façon impressionnante. La tempête empêchait nos hommes encore à terre de monter à bord, et nous ne pouvions partir, même si nous étions au mouillage. Ce soir-là, Gorbatchev n'a pas pu se rendre à bord du *Belknap* pour dîner ; nous avons donc dégusté le superbe repas qui avait été conçu en son honneur : espadon, homard, et toute la suite. Les dirigeants des deux superpuissances, séparés par quelques centaines de mètres, ne pouvaient même pas dîner ensemble. La tempête nous avaient coupés du reste du monde, et même si les réunions se déroulaient relativement bien – lorsqu'elles avaient lieu –, nous ne savions pas du tout comment elles étaient perçues.

GEORGE BUSH

J'ai traversé le pont jusqu'à la poupe et j'ai discuté avec les marins, fouettés par l'écume et la pluie. Le roulis me rappelait les jours que j'avais passés à bord de mon vieux porte-avions l'USS *San Jacinto*, et les quelques tempêtes que nous avions essuyées dans le Pacifique. Un des marins m'a recommandé de ne pas rester à proximité de la chaîne d'une des ancres de bossoir, qui avaient été descendues. Si la chaîne se tendait, elle pouvait m'emporter la jambe. La mer était si mauvaise que le bateau avait dû descendre son ancre de poupe, mais cette situation n'était pas inintéressante. J'ai rebroussé chemin jusqu'à la poupe, en coupant par le mess des marins, où ils s'apprêtaient à regarder un film. Certains des hommes avaient un appareil photo, et ils m'ont demandé de prendre la pose, ce que j'ai fait avec plaisir. J'ai jeté un œil à l'intérieur des quartiers du premier maître, qui étaient meublés de couchettes triples ; cela m'a rappelé les couchettes doubles de l'USS *Finback*, le sous-marin qui m'avait secouru après que mon avion avait été abattu en 1944. Tous les détails me sont revenus : l'échelle si raide, les écoutilles, les robinets qui se fermaient automatiquement ; et sans m'en rendre compte, je me suis retrouvé dans les douches du vaisseau amiral de la Sixième Flotte. Elles marchaient très bien.

BRENT SCOWCROFT

Nous étions totalement isolés. J'ai essayé de joindre Washington, sans grand succès. Le personnel de la radio était extrêmement serviable, mais l'équipement ne me semblait pas être du dernier cri. J'ai dit une courte prière pour qu'aucune crise ne se produise dans la nuit. Heureusement, la seule crise à laquelle nous avons dû faire face s'est produite avec la presse.

Marlin Fitzwater était à bord, et il devait donner une conférence de presse commune avec Gerasimov, mais il n'avait aucun moyen de se rendre à terre. Il a appelé par radio Roman Popadiuk, notre attaché de presse adjoint et directeur des relations publiques pour le NSC, qui était à terre, afin d'annuler cette conférence de presse, faute de pouvoir laisser parler les deux parties *. C'était trop tard. Gerasimov était déjà en train de chanter les louanges de Gorbatchev. Margaret Tutweiler, porte-parole du Département d'État, nous a raconté la même histoire. Marlin a vaillamment tenté de donner par radio à Roman notre version des événements de la journée. Roman a réussi à se faire une idée assez

* Roman travaillait pour le NSC, et je l'avais gardé après le départ de Colin Powell. Il a brillamment rempli ces deux fonctions. Marlin et moi avons décidé de continuer ainsi. Roman savait d'instinct comment s'adresser à la presse, et il jouissait d'une excellente réputation parmi les journalistes. Lorsqu'il est parti en 1992 pour devenir ambassadeur des États-Unis en Ukraine, nous l'avons remplacé par Walter Kansteiner, mon directeur des questions africaines. Il s'est rapidement fait au confortable fauteuil de Roman.

précise de la situation, et lui et Margaret ont fait ce qu'ils ont pu pour compenser les déclarations de leurs collègues soviétiques.

GEORGE BUSH

Le lendemain matin, la tempête s'est apaisée et nous avons pu reprendre le programme prévu. Gorbatchev ne pouvait toujours pas se résoudre à aller à bord du *Slava*, nous sommes donc retournés sur le *Maxime Gorky*. Il était d'excellente humeur et toujours aussi franc : une agréable réunion. Gorbatchev pouvait être très dur, mais il avait le sens de l'humour. Lors de cette discussion, j'ai eu le sentiment que nous étions sur la même longueur d'onde.

« Je veux vous dire, et dire aux États-Unis, que l'Union soviétique ne commencera jamais une guerre. J'insiste sur ce point capital, m'a dit Gorbatchev. L'Union soviétique est prête à ne plus considérer votre pays comme un adversaire. Nous sommes également prêts à déclarer que notre relation est fondée sur la coopération. » Il était temps de voir plus loin que la course aux armements. Il s'est plaint qu'alors même que l'Union soviétique avait opté pour une doctrine militaire défensive, les États-Unis et l'OTAN n'avaient pas bougé. Alors qu'il achevait ses remarques, Gorbatchev m'a tendu une carte en couleurs représentant les bases et les bateaux américains dans le monde. « Peut-être certains détails sont-ils obsolètes, peut-être y a-t-il eu des ajouts, a-t-il plaisanté. La Sixième Flotte [qui comprenait le navire que nous utilisions] change de position. »

« Je ne vois pas le *Slava* », ai-je dit en forme de boutade. Sa carte était impressionnante, mais peu convaincante. Ils avaient, par exemple, mis un drapeau bleu sur le canal de Panama. « Qu'est-ce que le canal de Panama a à voir avec l'encerclement de l'URSS ? ai-je demandé.

– Peu importe le canal de Panama, a-t-il répondu avec un rictus.

– Je propose que nous examinions cette carte en détail, afin de juger de son exactitude, ensuite nous vous dirons s'il y a des problèmes », ai-je dit en tendant la carte à Brent.

J'ai orienté la discussion sur l'Europe. « Vous êtes plus proches des événements, mais je voudrais faire quelques commentaires, ai-je déclaré... On ne peut pas nous demander de désapprouver la réunification allemande. J'ai conscience que c'est une question extrêmement sensible, et nous avons fait notre possible pour agir avec retenue. » J'ai ajouté que nous étions tout à fait conscients de ce que disaient les accord d'Helsinki à propos des frontières. « Qu'envisagez-vous au-delà du *statu quo* ? » Gorbatchev a répondu qu'il croyait que tous les pays d'Europe allaient se rapprocher les uns des autres. « Nous pensons, comme les Européens – même si Kohl émet quelques nuances – que nous devons tout tenter à l'intérieur de ce que stipulent les accords d'Helsinki », a-t-il répondu. Nous devions améliorer la stabilité de l'Europe tout en prenant garde à ne pas détruire les instruments qui avaient assuré son équilibre. Il a proposé qu'à l'avenir, le pacte de Varsovie et l'OTAN soient dotés d'une nature plus politique que militaire.

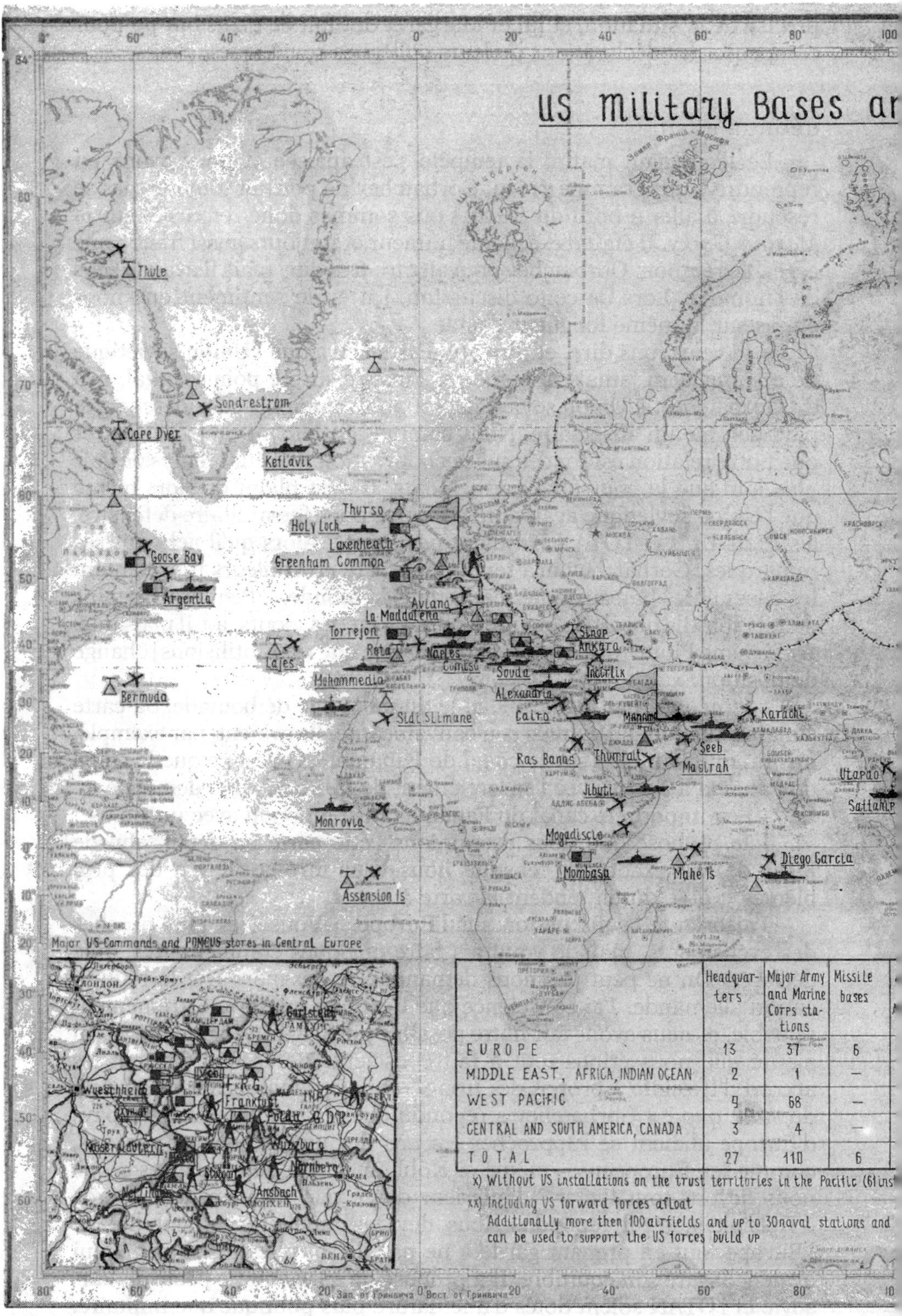

	Headquarters	Major Army and Marine Corps stations	Missile bases
EUROPE	13	37	6
MIDDLE EAST, AFRICA, INDIAN OCEAN	2	1	—
WEST PACIFIC	9	68	—
CENTRAL AND SOUTH AMERICA, CANADA	3	4	—
TOTAL	27	110	6

x) Without US installations on the trust territories in the Pacific (61ins

xx) Including US forward forces afloat

Additionally more then 100 airfields and up to 30 naval stations and can be used to support the US forces build up

stallations Outside CONUS
Handed to my by Gorbachev
aboard Gorki 12-3.89
Barrow
Cape Dyer
Kaktovik
ALASKA
Nome
Elelson
Fort Richardson
Cape Romanzot
Elmendorf
Kodiak
Dutch Harbor
Shemya
Adak
Patty
Cambridge Bay
Pally Bay
Hall Lake
USA
Misawa
Camp Casey
Seoul
Yokosuka
Camp Zama
Sasebo
Kadena
Okinawa
Midway
Wake Is
Pearl Harbor
Honolulu
Hickam
Andersen
Guam
Clark
Darvin
Womera
Grand Bagama
Guantanamo
Roosevelt Roads
Palmerola
Howard
Panama Canal
LEGEND
Headquarters
Pershing IIsites
GLCM's bases
Naval bases and stations
Air bases and airfields
Major Army and Marine Corps stations
Electronic facilities
Major nuclear storage sites
POMCUS and other stores
Масштаб 1:52 000 000
Вост. от Гринвича
Зап. от Гринвича
Nuclear storage sites | Electronic facilities | Other facilities | TOTAL | US forses (in thousands)
122 | 214 | 521 | 949 | 340,7
4 | 51 | 24 | 86 | 17,4
13 | 89 | 83 | 283 | 149,3
— | 83 | 45 | 146 | 20,3
139 | 437 | 673 | 1464 x) | 527,7 xx)

Au cours de la réunion suivante, avec juste nous deux, j'ai tout de suite abordé la question des pays baltes et j'ai questionné Gorbatchev sur la possibilité d'un usage de la force. Il m'a énuméré les problèmes auxquels il devait faire face, notamment le brassage des nationalités en Union soviétique.

Il était prêt à trouver un terrain d'entente avec les pays baltes, sur la base d'un élargissement de leur autonomie ; mais s'ils avaient des visées séparatistes, « ce serait dramatique. Je ne veux pas risquer de mettre la *perestroïka* en danger. Les peuples d'Union soviétique ne le comprendraient pas. Nous avons vécu ensemble pendant cinquante ans. Nous faisons partie d'une même entité ». Il m'a fait remarquer que des millions de Russes vivaient dans les pays baltes. Il a ajouté que la moitié des résidents de l'Estonie étaient des Russes, ainsi que la moitié de la population de la Lettonie. « Notre pays est ainsi fait, et le séparatisme suscite des réactions violentes chez les gens. Les choses se sont un peu calmées, a-t-il ajouté, mais il reste encore des problèmes. C'est un dossier sensible pour nous, et j'espère que vous comprenez notre position. Tout cela aurait des conséquences très négatives. Si les États-Unis ne peuvent comprendre cela, nos relations s'en trouveraient menacées, plus que par n'importe quoi d'autre.

– Mais si vous faites usage de la force [dans les pays baltes] – ce que vous n'avez pas intérêt à faire – cela créerait un désastre », ai-je interrompu. J'ai souligné le fait que les États-Unis seraient dans l'obligation de réagir à toute démonstration de force par les Soviétiques dans la région.

« Nous voulons tous être traités sur un pied d'égalité, a répondu Gorbatchev. Si nous retirions nos troupes du MVD * de la région du Haut-Karabakh **, nous déclencherions une guerre [civile locale]. Nous sommes attachés au processus démocratique et nous comptons sur votre compréhension. »

BRENT SCOWCROFT

À ce moment-là, Raïssa Gorbatchev est entrée pour nous saluer, interrompant la discussion. Je suis sorti de cet échange avec la conviction que Gorbatchev comprenait parfaitement à quel point la question des pays baltes était douloureuse pour nous et, même si son langage restait par endroits quelque peu elliptique, je pensais qu'il s'en tiendrait à des mesures non coercitives.

GEORGE BUSH

Nous avions couvert un vaste éventail de questions et, malgré nos divergences, je pensais que nous avions beaucoup de choses en commun. Parce que nous avions dû annuler une des réunions, et parce

---

* Il s'agit des troupes du ministère de l'Intérieur.
** Une région de l'Azerbaïdjan en rébellion contre l'autorité arménienne.

que nous nous étions beaucoup étendus sur quelques points précis, nous avions encore quelques problèmes à traiter. Gorbatchev a donc proposé que nous laissions Baker et Chevarnadzé continuer les discussions en leur laissant carte blanche. Ce qui comptait le plus, c'était les conséquences positives de Malte sur ma relation avec Gorbatchev ; notre conférence de presse commune en a été le reflet fidèle. C'était la première fois qu'une conférence de presse conjointe avait lieu entre les dirigeants des deux superpuissances. Lors de nos entretiens, un esprit d'ouverture et d'amitié s'était installé entre nous, et nous partagions le même intérêt profond pour ce que l'autre avait à dire. Sans doute cette confiance grandissante l'avait-elle aidé à accepter et encourager le changement en Europe de l'Est, n'ayant pas à redouter que nous retournions la situation à notre profit. Tout ceci ne pouvait qu'aider à renforcer la sécurité en Europe alors que nous faisions face aux défis qui nous y attendaient.

BRENT SCOWCROFT

La rencontre de Malte s'était bien mieux déroulée que je ne l'avais espéré. Aucun accord n'avait été négocié ou signé, mais elle nous a convaincus de faire avancer les choses sur START et sur les forces conventionnelles en Europe ; elle nous a également permis de nous acheminer vers un accord intérimaire sur les armes chimiques. Le président Bush a étendu les relations économiques bilatérales et proposé des mesures de normalisation des échanges commerciaux en vue de l'attribution du statut de MFN. Le plus important restait sans conteste la qualité des échanges, sur pratiquement tous les sujets d'intérêt commun. Cela nous a permis de clarifier la position de chaque pays sur un grand nombre de questions. Nous avons pu cerner de façon bien moins aléatoire les dangers et les opportunités qui nous attendaient. En outre, rien de ce qui m'avait fait m'opposer à un sommet au cours de ces derniers mois ne s'était produit. Aucun journaliste n'est venu compter les points pour essayer de savoir qui avait gagné ou perdu. Peut-être parce que nous avions attendu si longtemps, peut-être grâce à la personnalité du Président et à sa manière d'aborder les questions, peut-être parce que nous avions pris l'avantage avec le discours d'ouverture du Président, ou peut-être pour aucune de ces raisons, Gorbatchev n'a jamais essayé de donner dans la surenchère, ni de travestir la réalité des faits. Nous nous sommes ensuite rendus à Bruxelles où nous devions briefer nos alliés au sommet de l'OTAN. Nous avions la certitude d'avoir jeté les bases solides d'une nouvelle relation.

Peu de temps après Malte, Larry Eagleburger et moi sommes retournés à Pékin pour tenir informé le pouvoir chinois de la teneur de cette entrevue, et pour explorer la possibilité d'une amélioration de nos relations. Contrairement à notre voyage précédent, nous n'avons pas eu besoin de le tenir secret. En revanche, nous ne voulions pas lui donner trop de publicité, car il serait sans doute très controversé. C'est là que nous – moi en l'occurrence – avons très mal joué. Nous ne voulions pas rendre ce voyage public parce que nous voulions éviter que le Congrès nous demande des explications sur ce que nous allions faire et les raisons de ce voyage. Nous ne savions pas si ce voyage allait donner des résultats positifs. Le voir débuter dans la controverse laissait mal augurer de ses chances de réussite.

Les problèmes ont commencé après notre départ. Pour arriver à Pékin en milieu d'après-midi, comme nous l'avaient demandé les Chinois, nous étions obligés de quitter la base d'Andrews à deux heures trente du matin. C'est là qu'était tout le nœud du problème. Si nous informions la presse de notre départ au beau milieu de la nuit, nous donnions l'impression de vouloir cacher notre départ. D'un autre côté, si nous attendions d'être en Chine pour en faire l'annonce, nous nous retrouvions également au beau milieu de la nuit, heure de Washington. J'ai décidé que nous attendrions d'être à Pékin. Funeste erreur ! Le plus catastrophique de tout a été la couverture télévisuelle. CNN avait quelqu'un sur place à Pékin à ce moment-là, et les Chinois voulaient attirer toute l'attention des médias. C'était bien la dernière chose que nous voulions. Après discussion, nous avons accepté que les équipes de tournage n'aient accès qu'à la première entrevue, juste avant notre rencontre avec les dirigeants chinois. C'est ainsi que des caméras étaient présentes lors de la réunion protocolaire qui a suivi notre arrivée à la résidence des invités étrangers. Cependant, alors que nous en étions aux toasts annonçant la fin du dîner de bienvenue donné par le ministre des Affaires étrangères, des équipes de télévision ont surgi. La situation était très embarrassante pour moi. J'avais le choix entre assister à la cérémonie, et porter un toast à ceux que la presse avait surnommés « les bouchers de Tienanmen », ou refuser de porter ce toast et mettre en danger tout le voyage. J'ai choisi la première solution et suis immédiatement devenu, à mon grand dam, tristement célèbre. Je n'avais aucune excuse, même si aucun journaliste n'a jugé opportun de faire état des remarques très critiques concernant Tienanmen que j'avais réussi à placer dans mon toast.

Les Chinois ont pris notre visite très au sérieux, et au cours des jours qui ont suivi, nous avons rencontré tous les dirigeants, au grand complet, lors de discussions extrêmement franches sur ce qui nous séparait. Le jour de notre arrivée, j'ai rencontré à deux reprises le ministre des Affaires étrangères, Qian Qichen. Notre première rencontre a été éprouvante, chaque camp énumérant ses griefs. J'ai raconté en détail ce qui s'était dit à Malte, et il a semblé très intéressé par la façon dont les deux dirigeants avaient parlé de la fin de la guerre froide. Il m'a demandé de décrire les divergences d'opinion entre le Président et Gorbatchev à propos de l'éventualité d'une réunification de l'Allemagne ; il m'a ensuite demandé ce que je pensais de Gorbatchev et de l'Union soviétique. La deuxième réunion avec Qian s'est déroulée en privé. Nous avons tenté de définir un calendrier de mesures réciproques destinées à nous amener progressivement mais sûrement vers une normalisation. Une fois ce processus de normalisation terminé, nous avions vaguement l'idée d'une visite du secrétaire général Jiang Zemin aux États-Unis. Le calendrier était rédigé en termes généraux, laissant à chaque pays une relative marge de manœuvre. Mais les Chinois liaient la libération de Fang à la levée des sanctions, ce que nous ne pouvions accepter. Les sanctions constituaient une réponse à Tienanmen. Fang devait être traité séparément.

Le lendemain matin, nous avons rencontré le Premier ministre Li Peng. Li voulait savoir ce que je pensais de la situation générale après la rencontre de Malte, et je lui ai répété l'essentiel de ce que j'avais dit à Qian à propos de Malte et de Gorbatchev, ainsi que de l'Allemagne. J'ai souligné le fait que les Soviétiques, qui effectuaient des changements dans leur économie, réduisaient également leurs dépenses militaires, visiblement afin de transférer ces ressources du budget de l'armée vers l'économie civile. Ces mesures avaient des répercussions sur l'OTAN, mais aussi sur la Chine.

Li Peng ne pensait pas que l'OTAN et les États-Unis se trouvaient désormais à l'abri des menaces. « Je pense qu'en dépit de tous les changements la menace existera toujours, vous ne pouvez compter sur qui que ce soit en particulier... Nous pensons également que l'économie est à la base de tout : la politique n'est qu'un symptôme. Sans stabilité économique, on ne peut jouir de stabilité politique avant longtemps. » Dans le même ordre d'idées, une diplomatie faible était le reflet de la situation intérieure d'un pays. Pour cette raison, il n'était nullement surpris de ce qui se passait en Europe de l'Est et en Union soviétique. « Voyez-vous, lorsque la Chine en était encore à la révolution culturelle, nous nous sommes trouvés dans un cas similaire : le chaos est arrivé en l'espace de quelques jours seulement, a-t-il dit. Si nous n'avions pas appliqué les mesures de fermeté que nous avons prises le 4 juin [c'est-à-dire à Tienanmen], la situation en Chine à l'heure actuelle serait sans doute encore plus explosive qu'elle ne l'est aujourd'hui. » S'il ne niait pas l'existence d'une opposition en Chine, celle-ci était due à des manquements dans le travail du parti et à des forces hostiles au socialisme. « Mais ils ne représentent pas la majorité du peuple chinois, m'a-t-il assuré avec confiance, et ils ne la représenteront jamais. Il ne se produira jamais en Chine ce qui s'est produit en Europe de l'Est. »

Il m'a dit que la Chine était prête à améliorer ses relations. « Nous pouvons comprendre ce que vous nous dites à propos des difficultés auxquelles votre président doit faire face, a-t-il poursuivi. Mais d'un autre côté, le gouvernement chinois doit lui aussi faire face à des difficultés et à des contraintes. Nous sommes prêts à faire montre de bonne volonté dans la solution du problème Fang Lizhi, parce que cette question nous a également causé un certain nombre de problèmes... D'un côté, le président Bush à opposé son veto au projet de loi Pelosi, mais il a par ailleurs pris des mesures administratives qui aboutissent peu ou prou au même résultat. Le peuple chinois a bien du mal à comprendre cela. Les États-Unis pensent sans doute qu'il s'agit de mesures radicales, mais pour la Chine, seul le contenant change, le contenu reste le même. » Il coûtait cher à la Chine d'envoyer des étudiants aux États-Unis, et elle devait justifier de ce programme à son peuple. En conséquence, le gouvernement allait répondre avec fermeté aux déclarations du président Bush après notre départ, mais s'abstiendrait de faire quoi que ce soit tant que nous serions là.

Lorsque nous avons rencontré Jiang Zemin un peu plus tard dans la matinée, il est allé droit au but. Il comprenait que le président Bush veuille prendre des mesures afin d'améliorer les relations entre nos deux pays. Les États-Unis comme la Chine agissaient en fonction de leurs intérêts communs, comme cela avait été le cas lorsque le président Nixon avait effectué sa première visite en Chine afin de rétablir les relations. « Les choses ont beaucoup évolué depuis 1972, et à ce moment-là, notre dirigeant, Zhou Enlai, était encore en vie. Il avait comme principe de trouver l'intérêt commun, ou comme disent les Chinois : "Trouver un terrain d'entente tout en conservant nos petites différences." » Nous ne devions pas laisser l'idéologie nous séparer.

Après Jiang, nous avons rencontré Deng Xiaoping, dont la fille, Deng Rong, lui servait d'aide et d'interprète. Deng était direct. Il comprenait parfaitement que les deux gouvernements doivent justifier de leurs actes devant leur peuple. Les États-Unis ne devraient pas s'opposer à la Chine, a-t-il dit, mais la Chine ne considère d'ailleurs pas les États-Unis comme un rival. Depuis 1972, ils n'avaient rien fait qui puisse contrarier les États-Unis. « Naturellement, il y a bien quelques incidents, au sens technique du terme, mais pas au sens politique, a-t-il ajouté. Depuis 1972, la situation internationale a joui d'une relative stabilité et, à cet égard, l'excellent développement des relations sino-américaines a joué un rôle déterminant. Je ne sais quelle sera la conclusion des actuels remous qui secouent l'Europe de l'Est, mais je crois que la coopération entre nos deux pays jouera un grand rôle pour la paix. Si une solution pouvait être trouvée, alors Jiang se rendrait aux États-Unis pour marquer symboliquement la fin de cette querelle. » Il a ajouté qu'il était à la retraite et ne voulait pas intervenir dans le travail de son remplaçant ; il a ajouté qu'il nous parlait en ami.

Au déjeuner, Qian Qichen nous a donné sa version de la situation en URSS. Selon lui, Gorbatchev voulait maintenir une stabilité Est-Ouest, mais ne pouvait continuer de jongler dans son propre pays entre les réformes économiques et politiques. Les Soviétiques ne maîtrisaient pas très bien les questions économiques, et même Gorbatchev ne savait pas très bien ce qu'il en attendait. Il pensait que l'effondrement de l'économie et les problèmes de nationalités allaient aboutir dans le chaos. « Je n'ai pas vu Gorbatchev prendre de mesures », a-t-il ajouté. Les Chinois et les Soviétiques avaient envisagé de nouvelles aires de coopération. « Gorbatchev a demandé à la Chine de fournir des biens de consommation de première nécessité, nous a-t-il dit... [Nous] pouvons fournir ces biens de consommation que nous échangerons contre de la matière première. Ils veulent aussi que nous leur prêtions de l'argent. Nous avons été très surpris la première fois qu'ils en ont parlé. Nous avons été d'accord pour une certaine somme. »

Notre dernière réunion a eu lieu l'après-midi même, avec Qian.

Cette fois, Eagleburger a commencé par faire des remarques assez sévères à l'encontre de la « solution » présentée par les Chinois la veille. « Étant le diplomate de notre délégation, qu'il me soit permis de ne pas être diplomate, a-t-il déclaré. J'ai le sentiment que nous sommes tous en train de faire une danse de kabuki... Nous nous tournons mutuellement autour, chacun attendant que l'autre fasse un pas en avant. » Nous n'avions pas donné notre avis définitif sur cette proposition, mais elle ne pouvait fonctionner de la façon dont elle était construite, en grande partie parce que le lien entre les sanctions et la libération de Fang Lizhi était si direct que la chose serait impossible à gérer aux États-Unis. La libération de Fang aurait un impact décisif et rendrait plus aisée la réalisation des autres points de la proposition. Nous étions prêts à laisser de côté la question Fang, le temps pour nos relations de s'améliorer. « Fang n'est pas nécessairement la condition *sine qua non* à l'amélioration de la situation et à la réparation collective des dégâts causés ces derniers mois. »

Il a rappelé les mesures que nous avions déjà prises, notamment le veto du projet de loi Pelosi. « Je veux ainsi vous démontrer que le Président fait ce qu'il peut pour améliorer la situation. » Il a ajouté que si, comme le Premier ministre l'avait dit le matin même, le gouvernement chinois rendait public, après notre départ, son mécontentement vis-à-vis des mesures administratives prises par le président Bush concernant les étudiants chinois, l'impact sur notre pays serait tel que cela réduirait à néant tous les efforts que nous avions faits en nous rendant en Chine. Alors que Larry parlait, des rires nerveux secouaient son auditoire chinois.

Eagleburger a également parlé des rapports que nous recevions – rapports auxquels le Congrès avait accès – et qui mentionnaient le fait que des officiels chinois étaient en train de discuter d'une vente de missiles balistiques en direction du Moyen-Orient. Le ministre des Affaires étrangères s'en était défendu le 23 novembre, mais il nous importait d'obtenir une confirmation, avec l'engagement qu'aucun missile sol-sol ne serait vendu dans les régions de grande instabilité. Nous espérions que des petits efforts de ce genre démontreraient, de leur part, l'opportunité d'une amélioration rapide des relations entre nos deux pays. Nous devions montrer au Congrès que les choses avançaient. Cela faisait partie des mesures que les deux pays pouvaient prendre sans donner l'impression de céder du terrain. Il a proposé que l'ambassadeur Lilley et la personne de leur choix conviennent des détails de la libération de Fang.

Qian a détaillé les prochaines étapes. Les deux pays devraient tomber d'accord sur une solution commune, dans laquelle il n'y aurait ni gagnant ni perdant. Le vice-ministre Liu et Lilley se rencontreraient ensuite afin de mettre au point la libération de Fang. « Ces dernières négociations peuvent démarrer sans attendre la définition d'une solution commune. » Quant aux remarques de Li Peng concernant les mesures prises vis-à-vis des Chinois venus étudier aux États-Unis, nous avions mal compris. Le gouvernement chinois se devait de réagir pour ne pas donner l'impression d'accepter ces mesures, mais il avait déjà réagi. Il ne ferait donc rien de plus. La Chine voulait, par ailleurs, envoyer d'autres étudiants de troisième cycle aux États-Unis. Sur la question des missiles, la position de la Chine était claire, et les États-Unis le savaient parfaitement.

Pour moi, ce voyage avait été productif. Il faudrait beaucoup de foi et de bonne volonté de part et d'autre pour que nous suivions jusqu'au bout la route que nous avions tracée, mais sans foi, même le plus rigide des calendriers n'aurait pu être respecté. L'application de ce plan a commencé de façon encourageante, par une série de petits gestes. Les Chinois ont accepté l'envoi des Peace Corps et d'un correspondant accrédité de la Voix de l'Amérique ; ils nous ont donné des assurances sur l'arrêt des ventes de missiles, ont levé la loi martiale et commencé à relâcher les personnes détenues depuis les événements de Tienanmen. De notre côté, nous nous sommes battus pour maintenir le veto du Président contre le projet de loi Pelosi.

Un rapide examen de la situation au lendemain du veto, le 30 novembre, nous a montré que les choses semblaient assez mal parties. Nous n'avions pas l'ombre d'une chance de pouvoir maintenir notre veto devant la Chambre des représentants : notre dernier – et maigre – espoir reposait sur le Sénat. Nous nous sommes vite rendu compte que nous ne pouvions compter que sur cinq voix alors qu'il nous en fallait trente-quatre pour entériner le veto. Au cours de notre Administration, aucune bataille avec le Sénat n'a été si âprement gagnée, surtout avec aussi peu de chances. Cette bataille n'était pas une lutte partisane, mais nous n'avons bénéficié d'aucun vote démocrate. Le sénateur républicain de Californie, Pete Wilson, est allé jusqu'à quitter son lit d'hôpital pour venir voter contre nous, ce qui est un bon indice des difficultés auxquelles nous avons dû faire face. Dans un dernier espoir, le Président a invité les sénateurs républicains à venir prendre le petit déjeuner à la Maison Blanche pour plaider lui-même sa cause. Jusqu'au bout nous avons douté. La Chambre a voté contre, par trois cent quatre-vingt-dix voix contre vingt-cinq, le 24 janvier. Le 25, nos efforts au Sénat ont finalement payé et nous avons gagné avec trente-sept voix, soit à peine trois de plus que le minimum requis pour entériner le veto.

Après la libération d'une petite poignée de dissidents, il est cependant devenu clair que le processus de normalisation était en train de s'enliser, et nous n'avions rien pour justifier du moindre progrès dans ce domaine. Les Chinois ne nous ont donné aucune explication, et nous en étions réduits à de pures spéculations. Je pense que l'un des bouleversements les plus dramatiques qui aient eu lieu en Europe de l'Est – la chute de Nicolae Ceausescu – en est la principale explication.

En dépit de la répression violente et des sérieuses difficultés économiques qui affectaient la Roumanie, Ceausescu semblait singulièrement épargné par les vents tourbillonnants qui parcouraient les capitales des pays voisins. Pendant des années, il avait mis un point d'honneur à se distancier de la politique soviétique, et il était devenu encore plus caustique dans sa dénonciation de la glasnost *et des événements qui avaient lieu en Pologne, en Hongrie et en Allemagne de l'Est. Même après la chute inquiétante de Honecker, il avait continué à employer la manière forte pour faire taire la dissidence. Des manifestations à Timisoara contre l'expulsion d'un pasteur de l'Église réformée hongroise avaient été dispersées avec une rare violence le 17 décembre. Cette fois, cependant, il en est résulté un soulèvement national, auquel des unités de l'armée ont commencé à se joindre. C'est la première fois que l'armée changeait de camp en Europe de l'Est ; les bases mêmes du régime roumain s'en sont retrouvées passablement ébranlées. Ceausescu est rentré d'urgence d'un voyage en Iran pour tenter de calmer la situation. S'adressant à une foule immense le 21 décembre, il a été obligé de quitter son balcon sous les huées. Le lendemain, le Front national de salut s'est autoproclamé gouvernement provisoire. Puis, effectuant sans doute l'acte le plus hautement symbolique de la fin de la domination communiste en Europe de l'Est, les Roumains ont fait ce que beaucoup n'osaient imaginer : ils ont exécuté les Ceausescu, le jour de Noël.*

BRENT SCOWCROFT

Au moment du renversement de Ceausescu, je pense que les dirigeants chinois ont paniqué. Il m'avait semblé que son apparente invincibilité les avait toujours rassurés. Ils avaient souvent fait référence à lui lors de nos entretiens et ils semblaient voir en lui la preuve que le communisme pouvait survivre aux assauts du libéralisme. Lorsqu'il est apparu que cela n'était pas le cas, ils en ont sans doute conclu qu'ils avaient eu raison à propos de Tienanmen, et que toute attitude modérée serait tout simplement trop dangereuse : leur seule chance de survie était une absolue inflexibilité. Non seulement nous étions très déçus de la tournure des événements, mais notre tâche à l'intérieur de nos frontières s'en trouvait considérablement compliquée.

L'image de Ceausescu étendu mort dans la neige est sans doute la plus marquante de toutes ces révolutions en Europe de l'Est. C'était un sombre avertissement contre les conséquences de la répression lorsque celle-ci change de mains. Ce moment nous a rappelé que les révolutions de 1989 avaient été remportées sans effusion de sang ; ce qui n'est jamais acquis.

GEORGE BUSH

J'étais abasourdi et ravi par le rythme des événements qui se sont déroulés cet automne-là. Ce que des générations d'Européens de l'Est avaient espéré – ce pour quoi ils avaient même plus d'une fois risqué leur vie – s'était finalement concrétisé : la liberté. J'avais le sentiment que notre approche patiente et nos encouragements pondérés avaient payé, même si nous n'avions pu participer aussi activement que nous l'aurions souhaité. J'avais été l'objet de critiques constantes me reprochant d'être trop prudent, sans doute parce que je n'avais pas réagi de façon exagérée à ces événements. J'avais réagi ainsi de manière délibérée, et j'avais pris cette décision à la lumière de l'histoire de l'Europe de l'Est au lendemain de la Seconde Guerre mondiale. Lors de mes déplacements en Pologne et en Hongrie, j'avais fait bien attention à ne pas utiliser un langage trop démonstratif, de peur que cela n'encourage les gens à se lancer dans quelque chose d'irréfléchi, qui aurait pu appeler une réaction violente de la part des Soviétiques. Nous aurions alors perdu tout ce pour quoi nous nous étions battus. Au contraire, j'ai continué à appeler au changement positif et croissant. En outre, je voulais qu'il soit bien clair – pour Moscou et les pays d'Europe de l'Est – que nous étions fermement du côté de la liberté, et que nous ne reculerions jamais. Nos détracteurs n'ont jamais vraiment précisé ce que nous mettions en danger du fait de notre prudence. Avec le recul, étant donné les priorités de Gorbatchev, je ne pense pas qu'un rythme plus soutenu aurait représenté un danger quelconque, mais il n'est pas non plus dit que nous en aurions tiré un quelconque avantage.

Je pense que nous avons fait ce qu'il fallait dès le début, même si nous n'avions aucun moyen de prévoir ce qui allait se produire au sein du bloc soviétique. Nous avions choisi de nous concentrer sur l'Europe de l'Est et l'Europe centrale, plutôt que sur Moscou, en partie pour tester les limites de l'attachement de Gorbatchev à la réforme, à l'ouverture et à la « pensée nouvelle » en matière de politique étrangère. Il était heureux que notre Administration débute par ces changements. En nous concentrant sur l'Europe de l'Est et en retardant le débat sur le contrôle des armements avec les Soviétiques, nous avons pu réagir immédiatement aux événements prometteurs qui ont eu lieu en Pologne. Nous avons été présents depuis le début, nous avons pu prodiguer nos encouragements et profiter de la vague de libéralisme qui submergeait la région tout entière.

BRENT SCOWCROFT

Il serait gratifiant de penser que notre politique en Europe de l'Est – qui est passée du soutien aux pays les plus rebelles à l'autorité soviétique à un encouragement actif des mouvements en faveur d'une plus grande liberté – a été l'un des catalyseurs du changement. Tel n'a pas été le cas. Mais elle a effectivement encouragé tous ces mouvements et nous a permis de réagir de la façon la plus appropriée aux événements. Leur vitesse et leur ampleur ont renforcé l'euphorie qui s'est emparée de l'Occident, et le Président a dû s'efforcer de ne pas franchir la ligne qui séparait le simple soutien à la cause de la liberté de la présentation de ces changements comme autant de victoires à l'intérieur de la guerre froide. Nous avons évité l'affrontement. Pour cette raison, notre politique a évolué, sans doute même sans que nous en ayons conscience. Après nous être contentés de soutenir calmement les changements, nous avons recherché l'assentiment des Soviétiques, et même leur collaboration. La guerre froide n'était pas terminée, il restait encore beaucoup de choses à résoudre avec les Soviétiques avant de pouvoir dire sans hésiter que nous n'étions plus adversaires, mais un pas de géant avait été franchi.

Notre seul et unique problème, mais il était de taille, concernant l'Europe de l'Est, en dehors de l'évaluation de la tolérance soviétique, était le manque de fonds destinés à l'aide. Cela a-t-il changé quelque chose ? À court terme, probablement pas. Grâce aux voyages du Président dans la région, les réformateurs n'ont eu aucun doute sur notre position et notre attachement à leur succès, et leur propre exubérance semblait compenser le manque de soutien matériel. À long terme, en revanche, cela a sans doute fait une différence. Si les États-Unis avaient été capables de fournir aux réformateurs les moyens de démontrer à leur peuple que ces nouveaux changements allaient en fait déboucher sur des améliorations tangibles de leurs conditions de vie matérielles, ils auraient sans doute bénéficié d'une plus franche coopération au douloureux processus de réforme. Comme les événements l'ont montré, la réforme s'est parfois apparentée au chaos et au désordre plutôt qu'au progrès économique. Pour cette raison, les réformateurs ont, par endroits, été remplacés par des néocommunistes qui promettaient le retour de l'ordre et de la stabilité.

Les révolutions en Europe de l'Est et en Europe centrale venaient seulement de commencer à modifier le paysage géopolitique. Événement phare de cette course éperdue à la liberté, la chute du mur de Berlin a symbolisé l'extraordinaire pièce de théâtre qui se déroulait dans la région. Cette disparition a tout de suite poussé sur le devant de la scène la question de la réunification allemande, qui n'avait jusque-là été évoquée qu'à mots couverts, et, enfin, l'avenir de l'Europe.

CHAPITRE VIII

Une question allemande

GEORGE BUSH

La réunification allemande a toujours eu pour moi une importance particulière *. Lors de mes voyages en RFA, du temps où j'étais vice-président, j'ai pu constater par moi-même les conséquences humaines de la division de l'Allemagne. Mon rapport à ce pays n'a jamais changé depuis ce mois de février 1983 où, guidés par Manfred Wörner – alors ministre de la Défense –, Barbara et moi avons visité une certaine petite ville de Bavière recouverte de neige. À cheval sur la frontière qui sépare les deux Allemagne, Moedelreuth m'a paru symboliser la nécessité de la réunification aussi clairement que l'eût fait le mur de Berlin.

---

* Les termes de « réunification » et d'« unification » ne s'emploient pas indifféremment, et comportent bien des nuances pour les Allemands – et pour le reste du monde. Le mot « réunification » désigne le rapprochement de territoires qui formaient une grande partie de l'État allemand d'avant-guerre. Il comporte donc l'idée de restauration d'une unité politique préexistante. L'« unification », en revanche, implique que les deux États allemands d'après-guerre forment un nouvel État allemand, qui aurait une identité neuve et distincte. Le choix entre l'un ou l'autre de ces termes n'est jamais neutre, car il sous-tend des émotions et des croyances fortes : faut-il assumer la totalité de l'histoire allemande, la bonne et la mauvaise, ou effacer l'histoire du IIIe Reich et de la Seconde Guerre mondiale ? L'Allemagne moderne est-elle distincte, au plan politique et social, de l'Allemagne d'hier ? Dans la pratique, pour tous les pays impliqués par ces questions, les deux termes sont utilisés indifféremment, ou en établissant une légère distinction. Nous avons conservé les termes tels quels dans nos citations. Ailleurs, nous avons employé le terme de « réunification » pour désigner, non pas la restauration d'une unité politique antérieure, mais la fin de la division de l'Allemagne en tant que symbole de la guerre froide. Quelque terme que l'on choisisse, la continuité historique et culturelle du peule allemand persiste, en dépit des modifications politiques et géographiques.

C'était un jour très froid, un jour de vent et de neige, et nous étions emmitouflés dans de lourds manteaux. Des hélicoptères de l'armée nous ont déposés sur la frontière. Moedelreuth mérite bien son surnom de « petit Berlin » : entre l'est et l'ouest, une clôture coiffée de barbelés traverse la ville de part en part. Des soldats au visage impassible, dans leur uniforme gris terne, patrouillaient le long du côté est. Sur les poteaux en ciment de la clôture, les griffes métalliques étaient pointées vers l'est – jamais vers l'ouest : à l'évidence, le gouvernement est-allemand tenait à empêcher la fuite de ses citoyens, et ne se souciait pas de maintenir l'Ouest à l'écart. Par endroits, le côté est était également protégé par des champs de mines et de profonds fossés, pour rester hors d'atteinte des personnes et des véhicules. Nos hommes ont repéré des soldats est-allemands qui nous observaient à la jumelle, et nous photographiaient depuis des tours de guet en béton armé, équipées de projecteurs puissants. J'ai ressenti la peur et le malaise que ces soldats inspiraient à leur propre peuple. Je savais qu'ils avaient ordre d'abattre tout homme qui aurait tenté d'escalader cette barrière pour trouver la liberté.

Au cours de notre promenade le long de la frontière, sous la neige, j'ai pu observer à travers la barrière le côté est de Moedelreuth. Ses maisons allemandes traditionnelles étaient bien alignées, peintes de couleurs fraîches, alors même que je savais la ville partiellement occupée. L'aspect extérieur de ces bâtiments était soigné pour faire croire à la prospérité est-allemande – mais plus loin, derrière, la ville n'était que ruines et maisons délabrées. Les maisons vides étaient même illuminées pour donner le change. Triste contraste, en vérité, avec le côté ouest de cette charmante communauté paysanne, chaude et colorée, très semblable aux bourgs de notre Amérique rurale.

Mais mon dégoût pour la RDA datait de bien avant ce voyage. Lorsque je travaillais à la CIA, j'avais pu me rendre compte que ce pays était un foyer où l'on formait les terroristes, et où l'on apprenait à déstabiliser les pays ennemis. Les Allemands de l'Est formaient sans doute les espions les plus agressifs de la planète – des hommes et des femmes qui ne reculaient devant rien. Pour les missions les plus répugnantes, les Soviétiques se tournaient souvent vers eux. Ils étaient la brute épaisse du bloc communiste.

Les tragédies et les coûts de la division d'un pays, les horreurs de la guerre froide, Moedelreuth me les a fait voir bien plus vivement que tous les reportages et toutes les photographies. Parents et enfants, frères et sœurs – tous allemands – pouvaient s'observer de part et d'autre de la frontière, mais tout contact leur était interdit. Dans les deux Allemagne, bien des familles comme celles-ci avaient souffert de cette division durant des décennies ; parfois une visite était autorisée, à l'occasion d'un rapprochement tout provisoire entre les deux États. La situation était amère, glaçante ; elle rappelait tristement la réalité de la guerre froide pour ces milliers de personnes séparées par le rideau de fer.

Pour Barbara et moi-même, ce voyage a été l'occasion de rencontrer Manfred Wörner, qui devait devenir un ami. Une tempête de neige s'étant levée au cours de notre voyage de retour à Bonn, nos pilotes ont dû se poser sur une petite piste isolée. C'est ainsi que nous avons passé quelque temps dans une salle d'attente, en attendant de trouver le moyen de rentrer à Bonn. Manfred essayait de trouver une voiture, mais je lui ai suggéré de prendre le train – et nous voilà tous trois en route pour la gare.

Un petit train local nous y attendait – un omnibus qui devait s'arrêter à toutes les stations jusqu'à Bonn. Une voiture entière nous était réservée. Nous étions alors à la veille des élections en Allemagne de l'Ouest : Manfred, voyant là une occasion de peaufiner sa campagne électorale, s'est penché par la fenêtre pour serrer des mains dans la foule amassée sur le quai glacé. Et il a répété cet amusant manège à chaque arrêt, jusqu'à Bonn ! Heureuse surprise : les Allemands avaient gentiment déposé à notre intention, dans le train, des caisses d'une excellente bière locale. C'est ainsi que nous avons passé un trajet fort détendu, à converser entre deux verres. Ce jour-là, nous sommes devenus amis.

Plus tard, j'ai appris avec grand plaisir que Manfred avait été nommé à la tête de l'OTAN. Cet homme sage et bon était un fervent partisan de la participation des États-Unis à la construction de l'Europe. Au cours de mon mandat, je lui ai souvent demandé conseil sur l'avenir de l'OTAN ou la réunification allemande. Mon amitié pour lui a rendu plus pénible encore sa mort en 1994, des suites d'un cancer. Quelques jours à peine avant sa mort, Brian Mulroney et moi-même lui avions parlé au téléphone. Cette perte m'a été douloureuse, car j'avais pour lui autant d'affection que de respect.

La chute du mur de Berlin a entamé la dernière phase – la plus frappante – de la transformation de l'Europe : la réunification des deux États allemands. À la fin de la Seconde Guerre mondiale, l'Allemagne avait été divisée en deux zones d'occupation, livrées aux divers alliés victorieux : États-Unis, Grande-Bretagne, France et Union soviétique. Conçue comme mesure provisoire en attendant le règlement de la question allemande (et un traité de paix), l'occupation de ces zones a donné naissance à deux États politiques séparés, les rivalités de la guerre froide n'ayant fait que s'accroître. Les deux Allemagne se sont ainsi trouvées dans une curieuse position : elles faisaient partie d'un tout occupé, et en même temps se divisaient entre les deux blocs rivaux. Pour toutes ces raisons, il était très important de mettre un terme à cette séparation ; ce serait la fin de la division, entamée à Yalta par d'anciens alliés dans une guerre atroce, et scellée par une paix hostile. Ce serait la fin de la Seconde Guerre mondiale, la fin de la guerre froide, la fin de l'après-guerre.

Pour de nombreux Allemands, de part et d'autre du rideau de fer, cette séparation avait un caractère sentimental intense. Depuis 1945, aucun des deux États ne jouissait d'un contrôle complet sur ses propres affaires ; la souveraineté faisait défaut aux deux Allemagne. Les droits des Alliés étaient toujours en vigueur, et, comme le prouvait le statut d'un

Berlin occupé et divisé, les armées étrangères n'étaient pas simplement des hôtes de temps de paix. Les deux Allemagne avaient d'abord subi un traitement particulier ; on les jugeait politiquement suspectes après les deux guerres mondiales, le militarisme, le nazisme. L'échec rapide de la démocratie, après la Première Guerre mondiale, avait entraîné la résurgence de l'autoritarisme. Depuis 1945, les Allemands mettaient en question ce passé de militants nationalistes ; ils avaient, au moins à l'Ouest, choisi la démocratie et construit avec leurs voisins une paix durable.

*Certains Allemands de l'Ouest acceptaient cette division, où ils voyaient une mesure rassurante qui saurait prévenir le retour de leurs vieux démons. La possibilité même d'une réunification leur paraissait sans doute lointaine, voire irréaliste, même si la Loi fondamentale * de la RFA enjoignait le gouvernement de travailler dans ce sens. Au cours des années 1970, l'Allemagne de l'Ouest avait mis au point l'*Ostpolitik *sous le chancelier social-démocrate (SPD) Willy Brandt ; désormais, le pays s'attachait à un rapprochement avec l'Est. Cette politique reconnaissait tacitement l'existence de deux États allemands, ayant chacun son identité économique et politique ; elle permettait à la RFA de venir en aide à l'économie est-allemande – et même, comme on devait l'apprendre plus tard, de l'empêcher de s'écrouler. Pourtant, de nombreux Allemands estimaient toujours qu'une éventuelle réunification permettrait de réunir un peuple déchiré ; s'il paraissait encore peu vraisemblable, ce dessein était du moins très désirable. Au cours de l'été et de l'automne de 1989, le flux d'émigrés est-allemands, puis la chute historique du mur de Berlin ont permis à beaucoup de gens de croire enfin à la réunification.*

En Allemagne de l'Ouest, la coalition au pouvoir était divisée et en butte aux attaques de l'opposition ; cette situation reflétait en grande partie le déchirement national que provoquait alors l'idée de réunification. Helmut Kohl et Hans-Dietrich Genscher comprenaient fort bien les raisons économiques et politiques de l'émigration est-allemande, et voyaient la nécessité de réformes immédiates en RFA pour en freiner le cours ; cependant, les deux dirigeants n'avaient pas la même solution en tête. Peut-être sensible au sort des immigrés et au caractère historique du moment, Kohl parlait d'ouverture, de liens resserrés, voire d'unité. Au mois d'août, il déclara même que la réunification était « de nouveau à l'ordre du jour sur le plan international ». Genscher, en revanche, semblait plus réticent à considérer la réunification comme seule solution au problème. Le rapprochement des deux Allemagne, selon lui, devait se faire progressivement et dans le cadre de l'intégration à l'Europe. Les sociaux-démocrates et les verts, pour leur part, s'opposaient à la réunification pour des raisons d'idéologie, et rejetaient l'idée d'une Allemagne « nationaliste » ; certains envisageaient une harmonie possible avec une Allemagne de l'Est socialiste réformée.

Pour le reste de l'Europe, la réunification appelait la prudence, voire la méfiance. L'idée d'une Allemagne puissante, qui se placerait au centre

---

* Toute Constitution ayant été reportée jusqu'à la réunification de l'Allemagne, la Loi fondamentale en offre un équivalent provisoire.

des débats sur l'Europe, faisait naître bien des craintes et rappelait que la « question allemande » n'était toujours pas résolue. D'amers souvenirs étreignaient les voisins de l'Allemagne, ses anciens adversaires au cours de deux guerres mondiales – tels la France, la Grande-Bretagne et les petits pays situés sur sa frontière. Cinquante ans plus tard, les invasions allemandes étaient encore très présentes dans les mémoires. Pouvait-on faire confiance à une Allemagne unifiée ? La réunification faisait notamment naître des doutes quant à la sécurité de la Pologne. À la fin de la Seconde Guerre mondiale, de larges zones d'Allemagne orientale avaient été cédées à la Pologne, pour compenser les territoires qu'elle-même devait livrer à l'Union soviétique. L'Allemagne unifiée ne voudrait-elle pas récupérer ces territoires ? D'un point de vue historique, après tout, ils lui avaient appartenu pendant des siècles, même si les populations allemandes en avaient été chassées après la guerre.

Moscou réagissait comme l'Europe de l'Ouest, et se rappelait ses différends avec l'Allemagne – dont certains dataient de plusieurs siècles. Le plus récent était la Seconde Guerre mondiale, au cours de laquelle l'Allemagne avait infligé à l'Union soviétique des pertes et des destructions effroyables, aussi bien au combat que sur les territoires occupés. Pour la majorité des dirigeants les plus âgés, la blessure n'était pas refermée. Édouard Chevarnadzé avait perdu un frère à Brest-Litovsk, lors des premiers jours de l'invasion allemande de 1941. Le père de Gorbatchev avait également combattu l'envahisseur, et trois de ses oncles étaient morts au combat. Chevarnadzé et Gorbatchev évoquaient souvent, devant le peuple soviétique, l'importance des sacrifices et la victoire finale. Cependant les Soviétiques avaient un problème plus immédiat : la réunification allemande allait-elle saper les bases de leurs structures de défense actuelles ?

Les ramifications stratégiques de la réunification allemande étaient, pour les Soviétiques, une source bien compréhensible d'embarras. L'Union soviétique pouvait s'adapter à des changements en Pologne ou en Hongrie, voire dans les pays baltes ; mais que l'Allemagne de l'Est quitte l'orbite soviétique, voilà qui posait un problème autrement plus difficile. La RDA constituait la clé de voûte du pacte de Varsovie, et sa perte – ou, pire, son absorption possible par l'OTAN – serait fatale à la stratégie militaire soviétique. Elle entraînerait un véritable bouleversement dans l'équilibre des alliances. Pour l'Union soviétique, l'Allemagne de l'Est constituait le plus précieux butin de la guerre, son allié militaire le plus fiable, et un partenaire économique important. Perdre cet allié, et admettre cette perte, c'était reconnaître la fin de la puissance soviétique en Europe de l'Est, mais aussi l'érosion de cette ceinture d'États satellites dont s'entourait Moscou.

Face à la perspective d'une réunification allemande, notre Administration n'a réagi ni comme l'Europe, ni comme l'Union soviétique. Les États-Unis avaient certes combattu Hitler, mais ils n'avaient pas fait l'expérience de ses armées dévastatrices. Quant à la division de l'Allemagne, nous la considérions d'un point de vue pragmatique – la guerre froide, la réalité géopolitique de deux États allemands séparés –, et non pas à travers le prisme de la peur. De même, en souhaitant « mettre un terme à la division européenne », nous n'avions pas nécessairement à l'esprit la question des deux Allemagne. Et si, depuis des années, les gouvernements américains évoquaient la réunification allemande, c'était souvent pure rhétorique : la réalité de la chose semblait très éloignée, voire improbable.

Lorsque nous envisagions la possibilité de changements en Europe de l'Est, la réunification allemande ne nous effleurait même pas. À l'époque, l'Allemagne de l'Est était le dernier pays qui nous paraissait pouvoir jouir d'une libéralisation politique. Au début de l'année 1989, la réunification nous semblait donc très floue et très improbable, comme elle l'avait toujours été.

GEORGE BUSH

Dans les premiers mois de mon Administration, la réunification avait très peu occupé mes pensées. Je n'étais pas un expert dans le domaine allemand, mais je considérais l'Allemagne comme un pays ami et un allié critique. J'éprouvais le plus grand respect pour la République fédérale, mais aussi pour les liens anciens et vitaux qui unissaient nos deux pays – liens que j'étais bien résolu à resserrer encore.

Je n'ignorais pas, bien entendu, l'histoire allemande récente ; mais je savais que le pays avait beaucoup fait pour compenser son passé nazi et les horreurs infligées à l'Europe, notamment aux Juifs. Il me semblait que les Allemands s'étaient excusés pour ce chapitre brutal, qu'ils détestaient tout autant que le reste de l'Europe. Les Allemands d'aujourd'hui, me semblait-il, ne devaient pas payer toute leur vie des crimes commis naguère par certains de leurs concitoyens. L'Allemagne des années 1980 avait gagné le droit d'être une démocratie productive.

Thatcher, Mitterrand et d'autres craignaient que l'Allemagne ne cause à nouveau des troubles et des tragédies ; moi pas. Je n'ai jamais sous-estimé leurs craintes, mais, à mesure que la réunification faisait son chemin, j'ai tenté de les aider à comprendre mon point de vue : cette nouvelle Allemagne serait différente. De plus, j'estimais que les États-Unis se devaient de favoriser une réunification qu'ils appelaient de leurs vœux depuis le début. Le processus en serait peut-être complexe ou risqué, mais, en dernier recours, c'était aux Allemands eux-mêmes d'en juger.

J'avoue que mes opinions étaient moins arrêtées concernant l'attitude officielle des États-Unis. Si le NSC ou le Département d'État avaient combattu cette idée, je me serais sans doute laissé convaincre. Je n'étais nullement disposé à imposer mon point de vue sur un sujet qui prêtait tant à controverse. Pour moi, je me sentais beaucoup plus à l'aise que d'autres dans cette affaire, de même que j'étais plus enclin que le ministère de la Défense à renforcer le contrôle des armements avec les Soviétiques. La réunification ne me faisait pas peur, et mon Administration s'en est probablement ressentie.

BRENT SCOWCROFT

Le président Bush a été le premier d'entre nous à soutenir la réunification de façon inconditionnelle. Le premier, aussi, de tous les chefs d'État occidentaux – le chancelier Kohl ne l'a jamais oublié. Je ne crois pas qu'il y ait jamais eu de moment particulier où il ait pris, sur ce sujet, une décision claire et tranchée. Son avis s'est formé progressivement, en discutant tour à tour avec chacun de nous, ou même en répondant aux questions de certains journalistes. En soutenant le droit des Allemands à décider de leur sort, en essayant de minimiser les craintes que faisait naître l'idée d'une Allemagne unie, le Président a sans doute empêché les Européens d'énoncer trop violemment leurs propres craintes, ou de manifester leur opposition à peine voilée à ce grand projet. Son charisme et son art de la diplomatie ont été des facteurs clés dans la préparation de l'unité allemande, considérée dans le cadre plus large de la reconstruction européenne, de la sécurité des pays, des équilibres de pouvoir entre l'Est et l'Ouest.

Dès les débuts de l'administration Bush, les rapports stratégiques avaient conduit à des discussions sur la réunification allemande. Les équipes du NSC et celles du Département d'État ne parvenaient pas à s'entendre sur l'avenir de l'Allemagne. Le NSC estimait qu'il fallait étudier de plus près le cas de la RFA – et la placer au cœur de notre politique européenne ; si nous voulions vraiment en finir avec la guerre froide, il fallait d'abord mettre un terme à la division de l'Allemagne. Le Département d'État, au contraire, jugeait prématuré d'évoquer une réunification. Personne d'autre n'en parlait à l'époque, et surtout pas les Allemands. La stabilité de l'après-guerre et la paix en Europe reposaient précisément sur ce *statu quo* : pourquoi menacer cet équilibre avec des discussions intempestives ? Pour finir, nous avions décidé de ne pas aborder le problème de front, et d'évoquer la réunification sans y croire – comme tout le monde. Malgré quelques protestations, les deux camps avaient accepté ce mot d'ordre un peu tiède.

En réalité, la réunification allemande ne me semblait pas si désirable ; sur ce point, donc, j'étais plus proche du Département d'État que de ma propre équipe. Parmi nos alliés européens, l'Allemagne mise à part, cette idée ne soulevait guère l'enthousiasme. Et puis, tant que la situation était stable, pourquoi n'y aurait-il pas deux Allemagne au lieu d'une ? Le processus même de la réunification pouvait se révéler déstabilisant, voire entraîner un conflit. Sur le plan rhétorique, bien entendu, il était impossible de s'y opposer ; mais quant à mettre la réunification à l'ordre du jour, je n'en voyais pas la nécessité.

Au cours de l'été, puis de l'automne de 1989, le phénomène de l'émigration devait atteindre un seuil critique ; lors de la chute de Honecker en octobre, j'ai commencé à changer d'avis. Il était devenu impossible de laisser les choses en l'état. Il m'est alors apparu que la meilleure solution était de suivre en tout point l'avis de Kohl, qui en savait bien plus long que nous sur l'état d'esprit des Allemands de l'Ouest. Mais l'histoire va parfois plus vite que les décisions politiques : la démolition du mur de Berlin, grandiose et quasi accidentelle, fut ainsi l'œuvre de la population elle-même.

Au mois de novembre, le gouvernement est-allemand s'est efforcé de contenir la crise politique et économique, cherchant à obtenir un répit qui lui permettrait de se réorganiser. Ses mesures n'ont fait qu'accroître le mécontentement populaire. Le Premier ministre Egon Krenz comptait sur une aide financière de la RFA pour endiguer le flux de l'émigration, puis aménager des réformes socialistes. Le 8 novembre, Kohl annonçait que son aide était soumise à une condition : l'Allemagne de l'Est devait entreprendre des réformes économiques et politiques d'envergure – sans quoi l'argent serait donné en pure perte. Le 11 novembre, Krenz faisait savoir à Kohl qu'il ne saurait être question de réunification, tout en l'assurant que son gouvernement était disposé à mettre sur pied des réformes radicales.

*Mais le 13 novembre, lors d'une réunion plénière du SED (nom officiel du parti socialiste est-allemand), le parlement (*Volkskammer*), irrité par ses propos, a décidé que Krenz serait déchu de ses fonctions de Premier ministre (tout en restant secrétaire général du parti, président du Conseil des ministres et chef de l'État), et remplacé à cette fonction par Hans Modrow. Celui-ci a rapidement formé un nouveau gouvernement qui, fait historique, comportait des non-communistes. À l'instar de Krenz, il s'est efforcé aussitôt de stabiliser la situation politique. Le 17 novembre, une série de mesures était annoncée, qui comportait notamment une réforme politique ; cependant, déterminé à préserver un État est-allemand bien séparé, le nouveau Premier ministre continuait de rejeter la réunification. Au lieu de quoi il proposait une autre solution, qui allait dans le sens d'un rapprochement entre les deux Allemagne, et qu'il appelait « coexistence coopérative ». Celle-ci était basée sur un traité qui ne faisait que reprendre les anciens accords passés entre les deux États.*

GEORGE BUSH

Le jour même où Modrow rendait publique sa proposition, Helmut Kohl m'a assuré qu'il ne ferait rien pour déstabiliser la situation en RDA. Il avait longuement parlé à Gorbatchev, et lui avait donné le même conseil qu'à Krenz six jours auparavant : sans une réforme comparable à celles lancées en Pologne et en Hongrie, « le système allait s'effondrer ».

« Les États-Unis, lui ai-je dit, resteront calmes et soutiendront les réformes que vous préconisez – et cela en dépit de la position du Congrès. » Je songeais aux déclarations du sénateur Mitchell et du député Gephardt *. « Nous ne pousserons pas à la réunification, nous n'imposerons aucun délai. Nous ne voulons pas exacerber le problème,

* Voir chapitre VI.

et le président des États-Unis ne prendra donc pas position sur le mur de Berlin. » Le même jour, j'ai demandé à Brian Mulroney de faire passer ce message à Gorbatchev, qu'il s'apprêtait à rencontrer à Moscou.

J'ai également discuté de la situation avec Margaret Thatcher. Elle se préparait pour une réunion de la Communauté européenne consacrée à l'Allemagne. Prévue pour le lendemain, cette assemblée avait été convoquée par François Mitterrand, dans l'espoir, semble-t-il, d'étouffer la question de l'unification. Margaret, en revanche, paraissait disposée à ruer dans les brancards : « Quand les Allemands de l'Est ont commencé à émigrer, l'euphorie est devenue trop intense ; tout le monde s'efforçait de prédire l'avenir. On a trop parlé de cette réunification allemande. » Il fallait surtout s'occuper de Gorbatchev : sans lui, rien de tout cela n'eût été possible. « Le déstabiliser, c'est compromettre l'avènement de la démocratie en Union soviétique. »

BRENT SCOWCROFT

Tout comme Thatcher, nous avions bien conscience que la perte de l'Allemagne de l'Est risquait d'exacerber les problèmes en Union soviétique, et de compromettre les réformes de Gorbatchev – voire son maintien au pouvoir. Jusqu'ici, il avait accepté les bouleversements survenus en Europe de l'Est, et avait su maîtriser l'irritation du parti et de l'armée. Mais pourrait-il, en plus de tout cela, supporter la perte de la RDA ? L'opposition réagirait sans doute en combattant la réunification bec et ongles, afin de protéger ce qui restait du système de défense soviétique en Europe de l'Est. À la mi-novembre, notre position sur l'Allemagne était donc arrêtée : il fallait agir en fonction des réactions de l'Union soviétique, et des conséquences de l'unification sur les réformes en cours dans ce pays. Nous avions l'intention de prôner l'autodétermination des Allemands de l'Est, comme le faisait Kohl, et non de nous fixer la réunification comme but absolu. Notre position était donc simple : suivre Kohl, le soutenir, et ne rien dire qui risque d'envenimer la situation.

GEORGE BUSH

Comme pour toute question politique complexe, je souhaitais entendre des avis extérieurs. Le 13 novembre, Henry Kissinger s'est joint à Brent, Jim et moi-même pour un dîner à la Résidence. Cette rencontre devait surtout nous permettre d'évoquer son récent voyage en Chine *, mais nous avons tout naturellement discuté des événements survenus à Berlin. Lors de notre entrevue du mois de janvier, Kissinger m'avait soumis des propositions très discutables ; cette fois-ci, son avis était très proche du nôtre, et il nous a tous aidés à définir

* Voir chapitre VII.

notre position. Il jugeait inévitable la réunification allemande, car il n'existait plus de raison réelle pour que les deux États soient séparés.

Selon Kissinger, Gorbatchev devait savoir que l'Allemagne de l'Est n'était plus viable ; il imaginait deux options pour les Soviétiques. Premier choix : exclure les deux Allemagne de l'OTAN et du pacte de Varsovie ; il serait possible de contrôler une Allemagne neutre au moyen de la menace nucléaire, et de tenir l'Europe de l'Est par la menace d'une réunification allemande. Deuxième choix : tenter de dissoudre les deux systèmes d'alliances. Pour Kissinger, il fallait éviter avant tout que les Allemands perçoivent les Américains comme hostiles à la réunification. Je l'ai écouté attentivement, ayant le plus grand respect pour son approche subtile du problème et pour sa connaissance de l'Allemagne.

Avant ma rencontre avec Gorbatchev à Malte, j'avais consulté nos divers alliés, qui m'avaient fait part de leur sentiment sur la question allemande. Genscher est venu à Washington le 21 novembre, et je lui ai demandé s'il pensait que les événements d'Europe, si nombreux et si rapides, amèneraient les Allemands à exiger sous peu une réunification. « Au bout du compte, ce sera évidemment au peuple allemand de se décider, seul et par lui-même ; mais croyez-vous que la réunification puisse nous prendre de court ?

– Nul ne peut le prédire, m'a-t-il répondu. Hier soir, à Leipzig, deux cent mille personnes ont défilé en criant : "Une seule nation !" Oui, les choses sont en train de bouger. Si la RFA établit un système démocratique, l'Europe ne s'en portera que mieux. » Mais les événements d'Allemagne de l'Est, selon lui, faisaient partie d'un mouvement qui concernait l'ensemble de l'Europe. « Tout le monde doit bien comprendre que nous nous en tiendrons à nos engagements auprès de l'OTAN et de la Communauté européenne. Il n'est pas question d'accorder à l'Allemagne un traitement de faveur, mais il n'est pas question non plus de prôner l'autodétermination partout... sauf en Allemagne. [...] En tout état de cause, il faut éviter d'effrayer l'Union soviétique. C'est pourquoi il convient de s'en tenir aux frontières telles qu'elles sont. La construction d'une structure stable en Europe est à ce prix [...]. »

Quand j'ai rencontré Margaret Thatcher à Camp David, le 24 novembre, nous avons surtout parlé de Malte ; mais l'occasion était trop belle pour ne pas lui demander son avis sur la question allemande. À l'instar de Genscher, Margaret estimait qu'en encourageant la démocratie à l'Est, nous pourrions stabiliser la situation. Elle craignait, elle aussi, que les seuls mots de réunification ou de modification de frontières suffisent à effrayer les Soviétiques.

« L'objectif ultime, m'a-t-elle dit, reste d'implanter la démocratie à travers l'Europe. Nous avons remporté la bataille idéologique, non sans mal, et nous avons préservé un OTAN fort. » Mais il faudrait du temps, car la démocratie ne se réduit pas à l'instauration d'un système électoral. « Elle doit devenir un mode de vie politique. Alors seulement elle est irréversible. » Un tel changement, selon elle, ne pouvait intervenir que dans un contexte de stabilité européenne. « En d'autres termes, l'OTAN et le pacte de Varsovie ne doivent pas disparaître. De toute façon, il faut maintenir l'OTAN ; s'il avait existé dans les années 1930, il n'y aurait pas eu de Seconde Guerre mondiale. Nous ne pouvons pas parler de tracer de nouvelles frontières, du moins pas maintenant. Cela pourrait affaiblir la position de Gorbatchev. Et puis, regardez l'Europe centrale : toute cette zone connaît actuellement des problèmes de frontières *. [...] L'essentiel, aujourd'hui, c'est d'établir la démocratie. »

Pour Margaret, le sort de l'Allemagne ne se réduisait pas à l'autodétermination. Le problème des frontières, le rôle des quatre puissances d'occupation, l'inviolabilité des frontières, tout cela rendait la situation plus complexe. Puis elle a évoqué les pays baltes : « Nous avons décidé d'éviter d'en parler pour le moment, car cela ne ferait qu'affaiblir Gorbatchev. »

De son grand sac à main – un sac dont elle ne se sépare jamais –, elle a tiré une carte de géographie. Elle y a surligné les anciennes frontières de l'Allemagne en 1937, puis les territoires devenus polonais. « Regardez l'Allemagne. Avec la réunification, Gorbatchev est fini. Il perd l'intégralité du pacte de Varsovie. Une Allemagne unifiée, c'est un pays de quatre-vingts millions d'habitants au cœur de l'Europe, et un pays à la balance commerciale forte. Bien sûr, s'ils veulent vraiment la réunification, nous ne pourrons pas l'empêcher. Mais, pour l'heure, il faut se concentrer sur la démocratie. Ce sera un moyen de résoudre certains problèmes fondamentaux, et d'éviter que naissent demain des peurs qui, avec la réunification, naîtraient aujourd'hui. »

Cette conversation, tout comme celle du 17 novembre, confirmait les sentiments de Thatcher vis-à-vis de la réunification : peu d'enthousiasme et beaucoup de méfiance. L'histoire houleuse des rapports anglo-allemands lui dictait cette attitude. Depuis longtemps, la Grande-Bretagne s'efforçait de préserver l'équilibre des pouvoirs en Europe, veillant à ne laisser aucun pays dominer le continent. Elle avait combattu la France napoléonienne, l'Allemagne impériale, puis le IIIe Reich. Les enjeux étaient chaque fois plus importants, et lui coûtaient chaque fois davantage de pertes ; après deux guerres mondiales, son influence économique et politique avait diminué de façon considérable. Depuis 1945, la Grande-Bretagne avait établi de bonnes relations avec l'Allemagne de l'Ouest ; pour contrebalancer toute menace allemande éventuelle, elle comptait sur l'OTAN et sur ses relations privilégiées avec les États-Unis. La réunification pouvait aussi compromettre l'avenir : l'Allemagne avait-elle vraiment changé, ou tenterait-elle à nouveau – fût-ce sur le plan économique – de dominer l'Europe ? Une Allemagne unifiée occuperait une position forte en Europe ; l'accepter, c'était admettre que Bonn devienne la première capitale du continent.

---

* La quasi-totalité des pays d'Europe de l'Est connaissaient des problèmes de frontières avec leurs voisins.

GEORGE BUSH

Je n'étais pas d'accord avec Margaret sur les conséquences d'une Allemagne unifiée, mais je partageais en partie ses craintes concernant Gorbatchev : la réunification pourrait nuire à sa position et à ses réformes. Cependant, je pensais pouvoir régler ces problèmes tout en effaçant les réticences de Margaret. Les États-Unis, forts de leur solide relation bilatérale avec l'Allemagne, forts aussi de leur rapprochement avec les Soviétiques, pouvaient servir de catalyseur dans une résolution pacifique du problème.

BRENT SCOWCROFT

J'étais moins optimiste que le Président, et je ne pouvais m'empêcher de partager les craintes de Thatcher. Elle avait souligné les vraies priorités. L'Europe avait déjà subi des bouleversements considérables, et la simple gestion de leurs conséquences allait nous demander des efforts constants, si nous voulions préserver cet équilibre précaire. Dans un tel contexte, il me semblait très risqué d'évoquer la réunification de l'Allemagne, sujet délicat entre tous.

*Soucieux de préparer Malte, le Président poursuivait ses consultations avec nos alliés. Le 25 novembre, il a rencontré le Premier ministre des Pays-Bas, Ruud Lubbers ; le 25 novembre, le Premier ministre italien Giulio Andreotti. Les deux chefs d'État se sont fait l'écho des craintes de Thatcher. « Nous devrions éviter de parler des frontières nationales, qu'il faut respecter, lui a dit Lubbers. Il vaudrait mieux passer sous silence la question allemande. » Andreotti était du même avis. Il venait de rencontrer Gorbatchev, qui tenait à se conformer à l'acte d'Helsinki * – lequel précisait bien que l'on ne pouvait modifier des frontières, sinon de manière pacifique et par consentement mutuel. Conforté par les remarques de Thatcher, Mitterrand avait manifestement obtenu ce qu'il désirait le 18 novembre, lors de la réunion des pays de la Communauté européenne. La plupart des pays semblaient donc s'accorder sur un point : mieux valait éviter la réunification des deux Allemagne.*

Mais Andreotti réagissait également à une initiative de Kohl : le 28 novembre, le chancelier avait décidé d'accélérer les choses en dévoilant un plan – en dix points – concernant l'avenir des relations entre les deux Allemagne. Le projet ne parlait pas de négociations en vue de la réunification, mais de réformes et autres traités destinés à améliorer les liens entre les deux États. Il entendait aussi, à l'évidence, résoudre le problème de l'émigration (pour le seul mois de novembre, le passage de l'Est à l'Ouest se chiffrait à plus de cent trente mille personnes), et, peut-être, stimuler chez les Allemands de l'Est un intérêt accru pour l'unification.

---

* En 1975, la Conférence sur la sécurité et la coopération en Europe (CSCE) adopta à Helsinki l'acte final de son premier sommet.

Le programme de Kohl était plein de promesses et de bonne volonté. Il proposait à nouveau son aide à la RDA, et y mettait à nouveau des conditions : réformes politiques et économiques fondamentales, élections libres, levée du monopole du SED sur le pouvoir. Kohl allait donc plus loin que Moscou : il proposait d'établir une structure provisoire pour traiter les questions interétatiques. Il envisageait de créer ensuite, après les élections en RDA, une nouvelle structure confédérale – laquelle serait remplacée, à terme, par un système fédéral régissant l'ensemble de l'Allemagne. Pour finir, le programme de Kohl rendait hommage à Genscher, en parlant d'une évolution « dans le contexte du développement européen ». Il s'agissait donc de favoriser la réunification, sur le plan allemand et international, sans préciser les délais. La proposition surprise de Kohl, bien entendu, a fait beaucoup de bruit dans les deux Allemagne, en Europe et au-delà, et a suscité de nombreuses critiques irritées – après tout, le sommet de Paris s'était déroulé dix jours auparavant, et Kohl y avait assuré qu'il ne serait pas question de modifier les frontières.

GEORGE BUSH

Kohl n'avait fait part à aucun de ses alliés de l'OTAN – nous compris – de cette décision fracassante. Peur des fuites ? Crainte d'en être dissuadé ? Toujours est-il que cette cachotterie lui a valu les remarques les plus acerbes. Genscher lui-même n'avait pas été tenu au courant, et avait appris la chose l'après-midi même. Quant à moi, j'ai éprouvé une certaine surprise, mais aucune inquiétude. Il ne pouvait mener la réunification à bien sans notre aide, et je doutais fort qu'il compte s'aliéner son plus proche allié. Je ne doutais pas qu'il nous consulte avant de passer à l'étape suivante – il avait besoin de nous. De fait, Kohl m'a fait parvenir le texte de son discours au moment où il le prononçait à Bonn ; puis il m'a adressé un long message au sujet de Malte. De toute évidence, il voulait éviter que Gorbatchev et moi-même nous mettions d'accord sur l'avenir de l'Allemagne – comme l'avaient fait Staline et Roosevelt durant les derniers mois de la Seconde Guerre mondiale.

BRENT SCOWCROFT

Le discours surprise de Kohl m'a donné quelque souci. Je le croyais proche de nous : à chaque étape, nous l'avions toujours consulté, et j'estimais que nous méritions sa confiance. S'il était disposé à faire cavalier seul en cas de désaccord avec nous, alors j'avais surestimé notre influence. Qu'adviendrait-il, par exemple, s'il jugeait ne pouvoir obtenir la réunification qu'en acceptant l'idée d'une Allemagne neutre ? Nous n'en étions pas là, certes, mais l'initiative unilatérale de Kohl me paraissait de mauvais augure.

GEORGE BUSH

J'ai appelé Helmut le lendemain de son discours, dans la matinée. Il m'a décrit la situation en RDA, soulignant que le peuple de ce pays était « choqué et déçu par la corruption » que l'on commençait seulement à découvrir, à mesure que les archives du gouvernement étaient dépouillées. « En un mot, les choses ont énormément changé. Il est donc capital de poursuivre le processus de réformes. » Kohl était certain que la RDA connaîtrait des élections libres sous peu, d'ici l'automne 1990 ou le début de 1991. « Je crois que le processus est devenu irréversible. Il y a au moins une raison à cela : sans réformes, ils n'éviteront pas un exode de masse. »

Puis Kohl m'a expliqué le sens de son programme en dix points, qu'il a divisé en trois grandes parties. « Tout d'abord, nous devons agir avec prudence et raison. Tout ce qui se passe en Allemagne et en Europe de l'Est risque d'avoir un impact énorme. J'en conclus, pour ma part, que je ne ferai rien sans prendre l'avis de nos amis américains. Second point : prendre en compte le désir de peuple allemand [de l'Est], ce qu'il souhaite vraiment. Les reportages télévisés n'en donnent pas une image exacte. Nous ne le saurons qu'après les élections. Ce sera comme pour la Pologne. Si vraiment les élections sont libres et non truquées, le peuple risque de faire tomber tout le gouvernement. Dernier point : le processus prendra du temps. La RDA continuera d'adhérer au pacte, et nous à l'OTAN. L'aspect militaire est très important [...]. »

Il s'est empressé de m'assurer qu'il était pleinement conscient de ses responsabilités. Il m'a promis de nous consulter, et de prendre également l'avis de ses partenaires européens. « Dans une semaine, à Strasbourg [à un sommet de la Communauté européenne], je veillerai à faire avancer l'Union économique et monétaire. Je crois que Maggie a tort de prôner la prudence. Nous ne ferons jamais cavalier seul : c'est une règle d'or. Nous tenons à rester ancrés dans un système d'ensemble. »

BRENT SCOWCROFT

Cette conversation m'a surpris en deux points, d'abord sur le moment, puis en y repensant. Tout d'abord, Kohl avait exprimé à diverses reprises sa solidarité avec les États-Unis et les alliés, et avait juré de ne pas faire « cavalier seul »... le lendemain même du jour où il avait pris de court l'ensemble de ses partenaires ! Ensuite, il continuait d'envisager un processus sur le long terme : « La RDA continuera d'adhérer au pacte, et nous à l'OTAN. » N'était-il pas déjà en retard sur le processus ?

GEORGE BUSH

Le 29 novembre, au cours d'un dîner de consultation en vue de Malte, Brian Mulroney m'a fait part de ses impressions sur l'attitude de Gorbatchev vis-à-vis de la situation en Allemagne. Il venait de transmettre à Moscou l'assurance que je ne prendrais pas position sur le Mur. Gorbatchev, selon lui, estimait que « les Allemands pouvaient d'ores et déjà renoncer à la réunification ». Pour Brian, de tels propos illustraient bien ce qu'il appelait « la haine des Russes pour les Allemands ». S'il voulait comprendre Kohl, Gorbatchev devait comprendre que le chancelier parlait au nom de son électorat. Gorbatchev avait répondu à Brian qu'il comprenait parfaitement, mais qu'il n'y aurait pas de réunification. « À manger des fruits pas encore mûrs, on risque de mourir. » La réunification finirait peut-être par survenir, mais « pas de [s]on vivant ». Si les Allemands la désiraient vraiment, il leur conseillait de ne pas en parler si prématurément.

En Union soviétique, Chevarnadzé a réagi au plan de Kohl, ce « diktat » de Bonn, en regrettant que cette accélération crée une telle confusion, et en brandissant la menace de « conséquences imprévisibles ». Berlin-Est n'a pas montré beaucoup plus d'enthousiasme. Les responsables politiques ont rejeté d'emblée cette suggestion d'unité, qui risquait de compromettre une Allemagne de l'Est indépendante et socialiste – alors même que Kohl avait inclus dans son projet les propositions de Modrow. La position des Allemands de l'Est était simple : Bonn pouvait certes les aider financièrement, mais pas se mêler de leurs affaires.

BRENT SCOWCROFT

Les dix points de Kohl ont servi de base pour une coopération et une éventuelle réunification des deux Allemagne. De notre point de vue, cependant, ils ignoraient certains aspects de défense et de politique internationale – tels les rapports avec l'OTAN d'une Allemagne unifiée ou la question des frontières. Il fallait à tout prix que l'Allemagne demeure fermement au sein de l'Alliance : pour ancrer la nation à l'Ouest et lever les craintes des pays voisins, certes, mais aussi pour le bien de l'OTAN. L'Allemagne constitue le centre géographique de l'Alliance, et sa deuxième puissance économique et militaire. Une Allemagne hors OTAN aurait déséquilibré l'Alliance. Pour des raisons pratiques, son appartenance à l'OTAN importait beaucoup aux États-Unis. Sans nos bases en Allemagne, il serait difficile de maintenir notre présence dans l'OTAN et en Europe.

Depuis des semaines, nous examinions le contexte international de la réunification allemande. Jim Baker et le Département d'État avaient dégagé les quatre grands principes de notre approche du problème. Pour être acceptable à nos yeux, la réunification devait : respecter le principe d'autodétermination, quel que soit le choix des Allemands ; s'accompagner d'une appartenance de l'Allemagne à l'OTAN et à la CE ; être progressive et pacifique, et prendre en compte les intérêts des autres pays européens ; respecter les principes d'Helsinki concernant l'inviolabilité des frontières existantes, et permettre des modifications pacifiques. Ces principes, me semble-t-il, touchaient précisément aux divers problèmes omis par Kohl dans son projet. En même temps, ils apportaient un soutien entier au chancelier et à la réunification. De plus, ils prônaient un processus lent et par étapes, ce qui permettait d'atténuer les craintes des Français, des Britanniques et des Soviétiques. Baker a énoncé ces quatre principes lors d'une conférence de presse, le 29 novembre, mais il nous a paru souhaitable de les inclure dans le discours présidentiel du 3 décembre : à cette date, le Président devait rendre compte aux alliés de la rencontre de Malte.

Ma propre attitude commençait à évoluer, et ce pour deux raisons. Tout d'abord, la situation en RDA continuait à se dégrader. Il était de plus en plus difficile d'imaginer que le pays pourrait se stabiliser par ses propres moyens. Si l'on ne parvenait pas à maintenir un équilibre entre les deux Allemagne, la seule solution viable pour régler la crise restait donc la réunification. Deuxième point : le Président semblait chaque jour plus convaincu par la réunification, et soutenait fermement l'initiative de Kohl. Son propre avis était fermement arrêté.

En décembre, le gouvernement est-allemand eut à subir la pression du peuple, qui voulait voir appliquer les réformes promises et réclamait des élections libres. Le 1er décembre, la Volkskammer *a mis fin au monopole des communistes. Le 3 décembre, le Politburo a demissionné ; le gouvernement a fait arrêter de nombreux anciens responsables, accusés de corruption et d'abus de pouvoir. Le 6 décembre, Krenz a démissionné de ses fonctions de chef d'État. Mais la révolte continuait de gronder – les citoyens investissaient des bâtiments de l'État pour s'emparer de documents officiels compromettants. Des installations militaires soviétiques ont également été prises d'assaut, et les Soviétiques ont laissé le champ libre à leurs troupes pour se défendre. Nous avions peur d'assister à une escalade de violence – si, par exemple, le peuple s'en prenait aux soldats eux-mêmes. Parmi d'autres provocations possibles, celle-ci risquait de susciter une réaction violente de la part des Soviétiques – et donc une crise internationale. Le 9 décembre, un congrès du parti communiste est-allemand s'est rassemblé pour décider des mesures à prendre ; comme on pouvait s'y attendre, le congrès a soutenu l'idée d'une confédération de deux Allemagne indépendantes et souveraines.*

GEORGE BUSH

À Malte, au début du mois de décembre, Gorbatchev et moi n'avions discuté que très brièvement de l'Allemagne, mais nous avions échangé points du vue et perspectives, avec pour toile de fond les événements d'Europe de l'Est. J'ai quitté Malte pour Bruxelles, où je devais informer nos alliés de ce qui s'était dit. Je pensais qu'il était important de les rassurer et de leur dire qu'il n'y avait aucun pacte américano-soviétique, aucun accord du genre Yalta concernant l'Europe de l'Est.

Le soir de mon arrivée à Bruxelles, au cours d'un dîner à l'élégant château Stuyvenberg, j'ai finalement eu l'occasion de parler à Kohl, ce que j'avais promis de faire dès la fin de l'été. Brent et Sununu se sont joints à nous côté américain, Horst Teltschik et Walter Neuer côté allemand.

J'ai exprimé à Helmut mon soutien à la réunification allemande, mais je l'ai prévenu que Gorbatchev pensait qu'il voulait aller trop vite, et que Moscou lui opposait un plan en dix étapes. Helmut m'a mis au courant des derniers développements en Allemagne.

« Puis-je vous dire ce qui s'est passé aujourd'hui en RDA ? a demandé Kohl avec impatience, le buste tendu et les yeux luisants. Tout le monde a démissionné. Apparemment ils ont des problèmes pour faire tout simplement fonctionner leur gouvernement. Le peuple veut connaître la nature des privilèges accordés aux dirigeants. Ce n'est qu'un début. À Rostock, des gens sont entrés dans une usine et y ont trouvé des armes. Ils veulent savoir où devaient aller ces armes. » Il avait dit à Gorbatchev que personne n'avait intérêt à ce que la situation en Allemagne de l'Est devienne incontrôlable. C'est pourquoi il avait proposé son plan, mais sans calendrier. Gorbatchev avait répondu qu'il ne se mettrait pas en travers d'une élection libre. « Il a laissé tomber les anciens dirigeants », a dit Kohl d'un ton confiant.

Il m'a remercié pour le calme avec lequel j'avais accueilli son programme, et a déclaré que l'union de l'Europe et l'appartenance à l'OTAN étaient deux choses indispensables à la future Allemagne. « Nous faisons partie de l'Europe et nous continuerons à l'intérieur de la Communauté européenne », s'est-il contenté de dire. Il consultait toujours très attentivement Mitterrand sur ces questions. « Ce plan en dix étapes ne peut se poser en alternative par rapport à ce que nous faisons à l'Ouest. » Ce dont ses voisins avaient vraiment peur, c'était que l'Allemagne ne dérive à l'Est (c'est-à-dire qu'elle développe des liens plus forts avec Moscou, au détriment de l'Occident). Cela n'avait aucun sens. Ils redoutaient également le rapide développement de l'Allemagne, qui avançait plus vite que le reste de l'Europe. « Franchement, il est déjà difficile de tolérer soixante-deux millions d'Allemands prospères, si on leur en ajoute dix-sept millions de plus, nous allons avoir des problèmes », a-t-il admis.

Kohl se demandait ce qui allait se passer à présent. Après les élections libres en RDA, l'étape suivante allait être la confédération entre deux États indépendants. La troisième phase, la fédération (un seul État), ne verrait le jour « que dans un certain nombre d'années, peut-être cinq », et seulement après accord des voisins de l'Allemagne. Cela prendrait sans doute du temps, mais c'était inéluctable.

J'ai dit à Helmut que la solution ne devait pas alarmer Gorbatchev, tout en préservant la cohésion de l'Ouest. « Le problème de Gorbatchev, c'est son manque de certitudes, ai-je dit. Je ne veux pas dire que l'idée le rend fou, mais elle le met mal à l'aise. Nous devons formuler les choses de manière à ne pas l'apeurer, mais à faire avancer les choses.

– C'est une des raisons pour lesquelles je ne ferai rien qui puisse gêner le bon déroulement des choses, a répondu Kohl d'un ton mesuré. [Helsinki] précise que les frontières peuvent être modifiées de manière pacifique. Je ne veux pas mettre Gorbatchev dos au mur. Je dois le rencontrer. Je ne veux pas créer de difficultés. Les journaux écrivent de ces absurdités ! » Même Kissinger, selon lui, avait mentionné la possibilité d'une réunification sous deux ans. Cela n'était pas possible. Le déséquilibre économique entre les deux Allemagne était trop important.

Je crois que Kohl espérait une réunification le plus tôt possible, mais il ne voulait rien faire ni dire qui puisse la mettre en péril. Il avait pleinement conscience des problèmes auxquels Gorbatchev devait faire face du fait des changements en Europe de l'Est et en Allemagne de l'Est. Il ne voulait pas aggraver la situation. De plus, il admettait que l'Europe était réticente face à la présence en son sein d'une Allemagne réunifiée et économiquement puissante. Pour toutes ces raisons, il continuait de marcher sur des œufs. J'ai sans doute fait comprendre à Kohl que je n'avais aucune objection à la réunification, et en un sens, je lui ai donné le feu vert. Je ne pense pas avoir jamais voulu l'encourager à aller trop vite. Comme je l'avais dit à Gorbatchev, puis à Kohl et à Genscher, l'autodétermination était la clé, et personne ne pouvait le nier.

BRENT SCOWCROFT

À mon sens, cette rencontre avec Kohl a marqué un tournant. Il semblait y avoir une parfaite entente sur la question de la réunification, et l'atmosphère de camaraderie dans cette grande entreprise était tout à fait perceptible. Le ton détendu de la conversation a semblé redonner à Kohl le sentiment rassurant que le Président était derrière lui. Kohl, dans ses mémoires sur la réunification, parle également de cette rencontre comme d'un grand moment.

GEORGE BUSH

Le lendemain matin j'ai briefé les alliés sur la rencontre de Malte, et dans l'après-midi, j'ai donné une allocution sur « la future forme de l'Europe et le nouvel atlantisme ». J'ai rappelé aux autres dirigeants que « l'alliance a été établie... afin de jeter les bases de l'extraordinaire évolution qui est en train d'avoir lieu en Europe de l'Est aujourd'hui... Le travail qui nous attend est de consolider les fruits de cette révolution pacifique et de fournir l'architecture qui permettra à ces changements de continuer... Nos gouvernements se sont engagés à nouveau en mai à chercher une solution à la douloureuse division de l'Europe. Nous n'avons jamais accepté cette division. Le peuple de chaque nation a le droit de déterminer son propre mode de vie en toute liberté ».

J'ai énoncé quatre principes qui devaient guider la réunification, nous avions ajouté à ces principes le fait qu'elle devait se produire « dans le respect du rôle juridique et des responsabilités des puissances alliées ». J'espérais que cela rassurerait la Grande-Bretagne et la France, ainsi que l'Union soviétique. J'ai appelé l'OTAN à faire de la promotion de la liberté à l'Est un élément fondamental de l'Alliance, rappelant que cette dernière avait vu le jour en tant que structure politique : une base sur laquelle elle devait élaborer l'avenir.

BRENT SCOWCROFT

À la fin du discours du président Bush, Kohl a pris la parole, déclarant généreusement que personne n'aurait pu mieux résumer l'approche de l'Alliance. Il a ajouté que les remarques du Président devaient être considérées comme le dernier mot de l'Alliance à ce sujet, et il a demandé l'ajournement de la réunion. Après un silence gêné, le Premier ministre Andreotti a pris la parole à son tour. Il a mis en garde contre les excès de l'autodétermination, qui pouvait mener au désordre. Que se passera-t-il si demain les pays baltes affirment leur souveraineté ? Furieux, Kohl a rétorqué qu'Andreotti ne partagerait peut-être pas cette opinion si le Tibre divisait son pays. Après cet échange houleux, Lubbers est venu soutenir l'approche américaine. Thatcher a dit qu'elle partageait les préoccupations d'Andreotti et qu'elle voulait étudier la proposition à tête reposée. Les autres dirigeants soutenaient généralement la position des États-Unis.

Si les Allemands étaient tout à fait satisfaits, Thatcher l'était beaucoup moins. Elle était d'accord sur le fait qu'une Allemagne réunifiée doive faire partie de l'OTAN, mais elle était contre l'idée que cela doive s'accompagner d'une « Communauté européenne de plus en plus élargie », concept pour lequel elle ne cachait pas sa répugnance.

Thatcher écrira plus tard qu'elle avait conscience de ce que ses chances de ralentir le processus de réunification s'amenuisaient : « Une fois qu'il a été décidé que l'Allemagne de l'Est pouvait rejoindre la Communauté européenne sans négociations extensives [c'est-à-dire à travers l'appartenance à l'Allemagne de l'Ouest]... nous ne pouvions plus faire grand-chose pour ralentir la réunification par le biais des institutions européennes. » Elle espérait que le cadre des quatre puissances lui fournirait un moyen de pression, mais elle a rapidement compris que « puisque les États-Unis – et bientôt l'URSS – cessaient de considérer cela comme autre chose qu'un atelier de discussion sur les détails de la réunification », il y avait peu de chance que la Grande-Bretagne puisse s'en servir pour influer sur le processus. Elle a renouvelé ses efforts afin de gagner la France à sa cause et stopper, ou tout au moins ralentir, les Allemands. Elle a rencontré deux fois le président Mitterrand : au sommet européen de Strasbourg le 8 décembre, puis à nouveau en janvier. Ils *n'ont jamais pu s'entendre sur les mesures à prendre *. Mitterrand et Kohl se sont également rencontrés à Strasbourg. Mitterrand a demandé à son collègue allemand si la réunification était plus importante à ses yeux que la construction de l'Europe. Kohl n'a pas répondu directement.*

GEORGE BUSH

Le 16 décembre, j'ai rencontré Mitterrand sur l'île de Saint-Martin, dans les Caraïbes. Il me rendait l'invitation de Kennebunkport. Comme avec Gorbatchev, nous avons peu parlé de l'Allemagne, mais François a tout de même souligné que ce qui s'était passé en Allemagne devait être relié à l'OTAN et à la Communauté européenne. Il me semblait qu'en dépit des efforts de la bureaucratie française, il s'était fait à l'idée d'une réunification de l'Allemagne. Il a demandé que nous envisagions la question comme des amis. « Nous devrions faire preuve de compréhension envers le souhait des Allemands. Nous ne pouvons pas faire grand-chose car nous ne voulons pas entrer en guerre avec l'Allemagne. » Mais il pensait que nous devions être prudents et que nous ne devions pas laisser les événements en Allemagne s'emballer, de peur qu'il n'en résulte une crise à un moment où l'Ouest était en train de faire triompher sa cause. Nous devions, en revanche, nous atteler à la question du contrôle des armements, de la construction européenne, de l'union monétaire européenne et de la coopération entre l'Europe et les États-Unis ; ainsi nous pourrions bâtir une Europe nouvelle. « Faute de quoi, nous nous retrouverons dans la situation de 1913, et nous pourrions tout perdre. Nous sommes les amis de l'Allemagne. Ils ne peuvent ignorer nos conseils. »

Depuis la Seconde Guerre mondiale, la France et l'Allemagne de l'Ouest avaient vaincu leur hostilité passée et les deux pays étaient devenus partenaires dans le cadre de l'Europe. Mitterrand et Kohl étaient eux-mêmes amis. Néanmoins, la réunification allemande posait des questions complexes sur l'avenir de la France, des questions dont les réponses étaient incertaines et difficiles. La France et l'Allemagne avaient été rivales dans la domination de l'Europe continentale depuis la première unification de l'Allemagne en 1871, après la défaite de la France dans la guerre contre la Prusse. Depuis cette date l'Allemagne avait envahi deux fois plus de terres et occupé la France de 1940 à 1944. L'idée d'une Allemagne divisée en satisfaisait plus d'un. Paris avait réussi à contrôler la RFA par le biais d'étroites relations économiques et politiques (la France était devenue le principal allié commercial de la RFA) et à travers l'OTAN. Quel effet une Allemagne unie aurait sur l'Europe, et qu'est-ce que cela signifierait pour la France ? La France pourrait-elle « contrôler » un tel État comme elle l'avait fait pour sa partie occidentale ?

Les Soviétiques, quant à eux, étaient impatients de trouver le moyen

---

* Voir *Mes années à Downing Street*, *op. cit.*, p. 796.

de conserver une influence sur les pourparlers concernant la réunification. Le 30 novembre, Gorbatchev a proposé un Helsinki II et un sommet CSCE afin de discuter de la question dans le contexte pus large des changements intervenus en Europe de l'Est. Les Français et les Britanniques se sont montrés intéressés, tout comme Genscher. Kohl n'était guère enthousiaste. Au sein de notre Administration, le Département d'État se déclarait ouvert à cette proposition, mais le NSC était opposé à l'inclusion artificielle de la réunification allemande dans un sommet CSCE, qui ne devait œuvrer qu'à la conclusion d'un accord sur les forces conventionnelles en Europe. En outre, l'exigence de consensus du CSCE allait permettre aux opposants à la réunification de bloquer le processus. Par chance, Gorbatchev n'a pas insisté.

Les Soviétiques se sont ensuite tournés vers les structures des quatre puissances alliées. Le 8 décembre, ils ont appelé à une réunion de ces quatre puissances à Berlin : la première depuis 1971. Une fois de plus, les Britanniques et les Français ont réagi avec enthousiasme et se sont presque montrés aussi impatients que les Soviétiques de rappeler aux Allemands leurs prérogatives. Nous étions enclins à refuser d'entrée : cette forme de second Yalta allait à l'encontre du droit à l'autodétermination de l'Allemagne, et c'était précisément ce que nous voulions éviter. Les Soviétiques, cependant, ont fait valoir qu'il pouvait y avoir des explosions de violence en RDA, auquel cas, ils seraient « obligés de faire usage de la force ». Nous étions suffisamment préoccupés par ce qu'ils pourraient faire pour ne pas chercher à bloquer une rencontre. Nous avons donc accepté, à la condition que la discussion se limite aux droits des quatre puissances et autres accords existants : la réunification ne devait pas faire partie de l'ordre. Cette réunion a eu lieu le 10 décembre et rien de décisif n'a été décidé. Moscou a cherché plus d'une fois à détourner la discussion sur l'éventualité d'une conférence des quatre puissances, mais nous avons pu contrer chacune de leurs tentatives.

Le 19 décembre, Chevarnadzé a annoncé la nouvelle position soviétique dans un discours devant le Parlement européen. Il a mis en garde contre un changement dans l'existence de deux États allemands, mais il semblait prêt à soutenir l'idée d'une forme de confédération si certaines questions étaient réglées. Il a donné une liste de sept questions assez larges, qu'il a ensuite brièvement développées. Quelles garanties avions-nous que l'unité allemande n'allait pas créer une menace contre la Sécurité nationale d'autres États, et contre la paix en Europe ? Une Allemagne réunifiée serait-elle prête à reconnaître les frontières existantes à l'intérieur de l'Europe et à renoncer à ses prétentions territoriales, quelles qu'elles soient ? Quelle allait être la place de l'Allemagne réunifiée dans les structures d'alliance de l'Europe ? « Car nous ne pouvons sérieusement croire que le statut de la RDA puisse changer sans que le statut de la RFA ne fasse de même. » Quelle allait être sa doctrine militaire, et serait-elle prête à prendre des mesures de démilitarisation, à adopter un statut neutre, et à restructurer de façon radicale ses liens économiques et autres avec l'Europe de l'Est ? Les troupes alliées allaient-elles rester sur le sol allemand ? Cela allait-il pouvoir s'insérer dans le processus d'Helsinki ?

Enfin, les États allemands étaient-ils prêts à prendre en compte les intérêts des autres États européens et, collectivement, à rechercher des solutions acceptables pour tous concernant les questions et les problèmes qui ne manqueraient pas d'être soulevés, notamment un accord de paix en Europe ?

BRENT SCOWCROFT

Chevarnadzé soulignait la principale préoccupation de Moscou : la réunification, si elle avait jamais lieu, ne devait pas compromettre la sécurité de l'Union soviétique. Il faisait également allusion au genre de solution que le Kremlin serait susceptible d'accepter : une Allemagne réunifiée à l'extérieur de l'OTAN, désarmée ou devenue neutre. Si nous partagions certaines de ses préoccupations – notamment les garanties de frontières et l'engagement de l'Allemagne à consulter ses voisins européens dans la recherche collective d'une solution aux problèmes entourant la réunification – les modifications de la composition de l'OTAN et la neutralité potentielle de l'Allemagne nous posaient un problème.

GEORGE BUSH

Même si, à l'époque, je ne me suis pas réellement concentré sur ce discours et sur les questions qui étaient soulevées, il m'avait semblé que ces préoccupations devaient opposer les factions rivales à l'intérieur du pouvoir soviétique. Nous devions prendre leurs inquiétudes au sérieux et tenter d'y réagir. Gorbatchev avait déjà accepté énormément de changements ailleurs en Europe de l'Est, nonobstant les objections émises par les conservateurs et les militaires du parti. Il était possible que la réunification allemande, si elle était effectuée sans précautions, aille au-delà de ce que nous étions prêts à accepter.

Je savais que si nous devions mettre en place ce processus de réunification, il serait de notre rôle de travailler sur un pied d'égalité avec Moscou. Nous montrerions ainsi à Gorbatchev que nous comprenions sans aucun doute les gigantesques problèmes que représentait la réunification pour l'Union soviétique. S'il était important pour nous de maintenir la pression sur les Soviétiques quant aux problèmes liés à cette réunification (notamment les prérogatives et responsabilités des quatre puissances), nous devions nous garder d'exercer une pression si forte qu'ils pourraient réagir négativement. Si la situation en venait à se dégrader, et si la violence éclatait, c'est à nous qu'il reviendrait de trouver une solution.

CHAPITRE IX

Une danse à pas mesurés

BRENT SCOWCROFT

L'année 1990 a débuté sous le signe d'un optimisme prudent. Au regard de l'année écoulée, si riche en événements historiques dans les pays d'Europe de l'Est, nous avions le sentiment qu'une belle occasion se présentait à nous : sur le plan stratégique, le moment était peut-être venu de prendre l'avantage. Le pouvoir communiste se détériorait inexorablement, et les relations américano-soviétiques s'en trouvaient profondément modifiées. La franchise du Président vis-à-vis de Gorbatchev, à Malte, avait permis de resserrer nos rapports avec l'Union soviétique et d'évoquer ouvertement une nouvelle donne politique. N'était-ce pas là un bon début ?

Nos objectifs diplomatiques, pour la nouvelle année, étaient très pragmatiques : il s'agissait de consolider les progrès réalisés à Malte, puis de préparer un sommet à Washington pour la fin du printemps. Dans la pratique, cela revenait à poursuivre notre travail sur le contrôle des armements, sur les questions territoriales et sur nos liens économiques. Il fallait aussi mener à son terme notre plan unilatéral, et continuer d'encourager le retrait des troupes soviétiques basées en Europe de l'Est. À cette fin, il convenait de négocier avec soin la réduction des armements conventionnels – dont le sort était précisément discuté à Vienne. Autre préoccupation : l'Allemagne. Il nous faudrait tenter de surmonter bien des résistances, afin de résoudre les problèmes soulevés par la réunification et d'en poursuivre le processus.

Tous ces projets étaient soumis aux réalités de la politique intérieure soviétique : combien de temps avions-nous pour agir ? L'air était chargé de promesses, et bien des tâches semblaient nous attendre ; aussi avions-nous tout intérêt à voir se prolonger le mandat de Gorbatchev et des réformateurs soviétiques : des hommes qui, au cours de la *perestroïka* et de la *glasnost*, avaient mis en branle un certain nombre de changements profonds. Les Soviétiques étaient sans doute désireux de poursuivre leur rapprochement avec nous : un échec dans sa politique extérieure n'aurait fait qu'aggraver les problèmes de Gorbatchev dans son propre pays. La prudence et la rapidité étaient donc de rigueur, si nous voulions tirer le meilleur parti de ce climat favorable avant que Gorbatchev ne quitte le devant de la scène... ou n'en soit éjecté. Le compte à rebours avait commencé, mais nul ne savait à quelle heure il devait prendre fin.

À l'évidence, 1990 serait une année difficile pour Gorbatchev. Les problèmes se multipliaient : la mainmise du parti sur le pouvoir était menacée, et l'économie de plan ne saurait peut-être pas s'adapter aux bouleversements qui s'annonçaient. Au-delà des événements survenus en Europe de l'Est et en Allemagne, le nationalisme qui sévissait en Union soviétique exacerbait ses problèmes de sécurité et menaçait sa stabilité politique. L'Azerbaïdjan et l'Arménie étaient en guerre, les pays baltes voulaient quitter l'Union soviétique. La situation n'était pas moins sensible en Ukraine, région capitale sur le plan économique, affaiblie par des grèves et des mouvements de sécession. De tels soulèvements allaient peut-être signer la perte de Gorbatchev, car la population russe commençait à le juger hésitant et incapable d'affronter la tourmente. Sa réticence à utiliser l'armée avait une autre conséquence : de nombreux groupes ethniques nationalistes voyaient dans sa faiblesse l'occasion d'accéder à l'indépendance.

Dans cette ébullition, nous observions surtout les pays baltes, car leur sort affecterait les relations américano-soviétiques au cours des mois à venir. Leurs aspirations nationalistes, en effet, symbolisaient le droit à l'autonomie que nous défendions en Europe de l'Est comme en Allemagne.

Le problème des pays baltes nous tenait plus à cœur que celui des autres républiques soviétiques, ou même des États d'Europe de l'Est. En dépit de leur intégration à l'Union soviétique en 1940 (intégration que nous n'avions jamais reconnue), nous les avions autorisés à maintenir à Washington leurs légations diplomatiques représentant les anciens États baltes. La population américano-balte, avec une ardeur très efficace, faisait pression pour que notre Administration et le Congrès soutiennent activement l'accès à l'indépendance de leur pays d'origine. Sur ce point, nous pensions avoir conclu une sorte d'accord tacite avec Gorbatchev, à Malte, et le président Bush avait clairement fait savoir que notre tolérance avait des limites. Gorbatchev semblait avoir compris que la souplesse était de rigueur, et le recours à la force hors de question.

Les nationalistes baltes avaient défié l'autorité soviétique tout au long de l'été 1989, et le mouvement s'était prolongé jusqu'en hiver. Au mois de décembre, le parti communiste lituanien avait fait sécession : il ne dépendait plus du parti national basé à Moscou. Le 11 janvier, entouré de journalistes, Gorbatchev avait fait le voyage à Vilnius pour convaincre le peuple et le gouvernement que l'indépendance serait une erreur. C'était la première fois qu'un grand responsable soviétique se rendait en Lituanie. Conscient que l'événement était couvert par les médias internationaux, il a plongé vaillamment (et sous l'œil des photographes) au milieu d'une foule hostile, et s'est fait le chantre de l'unité nationale. Mais la diplomatie personnelle ne lui était plus permise, et son bel effort est resté lettre morte. L'aura internationale de Gorbatchev n'était plus qu'un souvenir. Il est rentré à Moscou les mains vides, et n'a pu qu'assister à l'éruption de multiples révoltes à travers le pays. Des émeutes antiarméniennes secouaient Bakou, capitale de l'Azerbaïdjan, avec une violence qui a rapidement gagné l'ensemble de cette république, puis l'Arménie elle-même. On a dénombré plus de trente morts en quelques jours. Le 14 janvier, les deux républiques avaient déjà commencé à mobiliser leurs effectifs. Moscou a envoyé des troupes du ministère de l'Intérieur, sans résultat. Le 20 janvier, Gorbatchev a dépêché sur place son ministre de la Défense, Dimitri Yazov, qui a donné ordre aux hommes de l'armée régulière de séparer les factions rivales, puis d'occuper la ville. De violents combats se sont ensuivis, faisant des centaines de morts.

BRENT SCOWCROFT

Le droit des peuples à décider d'eux-mêmes était pour nous une question de principe, et nous le défendions dans le cas des pays baltes comme dans celui de la réunification allemande. Cependant, nous étions conscients du danger que représentait pour Gorbatchev la montée des nationalismes. Et ses plus farouches adversaires au sein du parti, sur ce point de politique intérieure, n'étaient pas ceux que nous espérions voir succéder à Gorbatchev. En tout état de cause, Chevarnadzé ne cessait de répéter que l'intervention de l'armée signerait la fin de la *perestroïka*. Mais nous pensions tous que Gorbatchev, le moment venu, n'hésiterait pas à envoyer l'armée – ne fût-ce que pour assurer son propre avenir politique. Si une telle décision entraînait la fin de la *perestroïka*, alors nous perdrions notre principal atout : la présence de Gorbatchev.

GEORGE BUSH

J'étais pris entre deux feux : d'un côté mon désir de soutenir le droit des Baltes à l'autonomie, de l'autre la réalité de la situation. Encourager la sécession, c'était courir un double risque : d'une part, celui d'une radicalisation militaire de la situation, résultat contraire à nos vœux ; d'autre part, celui de faire reculer la cause de la liberté en Union soviétique, alors que nous souhaitions évidemment la soutenir. J'ai tenté de trouver un équilibre, de prôner le dialogue et la *perestroïka* ; cette prudence m'a valu bien des critiques. Je n'ai été épargné ni par la presse, ni par les dirigeants des communautés américano-baltes, ni par les experts : pour tous, je faisais preuve d'une complaisance excessive, prenant pour argent comptant la « nouvelle pensée » et les réformes de Gorbatchev. Le danger m'apparaissait clairement, mais ma rencontre avec Gorbatchev à Malte – ainsi que les bons rapports qui unissaient Baker et Chevarnadzé – me confortaient dans cette certitude : Gorbatchev était sincère dans ses déclarations.

J'étais moi-même impatient de prolonger dans les actes les pourparlers de Malte. Le contrôle des armements – qui serait au cœur de ma prochaine rencontre avec Gorbatchev, prévue avant la fin du mois de juin – était d'une importance capitale. En décembre et en janvier, j'ai demandé à nouveau à mon Administration de proposer des mesures nouvelles, et plus audacieuses, concernant la réduction des armements stratégiques et classiques. Mais il faut du temps pour conclure un marché, et j'ai constaté avec déception que l'équipe chargée de ce dossier doutait que le projet START soit achevé avant le sommet. Je craignais également que le Congrès, face aux événements d'Europe de l'Est, ne vote une réduction prématurée et excessive des effectifs militaires.

BRENT SCOWCROFT

Le Président nous fit bien comprendre qu'il voulait prendre les choses en main lui-même, et ne pas se laisser dicter sa conduite par les événements. Sa réputation de politicien prudent n'avait jamais été si loin de la réalité. Selon certaines rumeurs, les Soviétiques s'apprêtaient à proposer des réductions supplémentaires de l'armement classique. Aussi le Président voulait-il annoncer la nouvelle position américaine lors de son allocution sur l'état de l'Union, le 31 janvier. J'ai donc été chargé de réunir le NSC pour débattre du sujet.

La première réunion dans la salle du Cabinet, le 4 janvier, m'a donné l'occasion d'ouvrir moi-même le débat. Le projet START, ai-je expliqué, soulevait la question suivante : fallait-il nous en tenir à la proposition vieille de trois ans dont nous avions hérité, ou au contraire la modifier en fonction des dernières évolutions ? Des clausules supplémentaires ne feraient que la ralentir, et gêneraient peut-être les projets stratégiques du budget de la Défense. Il fallait aussi éviter d'irriter les Soviétiques, qui risquaient de tout arrêter. Ni Baker, ni Cheney, ni moi-même n'étions d'accord sur la solution à apporter. Cheney ne croyait pas à un changement d'attitude des Soviétiques. « Nous devons tirer notre épingle du jeu, assurait-il ; le projet reflète bien nos relations avec eux, et il est politiquement important de nous y tenir. » Il avait ajouté que nos problèmes étaient déjà bien assez nombreux. « Réglons-les de notre mieux en l'état. Il sera toujours temps de pourvoir au reste dans START II. » J'ai souligné que START I appelait des modifications pour diverses raisons : les restrictions budgétaires des programmes existants, par exemple, ou le fait que les Soviétiques étaient en train de déployer de nouveaux systèmes. De toute manière, les Soviétiques ne tarderaient pas à s'apercevoir que le Congrès réduisait le budget de la Défense, et nous n'aurions plus sur eux aucun moyen de pression. Baker était du même avis que Cheney : « Il est trop tard pour rouvrir START I ; il aurait fallu y songer plus tôt. La dynamique politique est plus importante que les [problèmes] de stratégie. » Powell, quant à lui, s'est rangé à l'avis de Dick et de Jim.

Le Président comprenait mal ce pessimisme ; il lui paraissait tout à fait envisageable de conclure un traité dans les six mois. « Rien ne s'y oppose ; les Soviétiques sont disposés à dialoguer, profitons-en. Ce qui me préoccupe, c'est que le monde est en train de changer, c'est évident. Le Congrès va en profiter pour nous rouler. Or, c'est l'occasion rêvée de négocier avec les Soviétiques, et à notre avantage. »

La discussion est ensuite passée à l'armée conventionnelle, avec la même question concernant les événements survenus en Europe. « Faut-il poursuivre en l'état, ou faire de nouvelles propositions ? » J'ai suggéré d'engager la discussion avec nos alliés, et de négocier une réduction bilatérale de deux cent mille hommes. Ce chiffre excéderait sans doute celui auquel s'attendait le Congrès, si bien que nous pourrions maintenir le nombre de soldats voulu. « Ensuite, il suffirait de proposer un marché très simple aux Soviétiques : réduction à deux cent mille. Sans faire d'autre proposition. »

Là encore, le Président et moi étions minoritaires. Baker jugeait imprudent de faire des vagues, et préférait s'en tenir aux accords en place. Nous pourrions tranquillement attendre des négociations ultérieures pour proposer aux dirigeants de l'Alliance un chiffre minimum de deux cent mille hommes. À l'évidence, Baker tenait à assurer le succès des négociations et refusait toute complication susceptible de ralentir le projet.

Cheney a souligné qu'il avait dû rassurer nos alliés, peu désireux de voir partir les troupes américaines. « L'Europe de l'Est, l'Europe de l'Ouest, les Soviétiques : tout le monde souhaite que nous laissions nos troupes là-bas. Tout le monde, sauf le Congrès. » Les spécialistes de la Défense, a-t-il ajouté, estimaient que le pacte de Varsovie n'était plus à craindre et avait perdu de sa puissance offensive. « Voilà, du reste, un autre argument dont le Congrès usera contre nous. »

Devant tant de mauvaise volonté, le Président finit par s'emporter : « Mais enfin, c'est une occasion inespérée ! Nous avons deux cent soixante-quinze mille hommes là-bas, et nous restons immobiles face aux interventions soviétiques. Le monde change, et nous changeons avec lui. [...] Pourquoi aurions-nous toujours besoin du même nombre d'hommes et de bombes ? Nous devrions tester les Soviétiques. Leur demander de faire quelque chose d'inouï – par exemple, des réductions asymétriques. Sans quoi nous allons manquer cette occasion, nous faire avoir par le Congrès et sortir perdants sur tous les fronts. Alors que, loin de refuser le changement, nous voulons agir avec audace. L'occasion est à portée de main, nous pouvons modifier la situation du tout au tout. »

La discussion a repris le 16 janvier. Chacun restait campé sur sa position, et le débat fut parfois houleux. Le Président commençait à perdre patience ; il voulait entendre une proposition. Il ne cessait de nous rappeler que l'objectif était double : renforcer notre sécurité et servir nos intérêts politiques. « Pourquoi diable est-ce si compliqué de proposer une réduction de deux cent mille hommes ? » Cheney a expliqué sa position : « En fait, le contrôle des armements gêne la réduction des armements. Les Soviétiques connaissent des problèmes majeurs. En même temps, il nous est difficile de nous retirer d'Europe. À quoi bon négocier des réductions supplémentaires ? Cela ne fait que créer des problèmes à nos alliés. » À quoi Herres * a répondu : « Le contrôle des armements est toujours en retard sur l'évolution politique. » Le Président, visiblement exaspéré, a observé sur un ton acerbe : « C'est précisément à cela que je tente de remédier. » Les esprits commençaient à s'échauffer. Quand Baker a fait remarquer qu'une nouvelle proposition rendrait plus délicats nos rapports avec les alliés, j'ai rétorqué : « Nous n'en savons absolument rien. Le seul moyen de le découvrir, c'est encore de la leur faire, cette fameuse proposition. » Un peu plus tard, quand chacun a fini par reprendre son calme, le Président a souligné qu'il serait difficile d'établir une proposition sans prendre d'abord l'avis des alliés. J'ai proposé de sonder ceux-ci sur l'éventualité de réductions supplémentaires. Faute d'accord avec eux, nous en resterions là. « En donnant le choix aux alliés, nous prenons de l'avance sur le Congrès – et sur les alliés eux-mêmes. »

Lors de notre réunion suivante, le 22 janvier, la situation avait évolué de façon considérable. Entre-temps, j'avais demandé à Jim Woolsey ** de bavarder avec son homologue allemand, afin de savoir comment les Allemands réagiraient à des réductions supplémentaires. Selon Woolsey, leur réaction serait positive. Les Européens de l'Est, a-t-il précisé, appelaient de leurs vœux la réduction des troupes du pacte de Varsovie et le départ des soldats soviétiques : n'était-ce pas là précisément notre désir ? Ils craignaient que les Soviétiques ne réclament de nous des réductions drastiques : devant notre refus, ils auraient beau jeu de laisser leurs troupes dans la région. Powell, fraîchement rentré d'Europe, estimait que les Allemands défendraient l'idée de réductions supplémentaires; mais il faudrait sans doute que le Président appelle Kohl auparavant. En revanche, les Anglais seraient contre et les Français, indécis. À l'Est comme à l'Ouest, l'Europe redoutait l'idée d'une Allemagne sans troupes – américaines ou soviétiques ; en même temps, le nombre d'hommes postés en Allemagne paraissait bien trop élevé à tout le monde.

C'était là précisément l'information que le Président espérait entendre. « Voilà l'occasion d'agir selon la proposition de Brent », a-t-il dit. Cheney a senti le vent tourner : « Je vois que ma position n'est plus tenable », a-t-il fait remarquer. Ayant accepté de travailler avec nous au départ de l'armée soviétique postée en Europe de l'Est, il a émis des réserves sur l'« harmonisation » alors en cours – laquelle consistait à réduire les troupes américaines et soviétiques au même nombre d'hommes, et à opérer ces réductions au même rythme de part

---

* Robert Herres, général de l'armée de l'air, président adjoint de la conférence des chefs d'état-major.

** Notre négociateur des FCE à Vienne.

et d'autre. Mais ce procédé, qui avait également reçu les noms de « parallélisme » et de « symétrie », ne nous donnait pas satisfaction. D'une part, nous voulions conserver quelques effectifs en Europe centrale (en « zone centrale », c'est-à-dire en Allemagne) jusqu'à la fin du retrait des troupes soviétiques ; d'autre part nous avions, en d'autres endroits du continent, des troupes dont le retrait « comptait » pour bien moins que celles postées en Allemagne. Cheney a admis que Powell et lui-même auraient du mal à convaincre le Congrès, quel que fût le barème proposé pour les réductions. « Étant donné le sentiment des alliés, il nous sera difficile de trouver des arguments contre cette proposition. » Une discussion s'est ensuivie sur le meilleur moyen d'enrayer l'harmonisation, et sur le total auquel nous souhaitions parvenir. L'assemblée a fini par se mettre d'accord sur cent quatre-vingt-quinze mille hommes pour la zone centrale, et trente mille hommes pour d'autres régions d'Europe de l'Ouest. La répartition serait ainsi la suivante : cent quatre-vingt-quinze mille hommes pour les Soviétiques, deux cent vint-cinq mille pour nous.

Cette décision, tout comme le travail nécessaire pour y arriver, montre bien comment l'administration Bush réglait les problèmes de défense : d'un côté des hommes forts, exprimant leur opinion sans détour, de l'autre un Président qui prenait part au débat, écoutait les avis divergents, tenait compte des arguments des uns et des autres. Le tout dans une atmosphère de camaraderie qui empêchait les dérapages. Une fois la décision finale prise par le Président, personne ne la discutait plus et chacun s'appliquait à l'exécuter de son mieux.

Le Président a donc décidé qu'il allait maintenant falloir expliquer son projet à Thatcher, Kohl et Mitterrand. Il souhaitait inclure sa nouvelle proposition sur les forces conventionnelles en Europe dans son allocution du 31 janvier, si bien qu'il ne nous restait que peu de temps pour mener les consultations nécessaires avec l'Alliance. L'équipe Eagleburger-Gates avait déjà fait ses preuves dans ce domaine – et c'est ainsi que Pince-mi et Pince-moi se sont à nouveau embarqués. Le Président a prié ses collègues européens de leur faciliter le travail.

GEORGE BUSH

Le 26 janvier, j'ai téléphonai à Helmut Kohl qui s'est déclaré séduit par notre proposition. Thatcher serait sans doute plus critique, me dit-il, mais Mitterrand donnerait probablement son accord – à condition d'être consulté plusieurs fois. « Vous connaissez ma vieille plaisanterie, dit-il : le drapeau de la RDA se contente d'un hommage, le drapeau tricolore en exige trois. » J'ai parlé à Mitterrand dès le lendemain matin. Il a manifesté un intérêt teinté de prudence : « Cette politique [de retrait des troupes], m'a-t-il dit simplement, ne doit surtout pas créer une Allemagne neutre – c'est ce que souhaitent les Soviétiques.

– Naturellement », ai-je répondu, avant de lui demander si la neutralité de l'Allemagne le préoccupait plus que lors de notre dernière entrevue. Il m'a répondu à nouveau avec prudence : « Pour ce qui est de la réunification, je perçois une vraie volonté chez les Allemands de l'Ouest et peu de résistance chez les Allemands de l'Est. Si nous pouvons, d'ici la fin de l'année, faire élire de part et d'autre des parlements qui désirent [la réunification], alors nous pourrions assister à un fort mouvement populaire appelant au retrait de toutes les troupes étrangères et des armes nucléaires. C'est là le seul risque, et il est grand. Mais il me semble évitable. Votre idée de poursuivre avec cent quatre-vingt-quinze mille hommes me paraît bonne, à condition de l'accompagner d'un discours qui la mette bien en évidence. Nous ne saurions accepter l'idée d'une Allemagne neutre. »

Quand j'ai appelé Margaret, j'ai compris à quel point elle avait saisi les enjeux les plus subtils du problème. « S'agit-il seulement du nombre d'hommes postés en Europe ? m'a-t-elle demandé. Car, dans ce cas, les Soviétiques pourraient remplir leur part du contrat en postant leurs hommes, toujours armés, d'un côté ou de l'autre de l'Oural. » Depuis longtemps, elle craignait de voir les Soviétiques retirer leurs troupes d'Europe de l'Est pour les poster, sur le pied de guerre, à l'ouest de l'Oural. Je lui ai rappelé qu'il s'agissait maintenant de démobilisation, et non plus simplement de retrait. Cela lui a paru intéressant et prometteur : « Pour les Soviétiques eux-mêmes, il serait intéressant d'avoir moins de troupes en Europe de l'Est. »

Margaret évaluait déjà, sur une plus grande échelle, les effets stratégiques qu'auraient sur l'OTAN notre proposition concernant les CFE, la réunification et la neutralité allemande. « Ce qui me préoccupe, a-t-elle ajouté, c'est que nous donnons l'impression d'être bousculés. Les évolutions se succèdent au compte-gouttes, et nous nous écartons de la position de l'OTAN sans que notre nouvelle position soit clairement évaluée, notamment en ce qui concerne les chances politiques d'une réunification allemande. J'ai là un télégramme de Kohl qui me dit vouloir la réunification d'ici 1994. Il nous faut une évaluation politique de la situation en Europe centrale, et des effets possibles d'une réunification allemande sur la stratégie de l'OTAN. Les décisions au jour le jour sur les retraits de troupes, en revanche, me paraissent inutiles. »

Avec ses ministres des Affaires étrangères et de la Défense, elle discutait justement de la situation politique et de son impact sur l'OTAN : « Nous nous sommes engagés auprès de l'OTAN sur un nombre conséquent de soldats, sans compter ce problème de mouvements [anti-] nucléaires en Allemagne. Je ne voudrais pas être accusée de continuer sans évaluation préalable de la situation *entre nous* – seuls nos deux pays peuvent réussir une telle opération sans qu'il y ait de fuites –, sans considérer d'abord notre stratégie de défense globale. » Son ministre des Affaires étrangères, Douglas Hurd, devait nous rencontrer à Washington le jour même ; elle m'a assuré qu'il me transmettrait ces idées plus en détail.

Son argument m'a paru recevable, mais je lui ai rappelé que la situation avait considérablement évolué depuis l'établissement des quotas des CFE. Il fallait tirer profit de la situation, et cela passait par une diminution des effectifs. Il s'agissait simplement de réduire le nombre de nos soldats à un nombre qui puisse convenir au Congrès, tout en étant acceptable pour nos alliés en Europe. « Le Congrès ne manque pas de tarés aux idées absurdes, ai-je dit ; certains souhaitent même nous voir retirer toutes nos troupes d'Europe. Ce que je propose, c'est un chiffre qui réduise à la fois la menace soviétique et nos effectifs militaires, sans que l'Alliance se délite à cause des problèmes que vous soulevez. » Elle a accepté de recevoir Eagleburger et Gates pour discuter plus avant.

À l'évidence, Margaret continuait de redouter la réunification ; tout comme Mitterrand, elle craignait que les Allemands ne « deviennent neutres » et refusent d'autoriser le stationnement d'armes nucléaires sur leur sol. Elle avait encore présents à l'esprit les mouvements antinucléaires qui avaient récemment secoué l'Allemagne, lorsque l'Alliance avait résolu d'y poster des missiles nucléaires de moyenne portée. Il serait difficile de la convaincre. Pour ma part, je ne doutais pas que la réunification ne fasse son chemin ; nous devions donc la favoriser de notre mieux. Avant la fin janvier, devant l'incapacité du gouvernement est-allemand à reprendre les choses en main, je tenais la réunification pour inévitable – et je m'en félicitais. En outre, je savais bien que Kohl ne comptait pas mener l'Allemagne sur des sentiers écartés.

BRENT SCOWCROFT

L'attitude de Thatcher était dictée, je crois, par deux considérations fondamentales. Premier point : elle jugeait improbable une modification fondamentale des données stratégiques ; il ne fallait donc pas changer des politiques de défense efficaces et éprouvées. Le second point révélait son esprit de stratège : concernant des problèmes de cet ordre – la réunification, les CFE –, elle estimait que nous devions réfléchir ensemble et non séparément, car les enjeux dans ce domaine étaient multiples et interdépendants. Il fallait donc, d'un commun accord, établir une stratégie globale avant de prendre la moindre décision sur tel ou tel point de détail. Son intelligence de la situation était admirable. Nous avions relié tous les éléments permettant d'établir une stratégie pour nous-mêmes, et dans une certaine mesure pour les Britanniques, mais il était difficile de prendre des décisions multilatérales au sein de l'Alliance. Quand Thatcher parlait d'établir une stratégie bilatérale, elle désirait sans doute renforcer une relation particulière entre nos deux pays. La nécessité ne m'en était pas apparue jusqu'alors. Je doute que les États-Unis et la Grande-Bretagne aient jamais cultivé, avant ce jour, de relations aussi ouvertes, intimes et fructueuses.

Contrairement au Président, je ne pensais pas que la réunification fût inévitable – ni qu'elle se déroule de manière satisfaisante. Les Soviétiques pouvaient encore juger inacceptable l'idée d'une Allemagne unifiée, et la combattre par tous les moyens. Autre cas de figure : ils pouvaient imposer à cette réunification des conditions qui nous paraîtraient inacceptables. Et puis, il restait à régler bien des problèmes d'ordre pratique. Les quatre alliés de la Seconde Guerre mondiale avaient encore des droits et des responsabilités. La question de l'ordre politique et militaire, après la guerre froide et la réunification, faisait également problème. En somme, bien des débats diplomatiques complexes nous attendaient.

Eagleburger et Gates se sont mis en route le 28 janvier. Leur mission commençait par le plus difficile : convaincre Londres. Thatcher les a reçus à Downing Street en les priant de prendre « leurs fauteuils habituels ». Au terme d'une conversation longue et fouillée, au cours de laquelle Thatcher a manifesté une connaissance étonnante du déploiement américain en Europe, il est apparu qu'elle soutiendrait notre action – même si elle avait des réserves. Nous avions ainsi gagné une alliée solide ; au moment de saluer nos émissaires, elle les a assurés qu'ils seraient toujours les bienvenus... « à condition de ne plus jamais évoquer ce sujet ». Les autres étapes de leur voyage se sont déroulées sans incident, et ils ont pu rentrer avec l'assurance d'un soutien consensuel de la part de nos alliés.

GEORGE BUSH

Une fois acquis le soutien des alliés, j'ai appelé Gorbatchev le 31 janvier pour l'entretenir de ma proposition. Je comptais en annoncer la teneur le soir même, lors de mon allocution sur l'état de l'Union. Lui ayant rappelé que les États-Unis souhaitaient maintenir en Europe une présence militaire conséquente, j'ai ajouté : « Vous conviendrez avec moi, je pense, que la présence américaine favorise largement la stabilité de l'Europe. » Je lui avais déjà tenu des propos semblables à Malte. « Ce qui nous importe surtout, c'est de conclure l'accord sur les CFE. Je souhaite que ma nouvelle proposition ne retarde en rien les négociations. Mes experts estiment qu'il est possible d'y inclure cette modification ; leur projet tient davantage compte de la situation actuelle. »

Gorbatchev m'a assuré qu'il partageait mon point de vue : « Si je comprends bien, a-t-il dit d'un ton réfléchi, vous proposez un plafond moins élevé. Et vous souhaitez que les États-Unis maintiennent une présence militaire en Europe après la fin des négociations. Et cela, si j'ai bien compris, quelle que soit l'attitude de l'Union soviétique. » J'ai confirmé.

« Nous allons y réfléchir, a-t-il répondu, mais laissez-moi vous prévenir qu'il faudra parler de la zone centrale et d'autres zones en Europe. Il ne faudra pas se contenter de parler des forces américaines et soviétiques, mais aussi des autres armées. Baker et Chevarnadzé auront beaucoup de travail. Vous et moi devrons parler de tout cela. Comptez sur notre coopération constructive. Ma réponse, sachez-le, signifie que je suis heureux de voir que nous pouvons nous entendre pour régler les plus importants problèmes actuels. Je ne doute pas que vous obtiendrez des réponses plus détaillées, soit de ma part, soit lorsque Baker viendra à Moscou. » Jim devait se rendre à Moscou début février.

En février et en mars, l'Union soviétique a connu de nouveaux soulèvements. La structure politique du pays a subi des altérations majeures ; des élections municipales et législatives ont été organisées en Russie, en Biélorussie et en Ukraine. Le 4 février, Moscou a été traversé par une immense manifestation de soutien à la démocratie qui a rassemblé près de trois cent mille personnes. Le lendemain, lors d'une réunion plénière du Comité central, Gorbatchev a demandé au parti communiste de renoncer au contrôle du pays par un seul parti, en faveur d'un système multipartite et d'un « socialisme démocratique ». Il a appelé de ses vœux de nouvelles réformes économiques, une réduction du Comité central, et une fonction présidentielle de type occidental. En un mot, il demandait au parti de renoncer au contrôle absolu. Le 7 février, alors que Baker arrivait à Moscou pour s'entretenir avec Chevarnadzé, le parti a donné son accord après de houleux débats. Le 12 février, le présidium du Soviet suprême a convoqué une session spéciale des députés du Congrès du peuple, dans le but d'accroître les pouvoirs de la fonction présidentielle. Deux semaines plus tard, Moscou était le théâtre d'une nouvelle manifestation en faveur de la démocratie ; près de cent mille personnes ont défilé dans les rues. Selon certaines sources, les troupes de l'armée et du KGB auraient encerclé la ville. Le 27 février, le Soviet suprême a voté l'institution de pouvoirs accrus pour le président, selon le vœu de Gorbatchev. Les députés du Congrès du peuple ont approuvé la législation le 13 mars, et annulé formellement l'article 6 de la Constitution soviétique, qui définissait jusqu'alors le rôle du parti dans le gouvernement du pays.

Le parti a subi de nouveaux revers avec les élections du 19 mars, humiliantes sur le plan local. En Lituanie, le Front populaire nationaliste l'a emporté largement ; les candidats communistes ont dû essuyer des défaites un peu partout. Boris Eltsine, candidat au parlement russe, a remporté la victoire à Moscou. Le nationalisme était en marche, et Gorbatchev n'était que trop conscient d'un tel danger. Les élections ne manqueraient pas de renforcer les mouvements sécessionnistes, notamment dans les pays baltes où les candidats de l'opposition avaient remporté un beau succès.

GEORGE BUSH

Le 7 mars, Jim Baker m'a apporté un télégramme que Jack Matlock lui avait adressé de Moscou ; le texte rapportait sa conversation avec Chevarnadzé et transmettait un message de Gorbatchev. Selon Chevarnadzé, la situation à Moscou était devenue « critique ». Il nous mettait en garde contre une éventuelle prise du pouvoir par l'armée, et d'une détérioration de la situation dans les diverses républiques. Chevarnadzé s'inquiétait de la situation politique de Gorbatchev, et réclamait notre compréhension. Tout cela était fort préoccupant, en effet. Nous ne pouvions guère nous opposer à l'indépendance de la Lituanie.

D'un autre côté, soutenir ce pays dès son accession à l'indépendance pouvait causer la chute de Gorbatchev et l'intervention de l'armée soviétique. En cas de violence, les États-Unis ne pourraient plus rien faire ; encourager les Lituaniens à agir précipitamment, c'était donc risquer d'avoir du sang sur les mains. La situation était vraiment détestable.

Chevarnadzé avait vu juste. Le 11 mars, le Soviet suprême de Lituanie a proclamé la restauration de la république lituanienne ; Vytautas Landsbergis a été élu à la présidence. Gorbatchev a condamné cette déclaration comme étant « illégitime et sans validité », et a fait savoir qu'il n'y aurait aucune négociation. Il s'est engagé à maintenir l'intégrité politique et territoriale de l'Union soviétique, avant de brandir la menace d'une intervention militaire. Les députés du Congrès du peuple ont approuvé sa position : l'indépendance lituanienne ne devait pas être reconnue. Le 15 mars, Gorbatchev a été réélu président par le Congrès ; fort de son soutien, il a adressé dès le lendemain un ultimatum à Landsbergis : il fallait révoquer la déclaration d'indépendance avant le 19 mars. Puis il a tenté d'intimider les Lituaniens par un déploiement de forces, et envoyé des avions faire des « manœuvres » en rasant les toits et en larguant des tracts de propagande.

GEORGE BUSH

De telles mesures menaçaient d'envenimer une situation jusqu'alors pacifique. Je craignais qu'elles n'annoncent une radicalisation qui eût tendu les relations de l'Union soviétique avec les États-Unis, mais aussi avec l'Europe. J'ai donc demandé au NSC de préparer une liste de mesures éventuelles, au cas où je déciderais de réagir, mais je ne souhaitais pas recourir à l'intervention militaire. Je parlais donc d'annuler les visites officielles et de reporter le sommet, en espérant que nous n'aurions pas à en arriver là.

BRENT SCOWCROFT

Le Congrès, la presse et les Américains d'origine balte exigeaient la reconnaissance de la Lituanie. Même ma bonne amie le sénateur Nancy Kassebaum, toujours si réfléchie, m'a appelé pour m'inciter à l'action. Il y a eu au sein du Congrès des réactions autrement plus extrêmes : le sénateur Al D'Amato, par exemple, a poussé la provocation jusqu'à se rendre sur la frontière lituanienne. Le comble a été atteint le 21 mars : sous la houlette de Jesse Helms, le Congrès a déposé devant le Sénat une résolution exigeant la reconnaissance de la Lituanie. Fort heureusement, chacun a su garder la tête froide et le projet a échoué par cinquante-neuf voix contre trente-six.

Personne n'était plus désireux que nous de voir les pays baltes accéder à l'indépendance. Nous aurions pu, sans difficulté, reconnaître le gouvernement Landsbergis et soutenir l'indépendance de la Lituanie.

Un tel geste nous aurait fait très plaisir, et aurait mis un terme aux critiques qui nous accablaient. Nombreux sont ceux qui ont pensé – et pensent encore – que nous préférions soutenir Gorbatchev que la cause de l'indépendance dans les pays baltes. Une telle critique ignore le fond du problème. La vérité, c'est que les pays baltes ne pouvaient vraiment accéder à l'indépendance qu'avec l'accord du Kremlin. Notre tâche consistait donc à convaincre Moscou. Et le plus sûr moyen d'échouer, c'était précisément de choisir la confrontation et de menacer les Soviétiques. Tout le monde y aurait perdu : les États-Unis, mais aussi les pays baltes, la réforme soviétique, et peut-être même la réunification allemande. Comme le Président l'a fait remarquer à diverses reprises, qu'aurions-nous fait si les Soviétiques avaient envoyé leurs chars après la reconnaissance de la Lituanie par les États-Unis ? Je savais que nous étions dans le vrai, mais il est toujours pénible de subir les attaques d'une opinion publique irréfléchie.

Le 19 mars, date fixée par Gorbatchev dans son ultimatum, la crise n'était toujours pas résolue. Le lendemain, Chevarnadzé a rencontré Baker à l'occasion d'une célébration à Windohek, où l'on fêtait l'indépendance de la Namibie. Il l'assura que les Soviétiques préféraient le dialogue à l'usage de la force. Selon lui, la Lituanie avait cédé à l'euphorie de l'indépendance et perdu de vue les conséquences d'une telle sécession – en oubliant, par exemple, que le pays dépendait du reste de l'Union pour l'énergie et les matières premières. « Nous leurs donnons beaucoup, dit-il à Baker, et ils ne peuvent pas se permettre de continuer tout seuls. » Baker l'a tout de même mis en garde : le recours à la coercition affecterait nos relations avec eux. Chevarnadzé a répondu que Gorbatchev subissait la pression de l'armée, désireuse d'intervenir.

BRENT SCOWCROFT

Le même jour, j'ai reçu l'ambassadeur soviétique Dubinin pour lui transmettre un message de teneur comparable. Notre marge de manœuvre était de plus en plus restreinte ; si la situation continuait à se détériorer, les belles paroles ne suffiraient sans doute plus à empêcher une explosion incontrôlable en Lituanie.

Au mois de mars, le sénateur Edward Kennedy et l'ancien président de la conférence des chefs d'état-major, l'amiral William Crowe, se sont rendus à Moscou. Gorbatchev a déclaré à Kennedy que le vote de l'indépendance par les Lituaniens était « un coup d'État, une révolution de palais ». Quand le sénateur lui a demandé s'il se refusait à utiliser l'armée, il s'est engagé à ne jamais employer la force – sauf si les déploiements de violence devaient menacer des vies. De son côté, Crowe a rencontré Gorbatchev puis son conseiller, le maréchal Sergueï Akhromeyev, et nous a câblé son rapport par l'intermédiaire de Matlock. Le maréchal, qui était un de ses amis, lui avait semblé abattu par la tournure des événements :

> *Quoi que fassent les Lituaniens, le pouvoir soviétique n'autorisera aucune république à quitter l'Union. La population, m'a-t-il dit, ne laisserait jamais Gorbatchev céder aux exigences des Lituaniens ; poussé à bout, Moscou finira par écraser la Lituanie. Le gouvernement espère ne pas en être réduit à pareille extrémité, et préfère gagner du temps en jouant sur diverses lois et procédures.*

Selon Crowe, Akhromeyev semblait épuisé par la multitude de décisions à prendre, et avait perdu ses illusions. Le câble de Matlock disait encore : « Akhromeyev a confié à Crowe qu'il soutient Gorbatchev parce qu'il a foi en son action. En même temps, il estime que Gorbatchev n'a pas mesuré l'étendue du mécontentement en Union soviétique. Le pays ne lui semble pas prêt à faire face aux bouleversements qui s'annoncent. Akhromeyev a longtemps évoqué le sort du parti, disant à ce propos : " C'est nous-mêmes qui l'avons détruit ", avant d'ajouter que cela lui brisait le cœur. Pour finir, il espère que le parti pourra être à nouveau unifié, mais constate que le vieux parti a disparu pour de bon.

BRENT SCOWCROFT

Les discussions de Baker et de Crowe le prouvaient amplement : autour de Gorbatchev, le cercle des intimes était de plus en plus divisé. Son ami Chevarnadzé, qui l'avait soutenu dans ses réformes, était certain que le problème lituanien se réglerait par le dialogue – même s'il ne voulait toujours pas entendre parler d'indépendance. Akhromeyev, chef militaire suprême de l'Union soviétique, était tout aussi certain que les pays baltes ne seraient jamais autorisés à quitter l'Union. Mais la tournure d'esprit du maréchal, tout comme la tristesse où le plongeaient les événements, n'étaient sans doute pas réservées à lui seul parmi les dirigeants « traditionalistes » du parti et de l'armée. Face aux changements voulus par Gorbatchev, l'opposition commençait à se raidir.

GEORGE BUSH

Le 28 mars, Margaret m'a révélé à quel point cette pression politique affectait Gorbatchev, qui lui avait parlé au téléphone le jour même. Elle m'a paru profondément inquiète, car il n'avait évoqué aucune solution pacifique au problème lituanien. Et même, quand elle l'avait enjoint de renoncer à l'usage de la force, il était resté évasif. Il s'exagérait peut-être la gravité de la situation, me dit-elle, mais il paraissait sincère, « solitaire », sombre, pessimiste et fatigué par les pressions qu'il subissait de toutes parts. Il aspirait à voir son pays « régi par la loi », et un tel bouleversement devait procéder de la Constitution, non de l'action unilatérale des dirigeants lituaniens. Selon Margaret, il ne pensait jouir ni de la coopération, ni même de la compréhension des Lituaniens, ce qui limitait sa marge de manœuvre. Après sa prochaine rencontre avec eux, au tout nouveau Conseil de la Fédération, il lui faudrait envisager de prendre des mesures.

Après consultation de Brent, Sununu, Gates et Jim Baker, j'ai résolu qu'il convenait d'adresser des messages à Gorbatchev et à Landsbergis. J'avais déjà écrit à Gorbatchev le 21 mars, pour lui proposer d'inclure dans START une nouvelle clause interdisant les missiles MIRV, mais je n'avais pas évoqué la question lituanienne. Je lui ai donc envoyé un nouveau courrier, afin de lui faire savoir en privé ce que je ne pouvais dire en public sans le mettre au pied du mur.

> Soyez assuré que les États-Unis ne souhaitent nullement exploiter à leur avantage la situation en Lituanie. Certes, nous n'avons jamais reconnu l'incorporation des pays baltes dans l'Union soviétique ; certes, nous soutenons leur droit à la souveraineté ; mais, dans nos déclarations publiques, nous avons pris garde d'envenimer la situation, et nous n'avons jamais critiqué le gouvernement soviétique. [...]
>
> Cette position mesurée m'a valu de nombreuses critiques dans mon pays, y compris de la part du Congrès, de la presse et de certains membres de mon propre parti, des gens qui soutiennent sincèrement – comme moi-même – le désir d'indépendance de la Lituanie. Ces critiques, à vrai dire, commencent à réduire ma marge de manœuvre.
>
> Vous avez confié au Premier ministre Margaret Thatcher que vos choix sont de plus en plus restreints, et que vous ne croyez plus guère à une solution pacifique. Monsieur le Président, au nom de mon respect sincère et de mon amitié, je voudrais ici vous assurer que toute solution trop tranchée, ou ne procédant pas de discussions paisibles, nuirait à l'œuvre que vous avez accomplie, et que vous continuez d'accomplir, et gâterait vos relations avec les États-Unis et avec d'autres pays occidentaux. Vous-même et le ministre Chevarnadzé avez admis, devant Jim Baker et moi-même, que le recours à la force gênerait aussi les réformes. La coercition, me semble-t-il, aurait des conséquences similaires. La *perestroïka* est indivisible. Le processus démocratique ne s'accommode pas d'une loi imposée ou militaire – qui serait la conséquence inévitable du recours à la force ou à l'intimidation.
>
> Eu égard à tout cela, n'est-il pas possible de renoncer à la confrontation, aux ultimatums et aux réclamations, pour retrouver une atmosphère sereine propice à la discussion raisonnable ? Dans sa récente conversation avec Jim Baker, Édouard Chevarnadzé semblait accepter le principe d'un référendum pour régler les questions des nationalités. Monsieur Landsbergis vient également de faire savoir, en public, qu'il est disposé à envisager un référendum. Ne serait-ce pas là un terrain d'entente ? [...] Nous désirons aider à calmer la situation actuelle, en espérant que la discussion pourra concilier vos intérêts et les aspirations du peuple lituanien. De manière informelle et indirecte, je demanderai également à M. Landsbergis de renoncer à tout acte et à toute exigence susceptibles de radicaliser la situation.

BRENT SCOWCROFT

Fallait-il adresser une lettre à Landsbergis ? En cas de fuite, on accuserait le Président de s'immiscer dans la situation en Lituanie. L'affaire était délicate, et nous ne voulions pas faire parvenir un message écrit par l'intermédiaire de la légation lituanienne à Washington. Pour finir, le sénateur Dick Lugar – diplomate confirmé et membre de la commission chargée des relations extérieures – a été chargé de le remettre aux Lituaniens.

Le 31 mars, Gorbatchev a proposé d'ouvrir le dialogue avec Landsbergis, à condition que les Lituaniens reviennent sur leur déclaration d'indépendance. Landsbergis a répondu que c'était absolument impossible, mais le Parlement s'est déclaré prêt à participer aux négociations.

Chevarnadzé a été reçu à Washington au mois d'avril. C'était pour nous l'occasion d'interroger le ministre soviétique des Affaires étrangères sur la situation. La discussion n'a guère été productive. Chevarnadzé nous a paru sur la défensive, aussi bien avec Jim Baker que dans le Bureau Ovale. Baker ne reconnaissait plus l'homme qui lui avait parlé à Moscou en février, date à laquelle la délégation soviétique avait accepté toute une série de propositions concernant le contrôle des armements. Entre-temps, semble-t-il, les militaires avaient bloqué les décisions sur ce contrôle – et l'équipe de Chevarnadzé réfutait à présent les accords de février. Chevarnadzé lui-même semblait désolé, s'excusant presque des attaques qu'il subissait pour avoir fait trop de concessions. « Certaines de nos positions, sachez-le, sont dictées par des pressions politiques dont nous avons bien conscience. » Pour ce qui est de la Lituanie, Baker nous a appris qu'il existait un point de désaccord majeur : Landsbergis refusait de venir négocier à Moscou, comme le lui demandait Gorbatchev. Chevarnadzé nous a rappelé ensuite, non sans irritation, que les décisions prises par le Soviet suprême de Lituanie, le 11 mars, avaient « surgi en une nuit » sans recours au vote ni au référendum. Baker lui a demandé si les Soviétiques admettraient une « suspension » de l'indépendance. Chevarnadzé a refusé d'en discuter.

Chevarnadzé nous a transmis la réponse de Gorbatchev à la lettre du Président (21 mars) sur le contrôle des armements et au message plus personnel qui avait suivi. Gorbatchev était certain que nous pouvions nous fixer des buts très élevés en matière de contrôle des armements, et même espérer les atteindre :

> *Pour avancer efficacement dans cette direction, nous devons attacher une importance particulière à l'atmosphère dans laquelle se déroule notre dialogue, et à notre volonté mutuelle d'éviter toute complication inutile et tout problème artificiel. J'apprécie votre conception réaliste du dialogue entre nos deux pays, votre désir de comprendre l'autre bord, de prendre en compte ses intérêts et ses problèmes. C'est à cette lumière que j'ai lu votre lettre du 29 mars 1990. Je vous le dis à nouveau : nous voulons continuer à modifier la société soviétique en profondeur, sur la base de la démocratie, de la* glasnost*, et d'un dialogue actif et sérieux ; nous voulons construire un État qui soit réellement un État de droit. Il va sans dire que tout cela suppose un respect de l'ordre constitutionnel, ainsi que la sauvegarde des droits et de la sécurité de tous les citoyens de notre pays.*

C'était là une réponse positive, qui parlait de dialogue, mais elle ne disait pas un mot sur le recours à la force.

GEORGE BUSH

Au cours d'une conversation à la Maison Blanche, le 6 avril, Chevarnadzé a tenté d'expliciter certaines difficultés que rencontrait son gouvernement. Il en rejetait la responsabilité sur des points techniques de droit : « Le problème, c'est que notre structure étatique repose sur un principe différent du vôtre. Nous sommes une union de quinze États souverains. » Or, la procédure légale était en retard sur la réalité politique. La Constitution soviétique mentionnait le droit des républiques à la sécession, mais aucune structure n'était prévue en pareil cas. Les lois concernant la sécession étaient toutes postérieures aux événements de Lituanie. « Je l'ai dit et je le répète : le dialogue est notre arme principale. Ce principe s'applique à tous les pays, et plus encore à notre propre peuple. La *perestroïka* et la démocratie, le droit à l'autodétermination : tout cela fait partie de notre programme. Le dialogue doit être ouvert, sincère et franc avec notre peuple et nos dirigeants. » La fonction présidentielle remodelée était conçue pour régler de tels problèmes. Gorbatchev avait demandé à son ministre de nous assurer « qu'il s'en tiendrait aux principes qu'il avait énoncés ». J'ai répondu à Chevarnadzé que le dialogue, en effet, était la seule manière de débloquer la situation, et que nous avions une forte amitié pour les Lituaniens. Nous n'avions pas reconnu la Lituanie, mais nous devions soutenir son droit à l'autodétermination.

Je voulais croire Gorbatchev lorsqu'il m'assurait qu'il n'y aurait pas de violence, mais il était difficile d'interpréter les contradictions que nous avions sous les yeux. Qui était responsable ? Plus tard, j'ai tenté d'amener Chevarnadzé à me décrire franchement les pressions que subissait Gorbatchev de la part de l'armée ; hélas, il a éludé mes questions sur ce sujet. Il admettait qu'il y avait des difficultés au sein du parti, et que lui-même et Gorbatchev subissaient bien des reproches pour leur manque de détermination. Lors d'une récente réunion plénière du parti, l'ambassadeur soviétique en Pologne – également membre du Comité central – avait attaqué Gorbatchev et les autres dirigeants sur la politique menée en Europe de l'Est. Chevarnadzé m'a rapporté leur débat. Il avait défendu la *perestroïka*, déclarant que l'on n'aboutirait sans elle qu'à l'anarchie ou à la dictature. L'anarchie déstabiliserait l'Union soviétique et l'Europe – et même davantage. La dictature mènerait à la tragédie. Mais Chevarnadzé m'a assuré que l'Union soviétique ne se trouvait pas encore à ce seuil critique.

Au sein du parti, les tenants de la ligne dure accentuaient la pression sur Gorbatchev – peut-être aidés en cela par une opinion qui critiquait les changements survenus en Europe de l'Est et dans les pays baltes. La situation s'est aggravée le 9 avril. Le Conseil présidentiel, estimant insuffisante la réponse de la Lituanie au télégramme envoyé le 30 mars par Gorbatchev, a menacé de prendre contre elle de nouvelles mesures économiques, politiques « et autres ». Gorbatchev, semblait-il, avait décidé qu'il ne pouvait laisser partir la Lituanie. Le 13 avril, après une série de menaces de sa part, et de refus obstinés de la part de Landsbergis, Gorbatchev l'a menacé d'un embargo sur le pétrole et le gaz dans les vingt-quatre heures – à moins que la Lituanie ne revienne sur sa déclaration d'indépendance. Hormis pour l'électricité, la Lituanie dépendait presque entièrement de sources d'énergie extérieures ; la population ne tarderait donc pas à faire les frais d'une telle privation. La date limite de l'ultimatum a cependant été dépassée sans qu'aucune mesure ne soit prise.

GEORGE BUSH

J'ai fait part de mon inquiétude à Margaret Thatcher le 16 avril, lors de notre rencontre aux Bermudes. « Gorbatchev affronte un véritable dilemme, lui ai-je dit. [...] Lors de son dernier voyage à Washington, Chevarnadzé avait totalement changé. [...] Je lui ai demandé si Gorbatchev subissait des pressions de la droite, et il a évité de répondre comme si j'étais allé trop loin. Si Gorbatchev ne tranche pas le dilemme des pays baltes, je ne peux plus traiter avec lui. Je sais que vous êtes à mes côtés, mais la situation devient pénible. [...] Nous avons avancé à pas de géant, et voilà que tout semble compromis.

– Gorbatchev a durci sa position, a admis Margaret. L'armée soviétique a fait un chahut incroyable : on les traite mal, on leur fait détruire des armes en parfait état de marche ; l'armée elle-même se divise en ethnies. Les militaires ne sont plus derrière Gorbatchev. » Ce qui, a-t-elle souligné, affectait aussi la politique soviétique sur les FCE, sur START et sur l'Allemagne. « Gorbatchev est un politicien avisé, mais sa position a durci au cours des six dernières semaines. C'est inattendu, mais du moins cela permettra de défendre le maintien des troupes de l'OTAN, car le danger lié à de telles incertitudes menace non seulement l'Europe, mais aussi certaines zones hors juridiction * où l'on a besoin d'une armée solide. »

Journal, 17 avril

Ce matin, la Lituanie semble occuper tous les écrans sur nos radars. La presse se résume à une question : qu'allez-vous faire ? Qu'allez-vous faire ? Comme pour faire monter la pression, comme dans l'attente d'une série de mesures de rétorsion. Seulement, si nous agissons ainsi, la même presse nous dira : pourquoi ? N'y a-t-il pas bien d'autres choses à régler avec l'Union soviétique ? Dans une situation pareille, on perd à tous les coups. Je continue d'espérer que Gorbatchev est conscient qu'une telle erreur serait pour lui un désastre à l'échelle planétaire.

Rencontre avec les délégations du Sénat, menées par George Mitchell. Ils ne veulent pas avancer la moindre suggestion précise. Ils disent : vous devez faire quelque chose, mais ils ne disent jamais *quoi* – eh oui, le Congrès peut se permettre ce luxe.

---

* C'est-à-dire hors de la juridiction géographique proprement dite de l'OTAN.

> *Journal, 18 avril*
>
> La question se pose en ces termes : comment préserver notre relation sans absoudre les Soviétiques ? Les enjeux sont tels que cette situation affecte les autres pays du monde, et qu'elle nous affecte, nous. On songe au contrôle des armements, bien sûr, mais aussi à l'Afghanistan, à Cuba, à l'Angola et à bien d'autres questions territoriales. Et puis, il y a la méfiance naturelle des Allemands, et les Polonais – ni les uns ni les autres ne veulent d'un retour en arrière avec l'Union soviétique. Et puis, chez nous, il y a les associations des Droits de l'homme, et la droite, sans compter ceux qui haïssent ou soupçonnent Gorbatchev, et qui veulent sa peau au nom des Droits de l'homme.

Le 18 avril, Baker a fait savoir à Chevarnadzé qu'un embargo serait tenu pour de la coercition, et que cela affecterait les relations américano-soviétiques. Chevarnadzé lui a répondu que les propos tenus à Washington, et même avant, étaient toujours valables. « Nous sommes résolus à n'employer en Lituanie que des procédés politiques – il n'existe pas d'autre choix. » Mais il a insisté sur le fait que c'était aux Lituaniens de faire le premier pas.

Le lendemain, lors d'une rencontre avec Mitterrand à Key Largo, je lui ai fait part de nos conversations avec Chevarnadzé. « Si vraiment ils coupent le pétrole et le gaz, lui ai-je dis, je dois agir absolument. Je n'interromprai pas les négociations sur le contrôle des armements, mais voilà ce que je peux faire : suspendre les négociations sur la Most Favorite Nation. » Je lui ai demandé ce qu'il aurait fait à ma place.

« Nous sommes en pleine contradiction, dit-il. Notre intérêt est de maintenir Gorbatchev en place, mais aussi de soutenir l'indépendance de la Lituanie. » Puis François m'a incité à tenter de négocier, afin de lui laisser le temps d'acclimater ses réformes. « Gorbatchev a hérité d'un empire, a-t-il poursuivi. Aujourd'hui, cet empire se révolte. Si l'Ukraine se met de la partie, c'en est fini de Gorbatchev et c'est la dictature militaire qui prend le relais. » Quant aux pays baltes, les Français non plus n'avaient jamais reconnu leur incorporation dans l'Union soviétique ; les Baltes avaient toujours des légations à Paris. Il m'a mis en garde contre une éventuelle reconnaissance : « Ce serait comme si les États-Unis postaient un ambassadeur en Alsace. »

Ce qui me préoccupait le plus, ai-je dis alors à François, c'était de voir l'armée soviétique réagir par elle-même. « Je pense qu'il nous faut agir dans l'intérêt du monde occidental, a-t-il répondu. [...] Nous bâtissons l'avenir. Nous sommes devant une route de dix kilomètres, et nous n'avons pas fait cinq cents mètres. » Si les Soviétiques devaient mettre leurs menaces à exécution, s'ils coupaient l'approvisionnement en pétrole et en gaz, il m'a conseillé une rétorsion économique et rien de plus. « Je ne les menacerais pas d'une chose que je n'ai pas envie de faire. Nous ne pouvons tout de même pas envoyer l'armée. » Les réflexions de Mitterrand étaient les bienvenues. Il voyait clairement ce que tant de membres du Congrès ne distinguaient même pas. Le jour même de notre rencontre, les Soviétiques mirent à exécution leur embargo sur le pétrole et sur le gaz.

> *Journal, 20 avril*
> La presse m'accable aujourd'hui parce que la situation ne s'est pas débloquée. De fait, c'est l'escalade. [...] Les Soviétiques rappellent leurs navires, et nous avons confirmation que gaz et pétrole ont été coupés. On n'avance pas. Baker a de nouveau parlé à Chevarnadzé, qui lui a dit : « Jugez-nous d'après nos actes, pas d'après nos paroles. » À Baker qui lui disait : « Je ne vous reconnais plus », il n'a pas répondu.

Ce soir-là, j'ai convoqué Brent et Jim pour discuter des choix qui se présentaient. Il a été décidé que l'on prendrait des mesures économiques, des sanctions par exemple. J'ai chargé Jim de demander leur avis à nos alliés, et j'ai décidé de parler à la présidence du Congrès la semaine suivante. Cela me permettrait de gagner du temps pour peaufiner notre réaction.

BRENT SCOWCROFT

Le lundi 23 avril au soir, le Président a convoqué une assemblée du NSC sur la question de la Lituanie. Toute l'équipe économique s'est ainsi retrouvée dans la salle de réunion du Cabinet : Nicholas Brady, Robert Mosbacher, ministre du Commerce, Clayton Yeutter, ministre de l'Agriculture, et la déléguée américaine au Commerce, Carla Hills. Le Président a tout d'abord déclaré qu'il ne nous avait pas réunis pour prendre des décisions, mais pour discuter. J'ai rapidement résumé la situation. Trois possibilités s'offraient à nous. D'abord les négociations sur la sécurité (le contrôle des armements) ; mais j'estimais qu'il ne fallait pas les suspendre. Ensuite, les contacts et échanges non économiques entre nos deux pays ; mais c'était là un moyen de pression négligeable. Enfin, la solution économique, qui serait le pendant de la coercition exercée en Lituanie. « Il serait difficile de nous justifier devant le Congrès, ai-je souligné, si nous négociions avec Moscou des accords susceptibles d'aider l'économie soviétique, au moment même où ils exercent une pression économique sur la Lituanie. »

Il y avait plusieurs manières de revenir sur nos accords économiques. On pouvait distinguer entre les accords mis au point avant Malte et ceux décidés par la suite ; cela reviendrait, par exemple, à suspendre ceux dont le Président avait discuté avec Gorbatchev, comme les accords commerciaux et le statut commercial de nation la plus favorisée. On pouvait aussi distinguer entre bénéfices commerciaux et échanges techniques, dans la mesure où ces derniers allaient dans le sens des réformes que nous défendions en Union soviétique. Enfin, on pouvait simplement suspendre tous les accords dont ils retiraient plus de bénéfices que nous.

Baker insista sur le fait que notre but était double : préserver nos relations globales avec l'Union soviétique, et éviter une dispute avec nos alliés. Il avait consulté la plupart de nos alliés à travers le monde. La réaction avait été partout la même : nous étions sur la bonne voie, et il fallait se contenter de condamner la coupure d'énergie. Tous les conseillers étaient d'accord : aucun d'eux ne suggérait une réaction forte. Baker et l'équipe économique, enfin, estimaient excessif le recours aux sanctions – à moins que Gorbatchev use de la force.

J'étais quelque peu désemparé par la frilosité ambiante de cette réunion, même si, au fond, il n'y avait là rien d'étonnant : un grand nombre de participants représentaient des agences économiques, et n'avaient pas à prendre en compte les problèmes de sécurité ou de politique, ni à se soucier des critiques adressées au Président – que l'on accusait de « faiblesse » vis-à-vis des Soviétiques. Mais aucun des deux buts décrits par Baker n'était en rapport avec nos intérêts en Lituanie même. Pour ma part, j'étais partisan d'une réaction plus ferme – sans que ma position soit nullement dictée par la pression nationale. Seulement, j'estimais que Gorbatchev nous ignorait superbement, et violait tous les engagements pris avec le Président. Il semblait penser que c'était à nous d'accepter tous les compromis, et j'estimais dangereux de lui donner raison. Si nous nous contentions d'une simple réprimande, nous risquions de regretter plus tard notre faiblesse. Étant donné l'attitude qui dominait à cette réunion, cependant, la recherche d'un consensus m'est apparue comme une perte de temps inutile.

GEORGE BUSH

Cette discussion me laissait insatisfait : elle ne débouchait sur aucune action, et je voulais justement agir. Notre premier objectif consistait à montrer aux Lituaniens qu'ils avaient notre soutien. J'étais convaincu que le peuple américain appréciait notre manière de gérer la situation, mais je ne pouvais demeurer sans rien faire. Les Lituaniens ne devaient pas penser que leur sort nous laissait indifférents. En même temps, nous ne pouvions pas prétendre que nous comptions lutter à leurs côtés, puis n'en rien faire en cas d'intervention soviétique.

Ma préférence allait à la suspension d'accords économiques, sans autre forme de sanction. Nous pouvions ainsi inciter les Soviétiques à lever l'embargo sur l'énergie, sans recourir à des menaces qui mettraient Gorbatchev dans une situation politique délicate et lui feraient perdre la face. J'ai décidé d'interrompre nos négociations sur un accord commercial et sur le statut de MFN, jusqu'à ce que les Soviétiques mettent en œuvre une solution passant par le dialogue. Je ne voulais pas suspendre d'autres contacts, moins encore annuler le sommet.

Journal, 24 avril

Lors d'une réunion avec la présidence du Congrès, j'ai exposé en détail mon avis sur la question lituanienne. À mon grand plaisir, ils se sont accordé à me laisser une grande marge de manœuvre, et ont accepté de renoncer à toute réaction violente. Une exception : Jesse Helms, qui tient à reconnaître la Lituanie. Mais Rostenkowski et d'autres ont bien vu ce qui se passerait alors en Europe de l'Est. Ils sont d'accord pour agir dans le champ économique, ce qui me laisse de la marge et du temps.

Pour compliquer les choses, Landsbergis – quoique patriote dans l'âme – s'est révélé très difficile. Ce même jour, il s'est indigné que son pays soit la victime d'un nouveau Munich. J'étais furieux. Je comprenais sa déception, mais j'aurais aimé qu'il comprenne combien l'indépendance de la Lituanie nous tenait à cœur. M'accuser de conciliation était injurieux. Je ne savais trop que faire, sinon lui dire que de telles déclarations ne feraient que compliquer la situation, ce que j'ai fait dans une conférence de presse, le 25 avril. Le lendemain, Mitterrand et Kohl ont publié une lettre demandant à Landsbergis de « suspendre » la déclaration d'indépendance de la Lituanie, et de discuter avec Gorbatchev – ce qui était précisément le message transmis par Baker à Chevarnadzé. Cette idée m'a paru excellente, et je les ai encouragés dans ce sens. L'opinion publique inciterait peut-être Landsbergis à coopérer.

Avant toute action, je souhaitais prévenir Gorbatchev le plus discrètement possible. J'ai rédigé le brouillon d'une lettre où j'expliquais mon intention, lui disant qu'il nous était impossible, vu les circonstances, de poursuivre les négociations sur la MFN. Un dialogue devait s'instaurer. Je ne savais pas si les événements m'obligeraient à prendre des mesures plus radicales, ni même si j'allais envoyer cette lettre ; mais ce soir-là, c'est avec une certaine satisfaction que je me suis assis devant ma machine à écrire : ces cinq pages m'ont soulagé d'un grand poids. C'est une version revue de cette lettre qui a finalement été envoyée le 29 avril :

> [...] J'attache une grande importance à votre décision de ne pas recourir à la force, et d'envisager le sécession de la Lituanie ou son droit à l'autodétermination. Le problème est le suivant : nous ne pouvons plus rester sans rien faire, et donner l'impression que les aspirations à la liberté du peuple lituanien nous laissent indifférents.
>
> J'ai plusieurs fois, en public, affirmé mon désir de voir réussir la *perestroïka* – et de vous voir demeurer à la tête de votre pays. C'est une question qui me tient toujours à cœur. [...] Mardi dernier, j'ai reçu les membres de la présidence de notre Congrès, et je leur ai expliqué que je ne comptais pas réagir trop vivement sur ce sujet. Cependant mes concitoyens, de plus en plus nombreux, estiment que mon inaction porte un coup redoutable aux aspirations à l'indépendance des Lituaniens – voire de certains autres peuples. Ce sentiment se répand, et du reste je le partage ; il m'amène à penser que nous ne saurions conclure notre accord commercial – ni le statut de MFN – tant que vous n'aurez pas entamé un dialogue avec la Lituanie. [...]
>
> Je n'ai pas d'autre choix que de reprendre à mon compte l'avis de mes concitoyens, et de soutenir l'autodétermination de la Lituanie et son droit à décider de son sort. Je me réjouis par avance de notre prochaine

rencontre – car, en dépit des tensions actuelles, je tiens à maintenir cette rencontre. Les enjeux sont de taille.

Alors que j'attendais la réponse de Gorbatchev, le Sénat a décidé (par soixante-treize voix contre vingt-quatre) de priver Moscou des bénéfices de son commerce avec les États-Unis, et ce jusqu'à la levée de l'embargo en Lituanie. Deux jours plus tard, j'ai reçu de Gorbatchev une réponse plutôt froide; la lettre avait été remise à Brent par l'ambassadeur Dubinin en personne :

> Il me semble que nous étions parvenus, à Malte, à un accord mutuel fondamental concernant notre attitude vis-à-vis de la Lituanie. Comme je l'ai souligné alors, ce type de problème ne peut être résolu que de façon démocratique, en gardant la tête froide et en excluant toute intervention extérieure. J'ai attiré votre attention sur ce point, en déclarant que, si vous entendiez gâter nos relations et aggraver le ressentiment de mon peuple à l'égard des États-Unis, il vous suffisait d'encourager le séparatisme. J'ai dit également que, concernant ce sujet délicat, nous comptions sur des actions prudentes et réfléchies de la part du président des États-Unis. Et vous-même, Monsieur le Président, m'avez assuré comprendre mon point de vue. C'est sur cette base qu'il convient de poursuivre.
>
> Nos attitudes respectives devant la situation en Lituanie ont confirmé que cette compréhension mutuelle était bien à l'œuvre. [...] Devons-nous comprendre à présent que votre attitude a changé, et que vous êtes prêt à assumer les conséquences d'une interruption des liens économiques et commerciaux entre nos deux pays ? Ou bien est-on désormais disposé, à Washington, à entamer cette même escalade que les Américains jugeaient inacceptable il y a dix jours encore ?

Cette réponse était pour le moins décevante. Selon moi, les propos tenus à Malte signifiaient que Gorbatchev n'userait pas de la coercition – or, l'embargo sur l'énergie n'était pas autre chose. Cette attitude n'avait pas grand rapport avec une solution « démocratique », ni avec le dialogue promis par Gorbatchev et par Chevarnadzé. J'avais voulu faire preuve de compréhension, mais je n'avais pas l'intention d'ignorer d'éventuelles intimidations ou représailles soviétiques vis-à-vis des Lituaniens. Nous avions pris une décision raisonnable et honnête en suspendant les négociations sur la MFN et sur le commerce, et nous n'avions pas cédé à ceux qui réclamaient des sanctions, alors même que nos sympathies allaient à la Lituanie. Nous encouragions un dialogue constructif, pas le séparatisme.

BRENT SCOWCROFT

Le Premier ministre lituanien, Kazimiera Prunskiene, s'est rendu aux États-Unis au début du mois de mai. Elle a été reçue à la Maison Blanche pour une rencontre informelle. C'était là un bon moyen de témoigner notre soutien à la Lituanie et à son Premier ministre. Elle était plus réfléchie que le président Landsbergis, souvent coléreux et parfois contre-productif. Comme elle devait arriver par la porte nord-ouest, il a été décidé qu'on l'attendrait dans la salle de réunion du

Cabinet. L'attente a commencé. Pas de Premier ministre. Le lourd portail mécanique s'était bloqué lors de son ouverture, si bien que la limousine n'avait pu le franchir. Prunskiene et son escorte ont donc dû rejoindre l'entrée ouest à pied.

Ce malencontreux incident a lamentablement été repris par une certaine presse, qui voulait y voir un acte volontaire destiné à humilier Prunskiene. La vérité, faut-il le dire, était bien différente. Notre intention n'était évidemment pas de gâcher cette rencontre ; en l'invitant, nous voulions affirmer notre position. L'entrevue était historique, puisque c'était, depuis l'annexion des pays baltes, la première rencontre entre un président américain et un Premier ministre lituanien. Notre seul souci était que l'événement soit interprété comme une reconnaissance de l'indépendance du gouvernement lituanien. C'est pourquoi le consul de Lituanie n'a pas été autorisé à accompagner Prunskiene dans la salle de réunion du Cabinet. De même, lors d'une conférence de presse tenue un peu plus tard, il a fallu expliquer que le Président ne recevait pas le Premier ministre de la Lituanie indépendante, mais une représentante reconnue et librement élue du peuple lituanien.

GEORGE BUSH

Prunskiene m'est apparue comme une patriote ardente et vigoureuse. Elle saisissait parfaitement les enjeux de la situation. Je la trouvais plus raisonnable que Landsbergis, et plus disposée à négocier. Elle comprenait que les États-Unis soutenaient depuis longtemps l'indépendance de son pays, et que c'était pour nous une tâche complexe que de l'aider tout en préservant les rapports américano-soviétiques. La lettre de Mitterrand et de Kohl, nous a-t-elle dit, permettrait peut-être d'arriver à une solution, mais les Lituaniens réclamaient des garanties : reconnaissance du maintien de l'indépendance, légalité du gouvernement actuel, inviolabilité totale du territoire lituanien. Elle pensait que la pression occidentale sur Gorbatchev l'aidait à faire face aux réactionnaires, et que ce dernier ne souhaitait pas le recours à la force.

Pour ma part, j'étais moins optimiste sur ce point. Les militaires pouvaient encore intervenir, et nous devions rester prudents. Si nous reconnaissions la Lituanie, que ferions-nous le jour où les Soviétiques enverraient les tanks ? « Je ne tiens pas à voir la Lituanie écrasée sous la même botte qui a écrasé la jeunesse hongroise en 1956, en vous disant : montez aux barricades ! Ces jeunes ont donné leur vie, ont été martyrisés, et nous ne sommes pas intervenus, pas plus que l'Europe occidentale. Il doit y avoir une meilleure solution. Le peuple lituanien a peut-être du mal à me comprendre, mais c'est ainsi que je vois la situation. » Seulement le problème, dis-je, ne s'arrêtait pas là. Je voulais voir les troupes soviétiques quitter la Pologne, et il fallait laisser Vaclav Havel construire une Tchécoslovaquie libre. « Seuls les États-Unis peuvent faire un faux pas et compromettre leurs chances. Le monde entier réclame le contrôle des armements. [...] L'Union soviétique a encore quelque chose à dire sur ce sujet. Si j'évoque ici ces problèmes, ce n'est pas pour amoindrir l'importance de l'indépendance de la Lituanie, mais parce que les enjeux sont infiniment plus grands encore. [...] Vaut-il mieux donner une gifle à Gorbatchev en public, ou s'assurer paisiblement qu'il comprend bien notre résolution ? [...] Il y a une chose que vous devrez retenir quand vous aurez quitté ce bureau – le symbole même de la liberté. Je soutiens personnellement – tout comme mon Administration – la liberté en Lituanie. On peut toujours discuter des moyens pour y parvenir, mais soyez assurée que notre sympathie vous est acquise. »

L'année avait commencé sous le signe d'un espoir prudent ; elle sombrait à présent dans une menaçante incertitude. L'armée soviétique exigeait que Gorbatchev et Chevarnadzé cessent toute concession – sur le plan national ou international – susceptible d'affaiblir la position stratégique de l'Union soviétique en Europe de l'Est. Si la réunification allemande ne s'effectuait pas maintenant, si l'Europe de l'Est n'accédait pas à la liberté politique, alors il fallait craindre de voir un nouveau gouvernement s'imposer en Union soviétique ; issu de la ligne dure du parti, ce gouvernement ne serait plus disposé à faire les concessions nécessaires. Le problème lituanien laissait mal présager de la réunification allemande, et risquait de faire annuler le sommet prévu au mois de juin.

CHAPITRE X

À la recherche d'un terrain d'entente

BRENT SCOWCROFT

L'atténuation des tensions de la guerre froide remettait en cause les hypothèses fondamentales sur lesquelles les structures de sécurité de l'Europe d'après-guerre et notre propre planification stratégique reposaient complètement : une menace soviétique, un continent divisé. La présence militaire des États-Unis en Europe, sous la forme de l'OTAN, était largement établie sur la réalité de cette menace et l'utilisation des bases en Allemagne de l'Ouest. Brusquement, tout pouvait être reconsidéré. Quelle serait la nature des besoins de sécurité de l'Europe ? Quelle sorte d'architecture pourrait les satisfaire ? Quel serait désormais l'avenir de l'OTAN ? Quelles relations une Allemagne unifiée entretiendrait-elle avec l'Alliance et cela nous permettrait-il de continuer à disposer de bases militaires ?

Il nous fallait réviser toute la vision stratégique de la sécurité européenne, du rôle qui était le nôtre et des relations entre superpuissances. Les événements en cours étaient reliés les uns aux autres, dans leurs causes et dans leurs effets. Il nous fallait donc les aborder ensemble, mais aussi distinctement. Nous étions les témoins de ce type de changement qui est habituellement imposé par les vainqueurs d'une guerre importante, et par eux seuls. Il était essentiel d'éviter un nouveau règlement du type traité de Versailles, qui laisserait l'Europe aussi divisée et mécontente qu'elle l'avait été après la Première Guerre mondiale, avec les conséquences tragiques que l'on sait. Notre tâche était de parvenir à une vision commune de l'issue, l'Europe d'après la guerre froide que nos alliés et nous-mêmes aimerions voir surgir, mais dans laquelle les Soviétiques aussi reconnaîtraient leur intérêt ou qu'ils pourraient au moins accepter.

Notre exigence première était d'empêcher que ne se reproduisent les troubles dont l'Europe avait été affectée au XXe siècle. L'isolationnisme américain avait sa part de responsabilités. La leçon que nous tirions de ce passé sanglant était que les États-Unis devaient continuer à jouer un rôle significatif dans la sécurité européenne, quoi qu'il advienne de l'Union soviétique. Ce rôle devait avoir l'OTAN pour truchement. C'est seulement à travers l'Alliance que les États-Unis peuvent faire du maintien de leurs forces en Europe un engagement visible dans la sécurité et la stabilité du continent. De plus, une Allemagne unifiée, membre à part entière de l'Alliance, était la clé de notre présence. C'est en Allemagne que se trouvaient nos bases : si celle-ci quittait l'OTAN, il deviendrait difficile, sinon impossible, de garder les troupes américaines en Europe. Nous avions besoin que Helmut Kohl s'engage à maintenir l'Allemagne dans l'Alliance et des troupes américaines sur le sol de son pays. De par cette double nécessité, nous étions concernés au premier chef par la solution de la réunification allemande, outre le fait que celle-ci mettrait un terme à la division du continent.

Nous devions aussi redéfinir la mission de l'OTAN, non seulement pour convaincre le peuple américain que des dépenses encore conséquentes, sans parler du déploiement de troupes, restaient conformes à l'intérêt national, mais aussi pour démontrer aux dirigeants de Moscou que l'Alliance n'était plus la menace qu'ils avaient agitée devant leur peuple pendant quarante ans. Le président Bush avait déjà évoqué le besoin d'une nouvelle architecture de sécurité, lors du sommet de l'OTAN de décembre, allocution dont Jim Baker avait souligné l'importance quelques jours plus tard à Berlin, pour ajouter que la nouvelle architecture exigerait que de nouvelles missions soient imparties à l'OTAN, à la CEE et à la CSCE. Son esquisse avait été brossée à traits volontairement grossiers, soulignant que l'Alliance serait moins menaçante pour les Soviétiques et insistant davantage sur les structures européennes, de manière à circonvenir les Français. Il avait cependant évoqué notre exigence première, à savoir la préservation du lien existant entre les États-Unis et la sécurité européenne. L'issue de la réunification et les changements simultanés dans la garantie des accords européens ne doivent pas répondre seulement aux préoccupations européennes et soviétiques, ils doivent également satisfaire les intérêts à long terme des États-Unis.

GEORGE BUSH

Je savais qu'il revenait aux États-Unis de répondre à ces questions et de donner au processus de réunification une configuration écartant les conflits, aujourd'hui et demain. Les enjeux étaient tels, en particulier à propos de notre rôle en Europe, qu'il nous faudrait nous impliquer profondément dans une action diplomatique de plus en plus compliquée. Je voulais donner un ton constructif et coopératif, tout comme nous l'avions fait à la chute du mur de Berlin, lorsque nous avions résisté aux appels provocateurs à la gesticulation et à l'imprécation. La réunification et une nouvelle Europe, complète et libre, ne devaient pas se faire aux dépens d'autres nations, mais se réaliser avec et grâce à ces nations, à l'Est comme à l'Ouest. Dans les changements en cours, nous ne pouvions répartir les rôles entre gagnants et perdants.

Donner un cadre à la réunification et une architecture à la sécurité européenne était une entreprise colossale. Parce que les choses changeaient très vite, nous n'avions pas le loisir de l'introspection. Dieu merci ! le vent de l'histoire en Allemagne et en Europe orientale nous était favorable. Dans toute la mesure de nos moyens, nous dûmes pousser, guider et gérer les courants favorables.

Pendant un bref instant de la fin 1989, il sembla que l'Allemagne de l'Est tiendrait. Pour tenter d'élargir et de renforcer sa base précaire, Modrow commença à travailler avec une table ronde composée de tendances diverses, démarche qui avait réussi en Pologne. La plupart des participants extérieurs au gouvernement avaient joué un rôle dans les manifestations d'octobre et de novembre, mais préféraient une RDA réformée à l'unification. Ils étaient favorables à une voie moyenne, à un système intermédiaire entre le marché libre et le communisme. La table ronde tomba rapidement d'accord pour que de nouvelles élections législatives aient lieu en mai 1990 et commença même à fonctionner comme un parlement, ouvrant une campagne contre la Stasi, la police politique tant détestée.

Les choses ne se déroulèrent pas comme prévu. Le gouvernement Modrow, qui comprenait de nombreux visages trop connus et qui ne se défaisait pas des vieilles habitudes, détruisit vite la fragile stabilité qu'il avait pu établir. Il ne pouvait ou ne voulait pas engager les réformes qui redresseraient une économie en chute libre. La réforme politique ne prenait pas forme, y compris le démantèlement demandé de la Stasi. Au début de janvier, Modrow tenta de restaurer l'autorité de la Stasi en la réorganisant sous de nouveaux oripeaux et en organisant des « incidents », telle la dégradation des monuments soviétiques commémorant la Seconde Guerre mondiale, actes contre lesquels la Stasi devait réagir. La mince crédibilité dont jouissait le gouvernement s'écroula. La table ronde protesta avec colère, la coopération avec le régime s'interrompit et, avec elle, la recherche d'une voie moyenne.

Le 15 janvier 1990, des milliers de manifestants occupèrent les rues de Berlin-Est et envahirent le quartier général de la Stasi. Le 26 janvier, alors que le président Bush s'entretenait avec lui de nos nouvelles propositions concernant les FCE, Helmut Kohl ne pensait plus possible que l'Allemagne de l'Est parvienne à se réformer. Elle était au bord d'un effondrement total.

GEORGE BUSH

Visiblement fatigué, Helmut relatait les derniers événements. Le gouvernement est-allemand avait des problèmes, mais pas parce qu'il ne voulait pas engager les réformes. « Ils ne *peuvent* tout simplement pas le faire correctement », dit-il. Havel avait une autorité morale en Tchécoslovaquie et Mazowiecki en Pologne, mais Modrow n'avait quasiment aucune influence sur son peuple.

« Je pousse personnellement aux réformes nécessaires, l'une après l'autre, expliquait Kohl. « Quelques succès sont obtenus au plan économique, mais ce qui peut se faire en un jour prend des semaines. Résultat : la confiance de la population est au plus bas. Les gens partent par milliers et les autres sont assis sur des valises bouclées... Depuis le 1er janvier, quarante-trois mille personnes sont passées à l'Ouest. C'est intenable à long terme. Ce sont des gens bien, des docteurs, des ingénieurs, des spécialistes. Ils ne peuvent être remplacés. »

En février, Kohl devait rencontrer Modrow en Suisse pour discuter de la manière de remettre les choses en ordre. « Ma tâche est d'arrêter la déstabilisation en Europe centrale, dit-il. J'y travaille jour et nuit. » Il me demanda si nous pouvions nous rencontrer quelques heures en tête à tête. Peut-être à Camp David, comme nous l'avions envisagé en novembre. J'approuvai l'idée avec enthousiasme. Il me paraissait important de pouvoir nous asseoir et discuter dans un tel cadre. Une rencontre fut fixée au 24 février.

Kohl avait des réticences à travailler avec un gouvernement est-allemand incapable de fonctionner et refusant de se réformer. Il n'était pas non plus intéressé par le plan de confédération auquel Modrow continuait de s'accrocher. Après la tentative de réaffirmation de la Stasi en janvier, les partis ouest-allemands cessèrent, d'un commun accord, de travailler sur une série de traités, tant que l'Allemagne de l'Est n'organiserait pas des élections libres dont Kohl espérait qu'elles chasseraient les communistes et placeraient la RDA sur la voie de la confédération et, à terme, de l'unification. De son côté, Modrow se rendait compte que son gouvernement ne pouvait se maintenir longtemps au pouvoir et, le 28 janvier, il accepta devant la table ronde d'avancer les élections du 6 mai au 18 mars. Nous nous attendions à ce que la date prévue antérieurement soit favorable aux communistes ou aux sociaux-démocrates.

BRENT SCOWCROFT

À Washington comme ailleurs, nous commencions à réaliser que nous avions beaucoup sous-estimé la rapidité avec laquelle l'Allemagne de l'Est se désintégrait. La possibilité du processus prudent, contrôlable, « graduel et pas à pas », que Kohl avait proposé et que nous avions soutenu, paraissait se dissoudre. Contrôler l'allure de l'unification devenait impossible. Aussi plus vite l'objectif serait-il atteint, mieux cela vaudrait. Ce serait peut-être la seule manière d'éviter le chaos et de réduire les incertitudes. Le cours rapide des événements appelait une ferme direction américaine, si nous voulions que la réunification s'accomplisse selon nos termes.

À l'Ouest, la clé de nos efforts devait être de travailler étroitement avec la RFA, afin de nous assurer que celle-ci s'engagerait sur une solution conforme à nos vœux. Les principes de notre politique étaient simples. Comme le président Bush l'avait laissé entendre à Kohl lors de leur rencontre du 3 décembre, nous soutiendrions la réunification, ce qui devait permettre aux Allemands de l'Ouest de poursuivre leur diplomatie « interne » et séparée avec l'Allemagne de l'Est sans avoir à se soucier de l'attitude des États-Unis en fin de parcours. Cette approche avait un point faible, au sens où elle partait du principe que Kohl conservait les mêmes priorités que nous à propos des aspects « externes » ou internationaux. Nous espérions que l'engagement du Président constituerait une assurance et que le chancelier insisterait sur l'adhésion à l'OTAN, ainsi que sur la présence des forces américaines. Le danger demeurait cependant que Kohl ne se sente contraint de s'entendre avec les Soviétiques : la neutralité allemande contre l'unification.

Une fois encore, nous voulions que tous les pays, et l'Union soviétique particulièrement, acceptent le règlement externe et se sentent concernés par l'émergence d'un nouvel ordre en Europe. La stratégie du consensus entre les parties devait inclure la résolution pratique de questions soulevées par la réunification, à savoir comment déterminerions-nous les points à traiter, quand, avec qui. Bob Blackwill, Philip Zelikow, Bob Hutchings et Condi Rice, les équipes soviétique et européenne du CNS engagées dans le processus, rédigèrent une esquisse de ce à quoi nous souhaitions qu'une Allemagne unifiée ressemble et de ce qu'il fallait faire pour cela. Toute l'Allemagne devait être dans l'OTAN, même si peut-être des troupes étrangères ne stationneraient pas sur le territoire est-allemand. Ses frontières seraient celles de l'Allemagne de l'Ouest et l'Allemagne de l'Est, avec Berlin, serait absorbée dans l'ensemble unifié, mettant ainsi fin aux droits des alliés et à tout statut d'occupation. L'unification serait mise au point et accomplie par les deux Allemagne, puis celles-ci présenteraient le résultat aux quatre puissances pour accord. J'acceptais cette approche, bien que la discussion du processus d'unification ne fût pas assez détaillée.

Le Département d'État avait une idée différente. Convenant que les arrangements internes devaient être réglés entre les deux Allemagne, Baker pensait qu'il était trop dangereux d'exclure les autres États de la solution des aspects externes du processus d'unification. Essayer de maintenir les Soviétiques en dehors pouvait aboutir à des négociations séparées entre eux et les Allemands de l'Ouest, avec des résultats désastreux. Le Département proposait donc de mélanger les négociations entre les deux Allemagne à un processus des quatre puissances, ce qui sera connu comme la formule « Deux plus Quatre ». Pour atténuer les risques découlant d'une implication des quatre puissances, il suggéra que celles-ci conviennent d'emblée que le but des discussions serait l'unification et que les quatre puissances ne seraient concernées que par les aspects externes et internationaux de l'unification.

J'avais des doutes concernant la proposition du Département. Je comprenais les préoccupations de Jim à propos d'une négociation

« entre seuls Allemands », mais j'appréhendais une implication des quatre puissances, qui pouvait causer bien du tracas. Cela permettrait aux Soviétiques de s'opposer de l'intérieur du processus. Ils pouvaient peut-être même parvenir à entraîner les Britanniques et les Français, dont l'enthousiasme pour l'unification restait muet, dans au moins une tactique de retardement. Selon moi, la voie la moins risquée consistait à accélérer, autant que possible, les négociations interallemandes, de les protéger de toute interférence et d'espérer qu'elles progresseraient suffisamment bien pour placer une éventuelle opposition devant un *fait accompli* *. En même temps, les résultats des élections de mars auraient une influence sur l'allure des négociations interallemandes et sur leur orientation, fédération ou confédération.

Il est vrai que maintenir Gorbatchev en dehors du processus n'était en principe pas une bonne idée. Il était préférable de le coopter, si c'était faisable. Tel était le pari de Baker. Il avait pour condition l'accord préalable des six participants sur l'objectif de l'unification, les deux Allemagne s'occupant de l'unification interne et l'Allemagne de l'Est devant avoir un gouvernement librement élu, ce qui signifiait que les négociations ne commenceraient qu'après les élections. Si ces conditions étaient sincèrement respectées, la formule « Deux plus Quatre » fonctionnerait vraisemblablement. Jim, qui devait faire l'essentiel du travail concret de mise en œuvre, était un négociateur hors pair. J'étais disposé à taire mes réserves concernant des discussions avec nos alliés sur ce sujet et acceptai l'approche de Baker.

L'étape suivante consistait à construire une position commune de l'Occident, en faveur de la réunification et d'une Allemagne souveraine, sans contraintes résiduelles pesant sur elle. Un accord des Occidentaux, disant que la réunification et l'adhésion à l'OTAN étaient deux questions dont les réponses appartenaient aux seuls Allemands, rendrait plus difficile un blocage soviétique de l'un ou l'autre objectif. En même temps, nous travaillerions avec les Soviétiques pour résoudre les questions politiques et stratégiques plus larges, les réassurant ainsi sur la prise en compte de leurs préoccupations de défense. La stratégie devrait rendre difficile un blocage du processus d'unification par Moscou et cajoler l'URSS jusqu'à l'acquiescement.

GEORGE BUSH

L'intense campagne de diplomatie personnelle pour vendre notre stratégie aux alliés commença pour de bon le 29 janvier, avec l'arrivée à Washington du secrétaire britannique aux Affaires étrangères, Douglas Hurd, dont c'était la première visite depuis qu'il avait succédé à Geoffrey Howe. Hurd répéta la position de Margaret Thatcher, laquelle m'était connue depuis notre conversation à propos des FCE, une réti-

* En français dans le texte *(NdT)*.

cence à entériner l'unification, au motif que l'on n'avait pas assez attentivement pensé au contexte stratégique plus large *.

« Elle est réticente à endosser la réunification, une réunification réticente, me dit Hurd alors que nous nous trouvions dans le Bureau Ovale. Pas contre, mais réticente. À ses yeux, il faut résoudre un certain nombre de choses. L'Allemagne sera-t-elle membre de l'OTAN ou non ? L'Allemagne de l'Est fera-t-elle partie de la CEE ? Qu'en est-il des susceptibilités soviétiques ? Nous avons besoin d'un cadre à l'intérieur duquel ces questions pourraient être discutées. » Quand, lors d'un autre entretien, Baker lui exposa le plan « Deux plus Quatre », Hurd fut intéressé mais restait enclin à accepter la proposition soviétique d'un sommet rapproché de la CSCE afin de discuter de la réunification, proposition qui venait d'être acceptée par les ministres des Affaires étrangères de la CEE lors de leur rencontre de Dublin.

BRENT SCOWCROFT

L'intérêt britannique pour que l'unification allemande soit abordée lors d'un sommet de la CSCE avait de quoi inquiéter. La nombreuse (trente-cinq membres) et lourde organisation paneuropéenne n'était pas l'instance idoine. Si les quatre puissances pouvaient faire capoter la réunification, les risques de blocage ou de délai étaient bien plus grands avec la CSCE dont les procédures consensuelles offraient à tout pays, mal à l'aise à l'idée d'une grande Allemagne, des possibilités accrues de blocage ou de retardement. Un sommet de la CSCE pour ratifier un accord de réunification pourrait se transformer en conférence de paix sur l'Allemagne qui rouvrirait de vieilles blessures et des désaccords non résolus. Kohl et nous étions opposés à l'idée d'un traité de paix en forme sur l'Allemagne et à la perspective d'un nouveau règlement avec des gagnants d'un côté et des perdants de l'autre.

Bonn commençait à se préoccuper concrètement du règlement des problèmes internationaux afférents à la réunification, en particulier de l'adhésion à l'OTAN. Le 31 janvier, Genscher lança une proposition d'unification dans un discours prononcé devant l'académie protestante de Tutzing. Il réitéra sa conviction que la réunification devait s'accomplir dans le cadre de l'intégration européenne et qu'elle devait garantir aussi les frontières des voisins de l'Allemagne. L'adhésion de l'Allemagne à l'OTAN et à la CEE était irrévocable. « Nous ne voulons pas d'une Allemagne unifiée neutraliste », déclara-t-il. L'Allemagne continuerait à faire partie de l'OTAN, mais le territoire est-allemand resterait en dehors de l'Alliance. Il proposa aussi que l'OTAN et le pacte de Varsovie soient tous deux absorbés dans un ordre élargi de sécurité européenne, qui reposerait sur la CEE et la CSCE. La CSCE serait renforcée, avec de nouvelles structures sur lesquelles le sommet devant se tenir un peu plus tard aurait à se prononcer.

---

* Voir chapitre IX.

BRENT SCOWCROFT

Nous avions des objections à certaines parties du plan et certaines omissions nous paraissaient pouvoir devenir gênantes. Une fois encore, eu égard aux problèmes concrets et à la nature même de la CSCE, nous ne pouvions accepter, sous quelque forme que ce fût, que cette instance absorbe l'OTAN et ses fonctions. Genscher n'avait pas précisé quelles seraient les relations entre l'OTAN et le territoire de la RDA, quand ou même si l'OTAN assumerait sa défense.

Le rôle de la Bundeswehr en RDA n'était pas évoqué, ni l'avenir des troupes américaines stationnées en Allemagne. Le détour évident qu'effectuait Genscher à propos du rôle des quatre puissances était également troublant, en particulier quand il proposait que les deux Allemagne définissent une sorte de confédération et présentent ensuite l'affaire devant la CSCE pour accord. Nous ne savions pas s'il s'agissait là d'une position personnelle de Genscher ou si elle avait l'appui de Kohl.

Quelques jours après la visite de Hurd, ce fut, le 2 février, celle de Genscher pour quelques entretiens avec Baker à Washington. Il s'expliqua à propos de sa proposition de Tutzing, soulignant que la clé était de rassurer les Soviétiques en ne déplaçant pas vers l'Est le territoire de l'OTAN. Baker accepta la formulation, ne réalisant peut-être pas les problèmes que cela créerait à l'OTAN. C'était là une « concession » maladroite à Genscher, qui aurait pu créer des difficultés sérieuses. Baker évoqua le concept « Deux plus Quatre » et Genscher réagit favorablement, « dans la mesure où il était clair que c'était "Deux plus Quatre" et non pas "Quatre plus Deux" », en d'autres termes, que les alliés ne dicteraient pas la solution. Bien que Genscher ne se fût pas engagé, Baker eut le sentiment que le ministre soutenait le concept « Deux plus Quatre » et partageait l'idée que la CSCE ne constituait pas l'instance idoine pour négocier l'avenir de l'Allemagne.

L'existence d'un gouvernement de coalition à Bonn rendait la politique extérieure quelque peu compliquée, pour les Allemands et pour nous. Genscher ne voyait pas toutes les questions de la même manière que Kohl, ce qui nous amenait à avoir des perspectives différentes à propos de leur politique. De plus, Genscher et Kohl ne s'informaient parfois pas de ce que chacun faisait ou disait. Kohl n'avait pas parlé à Genscher de son initiative en dix points de novembre, Genscher avait omis de révéler à Kohl ce que seraient ses propositions de Tutzing et, plus récemment, Kohl n'avait pas fait savoir à Genscher que Gorbatchev avait invité le chancelier à se rendre à Moscou en février. Aussi était-il indispensable d'informer la chancellerie à Bonn de notre concept. Afin de sonder Kohl, Bob Blackwill et moi-même profitâmes d'une conférence à Munich pour voir Horst Teltschik le 3 février.

J'avais rencontré Horst pour la première fois à la fin des années 1980. Ce n'avait été qu'une brève rencontre et je n'avais pas vraiment le sentiment de le connaître lorsque je commençai à assumer mes responsabilités. Il me fallut du temps pour me sentir à l'aise avec lui, d'autant que cela se passait des mois avant qu'une ligne téléphonique directe ne fût installée. C'était un homme intelligent, direct, qui pouvait, la plupart du temps, exprimer avec une assurance tranquille ce que pensait son chancelier. Je recevais avec plaisir ses appels, « Hello Brent, c'est Horst », parce que nos entretiens étaient toujours productifs, même lorsqu'ils ne débouchaient pas sur un consensus. Teltschik était un fervent partisan des positions du chancelier, qu'il avait, selon moi, souvent contribué à modeler. Il était plus réservé à l'égard de Genscher et m'aida beaucoup à comprendre les nuances existant entre les positions du chancelier et celles de son ministre, et la signification de ces différences.

Kohl devait rencontrer Gorbatchev le 11 février et Baker serait à Moscou deux jours plus tôt. Horst m'informa que Kohl comptait prévenir Gorbatchev qu'un exode massif des Allemands de l'Est ou que des décisions de leur parlement pouvaient accélérer l'unification considérablement, après les élections de mars. Le chancelier affirmerait sans ambiguïté que la neutralité allemande était hors de question. Nous nous mîmes d'accord pour que Kohl soit informé des entretiens de Baker avant de rencontrer Gorbatchev.

Horst et moi pensions qu'il était essentiel que nos gouvernements coopèrent pour favoriser une allure rapide, si nous voulions que l'unification s'accomplisse avant que ses opposants n'aient une chance de la bloquer, mais Horst restait préoccupé par la possibilité d'une intervention des quatre puissances. Je lui donnai l'assurance que les États-Unis ne le permettraient pas. Nous étions également d'accord pour empêcher qu'une session de la CSCE ne se transforme en conférence de la paix. Je retournais à Washington confiant que Bonn comptait travailler en étroite collaboration avec nous et soutenait la même solution « externe » que nous.

Après avoir brossé le concept « Deux plus Quatre » aux Britanniques et aux Allemands, après avoir reçu leurs réactions positives mais sans engagements fermes, Baker entreprit le 5 février de vendre l'idée aux Soviétiques, à l'occasion de son séjour à Moscou consacré au contrôle des armements. En route pour une escale à Prague, l'avion de Baker s'arrêta à Shannon pour faire le plein. Il y rencontra le ministre français des Affaires étrangères, Roland Dumas, qui se trouvait en Irlande pour une rencontre de la CEE. Dumas apprécia le plan et promit d'en parler à Mitterrand

À Moscou, Gorbatchev subissait l'attaque de la droite soviétique sur une série de questions, parmi lesquelles un apparent « relâchement » à propos de l'Allemagne. Le 1er janvier, après une rencontre avec Gorbatchev, Modrow annonça un nouveau plan de confédération, chacune des deux Allemagne conservant son gouvernement. Ce plan fut soutenu publiquement par les Soviétiques et, personnellement, par une lettre de Gorbatchev au président Bush, car elle favorisait un « processus graduel » vers l'unité. Cette proposition était insupportable à Kohl et à nous, parce qu'elle impliquait une Allemagne neutre, désarmée et, pendant un temps au moins, confédérale. Les Soviétiques avaient cependant indiqué qu'ils ne s'opposaient pas au principe de l'unité allemande, évolution qui inquiétait les réactionnaires du parti.

Le 7 février, Baker exposa le scénario « Deux plus Quatre » à Chevarnadzé, insistant une fois encore sur le fait qu'il devait régler les difficiles aspects internationaux de la réunification et qu'il ne pourrait commencer qu'après les élections de mars. Les États-Unis n'acceptaient pas la proposition Modrow d'une Allemagne neutre. Une Allemagne neutre serait en fait plus dangereuse pour les Soviétiques qu'une Allemagne fortement imbriquée dans l'OTAN : elle pouvait chercher à se doter d'armes nucléaires.

Baker répéta la formule du statut de la RDA donnée par Genscher : si l'Allemagne reste dans l'OTAN, la juridiction sur les forces de l'Alliance ne s'étendra pas vers l'Est. L'OTAN évoluera en une alliance plus politique et moins militaire, aspect déjà évoqué par le Président en décembre, lors de la rencontre de l'OTAN à Bruxelles.

Chevarnadzé insista sur la nécessité qu'une Allemagne unifiée devienne neutre. Il n'avait rien contre l'unification mais voulait certaines garanties pour la sécurité de l'Union soviétique. Il demanda que les discussions des quatre puissances abordent le sujet d'un traité de paix, disant que ce qu'il craignait était une résurgence du néo-nazisme dans les marges politiques, ainsi qu'une possible remilitarisation de l'Allemagne. Les quatre puissances devaient ralentir le rythme ; Britanniques et Français pensaient la même chose. Chevarnadzé reconnaissait cependant que les événements étaient déjà allés au-delà.

Il soutint le plan Modrow de processus graduel. Baker réitéra que l'Allemagne ne pouvait être ni neutre ni démilitarisée : elle devait avoir le droit de se défendre elle-même. Si l'Union soviétique s'inquiétait d'une éventuelle menace militaire venant d'une Allemagne unifiée, ne serait-il pas préférable, de ce point de vue, de maintenir l'Allemagne unifiée dans l'OTAN ?

Baker aborda le plan « Deux plus Quatre » devant Gorbatchev, le 9 février, avec les préconditions nécessaires, y compris le fait que le processus ne pourrait commencer qu'après les élections, afin de laisser les Allemands s'exprimer d'abord sur la réunification. Gorbatchev dit pouvoir accepter le plan, dans la mesure où il reposerait sur une base internationale légale. Il parut moins inquiet d'une résurgence de la puissance militaire allemande que ne l'avait été Chevarnadzé. Il dit partager la vision américaine selon laquelle « il n'y avait rien de terrifiant dans la perspective d'une Allemagne unifiée ». Il continuait cependant à avoir des réserves à propos de l'adhésion à l'OTAN.

Baker demanda à Gorbatchev « s'il préférait avoir une Allemagne indépendante hors de l'OTAN ou une Allemagne liée à l'Alliance, avec l'assurance qu'il n'y aurait pas d'extension à l'Est de la juridiction actuelle de l'OTAN ». Gorbatchev ne s'était pas encore fait une opinion précise sur la question, mais était contre un élargissement de l'OTAN. Baker répéta qu'« il n'y aurait pas extension d'un pouce à l'Est de la juridiction sur les forces de l'OTAN ». Gorbatchev pouvait voir les avantages du maintien de la présence militaire américaine en Allemagne. Il ne voulait pas non plus que l'on rejoue Versailles, à propos du réarmement allemand. « Ce que vous m'avez dit de votre approche et de vos préférences est très réaliste, reconnut-il, mais ne me demandez pas de vous donner une réponse définitive sur-le-champ. »

BRENT SCOWCROFT

La rencontre de Baker avec Gorbatchev était importante. Non seulement ce dernier avait dit ne pas craindre la réunification, mais encore, pour la première fois, avait paru flexible à propos du processus devant conduire à la réunification et de ce à quoi la solution pourrait ressembler. Cela préparait certainement le terrain aux entretiens que le dirigeant soviétique aurait avec Kohl et Genscher ; très certainement la rencontre prédisposait Gorbatchev à se montrer compréhensif.

Les enjeux des entretiens avec Kohl étaient importants et nous devions tout faire pour en assurer le succès. Il était essentiel que tout ce que les Allemands présenteraient à Moscou soit conforme à notre position et à ce que Baker venait juste d'entendre de la part de Gorbatchev. À Munich, Teltschik m'avait donné l'esquisse de ce que Kohl prévoyait de présenter à Gorbatchev, ce qui réduisait nos inquiétudes. Le Président savait cependant que Kohl était politiquement et personnellement soumis à une pression énorme et que ce serait l'une des plus importantes rencontres de politique étrangère de la carrière du chancelier. Je suggérai qu'il écrive à Kohl pour lui apporter tout son soutien personnel et pour ne laisser planer aucun doute sur nos préférences quant à l'avenir d'une Allemagne unifiée.

GEORGE BUSH

J'assurai Helmut que les États-Unis continuaient à soutenir l'unification. « Si les événements évoluent plus vite que nous ne nous y attendions, cela signifie que l'objectif commun de toutes les années écoulées – l'unité allemande – se réalisera encore plus tôt qu'espéré. » J'abordai la question des responsabilités des quatre puissances : « Je veux que vous compreniez que les États-Unis ne feront rien qui pourrait conduire vos compatriotes à conclure que nous ne respecterons pas leur choix concernant l'avenir de leur nation. En aucun cas permettrons-nous à l'Union soviétique d'utiliser le mécanisme des quatre puissances pour tenter de vous contraindre à créer une Allemagne conforme aux désirs de Moscou et à suivre l'allure agréée par Moscou. »

Je répétai que je voulais voir une Allemagne unifiée rester fermement dans l'Alliance occidentale :

« Naturellement, c'est là aussi une chose qui doit être décidée par le peuple allemand et ses représentants élus. Je me suis donc réjoui de votre rejet des propositions de neutralité et de votre déclaration ferme qu'une Allemagne unifiée restera dans l'Alliance nord-atlantique. À ce propos, j'endosse l'idée qu'une disposition de l'adhésion d'une Allemagne unie à l'Alliance atlantique pourrait être un statut militaire spécial pour ce qui est actuellement le territoire de la RDA. Nous pensons qu'un tel engagement pourrait être rendu compatible avec la sécurité de l'Allemagne et de ses voisins, dans le contexte d'un retrait substantiel, et peut-être total au bout du compte, des troupes soviétiques d'Europe centrale et orientale...

Même si, comme nous le souhaitons, l'Union soviétique retire toutes ses troupes d'Europe orientale, elle restera de loin la puissance militaire la plus forte en Europe. Les troupes américaines stationnées en Allemagne, et ailleurs sur le continent, appuyées par une dissuasion crédible, doivent selon moi continuer de participer à la préservation de la sécurité de l'Occident, tant que nos alliés souhaiteront notre présence en Europe comme composante de notre défense commune. Alors que nos deux pays font chemin ensemble en ces heures d'espoirs et de promesses, nous pouvons rester confiants dans notre capacité commune de défendre les fruits de la liberté. Rien de ce que M. Gorbatchev peut dire à Jim Baker ou nous dire ne pourra modifier cette donnée fondamentale, notre partenariat profond et durable. »

BRENT SCOWCROFT

Dans sa lettre, le Président clarifiait notre position à propos de ce que devrait être la relation entre l'OTAN et la partie est-allemande d'une Allemagne unie. Adoptant une suggestion de Manfred Wörner, il proposait qu' « une disposition de l'adhésion d'une Allemagne unie à l'Alliance atlantique puisse être un statut militaire spécial pour ce qui est aujourd'hui le territoire de la RDA ». La proposition différait de celle de Genscher en ce que tout le territoire d'une Allemagne unie se trouverait à l'intérieur de l'espace et sous la juridiction de l'OTAN, et donc couvert par la garantie de sécurité de l'OTAN. Le Président expliquait qu'il escomptait qu'un « statut militaire spécial » soit accompagné d'un retrait substantiel des forces soviétiques d'Europe centrale et orientale. Comme toute l'Allemagne serait dans l'OTAN, les troupes soviétiques devraient être retirées du territoire de la RDA. C'était là une importante rectification à faire pour empêcher Gorbatchev de nous engluer dans le schéma de Genscher.

Comme Teltschik et moi l'avions prévu, Baker adressa à Kohl un résumé de ses discussions avec Gorbatchev. Kohl s'envola alors pour ce voyage capital, avec la garantie la plus ferme du soutien américain. En dépit des précautions que nous avions prises, nous restions pour le moins tendus. Nous avions une grande confiance en Kohl, mais Gorbatchev pouvait décider de pousser les choses. Nous ne pouvions écarter la possibilité qu'il cherche à l'appâter ou à le menacer. Comme Kohl n'appela pas le président Bush immédiatement après la rencontre avec Gorbatchev pour lui donner son analyse personnelle, ce fut pour nous un soulagement que d'entendre les commentaires faits par le chancelier au cours de sa conférence de presse :

« Le secrétaire général Gorbatchev et moi-même sommes d'accord pour considérer qu'il revient au seul peuple allemand de décider s'il veut vivre dans un même État.

Le secrétaire général Gorbatchev m'a promis, en des termes dépourvus d'incertitude, que l'Union soviétique respecterait la décision des Allemands de vivre dans un seul État et qu'il revient aux Allemands eux-mêmes de déterminer le moment de la réunification, ainsi que la manière d'y parvenir... [Nous] sommes aussi convenus que la question allemande ne peut être résolue que sur la base des réalités ; que cela doit être intégré à l'architecture paneuropéenne [CEE] et au cours général des relations Est-Ouest. »

La rencontre avait été historique. Gorbatchev avait accepté l'idée que la réunification allemande devait être décidée par les Allemands eux-mêmes. Il y avait cependant des conditions. Le secrétaire général n'avait pas caché que les aspects externes étaient loin d'être une affaire exclusivement allemande. Il n'était pas encore prêt à accepter l'adhésion allemande à l'OTAN.

GEORGE BUSH

Le 10 février, au moment où Kohl rencontrait Gorbatchev à Moscou, le secrétaire général de l'OTAN, Manfred Wörner, arrivait à Camp David pour un déjeuner de travail. Il souligna le rôle capital que, selon lui, les États-Unis devaient jouer afin d'assurer l'avenir de l'OTAN et de garder l'Allemagne dans l'Alliance. « C'est une opportunité unique, un moment décisif. Pendant les semaines ou les mois à venir, vous aurez personnellement à prendre des décisions qui peuvent décider de l'avenir de l'Europe. » Un seul point faisait problème : l'Allemagne serait-elle neutre ou resterait-elle dans l'OTAN ? « La réponse à cette question déterminera l'histoire européenne pour les décennies à venir. » Si l'Allemagne était autorisée à quitter l'Alliance, la « vieille boîte de Pandore de la compétition et de la rivalité en Europe serait ouverte ». Une Allemagne neutre de soixante-dix-neuf millions d'habitants, disposant de l'économie la plus forte du continent, serait une puissance militaire de première importance – et elle pourrait, à terme, vouloir des armes nucléaires.

Avec une Allemagne démilitarisée, l'erreur du traité de Versailles serait répétée, poursuivit-il. « [Elle] ne serait liée à aucune structure sûre. La réaction la plus naturelle serait que les Britanniques et les Français tentent alors de contrôler la nouvelle Allemagne. Les Allemands réagiraient en formant leurs propres alliances. Nous répéterions la pièce dont nous avons été les spectateurs au début du siècle, avec toute l'instabilité politique dont elle avait été porteuse. L'instabilité potentielle de l'Europe orientale ajouterait davantage encore de compétition et de rivalité. »

Cette perspective effrayait Manfred. « Nous devons éviter la tentation classique de l'Allemagne : flotter librement et marchander avec l'Est comme avec l'Ouest. Si j'ai un message, c'est que vous ne devez pas permettre que cela se produise. C'est votre tâche historique », dit-il. Les Soviétiques étaient dans une position de faiblesse. Ils ne pouvaient empêcher l'unification si les États-Unis maintenaient leur ligne de soutien clair au processus engagé.

Wörner pensait que Gorbatchev finirait par accepter une Allemagne intégrée à l'OTAN. « Si les Soviétiques perçoivent correctement leurs intérêts à long terme, comment peuvent-ils vouloir la neutralité allemande, compte tenu de l'expérience historique qui a été la leur ? À court terme, ils peuvent néanmoins pousser à la neutralité. » Selon lui, ils n'avaient pas les moyens d'empêcher l'Allemagne de rester membre de l'OTAN. « Ils ne disposent d'aucun levier, même pas leurs forces stationnées en RDA. » Il nous rappela ceci : « Vous et l'Allemagne devez vous mettre d'accord pour que l'unité allemande se fasse au sein de l'OTAN et faire accepter cela par les Russes. Ils devront l'accepter. »

Il restait inflexible sur l'idée que l'Allemagne devait être membre à part entière de l'Alliance. « Une simple association avec l'OTAN entraînera l'Allemagne dans des marchandages diplomatiques avec la Russie, prévint-il. Si l'Allemagne est en dehors de la structure intégrée de l'OTAN, les États-Unis se retrouveront hors d'Europe. Cela conduira à une grande déstabilisation du continent. Si vous quittez maintenant, vous le ferez à un moment décisif. »

BRENT SCOWCROFT

L'analyse de Wörner me parut brillante. L'Allemagne, et son adhésion à l'OTAN, était au centre de plusieurs des questions dont dépendait l'avenir de l'Europe et le président des États-Unis devait affirmer son leadership dans la recherche des solutions, et partant indiquer le cap à l'Europe. Le moment venu, Manfred présenta la question de l'OTAN d'une manière qui ne facilita pas seulement l'acquiescement de Gorbatchev à l'adhésion allemande, mais aussi l'adaptation de l'OTAN au monde d'après la guerre froide. Sa mort prématurée en 1994 a privé la communauté atlantique d'un grand stratège, à un moment crucial.

Je ne me sentais pas encore à l'aise avec la formule « Deux plus Quatre ». Nous n'en avions pas parlé au Conseil national de sécurité. J'avais probablement commis une faute en ne programmant pas une discussion à ce sujet, mais j'avais pensé que Baker se contenterait de sonder nos alliés pour voir si le concept tenait la route, et non qu'il chercherait à obtenir leur consentement. Soudain, nous nous trouvâmes sur le point de finaliser l'approche. Je ne pouvais ôter de mon esprit la possibilité que Genscher ne joue une partie distincte de celle de Kohl et que Baker ne l'y encourage involontairement.

Le seul choix raisonnable était de nous ranger derrière Kohl, mais je n'étais pas certain qu'il soutenait le « Deux plus Quatre ». Je craignais qu'il n'y vît une façon de lui lier les mains. Je savais de Teltschik l'espoir du chancelier de conserver les mains libres et certaines des questions inscrites au programme de Genscher. Le 12 février, Baker se rendit à Ottawa pour participer à une rencontre des ministres des Affaires étrangères de l'OTAN et du pacte de Varsovie sur la proposition « Ciel ouvert ». Il utiliserait l'occasion pour tenter de faire accepter la formule « Deux plus Quatre » aux six pays concernés. Je lui répétai avec insistance que le Président ne voulait pas gêner la liberté d'action de Kohl. Baker, qui était clairement certain d'avoir Genscher et Kohl de son côté, demanda au premier d'obtenir que le second téléphone au Président pour dire qu'il soutenait notre plan. Kohl le fit le 13 février et, par la même occasion, parla de son voyage à Moscou.

GEORGE BUSH

Helmut me remercia de mon aide et de celle de Jim. Il dit avec générosité : « Je crois vraiment que la lettre que vous m'avez adressée avant mon départ pour Moscou sera un jour considérée comme l'un des grands documents de l'histoire des relations germano-américaines. » Il avait discuté la formule « Deux plus Quatre » avec Gorbatchev et affirmé que la neutralisation de l'Allemagne était hors de question. Son impression était que les Soviétiques voulaient discuter la question, mais que nous pourrions emporter ce point au cours des négociations. Il ajouta : « Les modalités sont importantes mais je crois vraiment que nous pouvons trouver une solution. » Je répondis que notre rencontre à Camp David serait très importante pour la mise au point d'une stratégie – sur quels points être fermes et quels autres plus flexibles.

Après quelques négociations intensives au cours de rencontres *ad hoc*, les ministres des Affaires étrangères devant participer au processus « Deux plus Quatre » publièrent un communiqué commun à Ottawa, par lequel ils annonçaient leur intention d'ouvrir des discussions sur « les aspects externes de l'établissement de l'unité allemande, incluant les questions portant sur la sécurité des États voisins ». Les discussions préliminaires débuteraient après les élections est-allemandes. Les autres ministres des Affaires étrangères de l'OTAN avaient été laissés dans l'ignorance totale des discussions, jusqu'à l'annonce à la presse. Cela souleva une tempête de ressentiments et une discussion acrimonieuse. À un certain moment, le ministre italien exprima avec colère ce que de nombreux autres pensaient et rappela que « nous avons travaillé ensemble au sein de l'Alliance pendant quarante ans ». Genscher se retourna alors et avec un regard glacial lui rétorqua : « Vous êtes hors du jeu. » La rencontre se termina sur le choc provoqué par cette réplique.

BRENT SCOWCROFT

À Ottawa, Baker et Chevarnadzé se mirent aussi d'accord sur une réduction bilatérale des armes chimiques, accord qui devait être formalisé au prochain sommet de Washington, prévu désormais pour la fin mai. Les négociations FCE sur de nouvelles réductions bilatérales en Europe furent un autre thème discuté. Les Soviétiques voulaient des coupes égales, alors que nous souhaitions briser la symétrie des chiffres entre les troupes américaines et soviétiques en Europe, préconisant des coupes inégales. Les Soviétiques se retireraient de l'Europe orientale, tandis que nous conserverions une présence militaire sur le continent. Baker conclut l'affaire sur une égalité à cent quatre-vingt-quinze mille hommes en Europe centrale et trente mille hommes supplémentaires pour les États-Unis, en dehors de la zone, soit un total de deux cent vingt-cinq mille, les Soviétiques n'ayant pas de troupes en dehors de la zone.

Baker m'appela pour obtenir le feu vert. Sa proposition ressemblait à ce que nous avions proposé et j'entrai en contact avec Cheney. Il répondit que ces chiffres correspondaient à ceux dont la Défense avait besoin mais, de toute évidence, il ne souhaitait pas les approuver de but en blanc, un samedi soir. Je lui dis que Baker était serré de près et Cheney finit par donner son accord. Je demandai l'aval du Président, puis téléphonai à Baker pour lui donner le feu vert. Dans la hâte, une erreur de communication se produisit cependant. Les chiffres autorisés ne posaient pas de problèmes, mais il apparut que les sous-totaux (cent quatre-vingt-quinze mille et trente mille) nous engageaient. Cela affectait grandement la flexibilité du Pentagone, qui ne pouvait plus déplacer les unités pour faire face aux situations concrètes. Le problème n'était pas insurmontable, mais ce n'était pas vraiment un exemple de diplomatie. L'intégration et la coordination de la décision politique était ma responsabilité. Cet embrouillamini ne me satisfaisait pas.

Le travail de Baker avait été remarquable : il avait défini un processus, et négocié l'accord à ce propos, permettant de gérer l'unification allemande. Un pas de géant avait été franchi, mais cela ne signifiait pas que tous les problèmes avaient été résolus. Pour autant que mes soucis à propos de la formule « Deux plus Quatre » étaient fondés, les possibilités d'obstruction restaient très réelles. Le communiqué d'Ottawa indiquait bien l'existence d'un certain consensus sur l'accomplissement rapide de la réunification. Toutefois, on pouvait avoir des raisons de penser que les Britanniques et les Français ne seraient pas mécontents si le processus traînait en longueur, voire si quelque chose d'autre qu'une Allemagne unifiée et puissante pouvait voir le jour.

S'agissant de l'Union soviétique, la situation était sensiblement plus négative. Gorbatchev avait été plutôt accommodant avec Baker et Kohl mais, quelle que fût la pensée personnelle du secrétaire général, la hiérarchie soviétique, depuis Chevarnadzé jusqu'au scribe, ne s'était pas réconciliée avec la réunification. Les Soviétiques et les Allemands de l'Est espéraient encore orienter le cours des choses vers une confédération – et conserver ainsi une grande influence sur les affaires allemandes. Il fallait pour ce faire une victoire de la gauche – communistes et sociaux-démocrates – aux élections de mars en RDA, ce que les sondages laissaient prévoir. Quand bien même la victoire lui échapperait, la gauche pouvait encore espérer forcer les Allemands à choisir entre l'unité et l'OTAN.

La coalition de Bonn semblait se disputer sur ce point, alors même qu'elle était en train de décider comment l'unification pourrait se réaliser. Selon la loi fondamentale de la RDA, il y avait deux possibilités. Première option, l'article 146 : il disposait que des élections dans toute l'Allemagne désigneraient des délégués à une assemblée constituante, qui créerait alors un État politique, une forme de gouvernement, des lois et une Constitution entièrement nouveaux. Deuxième option, l'article 23 : il autorisait d'autres parties de l'Allemagne à rejoindre la République fédérale. L'Allemagne de l'Est se dissoudrait ainsi en ses anciens Länder qui, à leur tour, seraient absorbés au sein de la RFA, avec pour résultat une RFA élargie mais conservant intact son système. L'article 146 impliquait nécessairement un nouvel État, peut-être via une confédération, alors que l'article 23 signifiait une absorption directe de la RDA.

Kohl (et nous) préférait de beaucoup l'article 23, qui évitait de changer le système ouest-allemand, d'autant que le SPD pouvait obtenir, à l'Est et à l'Ouest, le contrôle de la Constituante et engager la nouvelle Allemagne sur une voie neutraliste (et vraisemblablement plus socialiste). Le danger était réel. Les sondages ouest-allemands de la mi-février indiquaient le soutien, à cinquante-huit pour cent, à une Allemagne unifiée restant à l'écart des deux alliances, et on s'attendait à ce que le SPD est-allemand remporte les élections de mars. De plus, les deux SPD avaient annoncé que la future Allemagne unie ne devrait appartenir à aucune des deux alliances. Kohl (suivi bientôt par ses alliés parmi les partis est-allemands) soutint publiquement l'article 23, l'unification devant être précédée par l'union monétaire et économique de la RFA. Mais il y avait de sérieuses divisions au sein de la coalition sur la tenue d'élections dans toute l'Allemagne (une « troisième voie » selon Genscher).

Au même moment, la relation entre le territoire de la RDA et l'OTAN était l'objet d'un intense débat à Bonn. Le ministre de la Défense, Gerhard Stoltenberg était favorable à une adhésion complète de tout le territoire allemand et au déploiement de la Bundeswehr sur le sol est-allemand. Selon Genscher, Moscou n'accepterait l'unité allemande que si la RDA était neutre et maintenue hors de l'OTAN. Soucieux de rassembler sa coalition sur l'article 23 et passant outre aux conseils de Stoltenberg et de Teltschik, Kohl publia le 19 février une déclaration commune avec Genscher qui modifiait sa position sur la RDA. Abandonnant l'idée que le territoire est-allemand serait maintenu hors de l'OTAN, elle proposait qu'aucune force de l'OTAN, Bundeswehr comprise, n'y soit déployée. Cette solution était insatisfaisante. La RDA serait démilitarisée et nous ne savions toujours pas comment l'OTAN serait responsable de cette zone ni même comment l'adhésion allemande fonctionnerait dans ces conditions. Nous entendions aborder la question avec Kohl à Camp David.

Un autre problème particulièrement épineux se posait, celui de la frontière germano-polonaise. La plupart des Allemands (Genscher compris), les autres Européens et les Américains estimaient que la ligne Oder-Neisse, qui avait été l'une des clauses des accords sur l'occupation de l'Allemagne et qui était de facto *la frontière orientale de l'Allemagne d'après-guerre, devait être reconnue* de jure. *Kohl insistait cependant sur le point que seul le gouvernement unifié de l'Allemagne pouvait accepter quelque rectification* de jure *que ce soit des frontières orientales de l'Allemagne de 1937, qui comprenait une portion substantielle de ce qui était désormais la Pologne. Ses déclarations ambiguës sur la question inquiétaient nombre de ceux que le comportement de la future Allemagne rendait soucieux, et apportaient de l'eau au moulin de ceux, Margaret Thatcher notamment, que l'unification préoccupait.*

La question était compliquée par le fait que nous devions conforter Kohl chez lui. Le débat en cours désorganisait sérieusement la coalition au pouvoir et tendait les relations entre Kohl et Genscher. Nous étions convaincus que la position de Kohl sur la frontière était sur le fond identique à la nôtre, et pensions que la raison première qui le conduisait à éluder une réponse nette était de ne pas s'aliéner les nombreuses personnes expulsées des zones allemandes de Pologne après la guerre et qui votaient majoritairement pour les conservateurs (CDU et CSU). Cela pouvait devenir un argument pour les Republikaner, le parti de droite, lors des prochaines élections en RFA. Kohl se souciait peut-être aussi de l'histoire et rechignait à devenir le premier chancelier identifié à la cession de vastes territoires ayant fait partie intégrante de la patrie pendant des siècles. Puisque nous voulions consolider ses positions, nous étions disposés à accepter la date qu'il retiendrait pour résoudre officiellement la question frontalière. Kohl parlait du sujet en donnant ce qui nous semblait être des signes de connivence ; il n'empêche que la position publiquement adoptée par Kohl et le trouble ainsi provoqué parmi ses pairs européens étaient pour nous un sujet de préoccupation.

GEORGE BUSH

La frontière polonaise et l'adhésion à l'OTAN faisaient partie des sujets que je comptais aborder avec Helmut le 24 février à Camp David. Pour m'y préparer, j'appelai Thatcher et Mulroney le matin de la visite et tentai, en vain, de joindre Mitterrand. Margaret ne fit pas secret de ses préoccupations, en dépit de l'accord sur les « Deux plus Quatre ». Elle avait parlé à Andreotti, Genscher, Stoltenberg et Mazowiecki (Kohl brillait par son absence de la liste) qui, selon elle, avaient tous accepté le fait que la réunification était en cours, mais restaient inquiets des conséquences et des incertitudes. Elle estimait que l'accord d'Ottawa aiderait à lever certaines de ces craintes, mais il restait que la moitié de l'OTAN était mécontente d'avoir été exclue.

Il était important de dégager une position commune de l'Alliance. « Les options ne sont pas nombreuses. Helmut a été bon sur l'OTAN et sur le maintien des troupes en Allemagne. Il y a le problème de l'Allemagne de l'Est : si toutes les troupes communistes quittent la RDA, ce sera un événement inquiétant pour Gorbatchev. Il aura le sentiment que la frontière s'est rapprochée de lui. » Elle et Genscher estimaient que si les forces soviétiques étaient autorisées à rester pendant une période de transition indéterminée, Gorbatchev serait rassuré. « Je crains que Gorbatchev ne se sente isolé si tout le processus de la réunification se déroule selon les vœux de l'Ouest. Il a déjà perdu le pacte de Varsovie au profit de gouvernements démocratiques... »

Les craintes que Margaret entretenait à propos d'une Allemagne unie ne cessaient de résonner. Elle prédisait d'un ton lugubre que l'Allemagne serait « le Japon de l'Europe, en pire. Le Japon est une puissance du large, avec un énorme excédent commercial. L'Allemagne est au cœur d'un continent dont la plupart des pays ont été attaqués et occupés par elle. Elle dispose d'une richesse colossale et d'énormes excédents commerciaux. Il faut qu'un pays plus grand soit impliqué dans l'espace politique, l'Union soviétique [ou] vous, les États-Unis ». Elle suggéra à nouveau que le moment était mûr pour renforcer la CSCE et l'utiliser de façon élargie. Il fallait également régler plusieurs problèmes économiques, en particulier ceux afférents à l'admission d'un nouveau membre [la RDA] au sein de la CEE, avec ses millions d'habitants et son ignorance de l'économie de marché.

Margaret souleva la question de l'insertion du territoire est-allemand dans l'OTAN. Elle s'opposait à Stoltenberg sur le déploiement de forces ouest-allemandes, car cela constituait aussi un problème pour les Soviétiques. Je lui demandai son opinion sur la proposition de démilitarisation du territoire de la RDA, qui excluait également les troupes soviétiques. Elle doutait que cela soit acceptable pour Gorbatchev, au moins au début. « L'OTAN se déplacera [vers l'est]. Il doit obtenir des réassurances. C'est le prix du maintien dans l'OTAN. » La possibilité que des forces soviétiques restent en RDA ne me plaisait pas. Bien que Mazowiecki y fût favorable, je ne pensais pas que le peuple polonais soutiendrait longtemps cette position. Mais ce que je voulais réellement, c'était l'engagement ferme de Kohl que la RFA demanderait l'adhésion complète à l'OTAN de l'Allemagne unie. Le règlement concernant le territoire de la RDA constituait un délicat problème politique pour Kohl. « C'est la raison pour laquelle je n'ai formé qu'un petit groupe pour ces entretiens, lui dis-je. Genscher ne sera pas présent, ni leur ambassadeur. Ce sera seulement Brent, moi et Jim Baker. Nous avons décidé cela pour pouvoir mieux discuter sur les problèmes de partis... Les enjeux d'un succès de Helmut Kohl sont pour nous considérables. »

Je demandai à Margaret quelle était l'opinion de Mitterrand. « Nous en avons parlé, me répondit-elle. En privé, il est aussi inquiet que nous. Si nous n'y prenons garde, les Allemands auront dans la paix ce que Hitler n'a pu obtenir par la guerre. Il est inflexible sur la ligne

Oder-Neisse... Les Français craignent la domination de l'Allemagne. Ils s'inquiètent de la vitesse donnée par la RFA à l'unification, sans s'être au préalable attelée aux problèmes. Nous avons pris un bon départ à Ottawa... [mais il y] a une grande incertitude, les gens cherchent à comprendre ce que peut représenter une grande puissance enclavée, qui s'est dans le passé querellée avec la plupart des pays. Il ne suffit pas d'ancrer l'Allemagne dans la CEE : celle-ci pourrait devenir le nouvel empire allemand. À l'avenir, les empires seront économiques. »

BRENT SCOWCROFT

Thatcher avait donné à sa position un raffinement remarquable, mais ses inquiétudes restaient évidentes et, selon moi, préoccupantes. Elle n'aimait pas la perspective d'un géant allemand au cœur de l'Europe et craignait l'effet politique de la réunification sur Gorbatchev. Elle se servait habilement de la question frontalière pour suggérer que l'Allemagne n'avait peut-être pas changé, après tout. Elle reliait ses préoccupations les unes aux autres d'une manière qui renforçait chacune d'entre elles.

Si le ton s'était beaucoup amélioré, le contenu n'était guère réconfortant. Au sein de l'administration Bush, la plupart des responsables s'opposaient fermement à ce qu'on laisse les troupes soviétiques en Allemagne de l'Est. Cela pouvait retarder ou empêcher la réunification. Cheney et moi-même étions contre, sans ambiguïté, tout comme le Président. D'ailleurs, nous avions travaillé dur pour retirer les troupes soviétiques d'Europe orientale. Baker faisait peut-être exception. Il semblait désireux de les laisser temporairement pour des raisons tactiques de négociation, un moyen d'obtenir le soutien de Moscou à une Allemagne unie au sein de l'OTAN. J'étais également consterné que Thatcher soutienne l'idée d'une Allemagne de l'Est démilitarisée. Enfin, son commentaire sur le renforcement de la CSCE me mettait mal à l'aise. Elle donnait l'impression d'avoir voulu faire œuvre utile, mais j'avais des indices multiples indiquant que les Français pourraient utiliser la CSCE pour supplanter l'OTAN. C'était inacceptable parce que l'OTAN occupe une place centrale dans la stratégie américaine et parce qu'à mes yeux la sécurité collective, à la mode Société des nations ou Nations unies, est en définitive tout, sauf la sécurité.

GEORGE BUSH

Brian Mulroney soutenait la réunification, avec quelques réserves cependant. « Je suis personnellement préoccupé par le fait que l'unification de l'Allemagne paraît être alimentée non seulement par le désir légitime de deux États de se réunir, mais aussi par l'effondrement total de l'économie d'un des États et la force économique de l'autre... J'ai dit à Genscher que ce dont ils parlaient n'était pas vraiment une fusion, mais bien une acquisition. » Il prédit que les problèmes induits par l'unification apparaîtraient plus tard, dans des domaines comme le Marché commun. « La Communauté n'a pas été conçue avec l'idée qu'une puissance européenne aussi grande puisse voir le jour », dit-il. Ces préoccupations constituaient autant de problèmes supplémentaires à régler, mais je ne m'en inquiétais pas autrement.

J'évoquai la suggestion de permettre aux troupes soviétiques de rester en Allemagne de l'Est. « Cela me donne des brûlures d'estomac rien qu'à l'idée que nous pourrions acquiescer tout à trac, voire proposer le maintien de troupes soviétiques, afin d'obtenir la stabilité en Allemagne. C'est à cela que nous n'avons cessé de nous opposer. » Mulroney réagissait vigoureusement. « Honnêtement, je ne vois pas comment nous pourrions accepter cela. Le prix minimum de l'unité allemande devrait être l'adhésion complète de l'Allemagne à l'OTAN, le soutien complet de toute l'organisation occidentale, le soutien complet au leadership américain de l'Alliance. Je l'ai dit à Genscher... et je vous le dis : notre siège en Europe, nous ne l'avons pas loué. Nous avons payé pour ça. Si certains veulent savoir comment le Canada a payé son siège en Europe, qu'ils aillent en prendre connaissance dans les cimetières de Belgique et de France... Grâce à l'OTAN, nous sommes arrivés jusqu'à ce point. La solidarité dans l'Alliance nous conduira encore plus loin. » Brian avait mis en plein dans le mille.

Mes objectifs pour les rencontres de Camp David étaient simples : coordonner le processus d'unification, garder l'Allemagne dans l'OTAN, obtenir une déclaration sur la ligne Oder-Neisse. Ce serait le premier séjour d'un chancelier allemand à Camp David. Je me réjouissais à l'idée d'être l'hôte de Helmut et que nous pourrions prendre nos aises pour des discussions détendues.

Le 24 février se leva, morne, nuageux et froid. Au sommet, il faisait encore plus froid et la neige avait gelé sur le sol. Un vent glacé soufflait lorsque Barbara et moi, emmitouflés dans des anoraks gris, accueillâmes Helmut et sa femme, Hannelore, qui arrivaient dans l'hélicoptère présidentiel. Ils étaient accompagnés par Jim Baker – resplendissant avec sa chemise de flanelle rouge, ses bottes et son chapeau de cowboy – et Brent, qui les avaient attendus à l'aéroport Dulles. Barbara et moi conduisîmes Helmut et Hannelore en voiturette de golf jusqu'à leur chalet, pour un brin de toilette.

À défaut d'être luxueuses, les « cabanes » deux pièces de Camp David sont très confortables. Chaque chalet a une cheminée au bois et, à l'arrivée des Kohl, une fumée de bienvenue s'échappait des toits. Une tenue décontractée était de rigueur, l'ordre du jour, les horaires des entretiens et des autres activités aménageables au gré de nos invités. J'ai toujours détesté que des visiteurs, fatigués par le décalage horaire, soient censés rester éveillés et se montrer ponctuels à des rencontres rigidement planifiées. Après un déjeuner animé au chalet Laurel, le foyer social du camp, nous nous rendîmes dans le vaste salon lambrissé.

Helmut fit le récit des événements en Allemagne de l'Est et exposa sa vision du processus d'unification. « Les événements sont si spectaculaires que je ne peux y croire, s'exclama-t-il les yeux brillants. Le communisme s'est écroulé comme un château de cartes. » Le gouvernement Modrow s'était en effet désintégré en janvier et son dirigeant ne savait comment recréer la confiance. « Entre le premier de l'an et aujourd'hui, l'équivalent de la population d'une ville a quitté la RDA, dit Helmut avec un balayage de la main. Nous devons convaincre ces gens de rester. La productivité est en chute libre. Tout le monde veut être payé en deutsche marks. Les pénuries se multiplient. Les procès pour corruption des anciens responsables ont des conséquences désastreuses. Sur les quinze principaux dirigeants de la RDA d'il y a un an, dix sont en prison. C'était leur direction... La corruption est tout aussi grave ailleurs dans le pays. »

Il poursuivit : « Il y a trois semaines, la situation est arrivée à un point tel que j'ai conclu qu'il fallait procéder autrement. Nous devions modifier notre programme : nous avons besoin maintenant de l'union monétaire. » Il savait qu'après l'élection, le gouvernement est-allemand demanderait à Bonn de renflouer les entreprises d'État. Il lui faudrait répondre par la négative, la situation étant trop grave pour jeter l'argent dans de vains programmes. Une action plus importante de développement industriel s'imposait. « Leur système téléphonique ne fonctionne pas ; leur chemin de fer est une catastrophe ; l'environnement se trouve dans un désordre épouvantable, avec deux réacteurs nucléaires pires que ceux de Tchernobyl. Je dois agir rapidement, car c'est un désastre. Je dois insister pour un passage à l'économie de marché dès après les élections. » C'était la première fois que je l'entendais détailler son plan ambitieux.

Kohl minimisa le problème de la frontière polonaise. « La question frontalière n'est pas importante, déclara-t-il avec un sourire confiant. Entre amis, je peux être sincère. En RFA, quatre-vingt-cinq à quatre-vingt-dix pour cent de la population sont aujourd'hui en faveur de la frontière Oder-Neisse. La grande majorité sait que ce sera la frontière. L'homme qui a construit Camp David, M. Roosevelt, ne sera jamais populaire en Allemagne. Les Polonais ont été poussés vers l'ouest et les Allemands expulsés. C'était en réaction aux crimes nazis mais les douze à quatorze millions d'Allemands touchés étaient innocents. Un tiers du Reich de 1937 a été amputé. En 1945, deux millions de civils allemands ont été tués, alors qu'ils fuyaient d'Europe orientale. Nous devons traiter ce traumatisme. »

Kohl indiqua que la question consistait à rassurer les Polonais sur leur frontière de mille kilomètres mais ils devaient comprendre que la décision ne pouvait être prise que par un traité ratifié par le parlement de toute l'Allemagne. Il dit en insistant que ni lui ni la RFA ne pouvaient agir au nom de l'Allemagne unie, mais reconnut qu'il lui faudrait travailler pour répondre aux attentes polonaises. « Le problème est que les Polonais pourraient exiger des réparations, ajouta-t-il. Ce serait pour moi inacceptable. Nous avons déjà versé cent cinquante milliards de deutsche marks à la Pologne, à Israël et à des personnes privées. Nous ne paierons pas davantage, cinquante ans après la guerre. »

Au lieu d'inclure les Polonais dans les discussions « Deux plus Quatre », comme Varsovie et d'autres le suggéraient, Kohl proposa une autre piste. « Si nous nous coordonnons, États-Unis et RFA, nous pourrions résoudre le problème avec la Pologne, non par une participation mais par la consultation... J'aimerais aider Mazowiecki, mais "Deux plus Cinq" n'est pas faisable. Nous devrions en rester à "Deux plus Quatre", avec un mécanisme consultatif pour la Pologne. Gorbatchev n'est pas intéressé par la question Oder-Neisse ; il veut simplement que la Pologne ne soulève pas la question de sa frontière orientale. Il y a de vieilles cités polonaises en URSS. » En bref, Helmut proposait une médiation américaine.

Il m'assura à nouveau que l'Allemagne ne voulait pas la neutralité. « L'Allemagne unie sera membre de l'OTAN, insista-t-il en martelant le bras de son fauteuil. Il faut cependant définir avec précision l'adhésion allemande. Nous aurions également besoin d'une période de transition. Les unités de l'OTAN, y compris les forces de la Bundeswehr qui lui sont attribuées, ne pourront stationner sur le sol est-allemand. » En même temps, il ne voulait pas que les Soviétiques conservent indéfiniment leurs troupes en Allemagne de l'Est parce que cela compromettrait la souveraineté allemande.

Il lança alors une idée dérangeante. « Si l'Allemagne de l'Ouest est membre de l'OTAN, cela devrait-il se faire à la façon de la France ? demanda-t-il *. Que penser d'une intégration militaire allemande de la nouvelle Allemagne ? Est-ce une bonne idée ? Nous ne voulons pas un statut militaire spécial pour toute l'Allemagne, comme cela avait été décidé en 1918, et c'est pour cela que l'OTAN est importante. » Kohl ajouta que nous devions aussi commencer à penser aux forces nucléaires en Allemagne et à la manière dont leur présence sera perçue en Europe orientale.

Je ne tardai pas à répondre. Une France, avec les dispositions spéciales qui sont les siennes dans l'Alliance, me suffisait amplement. « Le concept de l'Allemagne comme faisant partie de l'OTAN est absolument crucial. » J'ajoutai qu'il oubliait parfois de consulter nos partenaires plus petits et que la sortie de Genscher aux Italiens n'avait pas arrangé les choses. Il reconnut le fait et dit être en train de se réconcilier avec Andreotti et les autres. « Je ferai de même avec François Mitterrand le jour venu, dit-il. Il tient ferme. La plupart des Français sont de notre côté, mais la classe politique française est contre nous. » Le Danemark, la Norvège et les Pays-Bas restaient des problèmes. « Quant à Margaret Thatcher, je ne peux rien faire. Je ne peux pas la comprendre. L'Empire a décliné [en] combattant l'Allemagne : elle pense que le Royaume-Uni a payé un prix énorme et voici que l'Allemagne resurgit. »

Je répondis : « Ce n'est pas ainsi que nous voyons les choses. Nous n'avons pas peur des fantômes du passé ; Margaret, si. Mais nous et

* La France est membre de l'OTAN mais ne participe pas à ses structures militaires *(NdT)*.

vous devons prendre du recul et consulter, conscients de notre rôle unique dans l'histoire. » Je lui dis avoir appelé Margaret ce jour même pour entendre son avis.

« En RFA, il y a de la colère. Nous avons été des partenaires fiables pendant plus de quarante ans. Pourquoi cela n'est-il pas pris en compte ? », se lamenta Helmut. Je lui répondis que les États-Unis pouvaient aider et le feraient. Quand il dit que l'Allemagne restera membre à part entière de l'OTAN, les autres sont rassurés. Il lui faudra aussi se confronter à la question de la frontière polonaise – et aux armes nucléaires américaines en Allemagne qui, selon moi, représentaient un élément essentiel de notre présence. Sans ces armes en Allemagne, il deviendrait difficile de persuader les autres Européens de conserver les leurs. De plus, notre population voit dans la dissuasion nucléaire une protection pour nos soldats. Si nous perdions les armes, le soutien interne au maintien de troupes en Europe s'éroderait.

Kohl répondit qu'il voulait que les États-Unis restent en Europe, et pas seulement au plan militaire. « Je veux démolir le concept de Forteresse Europe. » Jim fit remarquer que l'OTAN était la raison d'être de la présence militaire américaine. « Nous ne pourrions maintenir des forces sur le sol d'un membre incomplet de l'OTAN », rappela-t-il à Kohl. Helmut se demanda si chercher à convaincre les Soviétiques à propos de l'adhésion ne pourrait pas « se terminer par une question de gros sous. Ils ont besoin d'argent ». Je lui dis vouloir le succès de la *perestroïka* et un bon sommet États-Unis/URSS pour redorer le blason de Gorbatchev dans son pays. Toutefois, « les Soviétiques ne sont pas en état de dicter le type de relation que l'Allemagne aura avec l'OTAN. Ce qui me préoccupe, ce sont les déclarations selon lesquelles l'Allemagne ne doit pas rester dans l'OTAN. Au diable tout cela ! Nous avons gagné, pas eux. Nous ne pouvons laisser les Soviétiques arracher la victoire des mâchoires de la défaite ».

Kohl nous exhorta à parler aux Soviétiques de l'adhésion complète de l'Allemagne à l'OTAN, en dehors du cadre « Deux plus Quatre ». « [Ils] comprendront ainsi qu'il y a un accord total entre les États-Unis et la RFA, sans aucune manigance. Les Soviétiques seront plus disposés à vous indiquer le montant de la facture. » Moscou voudra quelque chose en retour. Je répliquai pour plaisanter : « Vos poches sont profondes. »

Je suggérai alors une promenade tonifiante autour de Camp David afin de dégager les esprits après un dialogue si dense. Helmut déclara être un marcheur enthousiaste. Nous partîmes d'un bon pas, suivant le chemin qui court le long de la barrière d'enceinte. Sa joie d'être au plein air était visible mais il était de toute évidence fatigué par son long voyage. Le vent s'était calmé. Une brise frisquette de fin d'après-midi soufflait cependant. Helmut se débrouilla bien jusqu'à un long raidillon. À mi-côte, des doutes surgirent sur sa capacité à atteindre le sommet. Marqué par le décalage horaire et soufflant comme un bœuf, le chancelier lutta et y parvint. Sur-le-champ, le raidillon fut baptisé « Colline du mémorial Helmut Kohl ».

Le lendemain matin, après le petit déjeuner, nous assistâmes à un service religieux dans la nouvelle et jolie chapelle de Camp David, cérémonie qui a toujours impressionné la famille Bush. Les personnels de la base – marins et marines – y participaient avec les membres de leurs familles. Les douze membres du chœur étaient des engagés, des officiers et leurs épouses. L'aumônier de la Navy célébrait un service simple et émouvant. La portée en était ce jour-là rehaussée car, aux côtés du chancelier allemand, nous demandions que le Seigneur étende sa bénédiction sur notre travail. Des hymnes familiers furent choisis. Helmut et son groupe nous accompagnèrent en allemand.

Les discussions reprirent après l'office. Helmut voulait savoir quand les discussions « Deux plus Quatre » commenceraient pour de bon. Les deux Allemagne ne pouvaient pas négocier avant les élections. « Nous ne pouvons négocier avec le gouvernement Modrow. Il ne représente rien », dit-il. Baker lui rappela que les alliés commençaient à devenir nerveux et expliqua que nous pourrions avoir des discussions entre les États-Unis, la Grande-Bretagne, la France et l'Allemagne de l'Ouest avant celles avec Moscou. « [Cela] aiderait à atténuer les inquiétudes britanniques et françaises, ainsi que celles de nos autres alliés de l'OTAN, en particulier si nous tenons l'OTAN informée de ces discussions. »

« Prenons grand soin de ne pas laisser nos alliés dans le noir, comme si nous étions en train de découper l'Europe », dis-je. Je demandai à Kohl quand il pensait que la réunification se réaliserait. Il ne pouvait que faire des suppositions : peut-être à la fin de l'année. Parallèlement au processus politique, il y avait l'union monétaire, qui exigeait aussi beaucoup de travail. « Je ne veux pas d'un train échevelé, en partie à cause des craintes des autres. Aussi se fera-t-elle peut-être l'an prochain. »

Kohl prédit que Gorbatchev donnerait sa réponse définitive sur l'Allemagne pendant le sommet de Washington. « Gorbatchev souhaitera prendre une vraie décision avec le Président, dans le contexte d'accords et de progrès importants sur le contrôle des armements. Ce ne sera pas le "Deux plus Quatre", mais Gorbatchev et le Président.

– Il faut satisfaire Gorbatchev en termes de face, de stature, répondis-je. C'est là un point clé.

– Cela conforte ma thèse, reprit Helmut. Il veut traiter avec l'autre superpuissance. La question centrale est l'adhésion de l'Allemagne à l'OTAN. Au bout du compte, Gorbatchev fera cette concession au Président. »

Au terme de notre entretien, Horst Teltschik évoqua le problème du statut du territoire est-allemand. Nous devions faire attention de ne pas utiliser le terme « juridiction » à propos de la relation entre l'OTAN et le territoire de la RDA mais, à la place, celui de « forces ». La différence était essentielle : « juridiction » affectait la responsabilité sous-jacente de l'Alliance (que nous ne voulions pas compromettre), ce qui n'était pas le cas avec la localisation des forces. Baker était d'accord. « J'ai utilisé le terme " juridiction " avant de réaliser qu'il affectait les articles 4 et 5 du traité de l'Atlantique Nord », admit-il. Kohl suggéra que nous le disions publiquement.

Au cours de notre conférence de presse commune, j'exprimai clairement notre solidarité à propos de l'adhésion à l'OTAN :

> [...] Nous partageons le sentiment qu'une Allemagne unifiée devrait rester membre à part entière de l'organisation du traité de l'Atlantique Nord, y compris en participant à sa structure militaire. Nous sommes convenus que les forces américaines resteraient stationnées dans l'Allemagne unie et ailleurs en Europe comme une garantie maintenue de la stabilité. Le chancelier et moi-même sommes également d'accord pour que, dans un État unifié, le territoire de l'actuelle RDA ait un statut militaire spécial, tenant compte des intérêts légitimes de sécurité de tous les pays concernés, Union soviétique comprise.

BRENT SCOWCROFT

Pour moi, les entretiens avaient été couronnés de succès, non qu'il y ait eu accord sur tout, mais parce qu'ils avaient vraiment consolidé la relation entre le Président et le chancelier. Il y avait une proximité et une camaraderie qui seraient d'une grande aide au moment où nous nous engagions dans la dernière ligne droite avant l'unification. Plusieurs choses m'avaient particulièrement frappé. L'une était la description d'une Allemagne de l'Est en faillite. Elle avait été pourtant la dynamo du pacte de Varsovie. Elle s'était tenue en première ligne de l'espionnage, de l'entraînement de terroristes, et avait aidé les États communistes au plan économique. Comment avions-nous pu être si loin de la plaque ? Peut-être cette déchéance interne était-elle le prix de cette agressivité externe ?

J'étais heureux de la promptitude et de la fermeté avec laquelle le Président avait démoli l'hypothèse d'un rôle à la française de l'Allemagne au sein de l'OTAN. Je ne me rendais pas bien compte si Kohl avait été sérieux ou s'il avait simplement testé le Président pour voir jusqu'où allait sa détermination sur la question de l'OTAN. Dans ce dernier cas, il repartait sans le moindre doute. Le problème du territoire est-allemand restait néanmoins posé.

J'étais désappointé d'entendre Kohl esquiver la question de la frontière lors de la conférence de presse. La première question portait sur le point de savoir s'il considérait la frontière existante comme définitive. Il fut pour le moins insincère quand il répondit : « Selon les dispositions légales de mon pays, c'est à un parlement librement élu par le peuple – donc souverain – qu'il revient de décider. » Il aurait pu répondre en proclamant que Bonn soutenait solidement la frontière Oder-Neisse, quand bien même seule une Allemagne unie pouvait décider *de jure* à ce sujet. Il faisait la coquette parce qu'il continuait à vouloir pêcher les voix de la droite ouest-allemande.

GEORGE BUSH

Le lendemain des entretiens de Camp David, j'appelai Mitterrand et Thatcher. « Sur la question de la frontière, je crois que le silence de Kohl est une erreur, dit Mitterrand. Helmut Kohl doit être responsable de ses actes et devrait utiliser la diplomatie. Il doit reconnaître la frontière Oder-Neisse. Cependant, je ne crois pas qu'il le fasse, et ce pour des raisons électorales. Je lui ai dit qu'il commettait une lourde erreur. C'est un fait de la vie que les Européens restent méfiants à l'égard de l'Allemagne à cause de la guerre, bien qu'ils puissent rester vagues dans l'expression de cette suspicion. Le SPD pourrait bien gagner les élections du 18 mars. S'il en allait ainsi, il sera difficile à Kohl de retrouver une dynamique et son intérêt sera de rester ouvert. » Il affirma que Kohl se trompait, car il ne revenait pas à l'Allemagne de confirmer les frontières. « Les vainqueurs ont leur mot à dire et probablement les vainqueurs de la Seconde Guerre mondiale. Il faut une clarté absolue sur cette position entre le Royaume-Uni, la France et les États-Unis. »

Il était furieux de la manière avec laquelle l'armée française était traitée en Allemagne depuis le commencement des négociations sur la réunification. « J'ai donné instruction à l'ambassadeur français à Berlin d'organiser un défilé militaire et les Berlinois ont demandé qu'il soit annulé ! » Mitterrand voulait une position claire des alliés. « Nous sommes en Allemagne pour le monde occidental et pour la protection de l'Allemagne. Si nous étions simplement des conquérants et n'avions pas besoin d'être en Allemagne, nous n'aimerions pas être comme les Soviétiques en RDA, et nous cacher de la population. Nous parlons de l'unité allemande, c'est "Deux plus Quatre". Quand nous parlons des frontières allemandes, c'est "Quatre plus Deux". Je veux que vous connaissiez le fond de ma pensée. Je veux aussi que vous gardiez ma position à l'esprit dans vos entretiens avec la RFA... Nous ne devons pas soumettre nos préoccupations stratégiques nationales aux préoccupations de politique intérieure de Helmut Kohl. Tout cela ira très vite. Ne croyons pas que l'Union soviétique a disparu de la scène. » Ce n'était pas vraiment un Mitterrand ravi que je venais d'entendre.

Thatcher était satisfaite de ce que Kohl avait dit de l'adhésion à l'OTAN mais restait contrariée par la question de la frontière polonaise. Quand bien même je comprenais les réserves de Mitterrand et les siennes, j'étais confiant dans l'issue. Je pensais que Kohl nous donnerait satisfaction à propos de la ligne Oder-Neisse. Je les écoutai patiemment exprimer leurs peurs et tentai de rester sensible à leurs préoccupations, mais je n'allais certainement pas me laisser détourner de la voie dont j'étais certain qu'elle était la meilleure.

Le 28 février, j'appelai Gorbatchev, qui n'exulta pas à l'écoute de mon récit de la rencontre de Camp David. Il était contrarié par la manière évasive avec laquelle Kohl avait traité la question frontalière et mécontent de ce qui avait été dit à propos de l'avenir de l'Allemagne dans le contexte de la sécurité européenne. « Vous avez dit que vous étiez parvenus à une compréhension mutuelle, vous et Kohl. Je dois vous contredire : nous ne sommes pas encore parvenus à une compréhension commune avec le chancelier Kohl, dit-il de manière prudente. Vous avez dit que nul ne devrait être préoccupé par ces changements ni par la menace d'une Allemagne unie. Mais alors, si c'est ainsi, si vous croyez qu'une Allemagne unie ne constituera pas une menace, pourquoi les pays occidentaux veulent-ils l'incorporer dans une alliance ? Si nous constations que cela nuira à l'Union soviétique, il nous faudrait y réfléchir à deux fois. » Il était néanmoins satisfait que je l'aie appelé pour lui parler des discussions et me demanda de continuer à le faire.

BRENT SCOWCROFT

Le ton de Gorbatchev était amical, mais on ne pouvait se tromper sur la nature menaçante de la phrase « y réfléchir à deux fois ». L'emportement quelque peu surprenant de Mitterrand – eu égard à l'intimité de la relation franco-allemande – constituait la suite dégrisante de l'enivrant week-end passé avec Kohl. Il ne me paraissait pas facile d'apaiser l'anxiété révélée par ces conversations téléphoniques, quand bien même une déclaration de Kohl sur la frontière était susceptible de détendre l'atmosphère.

Les élections est-allemandes approchaient et nous étions très nerveux dans l'attente des résultats. Sur la base des élections tenues en Europe orientale jusqu'alors, les Allemands de l'Est devaient rejeter les communistes. Compte tenu de la « socialisation » de la RDA, il était cependant raisonnable de s'attendre à ce que le gros des suffrages se porte sur les sociaux-démocrates. C'était ce à quoi s'attendaient la plupart des observateurs en Europe et aux États-Unis. Ainsi, les derniers sondages donnaient quarante-quatre pour cent au SPD-Est contre vingt pour cent à la CDU-Est. Je ne me permis pas le luxe de prévoir une victoire chrétienne-démocrate.

GEORGE BUSH

Helmut m'appela à la veille des élections, modérément optimiste. Il espérait que les résultats permettraient de constituer une « coalition raisonnable » et un nouveau gouvernement au plus tard à Pâques. Le travail sur l'union monétaire pourrait alors commencer. Il promit que, quoi qu'il advienne, il n'y aurait pas de fait accompli à propos de la réunification. Les Polonais seraient consultés sur tous les domaines les concernant. Il promit également que les parlements d'Allemagne de l'Ouest et d'Allemagne de l'Est feraient des déclarations par lesquelles ils s'engageraient et qu'un gouvernement de toute l'Allemagne conclurait immédiatement un traité international contraignant. Il voulait cependant qu'on cesse de parler d'une rencontre « Deux plus Quatre » à Varsovie sur cette question. « Si cela se produisait, nous pourrions aller tout droit à un Yalta. Je ne veux pas de ça. » Je devais rencontrer Mazowiecki et promis de discuter de ce qu'il m'avait dit avec nos experts les plus qualifiés.

Si le moindre doute subsistait encore sur le fait que l'effondrement de la RDA et l'impatience populaire pour la liberté politique et économique étaient devenus les moteurs de la réunification, les élections d'Allemagne de l'Est l'aurait réduit à néant : quatre-vingt-treize pour cent de suffrages exprimés, quarante-huit pour cent des voix pour la coalition « Alliance pour l'Allemagne » conduite par la CDU, vingt pour cent seulement pour le SPD et seize pour cent pour le PDS, nouvelle dénomination du parti communiste.

Les résultats provoquèrent un choc pour tous les partis concernés. Ils signifiaient que les partenaires de Kohl contrôleraient cent quatre-vingt-treize des quatre cents sièges du parlement est-allemand. À la demande de Helmut, Lothar de Maizière, chef de file de la CDU est-allemande et nouveau Premier ministre, s'était engagé pendant la campagne électorale à œuvrer pour une réunification rapide sous l'article 23. Dans les jours qui suivirent, il annonça son soutien complet à la réunification et proposa le 1er juillet comme date de l'union monétaire. Les négociations entre les deux Allemagne sur l'union économique et sociale devant être suivie par une union politique complète, s'ouvrirent immédiatement. Les « deux » avaient réglé les aspects internes de la réunification. C'était désormais notre tour d'en régler les aspects externes, internationaux.

CHAPITRE XI

Le visage de la nouvelle Europe

Les élections est-allemandes influèrent notablement sur les négociations diplomatiques afférentes aux aspects « extérieurs » de la réunification. L'URSS, dès lors, ne put plus caresser l'espoir de ralentir la dynamique de l'unification en jouant sur les réticences de l'Allemagne de l'Est : Moscou fut confronté, à la place, à un gouvernement est-allemand qui se rallia avec enthousiasme à la solution de l'absorption rapide par la République fédérale. Mais, en dépit de l'isolement politique croissant des Soviétiques, il était primordial que nous continuions à nous concerter avec eux et à les traiter comme des partenaires à part entière : nous ne pouvions pas nous contenter de leur présenter la liste des conditions auxquelles le résultat final devait satisfaire pour agréer à l'Occident.

L'importance de ces élections n'échappa pas non plus à nos alliés occidentaux. Les Britanniques, en particulier, admirent que la réunification était inévitable : la tenant désormais pour un fait incontournable, ils commencèrent à travailler pour de bon à parvenir au meilleur résultat possible, Margaret Thatcher s'employant activement à maintenir les Allemands à l'intérieur de l'OTAN et s'efforçant de son mieux d'amortir l'impact de la réunification sur l'Alliance atlantique. Cette plus grande solidarité affichée par les alliés priva les Soviétiques de toute nouvelle occasion de tenter de diviser l'Occident dans les négociations « Deux plus Quatre » : se montrant plus cordiaux envers les Allemands, les Français et les Britanniques n'exigèrent plus qu'un traité de paix soit intégré au règlement retenu ; et ils acceptèrent, en outre, comme nous le préconisions, que la portée de la formule du « Deux plus Quatre » soit limitée aux droits des alliés et aux questions de « singularisation » similaires, ce qui empêcha par là même les Soviétiques d'élargir l'ordre du jour de ces négociations.

GEORGE BUSH

Le résultat de ces élections fut pour moi une heureuse surprise. Si le SPD avait gagné, je pense que le risque de voir apparaître une Allemagne confédérale extérieure à l'OTAN aurait été plus grand. Helmut Kohl avait personnellement beaucoup misé sur ces résultats : il était si attaché à l'unité allemande qu'une victoire du SPD et une unification différée auraient été probablement dommageables à son avenir politique en réduisant ses chances de remporter les élections ouest-allemandes suivantes. Mais Helmut s'était battu avec énergie pour permettre à la CDU est-allemande de se réorganiser : cela avait marché, et il avait prouvé une fois de plus que les sceptiques avaient tort.

Le 20 mars, je téléphonai à Helmut pour le féliciter. « Votre campagne électorale a été sacrément bonne ! », lui dis-je. « J'en ai vu de dures et j'ai vécu des moments pénibles, mais cela valait le coup. On ne doit pas oublier que ces gens-là vivent des heures difficiles : leurs dernières élections libres remontent à [plus de] cinquante ans. Depuis l'érection du Mur en 1961, ils n'ont eu quasiment aucun contact avec le monde extérieur. [...] Les ouvriers ont voté pour nous. Si nous prenons des mesures raisonnables, l'économie du pays sera saine d'ici cinq ans environ. Et ces résultats sont très importants également pour la question de l'OTAN : je vais pouvoir disposer d'un tout autre genre de soutien que celui que j'aurais pu trouver si la gauche avait gagné. Je suis donc très satisfait », me répondit-il.

Le président Bush discuta avec Kohl de l'épine qui restait plantée dans le flanc de la solidarité alliée – il lui parla des frontières polonaises, problème qui était devenu le cri de ralliement de tout gouvernement gêné par la perspective de la réunification. Le 8 mars, après que ce problème eut été âprement débattu par les membres de la coalition gouvernementale ouest-allemande, Kohl avait lu devant le Bundestag une déclaration dans laquelle il avait répété ce qu'il avait déjà dit par téléphone au Président juste avant les élections est-allemandes : il avait annoncé que les deux Allemagne reconnaîtraient les frontières polonaises à condition que la Pologne renonce à toute demande de réparations et respecte les droits des minorités allemandes établies sur son territoire, ces frontières devant être confirmées par un traité conclu après la réunification. Mais les Polonais ne s'étaient pas laissé amadouer pour autant : le 9 mars, le Premier ministre Mazowiecki avait convaincu Mitterrand de demander publiquement que ce traité germano-polonais soit signé avant l'unification – l'affaire se corsait, autrement dit. Mazowiecki étant attendu à Washington, le Président proposa sa médiation.

GEORGE BUSH

J'expliquai à Helmut ce que j'avais l'intention de dire à Mazowiecki et lui demandai ce qu'il pensait de mon projet. « Je compte lui préciser que vous m'avez certifié à maintes reprises – et que je vous crois – que la frontière actuelle entre la RDA et la Pologne devrait tenir lieu de frontière germano-polonaise permanente », lui dis-je en ajoutant que j'étais également favorable à une participation de la Pologne aux entretiens « Deux plus Quatre » chaque fois que les sujets discutés concerneraient ce pays.

Helmut voulait que les deux gouvernements allemands écrivent à Mazowiecki pour le rassurer. « Permettez-moi d'attirer votre attention sur cet autre point dont je ne ferai pas état publiquement : je suis prêt à m'entendre sur un texte final avec Mazowiecki », me fit-il savoir ; et, après que je lui eus demandé si je pouvais communiquer cette information au dirigeant polonais, il me répondit : « Oui, si vous pensez que ça peut être utile et s'il s'engage à ne pas faire de déclaration publique à ce sujet – s'il vous promet de tenir sa langue. »

BRENT SCOWCROFT

Je n'étais pas sûr que répercuter l'offre apparente de Kohl fût une bonne idée. Car les Polonais auraient été fortement tentés de laisser filtrer cette nouvelle, et, s'ils l'avaient fait, nous aurions pu nous retrouver obligés d'arbitrer une controverse publique entre l'Allemagne de l'Ouest et la Pologne. À mes yeux, mieux valait que Kohl discute directement de ce point avec Mazowiecki en décidant lui-même du moment et de la façon où et dont il souhaitait l'aborder.

GEORGE BUSH

Je reçus Mazowiecki à la Maison Blanche le 21 mars, et il me remercia d'avoir fait allusion à la nécessaire participation des Polonais aux négociations « Deux plus Quatre » dans le communiqué commun que Kohl et moi-même avions publié à Camp David. « Nous sommes un peu paranos à l'idée que des accords pourraient être conclus derrière notre dos. Pour nous, il est capital de recevoir l'assurance que nos territoires occidentaux ne sont pas uniquement un cadeau de Staline – qu'ils sont garantis par toutes les puissances, et pas seulement par la volonté unilatérale d'un seul État », me confia-t-il.

Mazowiecki me répétant qu'il tenait absolument à ce que le traité prévu soit rédigé et commence à être négocié avant l'unification et soit signé ensuite par tout gouvernement panallemand sitôt qu'un gouvernement de ce genre existerait, je lui décrivis les difficultés de Kohl et l'exhortai à croire le chancelier allemand sur parole quand il déclarait que la frontière actuelle devait être « permanente ». Le Premier ministre polonais m'apprit alors qu'il tenait Kohl en haute estime – que le problème ne tenait pas au chancelier, mais à la position que l'Allemagne pourrait prendre après avoir été renforcée par l'unification : c'était pourquoi il voulait recevoir ces assurances préalables.

« Entre nous, que feriez-vous si je persuadais Kohl de s'entendre avec vous dès maintenant sur le texte d'un traité ? Ne me répondez pas tout de suite, et veillez, je vous prie, à ce que ce point reste confidentiel. Si cela pouvait contribuer à débloquer le processus, j'essaierais », lui déclarai-je. Mazowiecki m'indiqua que sa première réaction à cette idée était positive, mais qu'il avait besoin de l'étudier plus avant.

En fait, j'avais mal compris ce que Kohl avait voulu dire quand il avait proposé de « s'entendre sur un texte » : j'avais cru à tort qu'il parlait du texte du traité final qui devait être conclu entre l'Allemagne et la Pologne. Or, lors d'un coup de fil ultérieur, Horst Teltschik précisa à Brent que Kohl parlait en réalité du texte de la déclaration commune à laquelle les deux parlements allemands projetaient de souscrire.

M'entretenant de nouveau avec Helmut le 23 mars, je lui expliquai ce qui s'était produit. Kohl m'affirmant que ce malentendu ne prêtait pas à conséquence, je lui appris que j'avais proposé de le contacter pour lui demander s'il envisageait de rédiger le texte d'un traité en concertation avec Mazowiecki : « [...] Je l'ai prié de veiller à ce que cette proposition reste strictement confidentielle ; et j'ai présenté la chose comme une idée personnelle de George Bush, sans mentionner que vous et moi avions eu des échanges à ce propos », soulignai-je. Tout en remarquant que cette idée méritait d'être creusée, Kohl me dit : « Franchement, il devrait reconnaître que l'Allemagne ne saurait aller plus loin que ce que vous venez de proposer ! » Il ne comprenait pas pourquoi Mazowiecki n'avait pas bondi sur son téléphone pour le contacter immédiatement : « Je lui aurais signalé que je refuse que la date de la signature de ce traité soit avancée. Personne ne me fera changer d'avis, mais je tiens aussi à l'aider. Si deux parlements allemands et deux gouvernements allemands le proclament de concert [acceptent la ligne Oder-Neisse comme frontière permanente], il n'est pas déraisonnable de supposer que leurs positions n'évolueront pas au cours des deux années à venir », observa-t-il.

BRENT SCOWCROFT

Cette crise frontalière fut largement désamorcée grâce à ces discussions. L'approche adoptée par le Président et la solution qu'il préconisa s'avérèrent des plus pertinentes : en mettant les pieds dans le plat, il permit aux deux parties de mieux se comprendre ! En fin de compte, cette « incompréhension » des intentions de Kohl fut propice à la résolution du problème, puisque le Président obtint que le chancelier promette à la Pologne au nom des deux États allemands que le texte clé du futur traité germano-polonais serait corédigé par les deux États signataires.

L'ironie de l'histoire, c'est que, lorsque la République fédérale décida finalement d'absorber l'Allemagne de l'Est via l'article 23 après que le gouvernement de Maizière eut accepté cet article au nom de l'Allemagne de l'Est, la question de la frontière germano-polonaise revint sur le tapis : l'Allemagne unifiée, réduite en fait à une simple RFA élargie régie par les lois fédérales déjà existantes, devait être soumise aux anciennes dispositions juridiques afférentes à la ligne Oder-

Neisse ; mais personne ne pensa à relier cet article 23 au règlement de ce problème frontalier – l'arbre avait caché la forêt.

Un problème international de première importance subsistait – l'URSS devait encore admettre que l'Allemagne unifiée adhère à l'OTAN : pour avoir la moindre chance de convaincre les Soviétiques qu'une telle adhésion ne les menacerait en rien, il aurait fallu que nous parvenions à leur démontrer que le caractère de l'Alliance atlantique resterait fondamentalement inchangé. Plusieurs raisons pratiques antérieures nous incitaient à réexaminer la mission et les stratégies de l'OTAN : les tensions entre l'Ouest et l'Est s'étaient apaisées ; l'Union soviétique avait moins d'emprise sur les membres du pacte de Varsovie ; et la réunification compliquait, en outre, certains des problèmes auxquels l'Alliance était confrontée, telle la question persistante de la modernisation des armes nucléaires à courte portée et les négociations sur les réductions des forces conventionnelles.

Dès le mois de février, nous avions commencé à discuter sérieusement de l'avenir de l'OTAN, le Président ayant alors ordonné que l'on procède à une réévaluation complète de la stratégie de cette organisation : l'European Strategy Steering Group, commission interservices dirigée par Bob Gates, avait été chargée à cette fin d'analyser les problèmes pratiques qui se posaient, l'un des tout premiers sujets abordés ayant trait aux missiles nucléaires à courte portée. Mais, bien que nos alliés aient accepté lors du sommet de l'OTAN de l'année précédente que de nouvelles négociations de contrôle de désarmement soient ouvertes à propos des armes nucléaires à courte portée aussitôt après que le traité sur la limitation des forces conventionnelles aurait été signé, l'affaire avait été ensuite laissée en suspens pour plusieurs motifs : non seulement l'importance des armements à courte portée en tant que moyen de compenser la supériorité numérique des forces du pacte de Varsovie était considérablement amoindrie par la réduction asymétrique des forces conventionnelles à laquelle nous avions consenti, mais il nous était apparu, de surcroît, à partir du début de l'année 1990, que les crédits nécessaires à la modernisation de ces types d'armements nous seraient de toute façon refusés par le Congrès. D'une part, l'annulation de nos projets de modernisation était devenue possible d'un point de vue militaire et semblait politiquement attractive ; d'autre part, toute consultation officielle engagée à propos de ces armes à courte portée aurait risqué d'apporter de l'eau au moulin des partisans de la neutralisation de l'Allemagne unifiée en relançant le débat sur l'avenir des missiles restants : devant impérativement trouver un moyen de mettre un point final à ce débat au sein de l'Alliance tout en évitant que le Congrès déclare simplement que la modernisation n'était plus d'actualité, nous décidâmes de renoncer à nos projets de modernisation avant que le Congrès statue sur ce point, et de proposer simultanément que de nouvelles discussions de désarmement soient ouvertes sur les armes à courte portée dès que la négociation du traité sur les forces conventionnelles serait achevée.

Il fallait que nous imaginions également comment les forces armées de l'Allemagne unifiée pourraient se concilier avec les nouvelles limitations des forces conventionnelles. Nous savions que les Soviétiques attachaient une importance capitale au « plafonnement » des troupes allemandes et voulaient que leurs effectifs soient fixés par un traité ; or le traité de Versailles conclu après la Première Guerre mondiale avait tellement « singularisé » les militaires allemands qu'il avait suscité de profonds ressentiments, et cette erreur ne devait pas être répétée : quand bien même l'Allemagne de l'Ouest et les États-Unis pouvaient accepter que les effectifs de la Bundeswehr soient plafonnés, il était indispensable que cette mesure s'inscrive dans le contexte des restrictions imposées à toutes les armées nationales des deux Alliances.

Constatant que ces problèmes ne manquaient pas d'influer sur les négociations de réunification, et plus particulièrement encore sur la question de l'appartenance de l'Allemagne à l'OTAN, nous aboutîmes à la conclusion qu'il importait de les résoudre au plus vite au sein de l'Alliance – ce qui impliquait qu'un autre sommet de l'OTAN se tienne à brève échéance. Vers le début avril, Baker, Cheney, Scowcroft et Powell suggérèrent donc que le Président prononce un discours dans lequel l'annulation de la modernisation des SNF serait corrélée à la proposition de la tenue prochaine d'un autre sommet de l'OTAN : projet d'autant plus ambitieux qu'il accrut les pressions auxquelles nous fûmes soumis en attisant les attentes des participants de ce sommet déjà proposé par Manfred Wörner.

*Il était essentiel que nous consultions nos principaux alliés pour définir les attributions futures de l'OTAN et le rôle ultérieur que les États-Unis y joueraient aussi bien que pour inciter les pays occidentaux à se prononcer encore plus fermement en faveur de l'adhésion pleine et entière de l'Allemagne à l'Alliance. La première tranche des négociations « Deux plus Quatre » devait commencer en effet le 5 mai à Bonn, et il était indispensable que les Occidentaux parlent d'une seule et même voix : nous tenions absolument à ce que seuls les droits des alliés soient inscrits à l'ordre du jour de ces entretiens – nous excluions catégoriquement de discuter à cette occasion de l'appartenance de l'Allemagne à l'OTAN ou d'autres sujets apparentés qui ne concernaient que les Allemands. Le Président parla donc avec Genscher de quelques-unes des questions qui se posaient lorsque celui-ci se rendit à Washington le 4 avril pour s'entretenir avec nous des thèmes de nos prochains entretiens avec Édouard Chevarnadzé * ; des rencontres avec Thatcher et Mitterrand étaient prévues également à la mi-avril.*

BRENT SCOWCROFT

Des divergences persistaient au sein de la coalition de Bonn quant au type d'appartenance à l'OTAN qui serait retenu. Le 23 mars, soit cinq jours à peine après les élections est-allemandes, Genscher avait

* Voir le chapitre IX.

prononcé une allocution dans laquelle il avait évoqué l'hypothèse d'une disparition rapide et concomitante de l'OTAN et du pacte de Varsovie : il avait laissé entendre qu'il pourrait être acceptable que la partie de l'Allemagne unifiée qui correspondrait à l'ex-RDA ne soit pas intégrée à l'OTAN, mais fasse uniquement partie de cette structure sécuritaire encore mal définie que constituait la CSCE. Kohl avait été si exaspéré par son ministre des Affaires étrangères qu'il s'était désolidarisé de Genscher en se ralliant publiquement aux formulations de Stoltenberg : il avait réclamé comme ce dernier que l'Allemagne tout entière soit intégrée à l'OTAN et que des troupes allemandes puissent stationner sur le territoire est-allemand. Lors de nos entretiens du 4 avril, cependant, Genscher afficha une autre position en parlant plus positivement du rôle futur de l'OTAN et en conjecturant que les Soviétiques pourraient accepter que l'Allemagne unie appartienne à cette organisation si certaines conditions étaient satisfaites : ce changement était donc encourageant, mais les bureaucrates du ministère des Affaires étrangères ouest-allemand n'en continuèrent pas moins à soutenir pendant quelque temps que l'Allemagne de l'Est pourrait rester extérieure à l'OTAN. Comme Kohl, Genscher prévoyait que ce problème serait probablement réglé lors du sommet de Washington auquel Gorbatchev devait participer à la fin du mois, et il estimait comme nous que l'ordre du jour de la conférence « Deux plus Quatre » devait être limité.

Avant même que le Président rencontre Margaret Thatcher aux Bermudes le 13 avril, j'étais convaincu que les Britanniques nous soutiendraient : nos intérêts économiques et stratégiques tout autant que nos objectifs mondiaux étant similaires depuis des décennies, je ne m'attendais pas à ce que la fin de la guerre froide ou la réunification change quoi que ce soit à nos relations avec la Grande-Bretagne. Depuis cette fin des années 1940 où, sous l'administration Truman, les États-Unis avaient commencé à jouer le rôle « stabilisateur » traditionnellement dévolu à la Grande-Bretagne en Europe et dans le reste du monde, les Britanniques s'étaient tournés vers nous pour contrer la menace soviétique aussi bien que pour pouvoir parler eux-mêmes d'une voix plus forte sur le continent européen et ailleurs ; et, quand bien même les nouveaux défis que nous devions relever pouvaient être interprétés différemment par nos deux pays, je ne doutais pas que la dynamique et l'esprit de nos relations resteraient fondamentalement inchangés, notamment si l'Union soviétique sortait de la *perestroïka* assez revigorée pour jouer un rôle globalement actif sur la scène mondiale.

GEORGE BUSH

Aux Bermudes, j'informai Margaret de notre intention de limiter le contenu de la conférence « Deux plus Quatre » et de nous concerter étroitement avec nos alliés avant chaque séance : elle m'approuva, tout en ajoutant que nous devions nous assurer que ces négociations n'interféreraient pas avec nos problèmes de défense – comme moi, elle préférait que ces problèmes soient traités dans d'autres forums. Je lui dis alors que Manfred Wörner avait suggéré qu'un sommet se tienne à ce propos et lui détaillai les nouvelles tâches qui me semblaient devoir être assignées à l'OTAN, telle l'amorce d'une réévaluation de notre mission et de notre stratégie : elle accepta avec enthousiasme. Nous souhaitions l'un et l'autre que l'OTAN reste au cœur de la défense de l'Occident et croyions tous les deux que l'Alliance pouvait jouer un rôle politique plus large dans la communauté atlantique : elle estimait comme moi que la responsabilité de notre défense future devait incomber à l'OTAN, la CSCE jouant seulement le rôle d'un forum politique Est-Ouest qui permettrait de dialoguer avec l'Europe orientale. Puis nous discutâmes du dilemme des armes nucléaires à courte portée : je lui expliquai que, quoique nous soyons toujours favorables au maintien de ces types d'armements en Europe, je m'apprêtais à annoncer l'annulation de notre programme de modernisation des SNF parce qu'il était évident que le financement de ce programme ne serait pas voté par le Congrès.

Bien que la volonté de Kohl de maintenir des forces conventionnelles et nucléaires sur le sol allemand ne puisse pas être mise en doute au vu de ses déclarations privées, remarqua Margaret, il était quand même nécessaire que les Allemands s'engagent publiquement à soutenir l'option du maintien d'armes nucléaires sur leur territoire : « J'accepte qu'il n'y en ait pas [de modernisation] parce que les Allemands ne l'accepteraient pas », me déclara-t-elle. Elle se plaignit de ce que le peuple allemand était en train de « perdre sa volonté de défense. [...] La politique allemande est plus orientée à gauche que la nôtre. Mais je ne crois pas pour autant que l'Allemagne risque de nous lâcher – mon pessimisme ne va pas jusque-là : je pense que nous réussirons à [la] conserver à l'intérieur de l'OTAN et à obtenir que des forces conventionnelles occidentales continuent à y stationner ; quant aux forces nucléaires, je suis moins sûre de mon fait ! ». Et elle souligna que Helmut se sentirait davantage incité à prendre un tel engagement si la tenue d'un sommet de l'OTAN était prévue avant les élections [générales] allemandes : « Je crois que ce sommet serait capital pour l'opinion publique », me déclara-t-elle.

Selon Margaret, les Soviétiques finiraient par reconnaître qu'un maintien des forces américaines en Allemagne serait un gage de stabilité pour eux-mêmes tout autant que pour nous ; mais elle considérait en même temps que leurs troupes actuellement stationnées en RDA devaient être autorisées à demeurer sur place pendant une période transitoire, une telle mesure ne pouvant que renforcer Gorbatchev par rapport à ses militaires. « Cela ne m'irait pas du tout : je veux que les Soviétiques rentrent chez eux », répondis-je.

BRENT SCOWCROFT

Des entretiens similaires entre le Président et Mitterrand devaient se dérouler le 19 avril à Key Largo, et j'avais le sentiment que cette rencontre pourrait s'avérer essentielle si nous réussissions à faire revivre l'« esprit de Kennebunkport ». Les relations franco-américaines s'étaient en effet dégradées depuis le mois de mai de l'année précédente, sans que les rapports personnels entre les deux présidents fussent aucunement en cause : à mon avis, cette dégradation tenait surtout à nos conceptions divergentes de l'Europe de l'après-guerre froide et du rôle que les États-Unis seraient appelés à y jouer.

Même si la France comptait parmi nos plus précieux alliés depuis des générations, nos liens avec ce pays n'avaient pas été aussi chaleureux ou paisibles que ceux qui nous unissaient à la Grande-Bretagne, la France portant depuis longtemps un regard chargé d'ambivalence sur la présence des États-Unis en Europe et nous tenant en partie pour une puissance rivale et dominatrice fondamentalement extérieure au continent européen. Tout au long de ces années de guerre froide où la nécessité de maintenir des forces américaines en Europe pour contrebalancer la menace soviétique avait participé d'un besoin puissant, les Français avaient été favorables à l'engagement européen des États-Unis et au rôle de l'OTAN, bien que le retrait de la France de la structure de commandement intégré décidé par de Gaulle dans les années 1960 ait équivalu à contester le rôle américain. Depuis que cette menace s'estompait, les Français, me semblait-il, étaient surtout enclins à conclure que la nécessité d'une présence militaire américaine massive en Europe tendait à s'atténuer, et qu'il était donc de moins en moins légitime que nous nous mêlions des affaires européennes : les Français comptaient en profiter pour renforcer leur propre influence en Europe, grâce à une entente franco-allemande dominée par la France.

Plus j'avais compris que la réunification allemande était une évolution inéluctable, plus il m'était apparu que cette vision française de l'avenir de l'Europe était illusoire, car, en ce qui me concernait au moins, il était évident qu'une Allemagne unifiée ne pouvait qu'éclipser la France, et peut-être même l'ensemble de la Communauté européenne. J'avais espéré un moment que Paris modifierait sa stratégie en fonction de ces réalités nouvelles : il n'était pas impossible, avais-je d'abord imaginé, que la France se tourne désormais vers les États-Unis pour faire contrepoids à l'élargissement de l'Allemagne. Mais les Français donnaient plutôt l'impression de prendre la direction opposée : ils refusaient que l'OTAN exprime une position occidentale commune lors du sommet de la CSCE, ils ne voulaient pas que des consultations soient engagées au sein de l'OTAN à propos du processus « Deux plus Quatre » en vue d'unifier les positions des Alliés occidentaux, et ils s'opposaient à nos projets d'extension des attributions de l'OTAN. Bref, les États-Unis étaient largement absents des calculs français sur l'avenir à long terme du continent européen : les Français semblaient plutôt accorder leur préférence à une Europe dans laquelle l'OTAN ne jouerait plus qu'un rôle mineur ou même disparaîtrait totalement, la sécurité européenne étant peu à peu prise en charge par une UEO (Union de l'Europe occidentale) transformée en composante défensive de la Communauté européenne.

J'espérais que le Président pourrait assez creuser ces questions avec Mitterrand lors de la rencontre de Key Largo pour réussir à enrayer ou à inverser cette sorte de dérive négative de la France. Écrivant à son homologue français à la veille de leurs entretiens, il avait explicité nombre des points dont il souhaitait discuter avec lui : le Président avait mis l'accent dans cette lettre sur l'importance capitale des relations franco-américaines pour la stabilité de l'Europe tout en réaffirmant que les États-Unis souhaitaient rester étroitement liés aux pays européens, y compris via une présence militaire significative. Il était indispensable que les membres de l'OTAN se consultent à propos du processus « Deux plus Quatre » non seulement pour que l'Alliance joue son rôle naturel de forum directeur, mais aussi pour que les alliés puissent envisager les événements en cours avec sérénité, avait-il expliqué : insistant sur la nécessité de restreindre la teneur des négociations « Deux plus Quatre » « pour mettre fin à l'héritage de la dernière guerre et rendre sa pleine souveraineté à un État allemand pacifique, démocratique et unifié », le Président avait fait valoir que, s'il était indispensable de fournir des garanties sécuritaires aux Soviétiques, nous ne devions pas non plus leur permettre de manipuler le processus « Deux plus Quatre » à leur guise. L'OTAN devait être renforcée et jouer un rôle politique accru, cette organisation, d'une part, et la Communauté européenne et la CSCE, d'autre part, étant « complémentaires plutôt que concurrentes », avait-il souligné en guise de conclusion... C'était donc un message fort, et nous espérions que Mitterrand le recevrait comme un message amical.

GEORGE BUSH

Cette rencontre de Key Largo fut finalement agréable et non conflictuelle. Notre première séance se déroulant en petit comité (seuls François, Jacques Attali, Brent et moi-même y participâmes) et étant dépourvue d'ordre du jour précis, nous discutâmes surtout de l'avenir de l'OTAN : les problèmes liés à l'unification en tant que telle ne furent évoqués que brièvement. Tout en donnant son aval à la limitation des objectifs des négociations « Deux plus Quatre » que Margaret Thatcher et moi-même avions préconisée aux Bermudes la semaine précédente, François me dit qu'il lui semblait préférable qu'aucune force de l'OTAN ne soit stationnée en Allemagne de l'Est – comme Margaret, il était sensible aux préoccupations des Soviétiques.

À propos de l'OTAN, je lui expliquai pourquoi il était important que les États-Unis gardent un pied en Europe, quand bien même les modalités de leur présence sur le sol européen pouvaient être discutées. « Nous ne cherchons pas à obtenir un treizième siège à la table de la Communauté européenne. Dans la mesure même où la CSCE ne peut garantir la sécurité de l'Europe, nous considérons que l'OTAN doit jouer un rôle plus large », lui dis-je. Mitterrand observa que le rôle dévolu de l'OTAN était déjà considérable :

« Comment pourrait-il être encore élargi ? demanda-t-il.

– Dès lors que l'OTAN garantira contre l'instabilité, son rôle deviendra différent. Cette organisation doit faire preuve de flexibilité, répondis-je.

– Le risque de guerre a décru, répliqua François. L'Union soviétique aura du mal à conserver son unité. Les Européens de l'Est ne sont plus nos ennemis. Néanmoins, une menace subsiste. Gorbatchev pourrait être conduit à prendre certaines postures dangereuses si une nécessité impérieuse venait à l'y contraindre, et c'est pourquoi nous ne devons pas renoncer à nos accords sécuritaires. [...] L'Union soviétique n'est pas rassurante : il est toujours dangereux qu'une grande puissance soit affaiblie. Il convient par conséquent que les États-Unis aient leur mot à dire sur toutes les questions qui sont susceptibles d'influer sur l'équilibre européen. » Or, l'OTAN répondait précisément à cette fin : c'était un forum qui permettait de discuter de tous les sujets importants pour la sécurité et l'équilibre de l'Europe.

François admit que nous pouvions faire en sorte que l'OTAN, la Communauté européenne et la CSCE jouent un rôle complémentaire et suggéra que des contacts réguliers soient pris au niveau des ministères des Affaires étrangères afin que les questions politiques en suspens puissent être discutées en détail, étant entendu que ce dispositif ne concurrencerait pas les organes de la CE. « L'Europe ne se réduit pas à la Communauté européenne », remarqua-t-il avant d'ajouter que « les Européens de l'Est hésitent sur la direction à prendre : ils finiront très probablement par réclamer que la CE soit élargie en nous suppliant comme des mendiants » – cela, même s'il lui semblait aussi que seuls les membres de la génération suivante seraient témoins de cet événement. « [...] On prétend que je suis hostile à toute présence des États-Unis sur le sol européen, mais c'est totalement faux : je veux au contraire que les Américains participent à cette évolution », m'assura-t-il. Je lui déclarai pour ma part que les États-Unis ne pourraient pas rester en Europe si l'OTAN ne s'adaptait à son nouveau rôle, et Mitterrand proposa alors que ce point soit abordé dans le contexte d'un sommet de l'OTAN – exactement ce que j'avais en tête.

BRENT SCOWCROFT

Si cette rencontre fut propice à nos principaux objectifs opérationnels en incitant nos deux pays à s'atteler de concert à diverses tâches immédiates, elle ne suffit pas à dissiper mes craintes. Car les remarques de Mitterrand avaient laissé entendre qu'il préférait que l'OTAN s'en tienne à son rôle traditionnel – défendre l'Europe occidentale contre une attaque massive des Soviétiques ; or, c'était précisément ce dont nous ne voulions pas, dans la mesure où l'Alliance aurait été alors condamnée à s'atrophier. Je repartis donc de Key Largo encore plus convaincu que les États-Unis et la France avaient des conceptions profondément divergentes de l'avenir de l'Europe et du rôle que nous serions amenés à y jouer.

Parce que, à partir de la fin avril, nos alliés occidentaux se rallièrent plus ou moins à la restriction des objectifs des consultations « Deux plus Quatre » que nous préconisions et à la solution de l'appartenance de l'Allemagne à l'OTAN, nous pûmes commencer à relever un nouveau défi : il nous restait encore à définir le rôle futur de l'OTAN et les responsabilités de la CSCE de telle sorte que les Soviétiques soient convaincus que ces organisations ne les menaceraient pas plus à l'avenir qu'une Allemagne membre de l'OTAN. Compte tenu de l'ambivalence affichée en février par Gorbatchev quant à la réunification de l'Allemagne et à la question de son appartenance à l'OTAN lors de ses entretiens avec Baker, nous ne désespérions pas de l'amener à adhérer à nos projets si tant est que nous réussissions à lui fournir des arguments valables.

Le 4 mai, dans le contexte d'une allocution qu'il prononça dans l'enceinte de l'université de l'Oklahoma, le président Bush se déclara officiellement favorable à la convocation d'un sommet de l'OTAN. Proposant qu'une révision globale de la stratégie de cette organisation soit engagée à cette occasion pour tenir compte des changements survenus en Europe depuis le début des années 1990, il précisa qu'il importait à ses yeux de se concentrer sur quatre tâches essentielles : définir le rôle que l'OTAN jouerait désormais en Europe ; préciser les effectifs des forces conventionnelles dont l'OTAN aurait besoin et les objectifs qu'elle chercherait à atteindre dans le domaine du contrôle des armements conventionnels ; déterminer à quelles fins des armes nucléaires continueraient à être entreposées en Europe et redéfinir les objectifs occidentaux en matière de désarmement nucléaire ; enfin, renforcer la CSCE pour consolider l'OTAN et protéger les valeurs démocratiques en passe d'être adoptées par l'Europe libérée et unifiée. Comme il réclama aussi que les négociations ouvertes en vue de conclure le traité sur les CFE soient accélérées et annonça l'annulation de notre programme de modernisation des SNF.

*Cependant même que nous nourrissions ces projets de changement de l'OTAN et nous demandions comment inciter les Soviétiques à adopter nos vues, Chevarnadzé réfléchissait, quant à lui, aux assurances dont Moscou avait besoin. Quand il s'était entretenu avec Baker en Namibie juste après les élections est-allemandes, le ministre des Affaires étrangères de l'URSS s'était laissé aller à parler de l'Allemagne * : bien que le processus « Deux plus Quatre » répondît à certaines de leurs attentes, les Soviétiques avaient un problème de base – la personnalité des dirigeants actuels de l'Allemagne les inquiétait moins que les orientations futures de cette nation. Chevarnadzé avait dit à Baker que, si l'URSS ne pouvait accepter que l'Allemagne unifiée appartienne à l'OTAN, elle n'en admettait pas moins que l'Allemagne ne saurait non plus être neutre : à franchement parler, avait-il reconnu, « nous ne voyons pas comment résoudre ce problème ». Baker s'étant alors appliqué à lui démontrer pourquoi il était indispensable d'ancrer l'Allemagne dans l'OTAN et que des troupes américaines continuent à stationner dans ce pays, Chevarnadzé lui avait*

---

* Voir le chapitre IX.

indiqué qu'il ne contestait pas l'utilité présente ou future du maintien d'une présence américaine sur le sol allemand ; en fait, avait-il précisé, tout montrait que les forces soviétiques ne pourraient pas rester indéfiniment en Allemagne de l'Est... si bien que le problème consistait plutôt à garantir la permanence de la présence américaine en Allemagne : il doutait que les dirigeants allemands qui arriveraient au pouvoir d'ici cinq ou dix ans continuent à souhaiter que leur pays abrite des militaires américains.

Mais l'amiral William Crowe avait discuté aussi de la question de l'appartenance de l'Allemagne à l'OTAN avec Sergueï Akhromeyev quand il avait rencontré ce dernier à Moscou en mars, et la réaction du maréchal avait été beaucoup plus intransigeante que celle du ministre des Affaires étrangères soviétique : cette divergence attestait que les dirigeants moscovites étaient divisés. « Akhromeyev s'est montré farouchement opposé à cette idée. [Il] m'a affirmé que l'URSS ne saurait accepter cela pour la simple raison que le peuple russe n'avalerait jamais cette couleuvre ; il m'a rappelé que toutes les familles russes gardent le souvenir de ce que les Allemands leur avaient fait subir pendant la Seconde Guerre mondiale », lûmes-nous à cette époque dans le câble de Crowe.

Mais, tout en semblant moins inflexible que le maréchal pour ce qui était de l'appartenance de l'Allemagne à l'OTAN, Chevarnadzé donnait l'impression de se faire beaucoup de souci à propos de la réussite des réformes engagées en Union soviétique et de l'avenir politique de Gorbatchev, données sur lesquelles l'issue de la réunification était susceptible d'avoir un impact majeur. À partir de février, les militaires et les conservateurs du parti avaient coincé Chevarnadzé tant en ce qui concernait les réformes que dans le domaine de la politique étrangère : il avait été incapable pour cette raison de marchander souplement avec l'Occident. Puis, en avril, il avait prononcé un discours incroyable devant des membres du parti réunis au ministère des Affaires étrangères : il avait stigmatisé l'entêtement obsessionnel du parti à s'accrocher au pouvoir en Europe orientale en expliquant qu'il serait beaucoup plus utile d'assurer le succès des réformes amorcées en URSS – si les réformes n'aboutissaient pas, avait-il prévenu, « une dictature est possible ». Et il avait réclamé également que la solution apportée au problème allemand soit « acceptable par les populations soviétiques et [...] leur garantisse qu'aucune nouvelle menace militaire » n'émanerait plus jamais du sol allemand. « L'Union soviétique doit s'appliquer à créer un nouveau cadre sécuritaire européen au moyen de la CSCE », avait-il déclaré.

*Quand les ministres se retrouvèrent à Bonn le 4 mai pour ouvrir les négociations « Deux plus Quatre », Chevarnadzé se fit pourtant de nouveau l'écho de positions très rigides. Selon lui, les questions de l'appartenance de l'Allemagne à l'Alliance atlantique et du statut des troupes des quatre Grands * devaient être réglées par un traité qui confirmerait les mesures d'occupation de ces quatre puissances ; la politique intérieure*

---

* États-Unis, France, Grande-Bretagne et URSS *(NdT)*.

allemande devait être réglementée de telle sorte que toute résurgence du nazisme soit impossible ; la CSCE devait être renforcée sans que l'Allemagne appartienne à l'OTAN ; les Polonais devaient participer aux discussions frontalières ; et l'Allemagne devait renoncer à détenir des armes nucléaires, biologiques ou chimiques.

Chevarnadzé accepta que l'article 23 de la loi fondamentale de la République fédérale soit l'instrument de la réunification, montrant par là même que les Soviétiques s'étaient finalement résignés à ce que la RDA soit absorbée par l'Allemagne de l'Ouest ; mais il n'en proposa pas moins que les aspects internes et externes du processus soient « découplés » : quoique permettant à la réunification de progresser, il exigea que le règlement des litiges extérieurs (c'est-à-dire des questions sécuritaires qui étaient au cœur de tous les problèmes) soit différé jusqu'au jour où une structure de sécurité européenne se substituerait aux alliances existantes, les quatre Grands conservant leurs droits après la réunification. Bref, Chevarnadzé était favorable à une « singularisation » persistante de l'Allemagne unifiée : pour lui, l'Allemagne devait être neutre, extérieure aux systèmes d'alliances, et rester soumise à un contrôle extérieur. Cette solution était pour nous totalement inacceptable – cela, alors que Chevarnadzé faisait office de voix modératrice à Moscou.

GEORGE BUSH

Après cette conférence de Bonn, nous nous demandâmes surtout comment les Soviétiques pouvaient être amenés à assouplir leur position. Le 17 mai, Kohl arriva à Washington pour faire le point sur la situation intérieure allemande : « La semaine prochaine, je vais signer un traité conclu entre les deux Allemagne », me dit-il en faisant allusion à l'Union économique et monétaire. Estimant que ce traité pourrait être appliqué d'ici quatorze mois, il prévoyait que des élections générales seraient organisées dès la mi-janvier 1991 dans l'ensemble de l'Allemagne.

Très préoccupé à l'idée que Gorbatchev risquait d'être démis de ses fonctions pendant la période critique des négociations « Deux plus Quatre », il me brossa un tableau très noir de l'économie soviétique tout en m'informant qu'il se demandait comment les États-Unis et l'Allemagne de l'Ouest pourraient aider au mieux l'URSS : me parlant à cette occasion d'un voyage secret que Teltschik avait effectué à Moscou quelques jours auparavant afin de proposer des aides économiques aux Soviétiques, il m'apprit que ces derniers avaient réclamé que les Occidentaux leur ouvrent un crédit de douze milliards de dollars environ. Kohl augurant que Gorbatchev solliciterait une assistance similaire lors du sommet de Washington, je lui expliquai que les États-Unis n'accorderaient aucun prêt à l'URSS tant que la situation n'aurait pas évolué dans les pays baltes. « Pour moi, la question est : voulons-nous l'aider lui, ou préférons-nous qu'il soit remplacé par quelqu'un d'autre ? Je préfère encore que ce soit lui », rétorqua Helmut.

Ses conseillers pensaient-ils que les militaires soviétiques risquaient de s'emparer des leviers de commande ? », lui demandai-je. « Oui, mais pas par la force, répondit Kohl. Plutôt par l'intermédiaire d'un groupe civil soutenu par l'armée. Pour nous, ce ne serait pas un problème, mais la Pologne et d'autres pays auraient de quoi s'inquiéter. » Il considérait que Gorbatchev lui-même ne tenait pas particulièrement à maintenir des troupes en RDA, mais que cette question avait de fortes résonances intérieures en Union soviétique : « Ce n'est plus du tout comme du temps de Staline, remarqua-t-il à ce propos. Il doit tenir compte de son opinion publique intérieure. Je crois que sa rencontre avec vous sera très importante non pas en substance, mais au niveau des apparences : elle lui donnera l'occasion de se poser comme votre égal. Il est certain qu'il a de gros problèmes – ses alliés est-allemands ont fait savoir qu'ils souhaitent appartenir à l'OTAN.

– Nous le traiterons comme un égal, lançai-je d'une voix ferme. Si seulement le problème lituanien pouvait être résolu... Nous ne pourrons probablement pas lui donner l'argent qu'il réclame, mais nous n'en aborderons pas moins les problèmes régionaux, le problème du contrôle des armements, etc. Il ne faut surtout pas que ce sommet se solde par un échec. » Kohl me proposa alors de commencer à discuter de ces points avec Gorbatchev tout en précisant que « ces entretiens devraient rester entre nous deux » – « même mon cabinet n'est pas au courant », précisa-t-il. Quant aux troupes soviétiques stationnées en Allemagne de l'Est, il projetait de les autoriser à demeurer sur place pendant un laps de temps limité « si cela s'avérait nécessaire ».

« Là-dessus, nous ne sommes pas sur la même longueur d'ondes, dis-je. Je connais votre position, mais je persiste à penser qu'ils doivent se retirer » ; et j'ajoutai que, si je croyais pouvoir réussir à convaincre Gorbatchev de l'utilité de maintenir une présence militaire américaine en Allemagne, « encore me [fallait-il] savoir si ce maintien de troupes américaines est souhaité ou non par les Allemands ».

« Quelle sorte d'OTAN serait-ce si les troupes américaines étaient laissées de côté ? », demanda Kohl. Il me fit remarquer que, si les Européens acceptaient que les Américains s'en aillent, ce serait une défaite pour tout le monde : « Souvenez-vous de l'exemple de Wilson en 1919 », observa-t-il.

Simultanément à cette rencontre de Washington entre Bush et Kohl, Baker se rendit à Moscou, où il demeura du 16 au 19 mai. Espérant obtenir que les Soviétiques évoluent quelque peu sur la Lituanie, sur l'Allemagne et sur le contrôle des armements, nous ne progressâmes guère sur aucun de ces plans – tout paraissait indiquer que les militaires faisaient lourdement pression sur Gorbatchev et Chevarnadzé. Ce dernier annula même un entretien matinal sur lequel nous misions pour frayer la voie d'une avancée dans le domaine du contrôle des armements – et des CFE, en particulier. Les dirigeants soviétiques, semblait-il, s'étaient comme laissé immobiliser par leurs subordonnés.

Quand il reçut Baker, Gorbatchev disserta longuement sur les relations américano-soviétiques, sur l'Europe de l'Est et sur la réunification allemande. Peut-être Gorbatchev répugnait-il à parler directement de ces questions (des aides financières, notamment) au Président, comme il se pouvait aussi qu'il ait choisi de communiquer ce message à Brent et de verbaliser si largement ses frustrations en sa présence parce qu'il escomptait que la personnalité du messager (Baker était un ami intime du Président) conférerait plus de force à son message. Quoi qu'il en soit, il révéla le fond de sa pensée comme il l'avait rarement fait jusque-là, en demandant carrément à son visiteur : « Pourquoi ferions-nous cela ? Qu'est-ce que cela nous rapporterait ? »

Le président soviétique allégua que Washington n'avait pas vraiment arrêté son choix quant à l'Union soviétique. Citant d'abord l'Europe de l'Est en exemple, il sermonna Baker en ces termes : « Nous avons discuté avec vous de tout ce qui s'est passé dans ces pays, et nos actes ont toujours été conformes à nos paroles – nous n'avons rien fait d'autre que ce que je vous avais indiqué que nous ferions. Mais on m'a informé que votre politique vise à dissocier l'Europe orientale de l'Union soviétique. Vous connaissez mon point de vue : si ces États veulent se séparer de nous de leur propre volonté, si c'est ce qu'ils souhaitent, nous ne les en empêcherons pas – c'est d'accord. Mais pas s'ils sont manipulés de l'extérieur ! », affirma-t-il.

Puis il prit l'exemple de l'Allemagne. « À cet égard, je crois que votre position est contradictoire. [...] Vous nous avez dit que les deux Allemagne aspirent à la paix, que toutes deux aspirent à la démocratie, et par conséquent qu'elles ne sauraient être dangereuses, continua Gorbatchev. Or, dans ce cas, pourquoi ne laisserions-nous pas les Allemands devenir membres du pacte de Varsovie ? Si nous affirmions que l'on pouvait se fier à eux parce qu'ils s'étaient révélés jusque-là tout à fait dignes de confiance, pourquoi tenions-nous autant à les inclure dans l'OTAN ? demanda-t-il en ajoutant aussitôt : Quand vous parlez de l'Allemagne unifiée et soutenez que, si l'Allemagne ne faisait pas partie de l'OTAN, cela créerait des problèmes, vous voulez donc dire, en fait, que vous ne croyez pas que l'on puisse faire confiance à l'Allemagne. » Si nous lui avions fourni une analyse réaliste de la grave menace que l'Allemagne constituerait pour l'infrastructure de l'Alliance au cas où elle n'adhérerait pas à l'OTAN, observa-t-il, il aurait pu comprendre nos arguments, « mais le fait même que vous disiez *cela montre qu'un problème se pose bel et bien : parce que, ce que vous dites en réalité, c'est que vous continuez à avoir besoin d'un bloc quand bien même l'autre Alliance est en train de disparaître ». Les États-Unis, fit-il valoir, arguent que l'OTAN est nécessaire aujourd'hui et à l'avenir parce que l'Union soviétique dispose encore de forces militaires importantes, « mais, si telle est la position qui sert désormais de prémisses à l'OTAN, j'estime qu'elle n'est pas vraiment cohérente ; je pense qu'elle contredit le principe même sur lequel nous essayons d'asseoir nos relations ».*

Aux yeux de Gorbatchev, une Allemagne unifiée intégrée à l'OTAN aurait gravement porté atteinte à l'équilibre stratégique. « Vous vous demandez certainement quelles seraient les mesures logiques que nous serions enclins à prendre, poursuivit-il. [...] *Eh bien, nous pourrions être conduits à suspendre tous nos pourparlers et à réfléchir très sérieusement à la façon dont ce développement serait de nature à modifier notre doctrine, en quoi il serait susceptible d'influer sur nos forces, et aux répercussions qu'il pourrait avoir sur notre approche des entretiens de Vienne [sur la négociation du traité sur les CFE, autrement dit]. Je ne dis pas cela pour jouer à je ne sais trop quel jeu avec vous ni pour engager la moindre querelle politique : je dis ce que je dis parce que je crois sincèrement que nous irions au-devant d'une difficulté des plus sérieuses. »*

Gorbatchev souligna que l'Union soviétique n'avait pas hésité à se concerter avec nous pour lancer ses projets de perestroïka *; or, il doutait que les États-Unis soient vraiment disposés à faire montre du type de compréhension qui était indispensable à l'atteinte de ces projets : il nous soupçonnait de ne pas vouloir vraiment faire bouger les choses en prenant notre part des problèmes de son pays, mais de privilégier plutôt une approche qui laisse l'URSS se débrouiller toute seule – voire de tabler sur une aggravation de leurs problèmes qui pourrait bénéficier aux États-Unis.*

Baker s'efforça donc de rassurer Gorbatchev en lui certifiant qu'une Union soviétique instable était la dernière des évolutions que nous souhaitions. Les États-Unis ne cherchaient aucunement à profiter de la situation et ne jouaient à aucun jeu politique particulier, souligna-t-il ; et il dit en outre que, s'agissant de notre prétendu refus d'aider l'URSS à surmonter la crise économique qu'elle affrontait, la situation était loin d'être simple : il n'était pas facile à notre Administration d'expliquer pourquoi le produit de nos impôts devrait servir à financer des aides extérieures alors même que l'URSS continuait à dépenser des milliards pour soutenir des régimes tels que Cuba, déclara-t-il.

Gorbatchev protesta que les États-Unis « faisaient barrage » aux efforts soviétiques ; il remarqua que d'autres pays occidentaux, et l'Allemagne en particulier, avaient réussi à surmonter leurs réticences et comprenaient que la coopération pouvait être avantageuse. Si les États-Unis voulaient faire du surplace en matière économique, avança-t-il, cette temporisation ne pourrait que s'avérer préjudiciable à nos relations mutuelles : « Nos liens de coopération actuels en seraient immanquablement réduits, et un processus de ce genre ne saurait qu'être dangereux », prévint-il.

Se laissant aller à un aveu certainement très pénible pour ce dirigeant d'un peuple fier en train de négocier avec un adversaire, Gorbatchev annonça que l'Union soviétique ne pourrait se passer d'un soutien financier temporaire et qu'il projetait de discuter de ce point avec le président Bush. « Nous avons besoin d'un apport d'oxygène, commenta-t-il. Il ne s'agit pas d'un don ni d'un cadeau – nous sollicitons un prêt : nous demandons que l'on nous accorde des prêts spécifiquement appropriés à l'atteinte d'objectifs spécifiques. [...] Ce que j'expliquerai au Président, c'est qu'il nous faudra de quinze à vingt milliards de dollars pour faire la soudure. » C'était presque rien pour l'Union soviétique, précisa-t-il, mais ils n'auraient pas pu réunir ces fonds assez vite pour procéder aux réformes économiques indispensables à leur pays, et il pria donc Baker de transmettre cette requête au Président. « Si nous parvenons à un accord dans le domaine de la limitation des armements, nos deux pays économiseront des sommes et des ressources considérables. [Cela, en dépit de] la situation très particulière où nous nous trouvons aujourd'hui », ajouta Gorbatchev.

Baker reparla alors des Allemands en soulignant qu'ils devaient être libres de choisir d'appartenir ou non à l'Alliance atlantique. « Nous ne forçons pas l'Allemagne à faire partie de l'OTAN. Nous pensons qu'il est important qu'elle fasse partie de cette organisation non pas parce que nous estimons qu'il y a lieu d'avoir peur de l'Union soviétique, mais parce que nous considérons que, si l'on ne trouve pas le moyen d'ancrer véritablement l'Allemagne dans les institutions européennes, les graines d'une funeste répétition de l'histoire seront inévitablement semées. Si l'Allemagne n'était pas enracinée dans l'institution de sécurité européenne actuellement existante, une nouvelle entité soucieuse de prendre des mesures de sécurité [indépendantes] apparaîtrait en Europe », expliqua-t-il. Et, pour les Allemands, renoncer aux armes chimiques, biologiques et nucléaires serait beaucoup plus facile s'ils étaient membres de l'OTAN.

Pour tenter d'assouplir la position de Moscou, Baker offrit neuf « assurances » aux Soviétiques – bien que toutes ces garanties aient été déjà proposées sous des formes diverses tant par les Allemands que par nous-mêmes, elles furent désormais présentées comme un ensemble qui formait un tout cohérent :

1. Les États-Unis s'engageaient à mener les négociations sur les CFE à bonne fin au nom de l'Europe tout entière.
2. Les États-Unis acceptaient que les négociations sur les SNF débutent aussitôt après que le traité sur les CFE aurait été signé.
3. L'Allemagne renoncerait de nouveau à produire ou à posséder des armes nucléaires, biologiques ou chimiques.
4. L'OTAN continuerait à procéder à la révision stratégique globale des règles d'emploi de ses forces conventionnelles et nucléaires.
5. Aucune force de l'OTAN ne stationnerait sur l'ancien territoire de la RDA pendant une période transitoire.
6. Les Allemands accepteraient que les forces soviétiques ne se retirent de la RDA qu'après une période transitoire.
7. L'Allemagne prendrait des engagements solennels en ce qui concernait ses frontières, en affirmant clairement que le territoire de l'Allemagne unifiée ne comprendrait rien d'autre que la RFA, la RDA et Berlin.
8. Le processus de la CSCE serait renforcé de telle sorte que les Soviétiques puissent jouer un rôle important dans la nouvelle Europe.
9. L'Allemagne promettrait de chercher à conclure des accords économiques bilatéraux favorables à la perestroïka.

Baker dit aussi qu'une Allemagne unifiée intégrée à l'OTAN serait une Allemagne différente, et que l'OTAN elle-même serait différente ; non seulement la question de savoir si l'on pouvait ou non « faire confiance » aux Allemands n'avait en ce sens aucun intérêt pratique, mais il allait de soi, par ailleurs, que l'Allemagne n'appartiendrait pas à l'OTAN si elle ne le souhaitait pas.

Gorbatchev demanda ce qui arriverait si l'Allemagne unifiée décidait un jour de quitter l'OTAN : notre capacité de la contrôler en serait très amoindrie, nota-t-il. « Pendant la période intermédiaire, nous nous serons totalement abstenus de chercher à façonner le nouveau système. Actuellement, les quatre Grands ont toujours des droits et le processus de l'unification n'est pas encore achevé. Tout cela nous permet d'agir : nous pourrions échafauder un nouveau système, une nouvelle structure – peut-être un système fondé sur une sorte de démilitarisation », poursuivit-il avant de suggérer que tous les points exposés par Baker soient intégrés à l'accord final sur l'Allemagne que les quatre Grands concluraient avec les Allemands.

Baker demanda alors si cet accord final devrait stipuler que l'Allemagne n'aurait pas *le droit de rester membre de l'OTAN, et Gorbatchev répondit par l'affirmative. Faisait-il allusion à une éventuelle neutralité de l'Allemagne ? Gorbatchev précisa qu'il préférait le terme « non-alignement », en citant l'exemple du type d'arrangement que les Français avaient passé avec l'OTAN. Et il ajouta que, si l'URSS ne réussissait pas à nous convaincre de la validité de son point de vue, « il ne [me] restait plus qu'à faire savoir au Président que [son pays] voulait faire partie de l'OTAN. Après tout, vous prétendiez que l'OTAN n'était pas dirigée contre nous, vous la décriviez comme l'incarnation de la nouvelle Europe, alors, qu'est-ce qui nous empêcherait de poser notre propre candidature ? ».*

Baker répliqua que nous supposions que les Allemands voudraient rester dans l'OTAN parce que c'était exactement ce qu'ils disaient, et qu'il serait impensable que les Soviétiques érigent le non-alignement au rang de condition de l'abandon des droits et responsabilités des quatre Grands – une telle disposition allant à l'encontre des principes d'Helsinki. Gorbatchev admettrait-il que l'Allemagne puisse choisir librement de rester membre de l'OTAN ? « Comme je vous l'ai dit en toute franchise, répondit le président soviétique, nous ne saurions accepter que l'Allemagne unifiée appartienne à une alliance telle que l'OTAN ou le pacte de Varsovie, car l'équilibre stratégique européen et mondial en serait fondamentalement modifié. Vous feriez mieux de ne pas chercher à nous isoler dans ces circonstances critiques – l'isolement pourrait nous forcer à prendre des mesures inhabituelles. »

BRENT SCOWCROFT

Gorbatchev parlait-il sérieusement, ou bien se faisait-il simplement l'écho de l'insatisfaction des conservateurs à des fins de politique intérieure ? Peut-être ces propos devaient-ils être interprétés comme une réaction à nos divergences sur la Lituanie : la mise en garde glaciale qu'il nous avait adressée juste après que le Président lui avait écrit à propos de la Lituanie remontait à deux semaines à peine. Même des années plus tard, il est difficile de faire le départ entre ce qui n'était que rodomontades et ce qui renvoyait à une réalité.

Il est probable que Gorbatchev et Chevarnadzé ne furent jamais soumis à plus de pressions de la part des militaires et des conservateurs qu'au cours de cette période, du moins avant le coup d'État de 1991. De fait, comme nous l'avons montré ailleurs, Moscou était dans de sales draps. Les pays de l'Europe de l'Est se détachaient du pacte de Varsovie les uns après les autres, et, non seulement le pacte se désagrégeait, mais nous réclamions en outre que l'Allemagne de l'Est, véritable cheville ouvrière de cette organisation, soit intégrée à la République fédérale et à l'OTAN. Pour couronner le tout, les nationalismes et les divisions ethniques étaient en plein essor à l'intérieur de l'URSS. Les conservateurs exigeaient donc que Gorbatchev donne un coup de frein énergique, et même Chevarnadzé nous montrait les dents, encore que sa déception fût plus forte que sa colère : le dilemme devant lequel nous étions placés était d'autant plus terrible que Gorbatchev était incontestablement en danger.

*La polémique suscitée en 1990 par la réattribution de la clause de la MFN * à la Chine éclata au moment même où la préparation du sommet de Washington était au centre de nos préoccupations. Le Président étant tenu de se prononcer sur le renouvellement annuel de cette clause le 3 juin au plus tard, il fit savoir dès le 24 mai qu'il n'avait pas l'intention de remettre l'attribution antérieure en cause : il ne voulait ni se laisser distraire du sommet imminent, ni se prononcer sur ce point trop près du 4 juin, anniversaire des événements de la place Tiananmen. La réaction fut immédiate, des projets de loi visant à annuler cette décision étant aussitôt déposés par des membres de nos deux chambres ; mais, malgré la rhétorique tonitruante des opposants, aucune action concrète ne s'ensuivit. En octobre, deux mesures votées à une très large majorité (deux projets de loi visant, d'une part, à refuser le statut de MFN à la Chine, d'autre part, à soumettre l'attribution de 1991 à des conditions très sévères) furent ajournées par le Congrès avant que le Sénat n'entérine l'une ou l'autre de ces mesures. Mais l'attribution de la clause de la « nation la plus favorisée » à la Chine n'en continua pas moins, par la suite, à alimenter maints conflits avec le Congrès jusqu'à la fin du mandat du Président.*

GEORGE BUSH

Les dirigeants démocrates du Sénat me livrèrent une guerre acharnée à propos de cette histoire d'attribution de la clause de la MFN à la Chine ; pour le sénateur Mitchell et d'autres encore, le soutien que j'apportais à ce pays était quelque chose que je méritais de payer très cher... Scrutin après scrutin, ils s'opposèrent donc à la solution que je

---

* *Most Favorised Nation*, soit « nation la plus favorisée » *(NdT)*.

tenais pour le meilleur choix. Le plus curieux, c'est que, lorsque le président Clinton, qui avait vigoureusement critiqué notre politique chinoise lors de la campagne présidentielle de 1992, proposa que la Chine continue à avoir le statut de MFN au cours de son premier mandat, les dirigeants démocrates retournèrent leur veste comme un seul homme : ils l'approuvèrent, ce qui illustre les inconvénients du bipartisme.

Je passai une bonne part du mois de mai à préparer le sommet de Washington. J'avais hésité à rencontrer Gorbatchev tant que les Soviétiques bloquaient toute évolution en Lituanie, et l'on me reprochait de trop le ménager en consentant à la tenue de ce sommet ; mais, tout en sachant que la situation ne s'améliorait pas, j'avais décidé de prendre malgré tout le risque de m'entretenir personnellement avec le président soviétique. Si la crise avait empiré au point que la violence se déchaîne à nouveau, nous n'aurions pas manqué d'annuler ces conversations ; mais, pour nos deux nations comme pour d'autres pays, les enjeux étaient trop considérables pour que nous puissions tolérer que la laborieuse amélioration des relations américano-soviétiques soit réduite à néant par la crise lituanienne – il était indispensable que nous nous parlions sans intermédiaire.

Tout en me préparant de mon mieux à ce sommet dans ma maison du Maine (je lus une multitude de dossiers, j'assistai à d'innombrables séances d'informations, etc.), je réfléchis beaucoup à l'état de nos relations avec les Soviétiques. Force était de constater, d'abord, que nous ne pouvions pas nous prévaloir d'autant de réalisations positives que je l'avais espéré : beaucoup trop de questions restaient en suspens, dans le domaine du contrôle des armements en particulier, mais aussi eu égard à une foule de problèmes régionaux – de l'Afghanistan jusqu'à l'Angola. Et il était patent, ensuite, que Gorbatchev affrontait des problèmes énormes : l'économie soviétique allait très mal ; l'élection d'Eltsine, son pire ennemi, à la présidence de la Fédération de Russie était des plus probables * ; et il y avait enfin la crise balte et tous les autres problèmes de nationalités. Cet homme avait déjà accompli de très grandes choses, et nous nous en félicitions ; néanmoins, nul ne pouvait dire ce qui allait arriver ni s'il serait encore au pouvoir demain ou après-demain.

Pour que des progrès puissent être enregistrés dans le vaste domaine des relations américano-soviétiques aussi bien qu'à propos de l'Allemagne, les Soviétiques, ainsi que Gorbatchev, avaient besoin que l'on sacrifie aux apparences et à l'apparat nonobstant l'écroulement progressif de tout ce qui les entourait – de leur empire et de leur économie dans un premier temps, puis de leur Union. J'essayai donc de leur donner satisfaction sur ce plan sans pour autant céder à leurs exigences, avaliser leurs plans les plus extravagants ni renoncer à ce qui nous semblait essentiel. Par exemple, nous n'envisagions pas de

* Eltsine fut élu président le 29 mai, pendant que Gorbatchev était en route pour le Canada et les États-Unis.

leur prêter les vingt milliards de dollars qu'ils réclamaient sans qu'ils s'engagent à procéder à de profondes réformes économiques – même dans ce cas, d'ailleurs, nous ne disposions pas de ces fonds ; et nous n'étions pas prêts non plus à leur accorder le statut de MFN qu'ils sollicitaient sans qu'ils légalisent l'émigration et fassent des propositions propices au règlement de la crise lituanienne : il fallait impérativement qu'ils ouvrent des négociations et lèvent le blocus qu'ils avaient instauré. Si les Soviétiques consentaient à ces démarches, il était possible que le sommet de Washington soit couronné de succès ; Gorbatchev, alors, se serait retrouvé en position de force lors du congrès du parti prévu en juillet, et je ne demandais pas mieux que de lui donner un coup de pouce.

Les Allemands s'attendaient à ce qu'une évolution capitale survienne à propos de leur appartenance à l'OTAN : ils espéraient que les Soviétiques modifieraient radicalement leur position. Je savais que Kolh et Genscher croyaient que Gorbatchev voulait conclure un marché avec moi (une sorte de pacte entre superpuissances), et ils avaient peut-être raison – il n'était pas exclu que Gorbatchev et moi-même finissions par nous entendre à Washington, bien que ce ne fût pas sûr : toute concession de sa part aurait risqué, en effet, de gravement ébranler son autorité lors du prochain congrès du parti. Mes analystes étaient pessimistes : à leurs yeux, il n'y avait guère de chances que nous parvenions à un accord, Gorbatchev leur donnant plutôt l'impression de chercher à atermoyer en escomptant que l'Allemagne lâcherait davantage de lest quant aux effectifs de ses forces armées. Et les Allemands nous exhortaient aussi à ne pas pousser le président soviétique dans ses derniers retranchements avant le congrès du parti : ils souhaitaient que nous mettions l'accent sur les neuf points que Baker avait exposés à Moscou, estimant qu'une avancée finirait bien par avoir lieu dans un secteur ou un autre.

Mitterrand rencontra Gorbatchev à Moscou le 25 mai, et ces deux chefs d'État parlèrent surtout de l'Allemagne. M'écrivant à la veille du sommet pour me faire part de ses impressions, François m'informa que « l'hostilité [de Gorbatchev] à l'appartenance de l'Allemagne unifiée à l'OTAN » ne lui semblait « ni feinte ni tactique ». Selon lui, le président soviétique « était à cet égard à la fois ferme et déterminé. Il m'a même laissé entendre que, s'il était placé devant un *fait accompli* *, il serait contraint de changer d'attitude sur divers sujets tels que le désarmement de l'Europe ». Gorbatchev lui avait paru toujours aussi préoccupé par la modification de l'équilibre des forces qui était sur le point de se produire.

Ils avaient discuté également de la Lituanie. « M. Gorbatchev est ouvert au dialogue, mais il n'est pas prêt pour autant à céder sur certaines questions de fond, observait François. Il continue à exiger que les Lituaniens renoncent à organiser un scrutin sur l'indépendance. [...]

* En français dans le texte *(NdT)*.

Bref, j'ai le sentiment que Mikhaïl Gorbatchev ne dispose que d'une marge de manœuvre limitée pour ce qui est du problème des nationalités (des États baltes) ou des conséquences de l'unité allemande. En ce qui concerne ce dernier point, le calendrier envisagé par Helmut Kohl se heurtera, à mon sens, à de sérieux obstacles. »

Juste avant que Gorbatchev n'arrive à Washington, Kohl me téléphona, me montrant peut-être de la sorte à quel point il espérait que la question de l'appartenance de l'Allemagne à l'OTAN pourrait être réglée à l'occasion de ce sommet.

« George, me dit-il, vous pouvez compter sur notre soutien plein et entier. Il est très important que Gorbatchev comprenne que, quoi qu'il advienne, nous serons toujours à vos côtés. Un premier indice de notre coopération réside dans les liens que nous avons tissés en aspirant conjointement à ce que l'Allemagne unifiée appartienne à l'OTAN sans aucune restriction : il faut que vous l'ameniez amicalement à se rendre à cette évidence, comme il faut aussi que vous le convainquiez que tel est bien mon point de vue – il ne doit plus avoir de doutes à ce sujet. Il y a encore un second point : nous devrions pouvoir aboutir à un accord économique raisonnable... il a grandement besoin de notre aide. Et il faut aussi lui faire savoir que nous n'avons pas du tout l'intention de profiter de sa faiblesse.

– Je ne m'attends pas à une percée importante, lui répondis-je. [Mais], même si aucune percée majeure ne survient, nous aimerions qu'il reparte de Washington en se disant que le sommet a été satisfaisant. Je pense que c'est possible : nous pouvons signer des accords dans toutes sortes de domaines. » Après quoi je rappelai à Helmut qu'il m'avait prédit le mois précédent que Gorbatchev demanderait des aides à l'occasion de ce sommet, et que cette question avait bien été soulevée devant Baker quand il s'était rendu à Moscou : « Les événements de Lituanie font problème, remarquai-je. Mais je suivrai votre conseil – je ne veux pas que Gorbatchev puisse penser que nous essayons de profiter de sa faiblesse. »

CHAPITRE XII

Sommet et solutions

GEORGE BUSH

Le 31 mai était une journée ensoleillée et chaude. La cérémonie d'accueil de Gorbatchev fut spectaculaire, avec pour toile de fond le Monument de Washington. Les couleurs vives des uniformes de parade de la guerre d'Indépendance, que portait la Vieille Garde de Fort Myer, se détachaient sur le vert des jeunes pousses et des feuillages printaniers. Un orchestre militaire jouait pendant que Gorbatchev et moi passions en revue les gardes d'honneur des différentes armes, qui inclinaient leurs drapeaux devant nous. J'ai toujours été ému par ce protocole.

Gorbatchev paraissait en bonne forme et confiant quand il me salua d'un sourire et d'une vigoureuse poignée de main, sans une ombre de fatigue. Un peu tendu et parlant doucement au début, il se détendit une fois dans le Bureau Ovale et était presque jovial quand nous nous assîmes dans les fauteuils blancs près de l'âtre, sous le portrait de George Washington par Gilbert Stuart.

Ce matin-là, notre entretien fut largement philosophique, comme nous espérions pouvoir le faire à Malte. Gorbatchev parla de la nécessité de nous libérer des méfiances anciennes. Nous étions à un tournant de l'histoire. « Vous pouvez être d'accord ou ne pas l'être, mais la confrontation dans laquelle nous nous sommes engagés après la Seconde Guerre mondiale a gaspillé notre temps et notre énergie, alors que d'autres, les anciens vaincus, allaient de l'avant. » Le monde changeait de façon spectaculaire. En dépit de leur puissance, les États-Unis ne pouvaient pas diriger le monde à eux seuls, et utiliser des « cartes » (comme la Chine) pour mieux diviser n'était pas une façon de procéder. Un « regroupement » était en cours dans le monde et les relations américano-soviétiques étaient à cet égard vitales. « La question est : pouvons-nous coopérer ? », demanda-t-il.

J'écoutais attentivement ce long et franc survol de la situation et prenais des notes de chacun des points abordés. « L'attitude des États-Unis à l'égard de l'Union soviétique est en train de changer de façon significative, bien qu'un soupçon soit en train de naître », fut ma réponse en faisant allusion aux événements de Lituanie. J'ajoutai que de nombreux Américains n'étaient probablement pas assez conscients des pertes soviétiques pendant la Seconde Guerre mondiale. « Au fur et à mesure que nous nous empoignons à la question du contrôle des armements, je deviens plus sensible à la question, mais aussi tout mon peuple avec moi. Je veux que cela soit clair avant que nous n'abordions inévitablement l'Allemagne... Nous ne voulons ni gagnants ni perdants. » Je voulais qu'il comprenne qu'en dépit des difficultés de l'Union soviétique, nous ne chercherions pas, tant que j'assumerais mes fonctions, à dégrader l'Union soviétique de la position qu'elle occupait à juste titre. « Vous devez croire en ma sincérité sur ce point avant que nous n'entrions dans les questions concrètes. À Malte, vous m'avez donné cette carte, avec tous ces drapeaux bleus. J'ai demandé à la CIA de vérifier la pertinence de votre information. Elle vous a donné une note élevée... J'ai dit à Brent que nous devions vous convaincre que ces drapeaux ne signifient pas que nous cherchons à vous entourer, à encercler l'Union soviétique. Cela peut se faire en partie par des mots et en partie par des actes. » L'Allemagne était la première des questions difficiles auxquelles nous étions confrontés. « Je comprends que vous ayez des obsessions associées à la question allemande. Nous ne voulons pas que l'Union soviétique soit menacée par quelque puissance que ce soit. Nous pouvons avoir des opinions très différentes de l'avenir de l'Allemagne. Reviendront-ils à leurs comportements anciens ou ont-ils compris et payé leur dû ? Je penche pour le dernier terme ». L'Allemagne avait changé au cours de ces quarante dernières années. Je ne voulais pas faire de distinctions d'une manière pouvant conduire l'histoire à se répéter.

Il m'était impossible d'ignorer la Lituanie. «Nos pays peuvent coopérer dans la mesure précise où nous aurons le sentiment que vous respectez vos propres principes du droit à l'autodétermination. J'ai essayé de me comporter avec retenue parce que je sais que vous avez de grands problèmes. Mais je suis attaqué de tous les côtés par ceux qui m'accusent de dévaloriser l'attachement américain aux principes. »

Alors que nous poursuivions notre entretien à bâtons rompus, Brent me lança un regard, mit le doigt sur sa montre et nous rappela que nous étions en train de mordre sur le temps imparti aux discussions plénières. Avec un large sourire, Gorbatchev lui fit un geste d'insouciance et s'engagea dans une description approfondie des problèmes de son pays. « Permettez-moi de prendre quelques minutes de plus, dit-il. La phase de la *perestroïka* dans laquelle nous nous trouvons est probablement décisive. » Leur système politique avait changé et ils étaient engagés dans une réforme de la fédération. « Les difficultés sont fondamentales. Les différentes républiques peuvent avoir des relations différentes mais notre décision de base est l'économie de marché...

Nous n'[y] sommes pas encore prêts. Nous avons une économie centralisée et devons en tenir compte alors que nous allons de l'avant. »

Je l'interrompis : « Je vois, mais c'est comme être enceinte : on ne peut l'être à moitié.

– Mais vous ne pouvez avoir l'enfant dès le premier mois, répondit Gorbatchev. Nous avons besoin de deux années de transition... Nous espérons engager maintenant avec vous des interactions. » Il faisait allusion à une aide financière.

« Nous devrions discuter concrètement de cela, lui répondis-je, soucieux de ne pas m'engager. « Nous avons des différences, mais parlons-en. »

La discussion de la matinée était une bonne suite à Malte. La franchise nous permettait de tout mettre sur la table, mais Gorbatchev avait tellement débordé du temps imparti que nous dûmes reporter la séance plénière et nous précipiter au déjeuner à l'ambassade soviétique.

La séance reprit à seize trente, dans la salle du Cabinet. Avec nos conseillers et assistants entassés autour de la longue table de bois ciré, nous discutâmes deux heures durant de l'Allemagne. Je commençai par une présentation circonstanciée, reprenant les préoccupations soviétiques, expliquant à nouveau comment nous envisagions d'y répondre et concluant sur l'idée qu'une Allemagne unie membre de l'OTAN serait un élément stabilisateur de l'architecture européenne.

Gorbatchev insista pour que nous abordions en même temps l'Europe et une Allemagne unie. « On ne peut séparer une question de l'autre. L'Europe orientale et l'Union soviétique changent et s'orientent vers la civilisation et la coopération avec les autres nations. » Il devenait possible d'engager le dialogue sur de nouvelles structures de sécurité. Il ne pensait pas qu'une nouvelle Europe puisse être construite sans les États-Unis, mais avertit qu'on ne pouvait pas plus isoler l'URSS. « Si cela se produit, vous aurez une réaction, dit-il avec franchise. Comme au hockey, ce sont les dures lois du jeu. Un fait. J'espère que ce que je viens de dire est clair. »

Il aborda ensuite les termes de l'alternative. « Il est extrêmement important pour nous de parvenir à un accord sur l'Allemagne. L'auteur est sans importance, Baker et Chevarnadzé [ou] le général Scowcroft et Akhromeyev. Ce qui compte, c'est une solution. » L'Allemagne pourrait être dans les deux alliances, ou dans aucune. L'une ou l'autre des solutions conviendrait à l'Union soviétique, mais une Allemagne ne faisant partie que de l'OTAN déséquilibrerait l'Europe. Il devrait y avoir une longue période de transition, au cours de laquelle les deux alliances deviendraient plus politiques que militaires.

– Nous avons une différence fondamentale vis-à-vis de l'Allemagne, qui vient de l'histoire, dis-je alors. Vous être plus suspicieux que nous des intentions d'une Allemagne unie... Je vois l'Allemagne comme un grand ami potentiel de l'Union soviétique. » Certains, en Occident, étaient plus méfiants que moi, mais ce sur quoi, à l'ouest comme à l'est de l'Europe, tout le monde s'accorde, c'est le danger qu'il y aurait à isoler ou à tenir de quelque manière que ce soit l'Allemagne séparée des autres pays démocratiques. Nous ne savons pas ce que décideront les Allemands. L'Allemagne est une démocratie et peut choisir ce qu'elle veut. Mais, compte tenu de l'histoire, une Allemagne dans l'OTAN, couplée à la présence stabilisatrice des États-Unis au sein de l'Alliance, est la meilleure solution pour tous. La réponse à ses inquiétudes était dans le changement de nature de l'OTAN.

« Nous sommes favorables à la présence américaine en Europe, dit Gorbatchev. Mais vous semblez lier cette présence à l'OTAN et penser que, sans l'Allemagne, l'OTAN serait détruite, et, avec elle, votre présence en Europe. » Une Allemagne unie pourrait peut-être avoir « deux ancrages », participer aux deux alliances, la RFA au sein de l'OTAN et les forces soviétiques dans l'ancienne RDA, avec une sorte d'accord entre les deux alliances. Il voulait discuter de cela dans le cadre « Deux plus Quatre » (ce que nous voulions justement éviter à tout prix) et réitéra l'idée d'une période de transition. Il ajouta que nous pourrions conserver les deux alliances et laisser chaque pays libre de rejoindre l'une et l'autre. « L'OTAN est une organisation ouverte, dit-il. Peut-être la rejoindrons-nous...

– Je ne suis pas certain que les anciens collègues du maréchal Akhromeyev aimeraient être commandés par le général Galvin », dis-je en plaisantant.

Je tentai de tirer une autre bordée en rappelant à Gorbatchev que l'acte final de la conférence d'Helsinki stipulait le droit pour tous les pays de choisir leurs alliances. Pour moi, cela signifiait que l'Allemagne devait pouvoir décider elle-même. Était-il d'accord ? À ma surprise, Gorbatchev haussa les épaules et dit que oui, c'était exact.

La pièce devint soudain silencieuse. Akhromeyev et Valentin Faline se regardèrent et se tortillèrent sur leurs sièges. Bob Blackwill me passa un mot me demandant si je pensais pouvoir obtenir que Gorbatchev répète ce qu'il venait de dire. J'approuvai de la tête. « Je suis satisfait que nous semblions nous entendre pour considérer que les pays peuvent choisir leurs alliances.

– Sommes-nous l'un et l'autre d'accord pour écrire dans un document final que l'Allemagne a le droit d'être non alignée ou membre de l'OTAN ? demanda Gorbatchev.

– D'accord, mais la population allemande veut faire partie de l'OTAN. S'ils veulent sortir de l'OTAN, nous respecterons leur décision. Ils vivent en démocratie. »

Gorbatchev reprit : « Je suis d'accord pour dire publiquement que les États-Unis et l'Union soviétique sont favorables à une Allemagne unie, avec un règlement final laissant ouvert le choix de l'Allemagne.

– Je le dirais autrement. Nous soutenons la présence d'une Allemagne unie dans l'OTAN. S'ils ne veulent pas y être, libre à eux.

– Je suis d'accord, répondit Gorbatchev.

– Avec la seconde partie ?

– Avec les deux parties.

– Bien, dis-je. Pouvons-nous demander aux ministères de travailler là-dessus ?

– Laissons-les travailler sur une période de transition », dit Gorbatchev.

À ce point de l'entretien, le désarroi de l'équipe soviétique était devenu palpable. Le regard furieux, Akhromeyev faisait des signes à Faline. Avec de bruyants murmures de théâtre, ils s'engagèrent dans un débat agité, pendant que Gorbatchev poursuivait. Nous n'avions jamais vu une scène aussi incroyable, virtuellement une rébellion ouverte contre un dirigeant soviétique. Chevarnadzé tira alors Gorbatchev par la manche et lui murmura à l'oreille. Gorbatchev dit qu'il voulait que Faline intervienne et celui-ci se lança dans un exposé d'obstruction sur les raisons pour lesquelles l'adhésion allemande à l'OTAN était inacceptable pour le peuple soviétique. Pendant tout ce temps, Chevarnadzé gesticulait et murmurait avec passion à l'oreille de Gorbatchev. Après quelques minutes de ce fascinant étalage, Gorbatchev revint dans la discussion. Il tentait de rattraper ce qu'il avait dit, demandant à nouveau une longue période de transition et concluant en suggérant de laisser les ministres des Affaires étrangères poursuivre l'étude de ces questions.

C'était une manœuvre évidente pour essayer de se dégager de la controverse qu'il venait de provoquer, mais un autre épisode incroyable se produisit alors. Chevarnadzé refusa : « Nous ne pouvons pas le faire. De telles questions doivent être discutées au niveau présidentiel. » Il ne voulait clairement pas être le bouc émissaire. Gorbatchev reprit sans conviction la discussion, cherchant à revenir sur ses déclarations antérieures, mais ne les reniant à aucun moment. L'air totalement désabusé, il évoqua la période de transition et proposa à nouveau que les ministres des Affaires étrangères prennent la relève. Chevarnadzé céda.

Je ne sais pas exactement pourquoi Gorbatchev avait agi ainsi. Peut-être réalisait-il que notre position finirait par prévaloir et pensait-il que c'était la meilleure façon de gérer la chose au sein de son équipe. En tout cas, le numéro était étonnant.

BRENT SCOWCROFT

Je pouvais difficilement en croire mes yeux, et encore moins savoir que faire de tout cela. Gorbatchev ne renia pas son apparente concession sur un de nos principaux points, mais il avait clairement soulevé une tempête au sein de sa délégation et se trouvait confronté à une vive opposition. La portée, et la dimension sensible, de ce qui venait de se passer était soulignée par le refus de Chevarnadzé de venir à l'aide de son patron. Mais la vraie question était de faire le point. Cette rencontre mit fin au volet du sommet consacré à la discussion sur l'Allemagne entre Gorbatchev et le Président. Nous étions d'avis que nous avions, à ce stade, obtenu tout ce que nous pouvions obtenir des Soviétiques sur le sujet.

GEORGE BUSH

Nous n'avions pas encore discuté en détail du lien entre la clause de la nation la plus favorisée (CNPF), le commerce et la Lituanie. Le soir, alors que nous sortions du dîner officiel, il m'accrocha dans le hall. Il me dit que si nous ne parvenions pas à un accord commercial, ce serait un désastre. Cela marquerait le succès ou l'échec du sommet pour ce qui le concernait. Il était très agité et se comportait presque comme s'il n'avait pas lu la lettre que je lui avais écrite à ce propos en avril, et que nous avions gardée secrète. Je ne dormis pas très bien après cela et me réveillai tôt, pensant à la manière de briser l'impasse. Mais je ne pouvais rien faire à moins d'un acte des Soviétiques à propos de la Lituanie.

Le lendemain, Gorbatchev devait déjeuner avec quelques membres du Congrès et, lorsque nous nous revîmes ce matin-là, il m'expliqua avoir souligné devant ses interlocuteurs à quel point un accord commercial était important pour lui. Il avait fait preuve d'habileté en donnant du relief à ce déjeuner et en exposant franchement ses arguments. Cela pourrait atténuer l'opposition à la CNPF. Il avait dit que pour les Soviétiques, c'était aussi important que les négociations START. « Ce sont les deux piliers du sommet. »

Pratiquement, un accord n'entraînerait pas un accroissement notable des échanges pendant des années, reconnaissait-il, mais cela donnerait une impulsion.

« Ce que vous m'avez dit hier soir m'a beaucoup impressionné », lui répondis-je et je lui lus la lettre sur l'accord commercial, expliquant à nouveau l'impact politique que les événements de Lituanie avaient eu aux États-Unis. « Si un dialogue était engagé et le blocus levé, l'accord serait conclu en une minute... Je comprends pourquoi vous ne voulez pas que nous mettions notre nez dans vos affaires intérieures et je ne veux pas m'en mêler. Mais il y a un dilemme... je sais que je ne peux le faire passer au Congrès dans la situation présente.

– Nous avons tous les deux exposé nos points de vue, dit Gorbatchev avec lassitude. Je ne peux vous contraindre à être d'accord avec moi. Vous avez choisi les Baltes contre moi, et laissons ça de côté. »

J'insistai : « Quelles sont les chances que des discussions soient engagées ? Vous avez dit que vous le feriez. » Il répondit qu'il préférait que le dialogue avec les Baltes ait lieu dans un cadre constitutionnel, mais était disposé à parler en dehors de ce cadre. Ils devaient revenir à la situation de départ (c'est-à-dire avant la déclaration d'indépendance) et discuter comment progresser à partir de là. Je l'assurai que nous voulions un accord commercial. « Je ne veux pas annoncer des conditions parce que cela donnerait l'impression que je vous dicte la marche à suivre. Mais il ne sert à rien d'envoyer un projet de loi au Congrès et de provoquer la pagaille.

– D'accord. Je vois que vous y avez pensé, reconnut Gorbatchev. Je ne vois pas pourquoi il nous faudrait travailler davantage. Nous n'avons pas d'accord commercial et n'en avons pas eu pendant longtemps... » Je lui dis que je voulais aboutir. « C'est davantage mon problème, dit-il avec un haussement d'épaules. Je vous l'ai expliqué et je sais que c'est entre vos mains. Disons que nous nous soucions des Baltes autant que vous. Nous voulons trouver une solution car autrement ce serait un coup contre la *perestroïka*. Mais on ne peut pas toujours contrôler le cours de la vie. »

Immédiatement après cette discussion, nous nous rendîmes dans la salle du Cabinet pour les discussions sur le contrôle des armements. Victor Karpov résuma les progrès à accomplir dans les autres négociations et indiqua quels documents avaient été préparés : un sur les START et une déclaration sur les futures négociations. Il y avait aussi un énoncé d'intentions sur les FCE, sur la base des accords d'Ottawa.

Après la rencontre, je pris Jim Baker à l'écart. J'avais réfléchi à l'importance d'un accord commercial pour Gorbatchev et, compte tenu de ses hésitations à propos de l'Allemagne, je voulais chercher à l'amadouer. Je savais qu'il lui fallait retourner à la maison avec quelque chose de tangible et demandai à Jim de préparer un compromis.

Je suggérai que l'accord ait un côté ouvert ou public et un côté secret plus strict. Nous signerions les accords sur les céréales et le commerce, mais n'adresserions pas ces textes au Congrès tant que les Soviétiques n'auraient pas satisfait les conditions à l'octroi de la CNPF que nous avions publiquement énoncées : l'adoption d'une législation sur l'émigration. Le côté privé ou secret était que nous n'adresserions pas les textes pour accord tant que les négociations avec les Lituaniens n'auraient pas commencé et Moscou levé son embargo économique. Nous donnions à Gorbatchev un succès tangible sur la forme d'un accord signé avec des dispositions publiques qu'il pouvait satisfaire, mais nous avions la garantie que l'accord ne serait pas appliqué avant que des progrès substantiels ne soient accomplis à propos de la Lituanie. Gorbatchev ne serait embarrassé d'aucune façon et nous obtiendrions les conditions souhaitées. Ces propositions en mains, Jim et Chevarnadzé retournèrent à la table de négociations.

J'appelai Kohl et lui donnai un compte rendu des discussions de la veille. Helmut me demanda si Gorbatchev avait évoqué l'aide économique. « Pas encore. Je pense qu'il le fera demain à Camp David. » Je demandai s'il voyait un problème à ce que nous disions que, selon les dispositions d'Helsinki, l'Allemagne avait le droit de décider si elle ferait partie ou non de l'OTAN. « C'est précisément ce que nous pensons, répondit Helmut. Mais nous avons encore à le faire changer d'idées. George, je pense que le côté économique est plus important. »

Peu de temps après, Jim revint avec un accord commercial conforme à la formule que j'avais proposée. La cérémonie de signature des accords conclus pendant ces deux jours était prévue pour dix-sept heures trente. Alors que nous allions pénétrer dans l'East Room, Gorbatchev me regarda attentivement et me demanda : « Avons-nous un accord ? » Je hochai la tête et répondis avec un sourire : « Oui, nous avons un accord. » Gorbatchev rayonna de soulagement.

Comme personne ne s'était attendu à ce qu'un accord commercial soit signé, il nous fallut attendre que quelqu'un se précipite au ministère du Commerce pour prendre les documents. Pendant que nous attendions, la pièce devint étouffante sous les projecteurs de la télévision. Les dignitaires, négociateurs et journalistes qui s'y entassaient transpiraient et s'éventaient. Gorbatchev se tourna vers moi et me dit qu'ils agiraient à propos de la Lituanie plus vite que nous le pensions. Pourvu qu'il en soit ainsi, pensai-je.

À la fin de la deuxième journée, Gorbatchev devint exubérant. Il avait obtenu l'accord commercial, il avait progressé sur les START et les armes chimiques, il s'était juré de faire mieux sur les FCE. Nous n'avions pas résolu la question allemande, mais je ne m'attendais pas à ce que nous parvenions à une conclusion définitive. Nous n'avions pas résolu non plus l'affaire de la Lituanie mais étions parvenus à mieux nous comprendre. J'avais exercé un effet de levier mais pensais que la relation personnelle avait beaucoup aidé. Selon moi, il avait compris que je ne voulais pas l'acculer contre un mur et que je traitais de bonne foi.

Je me rendais compte que l'on me critiquerait à propos de la Lituanie et de la CNPF, car c'était tout ce que nous pouvions rendre public. Comme prévu, la presse commença à se plaindre d'un bradage de la Lituanie. Je savais cependant que le calme reviendrait dès qu'il apparaîtrait que l'accord sur le commerce et la CNPF était ce qui avait encouragé les Soviétiques à rechercher une solution en Lituanie. Les critiques étaient frustrantes, mais nous ne voulions certainement pas humilier les Soviétiques en dévoilant le lien entre la Lituanie et le commerce avec les États-Unis.

Nous partîmes le samedi pour Camp David et je savais que la journée serait importante. Gorbatchev et moi partagions le même hélicoptère et, ironie de l'histoire, étions tous deux accompagnés des aides de camp portant les codes nucléaires qui nous permettaient de nous détruire mutuellement. Et pourtant, nous étions en train de parler de paix. Pendant le voyage, Gorbatchev parut fasciné par l'immobilier, posant de nombreuses questions alors que nous survolions la banlieue du Maryland et remontions vers l'intérieur. Comment achetez-vous et vendez-vous une maison ? Qui prête l'argent ? Qui possède la maison ? Comment fait-on quand on quitte une maison ? Combien coûtait telle ou telle maison ?

Comme j'en avais fait une règle de conduite, à Camp David tout devait être décontracté, avec un emploi du temps flexible et informel. Les aides de Gorbatchev dirent que c'était un exploit de ma part que de l'avoir convaincu d'abandonner son veston et sa cravate. Il était détendu et enthousiaste. Le temps était parfait, avec un soleil chaud et un ciel de cristal. Durant la matinée, nous restâmes assis dans la véranda extérieure au pavillon présidentiel, un parasol ouvert audessus d'une table de verre. Une brise légère musardait entre les arbres qui entouraient notre groupe de six : moi, Scowcroft, Baker, Akhromeyev, Chevarnadzé et Gorbatchev.

Prise en 1988 à Governor's Island à l'occasion de la dernière rencontre officielle entre Ronald Reagan et Mikhaïl Gorbatchev, cette photographie illustre aussi les liens importants – et amicaux – qui allaient se tisser entre le dirigeant soviétique et le président élu George Bush. 7 décembre 1988.

Le président Bush et le président François Mitterrand à Kennebunkport.
La maison familiale de Walker's Point apparaît en arrière-plan. 20 mai 1989.

Ces sourires et cette poignée de main chaleureuse ne doivent pas faire illusion : prise lors de la mission secrète que Brent Scowcroft et le sous-secrétaire d'État Lawrence Eagleburger (à gauche) avaient effectuée à Pékin peu après l'arrestation brutale des manifestants de la place Tiananmen, cette photo avait fait suite à des entretiens particulièrement houleux entre Scowcroft et Deng Xiaoping. 2 juillet 1989.

George Bush répondant aux clameurs de la foule dans les chantiers navals de Gdansk, à côté du héros polonais Lech Walesa. 11 juillet 1989.

François Mitterrand en train de plaisanter avec George Bush et Helmut Kohl lors du sommet du G7 de Paris. 16 juillet 1989.

Le Premier ministre Margaret Thatcher en train d'emprunter le principal moyen de transport de Camp David à côté du président Bush, lors de son premier séjour dans la maison de campagne présidentielle ; Charles Powell apparaît en arrière-plan. 24 novembre 1989.

Le chancelier Kohl en train d'essayer de se réchauffer pendant l'ascension du Mémorial Helmut Kohl. Camp David, 25 février 1990.

cussion serrée à Camp David lors du sommet de 1990. *Autour de la table, dans le sens des aiguilles d'une montre :* le
ident Bush, le vice-président Quayle, Brent Scowcroft, le ministre des Affaires étrangères Édouard Chevarnadzé,
résident Gorbatchev, le maréchal Sergueï Akhromeyev, Peter Afanasenko (interprète) et James Baker. 2 juin 1990.

Discussion d'un sujet particulièrement sensible dans les jardins de Camp David. 2 juin 1990.

Tentative désespérée de remporter le « prix Scowcroft ». 26 juin 1990.

Les journalistes accrédités par la Maison Blanche en train d'interroger le Président peu après le début de la première réunion du Conseil national de sécurité afférente à l'invasion du Koweït. À droite de la table (et à partir du haut), on aperçoit : William Webster, directeur de la CIA ; Robert Kimmit, secrétaire d'État par intérim ; le président Bush ; Dick Cheney, secrétaire à la Défense ; et Richard Darman, directeur de l'OMB. En face d'eux (à partir du bas) sont assis : Brent Scowcroft ; Colin Powell, président des chefs d'état-major des armées ; et James Watkins, secrétaire à l'Énergie. Helen Thomas, doyenne des journalistes de la Maison Blanche, regarde par-dessus l'épaule de Webster. Salle du Conseil des ministres, 2 août 1990.

Sous les yeux de Brent Scowcroft, le Président discute avec le roi Fahd de la réponse qu'il convient d'apporter à l'Irak après l'invasion du Koweït. Aspen, Colorado, 2 août 1990.

La coalition commence à prendre forme sur les pontons de Walker's Point.
De gauche à droite : le prince Saul al-Faysal, ministre des Affaires étrangères saoudien ; Richard Haass, du Conseil national de sécurité ; James Baker ; le président Bush ; Robert Gates, conseiller adjoint à la Sécurité nationale ; John Sununu, chef du personnel de la Maison Blanche ; et le prince Bandar, ambassadeur d'Arabie Saoudite aux États-Unis. Kennebunkport, 16 août 1990.

Même au beau milieu d'une crise internationale, le Président prend le temps d'écouter sa petite-fille Ellie LeBlond. Kennebunkport, 26 août 1990.

Condoleezza Rice, assistante spéciale du Président et directeur principal aux affaires soviétiques, briefe le Président et ses principaux conseillers à Helsinki, en Finlande, avant leurs rencontres avec Gorbatchev. À gauche du Président sont assis (dans le sens des aiguilles d'une montre) : James Baker, John Sununu, Marlin Fitzwater (sur le sofa), Dennis Ross et Brent Scowcroft. 9 septembre 1990.

Le soutien du Congrès étant indispensable pour répondre à l'agression irakienne, le président Bush et Brent Scowcroft prennent leur petit déjeuner en compagnie du parlementaire Bob Michel (à gauche du Président) et du sénateur Bob Dole – Virginia Lampley, directeur du NSC chargée des relations avec les membres du Congrès et John Sununu étaient présents également. Salle à manger privée, Maison Blanche, 13 novembre 1990.

Échange d'anecdotes avec le président tchèque Vaclav Havel, héros la « révolution de velours », dans la salle de musique du château Hradcany. Prague, 17 novembre 1990.

Le président Bush et le roi Fahd en train de partager un rare moment de détente pendant les délibérations très sérieuses de Jeddah, Arabie Saoudite. 21 novembre 1990.

Le général Norman Schwarzkopf
et le commandant en chef en tournée
sur le front. 22 novembre 1990.

Le président Bush
avec les troupes
de la coalition.
22 novembre 1990.

À peine revenu de
Tel-Aviv, Lawrence
Eagleburger fait un
topo sur l'état d'esprit
et les préoccupations
des Israéliens à la
veille de Tempête du
Désert, à l'intention
du Président et de
Brent Scowcroft.
14 janvier 1991.

Brent Scowcroft en train de passer un coup de fil nocturne depuis son bureau de la Maison Blanche – spectacle banal pendant Tempête du Désert. 16 janvier 1991.

Sombres réflexions sur la guerre aérienne imminente, à quelques heures de son déclenchement. Aile sud du parc de la Maison Blanche, 16 janvier 1991.

Les Bush et les Quayle en train de prier pour les soldats pendant l'office religieux de Fort Myer. Doro Koch, fille des Bush, est debout à gauche, un rang derrière. 17 janvier 1991.

Scène familière au Bureau Ovale pendant Tempête du Désert : Brent Scowcroft présente les toutes dernières options au Président sous les regards (à partir de la gauche) de Robert Gates, Marlin Fitzwater, John Sununu et du vice-président Quayle. 12 février 1991.

« Non, non. C'est *deux* pepperoni, une saucisse et *aucun* brocoli. » 27 février 1991.

La « Bande des Huit » le dernier jour de la guerre du Golfe. 28 février 1991.

Cérémonie d'accueil des troupes revenues du Golfe : la scène se passe à Sumter, Caroline du Nord, dans la base « Shaw » de l'Air Force. Le Président félicite le capitaine « Spike » Thomas, pilote dont l'appareil avait été abattu derrière les lignes ennemies, et le lieutenant « Neck » Dodson, qui l'avait sauvé. 17 mars 1991.

Encore sous le coup de la surprise, Brent Scowcroft est décoré de la médaille de la Liberté. 3 juillet 1991.

Le président Bush en train de passer en revue une garde d'honneur soviétique lors du sommet de Moscou ; il marche à côté du vice-président Gennady Yanayev, qui allait participer moins de un mois plus tard à la tentative de coup d'État organisée contre Gorbatchev. 1er août 1991.

Gorbatchev, téléphonant depuis la Crimée, apprend au président Bush qu'il n'est plus à la merci des conspirateurs. Kennebunkport, 21 août 1991.

Les chiens Ranger et Millie en train de faire connaissance avec Boris Eltsine sur la pelouse sud de la Maison Blanche. 6 juin 1992.

Lors de ce sommet du G7, des discussions particulièrement délicates succéderont à ce moment initial de décontraction. *Dans le sens des aiguilles d'une montre, à partir de la gauche du Président :* le Premier ministre italien Giulio Amato ; le Premier ministre japonais Kiichi Miyazawa ; le président de la commission de la Communauté européenne Jacques Delors ; le Premier ministre britannique John Major ; le Premier ministre canadien Brian Mulroney ; le président François Mitterrand (caché) ; et le chancelier Helmut Kohl. Munich, Allemagne, 6 juillet 1992.

Ultime rencontre entre le président Bush et son excellent ami, le Premier ministre John Major : photo prise peu avant que le Président cesse d'exercer ses fonctions. Camp David, 19 décembre 1992.

Dans son bureau de Camp David, le président Bush regarde Saddam Hussein – totalement impénitent – à la télévision, en compagnie du Premier ministre Brian Mulroney. 17 janvier 1993.

La discussion dépassa toutes mes attentes. Gorbatchev décrivit les problèmes de la réforme et les défis posés par les nationalités. Parlant d'Eltsine, il se montra irrité et dédaigneux. Nous couvrîmes une vaste collection de sujets internationaux, de l'Amérique centrale et de Cuba à l'Afrique du Sud, à l'Afghanistan et à la Corée, mais l'aspect le plus important était l'atmosphère franche et sans la moindre rancœur. Nous avions établi un esprit de concessions mutuelles, conscients de ce qui était possible et de ce qui ne l'était pas. Gorbatchev comprit que nous voulions coopérer et j'eus le sentiment qu'il y était également disposé. Nous échangeâmes des plaisanteries, dont certaines le firent rire aux éclats. Elles révélaient le degré de confiance auquel nous étions parvenus et combien nous étions détendus. Gorbatchev restait énergique et prompt à réagir. Il consentit à plusieurs de mes suggestions.

Le dîner fut mémorable. Gorbatchev était allé se promener pendant que je faisais une sieste rapide. Arrivé à l'aire de jeu au fer à cheval, il fit un essai et réussit du premier coup. La veine du débutant ! Mon assistant, Jim Mac Bride, récupéra le fer peint en orange, le fit fixer sur une plaque avec une inscription concernant la visite et la remit à Gorbatchev à la fin du dîner, lors d'un toast informel. Gorbatchev était très ému et s'étrangla quand il voulut décrire ce qu'il ressentait à propos des relations nouvelles entre nos pays et nos personnes. Plus tard, Akhromeyev dit à Brent qu'il croyait lui aussi en une ère nouvelle. Dans la bouche d'un vétéran de la guerre froide, c'était en effet un changement.

Après souper, Gorbatchev me prit de nouveau à l'écart pour me demander si Baker m'avait parlé de sa conversation avec Chevarnadzé sur les questions financières. Il expliqua qu'il ne voulait pas évoquer devant sa délégation la nécessité d'une aide américaine. Je lui répondis que Jim avait mentionné ce point mais qu'il y avait encore de difficiles problèmes politiques à surmonter, problèmes qu'il connaissait, l'aide à Cuba par exemple ou des progrès à accomplir à propos de l'Allemagne. Des réformes économiques devaient être accomplies, s'ils voulaient obtenir des crédits. Il pouvait y avoir des crédits privés, avec garantie de l'État, mais il fallait faire le tri des autres sujets.

Dans nos relations avec les Soviétiques, de manière étrange, nous étions convaincus de savoir beaucoup, alors que nous ne savions rien, pour nous retrouver par la suite agréablement surpris. Selon nos informations, Gorbatchev n'aimait pas l'hélicoptère, alors qu'il se montra fort à l'aise, regardant par la fenêtre et posant des tas de questions. S'il était nerveux, cela ne se voyait pas. On nous avait dit qu'il n'aimait pas se détendre. Il m'avoua son amour du plein air et l'habitude qu'il avait de marcher beaucoup. Il faisait un mile en quinze minutes, ce qui est plutôt bon. Raïssa nous dit qu'il n'avait plus beaucoup de temps pour l'exercice physique. À Camp David, il prit plaisir à marcher sur les sentiers de copeaux et nous nous frayâmes un chemin difficile à travers bois. Il posait des questions sur le sumac vénéneux, qui est une vraie chienlit. Nous parlâmes de chasse et il expliqua qu'il avait pratiqué le tir sportif. Je lui demandai s'il aimait le ball-trap, pensant pouvoir l'emmener au splendide stand de Camp David, mais je réalisai qu'il n'utilisait que la carabine et pas le fusil de chasse.

BRENT SCOWCROFT

L'atmosphère restait détendue, même le lendemain matin à l'approche de la conférence de presse. Nous avions transmis la veille l'exposé liminaire du Président à l'ambassadeur Bessmertnykh, pensant tâter le terrain à propos de l'Allemagne. Il comportait la formulation suivante : « Nous sommes en complet accord sur le fait que, selon les termes de l'acte final d'Helsinki, l'adhésion à une alliance est une question qu'il revient au peuple allemand de trancher. » Après la fureur de la délégation soviétique à ce sujet, je m'attendais à au moins des objections sémantiques. À ma surprise, il n'y eut pas un murmure. Gorbatchev ne pipa mot lorsque, durant la conférence, le Président déclara qu'à défaut d'un accord sur l'adhésion complète à l'OTAN de l'Allemagne unie, il y en avait un pour considérer que, selon les termes d'Helsinki, la question de l'adhésion était du ressort du peuple allemand. Nous aurions à nous assurer que cet acquiescement reflétait bien une inflexion de la position soviétique. Rares furent ceux qui, pendant la conférence de presse, comprirent la portée de ces remarques, mais l'instant fut pour nous intense. Nous formions l'espoir prudent que, concernant l'Allemagne, Gorbatchev avait franchi le cap.

GEORGE BUSH

Durant le vol de retour à la Maison Blanche, je demandai à Gorbatchev des autographes pour nos cinq enfants et il prit le temps de rédiger des vœux complets à chacun d'entre eux. J'en adressai un à sa fille, Irène. Gorbatchev me posa de nouvelles questions à propos de l'immobilier. « Lisez le journal demain. Vous verrez de nombreuses annonces. Si quelqu'un vend une maison, on passe par un agent immobilier qui règle la transaction. » Gorbatchev se mit à rire : « Il y a une grande différence. Chez nous, s'ils trouvent l'agent immobilier, ils le tuent. »

Les hélicoptères se posèrent sur la pelouse sud de la Maison Blanche et j'emmenai Gorbatchev faire un tour de la résidence. Je lui montrai la chambre à coucher de Lincoln, puis la copie de l'Adresse de Gettysburg, et lui expliquai ce qui s'était passé ! Nous montâmes à l'étage où il vit les cinq écrans de télévision et l'ordinateur de mon bureau. J'adorais faire partager la Maison Blanche aux dignitaires, aux amis et aux élus des deux partis, dont nombre n'étaient jamais montés aux étages de la résidence. Tous étaient émus par la charge d'histoire qui imprégnait ces pièces. C'était la maison de chacun et permettre aux gens de voir tout ça m'était aisé.

Dans le Bureau Ovale, je montrai à Gorbatchev mon emploi du temps de lundi, qui l'impressionna par son caractère détaillé. Son bureau devait être modernisé ; il ne disposait pas de tout cela. Je lui montrai alors mon échéancier mensuel et, devant son étonnement, lui donnai le bloc. Il dit qu'il aimerait envoyer son chef de cabinet travailler avec John Sununu. L'automne suivant, celui-ci se rendit à Moscou pour aider le personnel de Gorbatchev à moderniser et à rationaliser le service. Pendant cette exploration de la Maison Blanche, Gorbatchev m'invita à Moscou, ce que j'acceptai sur-le-champ.

C'est ce genre de relations qui assura, selon moi, le grand succès du sommet. J'avais pu parler à cœur ouvert à Gorbatchev, sans prendre de gants, sur à peu près tous les sujets. Nous avions pu faire du remue-méninges, ce qui avait été impossible à Malte. Nous étions devenus amis et avions renforcé la relation personnelle, sur la base construite au cours des entretiens antérieurs. Nous avions besoin d'une confirmation, qui vint dans le cours du mois, mais un marchandage était engagé pour obtenir que les Soviétiques ouvrent le dialogue avec les Lituaniens et lèvent l'embargo.

BRENT SCOWCROFT

À mes yeux aussi, le sommet avait été un succès. Nous avions progressé dans le contrôle des armements et donné une direction aux négociateurs. L'atmosphère avait été coopérative et les discussions entre les deux dirigeants m'avaient donné le sentiment que les Soviétiques voulaient travailler avec nous. Des problèmes demeuraient. Le Président avait fait une concession importante en mettant l'éteignoir sur le lien avec la Lituanie. Gorbatchev retournait chez lui avec ce dont il avait besoin, aux dépens du Président qui s'exposait à la critique à propos de la Lituanie. Il y avait, par ailleurs, quelque chose d'irréel à propos de l'Allemagne. À l'instar de Kohl, je m'attendais à ce que Gorbatchev veuille résoudre pendant le sommet les questions afférentes à l'unification. La déclaration qu'il avait faite à ce propos était encourageante, comme l'avait été l'acquiescement soviétique au résumé donné par le Président lors de la conférence de presse. Mais l'un et l'autre restaient ambigus, peu concluants. Un écart restait visible entre nos positions.

Les discussions avaient aidé à résoudre les tensions à propos de l'Allemagne et permis d'avancer quelque peu vers le principe suivant lequel l'adhésion était une décision allemande. Gorbatchev ne revint pas en arrière à ce sujet ; lui et Chevarnadzé commencèrent à demander que l'Occident renvoie l'ascenseur à propos des « neuf points ». Nous avions aussi obtenu l'accord pour une accélération des négociations FCE. Les réductions militaires iraient ainsi au même rythme et conforteraient les évolutions politiques si rapides auxquelles nous assistions. Nous ne pouvions nous engager dans les phases ultimes de la réunification allemande sans aborder la question du niveau des forces en Europe. Les Allemands et les Soviétiques étaient déjà en train de discuter des plafonds de la Bundeswehr, mais nous ne voulions pas parler de cela sans avoir établi au préalable le niveau des forces de chacun des membres des deux alliances. Ces questions devaient être traitées lors du sommet de l'OTAN, pas dans le cadre des négociations de réunification.

GEORGE BUSH

Le 8 juin, Kohl était de retour à Washington. Il y eut deux rencontres, y compris un dîner intime à la Maison Blanche, avec Brent et Jim. Helmut pensait que Gorbatchev insisterait dorénavant sur l'aide économique. Les Soviétiques espéraient une aide occidentale d'un montant de vingt à vingt-cinq milliards de dollars, pour l'achat de biens de consommation. D'autre part, Gorbatchev s'adressait aux Allemands pour une extension de leur ligne de crédit à hauteur de cinq milliards de deutsche marks. « Ils ont dit qu'ils pouvaient espérer quelque chose en retour », ajouta Kohl. Selon lui, Gorbatchev cherchait à résoudre la question de l'adhésion à l'OTAN. Il avait demandé quels genres de propositions pouvaient venir de l'OTAN et avait lancé l'idée d'un pacte de non-agression entre les deux alliances. Je n'étais pas enthousiaste car cela maintiendrait à flot le pacte de Varsovie, alors qu'il était sur le point de sombrer.

BRENT SCOWCROFT

Avant le dîner de travail, nous fîmes une excursion fascinante. Lors de sa visite à Camp David, en février dernier, le chancelier avait eu à l'apéritif une longue conversation avec le Président et moi sur la stratégie et les chefs militaires, avec une comparaison entre les États-Unis et l'Allemagne. Dans le cours de la discussion, Kohl, qui avait fait preuve d'un savoir œcuménique en la matière, exprima le désir de visiter le cimetière d'Arlington un jour ou l'autre et me demanda s'il me serait possible de l'accompagner. J'avais, bien entendu, accepté mais n'imaginais pas que cela se ferait.

La veille du voyage de juin, je reçus un appel me demandant si je pouvais l'accompagner pour une promenade dans le cimetière, avant dîner. Je pris contact avec le directeur d'Arlington et obtins un guide. Le temps était beau et clair et lorsque je rencontrai le chancelier, en début d'après-midi, le thermomètre atteignait trente-cinq degrés, avec un taux d'humidité correspondant. Kohl n'étant pas un homme mince, je suggérai que, compte tenu des conditions atmosphériques, nous nous limitions à une visite en voiture. Kohl refusa et nous voilà partis entre les tombes de certains des plus remarquables commandants américains. La discussion porta sur les traits, les succès et les échecs de ces géants du passé militaire des États-Unis, en comparaison aussi avec les « grands » soldats de l'histoire allemande. Ces instants sont restés gravés dans ma mémoire. La maîtrise du sujet dont Kohl fit montre était impressionnante et, bien que l'histoire militaire soit un de mes violons d'Ingres, je ne lui arrivais pas à la cheville.

La chaleur était cependant en train de l'emporter et, le visage ruisselant de sueur, il me demanda un verre de thé glacé. Je fus pris de panique. Où pouvais-je conduire le chancelier de la république fédérale d'Allemagne prendre un thé glacé, à l'improviste et sans escorte ? Je me rappelai soudain un restaurant sur la route paysagée qui longe le Potomac, où il nous fut possible de nous rafraîchir et de poursuivre la conversation.

GEORGE BUSH

Le 11 juin, le Premier ministre est-allemand, Lothar de Maizière, vint à la Maison Blanche. La rencontre fut étrange et fascinante, la première, et la dernière, entre un dirigeant est-allemand et un président américain. Plus inhabituel encore, de Maizière avait présidé la session du pacte de Varsovie qui s'était tenue quelques jours auparavant. Bien que l'essentiel de nos entretiens fût plutôt formel, il offrit quelques aperçus intéressants de Gorbatchev et de l'Alliance moribonde. C'était étonnant : le président des États-Unis recevant le compte rendu des travaux du pacte de Varsovie, de la bouche même de celui qui les avait conduits.

« Les développements en cours peuvent [signifier] que le pacte de Varsovie ne survivra pas longtemps », me dit-il. Les représentants hongrois et tchécoslovaques en particulier ont indiqué qu'après une période de transition, ils ne voudront plus de cette alliance. Il serait nécessaire d'établir de nouvelles structures afin d'empêcher ces pays de recréer le pacte. Il évoqua aussi les problèmes auxquels son peuple était confronté. « Quarante années de socialisme ont changé la population, observa-t-il avec tristesse. La défaite signifie une certaine perte dans la vie des gens. Nous devons retrouver nos âmes et leur permettre de se remettre à niveau. »

Il décrivit ses conversations avec Gorbatchev. « J'ai eu le sentiment qu'il continuait à penser que le peuple et les nationalités soviétiques accepteront difficilement l'adhésion allemande à l'OTAN si certains éléments ne sont pas ajoutés. Par exemple, il a évoqué un traité [entre les deux alliances] perpétuant la présence de troupes soviétiques en RDA. » Pendant le déjeuner de travail, je lui demandai si Gorbatchev lui avait paru confiant. De Maizière répondit : « J'ai eu l'impression que, pour lui, le sommet avait été couronné de succès. Il a marqué le passage de la confrontation au partenariat. À cet égard, Gorbatchev nous a paru très optimiste, mais cela ne fait pas disparaître ses problèmes intérieurs. Des centaines de milliers de membres quittent le parti, qui se fragmente en groupes. Le congrès de début juillet sera très important, parce qu'il n'y a pas de structure d'intégration en Union soviétique en dehors du parti... »

Notre optimisme prudent à propos des derniers obstacles sur la voie de la réunification allemande fut tempéré à la réunion « Deux plus Quatre » du 22 juin, à Berlin-Est. Tout d'un coup, les Soviétiques parurent se braquer et firent preuve d'une nouvelle et inattendue inflexibilité. Chevarnadzé présenta l'avant-texte d'un règlement intérimaire dont les dispositions étaient inacceptables. Pendant cinq ans, l'Allemagne resterait divisée et ses deux éléments appartiendraient aux alliances existantes. Les troupes des quatre puissances demeureraient jusqu'à la fin de la transition. Des plafonds stricts seraient imposés aux forces allemandes, deux cent cinquante mille au maximum. Ces limites une fois atteintes, les forces des quatre puissances seraient réduites à des effectifs symboliques et les troupes des alliés occidentaux ne seraient pas autorisées sur le sol est-allemand. Que pourrait-on faire du plan Chevarnadzé, avec ses accents dignes de Versailles, venant après l'esprit coopératif de Gorbatchev à Washington et après certaines remarques positives du même Chevarnadzé lors d'une session de la CSCE à Copenhague ?

Baker semblait penser que c'était de la poudre aux yeux et que les considérations étaient de consommation intérieure, mais la potion était rude. Les durs paraissaient avoir arraché les rênes des mains de Chevarnadzé : c'est du moins ce qui ressortit de l'entretien que Baker eut avec ce dernier. Il lui demanda ce qui avait changé depuis Washington et Copenhague et Chevarnadzé reconnut que le document avait été déformé par la situation politique de l'URSS. Ce n'était pas là leur position finale sur l'Allemagne ; beaucoup de choses dépendraient des décisions du sommet de l'OTAN, ainsi que des progrès accomplis à propos des FCE et de la CSCE. Chevarnadzé estimait que son pays approchait d'une crise politique et économique. Il était vital que son gouvernement puisse se réclamer de changements dans l'OTAN pour rassurer le peuple soviétique et montrer qu'il n'était plus menacé par l'Alliance, ni par l'Allemagne, ni non plus par les États-Unis.

BRENT SCOWCROFT

Il me semblait que Chevarnadzé avait en effet travaillé pour la façade. La discussion privée qu'il avait eue avec Baker ressemblait presque à un appel à l'aide : il avait dit, à quatre reprises, que la déclaration du sommet de l'OTAN serait déterminante si l'on voulait faire accepter au peuple soviétique la souveraineté allemande et l'adhésion à l'OTAN. Je prenais cela très au sérieux. Si, lors du sommet, nous ne prenions pas des initiatives audacieuses pour modifier l'Alliance, nous raterions l'examen de passage si vital pour les Soviétiques. Nous ne pouvions nous contenter de belles paroles ; il fallait de la substance.

Le Président avait énoncé ses objectifs ambitieux en mai, à l'université d'État de l'Oklahoma. Depuis lors, un petit groupe travaillait à mettre en forme les propositions qu'il ferait en juillet. À la fin de juin, une brève déclaration de vingt-deux paragraphes était prête, avec des initiatives modifiant les relations de l'OTAN avec le pacte de Varsovie et ses différents membres, remaniant le déploiement de ses moyens militaires, ainsi que ses doctrines traditionnelles, et rehaussant le statut de la CSCE, qui devenait une structure permanente.

La déclaration proposait de transformer l'Alliance dans quatre domaines. 1. La mission politique serait accentuée, ainsi que la coopération et le partenariat avec les anciens adversaires. L'alliance s'engageait à ne jamais recourir la première à l'usage de la force, proposait un pacte de non-agression aux membres du pacte de Varsovie (mais pas à l'Alliance), invitait leurs gouvernements à établir des missions diplomatiques auprès du quartier général de l'OTAN à Bruxelles. 2. Le caractère de la défense conventionnelle serait modifié, en abandonnant la « défense avancée » et en s'appuyant de manière croissante sur des forces plus mobiles et vraiment multinationales. Le document proposait aussi une suite aux négociations sur le contrôle des armes conventionnelles (après la conclusion d'un traité FCE), afin de réduire encore les effectifs offensifs en Europe. 3. Elle annonçait une nouvelle stratégie nucléaire de l'OTAN, modifiant la « réponse flexible » de manière à réduire la dépendance vis-à-vis du nucléaire et à faire de ces moyens des « armes réellement de dernier ressort ». 4. Elle proposait de renforcer la CSCE en lui donnant mandat de promouvoir les institutions démocratiques, une capacité opérationnelle dans le domaine de la prévention des conflits et, pour la première fois, une structure institutionnelle avec un nouveau secrétariat et d'autres organes.

La déclaration devait essentiellement aider Moscou à sauver la face, mais le document était bien trop important pour être étudié avec nos alliés selon les procédures habituelles. En règle générale, les diplomates professionnels, que leurs gouvernements assignaient auprès de l'OTAN, décortiquaient les projets et élaboraient des compromis restrictifs. Comme le temps imparti était limité et qu'il fallait préserver nos propositions, nous décidâmes de contourner les procédures bureaucratiques traditionnelles, y compris les nôtres. Il y avait un risque. Si les alliés renâclaient, le sommet se trouverait dans l'impasse et échouerait. Les membres pouvaient également objecter qu'ils étaient priés de se prononcer, sans consultations préalables, sur un lot made in USA. Afin d'atténuer cette impression et de recueillir leur agrément à l'avance, le Président décida de viser haut.

Il parlerait à ses homologues de l'OTAN, puis négocierait lui-même le projet américain lors du sommet, auquel ne participeraient que les ministres des Affaires étrangères et les chefs d'État. Par des canaux spéciaux, il adressa des lettres à Wörner, Kohl, Thatcher, Andreotti et Mitterrand, accompagnées du projet de déclaration.

GEORGE BUSH

Les réactions des alliés décisifs étaient, comme on pouvait s'y attendre, mêlées et leurs bureaucraties furieuses d'avoir été laissées à l'écart. Kohl appréciait les propositions, Wörner et Andreotti étaient enthousiastes, Thatcher sceptique. Nous abandonnions les fondamentaux d'une solide stratégie militaire pour des « propositions tape-à-l'œil ». Elle soutenait l'idée d'un changement d'accent mais ne voulait altérer en rien la stratégie éprouvée de réponse flexible. Celle-ci laissait ouverte la possibilité que l'OTAN utilise la première les moyens nucléaires en cas d'attaque conventionnelle de la part des Soviétiques, et contribuait ainsi à la dissuasion. Elle voyait dans la proposition de déclarer les moyens nucléaires « armes de dernier ressort », un affaiblissement de nos moyens de courte portée et un glissement sur la position du « non-recours le premier aux armes nucléaires » qui laissait vulnérables nos forces conventionnelles. Le ton de la déclaration conduisait à penser que l'Union soviétique ne constituait plus un danger. Elle objectait aussi aux liaisons avec le pacte de Varsovie, préférant la CSCE et une déclaration commune pacte de Varsovie/OTAN. Elle demanda qu'un projet entièrement nouveau soit préparé par les États-Unis, la Grande-Bretagne, la France, l'Allemagne de l'Ouest et l'Italie.

Mitterrand fut plus positif et soutint l'essentiel de la déclaration. Il partageait cependant les préoccupations de Thatcher à propos de l'expression « dernier ressort », qu'il considérait contradictoire au concept de dissuasion. Il observa que la France ne faisait pas partie des structures militaires de l'OTAN et qu'elle ne chercherait pas à nous dicter notre stratégie. Les Français n'aimaient pas beaucoup l'idée de liaisons et préféraient que l'OTAN continue à se consacrer aux problèmes de sécurité. J'adressai à François un câble de réponse à ses objections et lui promis de reparler de tout cela à Londres.

Le 2 juillet, je fis parvenir le projet aux autres dirigeants de l'OTAN avec une note expliquant que le texte serait discuté au sommet. J'adressai en plus un message à Thatcher, le 1er juillet, qui répondait point par point à ses objections et expliquait le besoin de solidarité. Il nous fallait faire des propositions audacieuses si nous voulions gagner les Soviétiques à l'adhésion de l'Allemagne à l'OTAN. Je commençai ensuite à ébaucher un nouveau document pour discuter des termes lors du sommet.

Après quelques négociations habiles de Jim Baker avec ses homologues, un texte final de compromis, proche de l'avant-projet, fut signé au sommet de Londres. Il renforçait la déclaration commune pacte de Varsovie/OTAN, mais n'allait pas jusqu'au pacte de non-agression. Il reprenait l'esprit de notre proposition sur les armes nucléaires mais en liaison avec un accord sur les FCE, souci de Margaret. Notre proposition d'énoncer le vœu pieux que l'OTAN en arriverait un jour à une stratégie faisant des moyens nucléaires véritablement des armes « de dernier ressort » fut édulcorée. La stratégie de réponse flexible serait modifiée et l'Alliance s'engagea à « se détacher » de la défense avancée. Cette inflexion faisait date dans l'histoire de l'Alliance.

Sur le chemin du retour, j'adressai à Gorbatchev un message expliquant ce qui s'était passé au sommet et précisant comment la déclaration répondait aux préoccupations soviétiques.

« En ne travaillant que sur le projet que j'avais passé à mes homologues de l'OTAN, nous avons publié, il y a de cela quelques heures, une déclaration qui permet la transformation de l'Alliance dans chacune de ses fonctions, en particulier dans ses relations avec l'Union soviétique. Quand vous lirez la déclaration, je veux que vous sachiez qu'elle a été écrite en pensant à vous, point sur lequel j'ai fortement insisté devant mes collègues, à Londres. [...] J'espère que cette déclaration de l'OTAN vous persuadera que l'OTAN peut servir et servira en effet les intérêts de sécurité de l'Europe dans son ensemble. »

La déclaration de l'OTAN et mon message personnel à Gorbatchev avaient préparé le terrain à ce qui devait être la phase finale des négociations sur la réunification allemande. Ils donnaient aux Soviétiques la preuve évidente que l'Occident était sincèrement désireux de changer l'OTAN. Notre offre était sur la table.

Juillet 1990 fut un mois décisif pour la réunification. L'union économique et monétaire fut accomplie le 1er et le gouvernement est-allemand céda dans les faits une grande partie du contrôle sur les affaires internationales. Le 6 juillet, les deux Allemagne ouvrirent des négociations sur le deuxième traité d'État, portant sur l'union politique, avec l'idée qu'il serait finalisé en août et ratifié en septembre. La crise dans les pays baltes avait commencé à s'atténuer. Le 29 juin, la Lituanie avait suspendu sa déclaration d'indépendance et Gorbatchev avait levé le blocus.

Dans la première semaine de juillet, alors que l'OTAN se réunissait à Londres, s'ouvrit le XXVIIIe congrès du parti communiste de l'Union soviétique. Gorbatchev et Chevarnadzé s'affrontèrent aux durs sur les réformes intérieures et la politique extérieure, au cours de l'un des plus véhéments congrès que le parti ait connus. Gorbatchev sortit triomphant d'une lutte acharnée. Il fut réélu secrétaire général avec un rapport des forces de trois à un, et son autorité était confortée. Nous continuions à craindre que, dans l'esprit de ses commentaires sur une « transition » tenus lors du sommet de Washington, il n'essaie de différer la réunification le plus possible. Ce ne fut pas le cas.

Le 14 juillet, Kohl et Genscher s'envolèrent pour l'Union soviétique où ils eurent des entretiens approfondis, d'abord à Moscou, puis dans le Caucase, dans la maison de Gorbatchev à Stavropol. Depuis la rencontre « Deux plus Quatre » du 5 mai, les Allemands courtisaient les Soviétiques en tentant de les rassurer à propos de leur adhésion à l'OTAN et en leur proposant des compensations économiques dont ils avaient grand besoin. À la mi-mai, Bonn offrit d'assumer toutes les obligations économiques de la RDA à l'égard de Moscou et accorda un crédit de trois milliards de dollars comme élément d'un ensemble d'accords liés à l'unité allemande, assistance dont Gorbatchev dit plus tard qu'elle était venue au bon moment. Les Allemands paieraient aussi les frais afférents au maintien des troupes soviétiques en Allemagne de l'Est pendant la période de transition. Au cours de la conférence de presse commune tenue au terme des discussions, Gorbatchev déclara : « Que nous le voulions ou non, le jour viendra où une Allemagne unie se retrouvera dans l'OTAN, si c'est là son choix. Alors, si c'est le cas, elle pourra, dans une certaine mesure et dans certaines formes, travailler avec l'Union soviétique. »

GEORGE BUSH

Le 17 juillet, j'appelai Kohl qui m'informa de ses entretiens avec Gorbatchev :

« Il est parvenu à faire le plus gros pendant le congrès du parti et je pense que ce succès lui a donné de l'élan. » Gorbatchev reconnaissait l'importance de la déclaration de l'OTAN. « Concernant l'Europe centrale et orientale, il ne s'intéresse guère à la situation de certains de ses collègues et semble se préoccuper surtout de l'URSS. »

Kohl relata leurs discussions sur l'Allemagne. « Le premier point est qu'il reconnaît qu'il y aura des élections [pan-] allemandes avant la fin de l'année. Il a également dit que la souveraineté allemande devait être restaurée complètement et sans équivoque. J'ai utilisé votre formule de Camp David selon laquelle un pays souverain peut, selon les termes de la CSCE, décider lui-même de ses alliances et lui ai expliqué que les Allemands voteraient sans équivoque pour l'OTAN... Je lui ai dit qu'il devait exercer à ce propos une forte pression sur ses assistants. Cela lui parut aller de soi.

Nous avons ensuite discuté d'un traité entre l'Allemagne unifiée et l'URSS sur [le retrait des] troupes. Il a accepté une période de trois à quatre ans, alors que son équipe avait un autre calendrier. Ce point a été décidé entre nous. Nous nous sommes entendus pour que, en attendant le retrait des forces soviétiques du territoire de la RDA, aucune force de l'OTAN n'y soit stationnée. Après le retrait des troupes soviétiques dans trois ou quatre ans, seules des troupes allemandes relevant de l'OTAN pourraient être stationnées.

Autre point intéressant : nous avons parlé des relations germano-américaines au cours de notre tête-à-tête. Je lui ai dit qu'elles étaient d'une haute importance et que si les Soviétiques cherchaient à les saper, cela affecterait les relations de l'Allemagne avec l'URSS. Sa réponse vous intéressera. Il a dit avoir compris une leçon – il était erroné de tenter d'obtenir le retrait américain de l'Europe – et qu'ils n'y étaient pas parvenus dans le passé. J'y suis revenu à plusieurs reprises et je pense que sa réponse était sincère. » Kohl avait l'impression que l'homme se connaissait bien et pouvait être ironique à son propos. « Il a brûlé tous ses vaisseaux. Il ne peut plus reculer et doit réussir. »

Ma seule question portait sur le retrait parallèle des forces en Allemagne. Kohl affirma que la question n'avait pas été discutée et que Gorbatchev ne l'avait pas évoquée. « Je lui ai dit que, pour moi, le maintien de troupes américaines en Allemagne allait de soi. Il n'a pas réfuté ce point. »

J'appelai Gorbatchev le jour même pour le féliciter et l'informer des prochains entretiens du G7 à Houston. Nous étions de toute évidence ravis de sa déclaration selon laquelle une Allemagne unifiée avait le droit de choisir son adhésion à une alliance. « Cela témoigne d'un haut sens des responsabilités et nous nous en réjouissons, lui dis-je.

J'espère que nous pourrons accomplir des progrès similaires à propos des FCE et des START au cours des prochains mois. »

Il fit une analyse du congrès du parti. « Je crois que vous comprenez rationnellement que le parti communiste reste une organisation politique puissante. Ses positions et son action détermineront largement le cours des événements dans notre pays. Et il est naturel que, tenant compte de la nouvelle situation et de la période dans laquelle nous sommes, le parti communiste ait renoncé à son monopole sur le pouvoir. De nouveaux partis seront créés. » Il envisageait de nouvelles relations avec les républiques. « C'est peut-être la période la plus difficile et la plus importante de ma vie politique », ajouta-t-il. Beaucoup restait à faire et il espérait pouvoir compter sur notre coopération.

Il poursuivit : « Je crois que sans la rencontre à Washington et à Camp David, sans les résultats du sommet de l'OTAN et la déclaration de Londres, sans l'important travail accompli lors de mon entretien avec Kohl et vos discussions avec [lui], sans l'activité de nos services économiques avec l'étranger, sans cette action politique concrète, il aurait été difficile de rapprocher nos points de vue. Nous avons pu accomplir tout cela, parce que nous comprenons les positions de l'autre. Nous avons cherché à tenir compte des vues de l'autre. Je considère comme plutôt positifs les résultats de ma rencontre avec Kohl. » Il dit son espoir que, sur cette base, Chevarnadzé et Baker parviennent à construire. « Si ces accords sont respectés, nous aurons des résultats positifs. »

BRENT SCOWCROFT

L'évolution rapide des positions soviétiques nous surprenait et nous réjouissait. Certes, des questions subsistaient à propos des responsabilités de l'OTAN sur le territoire de la RDA du fait des restrictions à sa présence militaire. Des ombres demeuraient sur le type d'obligations qu'induisait le plafond des troupes allemandes et sur le contexte de ces dispositions, les FCE notamment. Ce n'était cependant là que des détails qui pourraient être réglés lors de la mise en forme du règlement final « Deux plus Quatre ».

Certains journalistes appelèrent l'accord germano-soviétique « Stavrapallo », en référence au traité de Rapallo de 1922 par lequel les deux États parias avaient convenu de coopérer : un nouvel accord bilatéral aurait été conclu dans le dos des autres puissances. Je ne partageais pas cette vision des choses. Si ç'avait été un Stavrapallo, il aurait été suivi par d'autres accords bilatéraux destinés à le consolider. Pourtant, un axe Moscou-Berlin n'était pas en train de se former. Kohl continuait à regarder vers l'Ouest et Gorbatchev restait préoccupé par ses problèmes intérieurs. Pourquoi donc avait-il conclu un accord avec Kohl à Stavropol, et pas avec le Président à Washington ?

Je pense que Gorbatchev avait accepté l'inévitabilité d'une unification rapide dès, au moins, les élections de mars, mais n'avait pas trouvé une alternative raisonnable à l'OTAN, comme ancrage de l'Allemagne unie. Le 31 mai, il avait fait la proposition d'une double alliance et d'une longue période de transition, dans l'espoir peut-être que nous mordrions à l'hameçon. Voyant que nous ne le faisions pas, il a fait sa « concession », peut-être poussé par la déception ou peut-être pour tâter le terrain du côté de sa délégation. La consternation qui en résulta prouvait que le coup n'avait pas été préparé et qu'il était prématuré. De fait, Gorbatchev tenta presque immédiatement après de revenir sur ce qu'il avait dit.

À la suite de cela, je pense que Gorbatchev conclut qu'il était dangereux d'agir avant d'avoir franchi l'épreuve du congrès du parti. Pour y parvenir, il avait besoin que le sommet de l'OTAN lui fournisse des munitions qui lui permettraient d'affirmer que l'Alliance ne constituait plus une menace. Ayant reçu ces munitions, il triompha au congrès et se sentit suffisamment libre pour laisser aller l'Allemagne, ce qu'il fit avec Kohl à Stavropol. Cela n'avait rien à voir avec une reprise de Rapallo.

Avec la percée de Stavropol, les termes de la réunification allemande se trouvèrent énoncés. La troisième rencontre « ministérielle » des « Deux plus Quatre » se tint à Paris le 17 juillet : un accord fut conclu à propos de la frontière germano-polonaise, comme au sujet des grandes lignes du règlement final. Une série de questions restait à résoudre et quelques sérieux problèmes techniques à surmonter. Ce n'était pour l'essentiel plus que des détails, puisque le processus politique avait été réglé.

Le traité fut signé par les ministres des six puissances à Moscou, le 12 septembre. L'Allemagne unie était définie comme étant formée de la RFA, de la RDA et de Berlin, les Allemands ratifiant la cession des autres parties du territoire d'avant-guerre. Ils renonçaient à l'agression, ainsi qu'aux armes atomiques, biologiques et chimiques, s'engageant sur le traité de non-prolifération que l'Allemagne occidentale avait déjà signé. La Bundeswehr était limitée à trois cent soixante-dix mille hommes, niveau auquel elle serait ramenée en trois ou quatre ans. Ce chiffre serait inclus dans un accord général sur les FCE. Les Soviétiques retireraient leurs forces de l'ancienne RDA pour la fin de 1994 et, tant que celles-ci resteraient en Allemagne, seules des unités allemandes non reliées à l'OTAN pourraient être stationnées sur l'ancien territoire de la RDA. Les troupes alliées pourraient rester à Berlin tant qu'il resterait des troupes soviétiques à l'Est. Une fois celles-ci parties, des forces allemandes relevant de l'OTAN pourraient stationner dans l'Allemagne orientale, mais aucune arme nucléaire. L'Allemagne pouvait rejoindre les alliances de son choix et était pleinement souveraine. Enfin, les quatre puissances abandonnaient leurs droits et responsabilités. La réunification eut lieu formellement le 3 octobre, la RFA absorbant simplement les cinq Länder orientaux, désormais reconstitués, conformément à l'article 23 de la loi fondamentale.

GEORGE BUSH

En définitive, le règlement final était très proche de nos objectifs. L'Allemagne était unie et dans l'OTAN, quand bien même la zone orientale aurait un statut spécial. Pour les États-Unis, et en fin de compte pour l'Europe, la réunification s'était accomplie de façon étonnamment heureuse. Avions-nous eu de la chance ? Sans nul doute, car quelle chance cela avait été que les personnalités concernées aient pu coopérer à ce point ! Néanmoins, notre compréhension des préoccupations légitimes des Allemands, de celles des Français et des Britanniques, comme des enjeux qu'une solution représentait pour les Soviétiques, a permis d'alimenter le processus et de l'orienter dans la bonne direction. Je suis convaincu que si les États-Unis étaient restés sur la touche, les résultats auraient pu être désastreux. Allemands et Soviétiques auraient fort bien pu parvenir à un accord qui aurait maintenu l'Allemagne hors de l'OTAN. Kohl et le peuple allemand parlent avec émotion du rôle américain, portant généreusement à notre crédit le succès de la réunification de leur pays.

La réunification fut une succession rapide et inouïe d'événements à laquelle bien des personnes eurent du mal à s'adapter. Au début, quasiment tous les acteurs avaient une vision différente des conséquences, bienfaits ou même dangers de la réunification, sous l'angle de l'intérêt national. Pourtant, moins de un an après, nous avions accompli le plus profond changement politique et militaire que l'Europe avait connu depuis des lustres, sans confrontation, sans qu'une seule balle ne fût tirée, et l'Europe se retrouvait réconciliée avec elle-même. Probablement, à aucun autre moment de l'histoire, un événement d'une telle importance ne s'est produit sans provoquer un conflit.

BRENT SCOWCROFT

Pour moi, la guerre froide s'est terminée quand les Soviétiques ont accepté une Allemagne au sein de l'OTAN. Nous avions achevé le long processus qui avait mis un terme à la confrontation des superpuissances, processus qui avait été engagé par l'administration Reagan, mais qui avait été préservé par nous. Cela avait été facilité par l'instinct politique du Président, qui fit confiance à Kohl et sut gagner nos alliés, ainsi que l'Union soviétique. Plusieurs négociations décisives ont été initiées et conduites aux plus hauts niveaux. Ce fut de la diplomatie personnelle au meilleur sens du terme : la formation d'une coalition, la recherche du consensus, la compréhension, la tolérance, le sens du compromis avaient forgé une Europe nouvelle, transformée et unifiée. Il n'y avait pas eu de nouveau Versailles et aucune amertume internationale ne subsistait. Nous avions peut-être tiré les leçons des erreurs du passé. Chacun y retrouvait son compte. Nous avions été les bergers de cette victoire de la paix.

Parce que nous étions concentrés sur l'Europe orientale, la possibilité d'une unification, qui se fit jour à l'automne, nous avait pris de court. Par la force des choses, notre réaction fut plus improvisée que stratégique. En Allemagne et chez les Allemands, le bon sens voulait que l'unification reste un rêve lointain. De ce fait, nous n'avions effectué aucune planification systématique et fûmes contraints de rassembler nos idées à la hâte. Mais, même à l'automne 1989, cela était vrai aussi de tous nos alliés européens et de presque toute la direction allemande.

Il aurait été utile d'être plus ouverts sur cette question avec nos alliés. Nous avons constamment cherché à l'être avec les Soviétiques mais, avec nos amis, les occasions furent trop peu nombreuses, qui auraient permis de parler franchement. Un dialogue plus assidu avec les voisins de l'Allemagne aurait peut-être servi à réduire au moins leur amertume et leurs craintes. Nos efforts le permirent avec la Pologne. Pour ce qui est du Royaume-Uni et de la France, nous aurions peut-être pu être plus efficaces.

Une question cruciale, à propos de laquelle nous pouvions exercer et exerçâmes réellement une influence sans doute décisive, était de savoir si l'Allemagne unie resterait dans l'OTAN. L'issue n'était pas connue d'avance. Au début, Gorbatchev était inexorablement opposé à l'unification elle-même, *a fortiori* à l'adhésion allemande, et son attitude était loin d'être la plus négative au sein de la direction soviétique. Notre refus de tout triomphalisme, d'abord en Europe orientale et ensuite en Allemagne, ou de toute déclaration opposant « notre » victoire à « leur » défaite, aida à convaincre Gorbatchev que nous n'analysions pas les événements comme un jeu à somme nulle, mais plutôt comme une partie dont tous les joueurs sont gagnants. Nous avons énormément travaillé, au plan bilatéral mais aussi au sein de l'OTAN, pour que notre stratégie d'alliance glisse de l'Union soviétique vers des objectifs d'après-guerre froide. Cela permit à Gorbatchev d'affirmer au Politburo que l'OTAN avait changé et ne constituait plus une menace.

La rapidité de l'unification a probablement aidé à lever les objections de Gorbatchev. Il semblait incapable de faire de meilleures propositions que celles que nous poussions en avant. Ses efforts pour maintenir séparées les Allemagne se révélèrent vains. La seule option restante, en dehors du recours à la force, était d'obtenir la neutralité de l'Allemagne. S'il avait insisté, il aurait peut-être pu y parvenir, mais une Allemagne sans ancrage ni rênes en plein centre de l'Europe pouvait lui paraître pire qu'une Allemagne encastrée dans l'OTAN.

Bien que l'unification eût été accomplie, et l'Europe sur la voie de la guérison, des questions plus vastes restaient ouvertes. L'adhésion de l'Allemagne unie à l'OTAN préservait pour l'instant notre présence en Europe. Nous avions avancé sur la voie de la transformation de l'OTAN, en en faisant un instrument servant à la stabilisation de l'Europe, plutôt qu'à la confrontation militaire. Le pacte de Varsovie fut officiellement dissous cet été-là. Je pensais que l'OTAN et par là même les États-Unis pourraient conserver un rôle important dans la sécurité et la stabilité de l'Europe.

Combien de temps cela durerait-il ? La compétition pour le leadership politique et économique de l'Europe entrait dans une nouvelle ère, avec de nouvelles hypothèses et de nouveaux concurrents. Un poids lourd était apparu – l'Allemagne – et tout le monde n'était pas certain de ce que cela pouvait signifier. Une Margaret Thatcher plutôt pessimiste devait dire plus tard que nous n'avions pas attaché l'Allemagne à l'Europe, mais l'Europe à l'Allemagne. De son côté, François Mitterrand semblait encore convaincu qu'il pourrait conduire le couple franco-allemand et, par là, préserver la prédominance de la France dans la CEE. Il paraissait également croire, ou espérer, que l'OTAN s'atrophierait en tant qu'instrument de la sécurité européenne, la stabilité politique du continent devant être de plus en plus entretenue par l'UEO/CEE et la CSCE. Je pense qu'il prévoyait qu'un jour ou l'autre la propension isolationniste du peuple américain conclurait au retrait militaire des États-Unis et à l'abdication par ceux-ci de leur leadership militaire – au profit de la France. Pour notre part, nous pensions que l'Allemagne jouerait un rôle constructif en Europe et soutiendrait la présence stabilisante des États-Unis sur le continent. Il nous revenait de démontrer la valeur de notre rôle en Europe, en assurant une direction dynamique de l'Alliance. Il ne s'agissait pas là d'une vieille affaire en souffrance, mais bien d'une tâche nouvelle. La manière dont notre rôle se déploierait et évoluerait dépendrait pour beaucoup de la relation de coopération (elle-même évolutive) entre les superpuissances, confrontées aux défis nouveaux et imprévisibles du monde d'après la guerre froide.

CHAPITRE XIII

Cela ne passera pas

GEORGE BUSH

Le mercredi 1er août 1990, vers vingt heures vingt, je me trouvais dans le cabinet médical au sous-sol de la Maison Blanche quand je vis surgir un Brent soucieux, accompagné de Richard Haass, le spécialiste du Moyen-Orient auprès du Conseil national de sécurité. En tee-shirt, assis jambes ballantes sur la table d'examen, j'étais en train de subir une thermothérapie pour soulager mes épaules douloureuses d'avoir envoyé l'équivalent d'un seau de balles de golf quelques heures plus tôt. Renfilant ma chemise, je suivis mes deux visiteurs dans le couloir violemment éclairé. « Monsieur le Président, l'heure est grave, me dit Brent. L'Irak semble être sur le point d'envahir le Koweït. »

Cette nouvelle venait confirmer nos pires craintes. Tout au long de la journée, rapports et rumeurs avaient fait état d'un rassemblement de troupes irakiennes à la frontière avec le Koweït. L'équipe du Conseil national de sécurité et nos services de renseignements surveillaient la situation, et Brent m'avait tenu informé de l'évolution des événements. La tension entre les deux pays était vive depuis des semaines, après une confrontation au sein de l'OPEP au sujet de la production et des prix du pétrole. Tension encore envenimée par la vieille hostilité de l'Irak vis-à-vis du Koweït à cause de différends territoriaux. Après la conférence de l'OPEP du 25 juillet et un peu de diplomatie régionale, la crise politique semblait s'être calmée. Mais les rapports signalant une nouvelle activité militaire commençaient à se multiplier, bien que nous ne puissions rien dire avec certitude des intentions irakiennes sinon que le pays déployait ses troupes.

Après m'avoir dressé un bilan des faits, Richard Haass me suggéra de téléphoner à Saddam Hussein pour tenter de le convaincre de ne pas attaquer. Pendant notre conversation, Brent reçut un appel de Bob

Kimmit du Département d'État qui lui apprenait que notre ambassade signalait des bruits de fusillade dans le centre de Koweït City. « Parfait ! m'exclamai-je. Cela règle la question. Je n'appellerai pas Saddam Hussein ! » Brent et Richard me quittèrent alors pour tâcher d'en apprendre davantage.

Je dois avouer que, ce soir-là, j'avais d'autres soucis en tête que l'Irak. Nous étions au beau milieu d'une récession et d'une vilaine bataille budgétaire. Des réunions tendues se succédaient avec les chefs de file du Congrès pour trouver un compromis. Sans parler d'autres problèmes urgents de politique étrangère, telle une prise d'otages à Trinidad et une guerre civile dramatique au Liberia, mettant en danger des ressortissants américains.

Environ une heure plus tard, Brent m'appelait : « C'est fait, ils ont franchi la frontière. » Il ne s'agissait plus d'une simple dispute accompagnée de spectaculaires cliquètements de sabre ; c'était de l'agression pure et simple. Nos services de renseignements venaient de confirmer que l'Irak avait pénétré en force au Koweït. Tout à sa rigueur habituelle, Brent avait déjà convoqué une réunion afin d'examiner la situation et entamer le processus de recommandation. Cela devait marquer le début du rôle crucial souvent ignoré qu'il serait appelé à jouer dans les événements des mois suivants. C'est en effet avec lui que j'ai pris la plupart de mes décisions mûrement réfléchies.

J'avais du mal à croire que Saddam pousserait l'invasion plus loin. Un temps, j'ai cru, ou du moins espéré, qu'il agissait ainsi pour faire pression sur le Koweït afin de l'obliger à accepter un règlement de leurs différends, et qu'il se retirerait, une fois sa démonstration faite. Je m'inquiétais de l'effet de l'invasion sur d'autres pays de la région, notamment sur notre amie vulnérable, l'Arabie Saoudite.

Je priai Brent d'organiser une réunion du Conseil national de sécurité aux premières heures de la matinée du lendemain, avant mon départ pour Aspen dans le Colorado, où je devais prononcer un discours et rencontrer Margaret Thatcher. Quelques minutes plus tard, pendant que l'équipe du Conseil national s'entretenait avec le Département d'État, j'étais au téléphone avec Tom Pickering, notre ambassadeur auprès de l'ONU. Si j'étais prêt à gérer unilatéralement cette crise en cas de nécessité, je tenais à ce que l'ONU soit impliquée dans notre première réaction, à savoir une vive condamnation de l'attaque de l'Irak contre un pays membre. Rien de tel qu'une action décisive de l'ONU pour rallier l'opposition internationale contre l'invasion. Tom eut donc pour instruction de travailler avec les Koweïtiens et de s'efforcer de convoquer une réunion d'urgence du Conseil de sécurité.

Tout en étant optimiste, je ne savais pas trop ce que je pouvais espérer de l'ONU. J'étais très conscient qu'il s'agirait pour le Conseil de sécurité de son premier test sérieux depuis la fin de la guerre froide. Comment oublier ce qui s'était passé dans les années 1930 quand une Ligue des nations faible et passive n'avait pas su s'opposer aux agressions japonaise, italienne et allemande ! Cela n'avait fait qu'encourager les ambitions de ces régimes. L'ONU avait justement été constituée pour corriger les lacunes de la Ligue, mais la guerre froide avait figé les choses au sein du Conseil de sécurité. Toutefois nos relations en constante amélioration avec Moscou et nos rapports satisfaisants avec la Chine laissaient penser que nous pourrions obtenir leur coopération pour forger une unité internationale à opposer à l'Irak.

L'aide des Soviétiques, notamment, était essentielle, d'abord parce qu'ils jouissaient d'un droit de veto au sein du Conseil de sécurité, mais aussi parce qu'ils pourraient parachever l'isolement politique de l'Irak. Ce que nous nous efforcerions de faire allait contre les intérêts et la politique traditionnelle de Moscou dans la région. L'Union soviétique avait longtemps été un des principaux appuis politiques et militaires de l'Irak, vendant à Saddam Hussein des missiles Scud et des systèmes de défense aérienne, de même que des chars et autres équipements. Moscou avait sur place près de deux cents conseillers militaires, ainsi que quelques milliers de techniciens civils. La solidité de mes rapports avec Gorbatchev et de ceux de Jim avec Chevarnadzé étaient prometteurs, mais il restait encore à voir jusqu'où ils voudraient, ou pourraient, nous emboîter le pas.

BRENT SCOWCROFT

Je dînais dans un restaurant voisin avec un ami quand, un peu après dix-neuf heures, mon *pager* sonna. Rappelant la Situation Room, j'appris que Richard Haass me priait de regagner la Maison Blanche sur-le-champ.

J'avais fait entrer Richard au Conseil national de sécurité dès les premiers jours de notre arrivée au pouvoir. Sans avoir jamais travaillé avec lui, je le connaissais depuis plusieurs années, depuis son passage au Département d'État et à la Kennedy School de Harvard, grâce à ses écrits et aux diverses conférences auxquelles nous avions assisté ensemble. Il possédait d'extraordinaires capacités d'analyse et une manière novatrice d'envisager les choses. Travailleur infatigable, ce qui se révéla une véritable bénédiction, puisque la crise du Golfe venait s'ajouter pour lui à une masse déjà considérable de responsabilités, il possédait en outre la faculté étonnante de produire de l'excellente prose sous la pression la plus intense.

Ce soir-là, Richard rentrait d'une réunion interagences. Il me mit au courant des derniers rapports moroses des services de renseignements, ajoutant que le groupe préconisait que le président Bush appelle immédiatement Saddam pour l'inciter à la retenue. Peut-être était-il déjà trop tard, mais nous partîmes néanmoins pour la Résidence prévenir le Président. Il prit la nouvelle avec calme et écouta attentivement les détails dont nous disposions. Après l'appel de Kimmit nous informant que l'invasion était en cours, je fis convoquer le Deputies Committee que je présiderais puisque Bob Gates était en vacances. Je passai chez moi en coup de vent afin de prendre des nouvelles de ma femme, puis regagnai la Situation Room, où une réunion vidéo interagences était prévue à vingt-trois heures. Cette nuit-là, la discussion se poursuivit bien au-delà de deux heures du matin. Nous prîmes des dispositions pouvant rapidement être mises en œuvre, comme l'envoi de troupes sur place, dont une escadrille de F-15 en Arabie Saoudite, à condition, bien entendu, que cette dernière le veuille bien. Mais avant toute chose, il fallait geler les avoirs irakiens et koweïtiens aux États-Unis, notamment ces derniers pour empêcher les Irakiens de faire main basse dessus par le biais du gouvernement fantoche qu'ils venaient apparemment d'installer. Boyden Gray, le conseiller juridique de la Maison Blanche, rédigea à cette fin des décrets présidentiels que j'apportai au Président à quatre heures et demie du matin pour les lui faire signer.

Le golfe Persique n'avait pas fait partie de nos principales préoccupations au début de l'Administration. Malgré plusieurs différends parfois exaspérants avec l'Irak, la situation dans la région qui avait commencé à se normaliser après le conflit Iran-Irak de 1980-1988 retenait plus l'attention de nos spécialistes du Moyen-Orient que de l'équipe des décideurs politiques. Toutefois, l'accès au Golfe, avec ses vastes ressources pétrolières, était d'une importance économique et stratégique capitale pour les États-Unis, et nous avions demandé que l'un des premiers rapports stratégiques (NSR-10) porte sur cette région du globe.

Les décideurs politiques américains se préoccupaient de la sécurité et de la stabilité du Golfe depuis le départ des Britanniques à la fin des années 1960. Après la chute du shah, l'élément stabilisateur le plus fiable à nos yeux dans la région, les États-Unis avaient pris le parti de ne privilégier ni l'Irak ni l'Iran. Cela conduisit l'administration Reagan à pencher vers Bagdad pendant le conflit Iran-Irak, non par préférence pour l'un ou l'autre de ces régimes également condamnables, mais parce qu'on voulait qu'aucun ne sorte vainqueur de la guerre et qu'on craignait que l'Irak ne se révèle le plus faible. À la fin du conflit, l'administration Reagan entreprit de formaliser ses rapports légèrement améliorés avec l'Irak. On tentait ainsi d'encourager chez Saddam Hussein un comportement raisonnablement modéré. On espérait également garantir aux entreprises américaines un rôle de premier plan dans ce qui s'annonçait comme un important effort de reconstruction irakien.

Ces objectifs nous paraissant raisonnables, nous les poursuivîmes dans l'attente des conclusions du rapport. Mais ce fut loin d'être aisé. Saddam Hussein était un dictateur impitoyable, dur, paranoïaque, connaissant mal l'Occident et très méfiant à son égard. En matière de respect des Droits de l'homme, son régime avait une réputation désastreuse et son habitude d'abriter des terroristes, même si son soutien aux organisations terroristes internationales s'était tempéré pendant cette période d'amélioration de nos rapports, restait notoire et très préoccupante. En outre, sur le plan de la sécurité, l'Irak nous causait des soucis. Saddam possédait des programmes d'armements biologiques et chimiques, et il s'était servi de ce dernier type d'armes non seulement contre les Iraniens, mais aussi contre les Kurdes dans son propre pays. Comme ses voisins iraniens, il avait acquis des missiles balistiques à portée intermédiaire, menaçant ainsi des parties toujours plus vastes du Moyen-Orient, dont Israël. Plus inquiétant encore, nous savions qu'il s'efforçait de se constituer une capacité d'armements nucléaires, même si nos renseignements sur ses progrès en la matière divergeaient sérieusement.

L'analyse du NSR-10 attesta du bien-fondé de la politique de l'administration Reagan dans le Golfe. Le 2 octobre 1989, le président Bush publia une directive (NSD-26) qui réaffirmait nos intérêts stratégiques dans la région et, outre les mises en garde exprimant nos préoccupations, confirmaient globalement la politique précédente de rapprochement avec l'Irak : « Des rapports normaux entre les États-Unis et l'Irak serviraient nos intérêts durables et favoriseraient la stabilité à la fois dans le Golfe et au Moyen-Orient. Le gouvernement américain devrait proposer des mesures économiques et politiques de nature non seulement à encourager l'Irak à modérer son comportement, mais aussi à augmenter notre influence sur lui. » Le problème était de savoir comment inciter Saddam Hussein à se conduire comme un membre un tant soit peu responsable de la communauté internationale sans pour autant ni accepter, ni ignorer ses déprédations.

*Le principal stimulant économique que nous pouvions offrir était de poursuivre la politique des garanties de crédit du CCC aux exportateurs américains afin d'encourager l'importation par l'Irak de céréales américaines *. Fin 1989, nous débloquâmes un milliard pour ce faire, dont cinq cents millions disponibles immédiatement et le reste sujet à examen avant déblocage. Aux termes de la loi d'imputation de crédits à l'étranger votée en novembre 1989, le Congrès interdisait explicitement des programmes bancaires export-import pour l'Irak, et certains parlementaires menacèrent d'empêcher aussi l'Irak de recevoir des crédits CCC. Pour 1989, la totalité des exportations américaines vers l'Irak s'élevait à un milliard trois cents millions, à peine plus que la totalité de l'aide CCC disponible. On estimait que les importations américaines de pétrole irakien atteindraient deux milliards et demi en 1990. L'annulation du programme CCC aurait pratiquement réduit à néant le peu de pouvoir que nous avions sur l'Irak. En janvier 1990, le Congrès abandonna les sanctions CCC pour certaines notes en souffrance. Pour sa part, Bagdad fit quelques modestes gestes de bonne volonté, comme d'indiquer qu'ils étaient disposés à verser des dommages et intérêts aux familles des membres d'équipage tués sur le bâtiment* Stark, *touché par un missile irakien en 1987 pendant la guerre Iran-Irak.*

Nous n'étions pas prêts à aller plus loin, vu l'attitude ambiguë de Saddam. Nous faisions ce que nous considérions comme un effort de bonne volonté pour améliorer nos rapports, mais les résultats n'avaient rien de très prometteur. Nous continuions à nous heurter à l'Irak sur divers points. Pour leurs violations des Droits de l'homme, nous les cri-

* Ce programme du département de l'Agriculture fournissait un degré d'assurance pour les exportateurs américains ; il ne prévoyait ni attribution d'aide, ni transfert de fonds à l'Irak.

tiquâmes au sein de la commission des Droits de l'homme de l'ONU et dans notre rapport annuel sur ce sujet. Par ailleurs, nous dénonçâmes leur exécution du journaliste britannique Farzad Bazoft le 15 mars 1990. Devant notre exaspération croissante, certains des États arabes modérés, dont l'Égypte, commencèrent à exprimer leur inquiétude devant la nature de plus en plus conflictuelle de nos rapports avec leur voisin irakien.

BRENT SCOWCROFT

Début 1990, il m'est progressivement devenu évident que Saddam avait radicalement changé de politique vis-à-vis des États-Unis. Oubliée la relative modération qu'il avait adoptée jusque-là, peut-être surtout pour gagner nos faveurs. Son comportement devint encore plus imprévisible. Tout en certifiant à nos diplomates qu'il cherchait à améliorer ses rapports avec l'Occident, et notamment avec les États-Unis, il commença à clamer qu'il était la cible d'un complot ourdi par les États-Unis, Israël et la Grande-Bretagne. J'en conclus pour ma part que, pour on ne sait quelle raison, Saddam avait décidé de lâcher sa politique d'entente avec les États-Unis afin de se mettre au premier rang des « réjectionnistes », ces États opposés à la paix avec Israël, voire à son existence même. Il se joignit à leurs dénonciations de l'immigration des Juifs soviétiques en Israël, et début avril, menaça de réduire ce pays en cendres s'il attaquait de nouveau l'Irak, comme il l'avait fait en 1981, en touchant une installation nucléaire. Cette menace souleva un tollé en Occident. Le projet de fournir la seconde moitié (cinq cents millions de dollars) en crédits CCC fut abandonné, et le Congrès se remit à envisager des sanctions. Si mon analyse était correcte, notre politique actuelle ne convenait plus. Toutefois, Saddam était tellement célèbre pour sa versatilité que je jugeais préférable d'attendre d'obtenir de nouvelles données, avant de changer d'orientation. Cette décision présentait des risques minimum, puisque, de toute façon, il ne subsistait pas grand-chose de notre politique positive.

Outre son véhément discours anti-Israël, l'Irak s'employait visiblement toujours à produire des armes de destruction massive. En mars, découvrant qu'il tentait de se procurer, illégalement, des détonateurs nucléaires, nous réussîmes à l'en empêcher. Après enquête menée avec les Britanniques, nous parvînmes également à réduire à néant ses efforts pour obtenir les pièces d'un canon géant. Enfin en juillet, nous devions intercepter dans un port du New Jersey des fours à tungstène spéciaux susceptibles de servir à son programme d'armement nucléaire.

L'agressivité accrue de Saddam jeta un froid sur notre politique irakienne. L'analyse qui nous avait amenés à tenter de modérer son attitude semblait toujours l'approche la plus valable, mais nous ne pouvions plus ignorer l'évolution en cours. Il était visiblement temps de l'informer sans ambiguïté de ce que nous voulions et attendions de lui : à moins d'un changement manifeste de la politique internationale de l'Irak, nous mettrions un terme à nos échanges commerciaux. En d'autres termes, Sad-

dam Hussein se trouvait à une croisée de chemins : il suffisait qu'il fasse le mauvais choix pour nous transformer en adversaires.

Ce message fut d'abord envoyé par l'intermédiaire de notre ambassadeur à Bagdad, April Glaspie, au ministre des Affaires étrangères Tarek Aziz. À Washington, Larry Eagleburger eut une conversation dans ce sens avec l'ambassadeur irakien. En outre, nous décidâmes de profiter du voyage d'un groupe sénatorial bipartite au Moyen-Orient, sous la direction du chef de la minorité républicaine Bob Dole et comprenant le démocrate Howard Metzenbaum, pour sonder le terrain afin d'évaluer la nécessité de nouvelles sanctions. À leur retour, Dole rapporta que Saddam était effectivement convaincu de l'existence d'un complot contre l'Irak, bien qu'il eût paru satisfait quand on lui assura que le président Bush ne complotait pas contre lui. La conclusion du groupe de sénateurs était foncièrement optimiste : il fallait maintenir le cap et garder des rapports ouverts, des sanctions ne pouvant que conforter Saddam dans sa théorie du complot. Notre message à l'Irak était donc cohérent : nous souhaitions la stabilité régionale et des rapports constructifs, mais l'attitude de l'Irak présentait des obstacles majeurs.

Dans ce contexte de décisions déconcertantes en matière de politique étrangère, Saddam se mit aussi à s'accrocher avec ses voisins arabes à propos du pétrole. Les exportations pétrolières constituaient la principale source de devises étrangères de l'Irak et représentaient pratiquement la moitié de son PNB. Comme pour tous les membres de l'OPEP, le niveau de production et le prix du baril de Bagdad étaient fixés par consensus au sein de l'organisation. L'unité de l'OPEP, ainsi que la bonne volonté de ses membres d'observer les prix et les niveaux de production fixés (et donc leurs répercussions sur les prix mondiaux du pétrole) fluctuaient. Par le passé, l'organisation avait connu des périodes de solidarité, notamment en cas de hausse des prix. Mais, ces dernières années, comme les sources de pétrole extérieures à l'OPEP se multipliaient, entraînant une pression sur les tarifs mondiaux, les membres s'étaient de plus en plus souvent désolidarisés pour des raisons politiques et économiques. Avec la chute des prix, il était tentant de faire de la surproduction et de dépasser les quotas de vente pour maintenir le niveau de recettes, ce qui faisait encore baisser les prix, au grand désarroi d'autres membres de l'OPEP qui voyaient leurs propres revenus s'effondrer. Saddam, qui avait un besoin désespéré de cet argent, se mit à se plaindre amèrement de cette pratique, concentrant sa colère sur le Koweït et les Émirats arabes unis.

La production de pétrole n'était pas la seule source de friction entre l'Irak et le Koweït. Si le Koweït avait été un appui important de l'Irak pendant la guerre Iran-Irak (avec l'Arabie Saoudite, il avait vendu à son profit d'énormes quantités de pétrole extraites de la zone neutre), plusieurs facteurs avaient tendu leurs rapports par le passé. L'Irak contestait le tracé de leur frontière commune qui traversait le riche champ pétrolifère de Roumaïla. Il réclamait également les îles au large du Koweït, notamment Boubiyane, qui contrôlait l'accès de Umm Qasr, base navale et principal port irakien. Le Koweït avait « prêté» cette île à l'Irak pendant la guerre avec l'Iran, et Bagdad entendait bien la garder. En outre, l'Irak devait encore trente milliards de dollars au Koweït pour son aide pendant la guerre, dette dont ce dernier exigeait maintenant le remboursement. De quoi nourrir des ressentiments.

À la mi-juillet, Saddam accentua la confrontation. Le 17, il accusa le Koweït et les Émirats arabes unis de dépasser les quotas de production fixés par l'OPEP et de faire baisser les prix : cela avait fait perdre selon lui plus de quatorze milliards de dollars à son pays. Il avertit ses partenaires que l'Irak « prendrait des mesures pour inverser cette tendance » s'ils ne cessaient pas. Parallèlement, les médias irakiens lancèrent une campagne de propagande contre les deux pays. Saddam officialisa ces menaces dans une lettre belliqueuse qu'il fit porter par Tarek Aziz à M. Klibi, secrétaire général de la Ligue arabe, où il affirmait que le refus du Koweït de résoudre le différend frontalier et d'annuler l'énorme dette de l'Irak, de même que sa politique pétrolière et son « vol » du pétrole issu de champs pétrolifères disputés constituaient une « agression militaire ».

Le Koweït dépêcha des émissaires dans tous les pays arabes pour donner sa version des faits et demanda à la Ligue de jouer les médiateurs pour le différend frontalier. Saddam accrut la pression, en postant deux divisions de gardes républicains à la frontière le 19 juillet et en mobilisant d'autres troupes. Le Koweït mit immédiatement ses petites forces en état d'alerte (sans réclamer d'aide américaine). Les Émirats arabes unis, dont Bagdad avait attaqué les plates-formes pétrolières en mer pendant la guerre Iran-Irak, lui emboîtèrent le pas le 22 juillet, tout en nous demandant d'envoyer des avions ravitailleurs et de participer à des manœuvres militaires communes. Pour rappeler l'importance de nos intérêts dans la région et montrer notre mécontentement devant les tentatives d'intimidation irakiennes, nous envoyâmes deux avions ravitailleurs et un transport de troupes qui arrivèrent le 24 juillet. Les Saoudiens mirent leurs propres forces en alerte le 23 juillet, mais nous firent savoir que, s'ils appréciaient le soutien évident des États-Unis, ils préféraient que le problème soit résolu par les Arabes eux-mêmes.

Nous n'étions pas sûrs des objectifs de Saddam Hussein, au vu de ses assurances répétées qu'il n'attaquerait pas, affirmations qui semblaient avoir convaincu certains dirigeants arabes comme le président égyptien Moubarak, le roi saoudien Fahd, et le roi Hussein de Jordanie (tous en contact avec les deux camps). Selon Nathaniel Howell, notre ambassadeur au Koweït, les Koweïtiens eux-mêmes étaient perplexes. Pour eux il ne s'agissait plus seulement de pétrole et de différends frontaliers, mais d'une tentative de mainmise hégémonique sur la région : qui tirerait les ficelles dans l'OPEP et le monde arabe ? La situation leur rappelait les prémices de la guerre Iran-Irak. Nous surveillions de près les mouvements de troupes irakiennes mais, devant l'absence de déploiement logistique près de la frontière, nous en conclûmes que les Irakiens ne projetaient pas d'opération importante dans l'immédiat. Nous jugeâmes néanmoins qu'il était impératif d'intensifier nos avertissements. Nous n'avions pas d'engagement officiel vis-à-vis ni du Koweït, ni d'autres États voisins, mais depuis Eisenhower, tous les présidents américains avaient insisté sur l'importance de nos intérêts dans cette partie du monde. Le Département d'État convoqua l'ambassadeur irakien à Washington, afin de lui rappeler que l'attitude américaine pendant la guerre Iran-Irak avait apporté la preuve de notre engagement vis-à-vis de la souveraineté et de l'intégrité des États du Golfe et lui faire clairement savoir que nous continuerions à défendre nos intérêts dans la région. On pria l'ambassadrice Glaspie de tenir le même discours au ministre des Affaires étrangères irakien et, dès le 20 juillet, elle réitéra quotidiennement notre demande d'éclaircissements sur les intentions irakiennes.

Les dirigeants arabes modérés s'efforcèrent tant bien que mal de désamorcer la crise par des appels téléphoniques, l'envoi d'émissaires et des visites personnelles. Moubarak rencontra Tarek Aziz le 22 juillet au Caire, où le roi Hussein de Jordanie les rejoignit le lendemain. Deux jours plus tard, Moubarak se rendait à Bagdad, au Koweït et en Arabie Saoudite dans une tentative de jouer les médiateurs et proposer que les ministres des Affaires étrangères de la Ligue arabe se réunissent au Caire. Il tint le président Bush au courant de ses discussions par câble. Il avait prié Saddam Hussein de freiner l'escalade et d'accepter de régler les différends par la négociation. « Le président Hussein a été réceptif », nous écrivit-il. Moubarak était « sûr qu'on pourrait rapidement parvenir à un arrangement » et demandait aux États-Unis « d'éviter toute provocation qui risquerait de jeter de l'huile sur le feu et de rendre plus difficile l'apaisement des tensions. D'autre part, il serait souhaitable que tant en matière de manœuvres militaires communes que de déclarations officielles, on fasse preuve de plus de modération afin de rapprocher les parties au lieu d'exacerber leur méfiance réciproque ». Le prince Bandar bin-Sultan, l'ambassadeur saoudien à Washington, déclara au président Bush que les Arabes étaient satisfaits des discussions de Moubarak avec l'Irak et le Koweït, et que l'Arabie Saoudite approuvait la manière dont les États-Unis géraient la situation.

Le 25 juillet, Saddam convoqua soudain Glaspie au palais présidentiel. Parlant couramment l'arabe, cette dernière arriva seule, sans greffier ni interprète. Ensuite, elle nous envoya un câble résumant ses discussions et indiquant qu'elle avait trouvé Saddam inquiet : « Il ne veut pas nous aliéner davantage. Grâce à nos manœuvres avec les Émirats arabes unis, nous ne sommes pas passés inaperçus, et c'est parfait. Je pense que nous aurions intérêt à mettre un bémol à nos critiques officielles de l'Irak jusqu'à ce que nous voyions la tournure que prennent les négociations. » Saddam s'était plaint que nos manœuvres communes ne feraient qu'encourager les Émirats et le Koweït à ignorer la diplomatie conventionnelle. Il avertit théâtralement que si les États-Unis humiliaient publiquement l'Irak, il n'aurait d'autre alternative que de « riposter », aussi illogique et autodestructeur cela puisse-t-il se révéler. Glaspie câbla :

> *Sans être parfaitement explicite, le message de Saddam aux États-Unis semblait être qu'il s'efforcera de coopérer avec la diplomatie de Moubarak, mais que nous devons essayer de comprendre que l'« égoïsme » du Koweït et des Émirats arabes unis est insupportable. L'ambassadeur a clairement dit que nous n'accepterons jamais aucun règlement de différends autrement que par des moyens pacifiques.*

Dans son rapport plus long et plus complet, Glaspie donnait le détail des questions qu'elle avait posées à Saddam afin de se faire une meilleure idée de ses intentions :

> *N'est-il pas raisonnable de notre part d'être préoccupés quand le Président et le ministre des Affaires étrangères déclarent tous les deux publiquement que les actes du Koweït sont l'équivalent d'une agression militaire pour apprendre ensuite que de nombreuses unités des gardes républicains ont été envoyées à la frontière ? N'est-il pas raisonnable de notre part de vous poser, dans un esprit d'amitié et non de confrontation, la simple question suivante : Quelles sont vos intentions ?*
>
> *Saddam a admis la pertinence de nos interrogations. Il a reconnu qu'il était normal que nous nous préoccupions de la paix de la région, qu'en fait nos responsabilités de superpuissance l'exigeaient. « Mais comment pouvons-nous leur (le Koweït et les Émirats arabes unis) faire comprendre combien nous souffrons ? »*

Toujours selon Glaspie, Saddam Hussein l'abandonna alors un instant afin de prendre un appel de Moubarak qui lui apprenait qu'il s'était arrangé pour que des délégations koweïtiennes et irakiennes se rencontrent à Riyad et que le prince héritier koweïtien se rendrait ensuite à Bagdad pour négocier. « J'ai dit à Moubarak, rapporta Saddam, qu'il ne se passerait rien avant la réunion » et qu'il ne se passerait rien pendant ou après la réunion si les Koweïtiens voulaient bien enfin « nous donner un peu d'espoir ».

GEORGE BUSH

Diplomate aguerrie en qui j'avais toute confiance, Glaspie se retrouva sous le feu des critiques pour la teneur de ses entretiens avec Saddam. Il lui a menti, et elle lui a clairement fait comprendre que nous n'accepterions aucun règlement autre que pacifique de leurs différends. C'était fort mal interpréter cette conversation que de conclure que nous donnions à Saddam le feu vert pour envahir son voisin. Personne, notamment Saddam Hussein, ne pouvait douter que, possédant de solides intérêts dans le Golfe, les États-Unis condamneraient une agression. C'était d'une mauvaise foi totale que de considérer que la déclaration de Glaspie (« comme vous le savez, nous n'avons aucune opinion sur les différends territoriaux » : ce qui en jargon diplomatique voulait dire que nous ne prenions pas position sur les mérites d'un différend frontalier, mais que nous espérions le voir réglé pacifiquement) équivalait à donner carte blanche à Saddam en sous-entendant que nous regarderions ailleurs en cas d'agression. La réprimande qu'infligea le Congrès à Glaspie fut selon moi parfaitement déplacée.

Pendant que Glaspie s'entretenait avec Saddam à Bagdad, la diplomatie arabe opérait à la réunion cruciale de l'OPEP à Genève. En l'occurrence, le Koweït et les Émirats arabes unis acceptèrent des dispositions de fixation des prix que l'Irak jugea satisfaisantes. L'OPEP créa également des commissions pour faire appliquer ces mesures, ce qui était une réponse à l'un des principaux griefs de l'Irak. Saddam ne tirerait pas forcément un soulagement financier immédiat de ses exportations de pétrole (les prix fixés n'étant pas aussi élevés qu'il l'exigeait), mais il avait obtenu une action de l'OPEP et des promesses que le Koweït et les Émirats respecteraient les nouveaux tarifs et quotas. On annonça les pourparlers avec le Koweït dont Bagdad aurait accepté l'idée, et Moubarak déclara que Saddam lui avait personnellement déclaré que l'Irak n'avait aucune intention d'envahir son voisin. Il nous sembla à nous et aux dirigeants arabes que le pire de la crise était peut-être passé.

BRENT SCOWCROFT

Le Département d'État et nous autres du Conseil national de sécurité nous sentîmes encouragés par ce que nous considérions comme un progrès, après les entretiens de Glaspie avec Saddam et les résultats de la réunion de l'OPEP. La diplomatie semblait porter ses fruits lentement mais sûrement, et les dirigeants arabes étaient optimistes. Le discours irakien s'adoucissait, et les attaques des médias s'atténuaient. Glaspie nous suggérait non seulement de ne pas encore faire de vagues, mais de laisser une chance aux négociations d'avancer avant de tenter quoi que ce soit. Pour préserver cette amélioration dans la mesure du possible, les équipes du Conseil national de sécurité et du Département d'État recommandèrent l'envoi d'un câble présidentiel à Saddam : une initiative des plus inhabituelles. Tout en y exprimant notre satisfaction devant les développements récents, nous le mettions également en garde contre de nouveaux actes belliqueux. Nous lui rappelions que nous avions des intérêts dans la région. Nous ne voulions pas envoyer un message plus « musclé » avant les pourparlers entre l'Irak et le Koweït, parce que ce n'était le moment ni de « la ramener », ni de proférer des menaces. Les dirigeants arabes affirmaient qu'ils maîtrisaient la situation et que des initiatives unilatérales venant des États-Unis ne feraient que compliquer les choses. Le câble fut expédié le 28 juillet. Le roi Hussein appela le Président le lendemain : le message avait été « bien reçu, et il ne se passera rien ».

Malgré le nouvel accord du 25 juillet au sein de l'OPEP, les avertissements diplomatiques et ses promesses aux dirigeants arabes, Saddam continua à déployer ses troupes le long de la frontière du Koweït. Dès le 24 juillet, nos analystes nous annonçaient qu'il disposait de suffisamment de soldats et d'équipement logistique « pour n'importe quelle option ». Le 31 juillet, ces forces frôlaient les cent mille hommes, presque cinq fois celles du Koweït. Saddam tentait-il d'extorquer des concessions supplémentaires au Koweït, telle une aide financière, ou bien cherchait-il à obliger le Koweït et les Émirats à respecter l'accord de l'OPEP ? Tenterait-il de s'emparer du champ pétrolifère de Roumaïla et des îles de Warba et de Boubiyane ? Il y avait aussi le risque qu'il ne fasse main basse sur la totalité du territoire de son voisin. Il disposait à présent de suffisamment d'hommes pour écraser l'armée koweïtienne en quarante-huit heures.

Comme Saddam était bien parti pour atteindre ses objectifs affichés, il paraissait peu probable qu'il envahirait. Il avait obtenu une hausse des prix du pétrole, le problème qui semblait être à l'origine de la crise, et les créditeurs de l'Irak annuleraient vraisemblablement bientôt ses plus grosses dettes, tout en lui promettant des subsides pour l'aider à reconstruire son économie. De ce fait, ses initiatives ultérieures firent figure de tentatives d'extorsion, destinées à arracher de nouvelles concessions économiques et territoriales au Koweït, voire à résoudre le différend frontalier selon les termes irakiens.

Le 31 juillet, les deux camps se rencontrèrent à Jeddah, mais les pourparlers échouèrent quand l'Irak exigea du Koweït qu'il annule sa dette et cède un peu de territoire. Toutefois, Tarek Aziz annonça que les discussions, sous la médiation de Moubarak et du roi Fahd, se poursuivraient à Bagdad et Mohammed Sadiq al-Mashat, l'ambassadeur irakien, déclara la même chose à John Kelly, secrétaire d'État adjoint, à Washington. La nuit suivante, l'Irak envahissait le Koweït.

BRENT SCOWCROFT

Nos efforts pour éviter le conflit, mettre Saddam Hussein en garde contre tout comportement belliqueux, annoncer clairement que nous soutiendrions nos amis, tout en continuant à proposer de bons rapports en échange d'un comportement acceptable, avaient échoué. Est-ce qu'une politique de « dissuasion », consistant par exemple à menacer de riposter à tout usage irakien de la force aurait été plus efficace ? Comme par la suite Saddam ne fut en rien dissuadé par le déploiement d'un demi-million de soldats contre lui, c'est peu probable. Toutes les guerres ne sont pas évitables, et peut-être était-ce le cas de celle-ci. Saddam n'aurait pas changé de cap pour autant. Aurions-nous été plus belliqueux s'il avait envahi (ce qu'il aurait probablement fait de toute façon), on nous aurait accusés de provocation, ce qui ne nous aurait pas facilité la tâche pour constituer la coalition qui finit par le vaincre.

Si nous n'avions pas menacé d'intervenir, c'était en grande partie parce que nos alliés arabes nous certifiaient que ce serait contre-productif... non seulement pour nos rapports avec l'Irak, mais aussi pour notre position dans la région. Il fallait absolument que nous tenions compte de leurs conseils, que nous les prenions au sérieux et que nous n'agissions pas unilatéralement. Nous avions besoin de l'appui arabe quelle que soit l'approche que nous adopterions. Nous compromettrions sans aucun doute une amélioration des rapports américano-arabes, ainsi que notre crédibilité au Moyen-Orient, si nous prenions des mesures contre un État arabe sans bénéficier d'un soutien régional. En tout état de cause, après l'invasion, la coalition arabe resserra les rangs autour de nous, parce qu'il était évident que nous avions fait notre possible pour éviter le conflit et que Saddam était entièrement dans son tort.

GEORGE BUSH

Au matin du 2 août, Barbara et moi étions en train de lire la presse quand Brent arriva un peu avant cinq heures. Visiblement épuisé, il me mit au courant des premiers renseignements sur l'invasion et de la teneur des discussions qu'il avait eues pendant la nuit. Selon la version officielle irakienne, ils avaient envahi sous le prétexte d'un coup d'État dont les « dirigeants », prétendant être le gouvernement « légitime » du Koweït, les avaient appelés à la rescousse. Dans l'immédiat, nos options étaient limitées. Ni les Koweïtiens ni les Saoudiens n'avaient encore officiellement réclamé notre aide, mais il était important que nous leur montrions rapidement notre soutien. Je donnai l'ordre à nos bâtiments de guerre déjà en état d'alerte à l'île de Diego Garcia, dans l'océan Indien, de faire route vers le golfe Persique. Ensuite, il faudrait amener des forces aériennes dans la région. Brent m'expliqua que Bob Kimmit était en train de chercher à obtenir des Saoudiens qu'ils nous autorisent à leur envoyer une escadrille de F-15. Il me fit signer le décret présidentiel gelant les avoirs de l'Irak et du Koweït aux États-Unis. À défaut, nous pouvions au moins prendre des mesures économiques.

Après ma douche, je me rendis au Bureau Ovale. À six heures trente, Tom Pickering appelait pour rendre compte des décisions du Conseil de sécurité de l'ONU. Comme Brent, il avait passé la nuit à rédiger un projet de résolution avec les Koweïtiens et les autres membres du Conseil. Au matin, le Conseil avait adopté par quatorze voix la résolution 660 condamnant l'agression de l'Irak, exigeant qu'il retire ses troupes du Koweït et que le conflit soit résolu par le biais de négociations. Je fus déçu et inquiet de voir que le Yémen, voisin de l'Arabie Saoudite, s'était abstenu, probablement dans une tentative de se faire bien voir de l'Irak. Connaissant le président Ali Abdullah Saleh, je n'avais pas le sentiment qu'il se rallierait sans réfléchir à Saddam. Toutefois, la décision de l'ONU était une bonne nouvelle. Les Soviétiques nous avaient soutenus, et c'était la première pierre de la construction d'une force d'opposition.

Vers sept heures, Brent arriva dans le Bureau Ovale et, à sept heures trente, Bill Webster et Hank Applebaum (rapporteur de la CIA) firent leur apparition avec une liasse de papiers pour le rapport quotidien de l'Agence. Avec Brent en ligne, j'appelai alors Jim Baker qui était de passage à Oulan-Bator en Mongolie après une réunion sur le contrôle des armements avec Chevarnadzé à Irkoutsk. Mis au courant des signes inquiétants dans le Golfe, Jim avait déjà évoqué le risque d'une invasion avec Chevarnadzé. Ce dernier pensait, comme nous l'avions cru plus tôt, que Saddam cherchait seulement à « forcer la main » des Koweïtiens. À la nouvelle de l'invasion, Jim avait pressé les Soviétiques de se joindre à un embargo sur l'exportation d'armes vers l'Irak, si bien que Chevarnadzé avait regagné Moscou afin de consulter Gorbatchev.

Un peu après huit heures, je rejoignis Brent et le reste du NSC dans le Cabinet Room. Durant la séance de photos juste avant le début de nos discussions, je m'adressai brièvement aux journalistes chez qui les spéculations allaient déjà bon train. Devant la forêt de micros, je mesurai mes propos. Je condamnai l'invasion, décrivis les initiatives que nous avions prises, et soulignai qu'il s'agissait d'une réunion exploratoire destinée à passer en revue toutes les options pour la défense de nos intérêts dans le Golfe. Aussitôt Helen Thomas, d'UPI, me demanda si une intervention faisait selon moi partie de ces options.

Comme je ne voulais pas que mes premiers commentaires fassent référence à la menace d'un recours à la force, je lui répondis que je n'envisageais pas d'intervention, précisant que, même si je savais que nous utiliserions la force, je ne choisirais pas de l'annoncer par le biais d'une conférence de presse. En vérité, à cet instant, je n'avais pas la moindre idée des options qui s'offraient à nous. Je savais, bien sûr, qu'il fallait mettre un terme à l'agression irakienne et restaurer la souveraineté du Koweït. Comme nous avions du travail sur la planche pour convaincre l'opinion à l'intérieur et à l'étranger de nous soutenir, nous ne pouvions guère nous permettre de paraître trop agressifs au départ. J'espérais faire comprendre que tant que je ne connaîtrais pas tous les faits, toutes les solutions restaient envisageables.

BRENT SCOWCROFT

Que le Président annonce qu'il n'envisageait pas d'intervention fut interprété par certains comme une marque de passivité ou d'indécision sur la réaction à avoir devant l'invasion irakienne jusqu'à ce que Margaret Thatcher lui « remonte les bretelles » lors de leur rencontre un peu plus tard ce même jour. Rien n'est plus faux, même s'il faut avouer que le choix de ses termes n'eut rien d'heureux. Mais ce choix était délibéré : un, le Président ne voulait rien dire à ce point qui puisse trahir ses pensées ; deux, il tenait à souligner que le Conseil national de sécurité ne se réunissait pas pour prendre une décision, mais pour discuter de la situation et des options possibles.

Cette réunion fut un peu chaotique. N'ayant pas une idée très claire de ce qui se passait sur le terrain, nous nous attachâmes à examiner les répercussions économiques de l'invasion et à tenter d'imaginer les initiatives que prendraient ensuite Saddam. Webster décrivit l'étendue de l'invasion et dressa le bilan des réactions des autres pays. La Ligue arabe avait voté une résolution condamnant l'Irak, mais sans réclamer de riposte armée. Moscou ne s'était encore pas prononcé officiellement. L'OTAN et le Japon avaient réclamé le retrait de l'Irak du Koweït. « La Bourse de Tokyo est en baisse ; les prix du pétrole grimpent, dit Webster. Les Britanniques ont parlé d'une grave menace pour la paix régionale. Il semble que le Koweït était l'unique objectif militaire. »

Bob Kimmit, qui représentait Baker et Eagleburger, résuma les initiatives diplomatiques que nous avions déjà prises. Répondant à la convocation du Département d'État, l'ambassadeur irakien avait prétendu ne savoir rien d'autre que ce que Bagdad avait officiellement déclaré. Toutes les missions diplomatiques avaient été mises au courant, et les Européens travaillaient déjà avec nous. Personne ne soutenait l'Irak. Nous avions envoyé des câbles demandant à nos alliés de se rallier à nos mesures économiques. Les Britanniques étaient en réunion de cabinet pour décider de la marche à suivre. Nous demandions également aux Soviétiques, aux Français, aux Italiens et aux Chinois de stopper leurs expéditions d'armes vers l'Irak. Apparemment aucun des trois mille civils américains et des cent trente membres de notre ambassade au Koweït n'avaient été maltraités, pas plus que les cinq cents Américains et les quarante-deux membres d'ambassade présents à Bagdad.

Nicholas Brady souligna que la source de la puissance irakienne était son pétrole. Sans lui, Bagdad n'aurait pas de quoi financer son armée. Il suggéra que nous coupions le pétrole irakien et koweïtien en priant les autres producteurs de compenser le déficit de production. Cheney ajouta que si l'on se contentait de sanctions économiques et politiques, l'Irak pouvait devenir une grande puissance pétrolière du jour au lendemain : « Le reste du monde a un besoin désespéré de pétrole. Personne ne s'apitoie vraiment sur le sort de ce pauvre Koweït. Il sera peut-être difficile de mettre en place un bon train de sanctions économiques. »

Nous évoquâmes ensuite les conséquences d'une coupure du pétrole, puis Colin Powell nous expliqua nos options militaires : « Depuis plusieurs semaines, le commandant en chef des armées [le général Norman Schwarzkopf] et les [chefs d'état-major] préparent des options militaires en cas de besoin. » Schwarzkopf, commandant en chef des armées et responsable de toute mise en œuvre d'une riposte militaire dans la région, avait également été convié à la réunion. Il décrivit les effectifs dont nous disposions à proximité pour des attaques aériennes de l'Irak, que facilitait la présence de nos porte-avions croisant dans le Golfe, en précisant la date approximative à laquelle ils pourraient agir, de même que la rapidité avec laquelle il serait possible de transférer de nouvelles troupes pour défendre l'Arabie Saoudite. Si nous avions dans le Golfe des bâtiments pouvant atteindre certains objectifs en quelques heures, il faudrait plusieurs jours pour préparer une force d'intervention plus importante. Nous disposions de F-15 et de F-16 prêts à intervenir, qui pourraient servir à défendre l'Arabie Saoudite. Mais il faudrait pour ce faire qu'ils y soient basés. Et, pour l'instant, les Saoudiens n'avaient toujours pas donné leur accord.

Schwarzkopf ajouta qu'il existait également un plan d'action au point pour protéger les champs pétrolifères saoudiens, en se servant des forces stationnées dans la région, et qu'il était sûr que nous pourrions nous opposer à une attaque irakienne contre ces objectifs. En revanche, si nous souhaitions organiser une campagne aérienne contre l'Irak lui-même, il nous faudrait beaucoup plus d'effectifs et davantage de temps. Il ne fallait pas oublier que nous étions confrontés à plus de un million de soldats irakiens. Il faudrait environ vingt jours pour déployer suffisamment d'avions et de porte-avions avec leur groupes de combat.

« Prenons un peu de recul, dit Scowcroft. La principale option sur le plan économique, c'est le pétrole... Nous avons plusieurs solutions : fermer les deux oléoducs (traversant la Turquie et l'Arabie Saoudite), prier les pétroliers se rendant au Koweït de rebrousser chemin... ce sera moins facile en pratique qu'en théorie. Nous devrions organiser un embargo sur les ventes de pétrole de l'Irak et du Koweït. » Il y eut ensuite un long débat sur les conséquences de l'interruption de la distribution du pétrole et son retentissement sur les pays que ces mesures touchaient de plein fouet. Le président Bush demanda à Brady de réclamer une analyse du problème et s'enquit des sanctions économiques internationales au titre du chapitre VII de la charte de l'ONU qui prévoit pour ses membres l'obligation de les observer. Pickering dit que nous étions prêts à soumettre le problème à l'ONU. « Des sanctions internationales nous couvriront sur le plan de la sécurité, dit le Président. Cela donnera le cran à l'Arabie Saoudite et à d'autres de prendre des décisions difficiles, comme de fermer les oléoducs. »

Kimmit rapporta que le Département d'État étudiait le problème de l'évacuation des Américains du Koweït et de Bagdad. Ils avaient également évoqué l'éventualité de rompre les rapports diplomatiques, pour décider finalement de n'en rien faire. La sécurité de ressortissants américains était en jeu, et nous avions besoin de nos représentants à Bagdad pour les protéger.

Le président Bush suggéra que nous demandions au Congrès de voter des résolutions imposant des sanctions unilatérales, recommandant une action de l'ONU et soutenant nos ripostes. Mais nous avions besoin de davantage de données, enchaîna-t-il. Il n'était pas question de faire des déclarations nous engageant à quoi que ce soit avant de bien cerner la situation.

« Attention ! l'Arabie Saoudite et d'autres vont se débiner si nous nous montrons faibles », avertit Cheney. Powell se demandait si nous ne devrions pas déclarer que l'Arabie Saoudite était un intérêt vital pour les États-Unis :

« Je pense que nous n'avons pas le choix, conclut-il. La question est de savoir comment on présente la chose à l'opinion.

– Je suis d'accord », dit le Président, ajoutant que nous ne devrions pas oublier d'impliquer les autres grandes puissances. Pour l'instant les Soviétiques avaient bien réagi. « Nous pouvons les amener à s'engager, dit-il. Au moins, les convaincre d'accepter une riposte. Les rapports soviéto-américains sont bons, mais il ne faut pas oublier le désir soviétique d'avoir accès à des ports en eaux chaudes. Pas question de ressusciter ce vieux désir. Quelque chose de positif comme un communiqué commun, peut-être. » La phase suivante aurait pour cadre l'ONU et le Conseil de sécurité. « À New York, nous devrions insister pour faire pression sur l'Arabie Saoudite et les autres... Tâchons de mettre les sanctions [américaines] en place avant midi. »

BRENT SCOWCROFT

Le ton de ces discussions m'horrifia littéralement : on avait l'air de se résigner à l'invasion, voire de chercher à s'adapter au *fait accompli*. Certains semblaient considérer les événements comme une simple crise passagère. C'était à croire que l'on oubliait les énormes enjeux des États-Unis dans la situation, ou encore les conséquences potentielles de l'invasion sur le monde naissant de l'après-guerre froide. D'aucuns semblaient être conscients de la gravité de la situation, mais la plupart se focalisaient surtout sur les prix du pétrole et le bouleversement que cela créerait au Moyen-Orient. À les entendre, cette crise éclatait dans un lieu géographiquement si éloigné qu'il serait malaisé de la gérer avec sérieux. Plus tard dans la matinée, je fis part de mes préoccupations au président Bush. Je lui demandai l'autorisation de rompre avec les usages des réunions du Conseil national de sécurité en prenant la parole le premier lors de la suivante, afin d'insister sur le caractère absolument intolérable de cette invasion pour les intérêts américains. Partageant mes préoccupations, il proposa de se charger de cette déclaration d'ouverture. Comme, à mon avis, cela risquait d'étouffer la discussion, nous convînmes donc que j'interviendrais effectivement le premier.

Au sortir ou presque de cette réunion, nous partîmes pour le Colorado. Comme l'aéroport d'Aspen était trop petit pour accueillir le 707 servant généralement d'avion présidentiel, le Président décida de se rendre directement à destination à bord d'un petit Gulfstream C-20, plutôt que de perdre un temps précieux en changeant d'appareil à Denver. John Sununu, lui et moi nous entassâmes donc dans la petite cabine avant, pratiquement genoux contre genoux, partageant les téléphones, au milieu d'une marée de papiers.

À Aspen, le Président devait prononcer un important discours sur une stratégie militaire et une structure armée nouvelles, plus adaptées à la fin de la guerre froide. À présent ce discours réclamait plusieurs révisions. Je fis frénétiquement plusieurs projets de modifications, et entre deux appels téléphoniques du Président à des chefs de file du Congrès et à des dirigeants étrangers, je consultai Washington à leur sujet, tout en m'efforçant de me tenir au courant des derniers développements dans le Golfe. C'est au cours de la discussion sur les changements à apporter au discours que je pris conscience que le Président était prêt à recourir à la force pour chasser Saddam du Koweït si cela se révélait nécessaire, bien qu'il ne le dît pas explicitement.

GEORGE BUSH

Je profitai du vol vers Aspen pour sonder les dirigeants étrangers. J'appelai Hosni Moubarak et le roi Hussein, qui se trouvaient justement être ensemble à Alexandrie. La situation les préoccupait tous les deux.

Le roi Hussein m'apprit qu'il s'apprêtait à se rendre en Arabie Saoudite et en Irak : « Je vous implore de rester calme, Monsieur. Nous tenons à régler cette affaire dans un contexte arabe, trouver un moyen qui nous permette de construire un avenir meilleur. » Je lui répondis que le *statu quo* était inacceptable pour les États-Unis, comme pour le reste du monde : « Je suis sûr que Saddam Hussein en est conscient, mais vous pouvez le lui dire de ma part. » Le roi répondit que l'Irak était « décidé à se retirer le plus tôt possible, peut-être avant quelques jours » et promit de l'y inciter fermement.

Moubarak m'expliqua qu'ils s'efforçaient de trouver une solution de repli qui ne ferait pas passer le gouvernement koweïtien « à la trappe » : « George, accordez-nous deux jours pour trouver une solution. » Je lui parlai des mesures économiques que nous avions prises. « À moins, bien sûr, que des Américains ne soient menacés... cela changerait complètement la donne. » Hosni soutint les sanctions (bien que je n'aie pas expressément soulevé le sujet) : « Je vais en parler à Saddam Hussein sur-le-champ. Je suis également en contact avec les Saoudiens.

– C'est très important, insistai-je. Je vous prie de faire savoir à Saddam Hussein que son acte préoccupe grandement les États-Unis. Nous craignons qu'il ne fasse des émules... vous voyez ce que je veux dire, cher ami. Dites-le à Saddam si vous voulez. » Hosni m'affirma qu'il le ferait, ou que sinon la catastrophe serait encore plus grave. « Je prierai pour vous », conclus-je.

BRENT SCOWCROFT

Je me méfiais d'une « solution arabe », craignant que cela n'aboutisse à un compromis avec Saddam. C'était un vrai dilemme. Si nous refusions d'accorder du temps à un éventuel règlement arabe, nous risquions de nous aliéner nos meilleurs amis à l'instant où nous avions le plus besoin d'eux. Mais si nous acceptions, et que les Arabes trouvent un compromis, comment pourrions-nous le rejeter ?

GEORGE BUSH

Je rappelai Baker en Mongolie pour faire le point sur la progression de nos discussions avec les Soviétiques. Pendant ce temps-là, Brent s'entretenait sur une autre ligne avec Dennis Ross, du Département d'État, qui, accompagné de Bob Zoellick, se trouvait à Moscou avec Chevarnadzé. Jim avait l'intention de rentrer à Moscou pour tenter de mettre au point un communiqué commun (que Ross et Zoellick préparaient déjà), lequel condamnerait l'acte de l'Irak et appellerait à un retrait du Koweït.

J'eus une occasion de bavarder avec Margaret Thatcher dans le salon de notre ambassadeur en Grande-Bretagne, Henry Catto, qui possédait une résidence à Aspen. Margaret et moi avions pratiquement la même approche de la situation, ce qui, selon moi, était mutuellement rassurant. Je lui parlai du communiqué soviéto-américain auquel nous travaillions, et lui appris que je m'étais entretenu avec Moubarak et le roi Hussein : « Ils s'apprêtaient à parler à Saddam et nous ont prié de ne pas précipiter le mouvement... ils avaient besoin de temps. J'ai dit que nous ne pouvions pas accepter le *statu quo*. Il fallait que cela se solde par un retrait des troupes irakiennes et la restauration du gouvernement koweïtien. » J'ajoutai que je faisais venir un porte-avions de Diego Garcia.

« Si l'Irak gagne, aucun petit État n'est à l'abri, dit Margaret. Ils ne s'en tiendront pas là. Ils y voient une occasion de faire main basse sur une part importante des ressources pétrolières. Il faut absolument y mettre le holà. » Avec son cabinet, elle avait évoqué l'éventualité de prendre des sanctions commerciales, mais elle estimait que le monde entier devait en faire autant. Elle se demandait si les Arabes agiraient et si les Saoudiens fermeraient leur oléoduc. Si tel était le cas, quel serait l'impact sur le marché du pétrole ? « Les Saoudiens sont *essentiels*, nous ne pouvons rien faire sans eux. » Elle insista pour que dès lundi, nous nous rendions à l'ONU afin de réclamer des sanctions. « Le roi Hussein n'a pas été très coopératif, ajouta-t-elle. Selon lui, les Koweïtiens ne l'ont pas volé... visiblement, on ne les aime guère. Mais il a accepté à contrecœur d'intervenir auprès de Saddam... » Elle n'était pas sûre des positions de la Syrie et de l'Iran.

Je lui dis que les Saoudiens pouvaient compenser la différence pour le pétrole irakien et koweïtien que nous couperions et que l'Iran avait fait des ouvertures dans ce sens : « L'une de mes craintes est que les Israéliens interviennent. Ce serait de nature à unifier les Arabes. » Selon Margaret, la seule solution était d'obtenir des sanctions par le biais du Conseil de sécurité : « Il faut qu'on gagne. Perdre le pétrole saoudien serait un coup dont nous ne nous relèverions pas... Il n'est pas question de céder aux dictateurs. [Et] nous ne pouvons déclencher un embargo fiable sur le pétrole sans organiser un blocus. »

Vers quatorze heures, Margaret et moi donnâmes une conférence de presse. Nous condamnâmes l'agression de l'Irak tout en réclamant un règlement pacifique, avec le retrait des forces irakiennes et la restauration du gouvernement koweïtien. Margaret mit le doigt sur le point le plus important... les nations du monde avaient-elles réellement la volonté d'appliquer collectivement les résolutions du Conseil de sécurité et d'imposer non seulement le retrait de l'Irak, mais la restauration du gouvernement koweïtien ? Il reviendrait au gouvernement américain de s'en assurer.

En fin d'après-midi, j'appelai le roi Fahd de la chambre des Catto, sous l'œil attentif de Brent. L'Arabie Saoudite serait indispensable à toutes les actions militaires que nous pourrions entreprendre et risquait elle-même d'être en danger. À ce moment-là, nous ignorions si les forces irakiennes s'arrêteraient à la frontière saoudienne. Ce fut un appel riche en émotions. Le roi était agité, et l'interprète avait du mal à suivre.

Fahd m'expliqua comment il s'était efforcé de résoudre les différends Irak-Koweït avant que l'Irak ne frappe et que les deux camps avaient fait part de leur volonté de parler. Saddam avait même assuré aux Saoudiens qu'« il n'avait aucun intérêt à attaquer le Koweït ». Le roi ajouta, furieux, que Saddam avait fait le contraire « parce qu'il est vaniteux. Il ne voit pas en quoi ses actes bouleversent l'ordre mondial. C'est à croire qu'il ne pense qu'à lui. Il marche sur les traces de Hitler en créant des problèmes planétaires – à la différence que l'un était vaniteux et que l'autre est à la fois vaniteux et dingue. Je pense que rien ne marchera avec Saddam sinon le recours à la force ».

Il lui avait rappelé que, pendant le sommet arabe de Bagdad, le dirigeant irakien avait suggéré un pacte de non-agression entre les pays de la région, par lequel chacun s'engagerait à ne pas s'immiscer dans les affaires intérieures de ses voisins. « Aujourd'hui, je suis allé droit au but avec lui, continua le roi. Je lui ai demandé de se retirer sur-le-champ du Koweït et lui ai signifié que nous ne considérerions aucun régime [imposé] représentatif de l'opinion publique koweïtienne, ou de l'opinion publique arabe. » Saddam avait demandé à discuter avec les Saoudiens, et le roi pensait qu'on pouvait peut-être trouver une solution : « Je lui ai dit que je le tenais responsable de la sécurité de tous les habitants du Koweït, ressortissants koweïtiens et autres. »

Le roi Fahd ajouta qu'il était disposé à recevoir l'émissaire irakien, attendu le lendemain, mais qu'il faudrait que Saddam comprenne que l'armée irakienne devait se retirer. « La seule alternative est le recours à la force, dit-il sans ambages. Monsieur le Président, cette affaire est extrêmement sérieuse et grave. Cette agression est inexcusable. » Moubarak avait proposé un sommet arabe pour le lendemain, ce que le roi Fahd jugeait une excellente idée. « J'espère que ces problèmes pourront être résolus pacifiquement. Sinon, il faut donner à Saddam une leçon qu'il n'oubliera de sa vie entière... si tant est qu'il s'en sorte vivant. »

Je demandai des nouvelles de la famille royale koweïtienne. Elle était saine et sauve. (Nous apprîmes par la suite que, tentant de résister, le frère cadet de l'émir était tombé sous les balles irakiennes sur les marches d'un de leurs palais.) L'émir n'avait eu que cinq minutes pour s'enfuir et son ministre des Affaires étrangères avait bien failli ne pas en réchapper. Je résumai ensuite au roi les dispositions que nous étions en train de prendre. Je lui offris une escadrille de F-15, mais il me répondit qu'il devait encore y réfléchir.

L'hésitation du roi Fahd déclencha des sonneries d'alarme dans mon esprit. Et si les Saoudiens envisageaient un compromis, acceptaient le nouveau *statu quo* sur leur frontière septentrionale en échange de garanties de l'Irak ? Les Arabes ont une propension historique à vouloir conclure des « marchés ». Nous avions beau bien connaître les Saoudiens et leur faire confiance, nous ne pouvions être complètement sûrs de la décision qu'ils prendraient. Dans ces premières heures de la crise, alors que les événements se précipitaient, il fallait que j'envisage l'éventualité qu'ils puissent, sous la pression, être tentés de conclure une sorte d'arrangement clandestin avec Saddam. Je ne savais pas s'ils y avaient même songé, mais la réticence du roi à accepter nos avions m'inquiétait. Nous ne pouvions pas nous lancer seuls au Moyen-Orient. Il fallait que nos alliés arabes soient avec nous, et notamment les plus menacés... les Saoudiens.

BRENT SCOWCROFT

Du Colorado, j'appelai Haass pour lui demander de rédiger le projet d'un mémo récapitulatif à l'intention du Président pour la prochaine réunion du Conseil national de sécurité. Il s'agissait d'y décrire des mesures pour endiguer l'Irak, ralentir son développement de capacités militaires conventionnelles et non conventionnelles, et obtenir son retrait du Koweït. « Les outils nécessaires à une telle politique seraient des contrôles à l'exportation, d'autres sanctions économiques et des actions militaires accrues, à la fois unilatérales et avec d'autres. » Nous soulignions que s'il convenait à ce point de mettre l'accent sur la diplomatie et les sanctions, il fallait songer à l'éventualité qu'elles ne donnent rien, ce qui nous mettrait face à une alternative : accepter le nouveau *statu quo*, ou bien défier directement l'Irak, soit par la force, soit par des mesures (la fermeture des oléoducs, etc.) qui ne manqueraient pas de déboucher sur un conflit armé. Le mémo résumait les enjeux :

> Je suis aussi conscient que vous du coût et des risques qu'entraînerait un tel conflit. Mais accepter ce nouveau *statu quo* aurait les mêmes conséquences. Cela reviendrait à créer un précédent terrible... qui ne ferait qu'accélérer de violentes tendances centrifuges... dans cette ère naissante « d'après-guerre froide ». Nous encouragerions un dangereux adversaire dans le Golfe à un moment où les États-Unis se sont engagés *de facto* à préserver la stabilité de cette région du monde... engagement renforcé par nos déclarations et nos manœuvres militaires... ce qui soulève également très sérieusement le problème de la fiabilité des États-Unis. Et comme si cela ne suffisait pas, nous devons également admettre que l'Irak a le pouvoir et le désir de compliquer le processus de paix au Moyen-Orient. Il n'est pas encore nécessaire que nous décidions à quel moment la coupe sera pleine, mais il faut que nous prenions des initiatives... transférer des troupes, mettre la pression sur les alliés et les Arabes récalcitrants, etc., qui nous permettraient au moins de disposer d'une vraie alternative si les efforts actuels tournaient court.

Nous rentrâmes à Washington très tard dans la nuit. Le lendemain matin, avant que le Conseil national de sécurité ne se réunisse dans le Cabinet Room, le président Bush et moi-même convînmes de nouveau qu'après le rapport des services secrets, je prendrais la parole le premier pour rappeler les enjeux. Eagleburger et Cheney enchaîneraient.

Malgré des rumeurs voulant que Saddam se soit engagé à se retirer du Koweït avant deux jours, Webster était loin d'être optimiste. Nos renseignements restaient succincts, mais le peu que nous avions ne présageait rien de bon. Saddam consolidait son emprise sur le Koweït : « Tout montre qu'il ne se retirera pas, dit Webster. Il restera si on ne le défie pas dans l'année qui vient. Cela va fondamentalement modifier la situation dans le golfe Persique. Il se trouverait dans une position injuste puisqu'il contrôlerait les deuxième et troisième plus grosses réserves pétrolières mondiales avec la quatrième armée du monde. Il disposerait également des avoirs financiers du Koweït, d'un accès au Golfe, et de moyens d'entretenir son armée. Apparemment, il n'a pas de rival à l'intérieur. Son ambition ne connaît pas de limites : il a une volonté de pouvoir insatiable. La Jordanie et le Yémen ont penché vers l'Irak. Étant donné sa faiblesse sur les plans militaire et économique, l'Iran ne ferait pas un adversaire de poids... Le résultat ne serait pas beau à voir. Selon nous, les Arabes ne vont pas affronter l'Irak, mais plutôt chercher à s'en tirer en payant. »

« J'ai senti [à la fin de la précédente réunion du Conseil] que certains seraient peut-être tentés d'accepter un arrangement, dit Scowcroft. Selon moi, les enjeux pour les États-Unis dans cette affaire sont tels qu'accepter un arrangement avec l'Irak ne devrait pas être une option politique. »

Eagleburger abonda dans son sens : « C'est le premier test du système d'après-guerre. La détente du monde bipolaire permet cet état de chose, en donnant aux peuples plus de liberté de manœuvre, parce qu'ils ne redoutent plus l'intervention des superpuissances... Aujourd'hui, Saddam Hussein a les coudées plus franches parce que les Soviétiques sont aux prises avec des problèmes intérieurs. Si on le laisse faire, d'autres risquent de suivre son exemple. » Il pensait que l'Arabie Saoudite serait le prochain objectif de Saddam et qu'il finirait par contrôler l'OPEP et les prix du pétrole : « S'il réussit, il s'attaquera ensuite à Israël. »

Cheney dressa un bilan réaliste de la gravité de la situation, de même que du coût de son règlement : « Nous devrions commencer par séparer cette crise de nos intérêts stratégiques en Arabie Saoudite et dans le pétrole. [Saddam] a manifestement fait ce qu'il pouvait pour dominer l'OPEP, le Golfe et le monde arabe. Il se trouve à quarante kilomètres de l'Arabie Saoudite et à moins de deux cents kilomètres de ses champs pétrolifères. Même s'il ne s'en empare pas physiquement, sa nouvelle richesse lui permettra d'avoir de l'influence et d'acquérir de nouvelles armes. Le problème ne peut que s'aggraver. En ce qui concerne les options militaires, ajouta-t-il, nous ne devrions pas sous-estimer les forces américaines dont nous aurons besoin pour être prêts à affronter un conflit majeur. »

Eagleburger rapporta que Pickering faisait circuler un projet de résolution sur les sanctions chez les autres membres permanents du Conseil de sécurité : « Les Soviétiques le soutiennent ; les Britanniques et les Français veulent en discuter les détails ; la république populaire de Chine n'est à présent plus sûre de ne pas le soutenir. » Il était optimiste quant à nos chances de réussite. Le Président s'enquit de l'Iran. Eagleburger expliqua qu'il avait condamné l'invasion. Les Koweïtiens et les Iraniens s'étaient rencontrés : « Si l'on en croit l'ambassadeur koweïtien à Washington, l'Iran leur a dit : "Dites-nous ce que vous voulez et nous le ferons." Le Koweït a répondu qu'ils voulaient qu'il persuade l'Irak de se retirer. Après un léger retard, l'Iran affirme maintenant qu'il le soutien-

dra. » Pour sa part, la Syrie nous demandait de faire pression sur les États arabes : « Dans vingt-quatre heures, les ministres des Affaires étrangères de la Ligue arabe se réunissent au Caire. Peut-être tomberont-ils d'accord. »

Cheney fit le point de la situation militaire. Il s'inquiétait de la répugnance saoudienne à accepter d'accueillir nos forces sur son sol : « Il faut que l'Arabie Saoudite accepte une présence. » Il demanda au Président de discuter du problème avec le roi Fahd.

Powell nous mit au courant des forces requises pour parer à toute éventualité : « Il nous en faut deux. Premièrement, pour dissuader l'Irak de s'attaquer à l'Arabie Saoudite, il faudrait des forces américaines au sol. C'est l'option la plus prudente et il nous faut en convaincre l'Arabie Saoudite pour qu'en regardant vers le Sud, Saddam Hussein voie une présence américaine. » Deuxièmement, il fallait déployer des forces contre les troupes irakiennes au Koweït, pour défendre l'Arabie Saoudite, voire attaquer l'Irak. « Ce ne sera pas aussi simple qu'au Panama et en Libye, dit Powell. En l'occurrence, il faudra sortir le grand jeu, cela ne se résumera pas à une échauffourée. Il sera nécessaire d'engager la majeure partie des forces américaines, et pas seulement pour un jour ou deux. Nous avons affaire à un pro à tendances mégalomaniaques. Mais la balance penche en sa faveur. Il a de l'expérience au bout de huit ans de guerre.

– Si nous choisissons la pression économique, il faut que nous réfléchissions à la manière dont Saddam Hussein va réagir et en envisager les coûts », souligna Scowcroft.

Le problème était non seulement de déterminer les différentes phases nécessaires pour mettre les sanctions en place, mais aussi comment les faire respecter. Powell expliqua que les bâtiments de guerre étaient déjà sur place pour barrer la route aux navires marchands.

Scowcroft nous avertit qu'il était possible que Saddam prenne des Américains en otage. Eagleburger nous apprit alors qu'une quinzaine de ressortissants américains étaient déjà détenus en Irak, et que d'autres semblaient être retenus au Koweït. Nous pourrions essayer d'évacuer nos ressortissants, mais il faudrait pour ce faire la coopération de l'Irak. Le Département d'État consultait déjà d'autres ambassades afin de trouver un ambassadeur neutre disposé à réclamer le départ de tous. « Cela ne marchera probablement pas », ajouta-t-il. Ils avaient fermement mis en garde le ministère des Affaires étrangères irakien contre de mauvais traitements éventuels de ressortissants américains et convoqué l'ambassadeur iranien : « Il n'a fait aucune promesse. Saddam est non seulement une ordure, mais un coriace. Il sait qu'il a un atout en poche.

– Il faut faire savoir à Saddam Hussein que nous ne tolérerons ni morts ni otages américains. »

BRENT SCOWCROFT

Le ton de la discussion du Conseil national de sécurité était bien meilleur que celui de la veille. Notre cause était entendue. Le Président se serait-il inspiré de la précédente réunion que notre politique aurait été complètement différente, visant davantage à contrôler les dégâts qu'à inverser la situation. Nous voulions agir, mais comme le révélèrent nos discussions, nos options immédiates, tels le transfert de troupes dans la région et la mise en place de sanctions internationales que souhaitait le Président, restaient encore limitées pour des raisons tant pratiques que politiques. Le Koweït se trouvait géographiquement à une telle distance qu'il faudrait du temps pour que les troupes arrivent sur place et soient en mesure d'assurer davantage qu'une présence symbolique. Et l'envoi de ces troupes n'avait rien d'acquis. Il nous restait encore à convaincre les Saoudiens de les accepter. Pour le moment, il nous fallait rester cois pendant que des unités irakiennes continuaient à avancer vers le sud, vers la frontière saoudienne. Nous ne pouvions que mettre l'Irak en garde contre une invasion de l'Arabie Saoudite, ce que nous fîmes ce jour-là.

Pour tenter de convaincre les Saoudiens d'accepter des forces américaines, nous demandâmes au prince Bandar de venir en fin de matinée à la Maison Blanche afin d'évoquer la situation. Fils du ministre de la Défense saoudien et neveu préféré du roi Fahd, ayant fait ses études en Occident, Bandar était un pilote de chasse qui avait eu l'occasion de s'entraîner avec l'armée de l'air américaine. Mais surtout, il servait de conciliateur au roi Fahd, avec le rang équivalent d'un ministre dans le gouvernement saoudien. Le roi se tournait fréquemment vers lui pour lui demander conseil. Bandar était donc un intermédiaire privilégié entre Fahd et nous.

Bandar arriva dans mon bureau un peu après onze heures. Après lui avoir exposé la grave menace militaire qui, selon nous, pesait sur son pays, je lui expliquai que nous envisagions d'offrir des forces américaines à son royaume, pour l'aider à se défendre. Il parut mal à l'aise et accueillit la suggestion sans enthousiasme. Un peu surpris par son attitude équivoque, je lui demandai pourquoi une offre qui me semblait généreuse avait l'air de lui poser un problème. Sa réponse me laissa pantois. Il m'expliqua que les Saoudiens n'étaient pas du tout sûrs de vouloir être défendus par les États-Unis. En effet, ces derniers n'avaient pas vraiment la réputation d'être fiables dans la région. Il cita deux exemples pour étayer ses dires.

En 1979, quand le shah avait été obligé de fuir l'Iran, les États-Unis avaient offert une escadrille de F-15 à l'Arabie Saoudite non seulement pour lui montrer leur soutien, mais également pour que cela serve d'avertissement aux extrémistes iraniens. Les Saoudiens avaient immédiatement accepté. Les avions étaient en route quand les États-Unis avaient annoncé qu'ils n'étaient pas armés. L'intervention américaine au Liban en 1982-1984 était son second exemple. Nous avions envoyé en fanfare des marines à Beyrouth. Mais peu après le terrible attentat terroriste visant la garnison de marines, les États-Unis avaient tranquillement fait remonter leurs soldats dans leurs navires et pris la poudre d'escampette. Comment le roi ne redouterait-il pas qu'en cas d'aggravation de la situation, les États-Unis n'agiraient pas de nouveau ainsi ?

Je lui répondis que nous pouvions certes discuter du passé, mais que je préférerais aller directement à l'essentiel. Le président Bush avait longuement réfléchi à la question, en tenant compte de toutes les conséquences. Je pouvais donc lui promettre que s'ils acceptaient notre offre d'assistance, nous resterions à leurs côtés jusqu'au bout. Bandar répondit que ces assurances modifiaient la donne, mais qu'il serait utile qu'on le mette au courant de nos plans de défense. Après avoir consulté Cheney, j'envoyai Bandar au Pentagone, où on lui montra le plan du commandant en chef des armées pour riposter à la menace irakienne. Cela parut dissiper les doutes du prince quant à notre détermination. Les Saoudiens avaient déjà prévu d'envoyer une simple équipe technique à Washington pour discuter de la situation et de la meilleure forme de coopération. Bandar accepta alors qu'à la place, on dépêche une équipe technique américaine de spécialistes en Arabie Saoudite.

GEORGE BUSH

Au début de l'après-midi du 3 août, je m'entretins avec le président turc Turgut Ozal qui me déclara, furieux, qu'il fallait « donner une bonne leçon » à Saddam. Une heure plus tôt, il avait eu le roi Fahd au téléphone et il craignait que les Saoudiens ne réagissent pas : « Je lui ai dit que si la solution est que l'Irak se retire et que le Koweït paie, on ne peut pas parler de solution, mais d'un nouveau Munich. » Lui rappelant la position géostratégique clé de la Turquie, je lui demandai s'il serait prêt à fermer l'oléoduc de l'Irak. Il ne releva pas, mais enchaîna en affirmant qu'il fallait davantage qu'un embargo. Il suggéra que l'on réunisse l'OTAN pour évoquer la situation : « Il ne faudrait pas refaire les erreurs commises au début de la Seconde Guerre mondiale. »

Je parlai aussi avec François Mitterrand qui convint que nous ne pouvions pas accepter le *statu quo* et que ce faire serait autoriser Saddam à asseoir son hégémonie sur le monde arabe. Si l'on recourait à un blocus du pétrole, ajouta-t-il, il fallait qu'il réussisse. Sinon, l'Occident perdrait la face de manière dramatique. Il nous fallait également veiller à ne pas créer de solidarité contre nous dans le monde arabe. Les Saoudiens seraient la clé de voûte de l'opération : « Si l'Arabie Saoudite prend une position courageuse contre l'annexion du Koweït, d'autres devraient suivre. » Helmut Kohl et le Premier ministre japonais Tohishi Kaifu, avec qui je m'entretins plus tard ce même jour, convinrent de la nécessité d'une action concertée.

BRENT SCOWCROFT

En fin de journée, Baker et Chevarnadzé publièrent un communiqué commun à Moscou condamnant l'invasion irakienne. Ce communiqué, extrêmement important, en surprit plus d'un, puisqu'il apportait la preuve que le principal allié de l'Irak ne soutiendrait pas l'agression de Saddam. Pour la première fois depuis le début de la guerre froide, les deux superpuissances se retrouvaient dans le même camp à l'occasion d'une crise majeure. Si j'avais eu le sentiment que l'adhésion d'une Allemagne unie à l'OTAN marquait la fin de la guerre froide, ce communiqué en était une nouvelle preuve. Il eut pour effet qu'à l'ONU, les Soviétiques contribuèrent de manière essentielle à la formation d'un bloc de soutien solide pour le vote de résolutions contre Saddam. Nous apprîmes par la suite que le Kremlin restait divisé à propos des mesures à prendre contre les Irakiens. Si Gorbatchev parut soutenir le communiqué, il se tint néanmoins à l'écart de la bataille politique interne à laquelle se livra Chevarnadzé pour le faire approuver. Finalement, seul contre tous, ce dernier avait enlevé le morceau, en prenant courageusement la responsabilité personnelle du communiqué.

La réunion du Conseil national de sécurité à Camp David le 4 août se concentra sur les options militaires. « Bien entendu, elles dépendent en grande partie des objectifs que nous nous fixons », souligna Cheney. Powell fit le point de la situation : « Nous présentons ici un plan existant de longue date que nous avons retravaillé au cours des dernières semaines. » Cela permettrait de défendre l'Arabie Saoudite, tout en préparant le terrain pour une pénétration du Koweït par le nord : « C'est difficile, mais faisable. Mettre en place et entretenir une force de cette taille coûtera affreusement cher. Il va falloir rappeler des réservistes, piocher dans les réserves. »

Le plan comportait deux dimensions : dissuasion et combat. « Plus vite arrivera l'invitation des Saoudiens, mieux ce sera. Je pense que les Irakiens y réfléchiraient à deux fois avant d'engager le combat avec nous. Nous pouvons rapidement amener nos forces aériennes sur place. L'armée de l'air irakienne ne fait pas le poids. Nous disposons aussi de forces navales susceptibles d'être renforcées. Nous pouvons introduire des forces terrestres en un mois. Mais cela signifie que notre capacité d'intervenir ailleurs dans le monde en est réduite d'autant. En effet, nos forces dans le Golfe compteraient cent mille hommes. »

Schwarzkopf nous dressa alors un portrait de notre adversaire : « L'Irak dispose de plus de mille cent avions, mais la plupart sont vieux et en mauvais état, et il n'a pratiquement pas l'expérience voulue pour faire un usage offensif de sa puissance aérienne. L'Irak est un nain qui n'en reste pas moins formidable : il a une armée de neuf cent mille hommes, soixante-trois divisions, plus de cinq mille sept cents chars. Une fois de plus, quantité ne veut pas dire qualité. Ils ne possèdent pas d'artillerie autopropulsée. Ils devraient avoir des problèmes pour se battre sur de longues distances : c'est un de nos atouts. Ils disposent de forces plus importantes mais d'une qualité bien moindre que celles que nous pourrions mettre sur le terrain. Leur aviation serait incapable d'atteindre l'extrémité de la péninsule. Il ne nous faudrait pas longtemps pour nous assurer la supériorité aérienne. Leur marine est insignifiante. Nous devrions très rapidement prendre le contrôle du Golfe. Ils disposent de protections denses de missiles sol-air autour de sites clés comme Bagdad.

Globalement, leurs points forts sont le nombre, l'expérience, des armes chimiques et quelques armes modernes. Leurs points faibles sont un commandement centralisé, une dépendance vis-à-vis de l'étranger en ce qui concerne les pièces de rechange, et une absence d'expérience offensive. »

Notre gros problème restait la distance :

« En une semaine, nous pourrions amener cinq escadrilles de chasseurs tactiques et des porte-avions sur place. Ce chiffre pourrait être doublé en deux semaines. Nous pourrions aussi constituer une force légèrement supérieure à une division au bout de deux semaines. Globalement, le plan prendrait dix-sept semaines.

– Nous pouvons amener quatre cents avions dans la région en onze jours, précisa le général de corps aérien Charles Horner, chef d'état-major de l'armée de l'air de Schwarzkopf. Nos forces sont en état d'alerte et prêtes à décoller. »

Le plan de Schwarzkopf et de Horner reposait principalement sur la puissance aérienne, du moins à court terme.

« À voir le bilan des précédentes campagnes aériennes, cela n'a pas été une réussite, observa Cheney. Pourquoi celle-ci serait-elle différente ?

– Je ne préconise pas un recours à la seule puissance aérienne, répondit Schwarzkopf. Mais nous sommes en présence d'un environnement riche en cibles. Il n'y a pas d'abri possible dans le désert. Leur armée n'a jamais opéré sous attaque, et nous disposons de munitions sophistiquées.

– Une chose m'inquiète, dit Scowcroft. Les Saoudiens doutent de notre sérieux. Les forces terrestres sont le meilleur symbole de notre engagement, mais ce plan repose surtout sur l'armée de l'air.

– Bandar a souligné que notre offre d'une escadrille de chasseurs tactiques ne les satisfaisait pas, mais notre mise au point a dissipé leurs doutes, intervint Cheney.

– Moi, ce qui m'inquiète, c'est la mauvaise volonté des Saoudiens, je crains qu'ils ne nous lâchent. Il faut qu'on leur pose franchement la question », dit le président Bush.

Une fois que les rapporteurs eurent quitté la salle, nous évoquâmes la suite des événements. Powell doutait que Saddam cherche à en découdre avec nous. Selon lui, il fallait que nous amenions des troupes américaines en Arabie Saoudite, pour montrer la couleur. Le Président partageait ce sentiment : « Je serais tenté de croire qu'une petite présence militaire américaine et une option aérienne régleront la question. L'Irak n'a pas vraiment fait le poids devant l'Iran. » Mais les conséquences d'une attaque de Bagdad, requise par l'option aérienne, le préoccupaient.

De retour de Moscou, Baker abonda dans son sens :

« Utiliser l'armée de l'air contre Bagdad pourrait se retourner contre nous à moins que cela ne soit fait conjointement avec une avance irakienne en Arabie Saoudite.

– Notre premier objectif est d'empêcher Saddam d'entrer en Arabie Saoudite, dit le Président. Le second sera de protéger les Saoudiens de représailles quand nous priverons l'Irak de ses moyens d'exportation. On

a un problème si Saddam n'envahit pas l'Arabie Saoudite, mais se cramponne au Koweït. »

Selon Cheney, nous ne devrions nous lancer qu'à condition d'être disposés à aller jusqu'au bout : « Il faut que vous soyez prêts à défendre l'Arabie Saoudite et à rétablir la famille royale (koweïtienne). Le problème est que le peuple américain risque de mal tolérer une guerre trop longue. » Il ajouta que tout cela coûterait « un sacré paquet de fric ». Scowcroft avait le sentiment que le peuple américain soutiendrait l'intervention. Cheney en doutait : « Le pétrole va surtout au Japon. On va nous reprocher de venir en aide à des familles royales. Les Américains ne nous soutiendront pas forcément très longtemps. » Il insista pour que nous réfléchissions à une stratégie si Saddam n'attaquait pas l'Arabie Saoudite. Le Président estima que Saddam Hussein sous-estimait peut-être l'opposition mondiale : « Beaucoup de gens le comparent à Hitler.

– Si les Saoudiens réclamaient notre aide, il faudrait faire plus que de montrer la couleur, dit Powell. Peut-être pourrions-nous constituer une force multinationale dirigée par les Américains sur le modèle de celle de la guerre de Corée ? »

Baker demanda si nous ne risquions pas de perdre le soutien international en organisant un blocus de l'Irak. Scowcroft n'était pas d'accord : « Arrêter le transport maritime et fermer l'oléoduc reviennent au même. » Le Président suggéra que nous tentions un blocus.

GEORGE BUSH

Nos enjeux et nos options paraissaient à présent plus clairs. Je me faisais une meilleure idée de la situation militaire au sol et des implications stratégiques de l'invasion pour les États-Unis et pour la stabilité du Golfe. J'approuvais le plan, même si nous ne pouvions le mettre en œuvre tant que les Saoudiens n'auraient pas accepté notre offre de troupes.

Il était essentiel que le roi Fahd nous demande d'envoyer des soldats avant que l'Irak ne soit en mesure d'attaquer l'Arabie Saoudite. Je savais pertinemment que les Saoudiens subiraient de fortes pressions tant intérieures qu'extérieures si des troupes américaines et occidentales opéraient à partir de leur sol. Historiquement, les pays arabes avaient toujours vu d'un mauvais œil une présence de forces américaines terrestres ou aériennes dans la région. En revanche, ils accepteraient plus aisément un corps expéditionnaire naval comme des porte-avions, moins visible tant qu'il resterait au large.

J'appelai le roi Fahd le samedi après-midi de Camp David pour le presser de prendre la décision d'accepter des troupes. Éludant la question, il me remercia de l'intérêt que nous portions aux affaires saoudiennes, sans cesser de faire allusion à l'équipe que nous leur avions promise. Nous nous renvoyâmes ainsi la balle pendant quelques minutes, moi pressant le roi, lui sous-entendant que notre équipe discuterait du problème.

« Bien, mais je veux savoir comment, selon vous, les choses se présentent. Que valent les déclarations de l'Irak à propos d'un retrait éventuel ? L'émir reviendra-t-il ? Craignez-vous que l'Irak franchisse votre frontière ? Cela nous inquiète beaucoup.

– Avant tout, répondit Fahd avec circonspection, il faut que la solution adoptée prévoie le retour de l'émir au Koweït. Ensuite, s'il n'y a pas encore de troupes irakiennes massées près de la frontière saoudienne, on ne peut pas faire confiance à Saddam. Voilà pourquoi il est important qu'une équipe vienne le plus tôt possible coordonner les choses pour empêcher que cela ne se produise. »

J'insistai encore sur la gravité et l'urgence de la situation. Nous ne pouvions attendre plus longtemps pour dissuader l'Irak d'avancer vers le sud et obliger Saddam à se retirer afin de permettre le retour du gouvernement koweïtien : « Il faut commencer dès maintenant à prendre les mesures que nous avons décrites en détail à Bandar. Et sans tarder, ce serait trop risqué. » J'expliquai à Fahd que l'émir nous avait réclamé une intervention militaire, mais qu'à ce moment-là, les troupes irakiennes occupaient déjà Koweït City, si bien que les États-Unis n'avaient rien pu faire. « Déployer des troupes prend du temps. Voilà pourquoi je m'inquiète du sort de l'Arabie Saoudite...

– Il est probable que l'Irak attaque, mais ils n'envahiront pas forcément, dit le roi qui voulait que l'équipe étudie toutes les éventualités et estimait qu'il nous restait encore quelques jours pour mettre au point un plan réussi. C'est tout ce que nous souhaitons.

– Nous vous envoyons l'équipe. Mais je tiens également à vous donner ma parole d'honneur. La sécurité de l'Arabie Saoudite est vitale, que dis-je, cruciale, pour les intérêts américains et ceux du monde occidental. Et je suis bien décidé à faire payer cette infamie à Saddam. Quand nous mettrons un plan au point, une fois sur place, nous resterons jusqu'à ce qu'on nous demande de partir. Je vous le promets solennellement. »

BRENT SCOWCROFT

Peu après la fin de la conversation du président Bush avec Fahd, Bandar entra dans mon bureau. Il avait manifestement discuté de la situation avec le roi et il admettait maintenant qu'il fallait agir vite. Il suggérait à présent que je prenne la direction de l'équipe. Le Président étant d'accord, je téléphonai à Cheney pour lui demander de choisir un représentant du ministère de la Défense. Lorsqu'il me rappela, il m'expliqua qu'il prendrait la direction du groupe, puisque la mission concernait son ministère en premier chef. J'acceptai aussitôt, comme le Président. Mais cela posait un problème. Si Cheney, un membre du cabinet, se déplaçait, cela donnerait automatiquement un caractère officiel à la mission : un rejet saoudien pourrait déclencher une crise, au sens où l'incapacité de nos deux pays de coopérer ne ferait qu'encourager l'agressivité de Saddam. En revanche, ma présence pourrait rester plus discrète, et si les Saoudiens décidaient de ne pas coopérer, personne n'aurait besoin de le savoir. J'expliquai à Bandar que pour que Cheney se déplace en personne, il fallait que nous soyons sûrs que le roi approuverait et inviterait le déploiement de troupes américaines dans son royaume. Bandar blêmit, hésita, mais il comprit la logique de notre position. Après avoir consulté le roi, il accepta que Cheney prenne la direction de la mission qui étudierait la meilleure manière de procéder à un déploiement de troupes.

L'Arabie Saoudite n'était pas la seule à hésiter. De nombreux pays arabes s'inquiétaient de ce que Saddam ferait ensuite. Quant à nous, nous craignions que, par peur, certains modérés ne reconnaissent le gouvernement fantoche que l'Irak avait installé au Koweït dans une tentative d'apaiser Saddam. Malheureusement, celui qui nous inquiétait le plus était le roi Hussein de Jordanie, allié de longue date des États-Unis, qui était pratiquement devenu le porte-parole de son voisin l'Irak. Il nous fallait empêcher Bagdad d'intimider les autres États. Nous savions également qu'il nous fallait être très attentifs à la façon dont les Arabes percevaient nos intentions dans le Golfe. Étant donné notre longue association étroite avec Israël, nous ne pouvions nous permettre d'avoir l'air de nous en prendre à un pays arabe. Il fallait que nous agissions en coordination et en consultation avec le monde arabe, après nous être assurés de sa pleine coopération. Cela exigerait une diplomatie personnelle prudente de la part du Président et de nos plus hauts fonctionnaires. Les premiers signes semblaient prometteurs, mais les extrémistes qui influençaient souvent l'opinion arabe pouvaient aussi bien décider de semer le chaos, en organisant par exemple des manifestations de masse et une campagne de terrorisme.

Des sanctions, et l'embargo sur le commerce avec l'Irak, constituaient un premier pas essentiel de la riposte internationale coordonnée. Pendant le week-end du 4-5 août, le Président appela l'émir du Koweït pour le mettre au courant des derniers développements et entreprit de sonder les alliés sur leur intention d'appuyer les sanctions. Les membres permanents du Conseil de sécurité se réunirent au matin du 5 août. Pickering rapporta que le Royaume-Uni et la France étaient vivement en faveur des sanctions, mais que les Soviétiques, bien que d'un grand soutien, n'avaient pas encore reçu d'instructions. La Chine semblait sur le point d'appuyer les sanctions, mais prétendait être « impressionnée» par l'appui du roi Hussein à l'Irak. Néanmoins, les Chinois annoncèrent qu'ils cesseraient de vendre des armes à l'Irak, ce qui était une preuve de soutien importante. Cela permit à Pickering de préparer une résolution à voter, si possible, le 6 août.

Obtenir des appuis pour les sanctions était une chose, mais les mettre en œuvre en serait une autre. Nous doutions de leur efficacité pour convaincre Saddam de se retirer du Koweït. Il y avait trop souvent des « fissures » dans le mur des sanctions, et nous ne pouvions tabler sur leurs répercussions sur l'Irak. Il nous fallait nous assurer qu'il n'y aurait ni entrées ni sorties par mer, ce qui impliquait un blocus naval. Comme l'Irak est virtuellement un pays sans accès maritime, cela posait un autre problème plus épineux. Nous ne pouvions garantir que tous ses voisins respecteraient l'embargo et, dans ce cas de figure, ses kilomètres de frontières pourraient se révéler très poreux. Nous étions sûrs que la Turquie et l'Arabie Saoudite soutiendraient les sanctions. Il s'agissait en l'occurrence de pays clés. D'importants oléoducs pour le pétrole irakien traversaient ces deux pays : il fallait les fermer. S'il semblait que la Syrie coopérerait, la Jordanie et l'Iran restaient des points d'interrogation.

GEORGE BUSH

Le 5 août, Brian Mulroney me rapporta une conversation qu'il avait eue avec Turgut Ozal. Ozal était prêt à bloquer tout le pétrole venant d'Irak, mais nous avertissait qu'il existait une autre source par le port jordanien d'Aqaba sur la mer Rouge. Il ajoutait que Bagdad lui avait envoyé un émissaire pour tenter de détourner la Turquie de l'Ouest. L'Irakien avait effrontément déclaré à Ozal que Bagdad n'avait aucune intention de se retirer et projetait d'annexer le Koweït : « L'Ouest bluffe », avait-il conclu. Ozal pensait que, sans réaction occidentale, l'Irak envahirait probablement les Émirats et l'Arabie Saoudite.

Ozal me téléphona deux heures plus tard avec davantage de détails... et de soucis. L'émissaire lui avait dit que les Irakiens formaient un gouvernement au Koweït, de même qu'une « armée du peuple » d'environ vingt-cinq mille hommes. Il avait parlé au roi Fahd qui était prêt à soutenir l'embargo sur le pétrole, mais attendait une décision de l'ONU. Ozal nous pressait de mettre en place les sanctions le plus tôt possible, après quoi il fermerait l'oléoduc. Il nous avertit qu'il nous faudrait envisager une opération militaire : « Saddam est plus dangereux que Khadafi. Il faut qu'il saute. Il a tué cent vingt officiers qui ont refusé de se battre. Si le blocus est très efficace, [son peuple] le renversera peut-être. » L'émissaire irakien s'était vanté qu'ils pouvaient survivre à un blocus : « Nous sommes vingt millions, nous nous battrons jusqu'au dernier... » Ozal voulait que l'OTAN laisse clairement entendre que l'Alliance le soutiendrait si l'Irak l'attaquait en représailles contre la fermeture de l'oléoduc. Nous retrouvâmes la trace du secrétaire général de l'OTAN, Manfred Wörner, qui pêchait dans l'Ouest canadien. Convaincu que l'Alliance soutiendrait Ozal, il décida de venir à Washington dès le lendemain pour en parler.

Je rentrai de Camp David à Washington dans l'après-midi du dimanche 5 août. Haass, qui m'attendait à ma descente d'hélicoptère sur la pelouse sud, me mit au courant des derniers développements. Je rejoignis la foule de journalistes qui attendaient. Si, ce week-end, j'avais songé à la nécessité d'informer le peuple américain de ma détermination, je ne savais pas encore quand le faire. Pour l'instant, j'avais seulement l'intention de mettre tout le monde au courant des démarches diplomatiques entreprises et de la réaction internationale. J'expliquai qu'aucun de nos alliés n'était prêt à accepter moins d'un retrait total de l'Irak du Koweït, ni à tolérer un gouvernement fantoche. Les questions se mirent à fuser.

Qu'étions-nous disposés à faire à propos du régime fantoche ? Allions-nous riposter militairement ? « Attendez. Observez.» Tous, bien sûr, voulaient savoir quelles mesures nous prendrions pour protéger les Américains au Koweït, notamment au vu des menaces irakiennes de fermer les ambassades étrangères. Voilà quelle fut ma réponse :

> Je n'évoquerai pas ce que nous envisageons en matière de déploiement de troupes, ni rien de cette nature. Mais je tiens à dire que je prends cette menace très au sérieux, et non seulement celle-ci mais toute menace contre tout autre pays, de même que je prends très au sérieux notre détermination de mettre un terme à cette horrible agression. Et croyez-moi, les pays à être en accord total avec ce que je viens de dire sont nombreux et je les salue. Ce sont des amis et des alliés loyaux, et nous collaborerons avec eux tous pour une action collective. Cette agression contre le Koweït ne passera pas.

Par la suite, Colin Powell me confia qu'à ses yeux, j'avais déclaré la guerre à l'Irak ce jour-là. Il ne fut pas le seul à avoir ce sentiment. Je ne sais pas si j'avais déjà décidé que le recours à la force serait nécessaire. Après tout, l'ONU prenait encore des résolutions, et j'espérais que l'affaire serait réglée pacifiquement grâce à des mesures politiques et économiques. Il était encore trop tôt pour en appeler à la guerre. En revanche, j'avais sans aucun doute le sentiment que la force *pourrait* être nécessaire. Selon moi, la balle était dans le camp de Saddam. Mais je n'ai jamais faibli dans ma détermination de faire mon possible pour repousser l'Irak du Koweït.

CHAPITRE XIV

Bouclier et sabre

Le 5 août, en fin d'après-midi, le NSC se réunit de nouveau autour de la longue table du Cabinet Room. Bill Webster fit son rapport : vu l'état des préparatifs irakiens et de l'incertitude quant aux intentions de Saddam, il nous serait difficile de renouveler nos avertissements contre une attaque visant l'Arabie Saoudite. Si Saddam Hussein continuait à affirmer qu'il allait se retirer, nous avions des preuves qu'il massait des forces sur la frontière koweïto-saoudienne, et que d'autres semblaient arriver : un nombre de soldats bien supérieur à celui qui serait nécessaire pour assujettir le Koweït. « On m'a demandé à quelle date – au plus tôt – l'Irak pourrait attaquer, dit Webster. Eh bien, la réponse est maintenant. »

Colin Powell nous fit un nouveau topo sur le déploiement militaire. Des porte-avions faisaient route vers le Golfe, mais ils ne seraient pas en position avant plusieurs jours : « Les forces aériennes sont les plus maniables. Le premier avion pourrait en fait arriver en vingt-quatre heures. Je peux également faire atterrir des avions de la marine en Arabie Saoudite en une journée si nous ne désirons qu'une présence. Quant aux forces terrestres, des unités légères peuvent être là-bas en quelques jours. Mais pour les forces lourdes, il faudrait compter trois semaines à un mois. Selon ce que nous dira Dick Cheney (qui, avec Bob Gates et Paul Wolfowitz, chargé de la politique à la Défense, était parti ce jour-là pour l'Arabie Saoudite), on peut commencer à déplacer des forces légères et des avions de la marine dès maintenant. Nous pouvons aussi donner aux Saoudiens les F-15 supplémentaires dont nous disposons.

« C'est maintenant qu'il faut faire parvenir tout ce que nous avons aux Saoudiens », dit Scowcroft.

Le président Bush pensait que les choses se présentaient plutôt bien, à condition qu'aucune de nos ambassades ne soit prise, ou que nous ne soyons pas obligés de libérer plutôt que de défendre l'Arabie Saoudite. « Ce ne sont pas seulement nos ambassades qui sont en jeu, mais des milliers d'Américains, rappela Powell.

– Existe-t-il un plan pour protéger nos ambassades en Irak ? demanda John Sununu.

*– Non, répondit Powell. Il n'y a pas de solution " Desert *. »*

GEORGE BUSH

Le dimanche soir, je craignais que les Irakiens ne franchissent effectivement la frontière pour pénétrer en Arabie Saoudite. À voir le nombre de chars se dirigeant vers le sud, il paraissait indiscutable que Saddam nourrissait des projets de cet ordre. Brent et moi évoquâmes l'éventualité d'une attaque irakienne éclair contre les champs pétrolifères saoudiens. Saddam pouvait très bien prendre Dharan et s'arrêter là, l'air de dire : « Et maintenant à vous de jouer ! » Cela poserait un problème gravissime, parce qu'à ce moment-là, nous serions obligés de libérer et Dharan et le Koweït, tout en ayant perdu notre meilleure base d'opérations. Avec le recul, on peut se dire que si Saddam envisagea de tenter sa chance en Arabie Saoudite, son erreur fut de ne pas saisir cette occasion, ce bref laps de temps avant que j'annonce que nous enverrions des forces. En effet, il aurait joué sur du velours, puisqu'il n'y avait même pas de troupes saoudiennes massées à la frontière et que l'Irak jouissait d'une énorme supériorité en nombre. Pourtant, j'étais assez sûr que nous pourrions mettre quelques unités en place avant que Saddam ne frappe. En attendant, je craignais surtout qu'il ne prenne des Américains en otage. Ce jour-là, en effet, à Koweït City, des troupes irakiennes commencèrent à rassembler des ressortissants américains et britanniques pour les expédier à Bagdad.

Le lendemain, en fin de matinée, Dick Cheney m'appela de Jeddah : le roi Fahd avait accepté notre plan et il autoriserait la présence de forces américaines sur le sol saoudien. Cet après-midi-là, je donnai à Dick l'ordre d'envoyer la 82e division aéroportée et d'en faire autant avec deux escadrilles de chasseurs tactiques. Cela marquerait le début d'un déploiement plus vaste.

Dick m'expliqua que le roi voulait que d'autres nations, le Maroc et l'Égypte, par exemple, envoient aussi des forces et affichent publiquement leur soutien à l'Arabie Saoudite. Les Saoudiens avaient également déclaré qu'ils fermeraient l'oléoduc et augmenteraient leur production de pétrole pour compenser les effets de l'embargo, en remettant ensuite l'argent au Koweït. Je demandai à Dick de se rendre en Égypte pour tenter de convaincre Moubarak de fournir des troupes. Avant de partir le lendemain pour Le Caire, Dick rencontra de nouveau Bandar et son père, le prince Sultan, ministre de la Défense saoudien. Ils nous prièrent de taire non seulement leur invitation, mais aussi le

* Nom de code de la tentative avortée de récupérer les otages de Téhéran en 1979.

déploiement, jusqu'à l'arrivée de nos forces en Arabie Saoudite deux jours plus tard, afin de mettre le monde devant un *fait accompli*.

Cette volonté de retarder l'annonce publique inquiétait beaucoup Jim Baker que gênait également l'impression de secret que notre silence pourrait créer dans la presse et dans le public. Il souligna aussi, à juste titre, qu'il valait mieux que nous parlions du déploiement avant que les médias ne s'en chargent. Toutefois, c'était en partie grâce à cette promesse de nous taire que nous avions réussi à convaincre les Saoudiens de nous inviter. Il me semblait plus important de respecter notre promesse aux Saoudiens et de mettre nos forces en place dans les meilleures conditions de sécurité que de prévenir le Congrès.

BRENT SCOWCROFT

Baker avait manifestement en mémoire les graves problèmes causés sous l'administration Reagan par l'absence de notification du Congrès en temps voulu dans l'affaire Iran-Contra. Mais nous avions une autre bonne raison de garder le silence, outre l'importance de la promesse faite au roi Fahd par Cheney. Si nous annoncions le déploiement, comme le réclamait Baker, cela donnerait à Saddam environ quarante-huit heures pour lancer une attaque avant l'arrivée des premières forces terrestres américaines.

GEORGE BUSH

Ayant fait escale à Washington à son retour d'Aspen, Margaret Thatcher se trouvait avec moi dans le Bureau Ovale quand Cheney téléphona. Je lui confiai ce que je projetais, lui décrivis le déploiement en détail, tout en lui demandant de n'en souffler mot à personne. Puis Manfred Wörner, tout juste rentré du Canada, se joignit à nous dans la Roseraie pour une brève déclaration à la presse à propos du vote du Conseil de sécurité de l'ONU de la résolution 661. Après un lobbying intense de Baker et Tom Pickering, le Conseil avait voté par treize voix et deux abstentions, celles de Cuba et du Yémen, en faveur de sanctions économiques contre l'Irak au titre du chapitre VII de la charte. La résolution permettait-elle de recourir à un embargo pour faire respecter les sanctions ? Margaret était résolument de cet avis. Elle avait raison, mais j'hésitais encore à employer le terme de « blocus » devant la presse. Nos juristes se penchèrent sur la question. Il ne faisait pas de doute que, pour qu'elles soient efficaces, il fallait faire respecter les sanctions. Mais le terme de « blocus » posait un problème parce qu'en droit international, c'était un acte de guerre. Brent suggéra que nous utilisions le terme de « quarantaine » comme l'avait fait le président Kennedy en 1962 lors de la crise des missiles de Cuba.

Plus tard ce même après-midi, j'eus un entretien en tête à tête avec Manfred dans le Bureau Ovale. L'aide armée fournie à l'Arabie Saoudite ne relèverait pas de l'OTAN, mais je voulais m'assurer de l'appui de son organisation pour une action collective, notamment afin de tranquilliser la Turquie qui craignait que nous ne la mettions en difficulté. Je lui demandai de convoquer une réunion du Conseil de l'Atlantique Nord dans le courant de la semaine suivante. Il pourrait également aider les pays occidentaux à coordonner leurs préparatifs militaires en vue d'une présence multinationale dans le Golfe. Il fallait que ces forces soient rapidement en place pour défendre l'Arabie Saoudite, voire la Turquie, si l'Irak les attaquait en représailles pour la fermeture des oléoducs (en fait, Ozal ferma l'oléoduc traversant la Turquie le jour même du vote de la résolution de l'ONU).

Ce même jour, nous eûmes notre premier contact officiel avec Saddam Hussein lui-même. Il convoqua notre chargé d'ambassade à Bagdad, Joseph Wilson, pour le réprimander. Il confirmait là de manière exaspérante ce mépris pour l'opposition mondiale dont l'accusait, entre autres, Ozal. Wilson nous câbla les détails de l'entretien. Il avait transmis au dirigeant notre exigence que l'Irak se retire du Koweït. « Vous devriez vous abstenir d'agir sur de mauvais conseils, ce que vous ne pourrez que regretter, avait répondu Saddam. Si le président Bush cherche en fait à préserver les intérêts américains tels qu'il les a décrits, alors l'escalade de la tension et une solution militaire vont à l'encontre de ces intérêts. Vous serez vaincus, et je vais vous dire comment. Vous êtes une superpuissance, et je sais que vous pouvez nous causer beaucoup de tort, mais vous allez perdre toute la région. Vous ne nous mettrez jamais à genoux. Vous détruirez peut-être une partie de nos fondements économiques et industriels, mais plus vous causerez de dégâts, plus cela vous coûtera cher. Dans un tel cas de figure, nous ne resterons pas les bras croisés dans la région. »

Saddam se vanta de ce que le Koweït était devenu un appendice de l'Irak : « Faites savoir au président Bush qu'il serait temps de considérer l'émir du Koweït et le prince héritier comme du passé révolu... Nous ne quitterons jamais le Koweït... Nous ne permettrions jamais à d'autres de s'en emparer... même si le monde entier se dressait contre nous. Nous continuerions à nous battre... Nous savons que vous êtes une superpuissance qui peut nous faire beaucoup de mal, mais nous ne capitulerons jamais. »

*Hussein affirma aussi que l'Irak n'attaquerait pas l'Arabie Saoudite : « Les Saoudiens sont nos frères. » Ces derniers les avaient aidés pendant la guerre contre l'Iran et construit l'oléoduc, tout en leur accordant des subventions, et non des prêts *. Tant que les choses seraient en l'état, il ne ferait rien. Wilson lui demanda franchement s'il pouvait lui offrir des « assurances qu'étant donné les circonstances sur le terrain, vous n'avez pas l'intention d'entreprendre une opération militaire contre l'Arabie Saoudite.*

---

* Il oubliait fort à propos de rappeler que le Koweït en avait fait autant. Pendant la guerre Iran-Irak, la production de la zone neutre fut vendue pour le compte de l'Irak.

– Vous pouvez transmettre cette assurance d'abord à l'Arabie Saoudite, puis à tous les autres pays de la région, répondit Saddam. Nous n'attaquerons pas ceux qui ne nous attaquent pas. »

BRENT SCOWCROFT

L'avertissement de Saddam disant que l'Irak ne resterait pas les bras croisés dans la région était de mauvais augure. Cela avait tout l'air d'une menace de faire descendre les extrémistes dans les rues du monde arabe et d'organiser des attentats terroristes.

Journal, 6-7 août

Que de conjectures ! Tous ces experts, tous ces gens qui disent ce que je peux et ne peux pas faire. Il y a des tiraillements à l'intérieur. Les économistes se sentent exclus des choix militaires ; et c'est effectivement le cas... sur mon ordre. L'économie est une partie importante du problème, mais nous nous efforçons de réduire la diffusion d'informations.

Une chose troublante s'est produite quand Baker a appelé Chevarnadzé pour lui dire que nous allions envoyer des troupes... il n'a pas suivi sur ce terrain. Il avait le sentiment que ce serait difficile pour eux, etc., et comment se faisait-il que nous ne lui en ayons rien dit ? Il va falloir qu'il aille prévenir Gorbatchev. Baker lança alors l'idée qu'ils pourraient se joindre au blocus, idée qu'il a paru ne pas rejeter.

Je pense qu'ils n'ont pas envie de se sentir exclus et qu'ils ne veulent pas être toujours les derniers à être mis au courant. Ils veulent avoir leur place, tenir leur rang aux yeux du monde, c'est tellement crucial. Ils condamnent ce que l'Irak a fait. Ils ont désapprouvé l'invasion aux Nations unies, mais s'ils nous voient maintenant nous ruer sur le ballon sans leur laisser aucune initiative, ils auront l'impression d'être traités en joueurs de seconde zone.

BRENT SCOWCROFT

Baker avait fait sa suggestion sous l'impulsion du moment. Le reste d'entre nous se méfiait d'une participation militaire soviétique à la coalition. Nous avions travaillé pendant des décennies à tenir les Soviétiques à l'écart du Moyen-Orient et il nous semblait prématuré de les inviter à y venir. Cheney, Powell et moi y étions opposés, bien qu'une présence navale soviétique dans la flotte internationale parût moins condamnable. Baker estimait que les compter dans les forces terrestres de la coalition serait une gifle magistrale pour Saddam. Finalement, les Soviétiques envoyèrent quelques bateaux pour surveiller le blocus, mais sans y prendre une part active.

GEORGE BUSH

Je passai la plus grande partie de la nuit du 6 au 7 août pendu au téléphone. À deux heures et demie du matin, j'appelai François Mitterrand pour lui dire que nous envoyions des troupes. Il soutint non seulement ma décision, mais aussi l'idée d'une réunion de l'OTAN, disant qu'il comprenait le problème d'Ozal... la Turquie appartenait à l'OTAN, et il fallait que nous parlions du rôle de l'Alliance dans la crise. À la fin de mon exposé, il se contenta de conclure par un : « Nous y serons. »

Mitterrand ne cessait de me surprendre. D'aucuns prétendaient que les Français risquaient de faire cavalier seul dans la riposte à l'invasion. Pourtant, chaque fois que j'ai parlé avec le président, nous sommes tombés d'accord, si bien que les inquiétudes que j'avais pu avoir avant l'appel s'estompaient. Il y eut certes des différends franco-américains entre les bureaucrates et les hauts fonctionnaires. Mais à notre niveau, quand il s'est agi de décider des dates auxquelles envoyer des troupes, ou encore déclencher les hostilités, ou bien d'organiser la répartition du commandement entre nos généraux, Mitterrand a toujours répondu présent, et nous avons toujours travaillé de concert. Je reste convaincu que la meilleure initiative que j'aie prise pour les rapports américano-français fut de l'inviter à Kennebunkport au printemps de 1989. J'ai toujours le sentiment que le respect que j'ai essayé de lui montrer personnellement a payé dans nos rapports diplomatiques pendant mon Administration, notamment en de pareils moments. Brent et son homologue français, l'amiral Jacques Lanxade, entretenaient aussi d'excellents rapports. Grâce à leur étroite collaboration, ils purent aplanir nombre de difficultés politiques, ce qui nous facilita la tâche, à François Mitterrand et moi.

À la suite de la demande du roi Fahd que nous rameutions des troupes alliées dans la région, je téléphonai à différents dirigeants arabes pour leur demander de recevoir Cheney, qui était en train de sillonner la région. Mon premier interlocuteur, Hosni Moubarak, accepta de le recevoir et m'expliqua qu'à l'instar d'Ozal, il recevait un émissaire de l'Irak. Il avait envoyé un message à Saddam Hussein où il lui disait « c'est un suicide » et il attendait la réaction irakienne. Je lui fis part de ma déception à propos du roi Hussein, et il abonda dans mon sens. Il pensait que Saddam avait offert au roi et au président du Yémen Saleh de l'argent et une part du gâteau. Hosni espérait encore qu'un sommet arabe pourrait résoudre la crise. Le roi Hassan du Maroc verrait aussi Cheney, et il parut être sur la même longueur d'onde que nous. Il offrit d'aider l'émir, expliquant qu'il disposait déjà de soldats volontaires marocains.

Ensuite Brian Mulroney me rapporta une conversation qu'il avait eue avec Moubarak, juste après que celui-ci avait reçu l'émissaire irakien. Son récit, incroyable, montrait la volonté cynique de Saddam de s'emparer du Koweït.

« L'Irakien a annoncé d'entrée de jeu que le Koweït possédait cinq cents milliards de dollars sur lesquels ils pouvaient faire main basse, dit Brian. La première chose qu'ils feraient avec cet argent serait d'aider l'Égypte. Ils laissaient entendre à Moubarak qu'il y aurait vingt milliards pour l'Égypte si elle soutenait l'Irak. Moubarak a rétorqué : " Nos principes ne sont pas à vendre. " L'Irakien a riposté que ses concitoyens étaient prêts à mourir. Ils déraisonnent complètement, poursuivit Brian. Moubarak a entendu toutes sortes de rumeurs. Il a dit à l'Irakien que, selon lui, ils seraient chassés du Koweït. L'Irakien a rétorqué qu'ils ne l'accepteraient jamais. » Moubarak avait conclu de cette visite qu'il faudrait appliquer strictement la résolution de l'ONU et que les Soviétiques étaient d'accord. Brian estimait que les opinions de Moubarak serviraient de « couverture » aux autres États arabes désireux de rejoindre notre coalition. « Visiblement, les Irakiens viennent de vider les coffres et sont prêts à partager le butin avec quiconque veut bien les soutenir », ajouta-t-il.

Moubarak m'apprit par la suite que Saddam lui avait effectivement proposé un marché, marché que, selon lui, le roi Hussein et Saleh avaient accepté. L'idée était que les trois pays soutiendraient l'invasion en échange d'un pourcentage donné du pétrole koweïtien et de ce que Saddam parviendrait à rafler dans les avoirs financiers et les trésors du pays. Moubarak expliqua qu'il avait refusé l'offre sans ambiguïté. Cela faisait partie de la campagne de Saddam cherchant à faire du problème une opposition entre les « nantis » et les « pauvres », expression que la presse s'empressa de récupérer et d'exploiter, dans sa tentative de gagner le monde arabe à sa cause. Le roi Hussein nie avoir été acheté de cette manière.

Dick Cheney m'appela cet après-midi-là du Caire. Il avait mis Moubarak au courant de la demande officielle saoudienne d'aide militaire, chose que nous n'avions pas encore révélée ni à d'autres alliés ni à la presse. Hosni accepta de laisser le cuirassé *Eisenhower* emprunter le canal de Suez pour rejoindre le Golfe et accepta que notre armée de l'air survole l'Égypte. Il nous autoriserait aussi à nous servir de bases égyptiennes pour le ravitaillement et le transport, mais n'était pas très chaud à l'idée que des missions de combat en décollent. Lorsqu'on lui demanda s'il serait prêt à se joindre à une force multinationale, il éluda la question. Il réclamait quarante-huit heures de plus, sous prétexte qu'une solution négociée n'était pas hors de question.

Tout en nous efforçant de constituer une riposte collective à l'invasion de l'Irak, il nous fallait aussi expliquer ce que nous faisions au peuple américain. Mes remarques impromptues du 5 août à la presse n'expliquaient pas suffisamment clairement pourquoi il était aussi essentiel que nous résistions à Saddam. Deux jours plus tard, la nécessité se fit pressante. La rumeur commença à se répandre que nous envoyions des hommes, et les médias montrèrent nos bateaux en train de charger des troupes. En outre, nos premiers avions atterrirent en Arabie Saoudite ce jour-là. Je savais que toute cette activité rendait les fuites inévitables, mais étant donné ma promesse au roi Fahd, je voulais attendre la toute dernière minute pour publier un commentaire américain officiel. Je décidai de prononcer une allocution télévisée le lendemain 8 août à neuf heures, une fois que les premiers éléments de la 82e aéroportée auraient atterri.

En préparant mon discours, je durcis mon langage pour souligner le parallèle qui existait, selon moi, entre le golfe Persique et la situation en Rhénanie dans les années 1930, quand Hitler envahit, au mépris des dispositions du traité de Versailles. Cette fois, il ne serait pas question d'apaisement. Dans le Bureau Ovale, juste avant de passer en direct à la télévision, je vérifiai que mes mains ne tremblaient pas. Je ne crois pas qu'aucun des techniciens, caméramen et autres assistants qui m'entouraient aient remarqué mon geste. Eh bien, mes mains ne tremblaient pas : cela me fit plaisir. Très conscient d'être loin d'être aussi bon que Ronald Reagan dans ce genre de situation, je relus ma copie une ou deux fois.

> Quatre principes simples guident notre politique. Premièrement, nous exigeons le retrait immédiat et inconditionnel de toutes les forces irakiennes du Koweït. Deuxièmement, il faut que le gouvernement légitime du Koweït soit restauré à la place du régime fantoche. Troisièmement, mon Administration, comme cela a été le cas sous chaque président depuis Franklin Roosevelt, s'est engagée à assurer la sécurité et la stabilité du Golfe. Et quatrièmement, je suis déterminé à protéger la vie des citoyens américains à l'étranger.

J'expliquai également les enjeux de la situation, à savoir que l'Irak contrôlait déjà les deuxièmes plus grosses réserves de pétrole du monde et avait plus de un million d'hommes sous les drapeaux. Les États-Unis importaient près de la moitié du pétrole qu'ils consommaient, ce qui les rendait économiquement vulnérables aux tentatives de l'Irak d'étendre son emprise sur les réserves pétrolières mondiales. D'autres nations, notamment dans le tiers-monde, étaient encore plus dépendantes que nous des importations de pétrole.

> Nous avons gagné notre combat pour la liberté en Europe parce que nos alliés et nous sommes restés loyaux. Maintenir la paix au Moyen-Orient n'en exigera pas moins. Nous sommes à l'aube d'une nouvelle ère. Celle-là peut être pleine de promesses, être un âge de liberté, un temps de paix pour tous les peuples. Mais si l'histoire nous enseigne une leçon, c'est bien qu'il nous faut résister à l'agression, pour l'empêcher de détruire nos libertés.

Ce jour-là, je rencontrai l'ambassadeur koweïtien qui me décrivit l'expérience vécue par sa famille et les menaces dont elle avait fait l'objet. Sa femme ayant décidé de rester au Koweït, il était très inquiet pour sa sécurité. Il nous raconta que l'on avait vidé les coffres de milliards de dollars en or, qu'on violait des femmes, et qu'on se livrait au pillage. (Le lendemain, j'appris également de la bouche de Margaret Thatcher qu'une hôtesse de l'air britannique avait été violée par des soldats irakiens. Après une protestation des Britanniques, les Irakiens déclarèrent qu'un des hommes avait été exécuté.) Je pensais que nous devrions nous efforcer de faire connaître la brutalité irakienne, mais malgré ces témoignages, le monde ne semblait pas vraiment conscient de ce qui se tramait au Koweït, et cela me perturbait profondément.

Je passai le reste de la journée au téléphone avec nos alliés arabes, appelant à présent les autres États du Golfe. L'année précédente, Moubarak m'avait donné un conseil : gardez le contact avec ces petits pays le plus souvent possible, ne serait-ce que pour leur montrer qu'ils ont de l'importance aux yeux des États-Unis, ce qui compte pour eux. J'avais suivi ce sage conseil : mon ami Hosni avait eu parfaitement raison. Nous commencions à récolter les fruits de cette volonté de cultiver de bons rapports. Je parlai au président des Émirats et au sultan d'Oman, tous les deux pour la première fois depuis le début de la crise. Chacun promit de faire son possible pour soutenir une coalition contre Saddam Hussein. Zayid était heureux de la présence de forces américaines dans la région et ajouta que nous devions « nous tenir les coudes ». Il me décrivit les déprédations que l'Irak commettait au Koweït, qu'il avait officiellement annexé ce jour-là.

Le sultan Qabus fut tout aussi affirmatif : « Les amis ne resteront pas les bras croisés. » Oman était disposé à nous fournir les installations nécessaires pour nos troupes. Qabus avait également été en contact avec les Iraniens, encore une inconnue pour nous. Ses nouvelles étaient mitigées. Selon lui, les Iraniens n'étaient pas mécontents de ce que nous faisions, et ils étaient « très demandeurs » de pièces détachées, entre autres : ils n'étaient pas en position d'en faire plus sans elles. Mais il m'avertit aussi que les Iraniens avaient également parlé avec les Irakiens, lesquels étaient prêts à chercher un compromis pour les différends qui les séparaient. Apparemment, les Irakiens tentaient d'inciter les Iraniens à régler leurs vieilles querelles afin de pouvoir retirer les troupes massées le long de leur frontière commune.

Nous récoltions également des engagements de nos alliés occidentaux. La Grande-Bretagne n'avait pas tardé à envoyer des forces navales et aériennes dans le Golfe, annonçant le déploiement dès le lendemain de notre communiqué. Margaret Thatcher m'appela au matin du 9 août pour m'informer de sa décision. Des membres du Commonwealth avaient l'intention de participer, mais refusaient de se lancer seuls. En fin d'après-midi, j'appelai le Premier ministre australien Bob Hawke, qui me dit sans équivoque qu'il nous soutenait et qu'il offrait d'envoyer des navires de guerre, mais à condition que le Canada s'engage aussi. J'appelai aussitôt Brian Mulroney qui me dit que cette requête l'aiderait énormément au Canada. Il indiqua qu'il enverrait des avions et une petite force navale... « mais ne m'obligez pas à honorer ma promesse », s'empressa-t-il d'ajouter. Comme moi aux États-Unis, il lui restait encore fort à faire pour vendre son idée.

BRENT SCOWCROFT

Tout le monde cherchait une sorte de « couverture » pour se protéger en cas de retour de bâton. Ozal espérait que l'OTAN lui servirait de parapluie. Fahd ne souhaitait pas être le seul État arabe à s'opposer à l'Irak. Hawke ne voulait pas être le seul pays du Commonwealth à se joindre à la coalition. Nous-mêmes, nous avions besoin d'apporter la preuve que cette action ne serait pas un effort exclusivement américain contre un État arabe. À mesure que des pays se joignirent à nous individuellement et envoyèrent des troupes, nous finîmes par trouver notre vitesse de croisière, mais les exigences confondues des divers membres de la coalition illustraient bien la complexité de son édification, de même que sa fragilité inhérente. Bien que bienvenues, les offres de troupes devinrent en soi un défi à relever, et dans les semaines et les mois suivants, le Centcom se démena pour intégrer dans ses plans de nouveaux contingents, certains plutôt modestes et d'autres (comme les Britanniques et les Français) de taille. Cette diversité symbolisait la détermination internationale de contrer l'invasion, mais sur le plan pratique, la multitude d'unités spécialisées plus petites laissèrent parfois perplexes les stratèges de Schwarzkopf.

GEORGE BUSH

Pendant la première semaine d'août, le problème se posa de savoir si je devais ou non partir en vacances à Kennebunkport. J'étais conscient que l'on risquait non seulement de me reprocher de quitter la Maison Blanche et Washington en pleine crise, mais de me présenter sous les traits d'un président insouciant et indifférent, alors que nous déployions des troupes dans le désert. Mais j'étais convaincu qu'il fallait que je parte dans le Maine, la perception aux États-Unis comme à l'étranger des faits et gestes du Président lui-même étant très importante.

Je ne me rappelais que trop bien la manière dont le pays et la communauté internationale avaient perçu l'administration Carter pendant la crise des otages de Téhéran. On avait eu l'impression que l'Amérique avait les mains liées et que des voyous monopolisaient l'attention du Président. J'étais absolument déterminé à éviter ce spectacle une seconde fois au peuple américain. Je voulais que les Américains, comme Saddam Hussein, comprennent non seulement que le Président maîtrisait la situation, mais également qu'il était confiant. Un George Bush détendu était le meilleur message possible à envoyer. La vie devait continuer le plus normalement possible, non seulement pour le Président mais pour le pays tout entier. Cet été-là, les menaces de Saddam et le risque d'attentats terroristes terrifièrent beaucoup d'Américains. Certains renoncèrent à voyager. Quand Barbara emprunta délibérément un vol commercial, ce fut plus qu'un acte symbolique. L'industrie du tourisme américain souffrait. Il fallait que nous montrions à nos compatriotes que les États-Unis maîtrisaient toujours la situation et qu'ils n'avaient rien à craindre.

En vérité, un président n'est jamais vraiment ni en vacances, ni loin de son bureau. Ses responsabilités le suivent partout où il va, jour et nuit, et son bureau est là où il se trouve. C'est d'autant plus vrai aujourd'hui que les communications modernes abolissent les distances. Pendant la guerre froide, que Brent avait vécue aux premières loges, un aide de camp militaire, muni du « ballon de foot » qui contient les codes de lancement de nos missiles nucléaires, était constamment sur les talons du Président. En hélicoptère, en avion, en voiture et à bord d'un bateau (y compris le *Fidelity*), le Président a toujours des téléphones à portée de main. Nous disposions d'un système de communications sûres dans notre maison de Walker's Point, et Brent pouvait aussi bien passer la nuit debout là-bas qu'à Washington. Finalement, nous ne fîmes que transférer la boutique d'un endroit à un autre.

Mais comment l'opinion publique percevrait-elle la chose ? Nous aurions peut-être pu gérer ce problème différemment sur le plan pratique. Jusque-là nous avions eu des rapports de travail quotidiens plutôt satisfaisants avec la presse de la Maison Blanche. Mais cela commença à se détériorer dans l'atmosphère plus privée de Kennebunkport. Il était entendu que lorsque nous sortions sur le *Fidelity*, le groupe de presse disposerait de son propre bateau afin de couvrir mes faits et gestes, voire me poser des questions. De même, si je jouais au golf, il était convenu que les journalistes se regrouperaient à certains points stratégiques du parcours. L'ennui, c'était que cela revenait à restreindre l'accès de la presse : les journalistes risquaient, en effet, de n'avoir qu'une chance de me poser des questions ce jour-là. Inévitablement, quand j'enfonçais mon tee au premier trou, l'un de leurs points de regroupement, des journalistes agacés se mettaient à hurler leurs questions. Marlin Fitzwater eut donc fort à faire. Il protestait, expliquant qu'ils étaient seulement autorisés à prendre des photos et qu'ils pourraient poser leurs questions plus tard.

Je partis pour Kennebunkport le 10 août, et j'étais en train de pêcher en mer quand Brent appela de Washington au sujet du sommet de la Ligue arabe convoqué d'urgence par Moubarak au Caire. Les nouvelles étaient bonnes. La séance avait été chaotique. Les premiers rapports que nous avions reçus avaient indiqué que l'émir du Koweït était parti en claquant la porte, ce qui nous avait paru de mauvais augure. Mais nous apprenions maintenant que douze des vingt et un membres avaient voté l'envoi d'une force panarabe pour défendre l'Arabie Saoudite *. Moubarak l'avait emporté. Ce résultat très favorable protégeait nos mouvements de troupes. Saddam ne pouvait plus

* Les six états du Conseil de coopération du Golfe, de même que l'Égypte, le Liban, la Syrie, le Maroc, la Somalie et Djibouti avaient voté pour. Les seuls à soutenir l'Irak étaient l'OLP et la Libye. Le Yémen et l'Algérie s'étaient abstenus, tandis que la Jordanie, la Mauritanie et le Soudan avaient exprimé des « réserves ». La Tunisie était absente.

prétendre que la confrontation n'opposait que l'Irak et les États-Unis. Apprendre que la Jordanie n'avait pas soutenu l'Irak me fit particulièrement plaisir. Étant donné ma vieille amitié avec le roi Hussein, je fus heureux lorsqu'il annonça que la Jordanie soutiendrait aussi les sanctions. Il avait l'air de vouloir changer de cap.

Le 11 août, j'appelai Moubarak à cinq heures trente du matin pour le remercier de son aide. Hosni me dit que tout le monde était très conscient de notre volonté de favoriser l'approche diplomatique et que cette attitude ne pouvait que faciliter la construction d'un soutien arabe. Avec le recul, on peut conclure que c'est probablement la raison pour laquelle le monde arabe resserra les rangs autour de nous, parce qu'il savait que nous avions fait notre possible pour négocier avec l'Irak avant l'invasion. Des soldats égyptiens et marocains commencèrent à arriver en Arabie Saoudite ce même jour, et avec eux, la preuve évidente pour Saddam que le monde arabe était prêt, lui aussi, à lui résister.

Le soutien arabe se renforçant, nous nous employâmes à faire appliquer les sanctions de l'ONU. Pendant le déjeuner ce jour-là, Baker fit au président Bush et à Scowcroft un rapport sur son voyage en Turquie et sur la réunion de l'OTAN à Bruxelles le 10 août. L'alliance avait condamné l'invasion, soutenu nos déploiements de troupes, et approuvé les initiatives d'autres membres, les engagements navals de la France et de la Grande-Bretagne, comme l'offre de l'usage de leurs bases aériennes par l'Italie, l'Espagne et le Portugal. On disposerait donc d'une flotte internationale pour faire respecter les sanctions, mais le blocus posait encore des problèmes pratiques et juridiques. La résolution qui imposait les sanctions nous permettait-elle de recourir à la force pour les faire respecter ? Ce n'était pas une broutille, car si des bateaux tentaient d'ignorer l'embargo, il faudrait trouver un moyen de les arrêter. Nous ne tenions pas à couler des pétroliers, et leur tirer dessus en temps de paix serait une affaire grave. Il nous fallait déterminer si la résolution nous donnait non seulement le pouvoir d'interdire le trafic maritime, mais précisait les circonstances dans lesquelles nous pourrions le faire. Le 12 août, nous reçûmes enfin une lettre de l'émir du Koweït demandant que les États-Unis agissent au nom de son pays pour faire appliquer les sanctions de l'ONU au titre de l'article 51 de la charte – qui déclare le droit à l'autodéfense individuelle et collective. Selon nous, cela réglait le problème de la légalité de l'interdiction, puisque nous agissions à la demande du pays que l'ONU avait entrepris de défendre.

Mais il restait des problèmes politiques à surmonter. Le lendemain matin, nous annonçâmes que des bateaux américains commenceraient à faire respecter les sanctions, entrant en vigueur le 16 août. Presque immédiatement, la France, le Canada et l'Union soviétique critiquèrent cette mesure, arguant qu'aucun pays ne pouvait unilatéralement faire appliquer une résolution de sanctions. Ils préféraient que nous agissions sous l'égide de l'ONU. En revanche, la Grande-Bretagne commença à intercepter et à arraisonner des bateaux avant même que nous ayons fini de rédiger nos instructions à la marine. Il nous restait encore du chemin à parcourir pour faire admettre l'idée d'employer la force pour faire respecter les sanctions.

Préserver la solidarité d'une coalition réunissant des éléments aussi divers ne fut pas une mince affaire. Nous tenions surtout à garder les Arabes et les Soviétiques à bord. Les membres arabes de la coalition n'avaient pas tous la même conception de l'aide qu'ils étaient prêts à apporter, certains semblant prêts à se contenter de suivre le mouvement dans la bataille, d'autres offrant des forces équivalentes aux nôtres. Les Soviétiques semblaient divisés quant à leur réaction devant l'invasion. D'un côté on trouvait les pro-Arabes au sein du ministère des Affaires étrangères, menés par le conseiller de Gorbatchev, Evguéni Primakov, qui, avec les traditionalistes, déjà ancrés dans leur opposition aux changements de politique étrangère décidés par Gorbatchev en Europe de l'Est et en Allemagne, étaient furieux d'isoler l'Irak et opposés à tout recours à la force. De l'autre côté, chef de file des partisans du soutien à la coalition, on trouvait Chevarnadzé, luttant parfois presque seul. S'assurer le soutien soviétique n'eut rien de facile, tant lorsque nous débattions de la manière de faire appliquer les sanctions que lorsqu'il s'est agi de savoir s'il fallait recourir à une opération militaire pour éjecter l'Irak du Koweït.

Parfaitement conscient des problèmes qui se posaient à nous dans la coalition, Saddam fit de son mieux pour les exploiter. Il avait tenté de désamorcer l'opposition arabe à son occupation du Koweït en associant intimidations et pots-de-vin, tout en traitant avec mépris les voix exigeant son retrait. Il croyait apparemment que l'Occident ne pourrait ou ne voudrait pas le jeter dehors, ou que nous n'avions pas la volonté de renverser la situation qu'il avait créée. Mais c'était mal connaître ses voisins arabes et notre détermination de le prendre au mot.

N'ayant réussi ni à terrifier ni à démanteler à coups de pots-de-vin la solidarité internationale croissante, Saddam s'employa alors à la diviser. Il savait que les maillons de la coalition arabo-occidentale étaient faibles, et il recourut à une série de stratagèmes visant à la fois à détourner certains États de la région et à soulever les populations arabes contre l'Ouest, et surtout, Israël. Pour s'attirer les bonnes grâces des États arabes les plus étranglés financièrement, il lança sa campagne des « nantis contre les pauvres », reprise par la Jordanie et les médias occidentaux (oubliant fort à propos les revenus pétroliers confortables de l'Irak qu'il s'ingéniait à gaspiller en achetant des armes et en faisant la guerre). À cela il ajouta la pression politique, tentant de monter les populations contre leurs gouvernements. Il menaça fréquemment de répandre des extrémistes dans toute la région, prédisant qu'ils renverseraient des dirigeants comme Moubarak. Ces éventualités nous inquiétaient, de même que les menaces de terrorisme, mais peu se matérialisèrent.

Potentiellement, le stratagème le plus explosif de Saddam fut sa tentative d'attiser les tensions arabo-israéliennes. Le 10 août, il prononça une allocution déclarant une « guerre sainte » contre les États-Unis et Israël et, deux jours plus tard, il annonçait une « initiative de paix » cynique dans laquelle il déclarait qu'il fallait lier la résolution de son invasion du Koweït à ce qu'il appelait l'occupation israélienne de terres arabes. En exploitant l'hostilité arabe contre Israël, Saddam tentait de détourner la critique arabe de son occupation du Koweït et de se donner le rôle du leader arabe contre Israël. Cela inciterait des populations à faire pression sur leurs gouvernements pour qu'ils ne s'opposent pas à l'invasion... ce qui aurait peut-être pour effet de diviser la coalition.

Si son stratagème était malin, Saddam Hussein jouissait heureusement d'une crédibilité limitée au Moyen-Orient. Nous rejetâmes l'initiative irakienne, qualifiant ce « lien » d'inopportun, incompatible avec le retrait inconditionnel que ses voisins, l'ONU et nous-mêmes exigions. Ce ne fut que la première des tentatives de Saddam de diviser la coalition. Pendant l'automne, il y eut de nombreuses autres « initiatives de paix » de ce genre, et nous continuions à redouter que l'une d'elles ne lui donne un moyen de paralyser la coalition et de tirer des fruits de son agression.

GEORGE BUSH

À cause des tensions arabo-israéliennes, pendant toute la crise, on garda prudemment Israël en dehors de la coalition. Je savais que nous ne pouvions pas constituer une vaste coalition véritable, qui inclurait de nombreuses nations arabes, si Israël en faisait partie. Si les Israéliens comprenaient cela intellectuellement, émotionnellement, il leur était difficile de se tenir à l'écart. En nous attaquant diplomatiquement, voire militairement à Saddam Hussein, nous frayions avec l'un de leurs principaux ennemis et probablement leur adversaire le plus haï. Israël avait été (et reste) un ami et un allié sûr des États-Unis et il coopéra, mais dès le début de la crise, exigea beaucoup de nous en matière d'aide et de partage d'information.

Il apparut bientôt que Saddam pourrait exploiter certaines failles dans le bouclier de sanctions contre l'Irak. L'Iran posait un problème potentiel. Le 15 août, Saddam offrit un règlement de paix à Téhéran. L'Irak opéra un retrait de plus de un millier de kilomètres carrés du territoire iranien, renonçant à tout ce que la guerre lui avait permis d'occuper. L'Iran n'allait-il pas renoncer à sa promesse de respecter les sanctions de l'ONU ? Il nous était impossible de nous prononcer, car nous n'avions pas de communications directes fiables avec Téhéran. En revanche, il était manifeste que Saddam faisait le ménage pour se concentrer sur le Koweït et l'Arabie Saoudite.

La Jordanie nous causait également des inquiétudes. On avait des preuves qu'elle aidait Saddam, et pas seulement à coups de propagande : il apparut que des banquiers jordaniens blanchissaient de l'argent pour l'Irak, l'aidant à échapper aux sanctions financières, et qu'Amman jouait les intermédiaires pour la livraison de pétrole irakien. Nous redoutions non seulement que la Jordanie ne fournisse armes et renseignements à l'Irak, mais aussi qu'elle n'aide son armée à utiliser les batteries de missiles antiaériens Hawk de fabrication américaine dont il s'était emparé au Koweït, bien que rien ne vînt le prouver. Toutefois, nous avions fait de légers progrès avec la Jordanie. Elle n'avait pas voté contre la constitution d'une force panarabe et n'avait pas non plus reconnu le régime fantoche de Saddam au Koweït. Elle rejetait l'acquisition de territoires par la force et semblait disposée (du moins verbalement) à soutenir les sanctions. Nous ne cessions de chercher un moyen de briser le lien entre la Jordanie et l'Irak et de revigorer les vieux rapports de coopération entre les États-Unis et la Jordanie.

Si l'emprise de l'Irak sur la Jordanie ne nous facilitait pas la tâche, elle était explicable. Le pays dépendait économiquement de l'Irak, dont il importait quatre-vingt-quinze pour cent de son pétrole, le coût venant diminuer d'autant la dette de Bagdad vis-à-vis de la Jordanie pour son aide pendant la guerre contre l'Iran. En même temps, la Jordanie était un canal important pour les importations de l'Irak, puisque quarante-cinq pour cent d'entre elles transitaient par Aqaba. Cela rendait crucial le respect des sanctions par la Jordanie, mais cela représentait également une épreuve pour l'économie du pays. Sur le plan politique, se posait un autre problème. En effet, la Jordanie abritait un grand nombre de réfugiés palestiniens pro-irakiens, ce qui la rendait vulnérable au désordre et à l'instabilité. Leur présence constituait une poudrière potentielle pour une intervention soit de l'Irak soit d'Israël.

Pour essayer de détourner le roi Hussein de l'Irak, nous commençâmes à envisager d'organiser une assistance financière internationale, de même qu'une aide pétrolière arabe d'urgence, à condition que le roi fasse appliquer les sanctions. L'aide à la Jordanie et aux pays affectés par les embargos et les sanctions, comme l'Égypte et la Turquie, deviendrait un effort politique majeur dans les semaines suivantes.

GEORGE BUSH

Je n'avais aucun désir de rendre les choses difficiles pour le roi Hussein, mais j'estimais qu'il allait trop loin dans son discours. Il s'opposait haut et fort à ce que l'on autorise la présence de forces « étrangères » sur le sol arabe, et presque seul, militait toujours pour une solution arabe négociée. Il nous fustigeait dans ses allocutions et par le biais de la presse, montant l'opinion jordanienne contre les États-Unis. Le roi avait par le passé joué un rôle très positif dans le processus de paix au Moyen-Orient, et cette volonté de défendre Saddam Hussein me surprenait tout en me décevant.

Le roi Hussein vit Saddam le 13 août, et il m'appela ce soir-là pour me demander de le recevoir rapidement afin de discuter de la situation. Je l'invitai à Kennebunkport où il arriva le 16 août. La presse bruissait de spéculations à propos de cette visite impromptue. On s'attendait à ce qu'il arrive porteur d'un message de Saddam, mais il n'y fit aucune allusion. Peut-être cherchait-il effectivement à jouer les intermédiaires, mais pour ma part, je ne voyais rien à négocier.

Journal, 16 août

... [Le roi] est arrivé en hélicoptère et nous sommes allés au bungalow avec Brent et son ministre des Affaires étrangères. Nous avons très franchement évoqué nos divergences d'opinion. Je n'ai cessé d'essayer de lui répéter que notre amitié restait intacte... Il n'a cessé de préconiser un terrain d'entente susceptible de résoudre le problème, et je n'ai cessé de répéter qu'il n'y en avait pas : c'est le retrait et la restauration du régime koweïtien ou rien. Il ne peut pas y avoir de compromis parce que demain, il s'attaquera à quelqu'un d'autre.

Nous avons réexaminé les faits... qui ont conduit à l'invasion... Il voulait que je sois certain de bien comprendre qu'il avait fait son possible, et que selon lui, il aurait pu obtenir un marché si on lui en avait laissé le temps. Je lui laissai clairement entendre que lorsque Saddam Hussein affirmait qu'il allait se retirer du Koweït tout en continuant à progresser vers le sud... nous étions nombreux à craindre qu'il n'envahisse l'Arabie Saoudite. Je lui dis aussi très franchement que... de retenir des Américains contre leur gré était grave et inacceptable... Saddam n'avait pas intérêt à nous pousser plus loin en s'attaquant à des civils.

Hussein refuse d'admettre qu'il s'agit d'un fou. Il a parlé des « nantis et des autres », et pourtant son ministre me disait au déjeuner que l'un des gros problèmes était qu'ils voulaient une hausse des prix du pétrole pour pouvoir régler leurs factures et atteindre leurs seize milliards de revenus de production. Qui, à votre avis, ai-je répliqué, profite de la baisse des prix du pétrole dans le monde ? Ce sont les pauvres, non les nantis, il ne peut donc pas avoir le beurre et l'argent du beurre, selon moi.

La visite du roi ne fit guère progresser les choses. Sans avoir rien ni d'amer ni de désagréable, cette rencontre fut une déception. Le roi cherchait encore à nous convaincre qu'il devrait y avoir une solution arabe. Ma position était que la plupart des Arabes ne se rangeaient pas du côté de Saddam Hussein, et je voulais qu'il comprenne notre détermination. Je pense qu'il espérait pouvoir se servir des liens amicaux historiques entre la Jordanie et les États-Unis et de notre propre amitié, à laquelle j'attachais de l'importance, pour nous inciter à nous modérer ou à fléchir un peu.

Juste après le départ du roi Hussein de Walker's Point, le prince Saud, ministre des Affaires étrangères d'Arabie Saoudite, et le prince Bandar arrivèrent. Le contraste entre Hussein et Saud n'aurait pu être plus marqué. Saud déclara sans détours que les Saoudiens voulaient que nous recourions à la force le plus tôt possible, pour écraser l'armée de l'Irak au Koweït. Tout en admettant que nous pourrions en arriver là, je soulignai qu'il était encore trop tôt pour envisager un tel acte.

À la mi-août, je commençais à m'inquiéter sérieusement de la sécurité des citoyens américains au Koweït. Les troupes irakiennes avaient déjà commencé à rassembler des Américains, ainsi que d'autres ressortissants étrangers pour les emmener en Irak. Le 10 août, Saddam ordonna à toutes les ambassades étrangères au Koweït de fermer leurs portes et d'envoyer leurs employés dans leurs missions respectives à Bagdad. Nous n'avions aucunement l'intention de nous soumettre à ce diktat : le Koweït restait un État indépendant, quoique Saddam puisse en dire. Le Royaume-Uni, la France et le Canada étant d'accord avec nous, nous décidâmes ensemble de maintenir nos ambassades au Koweït ouvertes le plus longtemps possible. Mon souci constant était que nous nous retrouvions face à une crise d'otages du genre de celle de l'ambassade de Téhéran en 1979. Mes craintes ne tardèrent pas à être confirmées.

> *Journal, vendredi 17 août*
>
> À vingt et une heures quarante-cinq, Bob Gates m'appelle pour me dire que le porte-parole du parlement irakien a déclaré qu'ils retiendraient des étrangers jusqu'à ce que... l'« agression » contre l'Irak prenne fin. Ils les placeraient dans diverses installations, pétrolières ou chimiques, manifestement pour nous empêcher de bombarder les sites en question. Prise d'otages manifeste. Un autre mépris manifeste du droit international par un dictateur cruel et sans pitié. Je ne peux ni ne veux tolérer un autre Téhéran. J'y suis déterminé. Cela coûtera peut-être des vies américaines, mais nous ne pouvons sacrifier les principes et le leadership américains.

Le Conseil de sécurité riposta le 18 août avec la résolution 664 qui exigeait que l'Irak autorise le départ immédiat des étrangers du Koweït et de l'Irak. Le lendemain Saddam offrait de libérer les otages à condition que les États-Unis s'engagent, par écrit, à retirer ses forces d'Arabie Saoudite et à lever les sanctions économiques. Malgré la résolution de l'ONU, les Irakiens entreprirent de placer des étrangers dans des sites stratégiques.

Rien ne me rendait plus furieux que l'utilisation lâche de boucliers humains. Cela confirmait dans mon esprit que Saddam avait fait plus que de simplement attaquer le Koweït. Jusque-là, j'avais rechigné à utiliser le mot « otage » dans des déclarations publiques parce que je ne voulais pas qu'on établisse de parallèle avec Téhéran et que cela ne détourne l'attention internationale du Koweït, le vrai problème. Mais, comme je l'ai dit dans un discours à des anciens combattants à Baltimore, il ne faisait guère de doute que, quoi qu'on en dise à Bagdad, ces innocents étaient en fait bien des otages. « Qu'il n'y ait pas de malentendus, avertis-je, je tiendrai le gouvernement irakien responsable de la sécurité et du bien-être des citoyens américains retenus contre leur gré. » J'étais suffisamment en colère pour rédiger le brouillon d'un ultimatum à Saddam où j'utilisais les mêmes termes :

> Qu'il soit bien clair pour les dirigeants irakiens que : 1. Si on touche à un seul Américain, vous paierez le prix fort. 2. En déplaçant des citoyens contre leur gré, vous violez les normes de votre propre religion, vous allez contre sa tradition séculaire d'hospitalité. Voici donc mon message : « Libérez tout de suite tous les étrangers, donnez-leur le droit d'aller et venir comme ils l'entendent et comme l'exige le droit international. » Et si vous ne faites pas cela avant... d'heures *(sic)*, si vous ne vous conformez pas au droit international décrété maintenant par l'ONU, vos forces en paieront le prix.

Mais il était trop tôt pour envoyer des ultimatums, notamment ceux que nous n'avions pas encore les moyens de faire appliquer.

La prise d'otages de Saddam ne fit qu'accroître ma détermination de résister à l'invasion. Il n'y aurait ni compromis, ni marchandage, ni échange. Cela m'exaspéra de voir certains jouer le jeu de Saddam en essayant de négocier la libération des otages. Je fus offusqué de voir l'ancien Premier ministre britannique Edward Heath se rendre en Irak pour tenter d'obtenir la libération d'une poignée de nationaux britanniques. Je pouvais comprendre que des groupes privés et des familles déploient des efforts dans ce sens. Mais un ancien dirigeant de l'un de nos alliés n'aurait pas dû tomber dans un tel écueil. Mais ce qui m'irrita encore davantage, ce fut le voyage que fit en fanfare plus tard dans l'année Oscar Wyatt, un magnat du pétrole de Houston qui avait amassé une vraie fortune en vendant du pétrole irakien et qui connaissait Saddam personnellement. Dès le départ, Wyatt s'était opposé à ce que je résiste à l'Irak, et il n'était pas près de respecter notre politique de refus de tout marchandage pour des otages. Connaissant les liens de Wyatt avec Bagdad, je ne fus pas surpris qu'il bafoue publiquement notre politique. Accompagné de l'ancien secrétaire au Trésor John Connally, qu'il exploita pour ajouter du prestige à sa mission, Wyatt fut cyniquement utilisé par Saddam. Il rentra avec quelques otages pour apprendre le lendemain qu'on libérait les autres. Mais cela ne m'étonna guère qu'en décembre 1966, quand l'ONU permit qu'une quantité limitée de pétrole irakien soit exportée, de voir qu'un pétrolier affrété par la société Wyatt était le premier à quitter le port irakien.

Saddam augmentait aussi la pression sur nous pour que nous fermions notre ambassade au Koweït. Le 22 août, il menaça de fermer par la force toutes les ambassades présentes là-bas et d'arrêter tout le personnel diplomatique restant après le 24. Afin de minimiser les risques pour nos fonctionnaires, nous avions décidé de réduire leur nombre au minimum et de rapatrier leurs familles. Après quelques difficultés avec Bagdad, le 23 août, nous réussîmes à évacuer la plus grande partie de notre ambassade. Le lendemain nous notifiâmes officiellement Bagdad que nous ne la fermerions pas. Des troupes irakiennes cernèrent aussitôt les lieux, ainsi que les ambassades de huit autres pays qui refusaient également d'obtempérer. Commença alors un long siège, visant à affamer le personnel restant. Les nôtres avaient stocké des vivres, rempli une piscine d'eau potable et, moral au plus haut, ils nous assurèrent qu'ils pourraient tenir un bout de temps.

BRENT SCOWCROFT

Fin août, tandis que Saddam s'emparait de civils innocents, nous fûmes également confrontés à de sérieux problèmes pour faire appliquer les sanctions décidées par l'ONU. La question de savoir si la résolution prévoyait le recours à la force continuait à faire l'objet d'une controverse internationale. Le problème se posa le 18 août quand cinq pétroliers quittant l'Irak pour le Yémen résistèrent lorsqu'on tenta de les arraisonner ou de leur faire rebrousser chemin, au mépris de la résolution. Le problème était le suivant : allions-nous agir unilatéralement pour les arrêter, ou attendions-nous d'obtenir de nouveaux pouvoirs de l'ONU ? Le président Bush voulait laisser la marine ouvrir le feu. Nous eûmes de longues discussions à ce sujet avec les Britanniques et, bien entendu, Thatcher prôna de tirer sur les bateaux. Pour ma part, j'estimais que nous avions l'autorité nécessaire pour ce faire. Décréter un embargo, comme l'avait fait le Conseil de sécurité, sous-entendait l'approbation de mesures pour le faire respecter. En revanche, si les Français voyaient la nécessité d'interdire, ils préféraient obtenir une autorisation explicite de l'ONU pour ne pas sortir des limites du droit international. Nous eûmes un débat interne très houleux. Gates, Cheney et moi, partisans de la ligne dure, insistions pour agir, au besoin unilatéralement. Baker, quant à lui, voulait qu'on attende. Il convainquit le Président que nous perdrions non seulement l'appui des Soviétiques (qui s'opposaient toujours résolument au recours à la force), mais que nous gâcherions nos chances d'un vote positif pour la mise en œuvre des sanctions au Conseil de sécurité si nous agissions unilatéralement.

GEORGE BUSH

J'autorisai Jim à appeler Chevarnadzé pour lui dire que nous suspendions provisoirement toute action militaire pour arrêter le trafic maritime, mais que nous voulions que les Soviétiques soutiennent une nouvelle résolution de l'ONU à ce sujet. Chevarnadzé pensait que les Soviétiques pouvaient peut-être encore persuader Saddam de se retirer du Koweït et demanda cinq jours pour négocier. Attendre ne m'enthousiasmait guère. Cela donnerait l'impression que nous n'avions pas la volonté de faire appliquer les sanctions et, en outre, les pétroliers en question auraient tout le temps d'arriver à bon port. Néanmoins, Jim m'avait convaincu que cet effort supplémentaire pour la coopération internationale en valait la peine, et je voulais que les Soviétiques soient totalement dans notre camp. J'acceptai donc en n'accordant toutefois que trois jours à Moscou, jusqu'au 25 août, pour convaincre les Irakiens de partir. Dans l'intervalle, les pétroliers continuèrent jusqu'à Aden où les Yéménites ne les autorisèrent pas, du moins pas tout de suite, à décharger.

Margaret n'accepta ce délai qu'à contrecœur. Je l'appelai vers trois heures du matin chez elle – sans grand enthousiasme. Brent avait déjà évoqué environ quatre fois le problème avec Charles Powell, et nous savions à quel point elle tenait à arrêter les bateaux. Elle soutenait que si nous en laissions passer un seul, cela créerait un précédent. Je lui ai expliqué que j'avais décidé d'attendre et pourquoi. C'est à ce moment-là, et non plus tôt, comme beaucoup l'ont laissé entendre, qu'elle s'est exclamée : « Bon, d'accord, George, mais ce n'est pas le moment de flancher. »

Le 24 août, Chevarnadzé informa Baker que les Irakiens ne coopéraient pas et que les Soviétiques étaient à présent prêts à contribuer à faire voter une résolution du Conseil de sécurité. Le lendemain, le Conseil votait à treize voix (Cuba et le Yémen s'abstenant de nouveau) la résolution 665, laquelle autorisait explicitement « toutes les mesures appropriées » pour faire respecter le blocus naval. Toutefois, même avec une interdiction, nous étions très pessimistes quant aux chances de réussite de l'embargo. S'il était vrai que l'Irak avait un peu besoin des importations alimentaires pour survivre, selon nos renseignements, le pays disposait d'amples stocks de vivres et des moissons prometteuses. Quant à la rarification des pièces détachées d'origine étrangère, dont nous espérions qu'elle handicaperait la machine de guerre irakienne, elle ne parut pas avoir l'effet escompté. Les Irakiens avaient suffisamment de stocks pour tenir des années, et seules quelques usines rencontraient des problèmes. Il faudrait des mois avant que les sanctions ne commencent à faire de l'effet, à condition, bien sûr, que tout le monde les respecte.

GEORGE BUSH

À ce moment-là, plus j'y réfléchissais, moins je voyais comment nous allions chasser Saddam Hussein du Koweït sans recourir à la force. Ce n'est pas un événement particulier qui fit jaillir le doute dans mon esprit, mais plutôt l'effet cumulé de mes inquiétudes : l'Irak pourrait-il résister à la pression économique et politique cherchant à le faire partir du Koweït ? Attendre que les sanctions portent leurs fruits (si tel était le cas) n'était-il pas un trop grand risque ? Je voulais trouver un moyen de sortir de l'impasse, mais je n'en voyais aucun sans un incident spectaculaire pouvant justifier une action militaire, ou un accident touchant Saddam lui-même. Je rechignais à évoquer publiquement le recours à la force. Nous commencions juste à mettre nos navires de guerre en place et à installer le blocus. Je n'étais pas encore complètement sûr que nous ayons le soutien tant intérieur qu'international pour agir.

Ces pensées m'agitaient quand, le 23 août, Brent et moi partîmes pêcher au large de Walker's Point. Nous avions été tellement occupés depuis le début de la crise que c'était la première fois que nous avions l'occasion de nous détendre un peu. C'était une belle et chaude journée d'août avec un ciel bien bleu et quelques rares nuages épars. Une petite houle agitait le *Fidelity* et les vagues battaient contre son élégante coque bleue effilée. Une légère brise océane nous faisait oublier la canicule. Nous passâmes quatre heures en mer dans ces conditions idéales, je lançai une ou deux lignes, mais les poissons ne mordaient pas. Nous ne tardâmes pas à nous absorber dans une longue discussion philosophique, assis à la poupe du bateau avec nos lunettes de soleil et nos chapeaux à larges bords.

Nous évoquâmes la façon dont la crise du Golfe pouvait évoluer : Saddam se retirerait-il sans le recours à la force ? Que faudrait-il pour le faire partir ? Mais quand donc pourrions-nous frapper ? Je voulais savoir ce que notre puissance aérienne nous permettrait d'obtenir. Comment pouvions-nous détruire leur force aérienne et leurs blindés ; que fallait-il pour anéantir les objectifs militaires irakiens ? Selon moi, le département de la Défense surestimait la force et la résolution de l'Irak. Malgré la taille de leur armée, je ne croyais pas que les Irakiens fussent si coriaces. Ils n'avaient pas été fichus de battre l'Iran ; ils n'avaient jamais dû défendre de longues lignes d'approvisionnement. En outre, certains de nos amis arabes de la coalition me disaient que la réputation de l'armée irakienne était surfaite. Bien plus au fait que moi de ces questions, Brent était moins sûr que nous puissions détruire les chars et les avions déployés par Saddam en une unique descente en piqué. Je craignais qu'il n'ait raison sur ce point.

Tout le monde dans l'Administration ne partageait pas mon sentiment qu'il était peut-être temps d'envisager un recours à la force. Depuis le début de la crise, Baker rechignait à l'envisager, convaincu qu'il fallait laisser une chance à la diplomatie et aux sanctions de porter leurs fruits. Sans jamais chercher à éluder une décision de recourir à la force ou à éviter au moins de la planifier, il conseillait de favoriser la diplomatie et d'accorder plus de temps aux sanctions. Nous redoutions tous les pertes humaines que pourrait causer une opération militaire, et je savais que cela rendait Jim prudent. Il craignait aussi qu'on ne s'enlise dans un nouveau Viêtnam et perde l'appui de l'opinion publique, provoquant l'effondrement de la présidence Bush. Selon lui, on ne devrait utiliser la force qu'en dernier recours, et ses contacts étroits avec ses homologues de la coalition, notamment en Europe occidentale et en Union soviétique, lui laissaient penser qu'ils n'étaient pas encore prêts à entrer en guerre. Jim espéra probablement plus longtemps que nous que nous finirions par amener Saddam à renoncer sans recourir à la force.

Je pense que Cheney admit assez vite que tôt ou tard, on en viendrait à la force. En l'occurrence, Dick était probablement en avance sur son armée. Aucun bon soldat ne souhaite faire la guerre : il préfère qu'on épuise d'abord toutes les autres options. Dick ouvrait la voie pour les militaires, ce qui, selon moi, répondait en tout point aux exigences de notre Constitution : les forces armées seraient dirigées par des civils qui sauraient convaincre les militaires d'accomplir les missions que leur fixait le Président en leur en faisant comprendre le bien-fondé. En même temps, nos militaires n'ont jamais tenté d'éviter de recourir à la force, mais ils ne s'y sont pas non plus opposés. Colin Powell, professionnel jusqu'au bout des ongles, voulait sagement s'assurer que si nous devions nous battre, nous le ferions bien et sans demi-mesures. Il voulait que l'on dispose de troupes suffisantes pour les options que je choisirais, et pour avoir la liberté de manœuvre nécessaire pour faire le boulot une fois la décision politique prise. J'étais bien décidé à donner les deux à nos militaires. Je ne voulais pas répéter les erreurs de la guerre du Viêtnam (ou de nombreuses guerres à travers l'histoire) où l'on a vu les dirigeants politiques se mêler d'opérations militaires. Pas question pour moi de dicter ma loi à l'armée.

BRENT SCOWCROFT

Dans notre conversation ce jour-là, nous finîmes par nous demander si nous étions bien sûrs que notre gestion de la crise s'adaptait à la nature du monde transformé en train de naître. Nous étions tous les deux frappés par la pensée que nous nous trouvions peut-être à un tournant de l'histoire. L'Union soviétique se rangeait à nos côtés, non seulement aux Nations unies, mais aussi pour condamner l'agression irakienne et se mobiliser contre elle. Cette coopération représentait un changement fondamental.

Jusque-là l'éruption d'une crise internationale avait presque systématiquement jeté les États-Unis et l'Union soviétique dans des camps opposés. Si l'attaque contre le Koweït marquait la fin d'une quarantaine d'années de confrontations entre superpuissances, quelles perspectives cela ouvrait-il ? Le Conseil de sécurité pourrait alors jouer le rôle envisagé pour lui par les créateurs de l'ONU. Les États-Unis et l'Union soviétique pourraient, dans la plupart des cas, se dresser ensemble contre des agressions sans provocation préalable entre États.

Comparativement à la période que nous venions de quitter, l'ère s'ouvrant devant nous paraissait être un nouvel ordre mondial, et l'expression, pas originale, fut utilisée ce matin-là pour décrire les possibilités s'offrant à nous. Elle a depuis été appliquée à un éventail de circonstances très différentes de notre conception. Nous ne nous attendions certainement pas à entrer dans une période de paix et de tranquillité. En effet, les prémices d'un monde très chaotique étaient déjà perceptibles. L'expression, telle que nous la concevions, ne s'appliquait qu'à un étroit aspect du conflit, à savoir l'agression entre États. Un aspect limité du conflit certes, mais qui avait été le principal fléau de la civilisation depuis le début des temps. Le sens de l'expression a ensuite été élargi à en devenir méconnaissable, surtout lorsqu'il s'agissait de dénigrer son application. On aurait peut-être dû s'y attendre, mais les possibilités de gérer avec succès l'agression entre États dans le monde actuel avaient encore l'air prometteuses.

Fin août, d'importants éléments de notre riposte à l'invasion du Koweït par l'Irak se mettaient en place. Nous nous étions servis de l'ONU pour constituer un dossier légal afin de contrer l'agression. En même temps, nous étions en train de constituer une coalition militaire pour affronter l'Irak, avec une force navale multinationale pour faire appliquer les sanctions. Ces dernières étaient largement respectées volontairement. Sur le plan économique, environ la moitié de la production de pétrole perdue à cause de l'embargo avait été compensée par les Saoudiens, les Vénézuéliens et d'autres. Nous étions également en train de mettre au point une stratégie pour indemniser les pays les plus touchés par l'application des sanctions. Tout cela avait pour but de continuer à isoler l'Irak et à le dissuader d'une autre agression jusqu'à ce qu'il ploie sous la pression politique et économique, ou que nous ayons les moyens militaires et le soutien politique international pour un recours à la force. Mais il nous fallait aussi envisager les motifs d'une opération militaire éventuelle, si on en arrivait là. Aurions-nous besoin d'une provocation spécifique, ou l'invasion du Koweït suffisait-elle en soi ? Les motifs ne manquaient pas : les résolutions du Conseil de sécurité condamnant l'invasion, de même que l'article 51 de la charte de l'ONU (qui prévoyait d'aider les États membres à se défendre), nous donneraient le pouvoir voulu. Toutefois, nous pourrions nous heurter à de graves problèmes politiques si nous donnions l'impression de lancer une attaque contre l'Irak sans l'appui explicite de l'ONU.

Fin août, Haass nous soumit un plan possible qu'il avait mis au point avec Bob Kimmit afin de rallier des appuis avant d'introduire officiellement une résolution à propos du recours à la force. Il proposait de commencer par consulter nos alliés arabes, puis les membres permanents du Conseil de sécurité. Nous ne demanderions au Conseil d'agir que si nous savions à l'avance que nous jouissions de l'appui de la plus grande partie du bloc arabe et que si nous étions pratiquement certains d'avoir les voix nécessaires. Si, à un point quelconque, il apparaissait que nous courions à l'échec, nous abandonnerions un mandat de l'ONU pour mettre sur pied un effort multinational indépendant reposant sur une participation d'amis arabes et d'alliés. Nous nous appuierions pour cela sur la première résolution de l'ONU condamnant l'Irak, les résolutions suivantes, et l'article 51, ainsi que sur une demande d'intervention de la part de l'émir du Koweït. En définitive, si les sanctions échouaient et qu'on en venait au recours à la force, Haass et Kimmit nous rappelèrent que notre capacité de rallier le soutien politique nécessaire, avec ou sans l'appui de l'ONU, serait d'autant plus grande que nous aurions donné l'impression de nous être efforcés de faire jouer la diplomatie.

CHAPITRE XV

Un équilibre délicat

GEORGE BUSH

L'opinion publique et le Congrès ont une influence sur les décisions politiques, et il est toujours difficile de faire un choix sage, à savoir mettre en balance ce qui est populaire et ce que l'on croit juste. Cela ne fut jamais aussi vrai que pendant les semaines et les mois suivants. Nous consacrâmes l'automne 1990 à préserver et à renforcer notre coalition internationale tout en nous employant à obtenir à l'intérieur comme à l'extérieur un soutien pour ce que nous faisions... et ce que nous pourrions être appelés à faire. J'espérais éviter le recours à la force jusqu'à ce que tout le monde, tant sur le plan national qu'international, soit prêt à nous soutenir jusqu'au bout. La gestion de la coalition ne me posait pas de problèmes. En revanche, sur le plan intérieur, j'étais confronté à des défis bien plus compliqués. La politique étrangère et la politique budgétaire se confondaient, devenant de plus en plus partisanes à mesure que les élections partielles approchaient, et nos rapports déjà aigres avec le Congrès s'aggravèrent encore. Cela ne tarda pas à devenir l'une des périodes les plus frustrantes de ma présidence, puisque j'essayais à la fois de trouver un compromis budgétaire viable et d'expliquer notre politique dans le Golfe à l'opinion publique américaine afin d'obtenir son appui. J'avais l'impression que quoi que je tente, la majorité démocrate au Congrès y ferait obstacle. Combien de fois n'ai-je pas rêvé de travailler avec un Congrès idéal, dont les deux chambres ne seraient pas dominées par l'opposition !

Je n'ignorais pas qu'il existait des zones de réel désaccord en matière de politique avec certains élus du Congrès, mais j'estimais que le budget et le golfe Persique devraient échapper aux querelles partisanes : ces questions cruciales méritaient un consensus. En même temps, je savais pertinemment que je ne pourrais convaincre tous les membres du Congrès, ni tous les Américains sans exception. Conscient que quoi que je fasse, je m'exposerais aux critiques, je décidai de me laisser guider par ma conviction de ce qui était bien et juste.

Au début de la crise, l'opinion publique et le Congrès soutinrent massivement notre réaction immédiate devant l'invasion du Koweït. Les sondages ne sont pas un reflet exact de l'opinion, notamment parce que les résultats dépendent en grande partie de la formulation des questions et des échantillons de population sondés, mais ils montraient invariablement que les Américains soutenaient globalement notre politique. Mes propres scores étaient en hausse : soixante-seize pour cent selon le sondage *New York Times*-CBS du 22 août. Si ces chiffres étaient plutôt satisfaisants, ils ne masquaient pas certaines réserves. On me reprochait par exemple de ne pas avoir été suffisamment clair sur nos raisons de nous engager devant nos compatriotes et le Congrès. Et l'opinion ne soutiendrait pas longtemps le vaste déploiement de troupes dont nous aurions besoin dans le Golfe, sans parler d'une opération militaire, si on ne lui fournissait pas de bonnes justifications. Certains préconisaient que je m'explique à la télévision au cours d'entretiens au coin du feu, à l'instar de Franklin Roosevelt, mais je ne suis pas très doué pour cela. Pour ma part, j'étais convaincu que le meilleur moyen de former l'opinion était d'agir et non de discourir.

J'ai souvent eu le sentiment que le public américain et le Congrès mesuraient mal la gravité des événements au Koweït parce que la presse n'en rendait pas convenablement compte. Faire comprendre nos intérêts en devenait d'autant plus ardu. Les médias ne cessaient d'évoquer les atrocités et les crimes commis par les Irakiens sans trop les commenter. On semblait rester de marbre devant les injustices dont nous étions les témoins, injustices qui justifiaient selon moi d'autant plus que l'on résiste à Saddam Hussein. En outre, l'incapacité des chaînes de télévision de couvrir ces événements à cause de la censure irakienne posait un problème majeur. Je m'efforçais non seulement d'expliquer ce qui était en jeu dans mes discours et mes conférences de presse, mais aussi de tenir le Congrès au courant. Plus d'une vingtaine de fois pendant la crise, je me suis adressé au Congrès, j'ai rencontré ses chefs de file, des représentants des groupes de la majorité et de l'opposition, j'ai multiplié les tête-à-tête avec des élus, et ce dès le 28 août, bien que le Congrès ne dût recommencer à siéger qu'après le Labor Day.

Des membres du Congrès et de l'opinion s'offusquaient de nos objectifs. Certains prétendaient que nous n'avions aucun intérêt national réel à restaurer les dirigeants du Koweït. Cela m'exaspérait. Le raisonnement était le suivant : « Les Koweïtiens sont riches. Ce n'est pas un régime démocratique. Nous n'avons rien à gagner à restaurer leurs dirigeants. Ce devrait être au peuple du Koweït de choisir. Il faut réclamer l'organisation d'élections sous surveillance de l'ONU au Koweït. » Voilà ce que je confiai à mon journal :

Journal, 4 septembre

Je crains que Sam Nunn [sénateur de Géorgie] n'embraie sur le compromis que certains proposent [...] à savoir organiser des élections au Koweït... Non seulement cela ne relève pas de l'autorité de l'ONU, mais cela ferait le jeu du roi Hussein et de certains autres qui cherchent désespérément une solution arabe et critiquent la présence américaine. Il faut restaurer les dirigeants, un point, c'est tout. Ensuite, ce sera au Koweït de voir. Et organiser des élections en Irak, ils y ont songé ?

Outre ses questions sur nos objectifs et nos intérêts, le Congrès exigeait de savoir qui d'autre financerait la défense du Golfe et jusqu'à quelle hauteur. Nous évaluions les coûts d'une intervention à des dizaines de milliards de dollars. L'inquiétude du Congrès était le reflet d'un sentiment intérieur très partagé : nous faisions plus que notre part pour riposter à Saddam et nous agissions au nom d'intérêts mondiaux, et non exclusivement nationaux. On pouvait comprendre cette position, surtout au beau milieu d'une bataille budgétaire.

Certes, les États-Unis devaient être prêts à prendre en charge le plus gros du fardeau militaire, mais ce n'était que justice que d'autres pays ayant des intérêts en jeu contribuent aussi. Certains avaient proposé des troupes sans tarder, mais ceux qui ne pouvaient ou ne voulaient pas le faire, pouvaient participer aux frais. Il nous fallait également trouver des moyens de soutenir la coalition en offrant des compensations aux pays touchés par les sanctions économiques, comme l'Égypte et la Turquie, mais aussi à la Jordanie et à certaines nations d'Europe de l'Est qui dépendaient du pétrole irakien ou koweïtien. Le partage du fardeau par nos alliés lorsqu'il s'agissait de problèmes de défense n'avait rien d'une idée neuve, et le principe était en place depuis des années. Les Allemands participaient à l'entretien des troupes américaines sur leur sol. Nous avions également des accords dans ce sens avec le Japon et la Corée du Sud pour nos forces militaires dans ces pays.

Le Congrès tenait notamment à savoir quelle serait la contribution du Japon. On sentait encore une certaine hostilité latente à l'égard de cette nation, hostilité qui se manifestait parfois dans des questions posées aux conférences de presse. Le 29 août, mon ami Tohishi Kaifu m'avait assuré de son appui. Il proposa un plan représentant des milliards de dollars pour le soutien logistique, sans parler d'aides bilatérales à la Turquie, à l'Égypte et à la Jordanie. Ce fut ensuite augmenté. Kaifu était confronté à un problème difficile : très désireux d'envoyer une aide militaire pacifique dans le Golfe, il ne put surmonter sa propre opposition intérieure *.

* Son gouvernement finit par tomber sur une proposition à la Diète d'autoriser des troupes de maintien de la paix japonaises.

BRENT SCOWCROFT

L'aide financière était la principale assistance que le Japon et l'Allemagne pouvaient offrir à la coalition. Ces deux pays étaient tenus par leurs constitutions respectives de ne pas dépasser certaines limites en ce qui concernait des opérations militaires à l'étranger. Ces contraintes constitutionnelles s'expliquaient par la nécessité de refréner le militarisme à l'origine de l'agressivité de leurs politiques étrangères dans les années 1930, et pendant la Seconde Guerre mondiale. Mais nombreux étaient ceux à présent dans l'opinion à vouloir donner une interprétation plus large à ces limites, pour interdire tout déploiement à l'extérieur, même s'il s'agissait d'activités de maintien de la paix. Kohl et Kaifu subissaient d'énormes pressions intérieures, dont la vigueur frisait parfois le pacifisme, afin qu'ils n'autorisent leur pays ni à participer à la mise en œuvre des sanctions de l'ONU, ni à envoyer des troupes à la coalition en Arabie Saoudite.

À notre réunion du Conseil national de sécurité du 30 août, nous décidâmes d'en appeler à nos amis et alliés pour qu'ils nous fournissent une aide économique et contribuent à la prise en charge du coût de l'opération que nous appelions Bouclier du Désert, mais qui finit par être surnommée l'expédition « à votre bon cœur, m'sieurs-dames ». Le président Bush prépara le terrain en téléphonant à Thatcher et à Mitterrand pour les informer de notre façon de voir, puis à Kohl, à Fahd, à l'émir du Koweït, et au président des Émirats pour les prier de recevoir nos émissaires. Nous décidâmes également d'envoyer un message à Gorbatchev, afin de l'encourager à aider les Européens de l'Est en manque de pétrole. Baker et Brady ne tardèrent pas à partir pour l'Europe et l'Asie, sébile en main.

GEORGE BUSH

L'Égypte se trouvait dans une situation économique particulièrement mauvaise, avec une lourde dette extérieure que l'embargo et la réduction du trafic dans le canal de Suez ne feraient qu'aggraver. Si on ne lui tendait pas une main secourable, le pays risquait d'être confronté à de graves problèmes politiques. Le 1er septembre, j'appelai Hosni Moubarak pour lui dire que j'allais recommander au Congrès d'annuler la dette de l'Égypte vis-à-vis des États-Unis. Je savais que ce ne serait pas une tâche facile et qu'un chœur de protestations s'élèverait au Congrès et ailleurs : Et la Turquie ? Et la Grèce ? Mais Moubarak était essentiel pour le processus de paix au Moyen-Orient et pour la coalition. Il fallait trouver un moyen de l'aider. Une délégation de trente-cinq membres du Congrès devant se rendre au Caire deux jours plus tard, je priai Moubarak de taire mon projet, parce que je voulais consulter le Congrès au préalable, tout en l'autorisant à soulever le problème de l'annulation de la dette avec eux.

Nous évoquâmes aussi les effets des sanctions sur l'Irak.

Convaincu que Saddam Hussein était coincé politiquement, il semblait peu probable à Moubarak qu'il veuille, ou puisse, se retirer du Koweït sous une pression économique. Après huit ans de combat, des milliers de victimes, et des dépenses se chiffrant à deux cents milliards de dollars, l'Irak ne sortait pas grandi de sa guerre avec l'Iran. Selon le dirigeant égyptien, Saddam perdrait la face en se retirant. Cela équivaudrait à un suicide : son peuple le tuerait. Le ministre des Affaires étrangères d'Oman, Youssef bin Alawi, m'affirma aussi que Saddam ne plierait pas devant des sanctions : il prônait une action militaire. Ces opinions me démoralisèrent.

Il y eut un autre débat en août pour savoir si oui ou non je devais me rendre en Arabie Saoudite pour soutenir le moral de nos troupes. Des Américains prenaient congé de leurs êtres chers dans des bases aériennes et dans des ports, et j'estimais important que le Président fasse acte de présence. En outre, à mon retour, cela nous donnerait le prétexte dont nous avions besoin pour parler à la nation de notre engagement dans le Golfe. Je voulais aussi en profiter pour rendre visite à nos alliés arabes afin de leur montrer combien nous appréciions leurs courageux efforts. J'avais soulevé cette idée dans une note à Brent le 10 août : ce fut un flop total. Personne ne me suivit sur ce terrain. Scowcroft, Sununu, Baker... tous pensaient qu'il valait mieux attendre. Ce voyage serait contre-productif et risquait de trop attirer l'attention sur la présence des troupes américaines, faisant le jeu de la propagande irakienne. En outre, il pourrait passer pour une provocation aux yeux des extrémistes de la région. Moubarak me découragea de l'entreprendre. Le roi Fahd m'assura que je serais le bienvenu, et le prince Bandar parut même insister pour que je vienne (et que je me rende en Syrie), mais mon entourage s'employa à me faire comprendre que l'attitude des Saoudiens n'était qu'une nouvelle preuve de la légendaire hospitalité arabe. Je renonçai donc, à contrecœur. Mais je voulais tout de même faire un geste diplomatique. Fin août, je suggérai à Brent qu'il serait peut-être temps de songer à organiser une rencontre avec Gorbatchev. Comme cette idée lui plut (surtout, je crois, parce que cela voulait dire que je ne me rendrais pas dans le Golfe), nous nous lançâmes dans les préparatifs.

Les bonnes raisons de voir Gorbatchev ne manquaient pas. Mais surtout, cela serait une nouvelle preuve pour Saddam que les États-Unis et l'Union soviétique étaient associés dans leur ferme opposition à l'invasion. La rencontre en soi serait donc une étape importante. J'étais pratiquement sûr que Gorbatchev la refuserait s'il pensait que nous allions avoir un débat animé sur l'Irak et que l'isolement de l'Irak s'accentuerait si nos discussions étaient productives. J'avais aussi le sentiment qu'il était important de reconnaître symboliquement les gros intérêts que les Soviétiques avaient dans le Golfe. Ils étaient restés très prudents devant l'éventualité d'un recours à la force, ce qui rendait d'autant plus urgent que je m'entretienne avec Gorbatchev. Je craignais qu'un incident ne vienne créer une tension dans nos rapports avant que j'aie une chance de m'entretenir avec lui en tête à tête.

Je lui tapai donc une lettre où je lui suggérais que nous passions une journée ensemble en Finlande ou en Suisse, en terrain neutre pour que cela n'empiète pas sur les dispositions prises habituellement pour les réunions dans l'un ou l'autre de nos pays. Dans l'esprit de notre discussion de Camp David en juin, je voulais une autre occasion de parler franchement et de faire avancer les choses. Jim fit passer la lettre à l'ambassade soviétique le 30 août, et Gorbatchev accepta de me rencontrer le 9 septembre à Helsinki.

Un des objectifs importants des discussions d'Helsinki serait d'essayer de faire comprendre à Gorbatchev que nous pourrions être obligés de recourir à la force si les négociations et les sanctions faisaient chou blanc. Il fallait que je le convainque que le meilleur moyen de créer un nouvel ordre mondial de coopération soviéto-américaine contre l'agression était de soutenir une riposte dure, qui aurait des répercussions sur l'avenir de la paix mondiale. Je voulais un communiqué commun ferme sur ce sujet... pour envoyer un message puissant à Bagdad.

Je craignais que les Soviétiques ne proposent un règlement de paix global et l'organisation d'une conférence pour la paix au Moyen-Orient où l'on traiterait aussi du problème des territoires occupés par Israël, le fameux lien établi entre la crise du Golfe et la confrontation arabo-israélienne que nous avions justement cherché à éviter. Chevarnadzé évoqua cette idée devant Baker, lequel lui fit remarquer que l'ONU elle-même était déjà une conférence internationale. Gorbatchev y avait aussi fait allusion dans un discours. Il fallait que nous évitions l'amalgame entre l'Irak et le processus de paix arabo-israélien, sinon la coalition avec les Arabes risquait d'exploser.

BRENT SCOWCROFT

Sous la direction de Dennis Ross, l'équipe de Jim Baker prépara un communiqué commun déclarant que les États-Unis et l'Union soviétique espéraient une solution pacifique, mais que nous étions prêts à prendre des mesures supplémentaires si Saddam s'obstinait dans son refus de se retirer du Koweït. L'idée était bonne, mais je pensais que Gorbatchev s'efforcerait de sauver ce qu'il pourrait pour son ancien État client. Une sorte d'atterrissage en douceur ou de compromis serait la meilleure solution à ses yeux, et il risquait de faire son possible pour prévenir une opération militaire. J'avais l'impression que nous allions avoir du mal à lui vendre ce communiqué.

Gorbatchev était certainement très partagé à propos de sa politique irakienne. Vu la situation décourageante chez lui, être aux côtés de la superpuissance États-Unis pouvait être une image très désirable à ses yeux. Le danger était qu'il fasse figure de frêle esquif à la traîne du cuirassé américain. Cela risquait également d'envoyer au panier trois décennies de politique soviétique pro-irakienne, ce qui pourrait lui attirer des reproches. En revanche, soutenir l'Irak devant l'écrasante désapprobation mondiale n'avait rien d'une option séduisante. Il pouvait résoudre son dilemme en s'efforçant de ne pas prendre position : soutenir les États-Unis, tout en s'employant en coulisse à protéger Saddam et l'investissement soviétique.

GEORGE BUSH

Le 6 septembre, j'évoquai le sommet d'Helsinki avec Mitterrand, qui venait d'avoir Gorbatchev au téléphone : « Il reste très prudent vis-à-vis de toute progression vers une guerre ouverte, mais il a souligné la nécessité de préserver un front commun devant la situation koweïtienne. Je l'ai trouvé dans un état d'esprit très positif. Selon lui, il a eu une entrevue difficile avec Aziz. » Mitterrand s'inquiétait pour les otages, mais me dit que la situation ne devrait pas modifier notre politique : « Au contraire, cela nous irrite et ne fait que renforcer notre détermination... Saddam ne nous facilite pas la tâche. » À son avis, j'avais tout intérêt à mettre l'accent sur l'idée de solidarité avec Gorbatchev. Que pensait-il d'une opération militaire pour faire respecter les sanctions ? Il me répondit que ce serait dans le cadre de la résolution 665 de l'ONU : « S'il est nécessaire de tirer sur un bateau irakien, qu'on le fasse », dit-il, pragmatique. Mais il ne pensait pas que ce serait nécessaire. Je l'espérais, en tout cas.

Le lendemain, Margaret Thatcher m'apprenait que son opposition travailliste réclamait une résolution supplémentaire de l'ONU : « Je leur ai dit que nous avons déjà le pouvoir voulu et que nous n'avons pas besoin de retourner à l'ONU. Peut-être qu'une nouvelle lettre de l'émir ne serait pas inutile, mais nous ne devrions pas retourner à l'ONU au risque de récolter un vote divisé, ce qui affaiblirait notre position. Il a fallu cinq jours pour faire voter la résolution 665, et nous n'avons même pas réussi à faire figurer le terme de " force " dans le texte. »

Ce même jour, avant de m'envoler pour la Finlande, je me rendis à la séance de coup d'envoi des négociations budgétaires à la base aérienne d'Andrews. Nous semblions être dans une impasse, et mon mécontentement vis-à-vis du Congrès s'accentua encore.

> *Journal, 7 septembre*
>
> J'espère qu'au moins on pourra exploiter l'unité du pays devant le problème de l'Irak pour parvenir à un accord budgétaire. J'ai brièvement vendu ma salade aux chefs de file présents autour de la table, tous conscients que je voulais en finir parce que je m'apprêtais à partir pour Helsinki. Peut-être que ce voyage à Helsinki avec Gorbatchev et la crise irakienne seront le point d'appui dont nous avons besoin pour faire accepter un accord par le Congrès. Je l'espère en tout cas.

Après un vol agité, j'arrivai à Helsinki le samedi, épuisé par le manque de sommeil. Mais la Finlande est un pays merveilleux, et son président Mauno Koivisto, un vieil ami, nous réserva un accueil chaleureux. Jim Baker me rejoignit sur place, après une expédition « À votre bon cœur » réussie, puisqu'il avait récolté environ six milliards de dollars.

Gorbatchev et moi nous rencontrâmes le 9 septembre au matin au palais présidentiel. Il me parut relativement détendu, voire joyeux, malgré les problèmes qu'il affrontait chez lui. La réunion eut lieu en petit comité : Gorbatchev, Brent, Chernyayev et moi-même. Jim rencontra Chevarnadzé séparément.

« Je pense que cette tragédie nous offre l'occasion de créer un nouvel ordre mondial, commençai-je. Mais cela veut dire que l'on ne peut pas autoriser Saddam Hussein à tirer profit de son agression. Je ne suis pas encore sûr qu'il ait vraiment compris que les États-Unis sont bien décidés à avoir le dernier mot. J'espère que vous lui ferez savoir que nous ne pouvons nous permettre d'échouer dans l'application des résolutions de l'ONU. » J'ajoutai que notre stratégie recourant à des sanctions avait de bonnes chances de marcher. « Je ne cherche pas l'escalade, je ne tiens pas à ce que cela dégénère, et je ne veux pas recourir à la force. Mais s'il ne se retire pas, il faut qu'il sache que le *statu quo* est inacceptable. » Je voulais évoquer tous les aspects du problème avec Gorbatchev, pour que, si, en définitive, la coalition devait recourir à la force, les Soviétiques nous soutiennent. « C'est peut-être difficile pour vous, mais j'aimerais que vous puissiez le faire. La presse m'a demandé si je vous demanderais d'envoyer des forces. J'ai répondu que je ne nourrissais pas de projets de ce genre, mais sachez que si vous en décidez ainsi, je n'y vois aucun inconvénient *. » Les États-Unis ne projetaient pas de laisser des forces importantes dans le Golfe après : « De toute façon, toute présence demeurant ensuite sur place pour surveiller Saddam devrait être multilatérale. »

Je rappelai que la tradition américaine voulait que les Soviétiques n'aient aucun rôle à jouer au Moyen-Orient. Ce n'était plus le cas : « L'ordre mondial que je vois naître de cette situation est une coopération américano-soviétique pour résoudre non seulement ce problème, mais aussi les autres au Moyen-Orient. Plus nous serons proches aujourd'hui, plus le nouvel ordre mondial sera solide... Je veux que nous gérions cette affaire ensemble, en associés égaux. Je veux pouvoir annoncer au peuple américain à mon retour demain que le chapitre de la guerre froide est clos et leur offrir la vision de ce nouvel ordre mondial au sein duquel nous coopérerons. » Je lui tendis alors une caricature en couleurs nous représentant tous les deux en boxeurs venant de terrasser le dragon de la guerre froide. Il rit. Je lui demandai

* [Brent Scowcroft] Que le Président dise à Gorbatchev qu'il accepterait des forces soviétiques dans la coalition me fit tiquer, bien qu'à ce point, il fût clair que Gorbatchev n'avait pas intérêt à en envoyer. C'était un signe de la volonté du Président d'inclure les Soviétiques dans plus qu'une solidarité symbolique. Pour moi, des troupes soviétiques au Moyen-Orient étaient à éviter dans la mesure du possible. Heureusement, Gorbatchev ne releva pas, et on oublia le sujet.

s'il voulait bien que nous nous appelions par nos prénoms lors de ces petites réunions. « Mais bien sûr, George ! », fit-il avec un large sourire.

Gorbatchev pensait aussi que la crise était un test pour la transition que vivait le monde et les nouveaux rapports soviéto-américains. « Abstraction faite de l'ampleur de cette crise, je pense que si nous ne pouvons pas régler ce conflit, nous ne verrons pas naître de nouvel ordre. Cette crise pourrait bien être notre pierre d'achoppement. La question est de savoir si nous pouvons agir et réfléchir autrement. Sinon, les conséquences seront graves. Sans la réunion de Malte, sans nos nouveaux rapports, l'indépendance de l'Europe de l'Est et la réunification de l'Allemagne auraient pu beaucoup plus mal se passer. Cela aurait pu virer à la catastrophe. Nous sommes confrontés aujourd'hui à un problème tout aussi grave. » En Europe de l'Est et en Allemagne, c'était l'Union soviétique qui avait supporté le plus gros du fardeau, ce qui les avait amenés à changer de mentalité. « Dans lc Golfe, les États-Unis sont dans une position plus difficile. Je le comprends fort bien, peut-être plus que nos peuples respectifs... Le vôtre attend de vous que vous agissiez avec détermination et en sortiez victorieux. Nos deux peuples attendent des résultats rapides... Ne doutez pas de la fermeté de notre position. Nous avons condamné l'agression irakienne et soutenu l'ONU. En l'occurrence, nous ne faisons qu'un. Mais cela a été difficile pour nous au départ parce que vous avez pris la décision d'envoyer des forces sans nous prévenir.

– Sachez que ce n'était pas une tentative d'agir dans votre dos. Mais j'admets que j'aurais dû vous appeler pour vous mettre au courant.

– Mais ensuite, nous avons pu agir de concert pour mobiliser la communauté mondiale, et c'est une grande réussite. Cela a donné une apparence très différente aux forces en présence et c'est un bien. Mais il faut qu'on arrive à une sorte d'entente pour gérer ce nouvel ordre. Vous avez pris en charge le plus gros de la gestion de l'agression irakienne. »

Il m'offrit les fruits de ses réflexions sur la crise. L'Arabie Saoudite était à présent sauve et Saddam Hussein avait été endigué. Les États-Unis et la communauté mondiale pouvaient se targuer de quelques succès. Mais il restait des points à régler. Le Koweït était toujours occupé, et Saddam ne partirait pas facilement. Gorbatchev savait qu'il nous fallait montrer notre détermination, mais une solution militaire était dangereuse et inacceptable pour l'Union soviétique. Le déploiement des troupes irakiennes prouvait que l'Irak n'avait pas d'intentions hostiles vis-à-vis de l'Arabie Saoudite. Cela voulait dire que si l'Irak n'attaquait ni l'Arabie Saoudite ni Israël, les États-Unis seraient l'instigateur de la guerre. On se souviendrait de l'Afghanistan et du Viêtnam. Saddam était déjà un héros aux yeux de nombreux Arabes parce qu'il résistait à l'Ouest, et il n'avait pas peur des États-Unis. « Mais nous ne pouvons pas laisser la situation en l'état, conclut-il. Primakov connaît personnellement Saddam. Tous pensent qu'acculer Saddam Hussein n'est pas la solution. Il faut lui permettre de sauver la face. »

Il fit une proposition. Saddam libérerait les otages, se retirerait du Koweït, et restaurerait le gouvernement koweïtien. En retour, les États-Unis promettraient de ne pas attaquer l'Irak et réduiraient leur présence armée sur place qui serait remplacée par une force arabe de maintien de la paix. Un accord pour une conférence internationale sur le Moyen-Orient suivrait. On en revenait au fameux lien. Gorbatchev était convaincu que Saddam rejetterait cette proposition, et ce faisant, se démasquerait et perdrait le soutien des Arabes. Je pensais pour ma part que Saddam se ruerait sur le plan. Il pourrait utiliser le lien avec la conférence pour couvrir sa propre agression. « Tout accord sur un plan ne résolvant pas le problème du Koweït serait une défaite majeure pour l'action collective qui nous a menés aussi loin, expliquai-je. Saddam aurait ce qu'il voulait : il a encore un programme nucléaire et peut de nouveau recourir à l'agression dès que les États-Unis auront le dos tourné. »

Gorbatchev suggéra que nous révisions le plan, tout en affirmant qu'une opération militaire ferait figure d'agression. J'objectai, soulignant que Saddam était en train de démanteler le Koweït. « C'est justement pour cette raison que nous devrions agir vite, insista Gorbatchev. Le recours à la force détruirait les résultats que nous avons obtenus. Si la situation actuelle s'éternise, l'initiative nous échappera. En l'occurrence, nous pourrions dire que nous agissons de manière responsable en suggérant des solutions. »

Je lui fis valoir que quelle que soit l'issue de nos discussions, il ne pourrait s'agir d'un plan américano-soviétique : « Nous donnerions l'impression de chercher une solution exclusivement à deux. Mais l'idée est intéressante et il faut que nous y réfléchissions... » Gorbatchev admit que nous ne pouvions agir comme si nous seuls pouvions résoudre le problème. « Mais si nous ne pouvons rien faire, pourquoi nous réunissons-nous ? », demanda-t-il. Il suggéra que nous disions que nous estimions possible de trouver « une solution qui empêcherait une aggravation de la situation ».

« Je suis d'accord, sauf que nous devrions dire “ chercher ”. Je ne suis pas sûr que nous puissions trouver un tel plan... Je suis prêt à aller très loin pour sauvegarder la paix, mais nous ne devons pas saper l'action collective de l'ONU.

– Mais s'il n'obtient rien, s'il est acculé, ce sera plus coûteux pour nous tous, répliqua Gorbatchev. Il faut que nous lui donnions un peu d'espoir, un peu de liberté de manœuvre. Donnons-lui l'impression qu'il n'est pas à genoux, même si cela risque de lui arriver.

– Si nous avions offert une issue à Hitler, cela aurait-il réussi ?

– Ce n'est pas comparable.

– Sur le plan de la personnalité, si.

– Il faut que nous choisissions, dit Gorbatchev avec un haussement d'épaules. Nous n'avons pas beaucoup d'options. Je pense que vous qui avez tant accompli sur place souhaitez éviter un conflit coûteux avec la destruction possible des installations pétrolières. Ce serait une victoire énorme... Si nous lui tendons une carotte, nous vaincrons, nous établirons la primauté du droit international (par le biais de l'ONU), nous donnerons corps à notre coopération et nous éviterons un conflit grave.

– Je suis entièrement d'accord avec vous. Mais il nous faut trouver une solution qui n'ouvre pas la porte à de futures agressions. C'est le cas de la plupart de vos suggestions », conclus-je en lui assurant que nous étudierions soigneusement son plan.

BRENT SCOWCROFT

Je sortis de cette séance rempli d'appréhension. L'exposé de Gorbatchev avait visiblement été rédigé par la bureaucratie pro-irakienne... probablement par Evguéni Primakov qui était l'architecte, ou du moins le protecteur de la politique moyenne-orientale soviétique traditionnelle. C'était une nouvelle preuve de la lutte que se livraient Chevarnadzé et Primakov autour de Gorbatchev, et cela ne pouvait pas tomber au pire moment. Cela faisait naître le spectre de Moscou cherchant à négocier une paix séparée avec Bagdad. Il fallait éviter cela. Au sortir de la réunion, je laissai entendre au Président que les Soviétiques venaient de faire un important pas en arrière et qu'ils s'installaient peut-être dans le rôle de protecteur de l'Irak. À mes yeux, « sauver la face » de l'Irak, ou bien accepter un retrait partiel, promettre de ne pas attaquer, et surtout, établir un lien avec la question arabo-israélienne : toutes ces propositions modifieraient radicalement le chemin sur lequel nous étions engagés.

Au déjeuner offert par le président Koivisto, j'étais assis à côté du maréchal Akhromeyev. J'avais un grand respect pour lui depuis notre petit déjeuner privé en juillet. Après avoir un peu bavardé du contrôle des armes stratégiques, je lui demandai de ses nouvelles. Il désigna Gorbatchev : « C'est mon chef. Je lui suis loyal et je fais de mon mieux pour l'aider. Mais je suis un peu perdu. » Il me raconta que le soldat et le patriote dévoué qu'il était avait dédié sa vie à l'Union soviétique et aux principes qu'elle représentait, selon ce qu'on lui avait inculqué. Et soudain on venait lui dire que tout ce qu'il avait défendu était une erreur. L'Union soviétique, ses dirigeants, ses actes, et ses mobiles : tout n'avait été qu'un mensonge. On venait de déraciner son univers, de détruire son éthique et ses repères nationaux. Il ne savait plus ni quoi croire, ni quoi défendre. Ses enfants les méprisaient lui et le système qu'il représentait.

Ce fut un moment riche en émotion. J'imaginais ce que je ressentirais si je découvrais que tout ce sur quoi j'avais basé ma vie depuis West Point n'était qu'un mensonge. Moins de un an plus tard, l'Union soviétique en ruines, le maréchal Akhromeyev se suicidait.

Après le déjeuner, et avant la séance de l'après-midi avec les Soviétiques, le Président, Jim, John Sununu, John Kelly, Dennis Ross, Condi Rice, Richard Haass et moi-même discutâmes la proposition de Gorbatchev. Une fois que Baker eut fait le résumé de sa réunion avec Chevarnadzé, il devint évident qu'elle n'avait pas grand-chose de commun avec celle du Président et de Gorbatchev. Chevarnadzé avait lui aussi soulevé la question d'une conférence de paix du Moyen-Orient, qui traiterait aussi bien de l'invasion irakienne que du problème palestinien. Après une longue discussion, Baker l'avait convaincu qu'une telle conférence reviendrait à offrir sur un plateau une victoire politique à Saddam. Il proposa à la place que nos pays expriment leur espoir d'une solution pacifique tout en précisant que si Saddam refusait de quitter le Koweït, nous prendrions de nouvelles mesures dans la ligne de la résolution du Conseil de sécurité sur l'interdiction navale. Il montra à Chevarnadzé notre projet de communiqué. Chevarnadzé en apprécia le ton et demanda que son assistant, Sergueï Tarasenko, et Ross y travaillent. Par contraste, Gorbatchev avait livré un fervent exposé au Président, qui en avait tiré la même impression que moi, à savoir que Gorbatchev campait sur ses positions, du moins en ce qui concernait le lien. Nous conclûmes que le meilleur moyen de commencer la séance plénière était de présenter les rapports des deux réunions simultanées, en commençant par celui des ministres des Affaires étrangères.

Lors de la séance plénière, Baker résuma dans ses grandes lignes sa discussion avec Chevarnadzé et expliqua que Ross et Tarasenko venaient de préparer un communiqué commun reprenant les grandes lignes de l'entretien. Le président Bush suggéra que nous y jetions un coup d'œil. Gorbatchev lut attentivement le projet, réclama quelques modifications mineures, et dans un mouvement qui m'estomaqua, donna pratiquement son aval. Disparu, pratiquement sans laisser de traces, le Gorbatchev du matin, défendant son client irakien. Pour moi, c'était un revirement étonnant et extrêmement rassurant. Nous venions d'échapper de justesse à une crise.

Rétrospectivement, on peut penser que Gorbatchev a tenté le ballon sur les deux plans. S'il avait pu nous convaincre d'accepter une formule profitant à Saddam, il aurait fait figure de héros et chez lui et en Irak. Cela échoua, mais il avait au moins prouvé à sa faction pro-arabe qu'il avait fait un effort de bonne foi. Il passa ensuite à sa seconde option, qui était de signer notre communiqué et de convoquer une conférence de presse commune montrant les deux superpuissances réglant de concert des problèmes mondiaux. Avoir refusé cela et voir la réunion se solder par un désaccord n'aurait pas arrangé ses affaires.

Le communiqué commun était une nouvelle confirmation de celui que Baker et Chevarnadzé avaient publié le 3 août et de notre soutien aux résolutions de l'ONU. Il exigeait de l'Irak qu'il opère un retrait inconditionnel du Koweït, permette la restauration des dirigeants koweïtiens, et libère tous les otages. Il fallait que l'Irak se soumette aux résolutions et rende son ancien statut au Koweït. Nous nous engageâmes à garantir le respect des sanctions, reconnaissant que la résolution de l'ONU permettait, dans des situations humanitaires, l'importation de vivres en Irak et au Koweït. Si nous préférions régler la crise pacifiquement, nous étions unis dans notre condamnation de l'agression de l'Irak : « Nous sommes déterminés à voir cette crise s'achever et si ces initiatives ne réussissent pas à y mettre un terme, nous sommes prêts à en envisager d'autres conformes à la charte des Nations unies pour démontrer que l'agression ne peut et ne doit pas payer. »

Notre conclusion éludait la controverse autour du fameux lien. Une fois les objectifs imposés par les résolutions du Conseil de sécurité atteints, nous collaborerions avec les pays intérieurs et extérieurs à la région pour mettre en place des structures et des mesures de sécurité afin de promouvoir la paix et la stabilité. « Il est essentiel de travailler activement à la résolution de tous les conflits restants au Moyen-Orient et dans le golfe Persique, concluions-nous. Les deux camps continueront à se consulter pour engager des mesures afin de poursuivre ces objectifs plus larges en temps voulu. »

GEORGE BUSH

J'étais satisfait des résultats des pourparlers. Même si Gorbatchev n'était pas encore prêt à envisager une opération militaire, il avait laissé la porte ouverte. Nous obtînmes le communiqué commun ferme que je souhaitais, déclarant que l'agression irakienne contre le Koweït était inacceptable. Nous avions également contourné une nouvelle tentative de lier la crise à Israël.

Le lendemain, j'appris du roi Fahd que la réaction arabe était positive. Il avait la conviction que l'Irak était cerné et serait obligé de céder à la pression, prédisant avec optimisme que tout serait réglé en deux semaines. Me souvenant de ma conversation décourageante avec Hosni Moubarak plusieurs jours plus tôt, je lui demandai si Saddam pouvait se retirer tout en conservant le pouvoir en Irak. Selon le roi, Saddam n'avait pas vraiment le choix, et son retrait sonnerait sa fin.

Ce même jour, l'Irak annonça son intention de me traduire devant un jury populaire pour un procès dont l'acte d'accusation était prêt. On m'accusait : d'avoir envoyé des troupes américaines dans la région du Golfe et d'occuper des lieux saints musulmans en Arabie Saoudite ; de menacer d'attaquer l'Irak et la nation arabe (en d'autres termes, le peuple arabe dans son entier), d'imposer des sanctions économiques contre l'Irak ; de donner des ordres à la CIA pour qu'elle complote contre Saddam.

Apprenant cette nouvelle terrifiante, je tapai une note à délivrer en mains propres à Boyden Gray :

> Procure-toi un visa et apprête-toi à partir pour Bagdad pour me défendre sur ces quatre chefs d'accusation.
>
> Je peux réfuter le troisième en citant l'ONU comme témoin.
>
> Cela pourrait aussi s'appliquer à l'envoi de troupes, mais assure-toi que tu es bien prêt à me défendre pour les « lieux saints ». Je suis innocent.
>
> Ils n'ont aucune chance de faire admettre le quatrième.
>
> Je ne suis pas inquiet, mais appelle-moi après la première audience.
>
> Si jamais ils décidaient de te retenir, envoie-nous un câble, que nous puissions nommer quelqu'un pour assurer ton intérim.

Merci encore.
GB.

Le 11 septembre, je pris la parole devant une séance plénière du Congrès pour résumer la situation dans le Golfe et rendre compte de mes discussions avec Gorbatchev. J'espérais renforcer le soutien pour notre approche de la crise et souligner l'importance durable de ce que nous avions accompli à Helsinki.

Journal, matin du 11 septembre

Je me prépare pour mon discours à la nation ce soir, mais il faudra quc la partic budgétaire attende, parce que les réunions se poursuivent jusqu'à quatorze heures trente.

D'aucuns prétendent que je préfère de loin m'occuper des affaires internationales. Eh bien, je suis complètement absorbé par une crise internationale, et je dois dire que j'adore travailler à tous ses aspects et que j'entre plus dans le détail que lorsqu'il s'agit de politique intérieure. La réponse est donc, oui, je préfère les affaires internationales, mais je juge le déficit budgétaire très important... un problème essentiel à résoudre. Je pense que les Américains sont las de ces retards... Les défenseurs du budget devant le Congrès étaient plutôt optimistes ce matin, Brady, Darman et Sununu. Selon eux, le Congrès s'inquiète de mes scores de popularité [élevés] dans les sondages. Tu sais ce que je pense des sondages, cher journal. Ça va, ça vient, on monte ou on descend. Certes le soutien que j'obtiens me fait plaisir, mais je sais combien cela peut être fragile et éphémère. Il suffit que ce pays entre dans une récession pour qu'on chute, et que le revirement soit total. Donc pas la peine de pavoiser, mais si les bons chiffres actuels peuvent nous aider à conclure un marché, parce que le Congrès ne tient pas se faire remonter les bretelles devant le pays tout entier, tant mieux. Mais il faut bien avouer que les résultats des sondages ne me donnent ni une assurance à tout casser, ni de l'arrogance.

Mon discours de ce soir a reçu un accueil chaleureux et j'ai senti une décharge d'adrénaline en prenant la parole devant une chambre bondée. J'ai raconté ce que Gorbatchev et moi avions accompli à Helsinki et décrit les nouveaux rapports que nous étions en train de construire avec l'Union soviétique, un nouveau partenariat. Aucun dictateur ne pouvait plus compter sur une confrontation Est-Ouest pour entraver une action concertée de l'ONU contre une agression.

Nous vivons aujourd'hui un moment unique et extraordinaire. La crise dans le golfe Persique, aussi grave soit-elle, offre également une occasion rare de progresser vers une période historique de coopération. De ces temps troublés, notre cinquième objectif, un nouvel ordre mondial, peut émerger : une nouvelle ère, libre de la menace de la terreur,

> plus forte dans sa poursuite de la justice, et plus sûre dans sa quête de la paix. Une ère dans laquelle les nations du monde, l'Est et l'Ouest, le Nord et le Sud, peuvent prospérer et vivre en harmonie. Voilà des années que des générations cherchent en vain à trouver le chemin de la paix. Aujourd'hui, un nouveau monde lutte pour naître, un monde très différent de celui que nous avons connu. Un monde où le règne du droit supplante la loi de la jungle. Un monde dans lequel des nations reconnaissent qu'elles partagent la responsabilité de faire respecter la liberté et la justice. Un monde où le fort respecte les droits du plus faible.

La crise du Golfe était la première épreuve de ce nouveau monde que nous souhaitions voir naître, et les enjeux étaient élevés. Si nous n'avions pas réagi et si nous devions ne pas relever le défi, « ce serait un signe pour les despotes avérés et potentiels du monde entier ». L'Amérique et le monde se devaient de défendre des intérêts vitaux communs, et nous le ferions.

Si je ne pouvais pas prédire le temps qu'il nous faudrait pour convaincre l'Irak de se retirer du Koweït, et les sanctions ne porteraient pas leurs fruits du jour au lendemain, nous ne pouvions laisser passer l'agression. Nos intérêts et notre rôle dans le Golfe n'avaient rien de passager. Ils précédaient Saddam et lui survivraient. Il nous fallait dissuader les agressions futures, aider nos amis à s'autodéfendre, et diminuer la propagation d'armes de destruction massive.

> Il faut également qu'il soit bien clair que les États-Unis n'ont rien à reprocher au peuple irakien. C'est au dictateur de l'Irak et à son agression que nous en avons. Nous n'autoriserons pas l'Irak à annexer le Koweït. Ce n'est ni une menace ni de la fanfaronnade, mais tout simplement ce qui va se passer.

Ce qui me fit le plus plaisir ce soir-là, ce fut l'ampleur du soutien que l'on m'accordait pour les initiatives que j'avais déjà prises (déplacer des troupes) et pour celles que je serais peut-être appelé à prendre en cas de provocation. Tant que le Congrès était avec moi, j'avais le sentiment d'avoir une chance de gagner. Mais je voyais la confrontation poindre son nez autour du problème du recours à la force.

Je voulais trouver un moyen d'amener le Congrès à manifester clairement son soutien à nos initiatives présentes et à venir. Début septembre, j'avais demandé à Boyden Gray d'étudier comment Lyndon Johnson avait géré le Congrès à l'époque de la résolution du golfe du Tonkin en 1964. Johnson s'était employé à convaincre des élus et le Congrès lui-même de se prononcer officiellement en faveur de sa politique au Viêtnam. Il insista, d'une part, pour que l'on réunisse les commissions des affaires étrangères et des armées des deux chambres, et, d'autre part, pour que l'on fasse l'appel au Congrès afin de s'assurer que tous les élus siégeraient. Cela lui permit d'obtenir un vote unanime de la Chambre, quatre cent quatorze voix, et quatre-vingt-huit voix contre deux au Sénat. Je savais que la guerre du Viêtnam était différente, mais la stratégie de Johnson me fit grande impression, et je me mis à réfléchir à la manière d'obtenir un vote de soutien analogue du Congrès.

Journal, 13 septembre

Comme nous ne voulons pas déclencher un débat War Powers [à propos du recours à la force], et la plupart des sénateurs non plus, nous allons continuer à travailler au problème... Instinctivement je me demande combien de temps ils vont rester à nos côtés. Combien de temps le Sénat ou la Chambre nous soutiendront-ils ? Tant que le peuple est avec nous, j'ai une bonne chance. Mais une fois que cela commencera à s'éroder, ils vont faire ce que disait Lyndon Johnson : se peindre le cul en blanc et fuir avec les antilopes. Pas tous, bien sûr, mais...

Dimanche soir, 14. Nouveaux sondages : cinquante-sept pour cent pour ; vingt-trois pour cent contre... quelque chose dans ce genre. Avant c'était sept pour cent contre : l'érosion du soutien ne cesse de m'inquiéter.

La réunion du 21 septembre du Président avec les chefs de file des deux partis lui donna l'occasion de prendre le pouls du Congrès. Le speaker Tom Foley déclara que, pour l'instant, on notait l'existence d'un vaste consensus de soutien dans les deux partis et dans le pays, mais qu'il était trop tôt pour envisager une option militaire : « Il faut laisser leur chance aux sanctions. » En cas de provocation, ce serait différent, il nous faudrait agir, peut-être unilatéralement. Toutefois il jugeait essentiel d'obtenir un mandat international avant de nous lancer : « Si nous engageons des hostilités, le problème du War Powers se poserait de nouveau. » George Mitchell et Dick Gephardt abondèrent dans son sens : « Nous vous avons soutenus parce que vos actions le justifiaient », dit Mitchell. Il fallait que nous poursuivions dans cette voie. Claiborne Pell s'opposait à tout recours unilatéral à la force. Les républicains Bob Dole et Bob Michel affirmèrent tous les deux leur soutien à la politique actuelle. Ce fut également le cas de Jack Murtha qui pensait que, de toute façon, nous nous dirigions probablement vers une guerre. Sam Nunn déclara que si on en arrivait à un conflit armé, il faudrait compter sur les forces aériennes et navales, pas terrestres. Les Aspin acquiesça.

GEORGE BUSH

Pour l'instant, la plupart des membres du Congrès semblaient soutenir notre approche globale et comprendre nos enjeux. Dès le début, Bob Dole nous fut d'une grande aide en se révélant une précieuse source de sages conseils à propos de l'état d'esprit du Congrès et du pays. Mais j'avais la conviction que d'autres étaient un peu légers dans leurs priorités. Par exemple, nous avions des problèmes pour aider la Turquie, un allié de l'OTAN et un État en première ligne dans la coalition contre Saddam. Ozal nous soutenait loyalement, il avait besoin d'un coup de pouce pour le commerce du textile, mais Trent Lott et Jesse Helms m'exhortaient à ne pas opposer mon veto à une proposition de loi protectionniste pour le commerce du textile. J'avais du mal à comprendre : comment pouvaient-ils refuser de satisfaire un ami sûr, un allié loyal face au tyran irakien, qui réclamait ni de l'argent, ni des aides, mais simplement la liberté de commercer avec nous ? Le problème d'obtenir de l'aide par le biais du Congrès devint vraiment épineux quand nous nous sommes attaqués à l'annulation de la dette de l'Égypte et l'assistance militaire extensive à l'Arabie Saoudite.

BRENT SCOWCROFT

Bien entendu, l'annulation de la dette était un problème sensible pour le Congrès. Il fallait procéder avec tact, en faisant un travail préparatoire discret auprès d'élus clés. Bien que le Président lui ait demandé de ne rien dire de l'annulation de la dette égyptienne, Moubarak y fit malheureusement allusion dans un contexte public... avant que nous n'ayons consulté le Congrès. Cette fuite provoqua de furieuses protestations et une grande amertume, ce qui faillit faire échouer nos plans. Je comprenais fort bien que certains membres du Congrès s'opposent à l'annulation de la dette. Cela la fichait mal auprès de leur électorat. À une époque où beaucoup se débattaient pour rembourser des prêts à l'éducation, à l'agriculture et au FHA *, les électeurs comprendraient mal pourquoi on irait annuler la dette d'un pays étranger et non les leurs.

Tout en nous efforçant d'obtenir des aides financières pour l'Égypte, nous poussâmes également à la roue pour que soit envoyé aux Saoudiens un équipement militaire dont ils avaient désespérément besoin. L'Irak avait une armée bien plus importante que celle de l'Arabie Saoudite et jouissait, en outre, d'un avantage qualitatif : les Saoudiens ne possédaient pas de munitions capables de venir à bout des chars irakiens de fabrication soviétique. Leur faire parvenir du matériel n'était pas tâche facile, d'autant que nous avions interdiction de vendre certains types de munitions à des pays n'appartenant pas à l'OTAN. La période d'attente réglementaire de trente jours entre la notification du Congrès et l'envoi des équipements posait un autre problème. Si le Président pouvait (ce qu'il fit) autoriser la vente des munitions grâce au pouvoir spécial que lui conférait le Foreign Assistance Act (loi pour l'aide aux pays étrangers), il nous fallait encore notifier le Congrès en temps voulu et lui expliquer en quoi c'était nécessaire.

Le 26 août, le président Bush signa des dérogations pour l'expédition immédiate de cent cinquante vieux chars, de vingt-quatre avions et de munitions limitées. Le Congrès n'éleva pas d'objection à ce premier transfert d'urgence, mais il traîna les pieds lorsqu'en septembre, il s'agit de donner le feu vert à une seconde expédition plus importante, comprenant des chars et de l'équipement modernes. En tout, l'envoi représentait environ dix-sept à vingt milliards de dollars. Selon nous, les Saoudiens, et Saddam Hussein, y verraient un

* Federal Housing Administration : organisme de gestion des logements sociaux.

signe de notre volonté de nous engager dans la région au-delà de la crise actuelle. En outre, la constitution d'une armée saoudienne plus forte réduirait à l'avenir la nécessité d'une intervention de forces américaines. À la suite des protestations devant l'ampleur de ce second envoi et après consultation avec les fournisseurs d'armes, nous coupâmes la poire en deux. Le premier envoi tenait compte des besoins saoudiens immédiats et de la disponibilité des armes. Cela exigeait que nous écourtions la période normale de notification de trente jours pour ce type d'assistance. Le second envoi contiendrait le reste. Certains membres du Congrès firent aussitôt toute une histoire de cette expédition d'armes, de l'annulation de la dette égyptienne, et tentèrent d'obtenir quelque chose pour Israël alors que nous tentions d'envoyer une aide d'urgence à nos alliés arabes. Finalement l'envoi d'armes passa le 29 octobre, tout simplement parce que le Congrès omit de voter une résolution de désapprobation dans les trente jours prévus. La loi d'annulation de la dette fut approuvée pendant la première semaine de novembre.

GEORGE BUSH

Le 14 septembre, les troupes irakiennes faisant le siège des ambassades de Koweït City firent un raid dans plusieurs des résidences d'ambassadeurs. Ils embarquèrent le consul américain, ainsi que ceux de Grande-Bretagne, d'Irlande, d'Australie, du Canada et de France. Ce jour-là, le Conseil de sécurité de l'ONU vota la résolution 667, qui condamnait la violation des ambassades. C'est à cette époque que j'eus des échos des traitements qu'infligeait l'Irak au Koweït :

Journal, 22 septembre

Je viens de lire un rapport des renseignements parfaitement horrible sur le démembrement et le démantèlement brutal du Koweït. On arrête des voitures pour en tuer les occupants. On exporte le peu de denrées alimentaires disponibles. On pille les maisons. On détruit les archives. On s'emploie à transformer une oasis en terrain vague. Le rapport cite l'ambassadeur norvégien, observateur digne de foi, qui témoigne de la brutalité et des intentions affreuses de ce dictateur qu'est Saddam Hussein. Le problème, c'est qu'à moins qu'il ne se passe vite quelque chose, il ne restera rien ni du Koweït, ni peut-être de ses archives – et personne ne saura plus qui est citoyen koweïtien. On a des preuves qu'il essaie de repeupler le Koweït avec des laquais irakiens, de sorte qu'en cas de référendum, on voterait massivement contre la famille royale. Il jure qu'il ne se retirera jamais et que la famille ne reviendra jamais. Cela ne fait que renforcer ma détermination. Je me demande si nous ne devrions pas accélérer le mouvement.

Lors de sa visite à la Maison Blanche le 28 septembre, l'émir me fit un récit de première main des atrocités commises par les soldats irakiens sur son peuple, ce qui m'impressionna profondément.

C'est pendant cette période que j'ai commencé à cesser de considérer l'agression de Saddam comme une simple menace stratégique dangereuse et une injustice : en annuler les effets prenait de ce fait la dimension d'une croisade morale. Je suis progressivement arrivé à cette conclusion en août et septembre. Son mépris du droit international, sa déformation systématique de la vérité, ses mensonges à ses voisins y ont certes contribué, mais peut-être est-ce d'apprendre que l'on tentait d'effacer l'identité du Koweït qui régla la question pour moi. Les atrocités m'ont violemment ému. Cela donna vraiment un caractère d'urgence à mon désir de réagir. Je savais qu'il y avait un risque que je ne dramatise ce que j'entendais et lisais. Je me disais de me calmer, de ne pas laisser ces violations des Droits de l'homme, aussi laides fussent-elles, avec des tortures moyenâgeuses, m'entraîner vers des décisions hâtives ou stupides. Mais il m'apparut bientôt qu'il ne s'agissait plus d'admettre qu'il puisse y avoir différentes nuances de gris, ou d'essayer de voir le point de vue de l'autre camp. C'était le bien contre le mal, la justice contre l'injustice. Je suis sûr que cette évolution renforça ma détermination de refuser l'invasion et m'encouragea à envisager le recours à la force pour inverser le cours des choses. Voilà comment le tri s'est fait dans mon esprit, ce qui a rendu mes choix plus clairs. Cela m'a aussi permis d'expliquer avec plus de facilité aux familles de nos soldats pourquoi les leurs seraient peut-être appelés à se sacrifier. Frustré et impatient de résoudre la crise, j'espérais que nous trouverions un prétexte pour foncer et en finir.

Dans les premières semaines de la crise, je lisais justement un livre de l'historien britannique Martin Gilbert sur la Seconde Guerre mondiale. Comment ne pas voir une analogie directe entre ce qui se passait au Koweït et ce que les nazis avaient fait, notamment en Pologne. Cela ne diminuait en rien les crimes odieux que les nazis avaient commis contre des millions d'êtres sans défense, ni les souffrances dans lesquelles ils avaient plongé l'Europe entière. L'auteur racontait comment l'armée allemande s'emparait d'une région, suivie de près par des unités spéciales qui terrorisaient la population. Le parallèle avec les exactions commises par les occupants irakiens au Koweït était à frémir. Je me suis attiré des foudres en comparant Saddam à Hitler, les critiques m'accusant de personnaliser la crise, mais il n'en demeure pas moins qu'à mes yeux, ma comparaison était sensée.

Je ne nourrissais pas de rancune personnelle contre Saddam Hussein, mais je ne pouvais que condamner ses actes sur le plan moral. Il agissait sans aucun scrupule, et nous ne pouvions permettre que cela continue. C'était à se demander comment on pourrait faire payer à ce type ce qu'il infligeait au monde. Non seulement je pense qu'on peut être objectif en matière de jugement moral, mais j'estime que, devant les actes condamnables de Saddam Hussein, on ne pouvait qu'être amené à une conclusion logique : cela relevait d'une lutte entre le bien et le mal. Saddam était devenu l'incarnation même du mal en prenant des otages et en traitant aussi odieusement le peuple koweïtien. Lui-même faisait de son mieux pour personnaliser la crise, débitant des discours présentant nos efforts pour l'éjecter du Koweït comme une volonté des États-Unis de s'en prendre à l'Irak et aux Arabes. J'étais tout aussi déterminé à ce que nos efforts restent multilatéraux et à souligner que notre politique reposait sur une question de principe et non de personnalité.

Avec son sommet sur l'Enfance et sa commémoration de son quarante-cinquième anniversaire à l'automne, l'ONU devint un forum tout trouvé pour des déclarations politiques à propos de la crise du Golfe. Tous les discours prononcés par des dirigeants devant l'Assemblée générale condamnèrent l'Irak et certains, dont celui de Chevarnadzé, rappelèrent à Saddam que l'ONU avait le pouvoir d'« éliminer l'agression », si l'occupation du Koweït devait se poursuivre. François Mitterrand profita de son discours du 24 septembre pour proposer un plan de paix qui, selon lui, pourrait déclencher un processus de négociations pour la région dans sa totalité. S'il ajouta qu'il ne pouvait être question de compromis tant que l'Irak n'obéirait pas aux résolutions de l'ONU, il souligna la nécessité de réclamer un choix démocratique pour les Koweïtiens, trahissant par là le malaise que suscitait en lui le fait de faire une condition préalable du retour de l'émir.

Si le discours de Mitterrand ne révéla pas de fossé important entre les politiques américaine et française, sa réticence à faire du retour de la famille royale une condition préalable m'inquiétait. Il avait répété à plusieurs reprises que le retrait du Koweït et la libération des otages constituaient les conditions préalables pour un dialogue. Mais il évitait soigneusement toute allusion à la restauration du gouvernement légitime, bien que cette condition fît partie de toutes les résolutions clés du Conseil de sécurité. Cela se révéla notre unique point de discorde, et la presse s'empressa de foncer dessus. Je ne pensais pas qu'il faille imposer la démocratie aux Koweïtiens : l'initiative devait leur revenir. Nous ne pouvions autoriser un dictateur à modifier la nature d'un régime souverain. Surtout, il n'était pas question d'offrir à Saddam un gain politique à tirer de l'invasion. En effet, si nous avions insisté pour imposer la démocratie comme une condition de la restauration de la souveraineté, Saddam aurait pu se présenter comme le catalyseur d'une réforme politique au Koweït.

Quelques jours après son discours à l'ONU, Mitterrand m'envoya une lettre où il s'expliquait. Il soulignait la position de la France selon laquelle les résolutions de l'ONU constituaient une condition préalable non négociable. « La position française est sans ambiguïté : on ne peut envisager ni détente ni compromis avec Saddam Hussein sans une libération des otages et le retrait des troupes irakiennes du Koweït... » La France soutenait également « la mise en place effective » de l'embargo. Toutefois Mitterrand prônait que l'on instaure la démocratie au Koweït : « La France fait un effort militaire important, aux côtés de ses amis et notamment des États-Unis, afin de garantir le succès de l'embargo et forcer Saddam Hussein à se retirer. Mais je ne risquerais pas la mort d'un seul soldat français s'il s'agissait exclusivement de restaurer un régime absolu. Aucun pays, à part les États-Unis, n'a autant fait que le mien en matière de sacrifices afin d'assurer le triomphe du droit au Moyen-Orient. Cela nous donne une raison supplémentaire de dire le fond de notre pensée. » Je répondis par une lettre soulignant qu'il ne devrait pas y avoir d'apparence de différends entre nous, et Scowcroft envoya un message dans le même sens à l'amiral Lanxade. Heureusement, Mitterrand cessant d'accentuer ce point, ce problème n'eut pas de retentissement pratique sur la coalition. Toutefois, Saddam tenta d'exploiter les divergences apparentes en relâchant environ deux cent cinquante otages français à la fin octobre, en précisant que c'était en réponse au discours de Mitterrand à l'ONU.

*En octobre de nouvelles tensions se firent jour menaçant la coalition. Les problèmes politiques intérieurs soviétiques semblaient commencer à déborder sur la crise. Les 4 et 5 octobre, Primakov se rendit à Bagdad, apparemment porteur d'un message de Gorbatchev. Ce voyage nous mit mal à l'aise, surtout quand nous apprîmes d'un Chevarnadzé furieux qu'on ne l'avait mis au courant ni du voyage, ni de la teneur du message que Primakov était censé apporter. Chevarnadzé promit à Baker qu'il nous ferait savoir l'objectif de la mission dès qu'il le connaîtrait *. Les Soviétiques évoquaient également l'éventualité d'un compromis, ou d'offres de retrait conditionnel de la part des Irakiens, marchés qu'il était hors de question pour nous d'accepter. Ces propositions semblaient refléter une influence croissante de la faction pro-Irak au sein du ministère des Affaires étrangères soviétique.*

Chevarnadzé ne tarda pas à nous faire savoir que Primakov partait pour l'Irak en qualité d'envoyé personnel de Gorbatchev, afin d'essayer de faire sortir les quelque cinq mille techniciens soviétiques encore piégés là-bas, dont certains accusés par les Irakiens de détenir des secrets militaires qu'ils seraient susceptibles de passer à la coalition. Manifestement Primakov protesta également contre l'exploitation des otages comme boucliers humains. Selon Chevarnadzé, Saddam avait dit qu'un retrait des troupes serait possible « mais pas dans les conditions de l'ultimatum prévoyant une attaque militaire de l'Irak en cas de non-retrait ». Saddam menaçait de représailles tous les champs pétroliers de la péninsule Arabique si on l'attaquait. Il voulait une solution politique, avec des concessions accordées par la coalition lui permettant de sauver la face devant son propre peuple et le monde arabe. Selon Chevarnadzé, cela voulait dire un règlement du problème palestinien et l'accord à l'Irak d'un accès sûr au golfe Persique. Saddam était disposé à se retirer du Koweït en échange du contrôle total des champs pétroliers de Roumaïla et des deux îles du

---

* Son assistant, Sergueï Tarasenko, nous dit que Primakov tentait d'introduire une proposition de paix et que Chevarnadzé avait objecté, mais qu'on n'en avait pas tenu compte.

golfe Persique. Deux jours plus tard, le Président ordonnait à Baker d'annoncer que nous rejetions toutes concessions territoriales.

GEORGE BUSH

Le 19 octobre, Gorbatchev dépêcha Primakov à Washington pour m'informer de son voyage, et son compte rendu me parut loin d'être encourageant. Selon Primakov, Saddam était mal informé par son entourage qui insistait davantage sur le soutien dont il bénéficiait que sur son isolement politique. Il faudrait certainement cinq ou six mois pour que les sanctions fassent de l'effet, mais elles seules ne feraient pas reculer Saddam et elles risquaient d'être improductives, en l'encourageant à frapper Israël. Saddam avait déclaré que s'il lui fallait choisir entre partir ou être attaqué : « Je mourrais plutôt que de céder... Je suis prêt à mourir, mais ce combat ne se confine pas à un seul pays. Je suis un réaliste. Je sais que je dois quitter le Koweït, mais je ne peux tout simplement pas le faire. » Primakov lui avait fait une proposition expliquant en détail ce que la coalition était disposée à faire une fois que Saddam se serait retiré du Koweït. Je câblai à Gorbatchev que, selon moi, cette proposition violait les principes de base que nous avons déterminés à Helsinki : « Au lieu d'insister sur un retrait inconditionnel de Saddam, cette approche lui offrirait d'importants moyens de sauver la face qu'il s'empresserait de présenter comme une récompense. » Cette conversation avec Primakov ne fit que renforcer mon pessimisme quant aux chances de résoudre la crise autrement que par un recours à la force. Même si les sanctions entamaient l'Irak, elles ne paraissaient pas assez sévères pour pousser Saddam hors du Koweït.

BRENT SCOWCROFT

Cet automne, Primakov multiplia les voyages à Bagdad et dans d'autres capitales de la région afin d'essayer de vendre un règlement, se démenant visiblement pour faire un miracle au bénéfice de la politique étrangère soviétique. Si Gorbatchev parut sincère lorsqu'il déclara au président Bush à Helsinki qu'il revenait aux États-Unis de mener les efforts internationaux contre l'Irak et que l'Union soviétique souhaitait coopérer, il nourrissait probablement aussi une profonde sympathie pour la position de Primakov. Il jouissait d'un soutien intérieur faible, après l'abandon de l'Europe de l'Est et de l'Allemagne. Si les Soviétiques permettaient à l'Irak d'en sortir intact, surtout s'ils pouvaient s'attribuer le mérite d'avoir mis au point un marché entre Washington et Bagdad, ce serait une victoire diplomatique majeure pour eux.

Mais ce ne fut pas le seul problème du moment. Le 8 octobre, de violentes manifestations éclatèrent au mont du Temple à Jérusalem : les troupes israéliennes tirèrent dans la foule, tuant vingt et un Palestiniens et faisant plus de cent cinquante blessés. L'incident suscita la colère dans le monde arabe, et il nous fallut agir rapidement pour contrôler la réaction à l'ONU et éviter une division de la coalition. Le hasard voulut qu'à l'instant même, on débattît à l'ONU d'une résolution présentée par la Colombie, Cuba, la Malaisie et le Yémen, pressant les membres de s'engager pour régler le problème palestinien avec autant de détermination que pour contrer l'invasion du Koweït par l'Irak. Le représentant de l'OLP demanda alors au Conseil de sécurité d'enquêter sur l'incident et milita pour une condamnation par l'ONU de l'acte criminel d'Israël et pour la constitution d'une mission d'enquête sur l'incident et la situation à Gaza et en Cisjordanie qui recommanderait des moyens de protéger les Palestiniens. Nous ne voulions pas être placés dans la position d'opposer un veto à la résolution, ni paraître indifférents aux morts de Jérusalem, au risque de renforcer l'impression que nous protégions Israël au détriment des Arabes. En outre, les Irakiens cherchaient à lier la gestion de l'incident à la résolution de la crise du Golfe.

Le lendemain de l'incident, nous présentâmes un projet de résolution rédigé avec les Britanniques, et soutenu par le reste des cinq membres permanents, qui condamnait le recours par Israël à une force excessive en des termes moins durs, et réclamait une mission plus restreinte dans les territoires occupés. Après de rudes négociations avec les défenseurs non alignés de l'autre résolution, ainsi que des discussions entre le Président et Mitterrand sur la formulation du texte, nous réussîmes à faire voter une résolution révisée le 12 octobre. Cette dernière demandait à la mission de proposer des moyens pour protéger les Palestiniens, tout en soulignant que la principale responsabilité de leur protection incombait à Israël en tant que puissance occupante aux termes de la convention de Genève. Malheureusement, Israël repoussa la mission avec fureur, causant de nouveaux problèmes. L'ONU condamna de nouveau Israël pour refus de coopération.

Avec l'introduction de la résolution soutenue par les États-Unis, nos rapports avec Israël devinrent tendus. Il y eut un échange de lettres entre le Premier ministre Itzhak Shamir et le président Bush. La communauté juive des États-Unis était surprise, blessée et furieuse. Elle prétendait que nous devrions faire preuve de plus de compréhension à l'égard de Shamir. Mais la mort des Palestiniens à Jérusalem rendait la chose difficile.

GEORGE BUSH

La tempête internationale autour du mont du Temple incita les experts de Washington à gloser sur le possible effilochage de la coalition, au moment même où les rapports avec le Congrès commençaient à se détériorer. La bataille budgétaire dominait tout, partageant le Congrès et l'Administration, accroissant tensions et dissensions. Après être parvenus à grand-peine, avec la direction du Congrès, à un accord qui comprenait un plafonnement sévère des dépenses publiques, mais aussi une augmentation des impôts, nous le vîmes repoussé par la Chambre le 5 octobre, ce qui aviva les animosités personnelles. J'avais signé une résolution reconductible pour maintenir les services de l'administration publique en activité jusqu'à ce jour, mais j'opposai mon veto à la suivante, ce qui eut pour effet de fermer toute l'administration le week-end de Columbus Day, à l'exception de l'armée. J'en signai une nouvelle le 9 octobre, tout en promettant d'opposer mon veto à d'autres si le Congrès ne votait un budget acceptable avant le 19 octobre. Mais il y eut aussi des lois positives. Le 1er octobre, la Chambre vota une résolution 380-29 soutenant nos objectifs dans le Golfe tout en me pressant de continuer à chercher des solutions diplomatiques. Le Sénat approuva rapidement des résolutions dans le même sens. Il ne parlait pas encore de donner son aval à une opération militaire, mais c'était la première fois depuis l'invasion qu'il soutenait officiellement notre déploiement de troupes.

Ma fameuse expression lors la convention de 1988, « Lisez sur mes lèvres, pas de nouveaux impôts » était un engagement fort qui traduisait bien mes intentions à l'époque. Mais à l'automne 1990, je dus décider entre un compromis sur les impôts ou littéralement fermer les services de l'administration. Quand je dis au Congrès que tout était sur la table de négociation (dont l'augmentation des impôts), les critiques fusèrent. Les élections partielles de novembre rendaient les débats encore plus partisans, d'autant que les démocrates tentèrent d'exploiter une baisse de mon soutien dans les sondages. Les médias de Washington, droite et gauche confondues, s'en donnèrent à cœur joie avec ce qu'ils appelèrent la « catastrophe » que j'infligeais au parti, avec mes « volte-face » et mes manquements à ma parole. Les républicains les plus conservateurs parlaient de trahison... peu importait que le président Reagan, si hostile à la hausse des impôts, ait dû lui-même augmenter les recettes fiscales à plusieurs reprises. Même le fait que nous ayons une solide garantie du Congrès contre l'augmentation des dépenses publiques discrétionnaires ne me donna aucun champ de manœuvre devant mes critiques les plus véhéments. Je fus très déçu de voir un de nos premiers leaders au Congrès, Newt Gingrich, très influent sur la droite républicaine, renier à la dernière minute un compromis qu'il avait pratiquement accepté. Des années après, il me confia que cette décision avait été l'une des plus difficiles à prendre de sa vie. Peut-être, mais elle me blessa. Son soutien aurait pu m'épargner cette volée de bois vert contre ma décision d'augmenter les impôts et les atteintes à ma crédibilité.

Avec le recul, je comprends que les conséquences de l'accord budgétaire furent moins économiques que politiques. Après une récession, et nous étions en plein dedans à ce moment-là, l'économie reprit à la fin de la première moitié de 1991 et, à l'époque de l'élection de 1992, elle connaissait une robuste croissance. Le problème pour moi était que la presse refusa de reconnaître la réalité de la reprise et que mes opposants politiques s'y entendirent pour rappeler aux Américains que j'avais trahi ma promesse sur les impôts. Ils ignorèrent le plafonnement ferme des dépenses publiques qui, toujours en effet à l'heure où j'écris, a notablement réduit les dépenses discrétionnaires. À l'époque de mon départ de la Maison Blanche, la croissance économique était de 5,8 pour cent au quatrième trimestre de 1992 et la moyenne de l'année dépassait les trois pour cent. Le fameux « Lisez sur mes lèvres » relevait de l'envolée rhétorique. Mais lorsqu'il s'est agi d'envoyer des troupes à l'étranger, nous avions besoin de services administratifs en état de marche. Il a donc fallu que je parvienne à un compromis, mais j'ai payé le prix fort.

Pendant que la lutte sur le budget faisait rage, le noyau du NSC se réunit dans la Situation Room le 11 octobre pour apprendre de la bouche de Powell et du général de division Robert Johnston du Centcom ce que Schwarzkopf projetait si nous attaquions dans le Golfe. Ils nous décrivirent une campagne aérienne, dont les plans de base étaient déjà prêts. Lorsqu'on demanda si une guerre aérienne avait des chances de mettre l'Irak à genoux, voire de causer son effondrement, forçant Saddam à se retirer du Koweït, Powell resta prudent. Il nous avertit que la puissance aérienne ne suffirait probablement pas : il nous faudrait aussi utiliser des troupes. Nous écoutâmes ensuite l'exposé d'un plan pour une campagne terrestre employant les troupes déjà affectées au Golfe. Cela se résumait pratiquement à une attaque frontale au cœur des forces irakiennes jusqu'au Koweït, l'objectif initial étant de s'emparer du principal carrefour au nord de Koweït City.

BRENT SCOWCROFT

Ce rapport fut loin de me satisfaire. Il manquait d'enthousiasme, comme si ses auteurs n'avaient pas envie de faire le boulot. L'option qu'ils nous présentaient, une attaque au cœur même de l'armée irakienne, me sembla être si contraire au bon sens que je ne pus garder le silence. Et pourquoi ne pouvait-on pas encercler par l'ouest et le nord les forces irakiennes au Koweït pour les isoler ? On m'expliqua qu'on ne disposait pas d'un nombre suffisant de camions de ravitaillement pour une opération aussi étendue et que les chars tomberaient en panne d'essence avant d'avoir le temps de terminer l'encerclement. En outre, on ignorait si les sables mouvants du désert occidental supporteraient une opération blindée. Conclusion, ce n'était pas faisable. Cet exposé me scandalisa. J'appelai ensuite Cheney pour lui dire que, selon moi, il fallait mieux faire. Cheney, qui partageait mes préoccupations, renvoya les planificateurs à leur ouvrage.

GEORGE BUSH

Le rapport me fit comprendre que le chemin était encore long avant que les militaires ne soient prêts à foncer et aient le sentiment que nous avions les moyens d'accomplir notre mission avec diligence, sans pertes de vie trop importantes. J'avais encore des tonnes de questions sans réponse, surtout sur la façon dont nous pourrions finalement déclencher la guerre. Étant donné le temps qu'il faudrait pour que les sanctions portent leurs fruits, je pensai que répondre à une provocation serait la meilleure solution.

Journal, 12 octobre

Longue discussion au déjeuner avec Sununu, Scowcroft et Baker. J'essaie de réfléchir à la manière de gérer le problème irakien dans sa globalité : convoquer une réunion au sommet, avec les dirigeants de tous les pays amis dans le Golfe, afin de nous assurer que nous serons sur la même longueur d'onde lorsqu'il s'agira de répondre à une provocation, ou bien recourir à la force sans provocation ? Qu'est-ce que nous faisons pour déclarer la guerre, ou obtenir le soutien du Congrès ? Que faisons-nous à propos de l'armée ?

Ce qui me pèse, c'est d'envoyer des gosses au combat au risque de les faire tuer. Peut-être cela tient-il à ma propre expérience ; peut-être est-ce l'image de ce second maître coupé en deux à quelques mètres de moi sur le pont ; ou le nombre de pilotes tués dans ma propre escadrille ? Je pense que mon expérience de la guerre influe sur mes positions de commandant en chef et me rend prudent, mais que cela me rend aussi très conscient de l'importance d'une victoire.

BRENT SCOWCROFT

J'eus l'impression qu'entre le début et la mi-octobre, le président Bush en arriva à la conclusion, consciente ou non, qu'il lui fallait faire le nécessaire pour libérer le Koweït et que cela voulait dire recourir à la force. Je commençai à détecter en lui un certain calme. Il ne semblait plus s'interroger sur le bien-fondé d'envoyer des jeunes Américains à une mort possible, cette horrible décision que seul un président peut prendre. Je pense qu'il savait ce qu'il voulait, et qu'il s'agissait à présent pour lui de régler les problèmes de stratégie et de planification. Je pense qu'il avait conclu que le temps ne jouait pas en notre faveur et que, comme le suggéraient les problèmes avec Israël et autres « érosions », nous ne pouvions maintenir indéfiniment la cohésion de la coalition.

GEORGE BUSH

Brent a probablement raison. Je ne sais pas exactement quand je me suis résigné au fait qu'on en viendrait à la guerre. Mon journal reflète la frustration et l'impatience qui m'habitaient alors.

Journal, 17 octobre

On a cogité sec aujourd'hui. Brent Scowcroft, mon fidèle ami, vient dîner. Nous discutons de la manière dont faire progresser les choses et le problème de la provocation pour justifier le recours à la force. Selon les rumeurs, certains

> membres du Congrès ont le sentiment que je pourrais bien prendre le prétexte d'un incident mineur pour déclarer la guerre, et ils n'ont peut-être pas tort. Il faut qu'on en finisse. Plus cela dure, plus l'érosion s'accentue. Je pense qu'il est temps de tirer un trait sur le sable. Notre ambassade renferme encore huit fonctionnaires et quarante personnes extérieures au corps diplomatique, et il n'est pas question de les exposer à un destin incertain.

La provocation irakienne continue devant notre ambassade assiégée offrait une solution tentante à nos problèmes. J'étais encore très inquiet à ce sujet, bien qu'on m'affirmât que l'ambassade pouvait survivre jusqu'à la mi-novembre. Je ne voulais pas assister au spectacle d'Américains emmenés enchaînés pour servir de boucliers à un quelconque objectif militaire. Je craignais que l'Irak ne tente de les humilier, eux et les États-Unis. J'étais déterminé à faire sortir nos gens, mais nos militaires me dirent qu'un raid n'était pas possible. Je ne savais pas non plus comment les Nations unies, ou nos alliés, réagiraient devant un raid.

> *Journal, 17 octobre*
>
> Nos alliés dans le Golfe : les British sont solides, et les Français, français. Mitterrand lui-même a été génial. [Son ministère des Affaires étrangères], à la recherche d'un compromis, fait un peu cavalier seul. Le reste de l'Europe ne veut pas recourir à la force. Les pays arabes veulent que nous fassions dégager Saddam et vite... et cela inclut l'Égypte, accessoirement. Les Syriens devraient nous soutenir. Les Turcs nous soutiendraient. Ensuite on a la Jordanie et d'autres pays qui se contentent de se tordre les mains de désespoir en pleurnichant que le recours à la force serait une catastrophe totale.
>
> Je ne sais pas très bien quelle est la position de nos compatriotes. Mais je suis sûr qu'en cas de véritable provocation, par exemple un refus de nous laisser évacuer nos gens de l'ambassade du Koweït, la nation serait partisan de faire mordre la poussière à ce type. C'est possible avec un raid aérien. Nos militaires baratinent sans trop savoir ce qui est faisable au sol. Ils ont changé les règles du combat terrestre, mais il faut avouer en toute franchise que les forces terrestres ont aussi changé.

BRENT SCOWCROFT

Nous ne savions toujours pas comment amorcer le recours à la force, si on devait en arriver là. Comment pouvions-nous agir sans que cela ait l'air d'une agression de la part de la coalition ? Le Président en venait à se dire que nous devrions agir à la première provocation, mais le pouvions-nous sans ? Dans l'esprit de certains, obtenir une résolution de l'ONU, comme nous l'avions fait pour autoriser le recours à la force afin de soutenir le blocus, avait créé un précédent, ce qui impliquait que nous aurions besoin d'une résolution semblable avant de recourir à la force pour faire appliquer la première résolution 660 de l'ONU.

En outre, il nous fallait fixer nos objectifs de guerre si nous en arrivions à une opération militaire. Les objectifs politiques stratégiques globaux étaient fixés par les résolutions de l'ONU : principalement, expulser l'Irak du Koweït et restaurer le gouvernement koweïtien. Mais au-delà, il y avait des objectifs militaires stratégiques des forces de la coalition, et les nôtres : les résultats que les États-Unis entendaient obtenir. Tout cela s'imbriquait. Le plus important était de réduire l'armée irakienne autant que possible, en commençant par une campagne aérienne. Du point de vue des militaires, cela les affaiblirait avant toute campagne terrestre de la coalition pour repousser l'armée irakienne du Koweït et libérer le pays. Détruire le plus possible de la machine militaire irakienne aurait d'autres avantages. L'un était de réduire la menace que Saddam représentait pour ses voisins. En l'occurrence, le truc était d'endommager ses capacités offensives sans affaiblir l'Irak au point de créer un vide, et ainsi détruire l'équilibre entre l'Irak et l'Iran, et donc déstabiliser encore plus la région pour des années. J'ai demandé au Deputies Committee d'étudier ces problèmes et de proposer des recommandations pour nos objectifs.

GEORGE BUSH

Margaret Thatcher était impatiente de planifier une opération militaire dans les plus brefs délais sur la base des résolutions existantes. Pas question pour elle d'attendre une provocation, parce que cela nous obligerait à attaquer avant que nous ne soyons prêts. Il valait mieux partir en guerre quand nous jugerions le moment venu. Fin septembre, nous dînâmes avec Brent et Charles Powell, son homologue anglais, au Waldorf-Astoria à New York à l'occasion de l'ouverture de l'assemblée générale des Nations unies. Margaret et moi évoquâmes les objectifs de la coalition, la planification qu'exigerait la campagne militaire, et les moyens de réduire la menace future représentée par l'Irak dans la région. Elle prétendait qu'une fois la planification de la guerre arrêtée, nous pourrions toujours nous inquiéter de la politique et des dates, et elle restait méfiante à l'idée de retourner à l'ONU : « Nous risquons des amendements... Je ne pense pas que nous ayons besoin d'un prétexte supplémentaire pour foncer. »

Je lui répondis que, selon moi, il y aurait une provocation, peut-être un attentat terroriste, avant que toutes nos forces soient en place et que nous serions condamnés à riposter : et qu'à ce moment-là, nous pourrions lancer une vaste opération aérienne avec tout ce que nous avions sous la main. À cause de la pression politique en faveur des sanctions, je ne voulais pas encore fixer de date pour le déclenchement d'une opération planifiée. Margaret me rappela que l'option militaire ne serait pas éternelle : il fallait que nous bougions pendant les mois de fraîcheur climatique... entre novembre et mars. Si nous attendions que les sanctions fassent leur effet, cela nous mènerait à novembre suivant. Selon elle, nous ne devrions pas nous attendre à une provocation. Certes, nous devrions riposter militairement en cas de provocation de Saddam, mais il ne fallait que cela nous incite à nous lancer prématurément dans la bataille.

Jim Baker nous rejoignant à ce moment-là, je lui demandai d'exposer nos options ONU si on en venait au recours à la force. « À moins que nous ne puissions prouver que nous avons essayé de respecter le consensus international, nous risquons de perdre le soutien de l'opinion publique. Il faut que nous fassions la part des choses entre provocation et non-provocation. Je pense qu'il est temps de retourner à l'ONU ; une consultation est essentielle. » Margaret n'en était pas convaincue et elle souligna que si nous recherchions une résolution, cela ferait naître des doutes quant à nos capacités d'agir sans. Je pensais encore que nous pouvions nous contenter de détruire les installations militaires et stratégiques de l'Irak avec notre puissance aérienne après une provocation. Mais Brent me rappela que nous risquions d'être obligés d'enchaîner en envoyant nos forces terrestres libérer le Koweït, et que si nous pilonnions trop tôt, avant que nos forces ne soient prêtes, on risquait de se heurter à des pressions publiques pour que nous arrêtions le combat, et à un lobbying cherchant à monter l'opinion contre l'idée d'une campagne terrestre. Cela conforterait Saddem dans son annexion du Koweït, et nous laisserait sans option militaire.

BRENT SCOWCROFT

Après cette conversation, les équipes de sûreté de l'État et des armée britanniques et américaine se consultèrent début octobre. Cheney rencontra Thatcher, et Charles Powell et moi restâmes en contact étroit. Je fis parvenir à Charles des documents sur le calendrier éventuel de la guerre. Nous ne serions probablement pas prêts pour attaquer avant début décembre, en partant du principe que nous continuions le rassemblement. Le créneau pour une intervention militaire se refermerait peu après. La fin février marquait le début d'une période de mauvais temps fréquent dans la région, ce qui serait suivi d'abord du mois du Ramadan (17 mars-14 avril), puis du pèlerinage Hadj dans les lieux saints d'Arabie Saoudite. Si les avis divergeaient quant à la pertinence d'un conflit pendant le Ramadan, nous ne jugions pas très judicieux de mettre la tolérance arabe à l'épreuve. Après le Hadj, la chaleur deviendrait si oppressante que toute opération militaire serait pratiquement exclue. L'ensemble de ces facteurs nous incita à viser janvier ou février au plus tard.

GEORGE BUSH

Le 18 octobre, au beau milieu des retombées de l'incident du mont du Temple, Margaret et moi échangeâmes des câbles et un coup de téléphone pour discuter de la suite des événements. Dans son premier message, elle me disait être très préoccupée par la possible érosion de la coalition. Elle était convaincue qu'il nous fallait agir avant la mi-février : « Les Irakiens s'efforcent manifestement d'éviter les provocations... me câbla-t-elle. Je suis de plus en plus persuadée qu'une fois que les forces nécessaires seront en place, il faudra y aller. Sinon nous risquons de perdre le soutien de gouvernements arabes qui ne comprendront pas nos atermoiements et commenceront à douter de notre détermination. Nous serons également confrontés à de nouvelles propositions de paix, d'autres incidents dans les territoires occupés, ce qui risque de créer des tensions croissantes au cœur de la coalition contre l'Irak. Il faut que Saddam Hussein perde et que cela se sache. »

Je lui envoyai également un câble en prévision de notre conversation téléphonique. J'admettais que nous ne pouvions nous offrir le luxe d'attendre que les sanctions portent leurs fruits, mais précisais que selon moi, il était plus judicieux politiquement parlant d'agir par le biais de l'ONU plutôt que de notre propre chef. À mes yeux, il nous fallait encore une provocation pour nous donner le prétexte nécessaire. J'expliquais que je réfléchissais au moyen de libérer notre ambassade et que, selon moi, nous devrions affirmer notre droit de protéger nos missions diplomatiques. Je préparais un projet de clause à ajouter à une future résolution de l'ONU concernant une compensation irakienne pour les dégâts causés disant que nous étions en droit de réapprovisionner nos ambassades. Cela pourrait être le prétexte d'une opération militaire si l'Irak résistait.

Si nous avions le pouvoir d'agir aux termes des résolutions existantes, il serait politiquement judicieux d'obtenir une résolution énonçant clairement notre droit d'agir, de même que les risques potentiels à déclencher la guerre en l'absence d'une résolution. J'assurais à Margaret que je ne retournerais à l'ONU que si une consultation préalable révélait que nous pouvions obtenir rapidement ce que nous voulions et ce, sans contraintes inacceptables. J'ajoutais que nous songions à nous arranger pour que la résolution exige du secrétaire général qu'il se serve de sa position afin d'imposer une date butoir à Saddam pour le respect des résolutions existantes. On lui donnerait trente à quarante-cinq jours pour se retirer du Koweït ; sinon, les membres auraient le feu vert pour recourir à la force. « Je vois deux avantages à cette approche : la diplomatie n'a une chance de fonctionner que si Saddam se rend compte que nous ne plaisantons pas. Mais si Saddam ne s'est pas complètement retiré et que nous devons combattre, je veux que personne ne puisse dire que nous n'avons pas donné toutes ses chances à la diplomatie. »

Lors de notre conversation téléphonique, Margaret continua à s'opposer à l'idée de retourner à l'ONU et me dit ne pas aimer l'idée de chercher à libérer nos ambassades au Koweït parce que cela mettait trop de personnes en danger. Il y avait encore des gens qui se cachaient et les missions à Bagdad à protéger. Pour moi, une riposte irakienne, comme de tirer sur les hélicoptères que nous enverrions pour récupérer nos diplomates, serait une provocation suffisante pour déclencher une offensive aérienne. Margaret répliqua que la brutalité irakienne nous donnait un motif suffisant pour foncer dès que nous serions prêts : « Nous n'avons pas besoin de nouveaux prétextes. Nos ambassades sont là pour protéger nos ressortissants. Si nous partons, ne pourrait-on pas nous taxer de désertion ? Nous n'avons pas besoin de davantage de facteurs déclenchants pour une opération militaire, et si vous envoyez des hélicos, ils pourraient se faire descendre... ce sont des proies faciles.

– De toute façon, il faut que notre ambassade ferme. Nous ne pouvons pas ravitailler les gens qui sont à l'intérieur. Nous sommes prêts pour la campagne aérienne. Notre temps est compté. Cela nous demande d'agir sur une base morale et d'agir ensemble. » Margaret me dit qu'elle y réfléchirait : « Vous voulez dire qu'il faut faire tout notre possible, c'est ça ? Nous ne pouvons pas tous les récupérer [les otages]... notamment ceux qui sont enchaînés aux usines, etc. Nos gens ne vont pas tarder à manquer de vivres. Pourquoi attendre que cela se produise ? S'il descend un hélico, nous lui ferons la peau. »

Un peu plus tard ce même soir, Margaret m'envoya un nouveau câble. Elle ne pouvait soutenir notre proposition d'amender la résolution sur des compensations en échange d'un « droit de réapprovisionner nos ambassades ». Selon elle, Saddam Hussein comprendrait ce que nous cherchions à faire, et non seulement nous perdrions l'avantage de la surprise, mais nous lui donnerions le temps de préparer des représailles contre les autres otages. En outre, elle ne pensait pas que nous étions prêts à secourir nos ambassades. L'ensemble des équipements et du matériel n'était pas encore arrivé, et les forces britanniques passeraient la semaine suivante à débarquer, ce qui les rendrait très vulnérables.

Les prétextes possibles d'un recours à la force n'étaient toujours pas clairement déterminés. J'étais probablement très impatient. J'étais toujours convaincu qu'il nous suffisait d'une provocation et que notre supériorité aérienne nous permettrait d'écraser l'armée de Saddam et de balayer de la surface de la terre les usines d'armes nucléaires, chimiques et biologiques de l'Irak. Mais Brent avait raison... il fallait que nous nous assurions que nous conserverions un soutien international pour éjecter Saddam du Koweït par une offensive terrestre. Il restait encore de nombreux préparatifs militaires et politiques à faire avant que j'aie le sentiment d'avoir les réponses que je souhaitais.

CHAPITRE XVI

Maintenir le cap

GEORGE BUSH

Après la bataille budgétaire des semaines précédentes, ce fut presque un soulagement de voir le Congrès se retirer le 28 octobre afin de se préparer aux élections de novembre. Pendant les deux dernières semaines de la campagne, je sillonnai le pays pour soutenir les candidats républicains, prenant la parole dans des soirées de collectes de fonds. Désireux de maintenir la crise le plus à l'écart possible de la vie politique intérieure, je ne ratai pas une occasion de souligner combien il était important que les deux partis soutiennent également nos efforts dans le Golfe. Je ne cessai de répéter l'adage du sénateur Arthur Vandenberg : les luttes partisanes devraient se taire devant l'obstacle. Cela ne m'empêcha pas d'être accusé par des journalistes comme David Hoffman de mettre la pression sur Saddam au moment des élections afin de détourner l'attention des électeurs de la récente bataille budgétaire. Cela eut le don de me mettre hors de moi : cela revenait à sous-entendre que j'étais prêt à faire de la politique politicienne avec les vies de nos enfants dans le Golfe.

Mes déclarations sans appel concernant les otages m'attirèrent des ennuis, comme mes fréquentes comparaisons de Saddam à Hitler. J'évoquais sans détours notre ambassade assiégée au Koweït pour bien faire comprendre que le traitement infligé aux otages constituait une véritable menace contre la décence et un défi grave au droit international. Cela en conduisit beaucoup à se demander si je n'avais pas là, selon moi, un prétexte tout trouvé pour agir. Lors d'une soirée de collecte de fonds, j'avouai crûment ma lassitude : « On cherche à affamer notre ambassade. Et que puis-je faire contre cela ? Le temps nous le dira. Mais j'avoue que j'en ai ma claque de voir des Américains traités ainsi. » J'étais furieux : ces histoires de budget avaient tellement obsédé tout le monde qu'on semblait en oublier à quel point la situation était grave. Mais je n'essayais de préparer personne à l'éventualité d'une opération militaire, je cherchais seulement à rappeler ce qui se passait.

BRENT SCOWCROFT

Il était clair que le Président s'investissait émotionnellement beaucoup dans les événements du Koweït. Il était profondément sincère, mais certains éléments de son discours parurent avoir un impact un peu contre-productif, ou tout au moins ils eurent le don d'irriter la presse, qui entreprit d'accuser le Président de transformer la crise en une vendetta personnelle contre Saddam... C'est à cette époque que Bob Gates et moi prîmes l'habitude de l'accompagner dans ses tournées électorales. Le premier objectif était qu'il ne soit pas seul si une crise majeure éclatait dans le Golfe ou ailleurs. Mais c'était aussi pour lui rappeler que ses envolées oratoires lui causaient parfois des ennuis.

Les vacances parlementaires à compter du 28 octobre créèrent un nouveau problème. Comment consulter le Congrès alors qu'il suspendait ses séances sine die, *et que la nouvelle assemblée ne se réunirait que le 3 janvier ? Le Congrès avait nommé une équipe spéciale de dix-huit membres pour nous servir d'interlocuteur. Le speaker de la Chambre Tom Foley et le chef de la majorité au Sénat George Mitchell réclamèrent une réunion extraordinaire des chefs de file des deux partis pour discuter de la situation dans le Golfe, à cause de l'éventualité de nouveaux développements, dont une opération militaire, pendant les vacances parlementaires. Cette réunion eut lieu le 30 octobre.*

*Nous prenions place quand Foley tendit au Président une lettre signée par quatre-vingt-un démocrates *. Elle se voulait une « expression de leur préoccupation » à propos du rôle du Congrès en cas d'une guerre dans le Golfe. Les signataires demandaient au Président de choisir des parlementaires parmi eux, outre leurs chefs de file, pour évoquer les développements. Ils résumaient ainsi leurs inquiétudes :*

> *À en croire les mises au point et les rapports récents, les États-Unis sont passés d'une attitude défensive à une attitude offensive, et la guerre pourrait être imminente. Selon nous, les conséquences seraient catastrophiques : une perte massive de vies humaines, dont celles de dix mille à cinquante mille Américains. Comment ne pas parler de guerre dans ces conditions ? Et aux termes de la Constitution américaine, seul le Congrès est habilité à déclarer la guerre.*
>
> *Nous sommes absolument opposés à une offensive militaire quelle qu'elle soit. Nous estimons qu'il faut donner à l'embargo parrainé par l'ONU toutes les chances de porter ses fruits et qu'il faut rechercher des moyens multinationaux et non militaires de régler la situation. Si, une fois épuisées toutes les solutions pacifiques, le Président estime qu'une intervention militaire est justifiée... alors, il devra réclamer une déclaration de guerre au*

---

* Le 9 octobre, une lettre semblable avait été signée par trente-trois démocrates.

> *Congrès... Nous sommes convaincus que les consultations avec le présent groupe ne remplacent en aucune façon l'obligation constitutionnelle du Président de demander au Congrès de déclarer officiellement la guerre avant d'entreprendre une offensive quelle qu'elle soit. Nous exigeons que l'Administration n'entreprenne aucune offensive militaire sans les délibérations et la déclaration officielle requises par la Constitution.*

Le Président expliqua au groupe que nous approchions d'un moment charnière. Les sanctions avaient beau être globalement respectées, elles ne semblaient pas avoir beaucoup d'effet ; en outre, Bagdad n'avait pas manifesté d'autre intention que de chercher à affaiblir et à diviser la coalition. Comme les Irakiens avaient pratiquement doublé leurs forces au Koweït et autour depuis le début de notre propre déploiement, pour nous assurer que notre option militaire restait crédible, nous nous dirigions nous aussi vers une nouvelle augmentation de nos forces dans le Golfe, tout en incitant nos alliés à suivre notre exemple.

Foley résuma la crainte du Congrès de nous voir changer d'orientation politique : « Vous avez obtenu un soutien extraordinaire parce que vous avez recouru à des sanctions et à un embargo décrétés par l'ONU, dit-il. En cas de changement de cap, surtout en l'absence d'une provocation grave, vous vous exposez à perdre ce soutien. En effet, ni le pays ni le Congrès ne sont prêts à une offensive. » Mitchell était d'accord. Il demanda à Baker sur quoi il se fondait lorsqu'il parlait de mauvais traitements infligés aux otages, auxquels il avait fait allusion la veille dans un discours. Baker avait raconté qu'on se servait de gens comme de boucliers humains, qu'on les obligeait à dormir à même des sols en béton grouillants de vermine, en leur rationnant les vivres. En posant cette question, Mitchell exprimait la crainte de nombre des parlementaires présents de nous voir considérer cette situation comme une provocation exigeant une réaction. Baker expliqua en détail ce que nous avions appris de la bouche de citoyens français et autres otages libérés.

Mitchell et William Cohen répliquèrent que, selon les mises au point officielles, la situation des otages ne s'aggravait pas. Dans le cas contraire, cela voulait dire que ni eux ni le public n'étaient convenablement informés. Cohen souligna que l'on ne pouvait pas se servir des otages pour justifier une offensive : « En attirant l'attention sur leurs souffrances, vous ne réussirez qu'à les envoyer à une mort certaine. » Patrick Leahy insista aussi pour que nous laissions les sanctions porter leurs fruits : « La patience est préférable à la guerre. Il n'existe pas de consensus pour une attaque contre le Koweït. » David Obey approuva. John Warner s'inquiéta des conséquences durables d'une guerre dans la région, notamment sur le processus de paix du Moyen-Orient. Claiborne Pell refusait tout recours à la force sans l'aval du Congrès, et auquel cas, seulement sous protection de l'ONU.

« Je suis d'accord avec mes collègues en ce qui concerne l'état d'esprit de l'opinion publique, dit Les Aspin. Il est manifeste que la solution d'une riposte ferme recueille moins de suffrages dans l'opinion depuis un mois. La bataille budgétaire a chassé l'Irak de la une des journaux. La crise s'éternise et s'enlise. Le public commence à douter que le gouvernement

sache bien ce qu'il fait. » Tout le monde était obnubilé par les affaires intérieures. En cas de provocation – des otages tués, par exemple – ce serait différent. On soutenait encore nos objectifs, mais à moins que Saddam ne fasse notre jeu, nous devions nous en remettre à l'ONU.

Jack Murtha n'était pas d'accord : « Je ne pense pas qu'il y ait une alternative au recours à la force. N'oublions pas que le Koweït a été envahi et que les prix du pétrole ont augmenté. Plus cela durera, plus l'opinion publique freinera des quatre fers devant un recours à la force. Nous n'avons plus le temps de tergiverser... Regardez l'attention exagérée qu'accordent déjà les médias à une poignée d'opposants. Cela va devenir de plus en plus difficile de prendre des décisions.

– On ne prend pas de décisions en fonction de l'opinion publique, intervint Bob Kasten. La vraie question est de savoir si le temps joue en notre faveur ou en celle de Saddam. » Le Président souligna que les alliés ne s'accordaient pas sur l'effet du facteur temps et que s'il admettait que nous ne pouvions pas prendre de décisions en nous fondant sur l'opinion publique, il était important d'avoir le soutien du peuple américain.

« L'invasion date de moins de trois mois, objecta Mitchell. Cela fait moins de deux mois que les sanctions ont été mises en place. Personne ne s'attendait à les voir porter leurs fruits en une semaine. Rien ne prouve qu'elles aient échoué. »

Aspin souligna qu'il ne fallait pas confondre les conséquences techniques des sanctions, et l'effet politique que nous souhaitions les voir avoir sur Saddam. Il pouvait très bien survivre à leur impact. « Au bout de combien de temps pourrez-vous affirmer que l'embargo n'a pas de retentissement politique ? Le problème du recours à la force se posera avant. » L'armée entendait prendre la décision d'attaquer entre le 1er novembre et le 1er décembre, alors que la majorité de l'opinion semblait être d'avis qu'il fallait laisser les sanctions en place pendant au moins neuf mois avant de songer à une intervention militaire. La décision de recourir à la force pourrait se présenter plus tôt que nous ne le pensions.

« Je vous en prie, dit Foley. Réfléchissez bien avant d'entraîner le pays dans la guerre. À moins d'une provocation grossière, vous n'aurez pas le soutien de l'opinion publique. »

BRENT SCOWCROFT

Cet après-midi-là, juste avant seize heures, après cette réunion peu concluante, notre groupe restreint se réunit dans la Situation Room pour décider s'il fallait s'en tenir aux sanctions, ou bien recourir à la force à une date précise au cas où l'Irak ne se retirait pas du Koweït et ne libérait pas les otages.

J'avais résumé ma position dans une note préparatoire destinée au Président :

> Notre principal objectif à ce point devrait être de relancer le mouvement et de reprendre l'initiative à Saddam. Cela requiert une double stratégie : sur le plan diplomatique, exiger de nouveau un retrait complet

et inconditionnel des Irakiens comme le requiert le résolution 660 du Conseil de sécurité ; sur le plan militaire, des préparatifs accélérés qui fournissent une alternative réelle en cas d'échec diplomatique. Une façon de mettre cette stratégie en œuvre serait de poser un ultimatum à Saddam exigeant qu'il se retire totalement du Koweït (et libère tous les otages tout en permettant le retour du gouvernement légitime) avant une date butoir. Selon moi, la date butoir devrait se situer vers la fin de l'année, quelque cinq mois après l'invasion et la mise en place des sanctions.

Je soulignai que cette stratégie ne pourrait marcher que si nous étions soutenus au moins par les membres régionaux de la coalition. Selon moi, il fallait qu'on leur dise que l'idéal serait d'obtenir une nouvelle résolution du Conseil de sécurité autorisant tous les moyens nécessaires pour atteindre ces objectifs, mais que nous serions prêts à constituer une force multinationale parallèle (en dehors de l'ONU) dans ce même but. D'une manière ou d'une autre, nous projetterions d'annoncer un ultimatum vers la fin novembre afin de donner un peu de marge de manœuvre aux préparatifs militaires supplémentaires et parer aux critiques nous reprochant de ne donner aucune chance à la diplomatie. « Cela nous permettrait d'exploiter notre présidence * du Conseil de sécurité si l'option ONU se révélait possible. Cela précipiterait aussi le mouvement, ce qui empêcherait l'Irak d'avoir trop de temps pour mettre au point ses capacités d'armements nucléaires et biologiques, de s'installer au Koweït, et cela nous éviterait d'être coincés par le mauvais temps, le Ramadan et le Hadj.

> Je pense qu'il vaudrait mieux adopter cette approche globale que de s'en tenir aux sanctions. Apparemment, les sanctions seules n'apporteront pas les résultats escomptés dans un avenir prévisible. En attendant, les otages restent otages, et le Koweït est détruit et repeuplé par d'autres. La coalition montre des signes d'effilochement à cause de désaccords autour de questions telles que le recours à la force, la nécessité d'un retrait irakien total, la restauration des Sabahs, et le problème palestinien.

Il était déjà prévu que Baker parte prendre contact avec nos principaux partenaires de la coalition afin de sonder l'ampleur du soutien en cas de confrontation avec Saddam. Je lui suggérai de soulever les trois points suivants avec eux : soutiendraient-ils le recours à la force ? (Il faudrait sonder le terrain pour l'éventualité d'une résolution de l'ONU l'autorisant) ; que feraient-ils si Israël ripostait militairement à une attaque irakienne (ce qui serait un test pour la coalition) ; enfin permettraient-ils à nos forces d'attaquer l'Irak à partir de leurs territoires et étaient-ils prêts à accepter des dispositions plaçant le commandement opérationnel de leurs forces entre les mains de l'armée américaine ? Le voyage de Jimmy serait suivi de discussions avec les Soviétiques et les autres membres du Conseil de sécurité.

---

* La présidence du Conseil de sécurité change tous les mois. Les États-Unis la détenaient en novembre 1990.

Le Président ouvrit ainsi la réunion du groupe restreint : « L'heure est venue de décider si nous continuons à placer presque tous nos œufs dans le panier des sanctions, ce qui prendrait beaucoup plus de temps vu l'état des choses, mais permettrait peut-être d'éviter les risques et les coûts d'une guerre, ou bien si nous accentuons la pression sur Saddam en accélérant le mouvement sur les plans militaire et diplomatique. Je suis très conscient que si nous imposons à Saddam une sorte de date butoir, nous nous engageons de fait dans la voie de la guerre. Je suis aussi parfaitement conscient qu'en proférant une telle menace et en nous y préparant, nous risquons aussi d'accroître les chances que Saddam accepte une solution pacifique. Peut-être est-il effectivement nécessaire d'agiter la menace de la guerre si nous voulons convaincre Saddam d'accepter un compromis. Mais dans un sens comme dans l'autre, je tiens à ce que chacun de vous sache que je suis toujours aussi fermement déterminé à voir Saddam opérer un retrait inconditionnel du Koweït...

– La question est de savoir si nous en sommes à un point de rupture dans le Golfe, dit Scowcroft. Selon moi, nous avons trois solutions. La première est de maintenir les sanctions pour voir ce qui se passe ; la deuxième serait de tabler sur le recours à la force, ce qui impliquerait de viser une date précise, de l'expliquer à l'opinion publique, de savoir si nous cherchons à obtenir l'aval du Conseil de sécurité de l'ONU, de développer notre stratégie et nos tactiques militaires et de choisir une date prioritaire ; la troisième est de savoir comment on réagit devant une provocation, ou si nous créons une provocation qui permettrait une intervention militaire : par exemple, notre ambassade à Koweït City. D'autres problèmes exigent que l'on consulte et le Congrès et nos partenaires. En l'occurrence, il faut que nous sachions s'ils sont disposés à nous suivre, si une provocation est nécessaire, s'ils nous suivront avec ou sans le Conseil de sécurité de l'ONU, si nous disposerons d'un commandement approprié, s'ils fourniront des forces... et qui d'autre nous devrions consulter. Il faut aussi que nous réfléchissions à la manière de gérer Israël. Comment les Américains réagiraient à une attaque contre Israël ? Enfin, si Saddam Hussein recule maintenant, exigeons-nous davantage [que ce que stipulent les résolutions de l'ONU] ? »

Le Président posa la question fondamentale : les sanctions marchaient-elles et auraient-elles l'effet escompté ? « Le problème est de savoir dans combien de temps nous pourrons estimer que nous avons laissé suffisamment de temps aux sanctions pour porter leurs fruits, répondit Baker. Je ne pense pas, quant à moi, que nous pourrons l'obliger à se retirer dans un délai acceptable.

– Entre février et mars, suggéra Cheney qui résuma ensuite nos options militaires. Nous avons une force défensive en place à présent. Nous pouvons lancer une campagne aérienne, organiser une feinte à l'ouest. Mais pour une véritable offensive, il va nous falloir d'importantes forces supplémentaires : trois divisions de plus. Je recommande donc qu'on augmente les effectifs, si vous envisagez autre chose que l'option numéro un [une attaque aérienne des objectifs stratégiques en Irak]. » Powell ajouta que l'organisation de l'envoi d'autres troupes était bien

avancée : « Nous devrions pouvoir amener cent quarante mille soldats supplémentaires sur place avant le 15 janvier. J'ai l'intention d'envoyer tout ce que je pourrai caser, dont cinq ou six porte-avions. Nous parlons d'une guerre majeure contre l'Irak.

– Depuis août, on assiste à une forte concentration de troupes irakiennes, et le pays a pris de nombreuses mesures défensives, ajouta Cheney. Il peut faire encore plus dans les deux mois et demi qui viennent...

– Monsieur le Président, il faut qu'il soit bien clair que si nous optons pour cette intensification, nous ne pourrons pas mettre en place une politique de rotation des troupes, avertit Powell. Nous sommes à une croisée des chemins. Ou nous optons pour la rotation, ou pour l'accroissement des effectifs. »

Scowcroft demanda si nous pouvions mettre en œuvre certaines parties du plan, dont une feinte à l'ouest, avant le 1er février, puis engager le reste de nos troupes.

« Oui, nous pouvons faire la campagne aérienne et attendre, répondit Powell. Mais selon moi, si on doit y aller, il faut aller jusqu'au bout et vite. Pas la peine d'échelonner.

– Un ultimatum, plus une intensification des effectifs, feraient comprendre clairement que nous ne plaisantons pas, suggéra Baker. Mais je suppose que nous ne devrions pas parler d'ultimatum.

– Jim doit convaincre nos partenaires de la coalition d'adopter votre plan, dit Scowcroft en s'adressant au Président qui s'enquit des dispositions à prendre. Augmenter les effectifs et préparer des scénarios pour le voyage de Baker.

– J'espère que vous donnerez votre aval à l'envoi de troupes, mais attendons pour prendre cette décision que les Saoudiens acceptent, dit Baker au Président. Je serai en Arabie Saoudite samedi [3 novembre]. En admettant qu'il n'y ait pas de provocation, nous ne devrions pas utiliser la force avant le 1er février. Ce ne serait pas irrévocable, et nous chercherions à obtenir l'autorisation de foncer.

– Vous voulez dire que nous renoncerions à agir si on ne nous provoque pas, ou si nous n'avons pas l'aval du Congrès ? demanda Cheney. Ce sont là des décisions graves. Ce serait aller trop loin dans le renoncement. En fait, si nous annonçons un ultimatum, nous risquons de donner une chance à Saddam Hussein d'améliorer ses défenses. En outre, on assistera à un effritement du soutien national et on verra se produire Dieu sait quels événements dans l'intervalle.

– S'il ne doit pas y avoir de résolution de l'ONU l'autorisant, nous le saurons en novembre, dit Baker. La seule contrainte de temps se pose si nous obtenons effectivement une résolution de l'ONU.

– C'est une décision importante d'attendre le 1er février, avertit Cheney.

– Vous voulez avancer la date au 1er janvier ? demanda le Président.

– Les forces ne seront en place que le 15 janvier », nous rappela Powell.

Baker suggéra que nous nous basions sur la mi-janvier : « Plus les sanctions ont une chance de porter leurs fruits, plus nos chances à l'ONU s'accroissent.

– La Défense devrait envoyer ses forces sans attendre, dit le Président en s'adressant à Cheney et Powell. Que se passe-t-il si Saddam Hussein bombarde Israël demain ?

– Nous attaquons les premiers [au Koweït], répondit Scowcroft.

– Nous annoncerons l'intensification des effectifs lundi [5 novembre] si les Saoudiens l'acceptent, dit Baker.

– Nous dirons à la presse que nos forces continuent à bouger, mais que nous n'avons pas pris de décisions, dit le président Bush. Rédigeons les questions pour Baker, et la version pour la presse sera que nous continuons à envoyer des troupes et que nous étudions la situation. »

BRENT SCOWCROFT

La décision prise ce jour-là fut non de recourir à la force, mais de continuer à augmenter nos effectifs en vue d'une option offensive. Powell avait simplement besoin de savoir si le président Bush projetait de continuer à déployer des troupes. Le canal existant était engorgé. Si nous devions nous arrêter à deux cent cinquante mille soldats, ce qui était notre engagement présent, l'armée devait en être mise aussitôt au courant pour pouvoir fermer le robinet. Si Powell le fermait et que le Président décidait alors d'envoyer davantage de troupes, cela ficherait le système par terre. Le Président avait déjà déclaré publiquement que nous déploierions suffisamment de forces pour défendre l'Arabie Saoudite, et conserver notre liberté d'action. Pour moi, « conserver notre liberté d'action », ou encore ne pas fermer la porte à d'autres options, voulait dire que si nous voulions aller vers le nord, nous disposerions de suffisamment de troupes pour ce faire. Saddam augmentait ses forces au Koweït d'au moins deux cent mille hommes.

Si le choix du moment de la décision de renforcer les troupes fut déterminé par des considérations militaires pratiques, celui de l'annonce le fut par des motivations politiques. Les experts politiques prônaient que l'on attende le lendemain des élections partielles du 6 novembre pour annoncer la nouvelle. Pour ma part, j'estimais qu'il suffisait de dire que le Président entendait conserver sa liberté de manœuvre face à une intensification irakienne continue. Cheney voulait annoncer immédiatement la décision. Comme il le souligna, les forces seraient en trop grand nombre pour permettre une rotation, et l'augmentation serait trop importante pour qu'on puisse la passer sous silence. S'il devait garder le robinet ouvert, Powell ne pouvait pas attendre les élections pour en donner l'ordre. Il ordonna le déploiement, et les troupes et le matériel commencèrent à partir. Bien entendu, cela n'échappa pas à la presse qui publia des articles à ce sujet sans nous laisser le temps de mettre le Congrès au courant, ce que nous projetions de faire au lendemain des élections.

Nous fîmes l'annonce officielle le 8 novembre, pendant le voyage de Baker. Apprendre la nouvelle à Moscou, à la veille de ses rencontres avec Chevarnadzé et Gorbatchev, le mit en fureur. Il s'en prit à Haass, qui était l'agent de liaison du Conseil national de sécurité dans ce voyage, en lui disant que politiquement, c'était de la folie. Cela donnait l'impression que nous avions déjà décidé de lancer une offensive à un moment où il s'efforçait de battre le rappel du soutien diplomatique pour notre résolution. Sa colère me surprit, parce qu'il avait lui-même proposé une annonce le 5 novembre. Jim appela le Président et insista pour qu'il téléphone aux chefs de file du Congrès, et qu'il organise aussi une mise au point pour ceux qui reviendraient à Washington après les élections.

Tout compte fait, l'opération ne se passa pas sans mal, mais la façon dont elle fut menée a grandement exacerbé les réactions négatives de nombre d'élus au Congrès.

GEORGE BUSH

La nouvelle de l'augmentation des troupes, et notamment son ampleur, provoqua un nouveau tollé au Congrès, et pour ma part, je subis un véritable tir de barrage pour avoir changé de politique et décidé de déclarer la guerre sans consulter personne. Dans toutes les bouches, le leitmotiv était encore : « Laissons aux sanctions le temps de faire leur effet. » Dans les émissions de télé, experts et parlementaires affirmèrent que j'étais en train de me saborder. Le sénateur Pat Moynihan, président de la sous-commission du Sénat chargée de surveiller le Golfe, ancien ambassadeur auprès de l'ONU et un ami, fut particulièrement furieux et critique. Dans un entretien télévisé du 12 novembre, il prétendit que non seulement il nous fallait l'approbation de l'ONU et du Congrès pour recourir à la force, mais aussi que nous avions refusé de consulter qui que ce soit et que nous ne cherchions pas un consensus. Il n'avait pas le sentiment que le Koweït, et notamment son gouvernement, méritait d'être libéré : « Ces Koweïtiens qui ont pris d'assaut le Sheraton de Taif et qui, sirotant leur café dans leurs grandes robes blanches, nous pressent de faire la guerre. » Nous échangeâmes par la suite des lettres sur certains de ces points, mais il me sembla qu'il ne jugea jamais que ce que l'Irak avait fait au Koweït valait la peine de se battre, voire que le Koweït jouissait des mêmes droits à la protection de l'ONU que les autres États. Il qualifiait son existence d'accident de l'histoire, dont les frontières avaient été tracées par les bureaucrates des puissances coloniales.

> *Journal, 10 novembre*
> Téléphoné à Brent pour lui dire qu'il faut que nous mettions au point notre système de consultation [avec le Congrès] même si cela doit se résumer à des coups de fil de pure forme entre le cabinet et les membres du Congrès au cours des deux prochains mois. Je suis en rogne contre Bill Broomfield pour avoir prétendu que nous n'avions pas suffisamment consulté les parlementaires, mais heureux que Foley ait dit, quant à lui,

que nous consultions plus qu'aucune Administration précédente. Mais il nous faut préparer le Congrès à toute décision que je pourrais être amené à prendre et plus on passera de coups de fil sous prétexte de consulter, mieux ce sera. J'ai aussi suggéré à Brent que nous pourrions peut-être montrer que nous multiplions nos efforts pour la paix. Après que nous avons annoncé que nous envoyions ces forces, Aziz a répliqué que nous ferions mieux d'envoyer des diplomates... Parfois je songe à lancer un défi : inviter Saddam Hussein à dépêcher ici son ministre des Affaires étrangères pour un éventuel rendez-vous à la Maison Blanche... rien que pour lui dire qu'il n'y a pas de place pour un compromis ; que nous ne plaisantons pas ; que nous pourrions bien recourir à la force militaire...

BRENT SCOWCROFT

Le débat autour du recours à la force s'intensifiait, mais il serait inexact de dire qu'il se mua en une lutte avec le Congrès à propos de la politique globale dans le Golfe. En effet, tout le monde s'accordait à propos de la nécessité de résister à l'agression irakienne. Le Congrès lui-même avait voté des résolutions condamnant fermement l'invasion et soutenant la politique globale de l'Administration jusque-là. Mais l'augmentation de troupes amena des problèmes accessoires au premier plan. Devrait-on recourir à la force, ou bien les sanctions devraient-elles continuer à être l'arme principale contre Saddam ? Et, si l'on devait envisager une action militaire, qui, du Président ou du Congrès, avait l'autorité pour l'ordonner ? Les membres du Congrès étaient divisés sur ces questions, et cela ne tenait pas seulement à des problèmes de lignes de parti (bien que la majorité démocrate fût presque unanimement opposée à l'usage de la force).

Le débat venait de la vieille bagarre juridique et constitutionnelle à propos des prérogatives présidentielles en matière de politique étrangère et du pouvoir du Congrès de déclarer la guerre. Cette tension était inhérente à la structure même de notre système. Si la Constitution prévoit que seul le Congrès peut déclarer la guerre, elle n'interdit pas au Président d'utiliser la force comme instrument de politique étrangère. Le Wars Powers Act, promulgué en 1973 malgré un veto présidentiel, tente de clarifier les responsabilités à deux égards. Il prévoit que le Président « consultera le Congrès avant d'entraîner les forces armées des États-Unis dans des hostilités ou dans des situations dont les circonstances indiquent clairement l'imminence d'un engagement dans des hostilités... ». Ensuite, il requiert que le Président mette fin au conflit avant soixante jours et procède au rapatriement des troupes à moins que le Congrès n'autorise explicitement la poursuite de l'opération. Tous les présidents se sont opposés à cette résolution qu'ils jugeaient anticonstitutionnelle, et de nombreux membres du Congrès ont exprimé leur insatisfaction à son sujet, certains prétendant qu'elle était impraticable, et d'autres qu'elle accordait au Président des pouvoirs illimités pendant ces fameux soixante jours. Si nous avons étudié des options pour impliquer le Congrès, nous n'avons jamais sérieusement envisagé d'invoquer la loi des War Powers.

Nous étions sûrs que la Constitution était de notre côté lorsqu'il s'agissait du pouvoir discrétionnaire du Président de recourir à la force en cas de nécessité : si nous cherchions à impliquer le Congrès, ce n'était pas pour obtenir son autorisation, mais son soutien. À la mi-novembre, après les élections et notre annonce de l'accroissement des troupes, le sénateur Dick Lugar suggéra que le Président convoque ce qui était à présent un Congrès de sortants non réélus afin de voter une résolution soutenant expressément le recours à la force contre l'Irak. Il pensait qu'une manifestation de soutien bipartite réglerait le problème. Si cela paraissait une bonne idée sur le papier, rien ne garantissait que nous obtiendrions les voix voulues. Et si la résolution n'était pas votée, cela saperait non seulement notre crédibilité et notre position de leader politique de la coalition, mais aussi les efforts internationaux pour contrer l'invasion.

Mais ce n'étaient pas les seules sources de malaise au Congrès : certains redoutaient un engagement militaire à l'étranger traînant en longueur... des survivances du « syndrome du Viêtnam ». D'aucuns avaient une interprétation différente de ce qui était en jeu, cherchaient une autre manière de gérer Saddam, ou encore avaient une aversion profonde pour le recours à la force armée dans (presque) toutes les circonstances. En même temps, la récente bataille budgétaire avait créé une forte dose de partisanerie pure et dure et ouvert des blessures encore béantes.

Nous commencions également à avoir de plus en plus de mal à faire comprendre les enjeux. On nous reprochait, par exemple, de n'avoir expliqué ni pourquoi nos troupes se trouvaient dans le désert saoudien, ni pourquoi les États-Unis devaient mener la riposte à l'agression de l'Irak. Certains de ses partisans eux-mêmes disaient au Président que l'opinion publique le soutiendrait, mais qu'il nous fallait expliquer notre cas plus clairement. Une trop grande partie du raisonnement, selon eux, restait abstraite. Rétrospectivement, je pense que l'accroissement de notre implication dans la crise du Golfe fut un facteur important dans la montée de la résistance à notre riposte. Il était relativement simple de comprendre le besoin de défendre l'Arabie Saoudite, voire d'imposer une quarantaine à l'Irak. Toutefois, les premières explications ne furent pas suffisamment convaincantes pour ceux qui préconisaient de laisser le temps aux sanctions de donner des résultats au lieu d'intensifier nos forces.

GEORGE BUSH

Je pense qu'une partie de notre problème était que trop de choses se passaient loin du regard de l'opinion publique, et que peu de gens, en dehors des plus hauts échelons de la Maison Blanche, se souciaient des événements au Koweït. Un autre obstacle était l'impression de division au sein de l'Administration quant à nos objectifs. Par exemple, à une conférence de presse aux Bermudes le 13 novembre, Jim Baker tenta d'expliquer les enjeux économiques de l'invasion irakienne pour les États-Unis en disant que le problème, c'était « des emplois et encore des emplois ». La presse lui sauta immédiatement sur le râble pour lui demander si son explication de nos enjeux n'était pas différente de la mienne. En fait, Jim se faisait simplement l'écho de ce que nous avions dit de l'impact économique du contrôle de Saddam sur une si grande partie des réserves pétrolières mondiales, point que j'avais moi-même soulevé dans un discours à la mi-août. Il n'y avait aucune incohérence.

BRENT SCOWCROFT

Selon moi, Baker avait commis une erreur. Je comprenais ce qu'il essayait de dire, mais sa façon de s'exprimer laissa penser que le conflit se résumait à une affaire de mercantilisme. Comme la presse était justement de cet avis, elle s'empressa de lui sauter dessus. Il voulait dire que nous ne pouvions pas autoriser l'Irak à avoir la mainmise sur le ravitaillement pétrolier des démocraties industrialisées, mais sa façon de le dire – sur un ton exaspéré, selon mes souvenirs – avilissait l'idée. Il aurait fallu la présenter en termes d'intérêts vitaux, ce qui était un fait, et non en termes de mercantilisme, même si cela concernait des emplois américains.

Le commentaire de Baker fut une expression de la frustration qui nous habitait tous devant cette incapacité apparente de faire passer le message à propos des enjeux. Notre insuccès ne fut certainement pas dû à un manque de franchise. Je pense que deux facteurs entraient en compte. Le premier était le rejet implicite par nombre de gens dans l'opposition de notre argument voulant que des intérêts nationaux exigent un engagement de plus en plus lourd. Le second dérivait du premier. Nous avions tendance à réagir aux récriminations en élargissant la liste des intérêts américains, si bien qu'on finit par nous accuser d'avoir chacun nos raisons et de ne pas accorder nos violons. À certains égards, c'était une tempête dans un verre d'eau, mais cela nous préoccupait, et nos réactions devant les accusations avaient tendance à aggraver le problème.

Le cœur de notre argument reposait sur de vieux intérêts économiques et sécuritaires : préserver l'équilibre des pouvoirs dans le Golfe, s'opposer à une agression internationale non provoquée, et garantir qu'aucune puissance régionale hostile ne puisse prendre en otage la plus grande partie des réserves mondiales de pétrole. Scandalisé par les preuves des atrocités commises par les Irakiens, le président Bush ajouta les arguments Hitler, holocauste et moralité et, comme on l'a vu, Baker alla jusqu'à évoquer les emplois américains.

Alors que la crise prenait de l'ampleur pendant l'automne 1990, un autre objectif commença à se dessiner. Il fut rarement exposé à l'opinion publique en termes précis, mais il prit de plus en plus d'importance à nos yeux alors que nous mettions au point notre riposte à l'invasion. Dans les premiers jours de la crise, nous avions timidement commencé à considérer nos actions comme la création d'un précédent pour le monde d'après-guerre froide en formation. La condamnation soviétique de l'attaque donna l'impulsion de cette ligne de pensée, dans la mesure où cela ouvrait la voie au Conseil de sécurité pour opérer selon les vœux de ses fondateurs. Cela, à son tour, avait directement mené à nos discussions d'août d'un « nouvel ordre mondial ». Partant de ce principe, nous nous efforçâmes d'opérer d'une manière qui permettrait de créer un schéma pour l'avenir. Nous nous fondions sur l'hypothèse que désormais les États-Unis seraient obligés de mener la communauté mondiale à un degré sans précédent, comme le prouvait la crise irakienne, et que nous devrions nous efforcer de poursuivre nos intérêts nationaux, chaque fois que possible, dans un cadre de concertation avec nos amis et la communauté internationale. Toutefois, cet objectif resta franchement secondaire dans nos explications officielles de nos objectifs dans la crise du Golfe.

Le 14 novembre, nous nous réunîmes de nouveau avec les chefs de file du Congrès afin d'essayer de calmer le tollé provoqué par l'augmentation des effectifs et leur rappeler les enjeux. En augmentant nos effectifs, nous ne prenions pas la décision de déclencher la guerre, leur dit le président Bush : « Nous n'avons franchi ni le Rubicond, ni le point de non-retour... » Il savait que nombre d'entre eux pensaient que nous devrions accorder davantage de temps aux sanctions. C'était ce que nous faisions, mais le temps avait des coûts économiques et militaires. Saddam était en train de renforcer ses troupes et de camper sur ses positions, tout en faisant son possible pour améliorer son arsenal de destruction massive. « Bref, pendant que nous attendons que les sanctions fassent leur effet, il ne reste pas les bras croisés, continua le Président. Et, bien entendu, il n'est pas encore possible de conclure que les sanctions auront l'effet escompté... »

Il s'efforcerait de consulter le Congrès. « Mais qui dit consultation, dit échange, ajouta-t-il. Je pense qu'il ne serait que justice que vous me mettiez au courant de vos idées à propos des choix difficiles auxquels nous sommes confrontés avant de prendre des positions publiques. En tant que président, j'ai le droit de bénéficier de vos conseils. Qu'on me dise ce qu'il m'est impossible de faire ne m'avance à rien ; en revanche, j'attends de vous que vous me disiez ce que je peux faire. » Depuis l'annonce de l'augmentation des effectifs, les différentes déclarations publiques ne pouvaient qu'amener Saddam à la conclusion que nous étions divisés et que nous manquions d'endurance. « Et cela ne peut qu'affaiblir les perspectives du règlement pacifique que nous souhaitons tous. Je sais que le débat public est incontournable, mais je vous demande de ne pas perdre de vue l'impact possible de vos paroles. » Et lisant quelques coupures de presse, il conclut : « Ce n'est pas le bon signal à envoyer en ce moment. »

Foley fit alors remarquer que la décision du Président d'envoyer des troupes supplémentaires suscitait des sentiments partagés dans le pays :

« On pense que nous disposons à présent de suffisamment de forces pour mener des offensives, mais le recours à ces forces ne suscite pas de consensus... Qu'une décision soit prise unilatéralement par vous, Président, suscite une grande inquiétude. » Il souhaitait qu'on obtienne une résolution de l'ONU sur la question qui serait alors soumise au Congrès : « Je préconise la patience... même si cela doit prendre un an, voire un an et demi. Le peuple américain soutient la politique actuelle et croit que la coalition va durer. »

Mitchell rappela qu'à peine deux semaines auparavant, le Président avait déclaré qu'il fallait laisser aux sanctions le temps de porter leurs fruits. Il exigea un rapport sur leurs effets présents et à venir. Il partageait l'avis de Foley, à savoir que le Président devrait consulter le Congrès pour obtenir l'autorisation d'aller plus loin, mais ne pensait pas que le moment était bien choisi. Cheney lui décrivit les effets des sanctions : nous étions sûrs d'avoir coupé le flot de pétrole, à l'exception d'une petite quantité qui transitait par la Jordanie. On savait aussi que des vivres passaient en fraude par la Jordanie et l'Iran : « Tous les moyens sont bons pour contourner les sanctions, apparemment. Et certains de ces efforts réussiront peut-être. Personne ne peut donc affirmer que les sanctions porteront leurs fruits. Pour l'instant, Saddam n'a pas bronché.

– Il faut que nous ayons une franche discussion sur la notion de patience et du temps qu'il faut accorder aux sanctions pour qu'elles donnent des résultats », dit Bob Michel. De retour de son voyage chez nos partenaires de la coalition, Baker nous avertit que le temps ne jouait pas en notre faveur : « Nous ne pourrons pas maintenir la cohésion de coalition pendant un an, ni a fortiori *un an et demi. » Dick Gephardt répliqua que le recours à la force risquait de finir par nous coûter très cher sur le plan politique. Il préférait attendre dix-huit mois, voire plus : « Je vous exhorte à continuer de tout faire pour maintenir la cohésion de la coalition. Je vous exhorte à recourir à l'ONU. » Si on en venait à la force, il voulait l'approbation du Congrès.*

La manière dont le Congrès menait les consultations préoccupait Bob Dole : « Comment avoir des débats ouverts sans envoyer le mauvais message à Saddam ? Si nous autres, au Congrès, voulons participer, alors nous devons apporter notre soutien à nos gars et au Président.

– Trois éléments ont suscité notre inquiétude, intervint Les Aspin. L'augmentation annoncée du déploiement est beaucoup plus importante que nous ne le pensions. En plus, vous avez annoncé l'absence de politique de rotation. Rien ne nous garantit que le Congrès aura l'occasion de voter si nous utilisons nos forces de façon offensive. Vous fermez la porte aux options. C'est comme si vous nous disiez : "Au printemps prochain, nous serons en guerre." Vous donnez l'impression que la décision est déjà prise. Il faut que nous ayons un processus de consultation quand il s'agit de prendre une décision.

– L'intensification et l'absence de rotation sont graves, renchérit Sam Nunn. Cela a réduit notre liberté de manœuvre et nos options. Je doute que vous fassiez peur à Saddam Hussein en accroissant nos effectifs terrestres. La puissance aérienne est la seule solution. Mais cette force de

quatre cent mille hommes sur place m'inquiète : comment gérerons-nous d'autres crises si elles se présentent ?

– L'opposition publique à votre politique s'intensifie, insista Claiborne Pell. Ce à quoi Jesse Helms rétorqua que l'effritement du soutien était orchestré... le Président n'avait cessé de consulter.

– J'ai soutenu tout ce que vous avez fait jusqu'à maintenant, dit David Boren. Je vous suggère de revenir à la rotation des troupes... Laissez tomber l'évocation d'une session extraordinaire. Cela ne provoquerait que davantage de divisions, que limiter l'autorité du Président, et rien ne pourrait être pire. Choisissez plutôt des débats à huis clos. » Selon lui, si recours à la force il devait y avoir, il ne devrait viser que les installations nucléaires, biologiques et chimiques à l'aide de bombardements aériens.

« Le Congrès est censé mener la danse, cela devrait être à nous de faire passer le message à la nation », dit Henry Hyde qui pensait qu'une résolution de l'ONU aiderait le Congrès à voter une résolution de ratification.

Jack Murtha rappela à ses confrères qu'il nous fallait disposer de forces crédibles : « Je ne pense pas que nous ayons un an devant nous. Il faut que nous prenions des décisions en tenant compte des conditions atmosphériques et des créneaux possibles. Vous ne préserverez pas l'unité du Congrès, du peuple américain et de la coalition aussi longtemps. On peut renverser Saddam Hussein... Si nous attendons encore, il disposera d'une arme nucléaire. »

BRENT SCOWCROFT

Cette réunion montrait clairement ce à quoi nous étions confrontés. On comptait des fidèles parmi les chefs de file, à savoir Dole, Murtha, Hyde et Warner, mais en gros, personne ne souhaitait le recours à la force. L'amertume causée par l'augmentation de nos effectifs restait vive. À en juger par les commentaires autour de la table, il m'apparut qu'environ trente pour cent seulement seraient disposés à soutenir le recours à la force, du moins à court terme. Ce chiffre avait de quoi faire frémir. Hyde déclara qu'une résolution de l'ONU renforcerait notre cause, mais il paraissait douteux que cela suffirait pour inverser la tendance. Rechercher une résolution de soutien du Congrès dans ces circonstances n'avait rien d'encourageant, c'était le moins qu'on pût dire. Si nous perdions, nous serions dans une situation excessivement difficile. Un vote négatif démobiliserait la coalition, conforterait Saddam Hussein dans ses positions, et créerait une véritable tempête sur le plan intérieur... si nous décidions de ne pas en tenir compte. Et si nous demandions l'aval de l'ONU, nous nous mettrions certainement dans une position où il nous serait presque impossible politiquement de ne pas aller devant le Congrès. Ces perspectives étaient plutôt démoralisantes.

Le voyage qu'entreprit Baker début novembre pour rallier des voix dans la coalition en faveur d'une résolution de l'ONU, de même que pour sonder nos partenaires, fut des plus encourageant. L'émir du Bahreïn donna son appui, comme celui du Koweït. Le roi Fahd nous exhorta à agir vite, tout en nous assurant que l'Arabie Saoudite ne réagirait pas si l'Irak et Israël échangeaient des coups. Bien que tout aussi positif, Hosni Moubarak n'était pas sûr de pouvoir davantage renforcer ses troupes. Il s'inquiétait de la réaction chez lui à la perspective de combattre un autre État arabe et hésita quand nous lui demandâmes d'autoriser l'aviation américaine à opérer à partir du sol égyptien.

À Ankara, Turgut Ozal espérait encore que les sanctions résoudraient le problème, mais il voulait une autre résolution de l'ONU et accepta de réfléchir à l'éventualité d'envoyer une brigade de blindés en Arabie Saoudite. Comme Moubarak, il hésita aussi quand nous lui demandâmes si l'aviation américaine pourrait opérer à partir de ses bases. S'il ne voyait pas d'inconvénient à ce que nos avions y stationnent, il était mal à l'aise à l'idée qu'ils en décollent pour des missions offensives. Ce problème de l'utilisation des bases turques, et de leur espace aérien pour attaquer l'Irak, resterait une question sensible dans les mois à venir.

Baker qualifia ses discussions à Moscou d'« extraordinaires ». Chevarnadzé était proche de la position américaine en préconisant qu'une résolution soit votée en novembre pour prendre effet six semaines plus tard. Il avait téléphoné à Gorbatchev pour le presser de soutenir notre approche globale. Il avait même précédé Baker à la datcha du président pour plaider sa cause. « Gorbatchev n'est plus très loin, mais pas encore avec nous », câbla Baker. Gorbatchev et Chevarnadzé semblaient se fonder sur certaines hypothèses : d'abord, que les États-Unis et l'Union soviétique devaient rester ensemble dans le Golfe ; ensuite, qu'il fallait que Saddam connaisse un échec cuisant. Il fallait impérativement annuler les effets de son agression, selon eux. Il n'était pas question qu'il remporte la moindre victoire, si l'on voulait voir s'ouvrir une nouvelle ère de paix mondiale. Toutefois les deux hommes avaient le sentiment que les sanctions pouvaient encore donner des résultats et qu'il était prématuré de jouer notre ultime carte diplomatique, qui ne nous laisserait aucune alternative sinon le recours à la force si elle échouait. Tout en étant préparés à aller plus loin pour augmenter la pression sur Saddam, Gorbatchev et Chevarnadzé restaient néanmoins ambigus à propos d'une résolution de l'ONU autorisant explicitement la force et prétendaient qu'il était encore trop tôt. Les Soviétiques voulaient examiner toutes les options et nous contacteraient avant la conférence sur la sécurité et la coopération en Europe prévue à Paris le 19 novembre, à laquelle le Président avait promis d'assister une fois que nous aurions signé un traité sur les forces conventionnelles en Europe. De l'avis de Baker, ils finiraient par nous suivre.

GEORGE BUSH

Dans une lettre, Gorbatchev proposa que nous utilisions deux résolutions au lieu d'une. La première avertirait Saddam que s'il ne se retirait pas avant une date donnée, une seconde résolution autoriserait le recours à tous les moyens nécessaires pour l'application des résolutions de l'ONU. Dans ma réponse, j'admettais qu'il nous fallait apporter la preuve que nous avions complètement exploré nos options diplomatiques et que nous avions donné aux sanctions une véritable chance de marcher, mais que selon moi, l'unique résolution que nous envisagions aurait cet effet-là. Votée ce mois-ci, elle ne prendrait effet qu'aux alentours du 1er janvier, ayant accordé cinq mois aux sanctions pour porter leurs fruits. Nous pouvions aussi nous appuyer sur les dix autres résolutions que Saddam avait toutes rejetées.

Je pensais qu'une unique résolution avec une date butoir offrait un espoir de faire bouger Saddam : « Je suis convaincu que le seul moyen d'atteindre notre objectif est, ironiquement, de le convaincre qu'une opération militaire est imminente. » Je soulignai aussi que, puisque les États-Unis ne présideraient le Conseil qu'en novembre, nous courions le risque de ne pouvoir faire voter que la première résolution de Gorbatchev, non la seconde. Nos successeurs à la présidence, à savoir le Yémen, le Zaïre et le Zimbabwe, pouvaient très bien nous mettre des bâtons dans les roues en faisant jouer des problèmes de procédure. En outre, Saddam risquait de se retirer partiellement et de tenter de manipuler l'opinion mondiale pour s'assurer que nous n'obtiendrions pas la seconde résolution, ou encore de se dire qu'il pouvait faire suffisamment durer le processus pour briser la coalition.

Mon voyage à Paris pour la conférence sur la sécurité et la coopération en Europe me donnerait une chance de vendre notre résolution à Gorbatchev et de rencontrer nos alliés occidentaux en un moment critique. Les Tchèques insistaient pour que je me rende aussi à Prague. Je n'étais pas allé les voir en 1989, mais à présent ils appartenaient à la coalition. Je voulais aussi m'arrêter dans une Allemagne récemment unifiée. Je trouvais que les Allemands avaient été un peu « chancelants » dans leur soutien de la coalition. Ils avaient beau promettre de l'argent, Kohl était plongé jusqu'au cou dans des bagarres politiques intérieures sur la question de déployer des forces allemandes à l'étranger, et surtout pour nos projets, de soutenir le recours à la force. De Paris, je m'envolerais pour le Moyen-Orient afin de fêter Thanksgiving avec nos troupes et discuter avec nos alliés arabes. Je quittai Washington pour l'Europe le 16 novembre.

Mon voyage en Tchécoslovaquie fut historique et émouvant, non seulement parce qu'il s'agissait de la première visite d'un président américain, mais aussi parce que j'attendais cette occasion avec impatience depuis la révolution de velours l'année précédente. Au matin du 17 novembre, j'eus une réunion avec le président Vaclav Havel. Havel m'impressionnait. Cet homme était encore en prison un an avant. On l'avait vaincu et mis à genoux, mais il avait refusé de renoncer. Je découvris un homme très modeste, presque timide, sans prétention aucune et complètement direct. Je me sentis aussi très humble lorsque je m'adressai, aux côtés d'Alexandre Dubcek, à l'assemblée fédérale de Prague. Je me rappelais son rôle durant le Printemps de Prague de

1968 et la répression brutale du désir de liberté de la Tchécoslovaquie d'alors.

Comme dans la plus grande partie de l'Europe orientale, l'embargo touchait de plein fouet la Tchécoslovaquie dont les approvisionnements en pétrole étaient limités. Le pays avait été dépendant de l'Union soviétique, son principal fournisseur de pétrole à prix réduits. Avec les bouleversements économiques que connaissaient les Soviétiques, les approvisionnements venant de cette source avaient sérieusement diminué. Havel craignait que les tarifs élevés du pétrole mondial ne finissent par nuire à leur économie fragile. Il s'inquiétait aussi d'une possible déstabilisation une fois que le pays adopterait le système du libre marché l'année suivante. J'offris de faire mon possible pour l'aider à obtenir du FMI et de la banque mondiale qu'ils lui prêtent mainforte.

J'avais déclaré à plusieurs reprises dans des contextes différents que, selon moi, les Tchèques étaient les mieux placés pour savoir ce qu'enduraient les Koweïtiens. Lors d'une conférence de presse commune, Havel n'y alla pas par quatre chemins. À un journaliste qui lui demandait s'il approuvait mon approche de la crise du Golfe, voici ce qu'il répondit : « La Tchécoslovaquie a clairement dit à plusieurs reprises qu'il est nécessaire de résister au mal, nécessaire de résister à l'agression, parce que notre propre histoire nous a permis de tirer de grandes leçons des conséquences des politiques d'apaisement. » À la question de savoir si, selon lui, le budget alloué à la résolution de la crise du Golfe ne serait pas plus utile à l'Europe de l'Est, Havel répondit également sans détours : « Selon moi, toutes les ressources qui sont utilisées pour résister à une agression où que ce soit dans le monde finissent par servir au bien de l'humanité. » Il était allé droit au but... cet homme courageux connaissait le prix de la liberté.

En fin d'après-midi, ce jour-là, je pris la parole devant une foule énorme place Wenceslas pour fêter la fin du règne communiste et la révolution de velours qui avait commencé à cet endroit même un an plus tôt. La place était bondée : on évalua le nombre de personnes présentes à sept cent cinquante mille. Je regrettai que Havel et moi soyons placés dans un cocon de Plexiglas, mesure imposée par les gens de la sécurité. Nous ne pouvions pas entendre la réaction de la foule à nos discours, mais cela ne diminua en rien la portée du moment. Ensuite Barbara et moi nous mêlâmes à la foule, pour serrer des mains. Nous nous retrouvâmes sur une autre estrade où nous nous joignîmes aux voix qui chantaient en chœur *We shall overcome*. Ce jour-là, je ne vis que des visages heureux dans Prague, et cela me rappela qu'il ne fallait jamais oublier qu'une démocratie n'avait rien d'acquis. Où que nous allions, nous rencontrions des gens heureux, dont beaucoup agitaient de petits drapeaux américains, en geste d'affection et de respect pour les États-Unis.

Dans sa Rhénanie natale, Helmut Kohl nous emmena voir ce qu'il considérait comme l'« âme » de Allemagne, la cathédrale de Speyer, où tant de dirigeants allemands du passé sont enterrés. Il nous convia,

Barbara, Brent et moi à un déjeuner jovial dans sa modeste mais confortable maison de Ludwigshaven. Il nous servit des tonnes de saucisses et une choucroute délicieuse, de même que deux excellents vins. Pendant le repas, il me confia qu'il voulait envoyer son propre émissaire à Saddam Hussein pour souligner le sérieux de nos intentions. Si Helmut m'assurait de nouveau du soutien ferme de l'Allemagne dans la coalition, il avait aussi déclaré à la presse que nous devrions prudemment mettre en balance le recours à la force et les pertes, et favoriser une solution négociée. Cette contradiction avait de quoi rendre perplexe, mais je ne l'interprétai pas comme une opposition à ce que nous nous proposions de faire, mais plutôt comme un avertissement à Saddam. Néanmoins, le message de Kohl était ambigu et potentiellement nuisible pour la coalition.

BRENT SCOWCROFT

Selon moi, sans le vouloir, Kohl était loin de nous être utile, et sa proposition d'envoyer un émissaire à Saddam m'inquiétait. Il paraissait évident qu'il espérait éviter la guerre dans le Golfe à cause des élections allemandes. Celles-ci, les premières de l'Allemagne unifiée, étaient prévues pour le 3 décembre. Au début du mois, Willy Brandt, un dirigeant de l'opposition, était rentré de Bagdad avec cent vingt otages, au grand embarras de Kohl. J'en conclus que ce dernier s'efforçait de surmonter ce coup et d'éviter de susciter un sentiment antiguerre au beau milieu de la campagne.

GEORGE BUSH

Ce soir-là, nous prîmes l'avion à Ramstein pour Paris où je devais dîner avec François Mitterrand, à peine une heure après notre arrivée à l'ambassade américaine. J'étais impatient de le voir, comme de rencontrer Margaret Thatcher le lendemain, puis Gorbatchev. Les problèmes économiques de ce dernier s'aggravaient, et Thatcher luttait pour conserver la présidence de son parti. Margaret serait à Paris le jour même du vote crucial : le choix des dates me paraissait étrange, mais j'espérais que son cran impressionnerait les conservateurs.

Le jour de notre arrivée, Saddam annonça qu'il libérerait tous les otages étrangers sur une période de trois mois à compter du jour de Noël, à condition que l'Irak ne soit pas attaqué dans l'intervalle. C'était une ruse grossière pour repousser toute action militaire jusqu'au mois saint du Ramadan, voire dans la saison du mauvais temps. Selon moi, cette annonce n'avait rien d'une preuve de bonne volonté, mais ressemblait plutôt à une manipulation cynique des familles des otages et à une tentative de détourner l'opinion publique du recours à la force. À mes yeux, cette annonce laissait la communauté internationale aussi sceptique que moi. Je la démolis lors d'une conférence de presse le lendemain.

Au dîner à l'Élysée, Mitterrand et moi évoquâmes l'action militaire et une résolution de recours à la force avec une date butoir. Nous avions utilisé la protection des Nations unies jusque-là, et cette mesure supplémentaire montrerait à Saddam qu'il n'y avait pas d'autre issue : « Une telle résolution est difficile à formuler, répondit-il, mais nous participerons à sa rédaction et voterons pour elle si son énoncé nous convient. »

Le lendemain matin, Margaret Thatcher vint me voir à la résidence de l'ambassadeur américain. Nous discutâmes en attendant qu'on nous annonce que le petit déjeuner était prêt. Au bout de ce qui me parut une éternité, je demandai à l'un des aides de camp de se renseigner pour savoir où nous étions censés prendre notre collation. Quelques minutes plus tard, il revint, plutôt gêné : apparemment personne n'avait prévenu le personnel de l'ambassade qu'il s'agissait d'une réunion doublée d'un petit déjeuner, et rien n'avait été préparé. Après avoir bien ri, nous leur demandâmes de nous apporter ce qu'ils pourraient dénicher dans les cuisines. Puis café et toasts en mains, nous poursuivîmes notre discussion.

Margaret me mit au courant des derniers détails de sa bataille pour conserver la présidence du parti conservateur, puis passa au Golfe : « Vous avez demandé davantage de forces. Nous enverrons une autre brigade et quelques dragueurs de mines. » Nous parlâmes du calendrier et je lui dis que je voulais que l'armée ne manque de rien. Elle craignait que cela ne retarde les opérations d'autant. Nous parlâmes des otages et de nos ambassades assiégées : les nôtres étaient les deux dernières à résister. Les vivres commençaient à manquer, et il devenait difficile de protéger les Britanniques et les Américains encore cachés. Margaret me rappela que l'Irak exigeait que les ressortissants koweïtiens se fassent connaître des autorités occupantes avant le 25 novembre : « Après, il leur sera difficile d'abriter les nôtres. » Je lui confiai que je m'inquiétais du contexte politique si nous tentions de foncer sans une résolution de l'ONU dans les termes que je lui avais proposés en octobre. Une provocation aiderait : j'envisageais encore une opération de réapprovisionnement. Selon Margaret, les otages seuls étaient un prétexte suffisant pour recourir à la force : « Il a commis des choses abominables, mais la résolution de l'ONU vous donnera tout ce dont vous avez besoin. » Elle servirait aussi d'avertissement aux populations civiles.

La conférence sur la sécurité et la coopération en Europe devait durer deux jours, deux longues journées de discours, trente-cinq en tout, et ce qui aurait dû être un événement historique fut assombri par la menace de guerre. Les dirigeants des pays qui avaient été les victimes d'agression étaient ceux qui comprenaient le mieux la situation. Havel, de Tchécoslovaquie, Mazowiecki, de Pologne et Antall, de Hongrie évoquèrent les enjeux d'une résistance à Saddam : tous trois avaient été jetés en prison ; tous trois savaient parfaitement ce que l'écrasement de nations souveraines voulait dire. D'autres se tordaient les mains, dans le style de beaucoup de nos élus au Congrès. Ils tenaient surtout à me dire ce qu'il ne fallait pas faire. Malgré tout, ils étaient contents que les États-Unis prennent la direction des opérations. Malheureusement, lorsqu'ils s'adressaient à la presse, ils semblaient toujours opposés à ce que nous faisions, même si ce n'était pas ce qu'ils se racontaient entre eux, ni ce qu'ils me confiaient. Nous avions craint des résolutions malveillantes sur le golfe Persique, mais heureusement il n'en fut rien.

Pendant la conférence, les Irakiens firent une nouvelle tentative pour diviser la coalition, en annonçant qu'ils libéreraient immédiatement tous les otages allemands. C'était, disaient-ils, « une manière d'encourager les peuples d'Europe à faire preuve de davantage d'indépendance face à la position arrogante des Américains ». Saddam déclara à son parlement qu'il prenait cette décision parce que Kohl avait fait des déclarations « utiles ». Gêné, Helmut s'excusa, m'assurant qu'il n'avait ni cherché de compromis, ni négocié avec Saddam pour la libération de ses ressortissants. Je lui répondis que je comprenais, mais je savais que dans la presse certains ne se gêneraient pas pour laisser entendre que si seulement je me montrais plus « conciliant » vis-à-vis de l'Irak, nous pourrions récupérer nos otages. Cet incident m'inquiéta, d'autant plus qu'il se produisit le lendemain de la suggestion de Helmut d'envoyer son propre émissaire à Bagdad. Kohl semblait prendre du champ, non seulement sur la question de ses otages, mais aussi en se refusant à admettre que nous pourrions avoir besoin de la force. J'espérais que sa frilosité n'était due qu'à la proximité des élections dans son pays.

Le 19 novembre, avant un dîner décontracté, Gorbatchev et moi eûmes une conversation détendue autour d'un verre à notre ambassade. Nous évoquâmes la situation en Union soviétique, et je l'interrogeai sur Eltsine. « L'état d'esprit est favorable aux éléments stabilisateurs, non aux fauteurs de trouble, dit-il, irrité. Le peuple n'aime pas les séparatistes. Ils demandent : qu'est-ce qui empêche Gorbatchev et Eltsine de coopérer ? La réponse : rien. Objectivement, il y a un besoin de coopération. Les gens pensent, si vous ne pouvez pas vous mettre d'accord, partez... Pourquoi est-il populaire ? Parce qu'il rejette tout et que les gens disent : comme il a raison ! Il se contente de tout critiquer en bloc et de blâmer le centre... Il va se faire presser comme un citron avant de se faire jeter, à moins qu'il ne puisse amener le peuple à se rebeller à cause de tensions existantes. Peut-être en est-il capable. Je sais reconnaître les capacités d'autrui, quelles que soient leurs idéologies, même pour Eltsine. »

Je passai au Golfe : « J'ai besoin de votre aide. Il faut que nous obtenions de l'ONU qu'elle autorise la force pour convaincre Saddam de faire ce qu'elle exige. Je ne vois pas d'autre moyen de la convaincre... Sachez que j'y tiens énormément. Si nous pouvions faire cela ensemble, cela enverrait le signal voulu. » Je n'avais pas besoin de réponse sur-le-champ : « Je ne veux pas vous mettre dans l'embarras vis-à-vis de vos collègues. Si vous ne pouvez pas suivre, je continuerai néanmoins à coopérer, mais je tenais à ce que vous sachiez combien j'y tiens. »

Gorbatchev répondit qu'il avait longuement réfléchi à la question : « Laissez-moi vous dire que cela repose sur nous deux seuls... Sur certains points, nous divergeons, mais en l'occurrence, il faut que nous soyons ensemble. Dans mon cœur, et je suis sûr que pour vous c'est pareil, ma préférence va à une résolution sans effusion de sang. Cela peut tourner très, très mal, pire qu'au Viêtnam... Après avoir mûrement réfléchi, j'ai décidé que nous avions besoin d'une résolution, qui associerait votre idée et la mienne. La première partie contiendrait une date butoir pour un ultimatum. La seconde partie dirait que l'on peut prendre "toutes les mesures nécessaires". On devrait la faire adopter tant que vous présidez encore le Conseil de sécurité. » Je lui demandai à quelle date il songeait pour l'ultimatum. La mi-janvier fut sa réponse.

Gorbatchev avait de bonnes raisons de préférer retarder l'annonce. Avec une vaste population musulmane en Union soviétique, il espérait poursuivre une voie pacifique le plus longtemps possible et éviter de menacer publiquement de recourir à la force. Il voulait aussi parler une fois de plus avec les Irakiens. Mais il admettait que la résolution était essentielle pour moi. Travaillant tard dans la nuit, Chevarnadzé et Baker élaborèrent le texte du projet de résolution. Ils rédigèrent également un résumé de nos discussions, lequel ne faisait aucune allusion au projet de résolution. Ma promesse de retarder notre annonce sur la résolution me donna quelques migraines, notamment parce que cela permit à la presse de qualifier notre rencontre de « fraîche », alors que rien n'aurait pu être plus éloigné de la vérité. Quand la meute médiatique conclut qu'une réunion a été « fraîche », sans y avoir assisté et bien que les deux protagonistes l'aient qualifiée de « cordiale », elle s'accroche à son idée et s'emploie ensuite à spéculer sur ce que cela peut bien vouloir dire.

Le dîner qui réunissait une vingtaine de convives fut joyeux. Nous échangeâmes force plaisanteries qui firent bien rire Gorbatchev et son ministre de la Défense, Dimitri Yazov, qui nous régalèrent à leur tour d'anecdotes, dont certaines concernant Staline. Ce fut une soirée détendue et productive. Plus tard, Gorbatchev et moi convînmes que c'était la meilleure réunion que nous ayons eue, meilleure encore que celle de Camp David.

Le lendemain, il devait y avoir encore quinze discours. Par courtoisie envers mes confrères chefs d'État, je m'efforçai de rester à la table et, pour me tenir éveillé, pris de copieuses notes sur les nombreux candidats rivalisant pour le prix international Scowcroft. Une tâche des plus délicates : des délégations entières dormant à poings fermés en même temps. Je pense que Gorbatchev et moi avons fait acte de présence plus longtemps qu'aucun autre. À un moment donné, il se rua sur moi flanqué de son interprète pour me dire ce qu'il venait d'apprendre de Primakov : Saddam Hussein accepterait de se retirer du Koweït en échange d'un accès au Golfe. Quand je lui rappelai qu'il ne pouvait y avoir de conditions, Gorbatchev eut l'air déçu, mais il n'en demeura pas moins convaincu que nous pouvions encore persuader Saddam de se retirer pacifiquement.

Dans l'après-midi, j'eus une réunion avec Ozal, dont je me sentais à présent proche. Il semblait prêt à un conflit armé et était sûr que, si guerre il y avait, elle serait courte, et que notre puissance aérienne suffirait. Pendant notre conversation, je pris un appel de Hosni Moubarak, qui me pressait de rencontrer le président de la Syrie, Hafez al-Assad, en rentrant du Moyen-Orient. Hosni n'était pas seul dans ce cas... tous nos alliés arabes le souhaitaient aussi. Je suggérai Chypre comme lieu de rencontre. Comme cela posait un problème au ministre des Affaires étrangères d'Ozal, nous décidâmes qu'on choisirait entre Genève, ou une ville de Turquie, et nous chargeâmes Moubarak de passer le mot à Assad.

Ce soir-là, Margaret perdit la présidence du parti conservateur. Je l'avais vue assise à la table de la conférence toute la journée, mais manifestement nerveuse et l'esprit ailleurs. Elle n'avait cessé de se ruer hors de la salle pour vérifier où en étaient les choses en Grande-Bretagne. En la quittant vers dix-sept heures, je lui demandai si elle avait des nouvelles. Il lui faudrait encore attendre deux heures pour être fixée. La nouvelle de sa chute m'attrista et me surprit. Cela n'empêcha pas Margaret Thatcher de faire une apparition courageuse au dîner à Versailles, auquel elle participa pleinement sans faillir. Si nous n'avions jamais été aussi proches qu'elle l'avait été de Ronald Reagan, nous entretenions d'excellents rapports qui étaient progressivement devenus plus chaleureux depuis mon arrivée au pouvoir. Je la respectais et l'admirais grandement, et c'est toujours le cas. C'est une femme de conviction et courageuse. Elle s'était fait le champion de la démocratie dans les révolutions que nous avions nourries et une amie pleine de sagesse pour les États-Unis et moi-même. J'appréciais son attitude directe et ouverte avec autrui, fondée sur de solides principes. Elle m'apporta une nouvelle preuve de son courage, ainsi que de sa détermination de voir la coalition continuer en ajoutant à sa lettre d'« adieu », qu'elle m'adressa quelques jours plus tard le 22 novembre, une note confirmant que la Grande-Bretagne envoyait des troupes et des bâtiments de guerre supplémentaires.

Je quittai Paris pour l'Arabie Saoudite, où me rejoignirent les quatre leaders du Congrès que j'avais invités : les sénateurs George Mitchell et Bob Dole, le speaker Tom Foley, et le parlementaire Bob Michel. Notre arrivée à Jeddah ce soir-là fut spectaculaire : la piste disparaissait sous de superbes tapis et le roi lui-même nous réserva un accueil royal. On nous conduisit promptement dans un luxueux salon d'attente pour VIP qui embaumait l'encens. Ensuite, je rencontrai l'émir du Koweït au palais des invités de Al-Hamra. Il craignait que l'existence des otages ne remette en cause notre volonté de recourir à la force, et je lui assurai que non. Je lui demandai si, à son avis, Saddam se retirerait, maintenant que nous avions autant de troupes en Arabie Saoudite. Il était pessimiste. Lorsqu'il me donna de nouvelles informations sur les actes de barbarie commis par les Irakiens au

Koweït, je lui suggérai d'évoquer publiquement plus franchement cette situation dramatique.

Barbara et moi fûmes reçus dans un autre des magnifiques palais de marbre que le roi destinait à ses hôtes. C'était décoré avec goût, avec des lustres partout, et un système d'air conditionné particulièrement puissant, au point d'en être glacial, contre la chaleur du désert. Le roi donna un dîner d'État tardif en notre honneur, à vingt-deux heures, ce qui, m'apprit-on, était tôt pour lui. Un repas incroyable. Comment décrire cette abondance de nourriture ? Je n'avais jamais vu autant de mets différents... Contrairement à ce type de dîners qui semblent généralement durer indéfiniment, celui-ci prit fin en moins d'une heure. Ensuite, avec Brent, Jim, John Sununu et d'autres, Fahd et moi-même nous réunîmes pendant deux heures autour d'une table incrustée de sous-mains de cuir vert. Le roi décrivit la situation à l'époque de l'invasion et sa fureur d'avoir été trompé par l'assurance de Saddam qu'il n'envahirait pas. Je lui demandai son sentiment sur le stratagème de Saddam visant à faire traîner la libération des otages jusqu'au Ramadan. Selon lui, en l'occurrence, Saddam se fourvoyait : il y avait déjà eu des guerres pendant le Ramadan ; notamment, celle des Six jours. Je mis en garde les Saoudiens contre les déclarations issues du monde arabe. Assad avait annoncé que ses forces ne quitteraient pas le sol saoudien, et Moubarak avait déclaré qu'il n'était pas disposé à envoyer ses troupes en Irak. C'était à croire que nos partenaires arabes souhaitaient que les États-Unis luttent seuls contre Saddam Hussein. C'était un message terrible pour nos troupes, pour les États-Unis, et cela rendait notre tâche difficile face au Congrès. Il était près de deux heures du matin quand nous nous séparâmes. Je sortis de cette réunion une fois de plus impressionné par le roi et convaincu qu'il resterait à nos côtés comme ami et allié quoi que fasse l'Irak.

Aux premières heures de la matinée, le lendemain 22 novembre, nous nous envolâmes pour Dharan afin de participer à une fête de Thanksgiving mémorable. Aucun mot ne pourrait rendre convenablement compte de notre expérience dans le désert. Le général Norman Schwarzkopf nous accueillit et nous servit de guide jusqu'à la fin de la journée. Nous commençâmes par une visite d'une base de pont aérien à Dharan, où Barbara et moi nous retrouvâmes au milieu d'une foule de jeunes aviateurs enthousiastes : serrements de mains, embrassades, photos... De là, on nous emmena dans le désert où nous attendait l'armée de terre. Nous survolâmes des kilomètres et des kilomètres de paysage dénudé : de temps à autre, on apercevait un troupeau de chameaux ou une tente de Bédouins. Comment réussissaient-ils à trouver de quoi vivre dans un environnement aussi rude ? Après un nouveau discours et un autre bain de foule, nous fîmes la queue pour le dîner de Thanksgiving organisé autour de longues tables sous un filet de camouflage. Ce fut une émotion de partager ce repas avec ces courageux soldats en première ligne.

Du mess en plein air de l'armée, nous rejoignîmes en hélicoptère le porte-hélico USS *Nassau*, qui croisait dans des eaux internationales.

Nous y assistâmes à un office sur le pont arrière. Les soldats m'entourèrent, et une fois encore j'essayai de dire au plus grand nombre d'entre eux combien notre pays et moi-même appréciions leur dévouement. Du *Nassau*, nous nous envolâmes vers une position de marines dans le désert, où se trouvaient également des Seabees de la marine et des soldats britanniques issus des célèbres rats du désert. J'eus l'impression que je ne pourrais pas terminer mes nombreux petits discours improvisés sans m'étrangler d'émotion, et mon émotion prit effectivement le dessus à bord du *Nassau* pendant l'office. Ces soldats avaient tous l'air si jeunes que je ne cessai de prier Dieu de les épargner si nous devions nous battre.

Un Schwarzkopf impressionnant, en treillis, débordant de la force et de l'assurance que les Américains ne tarderaient pas à découvrir et à admirer, m'expliqua le plan de bataille. À en croire son exposé et les échos que j'avais de Washington, les militaires semblaient confiants que la guerre, quelle qu'elle soit, serait courte... contrairement à ce que de nombreuses voix clamaient au Congrès. Norman tint à me remercier de donner à l'armée tout ce dont elle avait besoin pour faire son travail. Lors de ce voyage, j'acquis la conviction que nous pourrions écraser rapidement les Irakiens ; Schwarzkopf, en tout cas, en était persuadé. Les Arabes partageaient ce sentiment : le roi Fahd, Moubarak et tous ceux à qui nous avions parlé au cours des dernières semaines. Ils pensaient tous que Saddam « sauterait » vite. Hosni prédisait que tout serait fini en quelques jours. Néanmoins, si nos alliés arabes étaient convaincus que l'armée irakienne se débanderait dès l'ouverture des hostilités, nous ne pouvions pas tabler là-dessus, et Norman en était conscient.

Au Caire, le lendemain, je rencontrai Moubarak. Comme d'habitude je le trouvai direct et chaleureux. Nous étions du même avis sur presque tout. Lorsque je lui dis que selon Assad les troupes syriennes ne bougeraient pas d'Arabie Saoudite, Hosni me certifia que la Syrie marcherait avec nous. Je lui demandai aussi si les troupes égyptiennes pénétreraient en Irak. Il ferait le nécessaire, me dit-il.

Cet après-midi-là, nous nous envolâmes pour Genève où avait lieu la rencontre avec Assad. Si je le trouvai attachant, je dois admettre que notre discussion fut rude. Se lançant dans un long monologue, il rendit Israël responsable de tous les maux du Moyen-Orient, dont la guerre Iran-Irak et même l'invasion du Koweït. Il était résolument opposé au processus de paix entre l'Égypte et Israël, prétendant que cela avait semé le chaos au Moyen-Orient. Déprimant, d'autant qu'Assad ne cessa de revenir sur ce sujet. Il se hérissa un peu quand j'évoquai le terrorisme et les Droits de l'homme. Je soulignai qu'il était important qu'il ne dise pas que ses troupes resteraient en Arabie Saoudite si la coalition pénétrait au Koweït. Cela parut le mettre un peu mal à l'aise. Je lui expliquai que Moubarak avait fait de semblables déclarations avant de s'expliquer. Cela parut l'intéresser : je lui recommandai d'en parler avec Hosni. Si cette réunion ne fut pas aussi productive que je le souhaitais, elle fut essentielle pour montrer que nous étions prêts à explorer toutes les possibilités de paix au Moyen-Orient.

Lors du vol de retour, j'étais résigné : nous ne trouverions pas de règlement pacifique de la crise. Nous avions accordé aux sanctions tout le temps de porter leurs fruits, mais rien n'indiquait qu'elles pousseraient Saddam à se retirer du Koweït. Je doutais qu'il réagisse à la nouvelle résolution de l'ONU.

Pendant que nous rendions visite à nos troupes et à nos alliés, Baker, qui nous avait quittés peu après l'arrivée du Président à Ryad, reprenait son circuit diplomatique pour convaincre les autres membres du Conseil de sécurité de voter en faveur de la résolution. Il rencontra ainsi des représentants du Yémen pro-irakien, de la Colombie (dont l'ambassadeur auprès de l'ONU avait protesté contre la politique américaine), et le ministre des Affaires étrangères de la Malaisie à Los Angeles. Avant la conférence de Paris, il s'était déjà entretenu avec le ministre des Affaires étrangères chinois Qian Qichen qu'il avait croisé au Caire le 6 novembre : Qian était en route pour Bagdad ; Baker se trouvait en Égypte pour consulter Moubarak à propos de nos projets. Le dirigeant chinois lui avait dit que Pékin continuait à œuvrer pour une solution pacifique et que les sanctions semblaient causer des dégâts. Tout en refusant de s'engager à soutenir la résolution, il fit une demande. Il tenta de convaincre Baker de promettre que soit lui, soit le Président viendrait en visite à Pékin. Baker répondit que nous n'en tiendrions pas rigueur aux Chinois s'ils ne votaient pas la résolution, mais que nous espérions au moins qu'ils n'y feraient pas obstacle. Qian et Baker convinrent apparemment que Qian viendrait à Washington après le vote, pour rencontrer le Président s'ils votaient oui et Baker s'ils s'abstenaient. Baker avait également obtenu le soutien de membres provisoires du Conseil comme l'Éthiopie, le Zaïre et la Roumanie. La Côte-d'Ivoire avait indiqué qu'elle nous soutiendrait, mais, comme les Soviétiques, elle n'était pas prête à l'annoncer publiquement. Donc, à l'heure où Baker commença ce dernier tour de table, nous étions déjà assurés d'avoir neuf voix favorables.

Cela ne nous étonna guère que le président Saleh, du Yémen, s'oppose à la résolution et le dise lors de la conférence avec Baker après leur rencontre. Les Colombiens restèrent évasifs, en quête d'un compromis qui encouragerait Saddam à se retirer en échange d'une concession qui lui permettrait de sauver la face. Après une intervention téléphonique du président Bush, le président Trujillo déclara à Baker que, finalement, ils trouveraient un moyen de voter avec nous. L'entretien de Baker avec le ministre des Affaires étrangères malaisien fut également difficile. Abu Hassan était contrarié qu'on l'ait obligé à se déplacer jusqu'à Los Angeles, mais Jim ne tenait pas à se rendre en Asie de peur de froisser les Chinois, puisqu'il ne s'arrêterait pas à Pékin. Hassan lui dit que, s'ils n'étaient pas opposés à punir Saddam, ils estimaient qu'il fallait punir Israël pour sa façon de traiter les Palestiniens dans les territoires occupés. Les Malaisiens voulaient accorder plus de temps aux sanctions et refusaient d'être partie prenante d'une résolution qui déboucherait peut-être sur l'éjection de Saddam du Koweït par la force. Hassan promettait seulement d'étudier la résolution.

BRENT SCOWCROFT

Au milieu de ces prudents efforts diplomatiques, l'ancien président Carter écrivit aux membres du Conseil de sécurité pour leur demander de ne pas soutenir la résolution. Selon lui, les coûts en vie humaine et les conséquences économiques, sans parler de la déstabilisation permanente du Moyen-Orient, étaient des prix non seulement trop chers à payer, mais vains, « à moins que l'on n'ait d'abord épuisé toutes les tentatives d'un règlement pacifique ». Il en appelait à l'ONU pour qu'il autorise une négociation « de bonne foi » avec les dirigeants irakiens afin de tenir compte de leurs préoccupations, et de demander aux Arabes d'essayer de travailler à une solution pacifique « sans contrainte de temps ». C'était une lettre incroyable, puisque Carter demandait aux autres membres du Conseil de voter contre son propre pays. Nous ne découvrîmes le pot aux roses que grâce à l'un de ses destinataires qui nous en fit parvenir une copie. Carter reconnut par la suite avoir bien envoyé la lettre, mais prétendit que le président Bush l'avait reçue. Exact. Seulement, dans sa lettre au président Bush, il s'était bien gardé de préciser qu'il faisait également pression sur ses collègues étrangers. À mes yeux, il s'agissait là d'un cas typique de violation de la loi Logan interdisant toute démarche diplomatique à des citoyens privés. Le président Bush fut furieux de cette ingérence dans sa conduite des affaires étrangères et de cette tentative délibérée de la saper, mais me dit de laisser tomber.

Baker fit son ultime tournée de lobbying à New York à la veille même du vote. Il y rencontra Chevarnadzé avec qui il mit la dernière touche aux termes de la résolution, qui préconisait que la date butoir soit fixée au 1er janvier. Gorbatchev voulait la repousser au 31 janvier, à deux mois de là. Mitterrand suggéra que nous coupions la poire en deux en proposant le 15 janvier. Comme c'était la date qu'avait retenue l'armée, nous acceptâmes.

N'étant toujours pas sûrs de la manière dont voteraient les Chinois, nous fîmes un peu de diplomatie de dernière minute. Nous ne voulions pas les presser au point de les mettre en colère, au risque de les voir opposer un veto à la résolution, mais nous voulions effectivement nous efforcer de les convaincre de nous soutenir. Le président Bush envoya un câble au président chinois Yang Shangkun et Baker s'organisa pour que Qian vienne à Washington le lendemain du vote, comme ils en étaient convenus tous les deux. Le 29 novembre, Baker présida au vote de la résolution 678 par le Conseil de sécurité. Ce fut un vote de soutien éclatant : douze voix pour, Cuba et le Yémen votant contre, la Chine s'abstenant. La résolution autorisait « tous les États membres qui coopèrent avec le gouvernement du Koweït, si au 15 janvier 1991, l'Irak n'a pas pleinement appliqué les résolutions susmentionnées, à user de tous les *moyens nécessaires pour faire respecter et appliquer [toutes les résolutions], ainsi que pour rétablir la paix et la sécurité internationales dans la région ». La date butoir, à six semaines de là, était fixée *.*

GEORGE BUSH

En autorisant explicitement le recours à la force pour faire respecter les résolutions précédentes et en fixant une date butoir, le vote de l'ONU constituait une percée phénoménale. J'étais ravi. Je savais qu'il nous resterait à franchir d'autres obstacles, mais avec le vote de la résolution après un travail de diplomatie très efficace de l'équipe tout entière, notamment de Baker et de Tom Pickering, j'avais l'impression d'être débarrassé d'un grand poids. Cela facilitait certains des problèmes du maintien de la coalition et réglait celui de la nécessité d'une provocation pour agir. Bien que nous n'en fussions pas conscients à l'époque, cela modifia également le débat avec le Congrès, en créant un contexte pour le recours à la force qui contribua à faire passer l'idée. Le Conseil de sécurité venait de voter la déclaration de guerre.

* [Brent Scowcroft] Baker avait apparemment oublié de rappeler aux Chinois que, puisqu'ils s'étaient abstenus, ils ne rencontreraient que lui à Washington, et non le Président. Lorsque le ministre des Affaires étrangères l'apprit, il fut furieux. Leur ambassadeur m'appela à trois heures du matin pour me dire que le ministre des Affaires étrangères annulerait son voyage s'il ne pouvait pas rencontrer le Président. Je n'étais guère au courant des arrangements, mais nous n'avions pas besoin d'une crise internationale le lendemain de nos succès à l'ONU. Je dis à l'ambassadeur que Qian verrait le Président, que j'appelai à six heures du matin pour lui expliquer la situation. Il convint que c'était nécessaire, bien que cela fût sûr de créer du grabuge dans certains cercles du Congrès et de la presse, ce qui fut effectivement le cas.

CHAPITRE XVII

Sur fond de cacophonie

BRENT SCOWCROFT

Si nous avions recherché le soutien de l'ONU dès le début de la crise, c'était dans la perspective de forger un consensus international, et non parce que nous estimions avoir besoin de son mandat. L'ONU nous fournissait une protection politique supplémentaire. Nous n'avons jamais pensé que sans sa bénédiction, nous ne pouvions, ni ne voudrions intervenir. Des intérêts américains (et mondiaux) étaient en jeu, et le Koweït avait réclamé de l'aide. En outre, nous ne jugions pas nécessaire d'obtenir un pouvoir additionnel pour déclencher un blocus, puisque l'article 51 de la charte le prévoyait... même si c'était souhaitable sur le plan politique. Nous nous étions mis en quête de cette résolution pour calmer les doutes et garder les Soviétiques à bord. Mais par la même occasion, nous avions laissé penser que nous devrions réclamer une nouvelle autorisation lorsqu'il s'agirait de recourir à la force afin de faire appliquer les premières résolutions. Comme dans le cas du vote destiné à soutenir les sanctions, la résolution de novembre de l'ONU fut une mesure politique prise pour sceller la solidarité internationale et renforcer le soutien américain intérieur en expliquant clairement que nous pourrions recourir à la force et à quelle date. Il ne pouvait plus y avoir de doute dans l'esprit de Saddam, ni dans celui de personne, que la coalition avait la volonté et les moyens d'entrer en guerre. Mais le vote de l'ONU, fruit de longues négociations, avait aussi attiré l'attention sur un autre problème : ayant consulté les Nations unies, étions-nous obligés de requérir un pouvoir semblable du Congrès ? Une fois de plus nous nous retrouvions devant l'obligation de faire la part des choses entre le pouvoir inhérent du Président de recourir à la force et l'intérêt politique d'un soutien explicite du Congrès.

De la fin novembre jusqu'en janvier, le débat avec le Congrès s'intensifia. Le différend portait moins sur les objectifs de sécurité dans le Golfe que sur des problèmes politiques nationaux et constitutionnels. Avec la résolution de l'ONU derrière nous, l'important maintenant était de savoir qui était habilité pour ordonner le recours à la force. Menées sous les projecteurs des caméras de télévision à Capitol Hill et devant les médias, les discussions cherchèrent à déterminer comment le Congrès devrait être consulté et si nous devions le convoquer en session extraordinaire afin d'examiner le problème.

Fin novembre, le sénateur Sam Nunn ouvrit le feu des audiences télévisées sur notre politique, en plaçant le débat sur l'usage des sanctions et l'état de nos préparatifs militaires. Président de la commission des forces armées, voix respectée à Washington, il était plus qu'un sénateur ordinaire : il jouissait d'une influence et d'une autorité indéniables en matière de sécurité nationale. Sa stature aidant, son opinion voulant que nous devrions nous en tenir aux sanctions, deux ans si nécessaire, lui attira le soutien de nombreux démocrates. Les débats ne tardèrent pas à prendre une coloration politique, puisque certains parlementaires et des témoins n'hésitèrent pas à se servir de ce forum pour exprimer leurs craintes, voire exposer leurs propres programmes.

Nunn appela à témoigner plusieurs grandes figures de l'armée et des hauts fonctionnaires comme Henry Kissinger, l'amiral William Crowe, et le général David Jones, de même que l'ancien secrétaire à la Défense James Schlesinger, l'ancien secrétaire à la Marine James Webb, et l'ancien directeur du Conseil national de sécurité, William Odom. La présence de Crowe, vu ses récents états de service, fut peut-être la plus dévastatrice. À l'exception de Kissinger, tous s'élevèrent contre l'utilisation de la force. Leurs arguments divergeaient : nos militaires n'étaient pas prêts pour une guerre ; le nombre des pertes serait élevé, dans les dizaines de milliers ; nos objectifs restaient vagues ; les sanctions devraient régler le problème. Schlesinger soutint que le retentissement de la guerre sur la région et sur l'économie mondiale serait colossal et que pendant que nous nous employions à constituer une présence militaire américaine en Arabie Saoudite, l'appui de l'opinion publique s'était dégradé. Jones craignait que l'augmentation des effectifs militaires ne dicte la politique, nous poussant à entrer en guerre prématurément, comme dans le cas des puissances européennes en 1914, et que les forces sur place étaient trop importantes pour permettre une rotation. Webb déclara que si nous voulions déclencher une offensive, il fallait rétablir la conscription et demander une déclaration de guerre au Congrès. Odom pensait que les sanctions finiraient par porter leurs fruits et que nous pouvions attendre. Il vaudrait mieux patienter tranquillement dans notre coin en Arabie Saoudite que de combattre, ce qui nous exposerait à de lourdes pertes et pouvait aussi nous obliger à rester des années en Irak (mesure qu'il jugeait nécessaire pour empêcher un effondrement régional).

La déposition de Kissinger contrasta violemment avec la plupart des autres. Il soutint que, si les sanctions avaient peut-être une chance de porter leurs fruits, il faudrait attendre longtemps pour s'en assurer et qu'à ce moment-là, il serait trop tard pour une option militaire. Elles seraient aussi difficiles à maintenir, devant les diverses pressions pour les alléger, voire les lever, et effectuer le retrait de nos forces. Il fallait donc conserver et les sanctions et l'option militaire pour qu'elles restent crédibles. Mais il prédit qu'à un moment ou à un autre, il faudrait choisir entre les deux. L'ampleur de notre déploiement en Arabie Saoudite, et les efforts logistiques et politiques nécessaires pour l'y maintenir, voulait dire que notre temps était compté. Un jour ou l'autre, nous ne pourrions plus entretenir une présence militaire suffisante, si bien qu'il nous faudrait choisir entre les conséquences d'un retrait et celles d'une opération militaire.

La prudence de certains, notamment les arguments selon lesquels l'armée n'était pas prête pour la guerre et qu'il faudrait cultiver l'appui de l'opinion publique avant, semblaient être inspirés par des souvenirs persistants du Viêtnam. En dehors de Kissinger, peu avaient l'air de remarquer le peu d'effet que semblaient avoir les sanctions, ou de se rendre compte qu'avec le temps, on risquait d'assister à une érosion de la cohésion de la coalition. Il apparut également que, si certains membres de la commission, comme John Warner, s'efforçaient de centrer les témoignages sur des problèmes de niveau de préparation de nos forces, d'autres, tel Bill Cohen, cherchaient à entraîner les témoins sur le terrain de savoir si le Congrès devait être consulté avant tout usage de la force.

GEORGE BUSH

Selon moi, la liste des témoins avait été sciemment constituée de partisans des sanctions comme unique option possible. Notre chargé à Bagdad, Joe Wilson, me confia par la suite qu'en Irak, le témoignage de l'amiral Crowe n'avait eu pour effet que de conforter le pays dans sa conviction que les États-Unis n'attaqueraient jamais. Mon journal à la fin novembre reflète mon irritation à l'égard du Congrès et de la pression croissante des critiques.

> *Journal, 28 novembre*
> Le débat fait rage à présent, et Sam Nunn, qui, selon moi, vise la présidence, essaie de voir jusqu'où il peut aller. Gephardt « rompt » avec le Président, en disant « non au recours à la force, les sanctions doivent porter leurs fruits ». Aucun d'eux ne semble se soucier du sort des otages ; aucun ne partage mon inquiétude pour notre ambassade... Quelle ironie de voir la droite isolationniste se ranger aux côtés de la [vieille] gauche incarnée par Kingman Brewster [qui exprimait le] syndrome du Viêtnam. Bob Kerrey, un vrai héros de la guerre du Viêtnam et John Glenn, un autre héros, répètent : « pas de recours à la force, pas de recours à la force ».
> [...] En dernière analyse : nous vaincrons. Saddam Hussein se retirera du Koweït et les États-Unis auront servi de catalyseur clé, en l'occurrence, voilà ce qui importe. Notre rôle de leader mondial sera de nouveau réaffirmé, mais si nous

acceptons des compromis et que nous échouons, nous serons réduits à l'impuissance totale, et il n'est pas question que cela se produise. Peu m'importe que le Congrès vote ou non. Cela n'arrivera pas... et je tiens à impliquer le Congrès. Le grand débat continue à propos de la déclaration de guerre, mais l'important, c'est que nous avons besoin d'eux ; et je continuerai à les consulter.

Le 29 novembre, à l'occasion d'un déjeuner, j'ai évoqué avec Tom Foley et Bob Michel l'éventualité de rappeler le Congrès afin de lui réclamer une résolution soutenant le vote de l'ONU. Tous deux étaient fermement opposés à une session extraordinaire. Ils redoutaient une Chambre incontrôlable : selon eux, les parlementaires assurant la transition seraient vexés et amers tandis que les nouveaux élus se sentiraient exclus. Il serait difficile de réduire l'ordre du jour d'une session au seul examen d'une résolution du Golfe, et les parlementaires risquaient fort de s'efforcer de faire voter toutes sortes d'initiatives personnelles. On s'exposait à des tentatives de passer outre aux vetos, voire au chaos total. Mon ami le plus proche à la Chambre, le démocrate Sonny Montgomery, nourrissait de semblables inquiétudes. Comme je rencontrais les chefs de file des deux partis le lendemain, je leur posai la même question.

Pour tenter de consolider le soutien du Congrès et de l'opinion publique, j'avais envisagé, entre autres, un contact direct avec les Irakiens. Je voulais apporter la preuve que nous étions prêts à tout pour préserver la paix, ce qui contribuerait aussi à faire taire ceux qui m'accusaient d'envisager de déclarer la guerre à un adversaire avec qui nous n'avions même pas tenté de parlementer. Depuis le début novembre au moins, je réfléchissais à un sommet qui nous permettrait de dire notre détermination à Saddam, de lui répéter qu'il n'y avait pas de place pour un compromis, qu'un retrait total et inconditionnel était la seule solution. À la fin du mois, encouragé par le fait que la résolution de l'ONU autorisant le recours à la force lui avait peut-être enfin fait comprendre le message, j'avais décidé de proposer une rencontre. Mais comment procéder ?

Une solution était de demander à Tarek Aziz de venir à Washington ; une autre, de rencontrer moi-même Saddam Hussein. Je pouvais aussi envoyer à Bagdad un représentant porteur d'un message personnel, soit Jim Baker, soit Brest, voire le sénateur Dick Lugar. Jim craignait qu'en désignant quelqu'un d'autre pour aller voir Saddam, on ne sape son travail, sous-entendant que lui seul avait l'autorité voulue. Pour ma part, je craignais que dans l'hypothèse d'une rencontre avec Saddam Hussein, les discussions ne prennent trop de relief, qu'il les exploite pour sauver la face. Ces rencontres devaient-elles avoir un caractère officiel ? Comment faire passer mon message ? Il était possible qu'Aziz ne livre pas ce dernier dans sa totalité à Saddam. Le soir du vote à l'ONU, je décidai de proposer à la fois qu'Aziz vienne à Washington et que Jim se rende ensuite à Bagdad.

BRENT SCOWCROFT

Cette initiative était loin de m'enthousiasmer, parce qu'elle réveillait la possibilité de négociations à l'instant même où l'ONU autorisait le recours à la force, mais à l'expression du président Bush, je compris que sa décision était prise. Nous avions déjà évoqué cette idée plusieurs fois, et j'avais souligné que nos plus proches alliés pourraient en conclure qu'il mollissait. Mais je n'insistai pas. L'argument voulant que, vu les enjeux, une réelle tentative de pourparlers directs prenait une importance capitale ne manquait pas de logique. En outre, c'était au Président qu'il revenait de prendre la décision angoissante d'envoyer des soldats au combat. Il fallait qu'il puisse être convaincu en son âme et conscience que, si on en arrivait là, cela signifiait qu'il avait épuisé toutes les autres solutions possibles. Mais cela ne nous empêcha pas de commettre une erreur. Comme le Président était pressé d'agir, Baker et moi rédigeâmes seuls sa déclaration. L'aurions-nous montrée à Richard Haass qu'il aurait attiré notre attention sur la proximité entre les dates que nous proposions pour les réunions et celle de l'expiration de l'ultimatum de l'ONU, ce qui ne pouvait qu'inciter Saddam à tout faire pour retarder l'échéance le plus possible. Au matin du 30 novembre, le Président annonça officiellement l'invitation en expliquant ses raisons : il offrait de rencontrer Aziz à Washington, avec les ambassadeurs de la coalition, à la fin de la semaine du 10 décembre. Il demandait à Saddam de recevoir Baker à une date qui leur conviendrait à tous les deux entre le 15 décembre et le 15 janvier.

La réaction des alliés de la coalition fut vive et, au mieux, mitigée. Comme nous ne les avions pas consultés au préalable, ils étaient naturellement surpris et inquiets : ne tentions-nous pas de conclure un marché secret ? Et si nous étions en train d'opérer un revirement ? Le Président appela le roi Fahd, de même que Hosni Moubarak, Turgut Ozal, l'émir du Koweït, et le nouveau Premier ministre anglais, John Major, pour leur expliquer la mission et leur garantir qu'il n'y aurait pas de concessions. C'était juste une occasion de mettre les points sur les i à Saddam. Si le roi Fahd nous soutint, le prince Bandar accueillit l'idée avec nervosité et perplexité. Inquiet, il nous demanda carrément si nous n'étions pas en train de faiblir. Selon Baker, Bandar pensait que le roi et les alliés arabes, dont le Koweït, étaient trop polis pour poser franchement la question au Président. Ils craignaient aussi que Saddam ne saisisse cette occasion pour battre en retraite avec une armée intacte. La réaction de Moubarak fut plus positive, puisqu'il qualifia l'idée de « bonne démarche ». En revanche, l'ambassadeur Henry Catto nous câbla que le gouvernement britannique « ne décolérait pas » de ne pas avoir été consulté, d'autant que l'annonce suivait seulement de quelques heures le dîner de Baker avec le ministre des Affaires étrangères Douglas Hurd à New York.

BRENT SCOWCROFT

On ne tarda pas à mesurer le retentissement négatif de cette invitation à Tarek Aziz sur le plan international. Cela avait littéralement ébranlé la coalition à l'instant même où la résolution de l'ONU venait apparemment de dégager les derniers obstacles à un recours à la force. Nous ne pouvions pas faire grand-chose pour rassurer nos alliés, mais le Président se dépensa tout de même sans compter à cette fin. Finalement, cela porta ses fruits, mais il nous fallut déployer d'énormes efforts pour calmer une coalition très rétive. Cette décision causa également des tiraillements au sein du cabinet. La majorité de ses membres ne se doutait pas que le Président songeât à si risqué. Je n'avais pas fait passer le mot parce que j'espérais qu'on finirait par le dissuader d'aller au bout de son idée. Et en plus, nous avions commis l'erreur de fixer sans réfléchir la date de la réunion à la veille de la date d'expiration de l'ultimatum. Certains collègues, furieux, ne se gênèrent pas pour nous faire connaître leur sentiment.

En revanche, cette initiative eut deux effets positifs. D'abord, le Président retrouva une certaine tranquillité d'esprit, conscient d'avoir fait tout son possible pour la paix et d'éviter ainsi qu'on ne l'accuse d'être prêt à envoyer des soldats américains au combat sans avoir tenté de négociations directes. Ensuite, elle suscita aux États-Unis une réaction de soutien surpris. Cela réduisait un peu l'impact négatif des débats Nunn, et les démocrates qui avaient pris position contre la guerre se retrouvaient maintenant devant un dilemme : comment s'opposer à un président, soutenu par une puissante coalition internationale, qui venait de tendre la main d'une manière aussi spectaculaire ? Les premiers signes de ces effets positifs se manifestèrent à une réunion bipartite des chefs de file du Congrès le 30 novembre dans le Cabinet Room, où tout le monde parut impressionné par le sérieux évident de la volonté du Président de résoudre la crise sans recours à la force.

Lors de cette réunion, le président Bush vanta les mérites d'une résolution soutenant le vote de l'ONU, ce qui évitait de demander son autorisation au Congrès tout en faisant preuve de solidarité avec lui, et demanda de nouveau s'il fallait convoquer une session extraordinaire pour en discuter. Tom Foley resta prudent, espérant visiblement accorder plus de temps aux sanctions. S'il reconnaissait que c'était une ouverture louable de notre part, il préférait, à moins d'une urgence, attendre que le nouveau Congrès se réunisse en janvier. George Mitchell abonda dans son sens. Le Président leur conseilla de ne pas sous-estimer le message qu'enverrait à Saddam un vote du Congrès appuyant la résolution de l'ONU.

« La Constitution prévoit le rappel d'une seule chambre, rappela Bob Dole à ses collègues. Nous sommes en train de rater une occasion en or. Nous pourrions expédier le processus et obtenir un accord pour une réso-

lution en trois heures... une résolution de paix, non de guerre. Non seulement nous sommes en train d'abdiquer nos responsabilités, mais nous donnons l'impression de vouloir le beurre et l'argent du beurre... Envoyons donc un message à Saddam et à ses neuf cent mille jeunes gens. » Ce n'était pas le moment de faire de la politique partisane, continua-t-il. Il espérait que le Président convoquerait le Congrès si ce dernier s'y refusait. « Je partage l'avis de Dole, dit Bob Michel. Si nous prenons cette décision, il faut qu'elle soit le fruit d'un accord bipartite et qu'elle obtienne une majorité confortable. »

Dick Gephardt déclara pour sa part que si nous devions recourir à la force, il faudrait attendre d'avoir épuisé les sanctions, et que tout le monde ne s'accorderait pas sur ce qu'il fallait entendre par là. « Monsieur le Président, vous êtes trop gentil, dit Bob Kasten. Vous avez gagné notre soutien et vous devriez obtenir un vote de la Chambre et du Sénat réaffirmant la décision de l'ONU. Les élus du Congrès sont impatients de rentrer chez eux, et les échos des audiences sont le plus souvent parcellaires. Devant ce qui se passe en Irak, on se dit qu'ici, l'heure est aux dissensions, que c'est le Viêtnam. Il faut que le Président demande ce vote. En le limitant. Vous pouvez l'obtenir en un après-midi. »

Selon Patrick Leahy, si nous n'avions pas consulté le Congrès, ce serait un motif pour convoquer une session extraordinaire, mais il fallait accorder davantage de temps aux sanctions : « Ensuite, nous vous donnerons notre appui total, dit-il. Vous tentez le diable en voulant des débats en session extraordinaire. » Claiborne Pell s'interrogeait, quant à lui, sur l'éventuelle utilité de négociations officieuses. « Je suis tout à fait prêt à parlementer, répondit le Président. Mais le risque avec les concessions, c'est que cela finit par coûter très cher. Ce serait créer un dangereux précédent. Le monde entier est uni. Un pays qui en viole un autre ne mérite rien.

– Personne ne parle de reculer, dit Nunn. La question est de savoir si nous les faisons souffrir lentement avec des sanctions, ou rapidement avec une guerre. » Il pensait encore que le temps jouait en notre faveur. S'il admettait que la menace du recours à la force était importante, il craignait que l'ampleur et les besoins en logistique de nos forces ne finissent par nous dicter notre politique : « Ouvrez la possibilité d'une politique de rotation : cela contribuerait à reconstruire le consensus et nous donnerait le temps de laisser les sanctions porter leurs fruits. Dans le cas présent, vu l'ampleur de nos forces sur place et l'absence de rotation, on a l'impression qu'il n'y a qu'une issue possible.

– Le problème immédiat est que Saddam ne nous croit pas, dit Dick Lugar. Tant qu'il sera là, le potentiel de guerre demeurera. Sept fois, vous avez demandé de l'aide. Je n'arrive pas à concevoir que le Congrès puisse refuser de vous prêter main-forte... La Constitution réclame un débat. »

GEORGE BUSH

Les leaders républicains du Sénat voulaient rédiger sans attendre un projet de résolution de soutien. Ils craignaient que l'on ne qualifie les républicains de « parti de la guerre » et espéraient pousser les démocrates à se prononcer en les mettant dans une position où l'alternative serait de voter contre le Président pour ce qui se résumait en fait à une déclaration de guerre. Dole était sûr qu'ils pourraient réduire l'ordre du jour à une résolution pour le Golfe et obtenir un vote positif. Je n'avais encore rien décidé. Avec un Congrès divisé sur la question de convoquer une session extraordinaire, surtout pour des problèmes de respect de lignes du parti, semblait-il, et devant ces menaces de soumettre des résolutions supplémentaires exigeant que je recherche leur consentement, je finis par me dire qu'il vaudrait peut-être mieux s'abstenir, plutôt que de les voir s'efforcer de restreindre les pouvoirs du Président. À un moment ou à un autre, il faudrait que j'oppose mon veto à une résolution de ce genre, ce qui ne pourrait que conforter Saddam dans sa conviction de la fragilité de la détermination américaine. Si nous ne pouvions pas limiter l'ordre du jour d'une session extraordinaire et obtenir un consensus dans les deux chambres, cela ne valait pas le coup de demander un vote.

L'offre du Président de rencontres diplomatiques avec Bagdad fut suivie d'un mois de manipulations et de manœuvres irakiennes, peut-être dans l'espoir d'amener la coalition à se diviser, ou encore d'exploiter la pression exercée aux États-Unis par les partisans du maintien des sanctions. L'Irak indiqua qu'il acceptait « l'idée de l'invitation et d'une rencontre », mais sans préciser. Le 4 décembre, Saddam annonça qu'il autoriserait le départ de l'ensemble de trois mille trois cents citoyens soviétiques qu'il retenait et deux jours plus tard, étendait sa décision à tous les étrangers. Il avait manifestement choisi de faire cette annonce précisément à ce moment-là pour exploiter l'invitation à des discussions et mettre une pression supplémentaire sur la coalition pour qu'elle recule.

GEORGE BUSH

Je me trouvais en voyage en Amérique du Sud quand on me prévint de la décision de Saddam de libérer tous les otages, et de celle du Département d'État de fermer notre ambassade au Koweït, dès que nos ressortissants seraient sortis du pays. Cette annonce à laquelle je ne m'attendais pas le moins du monde me contraria. Comme Saddam avait exigé la fermeture de notre ambassade, notre décision pouvait être interprétée comme une concession, juste après le message de fermeté délivré par la résolution de l'ONU et ma propre proposition de réunions au sommet afin d'avertir l'Irak de notre détermination. En fermant l'ambassade, nous nous privions également d'une occasion de jouer sur une provocation pour recourir à la force, puisque nous ne pourrions plus insister sur la nécessité de la libérer. Si je craignais que l'évacuation ne soit perçue comme un signe de faiblesse, les médias américains l'interprétèrent comme une tentative de notre part de déblayer le terrain pour une attaque. Il était sûr que cela pourrait faciliter une offensive, et j'espérais bien qu'on verrait la chose sous cet angle, mais cela ne m'empêchait pas d'être mal à l'aise. Bien entendu, dans les cercles politiques de Washington, et à l'étranger chez nos alliés, on prit l'annonce pour une concession à Saddam. D'aucuns laissèrent même entendre que la fermeture de notre ambassade, le voyage prévu à Bagdad et mon invitation à Aziz prouvaient que nous étions en train de faiblir.

Les otages, dont cent soixante-trois Américains, commencèrent à sortir d'Irak le 9 décembre. Nathaniel Howell, notre ambassadeur au Koweït et les quatre derniers diplomates encore sur place partirent quatre jours plus tard. Le 13 décembre, je reçus un petit groupe d'Américains libérés à la Maison Blanche. Lorsqu'ils me racontèrent les épreuves terrifiantes qu'ils venaient de traverser, j'eus une bouffée de colère en songeant au peu de couverture que les médias consacraient à leurs tristes expériences : c'était à croire que l'Amérique s'en fichait.

Une fois les otages relâchés, Saddam reprit ses tentatives d'établir un lien entre le Koweït et le problème israélo-palestinien et réclama un dialogue plus vaste sur le Moyen-Orient. Nous refusâmes, répétant que les discussions se limiteraient à évoquer le retrait de l'Irak. Les Irakiens se mirent alors à tergiverser à propos des dates des discussions, probablement pour essayer d'assouplir l'ultimatum du 15 janvier. Ils proposèrent qu'Aziz arrive à Washington le 17 décembre en demandant qu'il y reste trois ou quatre jours, afin qu'il puisse s'adresser également au Congrès et à la presse. Ce n'était pas difficile d'imaginer les petits jeux auxquels il tenterait de se livrer avec les politiciens américains et la presse, mais nous savions aussi que nous ne pouvions pas lui refuser de les rencontrer. Nous acceptâmes la date, tout en précisant qu'il ne pourrait rester que deux jours. Nous demandâmes aussi une confirmation de la réunion de Bagdad et tentâmes de corriger notre erreur de programmation, en proposant des dates jusqu'au 3 janvier. L'Irak répondit en suggérant la mi-janvier. C'était inacceptable : ou Baker se rendait là-bas avant le 3 janvier, ou on ne parlait plus de sommet. Nous envisageâmes un instant de nous contenter de recevoir Aziz sans que Baker aille à Bagdad, voire de carrément annuler sa visite, puis fîmes savoir aux Irakiens que la rencontre avec Aziz dépendait de la confirmation de l'une des dates pour Bagdad. Ils proposèrent alors une date en janvier, à trois jours de l'ultimatum de l'ONU. Baker suggéra alors que nous fassions preuve de bonne volonté tout en les obligeant à accepter notre calendrier en leur offrant quinze dates possibles entre le 20 décembre et le 3 janvier.

GEORGE BUSH

Journal, 12 décembre

Nous recevons un nouveau câble d'Irak disant qu'ils maintiennent leur proposition de rencontrer Saddam le 12 [janvier]. Nous avons suggéré quinze dates différentes, mais s'ils peuvent recevoir John Connally, Ramsey Clark, ou bien encore

Mohammed Ali avec seulement dix minutes de préavis, c'est visiblement hors de question pour le secrétaire d'État. Il n'est pas impossible que demain je décide de tout laisser tomber.

Les petits jeux de Saddam commençaient à m'irriter sérieusement, mais je tenais toujours à épuiser toutes les possibilités. Le 14 décembre, j'annonçai que j'avais demandé à Jim de se libérer pour se rendre à Bagdad à n'importe quelle date jusqu'au 3 janvier inclus. Le lendemain, Saddam annulait le voyage d'Aziz à Washington... sous le prétexte que si nous ne voulions que leur répéter les résolutions de l'ONU, cela ne valait pas la peine de discuter. Pendant les deux semaines suivantes, il ne se passa rien. Les tergiversations de Saddam ne firent que renforcer mon pessimisme à propos d'une résolution pacifique de la crise, même si j'avais l'intention de continuer à en chercher une.

Il fallait également que je combatte les efforts de Saddam pour faire exploser la coalition. Le 11 décembre, recevant le Premier ministre israélien Itzhak Shamir pendant deux heures dans le Bureau Ovale, je tentai d'obtenir de lui une garantie qu'en cas d'attaque de l'Irak contre Israël, il laisserait les États-Unis riposter. Je remerciai son pays d'avoir gardé un profil bas devant les incessantes menaces de Saddam : « S'il vous attaque, ou si une attaque se dessine, nous avons la capacité d'anéantir sa machine militaire... Une attaque préventive de la part d'Israël serait très nuisible. Je sais que votre position est de riposter en cas d'agression, et je la respecte. Mais si nous pouvions nous consulter d'abord, nous préférerions qu'Israël attende d'avoir notre feu vert pour riposter. Nous avons des objectifs communs et j'aimerais les atteindre. » Je voulais que la coalition garde sa cohésion pour une riposte massive.

Shamir m'expliqua qu'il soutenait toutes nos initiatives et comprenait nos difficultés. Toutefois il souligna que si l'Irak attaquait Israël, l'objectif serait des civils, ce qui mettait son pays dans une position difficile : « Vos paroles sont encourageantes, mais nous serons obligés de nous défendre et de prévenir d'autres agressions de ce genre. Vous dites que vous anéantirez leur armée, mais vous pouvez en rater une partie. » Je lui certifiai que si nous détections des préparatifs du côté des lance-missiles, nous nous consulterions. Shamir répondit qu'ils ne songeaient pas à une attaque préventive, mais que, de toute façon, nos militaires devraient partager leurs renseignements : « Mais s'il devait se passer quelque chose, nous devrions essayer de nous consulter, avant de déclencher quoi que ce soit. » Je l'assurai que nous y étions prêts.

En décembre, les experts s'en donnèrent à cœur joie pour prédire les scénarios les plus sombres en cas de conflit. Tous y allèrent de leurs estimations. Contrairement aux chiffres de vingt mille tués ou plus avancés par l'éditorialiste Robert Novak et d'autres, l'armée parlait de moins de deux mille. L'ancien secrétaire à la Défense Robert McNamara en prédit au moins trente mille, tandis que l'ancien sénateur George McGovern prétendait que, quels que soient les avantages d'une guerre, ils n'excuseraient jamais la mort de cinquante mille Américains.

Certains éditorialistes nous accusèrent tout simplement de n'avoir aucune idée des chiffres. Rowland Evans et Novak comptaient parmi les plus négatifs, en proclamant que le Koweït était une cause perdue, que les autres États arabes ne lui viendraient jamais en aide, pour conclure que la coalition finirait par s'effondrer. Mark Shields souligna que nous nous bercions d'illusions en pensant qu'une guerre puisse être courte, et que nous creusions nos propres tombes politiques : « Cette Administration est vraiment en très mauvaise posture. Elle est dépourvue d'idées, dépourvue d'objectifs. En 1990, l'Administration de George Bush ne rappelle rien tant que celle de Jimmy Carter en 1979. » Joseph Sobran abonda dans son sens : « Il n'est pas nécessaire d'habiter Washington pour comprendre que M. Bush est, politiquement parlant, en train de se saborder. En entraînant son parti dans sa chute. »

Certains de ces discours étaient à la fois irresponsables et opportunistes, comme le prouvèrent les retournements de veste multiples accompagnant l'évolution de la crise... de libres opinions de la part d'une presse libre. Pat Buchanan fut un bon exemple de la tendance isolationniste. Il prédit que la guerre diviserait le parti républicain, comme le pays, et empoisonnerait la vie politique. Tout cela pour s'exclamer ensuite : « Saddam pensait-il vraiment que les Américains ne se solidariseraient pas aux premiers coups de feu échangés ? » On eut également droit à : « La guerre contre l'Irak sera la dernière du nouvel ordre mondial de M. Bush. Une fois qu'elle sera terminée, les Américains n'iront pas chercher de nouveaux intérêts alliés à défendre, ni de nouvelles missions de l'ONU pour jouer les gendarmes sur la planète entière avec des marines américains. » Après la guerre, Buchanan conclut : « Quand on regarde la machine de guerre américaine, on ne peut que penser à la remarque du général de Gaulle pendant la crise des missiles de Cuba : il n'y a vraiment qu'une superpuissance. »

GEORGE BUSH

Si j'étais très conscient que ma fonction m'exposait forcément aux critiques, je craignais que les tirs de barrage du Congrès et des experts n'envoient les pires messages à Saddam Hussein, si mal informé, et ne lui donnent le courage de s'incruster au Koweït et d'essayer de surmonter les sanctions. Avec les forces considérables de la coalition en Arabie Saoudite, il risquait moins, à présent, de chercher à nous provoquer et il comprenait probablement le sérieux de nos intentions (bien que jusqu'au premier coup de feu, il ne crût jamais, selon moi, que nous combattrions). Mais il était condamné à se demander ce qui se passait et si nous avions bien la volonté de faire ce qui était nécessaire. J'étais moins bouleversé par les critiques des médias et du Congrès qui restaient cohérents dans leur opposition au recours à la force que par ceux qui se contentaient de nous sermonner sans avoir de solutions constructives à proposer. Ils ne connaissaient rien ni des responsabilités, ni des soucis qui accompagnent la décision d'entreprendre une opération militaire, mais ils ne se sentaient pas moins libres de nous attaquer. Ils n'avaient pas à affronter le moral des troupes, ni la difficulté de maintenir la cohésion d'une coalition, ni le fait que le temps pressait. Et surtout, ils n'étaient pas responsables de la vie de nos soldats, marins et pilotes. J'essayai de coincer certains parlementaires en leur demandant ce qu'ils feraient à ma place... et non ce qu'ils ne feraient pas. Le refrain habituel était que nous devrions laisser le temps aux sanctions de porter leurs fruits.

Mais nous avions également des partisans solides et prêts à donner de la voix. Début décembre, le représentant démocrate Steve Solarz fut l'initiateur de la création d'une commission bipartite pour la paix et la sécurité dans le Golfe. Cette dernière comptait Ann Lewis, ancien directeur politique de la commission nationale démocrate, d'anciens fonctionnaires de l'administration Reagan comme Richard Perle, Frank Carlucci, et Jeane Kirkpatrick, et des parlementaires tels que John McCain, Dick Lugar, Jack Murtha et Bob Torricelli. Ce groupe contribua beaucoup à faire comprendre l'autre aspect du problème. Selon eux, les intérêts américains étaient tels que nous devrions prendre toutes les mesures nécessaires, dont le recours à la force, qu'ils soutenaient à condition qu'on consulte d'abord le Congrès. Toutefois, aussi précieuse leur aide fût-elle, nous eûmes encore pas mal de difficultés pour surmonter l'opposition de la presse et de nombreux parlementaires démocrates.

> *Journal 14 décembre*
> Finalement, certains groupes commencent à prôner que nous foncions. Pendant trop longtemps, Sam Nunn, qu'ils surnomment à présent « Neville * », George Mitchell et d'autres ont dominé la scène. Nous ne sommes pas encore sortis de l'auberge, le Congrès ne nous a pas encore emboîté le pas, mais les derniers sondages montrent que le peuple américain nous soutient plus que je ne le croyais ** . Je ne peux pas dire que j'aie pris la décision de déclencher les hostilités, mais il est sûr que... s'ils n'ont pas dégagé le 15 janvier, il va falloir que je prenne la décision drôlement vite...

Le 18 décembre, je reçus un rapport de quatre-vingts pages sur les violations des Droits de l'homme au Koweït qu'Amnesty International devait également remettre au Conseil de sécurité. Profondément troublé par cette lecture, j'en envoyai des copies aux ambassadeurs de

* Neville Chamberlain *(NdT)*.

** Le 14 décembre, le *Los Angeles Times* rapportait que soixante et un pour cent de personnes sondées soutenaient notre politique dans le Golfe. NBC faisait état d'un sondage semblable, citant cinquante-quatre pour cent en faveur d'une décision de déclarer la guerre si l'Irak ne s'était pas retiré du Koweït le 15 janvier.

la coalition, de même qu'aux membres du Congrès. Le rapport regorgeait d'exemples précis de mauvais traitements, décrivant en détail les tortures les plus horribles systématiquement infligées aux Koweïtiens. On y trouvait des récits épouvantables de mutilations et de viols, de même que d'exécutions arbitraires. Des soldats irakiens arrachaient des gens de chez eux pour les tuer sous les yeux de leur famille ; on tirait des gens de leurs voitures pour les battre avant de les achever, on jetait des cadavres dans les rues, et les Irakiens pillaient l'équipement médical tout en refusant tout soin aux Koweïtiens. Le document citait également l'histoire qui avait circulé dès les premiers jours de l'invasion, étayée cette fois par les récits des médecins et des volontaires qui en avaient été les témoins : des soldats irakiens avaient condamné des nourrissons à une mort certaine en les sortant de leurs couveuses.

Journal, jeudi 20 décembre

Entretien riche en émotions, du moins pour moi, avec l'évêque [Edmond] Browning *. Il rentrait juste de Jordanie et d'Irak. Il plaidait pour la paix et soulignait que tous ceux qu'il avait rencontrés l'appelaient aussi de leurs vœux. Selon lui, la violence était parfaitement intolérable... Je lui montrai le rapport d'Amnesty International qui m'avait si profondément marqué en lui demandant : pouvons-nous encore parler de paix quand des gens se font violer ? Quelle position auriez-vous prise pendant la Seconde Guerre mondiale ?

[...] J'ai également rencontré deux délégations du Congrès, dont une où figurait George Mitchell. Plus je parle à ces délégations, plus je suis convaincu qu'il va me falloir prendre la décision [seul] et m'exposer en première ligne. Si la guerre est rapide, avec le moins de pertes possible, quoi que cela veuille dire, et que Saddam essuie une défaite fulgurante, je devrai en partager le mérite avec le Congrès et le monde entier. En revanche, si cela s'éternise, non seulement on va m'en tenir responsable, mais on va probablement entamer une procédure de destitution contre moi, comme l'a dit Dan Inouye...

22 décembre

Il y a environ une semaine, j'ai demandé à Bob Byrd de me faire part de son opinion sur ce que nous devrions faire en matière de consultation avec le Congrès. Dans sa lettre, il me répond que je devrais tenter d'obtenir une déclaration de guerre. Une lettre très gentille de la part d'un homme qui connaît bien le Sénat et a beaucoup réfléchi à la constitution tripartite de gouvernement. Il n'a pas le sentiment que nous

* Évêque à la tête de l'Église épiscopale en Amérique. Lui, entre autres, ne tint aucun compte de notre opposition à des déplacements en Irak.

ayons convenablement plaidé la cause du recours à la force, et il est de ceux qui pensent que les sanctions feront le boulot.

Ce qui inquiète surtout Bob Byrd, comme le peuple américain, d'autres parlementaires, et nous tous, c'est l'éventualité d'une guerre terrestre dans laquelle nous nous enliserions. Il parle de « pertes croissantes » ; d'autres disent « housses mortuaires ». Il souligne que si le nombre de morts est élevé dans le camp arabe, nous serions perdants même en cas de victoire : « Un écrasement même rapide des forces irakiennes pourrait bien déclencher une cascade de conséquences et de réactions qui réduirait notre puissance à long terme et influencerait les événements dans la région. » Toutefois, je pense qu'il sous-estime également le prestige que tireraient les États-Unis de leur volonté de résister et de soutenir pleinement les résolutions des Nations unies, comme il sous-estime le soutien que nous obtiendrions de nombre de pays arabes si nous faisions la peau de ce dictateur brutal. Selon moi, le déclin de Saddam Hussein sera comparable à celui de Ceausescu. On dansera dans les rues en se réjouissant de la chute de cette brute : j'en suis convaincu, mais je ne crois pas que Bob Byrd le soit.

Je ne savais pas trop comment réagir devant les hésitations du Congrès. Je n'ignorais pas que la plupart des sénateurs et des parlementaires seraient obligés de nous soutenir si nous déclarions la guerre sans eux, mais qu'ils se trouveraient en mauvaise posture si je réclamais officiellement une déclaration de guerre ou bien une résolution de soutien au recours à la force. Certains prenaient encore des poses au bénéfice de la presse. Mitchell me déclara qu'il ne verrait pas d'objection à un recours éventuel à la force, mais qu'il était encore trop tôt. Cela ne l'empêcha pas de répondre à la presse qui l'interrogeait le 23 décembre qu'il ne pensait pas qu'une résolution pour un recours à la force serait adoptée, que lui, en tout cas, ne voterait pas de manière favorable, malgré ce qu'il avait pu me dire. Lorsque certains journalistes le poussèrent dans ses derniers retranchements en lui demandant si d'autres démocrates et lui n'étaient pas en train de saper délibérément ma position en mettant en cause la nécessité d'une guerre, il gloussa. S'ils ne débattaient pas maintenant, et qu'on en vienne à la guerre, tout le monde se demanderait pourquoi il n'avait rien dit. En revanche, d'autres démocrates, comme les sénateurs Joseph Liebermann et Charles Robb, semblaient comprendre la gravité de la situation et me dirent qu'ils étaient prêts à soutenir le recours à la force.

Les ronchonnements et les hésitations du Congrès s'accompagnaient d'une certaine agitation dans la coalition. L'annonce surprise de l'invitation à Aziz qui avait suscité tant d'inquiétudes chez certains de nos alliés, déclencha de nouvelles initiatives diplomatiques en décembre. On sentait les Français, les Italiens, et certains membres de la communauté européenne, tentés d'envoyer des missions à Bagdad. Les Français nous inquiétaient tout particulièrement. Après avoir fraîchement accueilli la résolution de l'ONU, ils commencèrent à prendre leurs distances dans leurs déclarations publiques, sans jamais pour autant rompre carrément les liens avec la coalition. Mitterrand rechignait toujours à contribuer à la restauration du gouvernement de l'émir. Comme il avait été utile à bien d'autres égards pour le Golfe, bien que les Français refusassent toujours de placer leurs troupes sous commandement américain, nous restions optimistes à son sujet. Le président Bush lui envoya une lettre le 7 décembre, lui demandant de renforcer le contingent français et de ne pas engager de négociations parallèles avec l'Irak. Mitterrand accepta d'envoyer des renforts, mais déclara qu'il n'avait pas encore décidé s'il prendrait directement contact avec l'Irak.

GEORGE BUSH

En revanche, les Britanniques paraissaient toujours aussi résolus. Le 21 décembre, John Major arriva à Washington pour sa première visite en qualité de Premier ministre. Je le connaissais pour l'avoir déjà rencontré, et il m'avait plu d'emblée. Nous étions censés nous envoler à Camp David en hélicoptère dès son arrivée, mais le temps étant couvert, il n'était pas question de décoller. En attendant nos voitures, je demandai à Brent si je devais informer John de notre plan pour notre option militaire. Après tout, il venait d'arriver au pouvoir : ne valait-il pas mieux s'en tenir aux généralités pour l'instant et entrer dans le détail plus tard ? Brent me conseilla vivement de donner à John tous les renseignements dont nous disposions. Nous prîmes tous place dans la voiture, Brent et Charles Powell sur des strapontins face à nous, et tandis que le cortège fonçait vers les montagnes dans une vraie purée de pois, j'expliquai tout à John Major. Nous projetions de déclencher l'offensive dès l'expiration de l'ultimatum : « Que diriez-vous de quatre heures au matin du 16 ? » Nous n'avions encore donné aucune consigne à nos militaires, et nous n'en avions pas non plus discuté avec les autres membres du cabinet.

J'aurais parfaitement compris que John me réponde qu'il devait d'abord consulter son cabinet, ainsi que son état-major, mais il ne tiqua pas. Il déclara tout de go que les Britanniques seraient derrière nous. Je ne l'oublierai jamais. Il devint ainsi le premier dirigeant étranger, et aussi le premier en dehors de notre cercle restreint, à connaître nos plans de guerre, et je n'en étais pas mécontent, parce que j'étais sûr qu'il était digne de confiance et qu'il me soutenait de manière inconditionnelle, comme Margaret Thatcher avant lui.

Le 20 décembre, nous apprîmes avec stupeur la démission de Chevarnadzé, suivie de la révélation de Gorbatchev que son ministre des Affaires étrangères ne l'avait même pas prévenu. Cette nouvelle m'alarma, à cause de son retentissement potentiel sur la crise, la coalition, et les rapports entre les superpuissances. Chevarnadzé n'avait rien laissé deviner de ses intentions lorsqu'il était venu nous voir à

Washington le 12 décembre, et il n'en avait pas non plus soufflé mot à Jim. Cela me surprit vraiment, car je savais combien ils étaient proches et le respect et l'amitié authentiques qui les liaient. Leur confiance mutuelle avait joué un grand rôle pour convaincre Gorbatchev d'épouser notre cause vis-à-vis de l'Irak. Quelques jours plus tard, le 27 décembre, ce dernier nous envoya Alexander Bessmertnykh porteur d'une lettre à propos de la démission. Bessmertnykh me confia que Gorbatchev était bouleversé et qu'il attribuait la décision de Chevarnadzé au surmenage. Il ajouta que Gorbatchev tenait à m'assurer que cela ne changeait rien à nos rapports. Il me lut la traduction de la lettre. On y sentait une certaine amertume. Non seulement parce que Gorbatchev qualifiait d'« acte déloyal » la démission inattendue, mais parce que Chevarnadzé avait agi sans le consulter. Gorbatchev n'approuvait pas sa manière de démissionner, qu'il considérait comme une façon de céder à la critique. Néanmoins, Mikhaïl rendait hommage au courage, aux contributions et aux réussites de Chevarnadzé en tant que réformateur et leader. Sergueï Tarasenko fit passer à Baker un message de Chevarnadzé. Ce dernier racontait qu'il avait eu un entretien de deux heures avec Gorbatchev, qui avait refusé sa démission. Chevarnadzé lui avait répliqué que sa décision était sans appel et qu'il avait fait beaucoup de sacrifices pour la *perestroïka*. Rester serait un suicide moral.

BRENT SCOWCROFT

Nous ne pouvions que spéculer sur les vraies raisons de la démission de Chevarnadzé. Dans ses mémoires, il la qualifia d'acte de « désaccord et de protestation, ainsi que d'avertissement ». Mais Gorbatchev ne disait probablement pas toute la vérité lorsqu'il affirmait que cette démission n'était ni provoquée ni justifiée. Il nous sembla qu'il se trouvait à ce moment-là à la veille d'un sérieux virage à droite. Chevarnadzé nous avait déjà confié son inquiétude à propos des machinations de Primakov en ce qui concernait Saddam, lesquelles, comme nous allions le voir, s'intensifiaient.

Le départ de Chevarnadzé me choqua et me préoccupa. Il nous privait de la dernière voix modérée dans l'entourage proche de Gorbatchev, faisant de ce dernier une proie facile pour les conservateurs, Primakov et les pro-arabes. Il était impossible de dire quelles en seraient les répercussions sur la politique étrangère russe. Les déclarations de plus en plus fermes et les manœuvres dans la Baltique indiquaient clairement que Gorbatchev se sentait lui-même otage des militaires, du moins à ce moment-là. Les avertissements de Chevarnadzé quant à une dictature possible paraissaient presque bizarres à l'époque, et peut-être démissionnait-il frustré de ne pouvoir maintenir Gorbatchev dans une voie modérée. Peut-être avertissait-il ainsi ses amis modérés de la nécessité de prendre conscience de ce qui se tramait.

Alors que la guerre semblait être imminente, plusieurs incidents laissèrent penser que certains de nos militaires étaient moins qu'enthousiastes à cette perspective. On agitait de nouveau le spectre de la guerre du Viêtnam : on rappelait que les militaires avaient été envoyés là-bas sur ordre du pouvoir civil qui les avait ensuite laissés se dépatouiller tous seuls quand le climat politique avait changé. En 1984, le secrétaire à la Défense Caspar Weinberger se fit l'écho de ce sentiment encore renforcé par la tragédie du Liban, en imposant plusieurs conditions préalables au recours à la force, dont un soutien public équivalant à une croisade nationale.

Le plan initial pour reprendre le Koweït, présenté au président Bush en octobre, n'avait pas paru être l'œuvre de gens impatients de s'atteler à la tâche. De même, l'évaluation des effectifs nécessaires pour réussir une offensive qu'on lui avait donnée à la fin octobre était si énorme qu'on pouvait se demander si elle n'était pas fixée par un commandement espérant que l'ampleur de ces chiffres l'inciterait à renoncer à une option militaire. Une réunion avec les chefs d'état-major à Camp David le 1er décembre, dont le ton fut très positif, dissipa nos inquiétudes. Le général Merrill McPeak fit un topo optimiste des effets d'une campagne aérienne de trente jours contre l'Irak ; estimations des pertes comprises : cent cinquante avions, avec la moitié des pilotes récupérés, un quart tué, le reste capturé et probablement exhibé dans les rues de Bagdad. Il pensait que les bombardements détruiraient environ la moitié de l'équipement irakien au sol.

Toutefois, le 21 décembre, le général Calvin Waller, commandant en second dans le Golfe, déclara à la presse que les forces n'étaient pas encore prêtes. Le commandant en chef des armées s'efforça ensuite de repousser la date du déclenchement probable des hostilités. Wags rappela alors la lettre que le président Lincoln avait adressée à George McClellan en 1862, dans laquelle il lui demandait de bien vouloir lui prêter un moment son armée, si le général ne projetait pas de s'en servir.

GEORGE BUSH

Au matin du 24 décembre, je réunis Powell, Cheney, Scowcroft et Gates à Camp David pour faire un bilan. Cheney et Powell rentraient juste du Golfe, où ils s'étaient renseignés sur l'état de préparation des troupes à la suite des commentaires de Waller. Je leur posai les questions suivantes : Dans quel délai après l'ultimatum pourrions-nous déclencher l'offensive aérienne ? Au bout de combien de temps Saddam agiterait-il le drapeau blanc ? Nous réaffirmâmes notre conviction que plus tôt nous pourrions lancer l'offensive après le 15, mieux ce serait... ça se rapprocherait de la date que j'avais donnée à John Major.

Les forces arabes participeraient-elles à une campagne terrestre si on en arrivait là ? Les Égyptiens et les Syriens hésiteraient peut-être à attaquer les Irakiens. Combien de temps faudrait-il pour désarmer les troupes irakiennes encore au Koweït ? Que ferions-nous ensuite ? Laisserions-nous une présence militaire sur place, et si oui, de quelle taille et pendant combien de temps ? Laisserions-nous également de l'équipement ? À combien de pertes pouvions-nous nous attendre ? Nous passâmes ensuite aux détails : quand fermer notre ambassade à Bagdad ? Comment rompre les relations diplomatiques ? Nous évoquâmes une éventuelle démarche ultime de Jim auprès de Saddam. Ce serait un message ferme, pour rappeler au dictateur irakien qu'il était confronté à des forces écrasantes et qu'il se ferait pilonner.

BRENT SCOWCROFT

Certaines de ces questions avaient été examinées au sein des ministères et du Conseil national de sécurité. Au début de l'automne, j'avais demandé au Deputies Committee et à ma propre équipe du Conseil de commencer à passer en revue nos objectifs de guerre au-delà de ce que prévoyaient les résolutions de l'ONU. Le plus important était de réduire la puissance militaire de Saddam, de sorte qu'il ne représente plus une menace pour la région, mais il fallait s'y prendre de manière à mettre l'Irak à l'abri de menaces extérieures et à préserver l'équilibre avec l'Iran. Ensuite, la commission avait étudié la question de savoir s'il fallait étendre les frappes aériennes au-delà de la zone d'opérations du Koweït jusqu'aux forces de Saddam en Irak. Finalement, elle recommanda de se concentrer sur la destruction des forces les mieux entraînées et les mieux équipées de l'Irak, les divisions de la garde républicaine d'élite, où qu'elles se trouvent. Comme ces troupes étaient aussi la colonne vertébrale du régime, leur destruction saperait d'autant plus le pouvoir de Saddam. Nos alliés arabes en étaient convaincus, et nous commençâmes à partir du principe qu'infliger une nouvelle défaite militaire à Saddam ébranlerait le soutien dont il jouissait dans l'armée, qui le renverserait alors probablement. L'objectif était donc de détruire la garde républicaine.

D'autre part, la commission avait également évoqué l'éventualité de faire de la liquidation de Saddam un objectif. L'ennui était que, sauf à le viser personnellement (ce qui était extrêmement difficile avec des frappes aériennes, et l'assassinat n'était pas une option), nous ne savions pas comment y parvenir. Nous ne pouvions pas en faire un objectif officiel de la coalition, puisque cela dépassait de loin les limites imposées par les résolutions de l'ONU. Cela risquait aussi de diviser la coalition. Si les États-Unis se fixaient cet objectif unilatéralement et l'affichaient, nous serions dans une situation difficile sur les plans à la fois politique et opérationnel. Nous nous engagerions, tout seuls, à éliminer un régime pour en installer un autre et, si les Irakiens eux-mêmes ne prenaient pas les choses en mains, nous risquions d'être obligés d'occuper un État hostile pendant une durée indéterminée et d'être confrontés à quelque douteuse formation de nation. Il fallait être réaliste : si Saddam tombait, on ne verrait pas l'émergence d'une démocratie, mais celle d'un autre homme fort, peut-être moins problématique. La meilleure solution était de causer le plus de dégâts possible dans son armée et d'attendre que le régime Baas s'effondre. Nous nous concentrerions sur la libération du Koweït et sur un départ le plus rapide possible de la région... ce qui remplirait nos objectifs de l'ONU, respecterait les promesses faites à nos alliés arabes et, nous l'espérions, détruirait la base politique de Saddam. Ainsi, ces objectifs (et ces limites) furent fixés bien avant la fin de l'année, et les conclusions de la commission finirent par devenir la base de la directive que le Président signerait en janvier, déclenchant l'opération Tempête du Désert.

GEORGE BUSH

Journal, 24 décembre, Camp David

Nous sommes la veille de Noël : comment ne pas penser aux familles séparées de leurs bien-aimés. J'ai lu dix ou quinze lettres : toutes demandent qu'on prenne « soin de mon gosse », d'autres supplient : « S'il vous plaît, n'ouvrez pas le feu » ; d'autres encore affirment : « Cela ne vaut pas le coup de mourir pour de l'essence », etc. etc., mais le leitmotiv reste : « Sauvez mon fils, sauvez mon fils. » Et moi je sais que, sans initiative de la part de Saddam, il nous faudra faire la guerre ; mais nous sommes déjà en guerre... avec ces familles koweïtiennes détruites et terrifiées, voire tuées ce soir même. Le principe est arrêté, et nous ne pouvons échouer...

Je prends de l'âge, mais cela rend-t-il plus simple d'envoyer un fils se faire tuer ? Ou au contraire plus difficile ? Je sais seulement que cette guerre est juste. Je connais les conséquences si nous échouons, et je sais ce qui se passera si nous laissons passer la date fatidique du 15 sans broncher, ou en nous montrant peu disposés à faire notre devoir.

Me voilà le soir de Noël en train d'attendre les cantiques de notre petit office. Je n'arrête pas de penser au Golfe, et je vois les visages des jeunes pilotes que j'ai rencontrés en débarquant à Dharan : « Laissez-nous y aller, laissez-nous faire notre travail ; on peut le faire. » Puis les gars des marines et de l'armée... jeunes, jeunes, tous si jeunes. Je pense aux bébés irakiens, et aussi pourtant au mal que cet homme incarne. Non seulement il faut l'arrêter, mais le punir, et ensuite nous pourrons nous inquiéter de la façon dont nous gérerons nos rapports avec les pays arabes...

On dit que je ne me concentre pas sur les affaires nationales et on doit avoir raison ; mais comment le peut-on quand on tient la vie et la mort de jeunes soldats entre ses mains ?

Je résumai mes sentiments dans une lettre à mes enfants écrite le 31 décembre à Camp David.

Chers George, Jeb, Neal, Marvin, Doro,

Je vous écris cette lettre en ce dernier jour de 1990.

D'abord, je ne saurais vous dire ma joie de vous avoir tous vus réunis ici à Camp David. J'ai aimé les jeux, j'ai aimé le jour de Noël, dont la seule fausse note fut l'absence de Sam et d'Ellie [les enfants de sa fille Doro]. J'ai aimé les films... pour certains ; j'ai aimé les rires. Mais surtout, j'ai aimé vous voir tous réunis. Nous sommes une famille bénie des dieux, et ce Noël n'a fait que le confirmer.

J'espère ne pas vous avoir paru trop ombrageux, malgré mes efforts.

Quand j'ai pris mes fonctions, j'ai fait le vœu de ne jamais me plaindre de la solitude de mon poste, ni des pressions, ni des épreuves. Cela dit, ce qui nous attend me préoccupe. Mais je ne connais pas de solitude, parce que je suis entouré par une équipe de premier plan de gens cultivés et engagés. Aucun président n'a jamais été aussi gâté à cet égard.

J'ai longtemps réfléchi à ce que nous pourrions être amenés à faire. En écrivant cette lettre à la fin de l'année, il subsiste un léger espoir que le dictateur de l'Irak se retire du Koweït. Mais je ne suis pas toujours aussi optimiste. Parfois je pense que c'est possible, parfois je pense qu'il manque tout simplement trop de réalisme... qu'il n'imagine pas ce à quoi il pourrait être confronté. Je sais que nous avons tout fait pour la paix : cela me donne une certaine tranquillité d'esprit. Nous sommes allés à l'ONU ; nous avons formé une coalition historique. Les initiatives diplomatiques se sont multipliées d'un pays à l'autre. Et nous voilà donc à peine à seize jours d'une date très importante – la date fixée par l'ONU pour qu'il se plie à toutes ses résolutions, dont un retrait total du Koweït.

Voilà ce que j'aimerais vous dire en ma qualité de père :

Chaque vie humaine est précieuse. Lorsqu'on me demande combien de vies je suis prêt à sacrifier, mon cœur se brise. La réponse est aucune, bien sûr, aucune. Nous avons attendu pour donner leur chance aux sanctions, nous avons dépêché une force énorme afin de réduire les risques pour chaque soldat américain si on recourrait à la force ; mais le problème des pertes en vies humaines se pose toujours, et c'est un calvaire.

Je repense à l'histoire :

Combien de vies auraient-elles pu être sauvées si l'apaisement avait laissé place au recours à la force à la fin des années 1930 ou au début des années 1940 ? Combien de Juifs auraient-ils pu échapper aux chambres à gaz ? Combien de patriotes polonais seraient-ils encore en vie aujourd'hui ? Cette crise m'apparaît comme une lutte entre le bien et le mal. Oui, c'est évident pour moi.

Je sais que mon attitude doit vous causer un peu de chagrin de temps à autre, et cela me fait mal ; mais en cette fin d'année, je tiens à vous dire le fond de ma pensée :

– Toute vie humaine est précieuse.

– Il faut respecter les principes : il n'est pas question que Saddam tire un bénéfice quelconque de son agression et des brutalités qu'il inflige au peuple du Koweït.

– Parfois, dans la vie, il faut faire ce qu'on juge le mieux [...] ne pas accepter de compromis, ne pas céder, même au milieu d'un chœur de critiques.

Donc, chers enfants, préparez-vous au pire.

Le sénateur Inouye d'Hawaii m'a dit : « Monsieur le Président, faites ce que vous avez à faire. Si c'est rapide et réussi, tout le monde en bénéficiera. Si cela s'éternise, préparez-vous à ce que certains parlementaires engagent une procédure de destitution contre vous. » Il avait raison à cent pour cent.

Je vais donc dire quelques prières de plus, surtout pour nos gamins dans le Golfe, et je ferai ce qu'il faut, et tous les jours, j'en aurai la force grâce à notre amour familial qui me soutient chaque jour de ma vie. Je suis le père le plus chanceux du monde.

Je vous aime. Bonne année et que Dieu vous bénisse vous et votre famille.

Votre dévoué,

papa.

L'année se termina sur des menaces du chef de la majorité Dick Gephardt et d'autres parlementaires de faire couper les financements par le Congrès si je décidais de foncer sans une déclaration de guerre du Congrès. Dans le Golfe, les Irakiens me maudirent et jurèrent qu'ils ne quitteraient pas le Koweït.

Brent et moi discutâmes à deux reprises le 31 décembre : je lui dis que nous devrions tenter une nouvelle fois de rencontrer Aziz, voire Saddam. Mitterrand insistait sur ce point pour des raisons purement nationales, et je savais que Jim voulait faire une nouvelle tentative. Mais cela m'apparaissait aussi comme un bon moyen de convaincre les parlementaires récalcitrants que nous avions épuisé toutes les voies diplomatiques, élément dont nous aurions besoin si nous devions faire voter la résolution. Brent n'avait pas le sentiment que l'une ou l'autre de ces mesures fût nécessaire, mais il ne tenta pas de me dissuader. Selon lui, Jim suggérait que nous attendions le 3 janvier, dernière date proposée, pour faire une nouvelle ouverture vers Bagdad. Avions-nous du nouveau à propos de la date à laquelle l'armée serait prête à déclencher les hostilités ? D'après Powell, cela se situerait entre le 18 et le 22 janvier. C'était proche de la date butoir, mais cela semblait s'en éloigner encore. Je dis à Brent que nous devrions foncer dans le créneau de janvier.

Journal, 1er janvier

Je dois avouer que je me suis réveillé vers minuit en me demandant ce que nous réservait 1991... Plus je réfléchis, plus je suis convaincu qu'il nous faudra aller jusqu'au bout... Mais ce n'est pas évident quand on doit consulter tant d'alliés et quand tant d'éléments se mêlent : le plan diplomatique, les pays tiers comme Israël, comment empêcher les Jordaniens de tenter quelque chose ? Quel avertissement donner à Saddam ? Comment gérer le Congrès ? Et j'en suis pratiquement arrivé à la conclusion que la seule solution est de parler, parler, parler au cours des deux prochaines semaines, puis de les notifier au titre de la loi des War Powers, ou disons, dans le sens de la loi des War Powers.

Le lendemain matin, je réunis Brent, Jim et John Sununu pour leur expliquer que je voulais une ultime rencontre afin de faire comprendre personnellement à Saddam ce à quoi il s'exposait ; rencontre qui se passerait probablement en Suisse, les réunions dans l'un ou l'autre de nos pays étant exclues. Nous décidâmes de l'annoncer le lendemain 3 janvier, à condition que nous puissions terminer nos consultations avec nos alliés, cette fois, on ne les surprendrait pas.

Pour rassurer ces derniers, je soulignai que l'offre était toujours soumise aux mêmes conditions que notre dernière proposition de décembre ; ni négociations, ni compromis, ni tentatives de sauver la face, ni récompenses pour l'agression.

> *Journal, 2 janvier*
>
> Baker m'appelle à trois heures quarante-cinq le 2... pour me dire : « Ne fermez pas la porte à un voyage que je pourrais faire à Bagdad pour rencontrer Saddam. » Je lui réponds que je suis tenté de claquer cette porte et de la laisser fermée parce que ce type se fiche de nous, et que cette réunion remplacera les autres prévues dans l'un ou l'autre de nos pays respectifs. Cela n'a pas l'air de plaire à Jim qui semble très désireux d'aller à Bagdad et ce, depuis le début. Mais je n'y suis pas disposé. Comme on raconte que nous sommes en train de flancher, autant fermer la porte maintenant.

Ce soir-là, j'expédiai un câble aux alliés de la coalition pour les mettre au courant de notre projet et m'entretins tôt le lendemain matin avec Mitterrand et Major. Tous étaient avec nous.

Le lendemain, j'annonçai notre offre d'envoyer Jim à Genève les 7, ou 8, ou 9 janvier, en précisant qu'ensuite il ferait le tour de nos alliés. C'était risqué. Saddam pouvait très bien exploiter la rencontre pour annoncer un plan gadget avec d'innombrables conditions non avouées, voire retirer une partie de ses troupes et prendre son temps pour retirer le reste tout en affirmant vouloir discuter. Avec le recul, je pense qu'il dut interpréter la première offre de novembre comme un signe de faiblesse, ne comprenant pas que c'était pour montrer au Congrès, aux opinions publiques européenne et américaine que nous étions disposés à tout tenter pour la paix. Quand j'enchaînai par la proposition d'une rencontre à Genève, il dit probablement à sa clique : « Ils sont faibles, ils ne nous attaqueront pas, sinon pourquoi Bush continuerait-il à faire des offres de paix ? » Le 4 janvier, l'Irak accepta ma proposition d'envoyer Jim parler avec Aziz et suggéra le 9 janvier à Genève.

BRENT SCOWCROFT

J'étais très inquiet. J'imaginais déjà les innombrables propositions faussement séduisantes, volontairement vagues que Saddam allait s'empresser de faire, propositions susceptibles de causer de graves tensions dans la coalition et d'accentuer les divisions aux États-Unis. Il ne faisait absolument aucun doute que Jim Baker était un excellent négociateur. Mais je ne doutais pas non plus une seconde qu'il ferait son possible pour parvenir au but recherché par la persuasion et non par la force. De mon point de vue, la triste réalité était qu'un retrait irakien nous mettrait dans une position intenable. En effet, Saddam pouvait reculer jusqu'à la frontière nord, la franchir, et ne plus bouger, prêt à attaquer. En revanche, les forces américaines ne pouvaient pas longtemps rester en place. L'ampleur de nos forces empêchait toute rotation et, de toute façon, il serait intolérable pour les Saoudiens de supporter indéfiniment une force étrangère aussi importante sur leur territoire.

En attendant, les membres du nouveau Congrès remirent de nouveau la pression. Le 2 janvier, les représentants Richard Durbin et Charles Bennett, avec le sénateur Tom Harkin, annoncèrent leur projet de soumettre une résolution requérant l'approbation du Congrès avant que nos soldats puissent tirer la moindre salve. Le lendemain, nous eûmes deux réunions avec les chefs de file du Congrès, la première avec George Mitchell, Bob Dole, Foley et Michel, la seconde rassemblant toute la direction bipartite. Le Président invita de nouveau le Congrès à montrer à Saddam que nous étions unis et résolus. Le meilleur moyen pour ce faire était de voter une résolution approuvant la résolution 678 du Conseil de sécurité.

Le ton semblait évoluer au Congrès. Foley pensait à présent qu'il pourrait voter une autorisation de recours à la force : « Mais je ne peux vous l'assurer. » Le Congrès annulerait ses vacances parlementaires habituelles de janvier pour reprendre ses sessions les lundis, mercredis et vendredis, mais sans que les débats reprennent leur cours normal avant le 23 janvier. Il y avait aussi un risque de résolutions concurrentes.

Le Président expliqua qu'il serait utile que la mesure soit immédiatement soumise au vote, un long débat risquant d'être contre-productif. « Vous ne pouvez ni éviter un débat, ni l'étouffer, répliqua Mitchell, irrité. Il n'y a pas non plus de limites aux amendements. Pressler, D'Amato et Harkin ont déjà fait savoir qu'ils en proposeraient. Selon moi, une résolution de type ONU passerait de justesse au Sénat, sans majorité appréciable. Plusieurs sénateurs ont dit qu'ils n'accorderaient pas de pouvoir explicite. Peut-être pourriez-vous obtenir quelques voix de plus pour une autorisation explicite après le 15. C'est pour ces raisons que je rechigne à mettre la chose sur le tapis. La pression pour le débat et des discussions croît. Je préférerais attendre le retour de Baker de Genève. » Dole conseilla de ne rien faire si nous ne pouvions pas encore obtenir un consensus.

Devant toute la direction assemblée, le Président dressa le bilan de notre diplomatie dans le Golfe et résuma les objectifs du voyage de Baker et de sa rencontre avec Aziz. La réaction fut globalement positive et certains, comme Gephardt, applaudirent devant cet effort supplémentaire de diplomatie.

Bob Byrd déclara qu'il n'avait pas l'intention de voter son soutien à une résolution de type ONU, préférant une déclaration de guerre. Mais il ne pensait pas qu'une déclaration passerait : « Le peuple américain n'est pas prêt, insista-t-il. Les contributions scandaleuses de nos soi-disant amis le Japon, l'Allemagne et l'Arabie Saoudite ont mis tout le monde dans une colère noire.

– On ne peut pas parler de ferveur écrasante dans le pays, renchérit Dante Fascell. Cinquante pour cent des objectifs ont été atteints. Une

résolution de soutien, même avec la Maison Blanche et tous les chefs de file derrière, perdrait encore par cent vingt à cent vingt-cinq voix. »

Sam Nunn soutenait toujours les sanctions : « Je serai disposé à recourir à la force quand on aura épuisé toutes les autres solutions. Plus de la moitié du PNB irakien vient d'y passer. Plus le temps passe, plus Saddam s'affaiblit. On assiste à une érosion de son économie et de sa puissance militaire.

– En fait, si nous ne sommes pas d'accord autour de cette table, c'est sur la question de savoir quand recourir à la force, dit Lee Hamilton. Moi, je serais partisan d'attendre encore. Je suis d'accord avec Sam Nunn. L'Irak est un pays sous tension. Les sanctions marchent et nous devons épuiser toutes les autres possibilités. »

Nous décidâmes d'attendre que Baker ait rencontré Aziz pour lancer un débat sur une résolution. Quelques heures plus tard, Foley et Mitchell ne savaient plus où donner de la tête pour tenter de freiner quelques parlementaires exaltés qui essayaient d'anticiper le signal du départ en déposant des résolutions interdisant une opération militaire sans déclaration de guerre ou imposant un débat, parmi lesquels Dave Obey, Joe Kennedy, Brock Adams, et Tom Harkin. « C'est le monde à l'envers, s'exclama Bob Dole. Quand nous aurions dû débattre, nous étions en vacances. Maintenant que nous devrions nous taire, nous voulons voter. »

GEORGE BUSH

Journal, 4 janvier

Que ceux qui m'accusent d'être parano vis-à-vis de la presse consultent donc le dernier sondage ABC-*Washington Post* *. Il est sorti hier soir avec quatre chiffres extrêmement encourageants : quatre-vingt pour cent pensent que nous devrions recourir à la force sans trop attendre ; plus de deux contre un jugent la politique du Président correcte ; etc., etc. Résumé très succinct dans le *News Summary* [bulletin de la Maison Blanche]. Le *Washington Post* consacre sa une [au Golfe]... aucune mention du sondage. Ce sont eux qui ont commandé ce sondage, et ils enterrent deux des résultats en page A19, au verso de l'article sur le Congrès, en se gardant bien de citer les quatre-vingt pour cent qui prônent de s'engager sans attendre. Certes, ils parlent de rapports prélimi-

---

* Selon le sondage ABC-WP : soixante-six pour cent approuvaient la manière de gérer la crise du président. Vingt-neuf pour cent désapprouvaient. Soixante-dix pour cent pensaient que le Congrès devrait davantage soutenir le Président (dix-huit pour cent affirmaient le contraire). Soixante-cinq pour cent déclaraient que les États-Unis devraient entrer en guerre si nécessaire pour obliger l'Irak à se retirer du Koweït (vingt-neuf pour cent étaient contre une guerre). Quatre-vingt-deux pour cent estimaient que les États-Unis devraient prendre rapidement une initiative, avant un mois, si l'ultimatum du 15 janvier n'était pas respecté (dix pour cent prônaient pour qu'on attende de un à six mois).

naires, mais il va falloir vérifier ce qu'ils en font finalement. À croire qu'ils se refusent à imprimer l'information qu'ils ne veulent pas voir lue. Typique !

Le 5 janvier, le secrétaire général de l'ONU Javier Pérez de Cuéllar arriva à Camp David pour évoquer ce qu'il pourrait faire pour éviter le conflit. Je m'efforçai de le dissuader d'entreprendre une nouvelle mission personnelle qui, selon moi, ne ferait qu'offrir l'espoir à Saddam de trouver une autre issue. Je pensais qu'il fallait insister sur l'application totale de chacune des résolutions de l'ONU : « Si nous acceptons un compromis, nous affaiblissons l'ONU et notre propre crédibilité en ce qui concerne la construction de ce nouvel ordre mondial. Selon moi, Saddam ne croit pas que nous utiliserons la force... ou alors il se dit qu'auquel cas, il peut créer une impasse. Je pense aussi qu'il interprète mal l'opinion publiquc aux États-Unis...

– Il faut que vous épuisiez d'abord tous les moyens possibles pour la paix, conseilla Javier. Ne devriez-vous pas proposer d'envoyer Baker à Bagdad ? Il [Saddam] va réclamer du temps pour étudier votre lettre et vous faire attendre.

– Et ce sera pire si Baker va le voir. Si rien ne se passe après le 15, les gens vont perdre confiance... la coalition donne déjà des signes de faiblesse... et cela rendrait tous nos efforts complètement vains. La résolution du Conseil de sécurité est très claire et je pense qu'il est vital de la mettre en œuvre. Si nous acceptons que Baker le rencontre... nous sabotons tous nos efforts. » Selon Pérez de Cuéllar, un voyage supplémentaire à Bagdad, en plus de la rencontre à Genève, n'aurait pour seul résultat que Baker rentrerait les mains vides. Il avait vu l'ambassadeur irakien auprès des Nations unies la veille et lui avait demandé s'il avait un message à nous transmettre. Non. Javier fit remarquer qu'il n'était pas dans la même position que Baker : « Je suis pratiquement obligé de tenter quelque chose avant le 15. Si j'y allais, je présenterais les résolutions à Saddam. Mais si moi je revenais les mains vides, je pourrais déclencher un conflit.

– L'ennui, c'est que vous serviriez de couverture à ses manipulations. L'avantage, c'est que ce serait vraiment l'ultime tentative. »

Javier pensait que, de toute façon, on en viendrait là, surtout si l'ambassadeur irakien n'avait pas de message à faire passer. Il songeait à se rendre à Bagdad, mais tout dépendrait de ce qui se passerait à Genève.

Nous avions espéré que l'échec de la première mission du secrétaire général auprès de Saddam au mois d'août nous permettrait de le dissuader plus facilement de recommencer, mais il n'en fut rien. Il était mû par les meilleurs mobiles, il tenait à coopérer, mais il avait une vision de ses responsabilités très arrêtées. Il suggéra également une nouvelle réunion du Conseil de sécurité avant la date butoir du 15 janvier, mais nous ne voyions pas pourquoi. Nous avions fait tout notre possible aux Nations unies. Plus tard ce jour-là, je retravaillai à la lettre que Baker emporterait à Genève et signai une version définitive.

Le lendemain, je rédigeai un projet de lettre pour le Congrès où je lui demandais de soutenir les résolutions de l'ONU et le recours à tous les moyens nécessaires pour éjecter l'Irak du Koweït, avant de le faxer à Brent pour commentaires. J'étais sûr de ne pas avoir besoin d'une résolution. Les États-Unis avaient recouru à la force environ deux cents fois dans son histoire, et on ne comptait que cinq déclarations de guerre. Mais pour le pays, et pour montrer à Saddam que nous parlions d'une seule voix, je voulais que le Congrès s'engage, et avant que la date butoir soit passée. Nous n'avions même pas un projet de résolution en mains, alors que certains parlementaires travaillaient déjà à des versions du projet. Trouver la bonne formule serait essentiel. Je voulais éviter de demander une « autorisation » qui sous-entendait que le Congrès avait le dernier mot pour ce que j'estimais être une décision revenant à l'exécutif. J'espérais aussi éviter de transformer cela en un vote partisan, ce qui voulait dire que les noms des initiateurs de cette résolution seraient très importants. Il existait un projet ferme du membre du Congrès conservateur Duncan Hunter que je pourrais adopter, mais nous avions besoin du soutien des deux partis. Je demandai à Sonny Montgomery d'en glisser un mot à Hunter qui comprit la situation. Nous allions essayer de conserver le contenu de sa proposition, tout en nous efforçant d'élargir le nombre des initiateurs du projet. Je multipliai les consultations téléphoniques avec des membres du Congrès. Les sondages disaient que le Congrès semblait divisé, mais qu'il voterait probablement une résolution avec une faible majorité. Toutefois, on commençait à admettre que le problème devenait plus politique que juridique. Nous organisâmes aussi des réunions stratégiques avec nos juristes et des membres du Congrès sur la manière de pousser la résolution et trouver des sponsors.

Le 9 janvier, sous les yeux du monde entier, Baker rencontra Aziz à Genève. Il appela le Président deux fois, dès que cela lui fut possible après chaque séance : à sept heures trente, puis vers treize heures. Lors du premier appel, Baker rapporta qu'arrivé sans avoir rien de neuf à proposer, Aziz s'était lancé dans un long discours sur l'histoire des rapports de l'Irak et du Koweït. On ne savait pas trop si Aziz accepterait ou non la lettre pour Saddam. Baker l'avait prévenu d'entrée de jeu qu'il n'était pas là pour négocier mais pour communiquer, en lui tendant la lettre du Président. L'enveloppe était scellée, mais Baker en remit une photocopie à Aziz. Cette lettre disait en substance :

> *Aujourd'hui nous sommes au bord d'une guerre entre l'Irak et le monde entier. Cette guerre a commencé avec votre invasion du Koweït ; cette guerre ne peut prendre fin que si l'Irak se soumet pleinement et sans condition à la résolution 678 du Conseil de sécurité de l'ONU...*
>
> *Notre préférence va à une issue pacifique. Toutefois, nous n'accepterons qu'un respect total de la résolution 678 du Conseil de sécurité de l'ONU et de celles qui l'ont précédée. Il n'y aura pas non plus de négociations. On ne fait pas de compromis avec des principes. Toutefois, en se soumettant pleinement, l'Irak y gagnera l'occasion de rejoindre la communauté inter-*

nationale. Plus immédiatement, l'Irak et l'armée irakienne échapperont à la destruction. Mais à moins que vous n'effectuiez un retrait total et inconditionnel du Koweït, vous perdrez plus que le Koweït. L'enjeu, en l'occurrence, n'est pas l'avenir du Koweït, il sera libre, son gouvernement sera restauré, mais plutôt l'avenir de l'Irak. À vous de choisir...

L'Irak ressent déjà les effets des sanctions imposées par l'ONU. Si la guerre éclatait, ce serait une tragédie encore plus grande pour vous et votre peuple. Je tiens aussi à préciser que les États-Unis ne toléreront pas l'usage d'armes chimiques ou biologiques, ni la destruction des champs et sites pétroliers du Koweït. Le peuple américain réclamerait à ce moment-là la riposte la plus violente possible. En outre, vous serez tenu directement responsable des attentats terroristes contre quelque membre que ce soit de la coalition. Vous, le parti Baas, et votre pays paierez un prix terrible si vous ordonnez des actions excessives de ce type.

J'écris cette lettre non pour vous menacer, mais pour vous informer. Je le fais sans sentiment de satisfaction, car le peuple des États-Unis n'a rien à reprocher au peuple d'Irak. Monsieur le Président, la résolution 678 du Conseil de sécurité de l'ONU considère la période précédant le 15 janvier de cette année comme une pause de bonne volonté, afin que cette crise ait des chances de se résoudre sans nouvelles violences. Que cette pause soit utilisée comme il est prévu, ou qu'elle serve purement et simplement de prélude à d'autres violences, c'est à vous, et à vous seul, de le décider. J'espère que vous ferez un choix réfléchi car beaucoup de choses en dépendent.

Aziz parcourut la lettre. La qualifiant de tissu de menaces, il la repoussa au milieu de la table, où elle demeura. Baker passa en revue les points qu'il voulait aborder et avertit son interlocuteur que ce serait une guerre que l'Irak ne pourrait pas gagner. Aziz répondit que l'Irak ne se faisait pas d'illusions. Ils savaient ce à quoi ils étaient confrontés : « Nous acceptons la guerre. » Baker répliqua que les États-Unis y étaient résolus et qu'Aziz n'avait pas intérêt à nous sous-estimer, ni nous, ni les pouvoirs du Président. Une fois le conflit déclenché, nous ne pourrions pas contrôler les limites. Il résuma ce que, selon lui, l'Irak subirait si on en venait à la guerre, mais ajouta que les Irakiens ne seraient pas attaqués s'ils se retiraient et appliquaient les résolutions de l'ONU. Aziz riposta qu'on les insultait.

GEORGE BUSH

Au milieu d'un déjeuner réunion avec les chefs de file du Congrès ce jour-là, Patty Presock me tendit une note disant que Jim rappelait pour me rendre compte de la deuxième partie des discussions. Il la qualifia de « volonté d'intimidation totale » de la part de l'Irak, bien qu'Aziz ait paru un peu nerveux. « Quoi qu'il en soit, dit Jim, c'est fini. Voici comment nous avons conclu : il s'est invité aux États-Unis et nous a invités à Bagdad. Il a dit qu'il saisissait "la proposition de rencontre du Président". J'ai répliqué : "Ah non ! On vous a donné quinze jours : vous avez refusé. Maintenant vous essayez de manipuler la date butoir..." » Finalement Aziz refusa d'emporter la lettre, l'abandonnant sur la table. L'ambassade d'Irak à Genève refusa également de la prendre. J'espérais qu'au moins Aziz ferait part à Saddam du contenu de la copie qu'il avait lue.

Journal, 9 janvier

Ce mercredi a dû être l'un des jours les plus difficiles de ma présidence... le plus tendu en tout cas, dans l'attente du coup de téléphone de Jim Baker. Je travaille avec le Congrès, [tout en] écoutant la conférence de presse d'Aziz. Je m'entretiens au téléphone avec Mitterrand, Mulroney, le roi Fahd, Bob Hawke d'Australie... tout en parlant toujours avec les quatre leaders du Congrès...

L'échec des discussions Baker-Aziz devrait nous aider auprès du Congrès, je crois.

J'ai appelé John Major le 10 janvier pour le mettre au courant des discussions de Genève. Pérez de Cuéllar se rendait à Bagdad, mais John était optimiste à propos de ce voyage, pensant qu'il pourrait contribuer à empêcher les Européens d'effectuer leurs visites de dernière minute. Il rentrait juste du Golfe : « Les Arabes sont tous très solides. Ils ne décolèrent pas contre Saddam et sont prêts à foncer... Moubarak crachait littéralement le feu... » Le moral des troupes était excellent : « Ils sont prêts ; la plupart sont impatients d'y aller. »

BRENT SCOWCROFT

Aujourd'hui, les résolutions ont été présentées dans les deux chambres, et le débat a commencé. Nous avons déployé des efforts colossaux pour nous assurer un vote favorable. Nous nous sommes démenés pour convaincre pratiquement chacun des parlementaires que l'intérêt national dépendait de leur vote positif. Le Président passa sa vie au téléphone, et il multiplia les entretiens avec des parlementaires. Notre décompte a été périlleusement juste, notamment au Sénat, pourtant généralement l'assemblée la plus coopérante. Toutefois, dans ce cas, plusieurs élus démocrates de premier plan qui sont pour nous, comme Aspin, Murtha, Solarz et Torricelli, ont rendu les perspectives plus prometteuses à la Chambre. Nous avons donc cherché à ce que la Chambre vote la première, pour donner le coup d'envoi positif au Sénat. Nous y avons réussi, mais le résultat resta incertain jusqu'à ce qu'il apparût que suffisamment de sénateurs démocrates (une poignée) avaient rompu avec leurs chefs de file pour rendre la victoire certaine.

À l'instant où le Congrès commençait ses débats, l'agitation gagnait la coalition. Le ministre français de la Défense, Chevènement, insistait toujours pour que les États-Unis fassent un « geste » en acceptant une conférence internationale sur le Moyen-Orient. Nous redoutions que les Allemands ne soient favorables à ce genre de projet. Puis le 11 janvier, la situation en Lituanie dégénéra. Des troupes soviétiques encerclèrent la principale imprimerie de Vilnius et prirent d'assaut plusieurs centres de défense d'État. Gorbatchev appela le président Bush à huit heures pour discuter de la situation, et le prier de recevoir Bessmertnykh, porteur d'une proposition pour le Golfe. Le Président pressa Gorbatchev d'empêcher l'escalade de la violence en Lituanie. La situation là-bas s'aggrava au cours du week-end suivant. Sur une décision apparemment prise par le commandement militaire local, les troupes soviétiques s'emparèrent de la station de télévision de Vilnius, faisant treize morts et des dizaines de blessés. Baker envoya à Chevarnadzé (qui, malgré sa démission, n'avait toujours pas de successeur) un message lui disant que tous les alliés occidentaux avaient indiqué que cette répression risquait de les décourager de venir en aide à l'Union soviétique. Même si Gorbatchev nia avoir ordonné la prise d'assaut de la station de télévision, nous ne pouvions nous empêcher de penser que c'était justement ce que Chevarnadzé avait prédit en démissionnant trois semaines plus tôt. Il semblait que Gorbatchev ne maîtrisait plus la situation. Les réformateurs autour de lui quittaient le navire, ou avaient été écartés. Cette répression ne pouvait que compliquer nos rapports avec Moscou à l'approche de la date butoir du Golfe, mais nous nous efforçâmes de séparer les deux crises.

Trois résolutions devaient être soumises au vote le 12 janvier dans chacune des chambres. À la Chambre des représentants, la première serait la Durbin-Bennett qui réaffirmait le droit du Congrès de déclarer la guerre et répétait que toute offensive contre l'Irak devait d'abord être approuvée par le Congrès. La deuxième était la Gephardt-Hamilton, avec une résolution soutenant la poursuite des sanctions économiques. Elle affirmait aussi que toute offensive contre l'Irak devait au préalable recevoir l'aval du Congrès. Le vote clé serait le dernier. Il s'agissait de la résolution bipartite Michel-Solarz qui soutenait le recours à la force pour remplir les objectifs des Nations unies. C'était la seule qui requérait la signature du Président ; les deux autres ne se voulant que des avis et des conseils reflétant le sentiment des deux chambres. Au Sénat la résolution jumelle de Michel-Solarz fut la Dole-Warner. Mitchell et Nunn présentèrent une résolution mettant en cause et l'autorité du Président d'ordonner seul une attaque contre l'Irak et le bien-fondé de cette décision.

Dans les jours suivants, le débat dans les deux chambres fut passionné, sans être amer. Tous préféraient un règlement pacifique, mais la plupart comprenaient que cette option s'évanouissait rapidement. « Je suis convaincu que notre meilleure chance et nos meilleurs espoirs de paix sont de renforcer le pouvoir du Président dans toute la mesure du possible », déclara Dole. John Warner demanda quelles seraient les implications pour nos alliés qui avaient des troupes dans le Golfe si le Congrès refusait son soutien. Quel en serait le retentissement sur nos propres soldats ?

« Il faudra que le Président se présente devant le Congrès comme le prévoit la Constitution, dit Nunn. Il aura l'appui des Nations unies, et si j'ai dit dès l'ouverture de ces débats que j'estime qu'une guerre est justifiée... je ne pense pas qu'une guerre maintenant soit sage et je pense qu'il y a d'autres solutions. » Arlen Specter soutint que si le Congrès « repous-

sait » le Président et la résolution 678 du Conseil de sécurité de l'ONU, « cela entamerait la crédibilité des États-Unis et il est de l'avis du sénateur que les sanctions vont s'effondrer... Je pense que ce serait nuire à l'avenir de l'institution présidentielle...

– Si guerre il y a, pourquoi cela devrait-il être une guerre américaine, avec une majorité de soldats américains, de blessés américains et de morts américains ? demanda Mitchell. Ce matin, j'ai entendu dire qu'il n'y aurait vraisemblablement "que" quelques milliers de pertes américaines. Mais pour les familles de ces quelques milliers... cette figure de style n'a aucun sens. Et la vraie question lancinante, à laquelle personne ne pourra jamais répondre, reste la suivante : seront-ils morts en vain ? Car si nous déclarons la guerre maintenant, personne ne saura jamais si les sanctions auraient porté leurs fruits si on leur avait laissé une vraie chance. » Edward Kennedy s'exprima plus crûment : « Il est encore temps de protéger le Président de lui-même. Et d'empêcher des milliers de soldats américains dans le golfe Persique de mourir dans le désert dans une guerre dont seule l'absence de nécessité rationnelle de la faire excédera sa cruauté. » Daniel Patrick Moynihan souligna de nouveau qu'il ne s'agissait pas d'une crise internationale : « Tout ce qui s'est passé, c'est qu'un sale petit pays a envahi un pays encore plus petit mais tout aussi condamnable... » Bob Kerrey insista pour que le Congrès dise à Saddam que les États-Unis ne déclareraient pas la guerre et ne lanceraient pas d'attaque « dans les circonstances actuelles ».

Barbara Boxer cita les chiffres prédisant quinze mille pertes américaines : « Si nous ne cessons de recourir aux vieilles méthodes, nous condamnons notre société à un retour à l'obscurantisme. » Selon elle, le pays allait être « entraîné dans une guerre dans une région du monde connue pour sa violence, son terrorisme, ses bains de sang, et ses atrocités. Nous en sortirions à jamais changés.

– Sommes-nous censés entrer en guerre simplement parce qu'un homme, le Président, prend une série de décisions unilatérales qui nous jettent dans un piège... piège qui rend cette guerre encore plus inévitable ? » demanda John Kerry.

À la Chambre des représentants, le débat fut du même ordre : « C'est notre profonde conviction qu'il ne s'agit, en l'occurrence, ni d'un problème démocrate, ni d'un problème républicain, dit Salarz. Il s'agit d'un problème américain. » Aspin insista pour qu'à la question d'autoriser le Président à recourir à la force, le vote soit positif, en ajoutant : « Je pense que les chances sont minces que cela se solde par une victoire sans effusion de sang.

– En l'occurrence, nous débattons pour savoir si nous étranglons lentement Saddam avec des sanctions, ou bien si nous passons immédiatement à une solution militaire, dit Gephardt. Nous affirmons que nous pouvons vaincre sans guerre, et tout le confirme. »

Le 12 janvier, chacune des deux assemblées vota en faveur de la résolution commune autorisant le recours à la force conformément aux résolutions de l'ONU. La Chambre vota par deux cent cinquante voix contre cent quatre-vingt-trois pour la résolution Solarz-Michel, tandis qu'au Sénat, le républicain Warner et le démocrate Liebermann s'alliaient pour assurer l'adoption de la version sénatoriale par cinquante-deux voix contre quarante-sept, la plus petite marge à jamais voter pour la guerre. Les autres résolutions furent repoussées.

GEORGE BUSH

Bien que l'ensemble du leadership démocrate des deux chambres ait voté contre, le décompte dépassa mes attentes. Au Sénat, dix démocrates * se joignirent à nous pour l'autorisation, pendant que chez les républicains, seuls deux, Hatfield et Grassley, votèrent contre. On notera avec intérêt que, cinq ans après ce vote important, Sam Nunn admit avoir commis une erreur en laissant Mitchell et Boren le convaincre de voter contre. Je sentis la menace d'une procédure de destitution s'éloigner. En vérité, même si le Congrès n'avait pas voté cette résolution, j'aurais ordonné à nos troupes de partir au combat. Je sais que cela aurait provoqué un tollé, mais il n'y avait pas d'autre solution. En mon âme et conscience, j'étais sûr que la Constitution m'en donnait le pouvoir. Il fallait y aller.

Avec les résolutions enfin en mains, à dix-huit heures le dimanche, les équipes clés de la Défense et du NCS se réunirent à la Résidence pendant environ une heure. Baker n'était pas encore rentré de son voyage d'explications à nos alliés après Genève. L'humeur était sombre. Le changement d'atmosphère était palpable : on approchait du moment fatidique. Les premiers rapports de presse arrivaient à propos de la mission de Pérez de Cuéllar à Bagdad la veille. Elle avait échoué. Maintenant les médias foisonnaient de manifestations, de messes et d'émissions spéciales ; partout on demandait : Sommes-nous prêts pour la guerre ? Les manifestations contre la guerre qui avaient commencé de nombreuses semaines avant dans Lafayette Square, devant la Maison Blanche, continuaient jour et nuit, au son obsédant des tambours.

Nous décidâmes d'attaquer à trois heures le 17 janvier, heure du Golfe, soit le 16 janvier à sept heures, heure de Washington. Il nous fallut régler les derniers détails concernant les cibles à viser : centrales électriques, ponts et raffineries irakiennes. Se posait également le problème épineux d'obtenir l'autorisation d'utiliser des espaces aériens pour notre aviation et nos missiles. Il se posait notamment avec les Turcs que mettait mal à l'aise l'idée que nous tirions des missiles de croisière par-dessus leur territoire. Nous trouvâmes la solution : en changeant certaines cibles afin de ne pas avoir à emprunter l'espace aérien turc.

---

* Liebermann, Reid, Robb, Shelby, Heflin, Breaux, Bryan, Graham, Gore et Johnson.

GEORGE BUSH

J'étais encore étrangement calme. Je ne cessais de me répéter, ne flanche pas, fais ce que tu as à faire, pose les bonnes questions, effectue les changements nécessaires, si besoin est, et ensuite reste ferme. Il fallait que nous nous débarrassions des capacités d'armements nucléaires et biologiques de Saddam. Comment préviendrions-nous nos alliés de la date ? Comment prévenir les innocents et protéger les ambassades américaines ? Je ne cessais de répéter à Brent et aux autres : « Une fois que nous attaquons avec cette force aérienne écrasante, comment y mettons-nous fin ? Comment se rend-t-il ? Il le fera, j'en suis sûr. Il ne peut pas gagner. »

Plus tard ce soir-là, je repris mes notes pour mon discours à la nation du 16 janvier, essayant de trouver les termes qui convenaient. Je relus des citations de Robert Lowell, Thomas Paine et d'autres, mais aucune ne reflétait vraiment mes sentiments. Avant d'aller me coucher, j'allumai la télévision pour regarder les informations. Je vis un père embrasser son fils soldat qui embarquait pour le Golfe. Le gosse s'étrangla d'émotion, et le père le serra dans ses bras. Des souvenirs de la guerre m'envahirent. Je me revis ce 6 août 1942 partir pour Chapel Hill en Caroline du Nord où m'attendait l'entraînement aérien. Mon père m'accompagna à Penn Station à New York. Lui aussi m'avait serré dans ses bras sur le quai. Dans le train, j'avais pleuré ; je venais juste de fêter mes dix-huit ans. Je ne connaissais pas âme qui vive et je partais pour l'inconnu.

Lundi 14 janvier fut une journée de grande tension, c'était palpable dans les bureaux de l'aile ouest de la Maison Blanche. Nous pensions tous avec angoisse à ce qui nous attendait, à la date butoir, et à ce qui se passerait ensuite. Au déjeuner avec Dick Cheney, Brent et le général Merrill McPeak, nous passâmes en revue la campagne de bombardement en évoquant les pires circonstances auxquelles nous pourrions être confrontés, avec des morts de civils et toutes les conséquences affreuses d'erreurs d'objectifs de bombes et de missiles. McPeak respirait l'assurance : selon lui, l'armée de l'air s'acquitterait de sa mission avec grande précision et succès. J'étais inquiet pour les journalistes américains à Bagdad. Je me préoccupais aussi du sort des enfants irakiens innocents, bien que la première attaque fût prévue si tôt le matin que la plupart des habitants seraient encore couchés. McPeak et les autres m'assurèrent que le choix des objectifs était tel que peu de civils seraient tués, et je priai pour qu'ils disent vrai.

Cet après-midi-là, nous apprîmes du ministre des Affaires étrangères français Roland Dumas que Paris voulait faire une tentative de dernière minute pour persuader Saddam de se retirer, cette fois par le biais d'une nouvelle résolution du Conseil de sécurité. Dumas proposait, une fois de plus, que nous disions aux Irakiens que s'ils se retiraient, nous accepterions une conférence sur le Moyen-Orient. Selon certaines rumeurs, Mitterrand était prêt à se rendre en personne à Bagdad. C'était un retour au fameux lien, même s'ils affirmaient le contraire, et il était hors de question que nous soutenions cette proposition, que les Français ne tardèrent pas à laisser tomber. Il m'apparaissait clairement à présent qu'il reviendrait aux seuls États-Unis de presser la gâchette.

Vers six heures trente le lendemain matin, le jour de l'ultimatum, j'eus une brève conversation téléphonique avec Jim, puis je partis pour une promenade solitaire dans les jardins de la Maison Blanche avant de prendre la direction du bureau à sept heures. Je me surpris à réfléchir à la manière dont nous mettrions fin à la guerre une fois celle-ci déclenchée. Profitant d'un moment de calme, je pris mon dictaphone :

> Sept heures moins le quart, 15 janvier... je m'apprête à me mettre au travail. Comment y mettre un terme ? Voilà ce qui me préoccupe. Mettons que l'attaque aérienne soit dévastatrice et que Saddam soit tué par son propre peuple. Comment s'arrêtent-ils ? Comment ne dépassons-nous pas la limite de l'extermination ? La plupart n'envisagent pas ce scénario parce qu'ils sont convaincus que la guerre va traîner en longueur et faire de nombreux morts dans le camp américain. Mais je veux être sûr que nous ne pilonnerons pas des civils. Il faut que nous surveillions le moment où nos objectifs militaires seront atteints à Badgad et en Irak...

À dix heures trente, les membres clés du Conseil national de sécurité se réunirent de nouveau dans le Bureau Ovale pour passer en revue les derniers détails du déclenchement de la campagne aérienne. Nous évoquâmes l'heure à laquelle diffuser le discours du Président à la nation pour décider de le faire deux heures après le début de la campagne aérienne. Nous passâmes également en revue les heures de notification des alliés du déclenchement des frappes aériennes, qui dépendraient du taux de participation de leurs forces. Certains, comme Moubarak, seraient prévenus à l'heure H ; d'autres, comme Mitterrand, Mulroney, Ozal et Hawke le seraient un peu plus tôt, entre une heure et une heure et demie avant. John Major, dont la RAF serait aux côtés de notre armée de l'air pour les premières frappes, serait prévenu douze heures à l'avance. Nous décidâmes que Baker informerait Bandar et Bessmertnykh, et que Cheney appellerait Moshe Arens en Israël, à l'heure H moins une heure. Nous convînmes tous que l'avertissement au Congrès exigé par la résolution serait envoyé à l'heure H.

GEORGE BUSH

Même avec ce calendrier serré, je craignais qu'une fuite n'alerte les Irakiens et ne coûte la vie à certains de nos pilotes. Brent me remit la directive du Conseil national de sécurité autorisant l'exécution de l'opération Tempête du Désert. Assis dans un fauteuil à oreilles près de la cheminée, je signai le document, en laissant en blanc et la date et l'heure. Je dis à Cheney qu'il pouvait signer l'ordre d'exécution réel et le faire porter au général Schwarzkopf. Je rentrai à la Résidence à dix-huit heures trente pour regarder les informations.

> *Journal, 15 janvier*
>
> Comment décrire la tension ? Impossible. Il est vingt et une heures quarante-cinq le soir du 15. La date butoir expire dans deux heures et quinze minutes... Les rapports arrivant de Bagdad parlent d'une atmosphère de défi. Des gens défilent dans les rues : ils sourient et ils psalmodient. Et je pense, mon Dieu, sauvez-les. Un enfant à la télévision. Un Asiatique, je crois. Il me hante parce qu'il ressemble à un enfant irakien. Et je dis, que Dieu m'entende, faites que nous soyons précis et que nous ne touchions pas cet enfant.
>
> Le pape envoie un message. Magnifique, un texte magnifique. Le cardinal Law m'appelle, l'évêque Browning m'a appelé. Halverson aussi. Bob Schueller, Bill Bright et de nombreux évangélistes. Et bien sûr Billy Graham. Lafayette Square, devant la Maison Blanche, luit de bougies et résonne de prières. J'espère qu'ils savent que nous prions aussi...

À minuit, heure de Washington, la date butoir pour le retrait de l'Irak du Koweït expirait.

CHAPITRE XVIII

Tempête du Désert

GEORGE BUSH

La journée qui fit suite à la date limite fut très étrange – je ne pourrais la comparer à aucune autre : la routine prenait une tonalité irréelle. Au cours d'une réunion consacrée à l'éducation, je m'aperçus que mes capacités de concentration n'allaient pas au-delà de quelques minutes. Il me revenait sans cesse à l'esprit que nos missiles et nos avions s'apprêtaient à frapper Bagdag, certains étant peut-être même déjà en route vers leurs cibles. Soudain, tout le reste me parut dérisoire... Tout au long de cette journée, des gens m'abordèrent pour me dire : « Dieu vous bénisse. » De la colère transparaissait encore chez certains membres du Congrès. Le représentant Henry Gonzalez, qui avait refusé de voter en faveur de la résolution prônant l'usage de la force, déposa une motion de destitution à mon encontre. Jim Baker, avec qui je déjeunai à la Maison Blanche, semblait partager ma nervosité.

J'avais entamé les notifications dès l'après-midi précédent, en téléphonant à John Major, et je continuai pendant toute cette journée à faire savoir à nos autres alliés que nous étions sur le point d'attaquer. Je m'entretins également avec chacun des anciens présidents, qui soutenaient tous ce que nous allions faire. Parmi eux figurait Jimmy Carter, qui fut très aimable. Je pense qu'il comprenait que nous venions de lancer un dernier appel à Aziz et avions fait tout notre possible pour éviter la guerre. Entre dix-sept heures trente et dix-huit heures trente, je téléphonai aux principaux parlementaires puis, après que j'en eus fini avec eux, un pénible sentiment d'expectative commença à m'envahir tandis que j'attendais que les bombes commencent à tomber à dix-neuf heures précises. Désormais, tout était entre les mains des militaires. À dix-huit heures quarante, Barbara, Billy Graham et moi-même étions assis devant la télévision : toutes les lumières de Bagdad venaient de s'éteindre, et l'on entendait des bruits qui ressemblaient à des tirs d'artillerie. L'heure de la frappe avait-elle été anticipée ? Aussitôt, j'appelai Dick Cheney : ce n'étaient sans doute que les troupes irakiennes qui tiraient en direction du ciel, me dit-il. À dix-neuf heures, Cheney me rappela pour m'informer de ce que les premières bombes venaient de tomber. Me tournant vers les autres, je leur dis : « Ils sont juste à l'heure. »

BRENT SCOWCROFT

Assis dans mon bureau en compagnie de Richard Haass et de Bob Gates, je regardais CNN lorsque la campagne aérienne débuta. Ce fut une expérience particulièrement sinistre : me trouvant là, avec les horaires de l'attaque sur les genoux, je pouvais voir les cibles à la télévision au moment même où elles étaient atteintes. C'était comme si je lisais le scénario d'un film à mesure qu'il se déroulait sous mes yeux – et une guerre commençait bel et bien sous mon regard. À dix-huit heures quarante environ, Bernard Shaw, journaliste de CNN logé dans un hôtel du centre-ville, déclara que l'on faisait état de tirs près de la frontière sud : une attaque avait dû être lancée contre les radars de surveillance irakiens, pensai-je... exactement à l'heure prévue. Je regardais toujours mon téléviseur quand le ciel nocture de la ville commença à s'illuminer – des obus traçants antiaériens y apparurent, des artilleurs tirant sur des cibles inexistantes par pure nervosité. À dix-neuf heures précises, des explosions dues à des bombes envahirent l'écran.

GEORGE BUSH

Quelques minutes plus tard, Marlin Fitzwater pénétra dans la salle de briefing de la Maison Blanche et y lut une courte déclaration signée de ma main dans laquelle j'annonçais que la libération du Koweït avait commencé et que je parlerais à la nation à vingt et une heures. Pendant que je préparais cette allocution, je constatai avec surprise que je ne me sentais pas du tout nerveux. Je savais ce que je voulais dire, je le dis, et j'espérais que mes propos ne resteraient pas sans résonance : j'appris par la suite que je m'étais adressé au plus grand nombre de téléspectateurs américains jamais comptabilisés – soixante-dix-neuf pour cent des postes étaient allumés. À vingt-deux heures, juste avant que j'aille me coucher, Dick Cheney m'appela pour me communiquer la teneur des premiers rapports d'opérations émanant du Golfe. Sur cinquante-six avions de la Navy sortis, cinquante-six étaient revenus. Quelque deux cents appareils de l'Air Force avaient décollé également, et aucune perte n'avait été signalée. À la fois soulagé et reconnaissant, j'éprouvai le besoin de prier.

Cette nuit du 16 au 17 janvier fut elle aussi très agitée. Après m'être tourné et retourné dans mon lit pendant des heures, je décidai de me lever. J'emmenai les chiens faire une promenade sur la pelouse sud dès cinq heures du matin, après quoi je m'attardai quelques minutes dans le Bureau Ovale avant de descendre dans le PC de crise : j'y appris que le pilote d'un F-18 américain, le capitaine de corvette Michael Scott Speicher, de Mayport, Floride, était porté disparu, alors que l'Irak revendiquait quatorze avions abattus. À onze heures, Barbara et moi-même, accompagnés de la plupart des membres du cabinet et des chefs d'état-major, allâmes assister à un service religieux retransmis depuis Arlington, en Virginie : nous le suivîmes dans la Memorial Chapel de Fort Meyer, où Billy Graham prononça le sermon. Nous reprîmes en chœur : « God of our Fathers » et « Amazing Grace », « God Bless America » étant chanté par un soliste.

Plus les heures s'égrenèrent, plus l'euphorie régna : la campagne aérienne était un succès complet, et nos pertes restaient minimes. Mais, peu après dix-neuf heures, je reçus un coup de fil de Brent : il m'informa que les Irakiens avaient tiré cinq missiles Scud en direction d'Israël – vers Tel-Aviv plus précisément, et cela dès le 18 juillet au petit matin. Les premières dépêches étaient sommaires et confuses : non contents d'ignorer l'ampleur exacte des dégâts, nous ne savions même pas d'où ces missiles avaient été lancés (lors de nos premières frappes, nous ne nous en étions pris qu'aux lanceurs fixes irakiens) ni de quels types d'ogives ils étaient munis. Toutes sortes de rumeurs couraient : on nous apprit d'abord que des armes chimiques avaient été utilisées et que des missiles s'étaient abattus sur la ville de Lebanon ; puis on nous précisa que sept Scud au total avaient été lancés et que ces engins n'avaient provoqué que très peu de dommages, personne n'ayant été tué et aucune arme chimique n'ayant été utilisée. Nos Patriot avaient-ils réussi ou non à intercepter l'un ou l'autre de ces missiles, ou avaient-ils même été mis à feu ? Sur ces points aussi, nous étions dans le brouillard... Comment les Israéliens allaient-ils réagir ? C'était, de loin, la question la plus importante.

BRENT SCOWCROFT

Si la toute première nuit de guerre aérienne nous avait paru très longue, les vingt-quatre premières heures de combat s'étaient déroulées on ne peut mieux. Vers sept heures du matin, alors que Bob Gates et moi-même étions sur le point de regagner nos domiciles respectifs, Marlin Fitzwater et Roman Popadiuk se ruèrent dans mon bureau : ils nous apportaient les premiers rapports d'analyse établis sur les frappes de missiles Scud. En procédant à cette attaque, disaient ces documents, les Irakiens avaient tenté astucieusement d'inciter nos alliés arabes à rompre avec la coalition, soit en provoquant une réponse militaire directe de la part des Israéliens, soit en amenant les Arabes les plus radicaux à se rallier à leur cause. Je priai donc Haass, Baker et Cheney de passer me voir : Cheney me répondit que, au beau milieu de cette campagne aérienne, il ne pouvait se trouver nulle part ailleurs qu'au National Military Command Center, et je lui donnai raison – une ligne directe entre lui et nous fut ouverte pour que je puisse le brancher sur un combiné pourvu d'un haut-parleur. Puis Larry Eagleburger arriva à son tour juste après que Baker et John Sununu eurent traversé l'antichambre aux côtés d'Andy Card, l'adjoint de Sununu. Quelques minutes plus tard, Dick Darman fit lui aussi son apparition, le vice-président le suivant de peu : tous ces personnages s'entassèrent tant bien que mal dans mon bureau.

Cheney m'informa que Arens, le ministre de la Défense d'Israël, lui avait téléphoné immédiatement après l'attaque en réclamant qu'une batterie de missiles de défense antiaérienne Patriot leur soit expédiée dans les plus brefs délais ; et il nous avait demandé également de prendre des dispositions en vue d'éventuelles représailles israéliennes.

Empêcher les Israéliens de riposter me semblait presque impossible, mais nous devions malgré tout les arrêter. Selon Cheney, non seulement il était douteux que nous parvenions à les retenir, mais toute tentative en ce sens aurait risqué d'aggraver encore la situation : il proposa que nous les laissions faire et qu'ils agissent très vite pour qu'on en ait fini au plus tôt avec cette histoire, suggestion qui fut jugée consternante. Haass et moi-même convînmes que permettre aux Israéliens de se venger serait une faute très grave : pour atteindre l'Irak, leur aviation aurait dû, en effet, survoler les territoires arabes, qu'elle passe au-dessus de la Syrie, de la Jordanie ou de l'Arabie Saoudite. Or, je ne pouvais imaginer un seul instant que l'un ou l'autre de ces pays autorise une violation aussi flagrante de son espace aérien (dans l'hypothèse où elle serait détectée par ses radars) sans réagir militairement. En supposant que les Israéliens agissent sans autorisation, leurs appareils auraient vraisemblablement survolé la Jordanie : que leurs pilotes puissent emprunter cette route aérienne sans se faire détecter ni à l'aller ni au retour était des plus improbable, et tout portait à croire, de surcroît, que les Jordaniens tenteraient d'intercepter ces avions si jamais ils les repéraient – dans ce cas, l'entrée en guerre de la Jordanie que cette action aurait entraînée aurait bouleversé tous les calculs de la coalition. Néanmoins, l'éventualité d'un raid aérien israélien se heurtait aussi à un autre obstacle qui pouvait concourir à maintenir Israël hors du conflit en cours – il avait trait à la procédure technique dite de *deconfliction*, laquelle aurait impliqué de fournir des codes d'identification et d'élaborer des trajectoires et horaires de vol qui évitent à la coalition de tirer sur l'aviation d'Israël : tant que nous refusions cette *deconfliction*, toute attaque des Israéliens aurait risqué de leur coûter très cher. La seule autre option de représailles dont disposait Israël résidait dans l'usage de ses missiles surface-surface Jéricho : si c'était la possibilité la moins problématique, la participation des Israéliens à la guerre qui en aurait immanquablement résulté aurait suffi à mettre la coalition en péril.

Au cours de cette discussion, on nous fit savoir que plusieurs des missiles irakiens avaient contenu des gaz neurotoxiques, renseignement qui conféra une tout autre tournure à notre débat. Eagleburger déclara que, si Cheney était dans l'erreur auparavant, il était presque certainement dans le vrai désormais : il souligna que, si Israël ripostait avec des missiles plutôt qu'avec son aviation, notre coopération ne serait plus nécessaire.

Nous décidâmes qu'il importait avant tout de persuader les Israéliens de patienter : c'était la priorité numéro un ! Baker ayant sollicité le concours du Président en le priant de téléphoner personnellement à Shamir, le Président l'invita à passer ce coup de fil lui-même, mais le standardiste de la Maison Blanche fut incapable d'établir une communication avec Israël – toutes les lignes étaient embouteillées par les innombrables appels téléphoniques que les parents des familles installées là-bas passaient à leurs proches. Eagleburger contacta donc aussitôt l'ambassadeur israélien Zalman Shoval, en lui demandant de bien vouloir faire passer le message que, tout étant « consterné » par l'attaque qui venait de se produire, le Président n'en réclamait pas moins qu'Israël s'abstienne de répondre à cette provocation et laisse les États-Unis réagir tout seuls.

Pendant ce temps, Cheney avait fait en sorte de joindre Arens. Pour gagner du temps, et faute de dissuader véritablement les Israéliens de passer à l'action, il demanda à ce dernier de recevoir une équipe américaine qui viendrait discuter avec lui de la façon dont il convenait de répondre à cette agression : bien que ne s'engageant pas à ne pas contre-attaquer, Arens accepta quand même de recevoir cette équipe. Et, à dix-huit heures quarante, Baker réussit enfin à contacter Shamir : nous avions appris entre-temps que les rapports initiaux étaient faux – contrairement à ce que nous avions cru dans un premier temps, les Scud n'avaient pas transporté de gaz, et on ne déplorait aucune victime. D'après les déclarations de Shamir, il était évident qu'Israël ne ferait rien dans l'immédiat. Rassurés, nous recommandâmes par conséquent à Cheney de ne pas trop insister sur ce projet de concertation technique – nous convînmes que notre conversation avec Shamir, plutôt que les propos d'Arens, était tout ce dont il fallait tenir compte. Si bien que, quand Arens proclama publiquement qu'Israël ne manquerait pas d'exercer des représailles, nous considérâmes qu'il s'agissait d'une annonce purement intérieure.

Cette soirée tumultueuse est connue désormais sous le nom de « Jeudi des Scud ». Personne n'ayant dîné, des pizzas et des sandwiches avaient été livrés dans mon bureau, intermède qui suffit à faire retomber la tension ambiante – l'atmosphère devint presque joviale à mesure que la crise devint moins sérieuse : même Jim Baker se départit un moment de sa gravité habituelle en se mettant à déclamer des couplets paillards... Et je tirai en outre une précieuse leçon de cette soirée : elle me conforta dans l'idée qu'il ne faut jamais croire aux premières descriptions d'une crise. Car les premiers rapports sont presque toujours erronés ou embrouillés, et toute décision prise sur cette base risque d'entraîner de terribles erreurs. La difficulté vient de ce qu'il n'y a rien d'autre à se mettre sous la dent, alors même qu'on a du mal à rester inactif – c'est l'aspect le plus délicat de la gestion des crises.

GEORGE BUSH

Le lendemain matin, j'eus un long entretien avec Gorbatchev, que l'escalade inquiétait. Il s'assombrit quand il essaya de me convaincre de mettre fin à la campagne aérienne. « Cette époque n'est simple pour aucun de nous deux », me dit-il. Les soupçons que Saddam nous inspirait s'étaient avérés justifiés et il avait été nécessaire de recourir à la force, continua-t-il, mais le moment était venu d'abréger la guerre. Gorbatchev soutint que la défaite politique de Saddam était déjà patente, la coalition ayant déjà infligé d'énormes dommages à sa puissance et à son potentiel militaires. « Une victoire fondamentale a été remportée. À quoi bon poursuivre l'action militaire ? », demanda-t-il en soulignant que tout prolongement des hostilités n'aboutirait qu'à augmenter le nombre des victimes parmi les forces américaines et les civils irakiens.

Gorbatchev me révéla que l'ambassadeur russe à Bagdag s'apprêtait à être reçu par Saddam, et qu'il lui avait donné pour instruction de demander à ce dernier si l'Irak accepterait de s'engager officiellement à évacuer le Koweït au cas où nous suspendrions nos activités miltaires – initiative qu'il rendrait publique si nous l'approuvions... Je dis à Mikhaïl que nous arrêter maintenant, juste après ces attaques lancées contre Israël, permettrait à Saddam de revendiquer la victoire ou le transformerait peut-être même en héros – car nos alliés arabes le tiendraient à coup sûr pour victorieux si son armée restait intacte : nous devions donc continuer jusqu'à ce qu'il se retire, de son propre chef ou par la force de nos armes. Je lui expliquai que nous nous efforcions d'épargner les vies humaines et étudiions soigneusement le terrain afin de ne frapper que les cibles qui méritaient d'être détruites. Mais Gorbatchev argua que les frappes aériennes avaient déjà produit tous les résultats stratégiques que nous pouvions escompter ; m'encourageant à réfléchir aux problèmes à long terme qui ne manqueraient pas de se poser, il me dit : « Nous avons démontré que la coopération américano-soviétique est une réalité. Arrêtez-vous à temps. Pensez aux victimes. » Je lui répondis que rien n'indiquait que Saddam consentirait à appliquer les résolutions des Nations unies, et que rien ne l'empêchait, par ailleurs, de se replier d'une minute à l'autre si telle était son intention – nous n'avions pas besoin de lui proposer quoi que ce soit en échange. Je me souvenais des arrêts des bombardements que Johnson et Nixon avaient dû ordonner pendant la guerre du Viêtnam : au lieu de déboucher sur la paix, ils avaient permis à l'ennemi de regrouper ses forces. Je ne voulais surtout pas répéter cette erreur.

Après la conférence de presse de midi, j'appelai Shamir pour l'assurer que nous faisions de notre mieux pour dénicher les Scud. « J'espère que vous laisserez la coalition agir seule contre l'Irak », lui dis-je tout en lui apprenant que Cheney m'avait certifié que les batteries de Patriot seraient expédiées en Israël au cours des quarante-huit heures suivantes. « Nous avons travaillé très dur pour obtenir la participation active de tous les membres de la coalition, et je n'aimerais pas que cet édifice s'écroule », ajoutai-je. D'un ton aimable mais ferme, il me répondit qu'Israël serait sans doute forcé de réagir : « Nous savons déjà que vous faites tout votre possible pour détruire les armes irakiennes. Mais veuillez considérer aussi que nous ne pouvons pas prendre une position aussi ferme et rester ensuite les bras croisés [il faisait allusion à la déclaration d'Arens]. [...] Il faut impérativement que nous fassions *quelque chose.* » Me précisant que son cabinet se donnait quarante-huit heures pour réfléchir aux données de la situation, Shamir insista sur la nécessité d'une réponse coordonnée : il tenait à ce que son aviation bénéficie de la procédure de *deconfliction.* Mais je l'exhortai encore une fois à ne pas intervenir et à nous laisser faire le boulot tout seuls, si difficile que cela lui soit.

> *Journal, 19 janvier*
> Vol jusqu'à Camp David, planifications pour les premières heures de la nuit, puis pagaïe infernale vers une heure trente du matin, sitôt que Brent m'appelle pour m'apprendre qu'Israël a été de nouveau attaqué. Ils vont riposter, me dit-il. Ils veulent envoyer cent avions au-dessus de l'Arabie Saoudite. [Quand nous les avons interrogés à ce propos], les Saoudiens ont poussé les hauts cris et protesté que c'était impensable. Le choix suivant [des Israéliens] consiste à survoler la Jordanie, soit avec des avions soit avec une flottille d'hélicoptères, puis à larguer des soldats dans le désert en les chargeant de rechercher les sites de missiles [ou d'utiliser eux-mêmes] des missiles. Mais la Jordanie ne le tolérerait pas : quoi qu'ils fassent, nous en pâtirions.

J'ai parlé à Shamir jusqu'à plus de trois heures du matin. Survoler l'Arabie Saoudite pour frapper l'Irak compromettrait tout ce que nous essayions d'accomplir, fis-je valoir : « J'aimerais que vous vous demandiez s'il est vraiment indispensable que vous entraîniez d'autres pays dans ce conflit, lui dis-je. Vous avez été atteints par des missiles, et, bien qu'il ne m'appartienne pas de vous dire ce qu'il convient que vous fassiez, il vous reste peut-être une option à laquelle vous n'avez pas pensé. Je me contente de vous lancer un ultime appel, tout en sachant très bien à quel point l'attente vous est pénible : n'oubliez pas que nous frappons déjà les cibles mêmes qu'Israël chercherait à détruire ! » Israël ne pourra pas continuer à endurer cela très longtemps, objecta Shamir : « On nous a attaqués et nous ne faisons rien. Notre peuple ne comprend pas... En raison même des liens étroits qui nous unissent, nous devons trouver un moyen de participer à cette guerre... », me déclara-t-il.

Je lui affirmai que je le comprenais, mais qu'Israël ne pourrait rien faire d'autre que ce que nous étions déjà en train d'accomplir. Shamir me demanda donc s'il existait une autre solution, et je lui répondis que, sur les trois mauvaises options possibles, la meilleure consisterait encore à riposter avec des missiles : « En lançant vos missiles sur les terrains d'aviation situés au nord du Koweït, vous pourriez soutenir efficacement nos propres efforts militaires, avançai-je. Je n'en ai pas encore discuté avec nos généraux, mais une réaction de cette nature aurait l'avantage d'être davantage proportionnée aux horribles attaques qu'Israël a subies. » Ce à quoi Shamir répliqua qu'il allait consulter ses collègues, puis me recontacterait après ces entretiens.

Journal, 19 janvier

Arens [nous a fait savoir] dans la matinée qu'ils n'allaient pas bouger – qu'ils n'attaqueraient pas au cours de la nuit. J'ai appelé Shamir au beau milieu d'une réunion avec Baker, Cheney, Scowcroft, Gates, Sununu, Quayle et Powell, afin de lui faire part de mes remerciements. Je lui ai dit que nous allions leur envoyer l'équipe de Larry Eagleburger accompagnée de quelques hauts responsables de la Défense, pour qu'ils voient avec eux comment nous pouvons les aider au mieux à se défendre. Nous leur avons expédié quelques missiles Patriot [comme Arens l'avait réclamé] qui font merveille contre les Scud, et il m'en sait gré.

Mais, si jamais les Irakiens lançaient une nouvelle attaque contre Israël dans la soirée (pendant cette nuit du 19), nous aurions un sacré problème sur les bras. Dieu merci, les missiles ne causent aucun dommage – ils effraient les populations, mais ne provoquent qu'un minimum de dégâts. Nous avons la maîtrise du ciel – nous contrôlons presque tout l'espace aérien. Leurs SAM ont été rendus inopérants, et, si denses que soient les tirs antiaériens, ils ne gênent guère nos pilotes. Jusque-là, nous n'avons perdu que dix avions, me semble-t-il.

Heureusement, aucun Scud ne fut lancé cette nuit-là.

BRENT SCOWCROFT

Eagleburger et Paul Wolfowitz étaient allés retenir le bras vengeur des Israéliens – c'était un truc qui ne pouvait pas être réglé par téléphone, et Larry avait la réputation d'être un grand ami d'Israël. Il arriva juste à temps pour accueillir les servants de missiles Patriot, coïncidence qui s'avéra des plus heureuses. Aussitôt après, cependant, Shamir répéta qu'Israël serait contraint de riposter si jamais les attaques se poursuivaient ; et Arens renchérit en disant qu'il ne croyait pas que nos actions suffiraient à détruire les lanceurs Scud : selon lui, un lien direct devait être établi avec Schwarzkopf, une équipe israélienne devait être positionnée sur l'un de nos porte-avions, et un général israélien, au moins, devait être affecté au quartier général de Schwarzkopf... Larry eut le bon sens de rejeter ces exigences.

Les reproches d'Arens avaient de quoi m'exaspérer, car une part énorme de nos sorties aériennes (jusqu'à trente pour cent du total) avaient été consacrées à ce problème des Scud. Plus encore, nous nous préparions en même temps que les Britanniques à parachuter des unités spéciales dans les étendues désertiques de l'ouest de l'Irak : elles étaient chargées de débusquer les Scud sur le terrain – mission incroyablement dangereuse.

Le voyage d'Eagleburger fut finalement une manœuvre brillante : parmi tous les facteurs qui dissuadèrent Shamir de riposter, ce fut peut-être le plus important. Mais Shamir n'en fut pas moins admirable, car les lancers de Scud se poursuivirent en dépit de nos efforts de détection, et les « faucons » israéliens ne manquèrent pas de faire pression sur leur Premier ministre. En s'abstenant d'exercer des représailles, Shamir violait une règle cardinale d'Israël : celle qui consiste à ne jamais laisser les attaques terroristes impunies ! Quels que soient les autres différends qui purent surgir de temps à autre entre lui et nous, Shamir se comporta dans ce contexte comme un allié solide et loyal.

GEORGE BUSH

Ces Scud tirés contre Israël alarmaient également nos alliés européens. Helmut Kohl me téléphona quelques jours plus tard pour m'apprendre qu'il projetait de dépêcher un émissaire en Israël afin d'assurer les Israéliens de son soutien ; et il tint aussi à me faire savoir que l'Allemagne n'hésiterait pas à se battre * si jamais Saddam lançait une attaque contre ce membre de l'OTAN qu'est la Turquie (hypothèse invraisembable, au demeurant). « Jusque-là, me dit-il, vous avez toujours pu compter sur Helmut Kohl. Et vous pourrez [continuer à] compter sur moi, si grands que soient les ennuis [politiques] au-devant desquels j'irais. » C'était une promesse courageuse dans la mesure même où toute action militaire de l'Allemagne, y compris si elle avait visé à défendre la Turquie, aurait risqué de lui coûter son poste – je savais que Kohl regrettait de ne pas pouvoir en faire davantage.

Journal, 19 janvier

Des questions particulièrement insidieuses commencent à être posées dans les journaux. À partir de quel moment dirons-nous que c'est suffisant ? Que ferons-nous ensuite ? Comment nous en sortirons-nous ? Combien de temps tout cela va-t-il durer ? Les sondages d'ABC montrent qu'on m'approuve massivement et que nos troupes sont encore plus soutenues. Les quelques protestations qui se sont élevées dans le pays font l'unanimité contre elles : j'en tire quelque satisfaction, mais les grandes chaînes montent ces protestations en

---

* Ainsi que les Italiens et les Belges, les Allemands finirent par envoyer de l'aviation en Turquie en l'intégrant à la force mobile de l'Allied Command Europ (ACE) de l'OTAN – première force de ce type à avoir été jamais déployée.

épingle et je m'inquiète des signaux négatifs qui risquent d'être adressés à nos soldats.

BRENT SCOWCROFT

Le 20 janvier, les aviateurs alliés capturés commencèrent à être exhibés sur les écrans de télévision de Bagdag. Ils donnaient l'impression de s'être fait copieusement tabasser, et les Irakiens les détenaient sur des sites qui constituaient des cibles potentielles. On nous avait déjà joué le même tour avec les otages civils, et, une fois encore, nous décidâmes de faire ce qu'il fallait sans tolérer que cette donnée interfère avec nos projets. Saddam tenta aussi de manipuler les médias étrangers stationnés à Bagdad : le jour même où l'Irak montra ces prisonniers de guerre à la télévision, le ministre des Affaires étrangères annonça que tous les journalistes étrangers allaient devoir quitter Bagdad, mais il n'en fit pas moins une exception pour Peter Arnett et les gens de CNN – il leur demanda expressément de rester. Saddam semblait beaucoup apprécier CNN : Turgut Ozal dit un jour au Président que le dirigeant irakien essayait d'utiliser cette chaîne comme un « outil », et voilà pourquoi, peut-être, CNN fut autorisé à rester au lieu de se faire expulser comme ses concurrents. Les Irakiens allèrent même jusqu'à transporter l'équipe de CNN dans des lieux où se déroulaient des événements totalement orchestrés par leurs soins... une fois là-bas, les journalistes enregistraient consciencieusement tout ce qu'on leur disait !

GEORGE BUSH

La thèse selon laquelle les médias en général n'étaient que des observateurs impartiaux et que tout cela se résumait à la simple observation de deux parties belligérantes m'irritait au plus haut point... Je me suis beaucoup interrogé sur la logique de cette position : après tout, ces gens-là rendaient compte d'une guerre qui les concernait directement en tant qu'Américains. Or, j'avais l'impression affreuse qu'ils voulaient prouver à tout prix que le Pentagone avait tort. Même si les correspondants des médias essayaient de faire leur boulot de leur mieux, je ne pouvais m'empêcher de penser que l'accent par trop sélectif de la plupart de leurs reportages était préjudiciable aux intérêts des États-Unis et que cela n'échappait pas au peuple américain – voilà ce que je pensais.

Plus je regardais Peter Arnett, plus je me disais que ses reportages étaient si unilatéraux qu'ils finissaient par faire le jeu de l'Irak. Il n'a renoncé à ses préjugés et à son hostilité de principe que le 11 février, dans l'interview qu'il a alors accordée à *Newsweek* : se mettant soudain à parler de la « censure » et du « contrôle des informations » qui avaient cours sous l'administration Reagan, il a comparé ces conditions de travail à celles qu'il connaissait en Irak ! Je préférais de loin l'approche britannique du problème – avant qu'ils soient expulsés, leurs journalistes disaient : « Cela, je ne peux pas le faire », ou : « N'hésitez pas à vous servir de votre imagination », montrant ainsi à tout le monde que la censure était très contraignante et qu'ils devaient passer énormément de choses sous silence. En comparaison des images et de la propagande que l'Irak diffusa sur leurs ondes, les encarts occasionnels de CNN (de temps à autre, des allusions à la censure irakienne défilaient sur l'écran) ne pesèrent pas bien lourd. On a beaucoup discuté, par exemple, de la façon dont Arnett a rendu compte d'une de nos frappes aériennes : les Irakiens prétendaient que nous avions bombardé une fabrique de « lait en poudre pour bébés » alors que ces bâtiments abritaient en fait une usine d'armes biologiques – nos services secrets nous l'avaient clairement indiqué. Des échanges particulièrement acerbes entre le ministère de la Défense et CNN s'ensuivirent, Arnett ayant affirmé que les Irakiens lui avaient prouvé que cette fabrique était bien ce qu'ils prétendaient.

BRENT SCOWCROFT

Pour commémorer le cinquième anniversaire de la guerre aérienne, CNN a diffusé une sorte de rétrospective. Retournant à Bagdad dans le cadre de cette émission, Arnett s'est rendu de nouveau sur le site de ce bombardement, muni d'un sac de lait en poudre : il déclara alors qu'il continuait à croire à la version irakienne, tout en ajoutant que la Commission spéciale des Nations unies (dite Unscom, cette organisation est chargée de dénicher les armes de destruction massive produites par les Irakiens) n'avait jamais inspecté ce site et ne l'avait même pas inscrit sur sa liste d'installations suspectes. Dès le lendemain, je reçus un coup de fil de l'ambassadeur Rolf Ekeus, président de l'Unscom : Ekeus, avec qui je m'étais souvent entretenu après la guerre du Golfe, avait vu cette émission de CNN, et il tenait à me faire savoir qu'Arnett disait n'importe quoi. Non seulement le site avait été inspecté, mais il figurait toujours sur la liste noire de la Commission en raison des équipements à double usage qu'il abritait : ces installations pouvaient tout à fait avoir servi à fabriquer des munitions biologiques ! L'équipe des Nations unies avait même découvert, en consultant des documents irakiens, que deux ingénieurs du Centre de recherches techniques (branche de l'entreprise militaro-industrielle qui programme la construction des armes de destruction massive irakiennes) avaient séjourné là pendant quelque temps en 1989. Ekeus me précisa que de nouvelles inspections auraient lieu dès lors que les missions les plus prioritaires (les inspections des sites potentiellement actifs) auraient été menées à bonne fin.

GEORGE BUSH

Journal, 24 janvier

[...] Huitième jour de la guerre, en fin de journée. Atteint d'une extinction de voix, je grelotte dans mon sauna : c'est

> mon rhume qui revient, je crois bien – je n'arrive pas à m'en débarrasser, tout le monde a la tremblotte. Je me fais de la bile pour Brent Scowcroft. Il a veillé toute la nuit – il a passé d'innombrables nuits blanches, et je me fais du souci pour lui. J'ai demandé à mon médecin de l'examiner : il l'a trouvé fiévreux et a dit qu'il avait la grippe, mais le gaillard a refusé de rentrer chez lui pour se soigner. [...] Selon Webster et Gates, les Irakiens viennent de déverser plein de pétrole dans les eaux du Koweït et une gigantesque marée noire [envahit le Golfe]. Elle serait cinq fois plus grosse que la marée noire de Valdez, m'a-t-on dit. [...] Et des tranchées [remplies de pétrole] ont été également incendiées [...]. Je suis sûr que ces actes scandaliseront encore davantage l'opinion mondiale : les Irakiens pratiquent une politique de terre brûlée, au sens le plus littéral du terme – après avoir mis des terres à feu et à sang, voilà maintenant qu'ils s'en prennent à la mer ! Je m'inquiète pour les usines saoudiennes de dessalement, je m'inquiète pour la vie marine, etc.

J'ai finalement proposé à Brent de passer le week-end du 25 au 27 janvier à Camp David, où nous comptions le choyer assez pour lui permettre de se reposer, de se détendre et de reprendre du poil de la bête. Il est arrivé en renâclant, suivi de son assistante Florence Gantt et chargé d'une montagne de paperasses. Au lieu de prendre du bon temps, il a continué à travailler, ne s'éloignant jamais de la ligne de téléphone protégée installée devant la cheminée même s'il a réussi à dormir un peu plus qu'il ne l'aurait fait dans son bureau de la Maison Blanche. Jusque-là, la beauté et la tranquillité de Camp David avaient toujours été propices à la décontraction, si fortes que fussent les pressions extérieures.

Alexander Bessmertnykh était attendu à Washington le 28 janvier – il accomplit à cette occasion son premier déplacement officiel en tant que ministre des Affaires étrangères. Bien que les pays baltes fussent au programme et que Gorbatchev l'eût chargé de nous remettre une lettre traitant de cette région, les discussions portèrent avant tout sur le Golfe. Bessmertnykh ne mâcha pas ses mots en présence de Baker : les Soviétiques reprochaient aux alliés d'avoir bombardé des zones peuplées, quand bien même il était évident que nous choisissions nos cibles avec soin et faisions notre maximum pour épargner les civils ; et ils nous accusaient, par ailleurs, d'avoir outrepassé les résolutions des Nations unies en frappant Bagdad plutôt que de nous concentrer exclusivement sur les forces militaires de l'Irak. Comme Gorbatchev l'avait fait dès le lendemain du déclenchement de la campagne aérienne, Bessmertnykh suggéra qu'il était temps de rechercher des solutions politiques qui tiennent davantage compte de la situation probable du Moyen-Orient après la guerre. Les Soviétiques envisageaient même de déposer une nouvelle résolution au Conseil de sécurité en vue d'appeler à un arrêt des bombardements :

c'était inacceptable, car les Irakiens auraient eu ainsi une chance de reprendre leur souffle et de se réarmer, de même qu'un tel appel au cessez-le-feu aurait pu profiter politiquement à Saddam Hussein en lui donnant l'occasion d'évacuer le Koweït sans que ses forces militaires aient été entamées. À l'issue de leur première entrevue, Bessmertnykh proposa à Baker que leurs entretiens débouchent sur la publication d'un communiqué commun semblable à ceux qui avaient été déjà publiés à Moscou en août et à Helsinki en septembre ; sans rien promettre, Baker lui demanda de revenir avec un avant-projet de déclaration conjointe.

GEORGE BUSH

J'ai passé une partie de ce 29 janvier à préparer le discours sur l'état de l'Union que je devais prononcer dans la soirée. Alors qu'on était en train de me maquiller dans les sous-sols de la Maison Blanche, Brent déboula avec des nouvelles surprenantes et inquiétantes. Bessmertnykh, m'apprit-il, venait de donner lecture à la presse d'un communiqué commun américano-soviétique dans lequel il était indiqué que nous « continuions à croire » dans la possibilité d'instaurer un cessez-le-feu si jamais Saddam « s'engageait sans équivoque » à évacuer le Koweït, étant entendu que cet engagement devrait s'étayer sur des mesures concrètes et immédiates conduisant à un plein respect des résolutions du Conseil de sécurité.

BRENT SCOWCROFT

J'ai entendu parler de ce communiqué commun dans les pires circonstances qui soient. Ni le Président ni moi n'avions reçu la moindre information à ce sujet : Bessmertnykh s'était rendu à Washington à seule fin d'enlever le morceau, mais nous n'avions pas cédé, étant donné ce que proposaient les Soviétiques. Ayant cru comprendre que Baker allait tenter de le faire patienter, j'imaginais que toute initiative de ce genre, si jamais initiative il y avait, ne pourrait être qu'anodine.

Ce soir-là vers dix-neuf heures trente, il avait été prévu que je m'entretienne avec la presse à la Maison Blanche : je devais parler des aspects extérieurs du discours sur l'état de l'Union. Dès que j'eus fini de commenter les passages du discours présidentiel afférents à la guerre, un journaliste me demanda si nous accepterions de décréter un cessez-le-feu au cas où Saddam promettrait d'évacuer le Koweït. Après que j'eus répondu par la négative en soulignant que seul un retrait inconditionnel serait acceptable de la part de l'Irak, le même questionneur voulut savoir si ma réponse ne contredisait pas la déclaration de Baker selon laquelle un simple engagement de repli serait susceptible de déboucher sur un cessez-le-feu : j'en fus d'autant plus abasourdi que j'ignorais totalement ce que Baker avait dit ! Je marmonnai donc que, n'ayant pas encore eu le temps de prendre connaissance de la déclaration de Baker, je ne saurais la commenter, et qu'il m'appartenait uniquement de résumer les grandes lignes de la politique présidentielle. « Baker est-il allé trop loin ? », me répliqua-t-on alors : je me contentai de répéter que je n'avais rien d'autre à ajouter pour le moment.

Je n'avais pas eu de chance. Je m'étais laissé mettre en mauvaise posture et je craignais que notre politique n'ait abouti à une impasse. Il était urgent que j'aille parler au Président pour lui éviter de tomber dans le même piège que moi, décidai-je – bien entendu, la perspective de lui embrouiller les idées juste avant un événement si important me faisait horreur, mais il fallait impérativement le mettre à l'abri des complications possibles qui risquaient de surgir. Quand je lui rapportai ce que je venais d'apprendre, son visage devint d'abord blanc comme un linge en dépit de la couche de fond de teint dont il était recouvert, puis sa colère – jamais encore je ne l'avais vu aussi furieux – commença à monter. Mais il importait avant tout de passer le cap de ce discours sur l'état de l'Union sans que notre politique irakienne affronte une crise. Sans savoir jusqu'où Baker était allé, nous convînmes que la meilleure tactique consistait encore à affirmer que notre ligne n'avait pas changé et à passer au plus vite sur ce point ; et cela finit par marcher.

GEORGE BUSH

C'était la première fois que j'entendais parler de l'existence de ce communiqué, et j'étais effectivement fou de rage. Ce texte impliquait que nous pourrions consentir à un cessez-le-feu en échange d'une promesse verbale de Saddam, c'est-à-dire que nous étions prêts désormais à réclamer moins que le retrait inconditionnel que nous exigions depuis l'invasion ; pire encore, il établissait un lien direct entre l'instauration d'un cessez-le-feu et l'ouverture de négociations sur la question palestinienne : déjà embarrassés par notre annonce précédente d'une proposition de rencontre entre Baker et Aziz, les autres membres de la coalition n'auraient pu qu'être totalement désorientés par un tel revirement ! Quand je me présentai au Capitole, on me bombarda de questions du style : « Quelle est cette nouvelle proposition de paix ? » Cette affaire ne tardant pas à avoir un très large retentissement, nous essayâmes tant bien que mal de limiter les dégâts – heureusement, les vagues ne tardèrent pas à se calmer et il n'en résulta rien de grave. Mais je savais que Jim n'avait pas cherché à me mettre en mauvaise posture et il s'excusa de ne pas m'avoir averti à temps.

Le jour où ce discours sur l'état de l'Union fut prononcé, et bien avant que le tumulte causé par le communiqué Baker-Bessmertnykh se fût apaisé, l'Irak lança une offensive en direction de la ville frontalière de Khafji, en Arabie Saoudite. Même si on ne le comprit pas tout de suite, notamment à la Maison Blanche, cette attaque ne fut pas seulement un ballon d'essai : Saddam essayait aussi de nous attirer dans une guerre terrestre qu'il espérait sanglante. Si l'offensive fut repoussée, douze marines perdirent la vie dans ce contexte – onze d'entre eux étant tués par des forces amies. Ce tout premier affrontement entre des forces terrestres attira l'attention sur une question épineuse : y aurait-il ou non une campagne terrestre, et quand débuterait-elle ? Non seulement la nécessité militaire d'employer des forces terrestres pour chasser les Irakiens du Koweït était évidente, mais le Président était depuis longtemps parvenu à la conclusion que ce serait une phase inévitable de la guerre.

GEORGE BUSH

Ceux qui faisaient valoir que nous devions à tout prix éviter de nous lancer dans une guerre terrestre avançaient cet argument, ou cette donnée de « bon sens » : pourquoi jouer le jeu de Saddam ? Pourquoi permettre à ses forces terrestres d'infliger d'énormes pertes à la coalition ? Pourquoi ne pas laisser notre puissance aérienne effectuer tout le boulot à elle seule ? Je ne saisissais pas leur raisonnement : pourquoi Saddam aurait-il voulu justement exposer son armée à un risque de destruction en lui faisant affronter des forces supérieures, voilà ce qui m'échappait. Je ne croyais pas que l'armée de l'Irak était capable d'infliger autant de dommages que Saddam, ou nos critiques, semblaient le penser : plus les réunions d'informations s'étaient succédé, plus j'étais arrivé à la conclusion que cette guerre pourrait être achevée rapidement, avec un minimum de pertes pour la coalition. En outre, il était capital pour la paix de cette région que nous parvenions à réduire la menace future que l'Irak finirait tôt ou tard par représenter, et nos forces aériennes avaient leurs limites.

Je n'appréhendais pas de donner l'ordre d'attaque – je m'y étais résigné. Je savais que des vies, des vies trop nombreuses, seraient fauchées de part et d'autre, mais je ne doutais pas que nous ferions mouvement rapidement, surprendrions l'avant-garde irakienne et bouclerions l'affaire en moins d'une semaine. Les armements chimiques m'inquiétaient toujours et j'espérais que nos évaluations de la force de la garde républicaine après les bombardements étaient fiables. La seule question qui se posait à moi était donc celle du choix du moment – et je tenais pour cela à me laisser guider par nos militaires. La réponse dépendait totalement de leurs besoins : quand la campagne aérienne aurait-elle porté ses fruits et quand le haut commandement présent sur le terrain m'avertirait-il qu'il était prêt ? Dans mon optique, seuls comptaient ces deux impératifs militaires, et j'étais prêt à donner l'ordre d'y aller dès que les généraux m'indiqueraient que le moment était venu. Je comptais leur laisser tout le temps nécessaire – mais pas une minute de plus. Car, à mes yeux, il était urgent de conclure cette guerre au plus vite.

BRENT SCOWCROFT

Moi aussi, j'attendais avec impatience que la campagne terrestre débute. Je n'avais jamais cru sérieusement que la puissance aérienne pourrait suffire. C'était certes une composante vitale de toute campagne militaire, mais nous avions surestimé son impact – en partie, je crois, parce que notre pensée était trop influencée par nos désirs. L'automne précédent, quand nous avions commencé à discuter stratégie militaire, nous avions parlé du rôle et de la longueur d'une campagne aérienne : nous lui avions assigné pour finalité de détruire l'aviation et les défenses antiaériennes des Irakiens (le commandement de leurs forces aériennes, leurs moyens de contrôle et leurs infrastructures de communications) tout en érodant leur puissance terrestre (d'anéantir leurs équipements lourds et/ou de saper le moral de leurs troupes). Il avait été estimé que ces tâches prendraient de deux à quatre semaines au terme desquelles il serait possible de déclencher la campagne terrestre qui chasserait les forces irakiennes du Koweït. Or, même si la campagne aérienne avait été déjà beaucoup plus efficace que je ne l'avais prévu, l'armée semblait peu disposée à engager ces opérations terrestres – cela, quand bien même le Centcom se montrait optimiste (si l'on comparait ses rapports à ceux de la CIA) quant à l'efficacité de nos bombardements : il suggérait d'avancer la date de l'attaque. Je me dis donc qu'il était temps de passer à l'action, de façon à surfer sur la vague de nos succès militaires tant que les forces de la coalition restaient intactes. Car nul ne pouvait dire jusqu'à quand Israël se maintiendrait en dehors du conflit ; et la presse commençait à se demander si nous étions à court de cibles et bombardions des décombres, spéculations amplement alimentées par la propagande irakienne.

Comme Cheney, j'estimais qu'aucune campagne aérienne, si fructueuse fût-elle, ne saurait nous dispenser de recourir à une campagne terrestre, car il était pour nous essentiel que les capacités offensives de l'Irak soient détruites – nous pensions que c'était aussi un objectif majeur, bien que nous ne puissions pas nous permettre d'en faire état au grand jour tant qu'un règlement pacifique de la crise restait possible. D'un autre côté, Baker espérait toujours que la campagne aérienne suffirait à convaincre Saddam de faire machine arrière ; et, dans l'hypothèse où les Irakiens auraient bel et bien commencé à évacuer le Koweït, Jim considérait qu'une attaque terrestre de notre part était impensable : il était convaincu qu'une telle action nous ferait perdre le soutien de l'opinion mondiale. Le Président me demanda donc de constituer une petite cellule de crise à laquelle il incomberait de se pencher sur ce problème.

Nous nous réunîmes le 31 janvier et, en dépit de cette date, le débat eut moins trait au fait de savoir quand l'offensive terrestre devait être déclenchée (l'examen de ce point fut renvoyé à plus tard) qu'à toutes les autres questions qui se posaient. Que se passerait-il si jamais Saddam Hussein arrêtait tout du jour au lendemain et évacuait le Koweït sans que sa garde républicaine eût été mise à mal ? Quel sort devions-nous lui réserver ? Que ferions-nous si l'Irak utilisait des armes chimiques ? Ayant déjà discuté de ce dernier point à Camp David lors de notre réunion du 24 décembre, nous avions exclu de recourir nous-mêmes à de telles armes : si l'Irak les employait malgré tout, avions-nous décidé, nous laisserions entendre que notre réaction dépendrait des circonstances et que nous tiendrions les commandants des divisions irakiennes pour personnellement responsables de ce qui viendrait à se produire en n'hésitant pas, le cas échéant, à les traîner devant la justice pour crimes de guerre. Personne ne préconisa jamais l'utilisation d'armes nucléaires, et le Président se refusait à envisager cette éventualité même dans le cas où il nous aurait fallu riposter à des attaques chimiques ou biologiques. Nous évitâmes volontairement de laisser planer la menace tacite ou explicite de nous servir de ces types d'armements pour la simple raison qu'il ne sert à rien de menacer de quelque chose que l'on n'a pas l'intention de faire – nos déclarations publiques furent plus ambiguës, mais toute précision aurait risqué de saper le pouvoir de dissuasion qui procédait de cette ambiguïté.

GEORGE BUSH

S'agissant de Saddam lui-même, je craignais qu'il ne sorte de cette guerre affaibli, mais dans la posture du « héros » toujours au pouvoir. La question de savoir si nous devions ou non chercher à le débusquer revint souvent sur le tapis, et, si jamais il s'était fait tuer au cours d'un raid aérien, il est certain qu'aucun d'entre nous ne l'aurait déploré... Mais il était extrêmement difficile de viser Saddam, qui avait pour habitude de se déplacer fréquemment et attachait le plus haut prix à sa sécurité. Nous avions eu déjà beaucoup de mal à localiser Noriega à Panama, ville que nous connaissions pourtant très bien – et Saddam était encore plus insaisissable et mieux protégé. Nous ne pouvions rien faire de plus que de frapper les centres de commandement et de contrôle où il était susceptible de se trouver : il y en avait plusieurs, et ils figuraient de toute façon sur nos listes de cibles. Nous apprîmes ultérieurement que la voiture de Saddam avait fait partie d'un convoi militaire attaqué par l'aviation coalisée, mais qu'il s'en était sorti indemne.

Journal, 31 janvier

> Je me dis sans arrêt que le peuple irakien devrait s'occuper de [lui] avec les militaires irakiens. En voyant leurs troupes [et] leurs matériels se faire détruire... ils seront bien forcés d'agir. J'aimerais tant que *nous* puissions [...]. C'est la guerre, et, si une bombe l'atteint dans son quartier général, tant pis pour lui. Mais, compte tenu des souffrances qu'endure le peuple irakien, il me semble hautement vraisemblable que quelqu'un se lèvera et fera ce qui aurait dû être déjà accompli depuis longtemps – chasser ce gars soit en le flanquant hors de son pays à coups de pied, soit en le privant de tout pouvoir.

J'avais la ferme conviction que marcher sur Bagdad était impossible. La mission qui nous avait été confiée, telle que les résolutions des Nations unies la décrivaient, consistait simplement à mettre fin à l'agression de l'Irak, à repousser les forces irakiennes hors du Koweït et à restaurer la souveraineté koweïtienne. Toute occupation de l'Irak aurait eu instantanément pour effet de faire voler notre coalition en éclats et de dresser le monde arabe contre nous en permettant à un tyran renversé de se muer en un héros contemporain de la cause arabe : non seulement cela nous aurait conduits à violer la loi internationale représentée par les résolutions du Conseil de sécurité, mais la tâche qu'il nous aurait fallu alors assigner à nos jeunes soldats (la recherche vouée à l'échec d'un dictateur solidement retranché) les aurait condamnés à livrer cette forme de guerre ingagnable que constitue la guérilla urbaine. Une telle action aurait inévitablement accru l'instabilité de cette partie du monde tout en nous empêchant de retrouver la crédibilité que nous nous appliquions si laborieusement à regagner.

Mais, même en imaginant que Saddam survive à la guerre, il était pour moi impératif que la puissance militaire de l'Irak soit diminuée ou détruite : c'était pourquoi je craignais tant qu'il ne saisisse l'occasion de se replier du Koweït avant que nous parvenions à pulvériser ses blindés et ses équipements lourds, comme cela nécessitait aussi de déclencher une campagne terrestre pour finir le travail commencé par l'aviation – le plus tôt étant le mieux. Un élargissement des conditions de cessation des hostilités en découlait *ipso facto*, et je n'ignorais pas les critiques qu'un tel élargissement risquait de nous valoir, mais je ne voyais vraiment pas comment nous aurions pu nous permettre de laisser l'armée irakienne intacte.

Le 1er février fut pour moi une journée particulièrement émouvante : je me rendis ce jour-là dans trois bases militaires afin de m'entretenir avec les familles des membres de nos forces armées en service dans le Golfe. Je commençai par la garnison aérienne des marines de Cherry Point, en Caroline du Nord : dès l'atterrissage, je me préparai à vivre une expérience terriblement éprouvante, sachant que j'allais être confronté à la vivante démonstration de ce que la guerre signifiait pour les familles de ceux et celles envoyés dans le Golfe. Presque tous les hommes étant partis, l'assistance était essentiellement féminine : je doutais de pouvoir assez me contenir pour ne pas m'effondrer quand je leur parlerais.

C'était une matinée glaciale, et le vent s'engouffrait dans le hangar où je devais prononcer mon allocution. Nous avions près de quatre-vingt-cinq mille marines dans le Golfe, et certains des membres de ce corps avaient péri quelques jours plus tôt à Khafji. Bien que l'on m'eût informé qu'aucune des épouses qui se trouvaient devant moi ne venait de perdre son mari, je ne pouvais m'empêcher de songer à tous les sacrifices déjà consentis. En lisant mon discours, je me répétai : « Sois fort, ne laisse pas ta gorge se nouer. » Mais l'émotion me gagna quand je constatai que plusieurs de ces femmes pleuraient. J'essayai de ne pas les dévisager, car je m'étais aperçu que ma gorge se serrait moins quand je regardais au-delà de l'assistance ou levais les yeux jusqu'à la tribune de presse ; et je m'efforçai également de ne pas trop fixer les jeunes enfants, les adolescentes éplorées ou les marines qui me saluaient – je ne pus m'en sortir qu'à ce prix.

Après cette allocution, on me présenta à bon nombre de ces épouses de soldats. Je les trouvai magnifiques : elles étaient fortes, on pouvait compter sur elles, elles étaient fières de leurs maris et aucune ne s'apitoyait sur son sort. Toutes ces femmes me donnèrent l'impression de me regarder droit dans les yeux un peu comme si elles voulaient me dire : « Mon mari sait pourquoi il est là-bas – nous vous soutenons. » Certaines me remirent des lettres, d'autres me tendirent des badges ou des rubans et beaucoup me demandèrent des nouvelles de Barbara. Je partis de Cherry Point très inspiré par ce que j'avais vu : savoir que nos marines et leurs familles faisaient preuve d'un tel courage me faisait chaud au cœur. En revenant vers Air Force One, je dis aux marines qui m'entouraient que je m'étais rendu sur cette base pour leur donner du cœur au ventre, et que c'était l'inverse qui s'était produit – que c'étaient eux qui m'avaient remonté le moral.

Puis je fis escale à Goldsboro, également en Caroline du Nord : c'est là que s'étend la base de l'Air Force « Seymour Johnson », foyer du 4e escadron de chasseurs tactiques et des 68e et 916e unités de ravitaillement aérien. Les émotions qui m'étreignirent en ce lieu, aussi bien que mes réactions à ces sentiments, furent elles aussi très puissantes : une fois encore, je tentai tant bien que mal de lire le texte de mon discours sans éclater en sanglots – et Dieu sait à quel point c'est difficile quand on vous joue l'hymne national, quand on vous salue en agitant des pancartes ou quand vous entendez un enfant murmurer : « Faites que mon papa revienne sain et sauf ! »

Il avait été prévu que je rencontrerais deux femmes dont les époux étaient portés disparus et deux autres qui étaient mariées à des prisonniers de guerre : aucune ne pleura, et je fus ragaillardi par leur courage. Tous ces gens me dirent la même chose : mon époux, mon papa, sait très bien ce qu'il fait là-bas – il acomplit son devoir pour l'Amérique. Aucune voix discordante ne s'éleva, je ne vis nulle part de signe de protestation ni n'entendis la moindre plainte. De nouveau, je me sentis à la fois lessivé émotionnellement et réconforté.

Nous atterrîmes pour finir à Fort Stewart, Georgie, cantonnement d'une division mécanisée (le 24e d'infanterie) qui, non seulement se trouvait en première ligne, mais avait fait partie des toutes premières unités déployées – ces hommes étaient au Koweït depuis cinq mois, et j'avais fêté *Thanksgiving* avec plusieurs d'entre eux quelques semaines plus tôt. On me décrivit ce qui s'était passé quand la division s'était ébranlée au mois d'août : s'alignant sur les trottoirs et débordant même sur les bas-côtés de l'autoroute locale, les habitants des villes avoisinantes avaient acclamé les soldats depuis leurs casernes jusqu'à leurs points d'embarquement. Une fois encore, je passai quelque temps avec les familles après mon allocution, et je repartis de cet endroit avec un moral au beau fixe. Grâce à cette escapade loin du périphérique de Washington et du filtre des médias, je savais désormais comment les familles des Américains qui risquaient leur vie sur le front réagissaient à la guerre : j'en fus ravi et tranquillisé.

BRENT SCOWCROFT

Ce même dimanche 3 février, notre cellule de crise se réunit de nouveau à la Maison Blanche pour discuter de la date d'engagement des troupes terrestres. Le Président était partagé : d'une part, il ne voulait pas donner l'impression d'anticiper sur les avis des militaires – il se souvenait de la façon dont, pendant la guerre du Viêtnam, Lyndon Johnson sélectionnait lui-même les cibles des frappes aériennes sur les cartes d'état-major ; d'autre part, la situation politique était explosive et la coalition menaçait de s'effriter. Des forces assez massives avaient été rassemblées pour que tout atermoiement devienne inutile : déclenchée depuis plus de deux semaines, la campagne aérienne semblait avoir atteint ses objectifs. Mais l'appréhension du Président (et ma propre inquiétude) s'accroissaient de jour en jour ; car la propension de nos militaires à différer la date du déclenchement de la guerre terrestre risquait de permettre aux Irakiens de commettre de nouveaux méfaits, accompagnés de nouvelles initiatives diplomatiques soviétiques.

GEORGE BUSH

Lors de cette réunion, Powell expliqua que Schwarzkopf prévoyait qu'au moins deux semaines de plus seraient nécessaires avant que l'attaque terrestre puisse être lancée. Cette information m'inquiéta, car elle sous-entendait que Saddam disposerait de plus de temps pour se ménager une porte de sortie en faisant une offre de cessez-le feu d'un genre ou d'un autre : le choix de la date de l'attaque ne pouvait que procéder d'un compromis entre ce danger et notre propre état de préparation. Dick proposa de se rendre en Arabie Saoudite avec Colin afin d'aller parler à Schwarzkopf : ils pourraient partir le jeudi – quatre jours plus tard –, me dit-il. J'acceptai immédiatement.

Journal, 5 février

Une puissante campagne [de propagande] a été lancée [...] pour prouver que nous [...] nous en prenons aux civils [...]. Tout le monde a entendu parler [de ce chauffeur de camion blessé par notre aviation] qui est hospitalisé en Jordanie. Il roulait sur cette autoroute [irakienne] sous [les ponts de laquelle] sont cachées des rampes de missiles Scud qui sèment la terreur en Israël, et les journalistes semblent beaucoup s'attendrir sur son sort – ou du moins, ils reviennent sans arrêt sur le bombardement de ce camion en ne mentionnant pas toujours que ce pétrole n'aurait pas dû être transporté !

6 février

Ma conférence de presse d'aujourd'hui s'est bien passée, mais je crains qu'ils ne pinaillent en revenant sans cesse sur le fait que des civils sont blessés, alors que tout montre que je continue à jouir d'un très large soutien [...]. Les Irakiens érigent toutes sortes d'ouvrages défensifs : des champs de mines, des tranchées enflammées, et, ce que personne ne sait, c'est que nous nous apprêtons à contourner tout cela. On clame partout que ça va être terrible, effroyable et que le pire ne manquera pas de se produire : selon ABC, un demi-million de mines ont été dispersées dans le désert – il y en a autant que de soldats coalisés, et il est évident que nos plans tiennent comptent de ce détail. Ce dont ils ne se doutent pas quand ils brossent le tableau sinistre de nos soldats en train de se ruer à l'assaut de ces tranchées, c'est que nous allons contourner ces obstacles [...] et faire en sorte que les forces qui occcupent le Koweït se retrouvent isolées avant même d'avoir pu comprendre ce qui leur arrive. Sitôt que ces troupes auront été coupées de leurs arrières, nos propres forces pourront écraser la garde républicaine dans le sud de l'Irak.

Le lendemain, Cheney vint me parler des résultats de son voyage en présence de Brent. Je précisai à Dick que le temps nous était compté et que j'espérais que Schwarzkopf était prêt à foncer, mais que, s'il s'agissait uniquement de choisir entre, d'un côté, attendre un mois de plus pour nous retrouver dans une situation militaire vraiment favorable et, de l'autre, repousser l'ennemi un mois plus tôt de façon à éviter les éventuelles complications politiques que les descriptions des effets de nos bombardements et la faiblesse de la coalition pourraient entraîner, je trancherais en faveur des militaires. Dick m'assura qu'il avait été très clair, et que Schwarzkopf avait parfaitement compris les tenants et les aboutissants du problème.

Le 9 février, je revins sur le thème de cette guerre terrestre devant le Premier ministre hollandais Rudd Lubbers – non seulement l'un de mes meilleurs amis parmi les dirigeants de ce monde, mais aussi quelqu'un de très sage et de très fiable qui m'avait fait souvent bénéficier de ses conseils éclairés. Comptant lui demander quelques éclaircissements sur les positions européennes, je lui confiai d'emblée que j'étais très préoccupé par la campagne de propagande de Saddam (il faisait courir le bruit que nous visions délibérément les populations civiles !) et scandalisé par la façon dont il traitait les prisonniers de guerre ; cette propagande ne portait guère à conséquence aux Pays-Bas ou dans les autres pays européens, me rassura Ruud en me tenant ce discours : « Nous autres, Européens, espérons que, quand bien même une offensive terrestre s'avérerait nécessaire, la campagne aérienne se prolongera le plus longtemps possible. Parce que le potentiel terrestre de Saddam diminue de jour en jour, on peut dire que chaque jour qui passe est bon pour nous en cela qu'il signifie un affaiblissement supplémentaire des forces irakiennes. Une offensive terrestre pourrait tout à fait être un facteur de discorde si d'aucuns concluaient qu'elle a été déclenchée trop tôt, et c'est pourquoi il importe de montrer que nous avons été plus que conciliants », me déclara-t-il. Je lui dis, quant à moi, qu'il fallait surtout se demander jusqu'à quel point cette attente était bonne d'un point de vue militaire, car il arrive toujours un moment où la loi des rendements décroissants commence à jouer. « Je serais très étonné que la puissance aérienne puisse faire le boulot à elle seule, mais, au plan politique, mieux vaut que l'attaque terrestre soit lancée ultérieurement », me répondit-il avec bon sens avant que j'ajoute moi-même : « Je vous garantis que nous n'utiliserons nos forces terrestres que si nous avons la certitude de parvenir à nos fins au plus vite et au prix d'un minimum de pertes alliées. »

Cependant, il devenait politiquement de plus en plus dangereux de différer l'attaque terrestre. Le 9 février, Gorbatchev annonça qu'il renvoyait Primakov en Irak dans l'espoir de mettre fin à la guerre. L'ambassade soviétique avait contacté Baker ce même jour pour lui communiquer un mémorandum : l'Union soviétique craignait que la « logique de guerre » (sic) *ne nous amène à outrepasser les résolutions des Nations unies tout en multipliant les pertes civiles ; et elle s'inquiétait également de l'escalade militaire que les lancers de Scud irakiens pouvaient induire. Peut-être Gorbatchev se contentait-il de donner de la voix pour apaiser ses populations musulmanes, car il nous rappela à plusieurs reprises que ce qui était en train de se passer survenait tout près de ses frontières ; mais nous redoutions que les Soviétiques n'intensifient ces démarches visant à faire cesser les hostilités avant même que l'Irak ne souscrive aux résolutions de l'ONU. Depuis que Chevarnadzé n'était plus en fonctions, plus personne ne faisait contrepoids aux pressions des forces droitières qui incitaient Gorbatchev à intervenir pour sauver son ancien client – il était encore possible que Moscou laisse tomber la coalition. La proposition que Primakov transmit à Saddam différait quelque peu de celle que Gorbatchev avait conçue le surlendemain du début des bombardements : elle stipulait cette fois que le dirigeant irakien devrait d'abord s'engager à évacuer le Koweït avant que la coalition consente éventuellement à un cessez-le-feu ; heureusement, cette proposition ne mena nulle part.*

Le lendemain de l'annonce de Gorbatchev, plusieurs entretiens étaient prévus : deux entrevues avec Moshe Arens ; une rencontre entre Cheney et Powell, qui devaient faire le point dans l'après-midi sur les résultats de leurs discussions avec Schwarzkopf ; et une réunion de la cellule de crise. Nous ne voulions surtout pas donner l'impression que ces événements étaient liés – que nous attendions le compte rendu de Cheney parce que nous consultions les Israéliens avant de prendre une décision ; pour que la presse ne cède pas à la tentation d'établir le moindre lien de cause à effet entre ceci et cela, la rencontre avec Cheney et la réunion de la cellule de crise eurent lieu à la présidence.

GEORGE BUSH

Nos entrevues avec Arens furent délicates et déplaisantes. Même si nous appartenions au même camp, la réponse à apporter aux Scud donnait encore matière à un affrontement frontal entre nos deux pays : très émotif et cédant même à la colère, Arens se plaignait d'avoir subi des dommages dont l'évaluation nous paraissait exagérée, et il exigeait que la riposte soit coordonnée par son pays et le nôtre. Quand il me déclara qu'Israël pourrait faire plus que nous ne faisions déjà pour détruire les Scud tirés depuis l'ouest de l'Irak, cela m'agaça beaucoup, et je songeai avec irritation que les Israéliens, ou du moins leurs faucons, ne nous savaient guère gré de ce que nous faisions pour eux.

Ce même après-midi, Cheney vint me parler de son voyage en Arabie Saoudite. Sitôt entré dans mon bureau, Dick m'informa que les traits définitifs de l'opération militaire que nous comptions mener avaient fini par être arrêtés par Powell, Schwarzkopf et lui-même. Les militaires, m'apprit-il, souhaitaient déclencher l'offensive terrestre le 21 février – soit dix jours plus tard –, en se laissant une fenêtre de tir de trois jours environ. Schwarzkopf préférant que la date de l'offensive ne soit pas fixée avec trop de précision, nous décidâmes de laisser les choses dans le vague au cours de la réunion plus large qui devait suivre ; mais je fis quand même savoir à ces deux généraux qu'ils ne devraient pas trop tarder à me préciser leur choix, afin que j'aie le temps d'avertir nos alliés.

Les plans esquissés en décembre étaient désormais solidement établis : nous contournerions leur flanc ouest, cette manœuvre ayant pour avantage de permettre à la plus grande partie de nos forces d'envelopper assez le plus gros des forces irakiennes pour qu'elles puissent fondre sur l'armée ennemie à partir de son flanc et de ses arrières tout en lui coupant le chemin de la retraite ; puis le reste de nos troupes immobiliserait leur centre et leur aile droite pendant que des compagnies de marines feindraient une attaque à partir de la mer. Les militaires ne doutaient pas que tout cela pourrait être exécuté en quelques journées à peine, ou du moins que les forces irakiennes présentes au Koweït – la garde républicaine y compris – seraient ainsi empêchées de se replier vers le nord. Dick et Colin se montrèrent très optimistes pour ce qui était des pertes que nous risquions de subir : les forces aériennes de la coalition, m'assurèrent-ils, étaient en passe d'éliminer les blindés irakiens, ainsi que je l'avais recommandé. Au cours de son exposé, Colin se montra si serein et si sûr de lui que sa confiance se communiqua à moi comme par contagion : non seulement, comme d'habitude, il n'émit aucune objection contre ce que nous projetions de faire, mais je remarquai en outre, en l'écoutant, qu'il avait l'air vraiment enthousiaste et semblait convaincu que cette offensive n'occasionnerait que des risques minimaux – cela, même si je me demandais aussi ce que cette notion de « risque minimum » pourrait bien signifier pour les pères et mères de famille dont le fils ou la fille périrait ; mais ses propos me rassurèrent : la campagne aboutirait rapidement, me dis-je à l'issue de cette réunion.

D'autres raisons très pressantes nous incitèrent à passer promptement à l'attaque. La nuit du 12 février, des nouvelles particulièrement alarmantes nous parvinrent en effet : des centaines de civils irakiens venaient d'être tués dans un bunker de plusieurs étages sur lequel l'Air Force avait lâché des bombes ! Or, si nous savions que ce bunker profondément enterré au centre de Bagdad abritait le centre de commandement d'un des services de renseignements de l'armée irakienne, nous ignorions totalement que ces installations servaient également d'abri antiaérien à des populations civiles. Quand je vis les corps qui furent sortis de ce blockhaus – des cadavres brûlés d'adolescents et d'enfants –, cette scène me fendit le cœur : le spectacle de ces souffrances humaines me fut douloureux, quand bien même les victimes ne faisaient pas partie de notre camp. Dès que la presse et les chaînes de télévision commencèrent à parler de ce désastre, je demandai à Bill Webster de vérifier ce que nous savions de ce bunker : il me confirma que tous nos rapports avaient indiqué que cet édifice était exclusivement réservé aux services secrets, mais qu'il apparaissait à l'évidence que les Irakiens avaient entrepris d'installer des civils à certains de ses étages * ; et, découverte plus inquiétante encore, Bill m'apprit de surcroît que *tous* les bunkers militaires de l'Irak allaient abriter des civils à partir de cette date. De toute évidence, Saddam avait fait en sorte de tirer politiquement parti de cette erreur tragique : n'hésitant pas à faire tuer ses populations civiles à des fins de propagande, il avait décidé, en toute connaissance de cause, de placer des civils dans ses bunkers militaires, tout en sachant très bien que ceux-ci constituaient des cibles légitimes. Cette tragédie eut pour conséquence immédiate d'amener l'opinion publique à se poser encore plus de questions sur la durée de la guerre aérienne – se pourrait-il que nous soyons à court de cibles et frisions le désespoir ? commença-t-on désormais à insinuer sous couleur de se demander quand cette guerre s'arrêterait... Mais elle nous conduisit aussi à modifier nos listes de cibles, afin que ce désastre humain si coûteux en termes de relations publiques ne puisse plus jamais se répéter.

BRENT SCOWCROWFT

Simultanément à cette réunion de Washington, Primakov s'activait à Moscou. La nuit du 13 février, on nous informa qu'il venait de déclarer que Saddam acceptait de « coopérer » au rétablissement de la paix, mais que fallait-il entendre exactement par là ? Gorbatchev nous précisa dès le lendemain dans une lettre que Primakov avait expliqué à Saddam qu'un retrait était inévitable et que des signes de mouvement « encourageants » s'étaient produits à cette occasion, quand bien

* Un transfuge des services secrets irakiens confirma par la suite que des parties de cet ouvrage étaient occupées par des sections techniques militaires.

même Saddam cherchait encore à négocier les conditions du repli de ses troupes : ayant invité Tarak Aziz à se rendre à Moscou pour poursuivre ces conversations, Gorbatchev nous demandait d'interrompre les bombardements, tout en ajoutant qu'il espérait qu'une guerre terrestre ne serait pas déclenchée pendant qu'Aziz serait à Moscou. Bref, il n'y avait rien de nouveau là-dedans, ou rien, en tout cas, qui se rapprochait peu ou prou du retrait inconditionnel que nous exigions... pour moi, il était évident que, en formulant cette demande de non-déclenchement des opérations terrestres pendant ces conversations de Moscou, Gorbatchev cherchait uniquement à retarder ou à interdire notre offensive !

À mes yeux, ces tentatives de médiation de Gorbatchev visaient avant tout à enrayer l'affaiblissement de son influence politique intérieure en l'aidant à retrouver quelque influence extérieure. Sa survie politique étant en jeu, il essayait visiblement de rehausser son prestige en frappant un grand coup dans le domaine de la politique étrangère. Désolés de ne pas pouvoir lui donner satisfaction et sans lui en vouloir aucunement, nous fîmes de notre mieux pour lui opposer un refus avec le plus de ménagement possible, car nous ne voulions surtout pas lui compliquer la vie. Gorbatchev s'était beaucoup démené pour persuader la communauté internationale de répondre solidairement à l'agression irakienne et isoler l'ancien protégé des Soviétiques, et ses difficultés nous attristaient ; mais nous ne pouvions pas nous permettre pour autant de le laisser s'immiscer dans notre diplomatie moyen-orientale ou contrecarrer nos opérations militaires à un moment si critique.

GEORGE BUSH

Le matin du vendredi 15 févier, alors que j'étais en train de lire les journaux et de boire un café en compagnie de Barbara, un membre du personnel de la Maison Blanche entra dans notre chambre à coucher ; on venait d'apprendre que l'Irak ferait une annonce officielle à six heures trente, me dit-il. J'allumai la télé, attendant anxieusement que cette heure arrive, et un présentateur finit par apparaître sur l'écran : les Irakiens acceptent de se conformer à la résolution 660, y compris en ce qui concerne l'évacuation du Koweït, fit-il savoir. Loin de me réjouir, cette nouvelle m'accabla.

Voici mes réactions, telles que je les ai consignées sur le moment :

> La question, c'est : et ensuite ? Mais je n'exulte pas : nous avons encore du pain sur la planche ! À quelle solution allons-nous pouvoir aboutir ? Quelle garantie avons-nous que la paix durera ? Tant que Saddam reste au pouvoir, je ne vois pas comment cela pourrait marcher, et je suis très, très méfiant. Cheney est passé, suivi de Baker – à six heures quarante –, et je les ai encouragés à continuer comme avant : ne bougez pas d'un poil, leur ai-je dit.

BRENT SCOWCROFT

Nous nous étions, bien entendu, préparés à l'éventualité de telles ouvertures : en concertation avec nos alliés, nous avions dressé la liste des critères militaires au vu desquels la sincérité des actions de Saddam pourrait être « testée », et ses manœuvres avaient été jusque-là si transparentes que ce plan détaillé n'avait jamais eu besoin d'être mis en application. Néanmoins, j'éprouvais une appréhension permanente à l'idée qu'il émette une proposition difficilement rejetable : je craignais plus que tout qu'il ne réussisse à obtenir une suspension temporaire des hostilités qui, quand bien même il aurait évacué partiellement ou totalement le Koweït, eût laissé ses forces largement intactes. Si jamais les combats s'étaient interrompus, il aurait été très difficile de les reprendre au cas où il se serait avéré que ses offres n'étaient que du pipeau ou qu'il ne tenait pas ses engagements... or, si vague fût-elle, cette annonce de l'Irak confirmait mes pires craintes. Mais le texte complet de cette déclaration arriva par la suite : le Président, Baker et moi-même nous trouvions alors dans le petit bureau qui jouxte le Bureau Ovale, et Sununu et Quayle s'étaient joints à notre trio. À mesure que les paragraphes sortirent de l'imprimante, la liste des demandes irakiennes s'accrut : Saddam exigeait maintenant que nous reconstruisions l'Irak, que nous retirions toutes nos forces du Golfe, que la question d'Israël soit réglée et que ce pays soit sanctionné, que le problème de Lebanon soit résolu, et ainsi de suite – ses conditions étaient telles qu'on ne pouvait que les repousser. Marlin Fitzwater publia donc un court communiqué de presse dans lequel nous soulignâmes que cette « offre » ne satisfaisait pas aux exigences de la coalition, et cela d'autant plus que cette déclaration ne s'était accompagnée d'aucun geste concret sur le terrain. Tout au long de cette matinée, nous vérifiâmes les réactions de nos alliés, et nous constatâmes avec satisfaction qu'aucun ne s'en était laissé conter. Aujourd'hui encore, je continue à me demander pourquoi Saddam n'a jamais fait des ouvertures plausibles ni formulé des propositions assez honnêtes pour lui permettre de s'en tirer à bon compte – nous nous serions retrouvés pieds et poings liés !

GEORGE BUSH

À la hâte, je modifiai le texte de l'allocution que je devais prononcer à dix heures dans l'Old Executive Office Building. Je répondis dans ce discours que cette annonce ne constituait rien de plus qu'une cruelle supercherie que Saddam avait ourdie à seule fin d'« anéantir les espoirs du peuple irakien et du monde », après quoi j'ajoutai d'une manière un peu impulsive qu'il existait « un autre moyen de mettre fin au carnage » : j'exhortai le peuple et les militaires irakiens à se débarrasser de Saddam pour rejoindre la famille des nations pacifiques. La donne pouvait-elle en être changée ? J'attendis la suite avec impatience :

j'avais pris un risque, mais il n'était pas impossible, après tout, que le peuple irakien m'entende, et tous les chefs de la coalition ou presque m'avaient confié qu'ils ne croyaient pas que Saddam pourrait rester au pouvoir en cas de défaite. Dans les médias, mes propos suscitèrent une avalanche de questions, les journalistes se demandant si nous visions désormais un objectif supplémentaire – le renversement de Saddam, en l'occurrence. Il n'en était rien, en dépit de ce que je dis quelques jours plus tard à la presse : qu'on ne compte pas sur moi pour pleurer l'évincement de Saddam, précisai-je en citant John Major.

BRENT SCOWCROFT

Parce que le président Bush avait cédé à cette impulsion totalement spontanée, d'aucuns lui ont reproché injustement d'avoir encouragé les Irakiens à se soulever contre Saddam, puis de ne pas leur avoir porté assistance quand un soulèvement finit effectivement par se produire à la fin du conflit. Nous espérions que Saddam serait renversé, c'est vrai... mais nous n'avons jamais pensé qu'il pourrait être renversé par des forces extérieures à l'armée et n'avons jamais essayé d'inciter l'ensemble de la population à se révolter. Imaginer qu'une allocution de routine prononcée à Washington et parvenue on ne sait trop comment aux oreilles des opposants irakiens pourrait expliquer les actions ultérieures des Chiites et des Kurdes, c'est vraiment passer la mesure !

GEORGE BUSH

L'après-midi de ce 15 février, je m'envolai pour Kennebunkport, où j'avais prévu de fêter le Presidents' Day en prenant un week-end de vacances : dès ce dimanche, Cheney m'apprit que, sans vouloir encore fixer une date d'attaque trop précise, les militaires seraient probablement prêts à lancer l'offensive terrestre avant le 23 février.

> *Journal, 18 février*
>
> Le compteur tourne. Bon sang, que j'aimerais que Powell et Cheney soient prêts dès maintenant ! Mais ils ne le sont pas encore et je ne les presserai pas, même si les jours prochains s'annoncent difficiles : dégâts diplomatiques ou non, je n'ordonnerai certainement pas à nos militaires d'y aller tant qu'ils continueront à dire qu'ils ne sont pas prêts ! J'ai appelé Scowcroft ce matin pour lui faire savoir que je souhaitais qu'une réunion avec Cheney, Powell, Baker et tous nos gars se tienne à 16 h 30 dans le Bureau Ovale, et l'idée lui a paru excellente. Une fois là-bas, je pourrai peut-être éclaircir le mystère de notre état de préparation.

BRENT SCOWCROFT

Le Presidents' Day tombant un lundi, nous nous retrouvâmes dans le Bureau Ovale après avoir traversé une aile ouest inhabituellement déserte. Comme la vaste pièce était un peu froide, le Président fit allumer un feu de bois dans la cheminée, puis il nous pria de nous asseoir pour que la réunion puisse commencer : tout à coup, la pièce fut envahie par de la fumée. L'alarme retentit et les membres du service secret se ruèrent dans le Bureau Ovale, l'arme au poing et prêts à parer à toute éventualité... Il s'avéra, en fin de compte, que le Président avait oublié de déclencher le ventilateur qui facilite le tirage de la cheminée.

Après que la réunion eut repris, nous reçûmes un message de Gorbatchev : il nous informa des résultats de ses entretiens avec Aziz (il l'avait reçu la veille) et nous proposa un autre plan de paix. Mais c'était toujours la même rengaine : l'Irak s'engagerait officiellement à retirer ses troupes du Koweït, les étapes de ce retrait étant régies par un calendrier précis dont la première phase débuterait dès le lendemain du cessez-le-feu ; et nous devions simplement nous engager, en échange, à ne pas attaquer leurs troupes. Tout en déclarant aux Irakiens que ces deux points ne sauraient être liés, Gorbatchev leur avait laissé entendre que le Conseil de sécurité pourrait adopter de nouvelles résolutions après leur retrait et que l'URSS inciterait les Nations unies à aborder toutes sortes de questions, incluant celles de Lebanon et des relations arabo-israéliennes. Les Soviétiques, autrement dit, cherchaient de plus en plus désespérément à nous empêcher de déclencher la guerre terrestre ; et, même si aucun d'entre nous (notamment Baker et le Président) n'aurait aimé qu'ils nous laissent tomber, nous ne pouvions pas non plus nous permettre de nous laisser détourner de notre objectif. Comment expliquer poliment aux Soviétiques en quoi leur plan nous semblait inacceptable ? C'était le seul problème qui se posait.

Nous discutâmes donc des termes de la réponse que nous leur ferions parvenir. Si jamais Saddam donnait l'ordre d'évacuation sans que ses forces armées aient été considérablement écornées, nous n'aurions pas vraiment gagné, c'était évident, mais ce plan était aussi problématique pour d'autres raisons : il ne faisait pas mention de la restauration de la famille royale koweïtienne, il ne stipulait aucunement que l'Irak souscrirait aux autres résolutions telles que les réparations, etc. Nous envisageâmes un moment de « tester » sur-le-champ la bonne foi de Saddam en lui laissant un délai de quatre-vingt-seize heures pour se retirer totalement du Koweït : ses forces auraient été ainsi contraintes de faire immédiatement mouvement vers le nord en abandonnant leurs équipements derrière elles ; mais cette option ne nous emballait guère, car la mise en application de ce point aurait été difficilement contrôlable. Si bien que nous nous contentâmes, dans un premier temps, d'adresser une réponse provisoire à Gorbatchev : nous l'avisâmes que les hostilités ne cesseraient pas tout en le remerciant chaleureusement de nous avoir transmis cette proposition.

Le lendemain – le 19 février au petit matin – le Président lut et relut la lettre de Gorbatchev et décida de tenir bon. Après que nous nous fûmes réunis de nouveau dans le Bureau Ovale pour concevoir une réponse plus conforme aux usages diplomatiques, nous convînmes de faire savoir que nous exigions désormais que les Irakiens nous prouvent leur bonne foi en satisfaisant à quatre critères autres que ceux antérieurement spécifiés par les résolutions des Nations unies : pas de cessez-le-feu avant que le retrait soit total ; plus de lancements de Scud ; aucune utilisation d'armes chimiques ; et échange immédiat des prisonniers de guerre. Telles furent les objections accompagnées de nouveaux remerciements que le Président exposa dans la lettre officielle qu'il adressa à Gorbatchev.

GEORGE BUSH

Les deux jours suivants, nous attendîmes qu'il soit répondu à nos contre-propositions. Je passai nombre de coups de fil diplomatiques – je contactai Mitterrand, Mulroney, Ozal et Moubarak – pour informer les autres membres de la coalition de ce que nous venions d'écrire à Gorbatchev et vérifier qu'ils ne se désolidarisaient pas de notre position, après quoi je m'installai dans une sorte d'accalmie anxieuse : la balle de la paix était toujours en jeu, et je craignais qu'une initiative de dernière minute vienne tout gâcher – en guise de complication supplémentaire, nous eûmes vent qu'Aziz refusait de transmettre notre texte à Saddam. Finalement, le 21 janvier au matin, Saddam prononça une longue allocution télédiffusée qui n'apporta rien de neuf : tout en faisant plusieurs fois allusion au retrait de ses troupes, il refusait toujours de voir la réalité en face et ne cédait sur rien ! M'appelant vers deux heures de l'après-midi, Mitterrand admit que les négociations n'avaient aucune chance d'aboutir.

En début de soirée, alors que j'étais sur le point d'aller assister à une représentation théâtrale donnée en l'honneur des aviateurs de Tuskegee *, Gorbatchev me téléphona de nouveau pour me rapporter ce qu'Aziz lui avait dit. Une avancée venait de se produire, estimait-il : l'Irak acceptait de se retirer, mais seulement après un cessez-le-feu. Il proposa que les sanctions soient levées dès que les deux tiers des troupes irakiennes auraient quitté le Koweït, mais ne mentionna à aucun moment la question des réparations, le sort des prisonniers de guerre ou la destinée du reste de l'armée irakienne : ce n'était pas encore le retrait inconditionnel que nous exigions. Je parlai à Mikhaïl une bonne demi-heure en prenant un maximum de notes manuscrites, puis je me rendis au Ford's Theater après avoir demandé à Bob Gates, qui remplaçait Brent, de plancher sur cette nouvelle proposition avec le plus de monde possible. Pendant toute la représentation, je gigotai sur mon siège en me demandant sans arrêt : comment éviter que Sad-

* Officiers noirs de l'armée de l'air américaine qui avaient manifesté en 1945 contre la ségrégation raciale *(NdT)*.

dam nous prive de notre victoire en s'arrachant au tout dernier moment aux griffes de la défaite certaine qu'il encourait ?

BRENT SCOWCROFT

Dick Cheney et moi étions invités à un dîner donné par la reine du Danemark. Parce qu'il nous restait encore énormément de travail à accomplir avant le retour du Président, nous convînmes que Dick se rendrait seul à ce dîner afin que j'aie le temps de faire rédiger un avant-projet de réponse à Gorbatchev : Haass travailla sur un texte du NSC – et Baker nous en amena un autre issu du Département d'État, ces deux variantes rejetant la proposition soviétique.

Quand le Président regagna son bureau, nous lui offrîmes un curieux spectacle vestimentaire (Cheney arborait un smoking, nous étions pour la plupart en complet veston et Powell, qui arrivait de son domicile, portait un pull à col roulé), mais la réunion qui suivit n'en fut pas moins très studieuse. Le Président reprochant à ces deux textes d'être trop jusqu'au-boutistes, nous adoucîmes leurs formulations en nous contentant de fixer une date limite à l'acceptation de notre proposition et à la démonstration de la sincérité de Saddam – il s'agissait d'un ultimatum, en fait, notre objectif essentiel consistant toujours à ne pas nous faire avoir en nous laissant refiler de la monnaie de singe... mais, plutôt que de réagir séparément à chaque nouvel assaut de l'adversaire, nous avions décidé d'exposer une fois pour toutes ce qui pourrait nous amener à reculer !

Bien entendu, on ne pouvait exclure que Saddam réponde : « C'est d'accord ! », et il est certain que tout « oui » de sa part aurait été catastrophique – j'admets volontiers que nous avons frisé le désastre, même si c'était encore le meilleur des choix possibles.

GEORGE BUSH

Le lendemain matin – le 22 février, donc –, je discutai de la teneur de cette déclaration avec Mitterrand. Il suggéra d'apporter quelques modifications mineures qui furent intégrées, et proposa que tous les alliés publient le même document simultanément. Au cours de cet entretien téléphonique, Gates me tendit un rapport qui signalait que les Irakiens commençaient à faire sauter toutes les raffineries de pétrole koweïtiennes. « Si tant est que nous doutions encore de la nécessité de ne pas traîner ou nous interrogions toujours sur leur bonne foi, ce rapport devrait suffire à lever toutes nos hésitations. Je ne comprends vraiment pas comment ce gars peut continuer à parler de paix par l'intermédiaire des Soviétiques tout en se livrant à de tels actes », dis-je à François. « Je ne lui fais pas confiance pour un sou. [...], me déclara ce dernier. Votre document est très bien, nonobstant mes quelques remarques. Soyez assuré que la France et votre pays continueront à marcher dans la même direction ! »

Le président Bush essaya de contacter Gorbatchev avant d'annoncer quoi que ce soit, mais, quand il appela vers dix heures vingt, le dirigeant soviétique était sorti. Une demi-heure plus tard, dans la roseraie de la Maison Blanche, le Président alla de l'avant en commentant brièvement notre réponse, et il promit qu'un exposé complet des clauses spécifiques dont nous exigions le respect ne tarderait pas être publié. Non seulement le retrait inconditionnel évoqué à Moscou était assorti en réalité d'un certain nombre de conditions, expliqua-t-il, mais l'autre camp ne nous avait encore donné à observer aucun signe tangible de sa bonne volonté ni fourni la moindre preuve que ses paroles se traduiraient un jour par des actes : les Irakiens continuaient à pratiquer une politique de terre brûlée au Koweït ; l'Irak avait lancé de nouveaux Scud cependant même qu'Aziz négociait à Moscou, etc. L'élément le plus important de notre injonction était que Saddam avait jusqu'au 23 février (le lendemain) à midi, heure orientale, « pour faire ce qu'il fallait : entamer son retrait immédiat et inconditionnel du Koweït, étant entendu que son acceptation de ces clauses devrait nous être communiquée publiquement tout autant par des sources faisant autorité ».

Gorbatchev rappela peu après onze heures. Après s'être excusé d'avoir dû participer à des festivités télévisées en l'honneur de l'armée soviétique qui l'avaient empêché de prendre l'appel du Président, il dit qu'il avait amélioré sa proposition antérieure et tenait à nous faire part du résultat de ses derniers entretiens avec Aziz. Comme le Président devait assister à la cérémonie de prestation de serment du ministre du Travail Lynn Martin et qu'il était déjà en retard, il demanda à Baker de poursuivre la conversation à sa place jusqu'à ce qu'il revienne : ce coup de fil matinal se prolongea pendant plus de une heure, Baker en profitant pour lire à Gorbatchev le texte du communiqué de presse présidentiel. Quand il eut fini, le Président retourna dans le Bureau Ovale et reprit le combiné.

GEORGE BUSH

« Dois-je comprendre que ce dont nous étions convenus hier n'est plus acceptable ? », demanda Mikhaïl. « C'est exact », lui dis-je. Il affirma que la situation avait changé : il s'était entretenu de nouveau avec les Irakiens, m'apprit-il, et ils avaient consenti à se retirer immédiatement et inconditionnellement du Koweït en commençant dès le lendemain du cessez-le-feu – tout serait achevé au bout de trois semaines, délai au terme duquel les résolutions des Nations unies seraient levées. Ce n'était ni immédiat ni inconditionnel, songeai-je : les Irakiens disposeraient de plus de temps que nécessaire pour poursuivre la destruction du Koweït, et l'on ne pouvait donc guère considérer qu'ils avaient fait la preuve de leur bonne foi.

Gorbatchev réagit vigoureusement à notre rejet de sa proposition. « Qu'est-ce qui est prioritaire ? Sommes-nous à la recherche d'une solution politique, ou s'agit-il uniquement de poursuivre des opérations militaires qui se termineront par une guerre terrestre ? », lança-t-il d'une voix rendue plus aiguë par l'irritation évidente qui le gagnait. Il avait deviné que nous avions délibérément fixé des conditions de retrait impossibles pour ouvrir la voie à de nouvelles opérations militaires. « Ce serait différent si les États-Unis s'opposaient à un règlement politique, continua-t-il. Mais, en partant de ce que l'Union soviétique a déjà réussi à accomplir et en transformant ces acquis en une approche américano-soviétique commune que nous présenterions ensemble devant le Conseil de sécurité, nous pourrions finir par trouver une solution. »

Je lui demandai si Saddam avait accepté les points qu'il lui avait soumis : Mikhaïl répondit qu'ils attendaient toujours une réponse. Je le remerciai donc pour ses efforts tout en précisant que je ne faisais pas confiance à Saddam et que ce que les Irakiens réclamaient était incompatible avec les objectifs de la coalition. « Saddam essaie simplement de sauver la face pour se refaire une santé, commentai-je. Il profite de l'accalmie actuelle pour détruire le Koweït. Demandez donc à vos services de renseignements de vous montrer des photos des dommages que les Irakiens font subir aux installations pétrolières koweïtiennes. »

Je rappelai à Mikhaïl toutes les atrocités qui avaient été commises. « J'attache toujours une très haute valeur à la vie humaine : la perspective d'envoyer des jeunes hommes et des jeunes femmes au combat m'épouvante, lui dis-je. Je sais que ce que je vais vous demander maintenant va vous placer dans une position difficile... je comprendrais tout à fait que vous me disiez simplement : "George, je ne peux vraiment pas faire cela !" Je veux que vous fassiez savoir à Aziz qu'il est au pied du mur et doit impérativement signer. Ce ne sont pas seulement les États-Unis qui l'y enjoignent, c'est la coalition tout entière, et nous tenons absolument à ce que notre proposition aboutisse à ce résultat. Il n'a pas répondu à [la vôtre]. Nous avons attendu et attendu encore. Nous nous sommes montrés patients, mais, maintenant, nous exigeons une réponse – il y a des limites à tout, et, après ce qu'il a fait au Koweït, nous ne céderons pas – [notre] proposition est on ne peut plus sérieuse. Voici donc ma requête : je voudrais que vous souteniez notre position. Vous vous êtes donné beaucoup de mal pour nous faire adopter une position plus raisonnable de votre point de vue, mais, pour les raisons que je vous ai exposées, nous ne pouvons pas vous suivre. Si un soutien de votre part est impossible, nous vous serions très reconnaissants de ne pas vous opposer à notre proposition. »

En début d'après-midi, pendant que nous informions nos alliés de ce qui était en train de se passer, Fitzwater lut à la presse un communiqué plus complet qui détailla l'ensemble de nos exigences – lesquelles étaient toutes conformes aux résolutions du Conseil de sécurité. Tout devait redevenir comme avant le 1er août, stipulait ce texte : les prisonniers de guerre devaient être libérés, les actes destructeurs perpétrés à l'encontre des citoyens koweïtiens devaient cesser immédiatement, etc. ; en retour, nous promettions de ne pas faire feu sur les troupes qui battraient en retraite. La balle était donc revenue dans le camp de Saddam.

Une heure et demie plus tard environ, nous nous réunîmes encore une fois dans le Bureau Ovale. Powell et Cheney devant informer le Président de ce qui nous attendait, Scowcroft dit qu'il n'était pas certain que la description des horreurs de la bataille future doive nécessairement parvenir aux oreilles présidentielles : « Il y a certains détails qu'il vaut mieux vous épargner, remarqua-t-il.

– Je sais, répondit le Président, mais pas ceux-là. »

Powell fit savoir que l'armée irakienne avait commencé à craquer, et il décrivit de nouveau l'opération terrestre à venir. En cas de besoin, la campagne pourrait être ajournée par tranches de vingt-quatre heures, précisa-t-il d'emblée avant d'ajouter : « Comme Norm, je préférerais voir les Irakiens évacuer le Koweït de leur propre chef plutôt que d'être contraint de les en chasser. Nous essuierons des pertes, il y aura un moment où nous perdrons énormément de soldats. Ce sera horrible. Tout le monde décomptera les victimes américaines, et la bataille sera confuse. [...] Ne disposant pas d'informations [précises] tout de suite, il faudra peut-être que nous prenions notre mal en patience pendant deux ou trois jours. Tandis que, s'ils se retirent d'eux-mêmes, nous ne serons pas forcés d'aller au contact. [...] Une attaque chimique est hautement vraisemblable : l'attaque d'un pays arabe par des forces américaines sera alors inévitable. Nous viendrions plus facilement à bout de leurs chars et de leurs réserves en passant à l'attaque, mais le coût en termes de vies humaines et de problèmes ultérieurs serait si lourd que le jeu n'en vaudrait pas la chandelle.

– Préféreriez-vous un règlement négocié ? demanda le Président.

– S'ils satisfont totalement à nos conditions, oui, c'est ce que je préfère. Ils vont craquer.

– S'ils craquent sous la force de nos armes, ce sera mieux qu'un retrait, répondit le Président.

– Mais à quel prix ? », demanda Powell.

BRENT SCOWCROFT

Cet échange était des plus révélateurs. À juste titre, Powell se préoccupait autant du sort de nos troupes que de l'atteinte des objectifs que nous venions de détailler. La bataille aérienne s'était très bien passée : on pouvait estimer que la capacité militaire de l'Irak avait été réduite d'au moins quarante pour cent. Si Saddam avait évacué le Koweït, nos objectifs auraient été largement atteints sans qu'un combat soit nécessaire. Mais, pour le Président, il aurait été très dangereux qu'un retrait irakien survienne avant que l'armée de l'Irak soit détruite : car une menace aurait continué à peser sur les frontières koweïtiennes et l'ensemble de la région. Nos forces étaient trop nombreuses pour qu'une rotation fût envisageable, et les Saoudiens n'auraient jamais accepté qu'une présence étrangère si massive reste indéfiniment sur leur sol afin de contenir Saddam. Nous devions agir sans tarder, en profitant de ce que nous étions mobilisés et nous trouvions sur place.

GEORGE BUSH

Le tempo de la campagne terrestre découlait des termes mêmes de notre ultimatum : la frappe devait débuter dès le lendemain matin du jour où cet ultimatum venait à expiration, à l'aube, heure du Golfe. Dans la mesure où il s'agissait de la nuit du samedi à huit heures, heure orientale, je tenais à ce que mon annonce de l'offensive soit aussi proche que possible de l'heure effective de son déclenchement : pour des raisons de sécurité, les militaires souhaitaient que la divulgation de leurs opérations fût retardée au maximum, jusqu'au dimanche de préférence, et je ne voulais certes pas risquer de mettre nos troupes en danger par une annonce trop précipitée, mais ce n'en était pas moins une décision qui devait être impérativement annoncée par la Maison Blanche – nous n'aurions pu en aucun cas nous permettre de déclencher la campagne, puis d'informer le pays dans un deuxième temps ; non seulement le peuple américain dans son ensemble avait le droit de savoir, mais il fallait penser aussi aux familles anxieuses dont un enfant chéri allait recevoir l'ordre de combattre... De sorte que la date du samedi soir à vingt-deux heures fut finalement choisie après que je me fus concerté avec les Français et les Britanniques : tant Mitterrand que Major m'avaient rappelé qu'il n'y avait qu'eux qui pouvaient ordonner à leurs forces respectives de se lancer dans la bataille. Et je téléphonai également aux quatre leaders du Congrès pour les prier de se tenir prêts à recevoir des coups de fil du vice-président Quayle et de Sununu – lesquels les mirent ensuite au courant de nos projets par téléphone. Puis je partis pour Camp David dans l'après-midi du 22 février : j'allai y passer le week-end, accompagné de Baker.

La nuit du 22 au 23 février, Saddam essaya une fois encore de tergiverser en réclamant que les Nations unies débattent de la situation, mais il était trop tard pour discutailler. Le lendemain matin à onze heures quinze, soit quarante-cinq minutes avant l'heure limite, Mikhaïl téléphona pour tenter une dernière démarche : son coup de fil me parvenant pendant que je disputais une partie de *wallyball* * avec Baker, quelques marines de Camp David et les membres de mon équipe, je répondis à son appel dans le vestiaire, debout, en sueur et une serviette drapée autour des épaules – également en ligne, Brent écouta notre conversation depuis la Maison Blanche. Mikhaïl m'apprit que les Irakiens s'apprêtaient à effectuer un retrait total et inconditionnel – qu'ils auraient évacué Koweït City d'ici quatre jours, Aziz ayant déjà donné une conférence de presse au cours de laquelle il avait accepté ces conditions au nom de l'Irak. Mikhaïl demanda donc que nous travaillions de concert à résoudre le problème aux Nations unies – « Saddam a fini par se dégonfler, commenta-t-il.

– Nous agirons sitôt que l'heure limite sera dépassée. Cette heure

* Sorte de volley-ball *(NdT)*.

tient toujours, si louable que soit votre désir de parvenir à un accord de dernière minute, lui rétorquai-je.

– Restons calmes, insista-t-il. N'oublions pas que nous sommes des êtres humains et que le destin de Saddam est déjà arrêté. Si l'atteinte de nos objectifs est primordiale, nous devons aussi tout faire pour que le conflit n'entre pas dans une phase tragique. Saddam cherche des faux-fuyants, c'est évident, mais nous ne sommes pas non plus des nigauds » ; et il suggéra que nos deux pays en réfèrent conjointement au Conseil de sécurité : « Je pense que Baker et Bessmertnykh pourraient aboutir. Je vous parle en ami », ajouta-t-il tout en proposant que des négociations soient ouvertes au cours du week-end. Songeant que Saddam cherchait uniquement à gagner du temps dans le but de continuer à pratiquer la politique punitive de terre brûlée qu'il appliquait au Koweït, je répondis poliment mais fermement à Gorbatchev que notre ultimatum ne saurait être prorogé.

BRENT SCOWCROFT

Gorbatchev était visiblement désemparé. Aucune de ses propositions n'avait marché, et c'était sa dernière chance. Après avoir tout essayé, il réclamait ce sursis afin de disposer d'une nouvelle occasion de faire entendre raison à Saddam. Le Président fut patient et amical, mais inflexible – cette conversation dut lui être extraordinairement pénible.

GEORGE BUSH

À midi, l'heure limite fut dépassée. Plus de cinq cent mille soldats américains étaient en état d'alerte dans le Golfe, et notre Air Force avait déjà accompli plus de quatre-vingt-quatorze mille missions. Au cours de la nuit, le 23 février à vingt heures, heure de Washington, et le 24 février à quatre heures du matin, heure de l'Arabie Saoudite, la campagne terrestre débuta. J'informai les chefs du Congrès dès vingt heures quarante-cinq, juste avant de prendre l'avion qui me ramena de Camp David à la Maison Blanche, après quoi Brent me communiqua les dernières informations disponibles à la porte du Bureau Ovale, d'où j'avais prévu de m'adresser à la nation.

> *Journal, 23 février*
>
> Le bruit courait avant mon discours [...] que vingt mille [civils] avaient été tués au Koweït, et toute la ville de Koweït City – le quartier des banques et d'autres secteurs – serait en flammes selon d'autres rumeurs. Aucun être humain civilisé n'accumulerait tant [de destructions] à la dernière minute. Les armes chimiques me préoccupent autant que l'emploi inattendu de telle ou telle arme secrète : on m'a signalé il y a quelques jours de cela que, si leurs installations nucléaires n'avaient pas été détruites, ils auraient eu la bombe atomique

> dès mars 1991, mais j'ignore si ce rapport a été ou non authentifié.
>
> Pour ce qui est de mes émotions personnelles, je suis heureux que la décision ait fini par être prise et que son exécution ait commencé. Je me fais du souci pour les familles, je m'inquiète pour les pertes humaines et je me demande comment tout cela finira. Supposons par exemple qu'ils proclament qu'ils consentent à se retirer dès maintenant du Koweït – que ferions-nous ? Je suis déterminé à faire tout ce qu'il faut, et je suis convaincu que nous avons fait le bon choix. Je suis fatigué, très fatigué ; mais mon équipe m'a si bien épaulé que je ne me suis jamais senti esseulé au moment de décider. Je savais néanmoins que seul le Président est habilité à prendre une telle décision, et c'est pourquoi j'ai tenu à m'exprimer en personne dès ce soir – à prononcer moi-même cette déclaration solennelle. Je parlerai, puis je m'installerai dans mon fauteuil et, comme tout autre Américain désormais, j'attendrai la suite des événements avec appréhension. Un petit office religieux doit être célébré demain matin, et je suis impatient d'y participer – j'espère que Saddam cessera de maltraiter nos prisonniers.

L'allocution que je prononçai ce soir-là alla droit au but. Le délai de midi était passé sans que l'Irak se soit retiré du Koweït, annonçai-je ; non seulement Saddam n'avait pas obtempéré, mais il avait même redoublé d'efforts pour détruire totalement ce pays et ses habitants. Voici un extrait de ma déclaration :

> J'ai par conséquent chargé le général Norman Schwarzkopf, ainsi que les forces de la coalition, de chasser l'armée irakienne du Koweït en utilisant tous les moyens possibles, forces terrestres y compris [...]. La libération du Koweït vient d'entrer dans sa phase finale.

Et je recommandai en plus à nos compatriotes de prier pour tous ceux de nos hommes et de nos femmes qui servaient sous nos drapeaux. Le lendemain matin – le dimanche 24 février à sept heures –, Barbara et moi-même traversâmes Lafayette Square pour nous rendre à St. John. Ce temple fréquenté par tant de présidents des États-Unis avant moi était presque bondé : très nombreux furent les conseillers de la Maison Blanche ou les fonctionnaires ministériels qui vinrent y réciter des prières, mon assistante Patty Presock les ayant contactés sitôt après que notre ami le révérend John Harper avait accepté de célébrer cet office de communion.

Les premiers rapports d'opérations tombèrent pendant que nous écoutions le magnifique sermon du révérend Harper : Dick Cheney me passa en douce une feuille de papier pliée en quatre où figurait un court message – « Norm dit que ça se passe très bien ! », lus-je. Après l'office, assis dans le salon de mes appartements privés à côté de Barbara et me faisant donner d'autres détails par Dick et Colin, j'appris avec émotion que nous déplorions très peu de victimes et que nos troupes avançaient à la vitesse de l'éclair. Tout se passait encore mieux que prévu, m'assurèrent-ils : les marines avaient pulvérisé les fortifications irakiennes du sud du Koweït dès cinq heures trente, et ils approchaient déjà de Koweït City ; tandis que le plus gros des forces de la coalition s'enfonçait à l'ouest du désert koweïtien pour effectuer le vaste mouvement tournant qui devait couper l'armée irakienne en deux. Tout au long de cette journée, Dick et Colin me tinrent régulièrement au courant des progrès de notre avance sur le terrain et de l'état de nos pertes : Colin me fit savoir, par exemple, que tout le monde « se plaignait d'avoir trop de prisonniers sur les bras », comme il m'informa, en outre, lors de notre réunion de l'après-midi, que les marines avaient atteint le terrain d'aviation d'Al Jabar, à une cinquantaine de kilomètres de Koweït City à peine – non seulement nos deux divisions de marines s'étaient déjà profondément engagées à l'intérieur du territoire koweïtien, me révéla-t-il, mais nos pertes étaient minimes (un seul marine avait été tué). Ils avançaient donc plus vite encore que dans nos prévisions les plus optimistes : le bain de sang auguré n'avait pas eu lieu, nos craintes ne s'étaient pas confirmées. L'heure n'était plus qu'à la vigilance, à l'attente et à la nervosité – car nul ne savait ce que l'avenir nous réservait. Mais, quand bien même j'étais empli de reconnaissance et me sentais fier de nos troupes, mon cœur était aussi plein de tristesse – je ne jubilais pas.

Vers la fin de la matinée suivante – celle du 25 février –, Schwarzkopf me précisa que les divisions blindées irakiennes commençaient à riposter aux tirs de nos marines, mais que nos pertes étaient toujours très légères. « Nous leur entraverons les cornes dès demain ou après-demain », prédit-il. Un communiqué faisant état des premières pertes graves essuyées par notre camp tomba cependant peu après : un cantonnement américain situé près de Dharan venait d'être frappé par un Scud, m'apprit-on. Une terrible frustration m'envahit quand je découvris le spectacle des dévastations commises : vingt-huit Américains avaient été tués et près de cent étaient blessés ! Les opérations militaires en tant que telles avaient fait moins de victimes que ce Scud tiré en désespoir de cause, songeai-je avec fureur : en dépit de tous les efforts que nous avions déployés pour localiser les lanceurs avec précision, une tragédie avait fini par arriver – un missile unique lancé à l'aveuglette avait tué tous ces soldats ! La colère m'envahit, même si je savais que Saddam ne manquerait pas de payer le prix de ce massacre.

Ce même après-midi, alors que je me trouvais au gymnase du Rayburn House Office Building et venais de disputer une partie de ping-pong avec Sonny Montgomery, Brent me passa un coup de fil. Non seulement la radio de Bagdad avait annoncé que Saddam acceptait de se retirer du Koweït, me dit-il, mais quelques premiers signes d'évacuation commençaient même à être observés sur le terrain selon certains rapports : des colonnes de véhicules fonçaient vers le nord, nous avait-on signalé ; j'essayai tant bien que mal de comprendre ce qui était en train de se passer à partir des récits fragmentaires de Dick et de Jim, sans que la nouvelle soit pour autant confirmée. Puis d'autres informations nous parvinrent vers dix-huit heures trente, au moment même où je m'apprêtais à dîner en compagnie de Barbara et de Brent, et le téléphone sonna ensuite sans discontinuer : Aziz, semblait-il, avait contacté l'ambassadeur soviétique à Bagdad pour lui demander de faire savoir à Gorbatchev que l'Irak souhaitait que l'URSS incite l'ONU à proclamer un cessez-le-feu. Et les autorités irakiennes annoncèrent par ailleurs qu'elles avaient « fait connaître leur acceptation du retrait prescrit par la résolution 660 du Conseil de sécurité sitôt qu'elles avaient agréé à la proposition de paix soviétique. Conformément à cette décision, l'ordre avait été donné aux forces armées irakiennes de se replier dans l'ordre jusqu'aux positions qu'elles occupaient avant le 1er août 1990 ». En d'autres termes, Saddam criait victoire tout en essayant de sauver le plus gros de son armée !

Dès vingt heures, nous nous réunîmes dans le Bureau Ovale pour discuter de la réponse qu'il convenait d'apporter à l'annonce irakienne et de ce qu'il restait encore à accomplir avant de pouvoir mettre fin aux hostilités. Si la proposition des Irakiens restait inacceptable en cela même qu'ils n'avaient pas encore souscrit à la totalité des résolutions des Nations unies ni satisfait à toutes les conditions de la coalition, les troupes de Saddam n'en paraissaient pas moins avoir commencé à se retirer du Koweït, ce qui compliquait la situation. Des milliers de soldats irakiens se rendaient et de longues colonnes de véhicules se dirigeaient vers le nord, mais nos troupes avaient commencé aussi à affronter les divisions blindées de l'Irak. Fallait-il permettre à nos adversaires de fuir comme ils l'entendaient, ou devions-nous, au contraire, les obliger à laisser leurs équipements lourds derrière eux, telle était la question qui se posait.

Baker souligna que contraindre les forces irakiennes à abandonner leurs blindés irait au-delà des résolutions des Nations unies. Le Président remarqua, quant à lui, que la donne avait changé et que nous n'étions pas liés par nos exigences antérieures, mais qu'il importait quand même de stipuler aux Irakiens que la cessation des hostilités était soumise à des conditions spécifiques. Powell demanda que nous lui laissions le temps d'achever le boulot : « Nous pouvons fermer la porte [couper l'armée irakienne en deux] en deux jours », dit-il. Et une autre donnée devait être prise en considération : aucune notification officielle d'acceptation ne nous était encore parvenue de la part de l'Irak.

« Il est indispensable que Saddam Hussein accepte personnellement l'ensemble des résolutions », argua Scowcroft.

Les réactions de l'opinion publique tracassaient le Président. « "Pourquoi continuez-vous à tirer sur des troupes qui se replient ?" Voilà la pression que nous allons subir... Mais je me dois de penser à la sécurité de nos forces. Ils ont canonné nos positions à Khafji [où des tankistes irakiens avaient fait feu sur des marines après avoir fait mine de se rendre]. Nous sommes en guerre : la situation est différente, désormais, dit-il.

– Que se passerait-il si Saddam évacuait le Koweït sans accepter toutes nos exigences ? demanda Baker.

– Nous poursuivrions le combat », répondit Scowcroft.

Fitzwater fit connaître notre réponse au cours de la nuit. La guerre continuait, expliqua-t-il, parce qu'aucun signe patent de changement n'avait été encore observé : dans la mesure même où son armée se battait toujours, rien n'autorisait à penser que Saddam retirait véritablement ses troupes du Koweït, fîmes-nous valoir. Les Irakiens avaient déclaré que leurs forces n'hésiteraient pas à livrer bataille au cours de leur retraite ; nous fîmes savoir pour notre part que nous n'attaquerions pas les soldats désarmés qui battaient en retraite, quand bien même le repli d'unités combattantes n'était rien d'autre, à nos yeux, qu'un « mouvement de guerre ». Pour nous convaincre du sérieux de ses intentions, Saddam n'avait qu'une solution, spécifia Fitzwater : souscrire « personnellement et publiquement » aux termes de notre injonction du 22 février et satisfaire totalement aux résolutions des Nations unies !

GEORGE BUSH

Journal, 25 février

Je crois bien que Saddam Hussein [...] essaie de nous coincer. Si ça se trouve, il a décidé de retirer ses troupes du Koweït parce qu'il espère dresser l'opinion mondiale contre nous en clamant ensuite : « Regardez donc ce qu'ils [les États-Unis] font en Irak ! » [...] Rien ne prouve qu'ils évacuent, et il est de toute façon hors de question que nous le laissions crier victoire à l'instant même où les griffes de la défaite se referment sur lui. Il est déjà battu à plates coutures, et nous allons bientôt lui couper toute ligne de retraite à Basra [...]. Mais il faut absolument que la garde républicaine soit désarmée [...]. Le problème, c'est que, si jamais ses forces parvenaient à quitter le Koweït, nous ne pourrions faire autrement que de violer ses frontières [...] en ordonnant à nos troupes d'envahir l'Irak. Voilà pourquoi nous insistons autant sur les résolutions des Nations unies et tenons si fortement à ce que l'intégralité de ces résolutions (les réparations, le renoncement à toute revendication du moindre territoire koweïtien, etc.) soient respectées.

Il n'est pas impossible que nous ayons à choisir entre la solidarité des membres des Nations unies et la conclusion définitive de cette affaire. Dans ce cas, j'opterai pour la deuxième solution, car notre crédibilité est en jeu. Je ne veux surtout pas que cette histoire se conclue par un autre match nul, un autre Viêtnam ou je ne sais trop quel règlement bâclé – j'espère que nous pourrons éviter tout cela. Les Soviétiques souhaitent qu'une assemblée de l'ONU se tienne dès ce soir, mais nous nous sommes trop investis dans cette guerre et avons perdu trop d'hommes pour leur donner satisfaction : nous ne permettrons certainement pas à ce gars de sauver la face au tout dernier moment grâce à tel ou tel règlement boiteux – sa dignité m'indiffère, à moi comme au reste du monde. Si nos forces pénètrent en Irak pour parer à cette éventualité, nous prendrons peut-être des coups ; mais perdre notre crédibilité en acceptant un compromis insensé serait bien pire : je ne m'y prêterai jamais !

Je me mis au lit ce lundi soir dans un état pitoyable. J'étais très abattu : c'était un peu comme si les choses se détraquaient subitement juste au moment où tout semblait si bien se passer – situation on ne peut plus frustrante ! Je n'avais pas l'intention de laisser Saddam s'échapper à si bon compte du Koweït après tout ce qu'il y avait fait, pas plus que je ne voulais permettre aux Irakiens de se dire « victorieux » par défaut ou même de revendiquer le match nul. Ou bien il s'avouait vaincu totalement et publiquement (déclaration qui aurait équivalu à une capitulation), décidai-je, ou bien nous saisirions l'occasion qu'il nous donnait de juguler toute future menace irakienne en achevant d'écrabouiller son armée.

Dès le lendemain matin – le 26 février à neuf heures quarante-huit –, je m'adressai de nouveau à la nation pour annoncer que nous avions rejeté la dernière proposition de Saddam. À l'unique exception de Gorbatchev, la coalition et le pays semblaient me soutenir massivement : les taux d'opinions favorables atteignaient un niveau astronomique (on n'avait jamais vu cela !), l'opinion considérant unanimement que Saddam ne devrait pas être autorisé à se tirer si facilement du pétrin où il s'était mis – il avait fini par symboliser un mal absolu qui focalisait toutes les haines.

Colin me rappela vers sept heures. « Ils vont à la dérive, me dit-il. Les ponts sont tous embouteillés : l'armée irakienne bat indiscutablement en retraite. » Les forces de la coalition avançaient le long de la vallée de l'Euphrate afin de couper la route à toutes les unités encore organisées qui se dirigeaient vers le nord, mais le temps se dégradait : jamais il n'avait fait si mauvais depuis le début de la crise, et l'impossibilité de faire décoller nos avions privait nos troupes terrestres de tout soutien aérien. Néanmoins, des unités de marines étaient déjà en train de traverser les faubourgs de Koweït City, que les Irakiens avaient déjà évacués, selon la résistance irakienne. « Surtout, ne vous faites pas de bile à cause de la garde républicaine », ajouta-t-il : on ignorait encore si ces forces allaient rester sur place ou filer vers le nord, mais il était certain que très peu de leurs blindés réussiraient à quitter le Koweït. « Nous les aurons virés dès demain », m'assura-t-il.

Journal, 26 février

[...] Leurs blindés sont presque encerclés. Nous avons demandé aux Égyptiens et aux Saoudiens de faire leur entrée [dans Koweït City] les premiers, et je me suis dit : « Bon Dieu, que c'est excitant ! Penser que ce petit pays va être libéré... c'est merveilleux ! » [...] Bien entendu, la nouvelle la plus importante a trait au remarquable comportement de nos troupes – elles ont accompli un boulot splendide ; elles ont été convaincues de bout en bout que nous étions dans notre bon droit et que l'autre camp avait tort. Nous faisons ce qui convient, et ce que nous faisons est bon : le Viêtnam ne sera bientôt plus qu'un mauvais souvenir [...].

On s'étonne de m'entendre tant insister sur la fin du syndrome vietnamien. J'ai bien senti à quel point notre pays était divisé dans les années 1960 et 1970 – décennies où j'étais encore parlementaire. [...] Les conditions dans lesquelles j'ai parlé à Adelphi ou les dos tournés des étudiants de Yale sont restés gravés dans ma mémoire *. Je me souviens de l'angoisse et de l'impression de laideur qui nous étreignaient, mais, aujourd'hui, tout est très clair. Cette fois-ci, il faut que nous parvenions à conclure cette guerre proprement, et je me répète sans arrêt : Comment allons-nous arrêter tout cela ? [...] Le terme de « reddition » n'a rien d'inconvenant – même s'il ne semble pas plaire aux Arabes. Comment quitterons-nous le Koweït ? Comment amènerons-nous les Irakiens à déposer les armes ? Comment protégerons-nous les intérêts des civils ? Et comment pourrons-nous continuer à jouer notre rôle avec crédibilité, tout en faisant en sorte que le Golfe redevienne une région sûre ?

Au cours de cette même journée, les forces coalisées arabes pénétrèrent dans Koweït City sous un ciel enténébré par la fumée noire qui s'échappait des puits de pétrole en flammes ; puis le temps finit par s'éclaircir, et l'aviation de la coalition intercepta des convois irakiens en route vers le nord. Tout portait donc à croire à cet instant que les restes de l'armée de Saddam encore présents au Koweït pourraient être capturés ou détruits, mais notre adversaire refusait toujours de capituler. Je décidai finalement que c'était à nous qu'il appartenait de choisir, et non pas à Saddam : nous ne cesserions les hostilités qu'à partir du moment où j'aurais l'assurance que tous nos objectifs militaires étaient atteints et que toutes les conditions des Nations unies seraient respectées, arrêtai-je.

---

* Des étudiants avaient manifesté pendant que je prononçais une allocution à Adelphi dans le cadre d'une cérémonie de remise de diplômes, et les diplômés de Yale m'avaient tourné le dos dans des circonstances similaires. Ces deux incidents m'avaient bouleversé.

BRENT SCOWCROFT

La situation tactique évoluait très rapidement, et nous ne comprenions pas très bien ce qui se passait sur le terrain. Dans l'ensemble, tout était conforme à nos plans, si ce n'est que notre avance avait été plus rapide que prévu. La porte de Basra devait être fermée d'ici un jour ou deux... mais, ce que nous ne savions pas encore, c'était que le plan que nous avions conçu pour piéger la garde républicaine au Koweït était en passe d'échouer ! Car les marines étaient arrivés si vite à Koweït City que la Garde n'était pas descendue vers le sud pour renforcer les lignes de front irakiennes – voilà pourquoi la majeure partie de ces troupes échappèrent à notre tentative d'encerclement.

Cela aurait-il fait la moindre différence si nous avions su ce qui était en train de se produire ? J'en doute : les militaires estimaient que leur mission était achevée, et nous nous en étions toujours remis à leur jugement. Mais il est certain que notre discussion finale – les points dont nous débattîmes à la Maison Blanche le dernier jour du conflit – aurait été plus compliquée.

GEORGE BUSH

Le 27 février à dix heures quinze, Dick Cheney me fit savoir que la moitié sud du Koweït était libérée. Deux des trois divisions de la Garde avaient été détruites, et, sur les quarante-deux divisions irakiennes qui avaient stationné au Koweït, cinq ou six seulement restaient en état de fonctionner. Cheney pensait que les opérations militaires s'achèveraient dans la journée – ou le lendemain, au maximum. Certains de nos alliés aspiraient également à ce que les combats s'arrêtent, même s'ils ne nous soumettaient à aucune pression en ce sens. M'appelant vers dix heures quarante, Mitterrand me déclara qu'on allait bientôt pouvoir envisager de rendre la parole aux diplomates : il était temps de discuter des modalités de cessation des hostilités, me dit-il. Je lui répondis que nous nous demandions nous aussi quand et comment nous pourrions mettre fin à cette guerre, mais qu'aucun cessez-le-feu ne pourrait entrer en vigueur tant que la situation militaire ne serait pas satisfaisante.

BRENT SCOWCROFT

Cet après-midi-là, après que le ministre des Affaires étrangères britannique Douglas Hurd eut été reçu à la Maison Blanche, les conseillers du Président se réunirent comme chaque jour dans le Bureau Ovale pour faire le point sur la guerre. L'ambiance était particulièrement euphorique : les opérations terrestres s'étaient encore bien mieux déroulées que les plus optimistes d'entre nous ne l'avaient imaginé – compte tenu à la fois des succès que nous avions remportés et de la faiblesse de nos pertes. Powell décrivit ce que nos forces avaient accompli et les positions qu'elles occupaient, puis il ajouta que la partie venait d'entrer dans sa phase finale. J'étais parvenu à une conclusion similaire : selon une estimation qui m'avait été communiquée, à peine deux ou trois divisions irakiennes parmi toutes celles qui avaient séjourné sur le théâtre des opérations restaient assez organisées pour pouvoir fuir en tant qu'unités constituées. Colin fit remarquer que le « portail » de Basra serait totalement refermé dès la soirée du lendemain au plus tard, ce qui permettrait de couper toute ligne de retraite aux unités irakiennes subsistantes. Autrement dit, l'idée que « c'était suffisant comme cela » semblait recueillir une sorte de consensus tacite – la mauvaise impression créée par les descriptions journalistiques de l'épisode du bombardement de l'« autoroute de la mort » entre Koweït City et Basra nous préoccupait de plus en plus.

Comme si de rien n'était, le Président nous demanda si nous pensions qu'il était temps de conclure cette affaire, et personne n'émit la moindre objection. Powell faisant remarquer que nous ferions mieux de consulter le haut commandement, nous contactâmes le général Schwarzkopf en nous servant de l'une des lignes de téléphone protégées qui relient le bureau du Président au reste du monde. Schwarzkopf, qui sortait d'une réunion d'informations (de « la mère de tous les briefings », selon sa propre expression) au cours de laquelle il avait annoncé que ses troupes avaient « accompli leur mission », réclama simplement que nous lui laissions le temps de s'entretenir avec ses officiers afin de vérifier auprès d'eux que le désengagement de nos hommes pourrait s'effectuer en toute sécurité. Cheney et Powell étant attendus au Capitole, nous convînmes de nous réunir de nouveau à leur retour.

Nous retrouvant aux alentours de dix-huit heures, nous rappelâmes immédiatement Schwarzkopf, qui nous dit que ses commandants lui avaient confirmé qu'il pouvait nous donner son accord. Cédant à un élan qui ne fut sans doute qu'à moitié malin, nous décidâmes donc de mettre fin aux hostilités à minuit, heure de Washington, après très exactement cent heures de guerre terrestre.

GEORGE BUSH

Je m'adressai au pays peu après vingt et une heures :

> Le Koweït est libéré. L'armée de l'Irak est défaite. Nos objectifs militaires sont atteints. Le Koweït est rendu aux Koweïtiens, qui sont de nouveau les seuls maîtres de leur destinée. Nous partageons leur joie, même si nous n'oublions pas l'épreuve qu'ils viennent de traverser et compatissons pleinement avec leurs souffrances.
>
> Il y a sept mois de cela, l'Amérique et le monde ont tracé une ligne dans le sable : nous avons proclamé que l'agression qui venait d'être commise contre le Koweït ne saurait se perpétuer. Et, ce soir, l'Amérique et le monde ont tenu parole.

Il n'y a pas lieu d'être euphorique, et il serait mal venu de jubiler. Mais nous sommes en droit d'être fiers : fiers de nos troupes ; fiers de nos amis qui se sont tenus à nos côtés tout au long de cette crise ; fiers de notre nation et de tous ces hommes courageux et résolus à qui nous devons cette victoire prompte, décisive et juste.

Aucun pays ne peut revendiquer cette victoire pour lui seul. C'est une victoire non seulement pour le Koweït, mais pour tous les membres de la coalition. C'est la victoire des Nations unies, de toute l'humanité et du bon droit.

À l'heure du cessez-le-feu, soixante-dix-neuf militaires américains étaient morts au champ d'honneur, deux cent douze avaient été blessés et quarante-cinq étaient portés disparus ; et quelque cent dix mille missions de combat aérien avaient été effectuées au cours de la campagne. J'étais (je le suis toujours aujourd'hui) extrêmement fier des prouesses de notre armée.

Beaucoup de ceux qui avaient servi sous nos drapeaux au cours des trois décennies précédentes avaient été « bousillés » pour des motifs divers au premier rang desquels figurait la défaite du Viêtnam : toute une génération d'Américains avaient été acclamés pour la simple raison qu'ils refusaient de faire leur service militaire ; et ceux qui rentraient chez eux après avoir accompli leur devoir n'étaient pas remerciés ni félicités, mais tournés en ridicule – cela, cependant même que nombre de nos compatriotes louaient le courage et l'héroïsme des insoumis et des protestataires. La guerre du Golfe mit fin à tout cela en restaurant la crédibilité américaine !

Journal, 28 février

J'écris ces lignes le jeudi 28, de bon matin. Je n'éprouve toujours aucune sensation d'euphorie, et je crois que je sais pourquoi. Après mon allocution d'hier soir, la radio de Bagdad a annoncé que nous avons été forcés de capituler : j'ai vu à la télévision que l'opinion publique jordanienne et les habitants de Bagdad sont persuadés d'avoir gagné. C'est cousu de fil blanc et c'est minable, mais cela m'inquiète quand même. Car la conclusion n'a pas été assez spectaculaire – aucune reddition n'a été signée sur le pont du cuirassé *Missouri* *. C'est ce qui manque à cette guerre pour qu'elle ressemble tout à fait à la Seconde Guerre mondiale – pour que le Koweït se distingue totalement de la Corée et du Viêtnam.

Les manchettes des journaux sont grandioses – « Nous avons gagné », lit-on partout en lettres énormes. La télévision dépeint fidèlement l'humiliation de Saddam Hussein et colporte cette nouvelle dans tous les foyers américains : c'est uni-

* Allusion à la reddition japonaise signée le 2 septembre 1945 dans la rade de Tokyo *(NdT)*.

quement au niveau international, ou du moins dans les pays du monde arabe qui se sont alignés sur Saddam, que ce message n'est pas encore passé ! Il doit s'en aller, et j'espère que les deux avions qui viennent de se poser sur l'aéroport de Bagdad l'emmèneront très loin. Quand ils verront leurs soldats revenir sans leurs blindés, battus, assommés et avec cinquante mille morts ou peut-être même davantage, il est évident que les Irakiens comprendront – quand ils constateront que leurs frères et leurs fils sont portés disparus et ne leur reviendront jamais, ils finiront bien par comprendre ! Hier soir, Colin a mis tous ces événements en perspective – non seulement nous venons de vivre des moments historiques, m'a-t-il déclaré, mais nous avons écrit une page d'histoire qui ne peut être comparée à aucune autre. Et Bob Gates m'a dit ce matin que ce qu'il y a de plus historique là-dedans, c'est que nous avons su nous arrêter. Nous avons écrasé leurs quarante-trois divisions, et puis nous nous sommes arrêtés – nous ne voulions pas seulement tuer, et l'histoire nous en saura gré. (Bien qu'ayant servi quatre présidents, il n'avait jamais rien vu de tel, a-t-il même ajouté généreusement...)

On m'attribue tout le mérite de ce qui s'est passé, mais je ne vois pas les choses de cette façon. Je pense que notre équipe a été sensationnelle et que ça n'a pas été l'affaire d'un seul homme. J'ai tenu fermement les rênes du pouvoir, ou du moins je l'espère ; en même temps, le fait est que je n'aurais pas pu me passer de la force de Powell ; de la solidité et du sérieux de Schwarzkopf ; de la loyauté de Dick Cheney ; et du talent de Jim Baker. Je ne supporte pas qu'on le critique, car il a accompli un superbe travail de diplomate et a toujours su trouver des mots assez énergiques pour convaincre les Nations unies de faire ce qui convenait – la difficulté de ces négociations diplomatiques a été sous-estimée, et il s'en est sorti magnifiquement. Et puis, bien sûr, il y a Brent Scowcroft... Il décharge le Président de son fardeau : il se charge des tâches bureaucratiques, il fait le tri entre un problème et un autre, et tout cela sans jamais tirer la couverture à soi. Toujours calme, il est toujours là quand il faut et on peut toujours compter sur lui.

CHAPITRE XIX

Après la tempête

La rapidité même de l'effondrement de la capacité de l'Irak à nous opposer une ferme résistance ne manqua de nous surprendre, et peut-être ne nous étions-nous pas assez préparés psychologiquement à passer aussi vite des combats à la paix. Conformément aux règles que nous nous étions fixées, nous avions mis fin aux hostilités sitôt que nos objectifs stratégiques (chasser les forces irakiennes du Koweït et atténuer la menace régionale que Saddam constituait) avaient été atteints ; mais la limitation inévitable de nos objectifs, la confusion de la guerre et l'absence d'une reddition du genre « cuirassé Missouri *» avaient malheureusement laissé maints problèmes irrésolus : non seulement des problèmes anciens subsistaient, mais de nouveaux se firent jour.*

Nous ne tardâmes pas à découvrir que la garde républicaine avait plus largement survécu que nous ne l'avions cru ou prévu. Nos marines avaient progressé si rapidement à l'intérieur du Koweït que les réserves de la Garde n'étaient pas descendues vers le sud – elles avaient pu échapper ainsi à notre tentative d'encerclement par l'ouest et par l'arrière. Mais, quand bien même nous aurions préféré réduire davantage la menace régionale que Saddam représentait (et mieux contribuer à saper son autorité) en détruisant un plus grand nombre de divisions de la Garde, il n'en restait pas moins que ces troupes non détruites ne lui étaient pas indispensables : disposant encore de plus de vingt divisions intactes dans d'autres régions de l'Irak, il n'avait pas vraiment besoin de ces forces pour consolider son pouvoir intérieur. Sans rien changer à cette situation stratégique, toute journée de combats supplémentaire aurait fait par ailleurs une énorme différence en termes humains : on nous aurait certainement reproché de massacrer des soldats en fuite après que notre mission avait été menée à bonne fin.

Nous regrettâmes que la défaite de Saddam n'ait pas entraîné sa chute, comme tant de nos alliés arabes l'avaient prédit et comme nous avions fini nous-mêmes par l'espérer. Le soulèvement raté des Chiites au sud et des Kurdes au nord ne fit pas tache d'huile parmi les populations sunnites du centre de l'Irak, les militaires irakiens restant loyaux envers leur chef. D'aucuns laissèrent entendre que nous avions encouragé les séparatistes chiites et kurdes à se rebeller, puis que nous avions manqué à notre promesse de les aider au cas où ils suivraient nos conseils. De fait, le président Bush avait déclaré à plusieurs reprises que le sort de Saddam Hussein était entre les mains du peuple irakien, et il avait même précisé à l'occasion qu'il se réjouirait de son éviction ; mais, pour des raisons essentiellement pratiques, nous ne promîmes jamais de soutenir telle ou telle insurrection. Tout en espérant que Saddam serait renversé par une révolte populaire ou un coup d'État militaire, ni les États-Unis ni les autres pays de la région ne souhaitaient que l'État irakien se disloque : l'équilibre à long terme de la puissance dominante du Golfe nous préoccupait, et nous craignions que tout éventuel morcellement de l'Irak ne suffise à induire une déstabilisation des plus dangereuses. Si Ozal considérait que Saddam était la priorité numéro un et se méfiait moins des Kurdes que tous les autres dirigeants turcs qui l'avaient précédé ou devaient lui succéder, la Turquie (ainsi que l'Iran) s'opposait à la création d'un État kurde indépendant. Si respectable qu'ait pu être la volonté d'autodétermination des Kurdes et des Chiites au niveau des principes, les aspects pratiques de cette situation particulière imposaient donc de s'en tenir à une ligne politique immuable : voilà pourquoi ces soulèvements nous inquiétèrent, même s'ils consolidèrent aussi le pouvoir de Saddam en lui permettant de battre le rappel de son armée. Au lieu de le renverser en le tenant pour responsable de leur défaite humiliante, les militaires irakiens s'appliquèrent à réprimer ces rébellions – nous en fûmes très décus.

Faire en sorte d'éliminer Saddam en transformant la guerre terrestre en une occupation de l'Irak serait allé à l'encontre de toutes nos lignes directrices : cela aurait équivalu en effet, de notre part, à modifier nos objectifs au milieu du gué, en assignant désormais à nos troupes une « mission supplémentaire » dont les coûts humains et politiques auraient été proprement incalculables. Nous aurions eu de toute évidence le plus grand mal à le capturer : nous avions été, par exemple, incapables de découvrir la cachette de Noriega à Panama, ville que nous connaissions pourtant fort bien. Et il nous aurait fallu dans ce cas non seulement occuper Bagdad, mais bel et bien gouverner l'Irak : la coalition aurait instantanément volé en éclats, les Arabes la quittant avec perte et fracas et nos autres alliés nous abandonnant également. Nous n'aurions plus disposé dans cette hypothèse d'aucune « stratégie de sortie » possible, ce qui aurait violé un autre de nos principes. Et nous nous étions efforcés enfin de concevoir un mode de gestion de cette agression approprié au monde de l'après-guerre froide : en nous amenant à outrepasser unilatéralement le mandat que les Nations unies nous avaient confié, toute occupation de l'Irak nous aurait empêchés de créer le précédent que nous comptions établir dans le domaine des réactions internationales aux agressions. Si nous nous étions engagés dans la voie de l'invasion, il est probable que les États-Unis en seraient réduits aujourd'hui encore à occuper des territoires implacablement hostiles – non seulement l'issue du conflit aurait été totalement différente, mais il n'est même pas certain que tout cela se serait révélé productif.

Nous nous étions longuement demandé s'il fallait ou non exiger que Saddam reconnaisse personnellement la défaite de son pays en l'obligeant à se rendre en personne à Safwan, juste au nord de la frontière koweïto-irakienne – démarche qui aurait pu le contraindre à assumer toutes les conséquences politiques de la défaite humiliante que son armée venait de subir. Mais nous n'aurions plus eu alors que deux options : soit poursuivre les hostilités jusqu'à ce qu'il s'incline, soit atténuer nos exigences. Cette dernière option aurait envoyé un signal désastreux à l'opinion mondiale, tandis que la première nous aurait forcés de facto *à changer d'objectifs sitôt après que nos partenaires arabes se seraient détachés de la coalition. Parce qu'aucun des termes de cette alternative n'était à notre goût, nous avions finalement décidé de dispenser Saddam de toute reddition personnelle en lui permettant de se faire remplacer par l'un de ses généraux ; peut-être aurions-nous pu penser à la possibilité d'appliquer un système de punition sélective tel que des frappes aériennes visant diverses unités militaires : cette troisième option aurait pu s'avérer viable ; mais nous avions accompli la mission qui nous avait été impartie, et la reddition de Safwan pouvait attendre.*

Un autre aspect de Safwan donna matière à controverse : la décision de laisser Saddam utiliser ses hélicoptères. Les Irakiens prétendirent avoir besoin de ces appareils pour communiquer avec les diverses parties de leur pays où la guerre avait fait des ravages, et Schwarzkopf, qui n'avait reçu aucune instruction sur ce point, agréa à leur requête ; or, Saddam utilisa presque aussitôt ces hélicoptères à des fins de répression intérieure. Après avoir discuté du problème avec Cheney, Scowcroft proposa que ces autorisations de vol fussent annulées ; mais Cheney et Powell soulignèrent, d'une part, qu'une telle annulation aurait risqué d'être interprétée comme un désavœu de Schwarzkpof, d'autre part, que ces hélicoptères ne permettaient pas à Saddam de causer beaucoup plus de dommages que ceux que ses artilleurs pouvaient, de toute façon, occasionner (quand bien même l'emploi de l'artillerie aurait été moins pratique). Scowcroft se désintéressa donc de ce problème, qui ne fut jamais évoqué devant le Président. Après coup, on peut dire que, dans la mesure même où ces hélicoptères étaient employés à des fins offensives plutôt que comme des moyens de communications, un tel revirement n'aurait en rien équivalu à désapprouver Schwarzkopf – taper sur les doigts des Irakiens dès leur première incartade aurait peut-être été psychologiquement salutaire.

Plus le conflit s'apaisa, plus les coalisés arabes manifestèrent un désir de retour à la normale qu'il nous parut urgent de satisfaire : il était capital que les effectifs des forces américaines présentes dans le Golfe fussent réduits au minimum dans les plus brefs délais. Non seulement l'hypothèse que nous puissions refuser de retirer nos forces du Moyen-

Orient après avoir été autorisés à les y déployer avait été antérieurement émise dans les rangs arabes, mais ces craintes avaient été attisées par les officines de propagande de Saddam. Notre retrait rapide du Golfe consolida par conséquent nos positions régionales : constatant que nous étions venus à leur secours dans l'adversité, sans rien réclamer en contrepartie, et puis que nous étions repartis une fois notre tâche accomplie, nos alliés arabes comprirent qu'ils pouvaient avoir totalement confiance en nous. Et nos liens avec les Israéliens furent eux aussi renforcés en dépit des critiques occasionnelles qu'ils avaient formulées contre notre conduite de la guerre : car notre capacité – et notre volonté – d'intervenir d'une façon décisive au Moyen-Orient chaque fois que nos intérêts étaient gravement menacés avait été démontrée avec éclat, notre action ayant eu en outre pour effet d'amoindrir la puissance militaire de l'un des pires ennemis régionaux de l'État d'Israël. Notre crédibilité retrouvée (conjuguée au besoin d'autodédouanement de Yasser Arafat : après avoir pris fait et cause pour le mauvais camp, il se devait de retrouver au plus vite une bonne image de marque) ne tarda pas à procurer un bénéfice aussi substantiel que celui de la conférence de la paix qui fut organisée l'année suivante à Madrid.

La guerre du Golfe ne visait pas uniquement à contrecarrer l'agression irakienne et à libérer le Koweït : elle avait également de vastes implications pour le monde naissant de l'après-guerre froide. La portée et l'importance de ces implications nous incitèrent d'emblée à étendre notre vision stratégique au-delà du simple règlement d'une crise en nous donnant à penser que la crise en question était de nature à constituer une sorte de précédent dont le règlement pourrait avoir à l'avenir valeur d'exemple. Pour ce faire et eu égard aux orientations futures de la politique étrangère américaine, il était essentiel que notre réaction à cette crise recueille un large soutien intérieur tout en étant assez universelle pour pouvoir éventuellement s'appliquer à la gestion d'autres crises : le type de recours à la force que nous choisirions devait pouvoir tenir lieu de modèle international. Le principe selon lequel l'agression ne saurait payer devait d'abord être affirmé une bonne fois pour toutes : sur ce plan, nos objectifs à court et à long terme étaient identiques, tout nous portant à croire qu'un règlement satisfaisant du problème irakien serait susceptible d'avoir un effet dissuasif durable sur d'autres agresseurs ultérieurs. Et il nous était apparu, de surcroît, que les États-Unis ne devaient pas agir seuls, une approche multilatérale nous semblant préférable à toute autre démarche – cette préférence tenait en partie à des raisons pratiques : sans l'appui et les bases militaires de l'Arabie Saoudite et des autres États arabes, il aurait été impossible de contrer efficacement l'agression irakienne.

Cette indispensable internalisation de la réaction à l'Irak nous conduisit immédiatement à en appeler aux Nations unies, qui pouvaient seules mobiliser l'opinion mondiale derrière les principes que nous souhaitions instituer en conférant le sceau de la légitimité à nos efforts. La condamnation soviétique de l'agression irakienne nous donna l'occasion d'élargir les pouvoirs du Conseil de sécurité tout en nous permettant de vérifier que cette instance pouvait apporter une contribution précieuse à l'édification de la paix mondiale. Mais nous n'étions pas certains pour autant que le Conseil déciderait de résister énergiquement à cette agression, et nous ne voulions pas non plus que l'organisation et la conduite de la guerre nous échappent : s'il était important pour nous de marcher main dans la main avec le reste du monde, il importait plus encore à nos yeux d'avoir la haute main sur tout ce qui viendrait à se passer.

Tout au long de nos opérations de guerre, nous veillâmes pareillement à ce que nos actions militaires puissent constituer un modèle et un précédent. Nous avions demandé, et obtenu, que la communauté mondiale nous confie pour mission de libérer le Koweït ; et nous savions très bien que toute trangression unilatérale du mandat international qui nous avait été donné aurait sapé les fondements mêmes de ce que nous comptions édifier en amenant les Nations unies à ne plus jamais concéder de tels transferts d'autorité à quiconque.

À de multiples égards, la guerre du Golfe a jeté une passerelle entre les ères de la guerre froide et de l'après-guerre froide. La conférence de presse commune de Baker et Chevarnadzé a fait date, par exemple, en montrant à tous que les États-Unis et l'Union soviétique entendaient réagir solidairement à l'agression irakienne : le changement des relations Ouest-Est n'aurait pu trouver meilleur symbole. La coopération de ces deux superpuissances a laissé entrevoir l'avènement d'un monde où, contrairement aux quatre décennies précédentes, les membres permanents du Conseil de sécurité n'hésiteront plus à traiter les agresseurs comme la charte des Nations Unies le recommande.

Mais cette guerre n'eut pas seulement un impact sur les relations internationales en cela qu'elle permit pour la première fois aux Nations unies de jouer un rôle diplomatique extrêmement actif. Non seulement les États-Unis reconnurent à l'occasion de ce conflit qu'une responsabilité particulière leur incombait chaque fois que des défis internationaux devaient être relevés, mais leur aspiration au leadership *mondial fut largement entérinée par les autres nations : la crédibilité et l'influence politique de notre pays en furent considérablement accrues. La place que cette crise du Golfe nous conduisit à occuper sur la scène mondiale doit être également relevée : nous avions géré cette crise presque seuls, les Soviétiques se contentant de nous soutenir sporadiquement et à contrecœur. Et notre réputation militaire grandit elle aussi : si les forces et les équipements américains firent merveille, les armements soviétiques dont les Irakiens s'étaient si abondamment équipés furent loin de faire honneur à leurs fabricants. De sorte que la guerre du Golfe a concouru à nous faire entrer dans un monde qui ne ressemble en rien à celui qui existait avant que le Koweït fût attaqué.*

CHAPITRE XX

Une maison se divise

BRENT SCOWCROFT

La guerre du Golfe fut le symbole le plus éclatant de l'état d'esprit nouveau qui, depuis quelque années déjà, avait commencé à caractériser les relations américano-soviétiques : dès ce mois d'août 1990 où les États-Unis et l'URSS dénoncèrent ensemble l'invasion irakienne, il fut pour moi évident que la guerre froide appartenait au passé. Pour la première fois depuis la Seconde Guerre mondiale, un conflit majeur survenu outre-mer avait donné lieu à une coopération étroite entre nos deux pays – cet événement m'ancra dans la conviction que le monde avait changé. L'avènement d'un nouvel ordre mondial capable de contrer toute agression injustifiée grâce à la coopération américano-soviétique pouvait être désormais envisagé.

Même si les répercussions de Tempête du Désert (les problèmes créés par cette guerre, aussi bien que les perspectives inédites qu'elle avait ouvertes) mobilisèrent notre attention tout au long du printemps 1991, la situation intérieure de l'Union soviétique nous préoccupa elle aussi dès cette époque. La démission furieuse de Chevarnadzé et le tour de vis donné aux pays baltes étaient l'indice des divisions politiques croissantes qui se manifestaient tant à l'intérieur de ce pays qu'au sein de ses instances dirigeantes.

Les rapports de Gorbatchev et Chevarnadzé (relations dont l'histoire reste à écrire) étaient particulièrement révélateurs de l'ère de turbulences intestines où l'Union soviétique était entrée. Car ces deux hommes nourrissaient en fait des aspirations différentes : bien que comptant l'un et l'autre parmi les principaux architectes et avocats de la *glasnost*, ils n'étaient d'accord ni en ce qui concernait leurs conceptions du possible, ni pour ce qui était des traits du « nouveau système » qu'ils appelaient de leurs vœux.

Chevarnadzé était aussi respectueux des principes démocratiques que conscient des changements politiques fondamentaux que la démocratisation supposait : il aspirait à une transformation complète plutôt qu'à une simple réforme. Gorbatchev, en revanche, visait surtout à préserver les structures politiques et les autorités centrales d'une URSS certes rénovée et revitalisée, mais toujours peu ou prou identique à ce qu'elle avait été jusque-là ; plus le temps passa, cependant, plus ce dernier fut pris entre deux feux à mesure que la résistance aux réformes se durçit : il s'efforça donc de garder le contrôle du processus qu'il avait mis en branle en manœuvrant entre le camp des réformateurs et celui des conservateurs, et en jouant alternativement l'un de ces camps contre l'autre ; mais, *de facto*, il s'assigna également un objectif qui finit par primer sur toute autre considération : son autopréservation finit par compter plus à ses yeux que la poursuite des réformes politico-institutionnelles qu'il avait engagées.

À mon sens, les va-et-vient incessants de Gorbatchev répondirent à des mobiles tactiques plutôt qu'à des motifs proprement idéologiques : tout en souhaitant sincèrement aller de l'avant, il fut soumis à des pressions constantes, émanant tant du parti que des militaires, qui le contraignirent à d'innombrables revirements tactiques. Quoique comprenant très bien qu'il était urgent de modifier les structures de l'économie soviétique et faisant souvent allusion à ses projets de réforme du marché, force est de constater, par exemple, qu'il ne dit rien (volontairement, ou faute de mesurer les implications de ce qu'il préconisait) de l'ampleur des réformes requises ou refusa de courir les risques politiques que la mise en œuvre de ses projets auraient impliqués. Il en résulta que, en dépit de la rhétorique positive dont elles s'accompagnèrent, la plupart des mesures prises jusqu'en 1990 pour tenter de réformer l'économie soviétique restèrent tout à fait superficielles. En août 1990, Stanislav Chatalin, économiste partisan d'un marché libre à l'occidentale et proche conseiller de Gorbatchev, proposa un « plan de cinq cents jours » qui devait permettre, selon lui, de passer rapidement du collectivisme à une économie fondée sur la liberté du marché : si Gorbatchev se rallia à ce programme en paroles et l'intégra à ses projets présidentiels dès le mois d'octobre suivant, il n'osa jamais le mettre en pratique – quels que fussent les mérites intrinsèques de ce programme de Chatalin en tant que cours intensif de capitalisme ou que thérapie de choc destinée à une économie soviétique moribonde, Gorbatchev s'abstint de sauter le pas.

Tout en convenant verbalement, en accord avec Chevarnadzé, que l'usage de la force aurait marqué la fin de la *perestroïka*, Gorbatchev recourut occasionnellement à la répression (ou, ce qui revint au même, il n'empêcha pas les militaires d'y recourir) pour maintenir l'unité et la stabilité politique de l'URSS : il agit de la sorte à Tbilissi, en Géorgie, en 1989 et aux pays baltes, en 1990 et au début de l'année 1991. Puis ses oscillations de plus en plus fréquentes entre la réforme et la réaction finirent même par constituer quasiment une fin en soi vers le milieu de l'année 1990 – période à partir de laquelle il ne se préoccupa plus que d'empêcher l'éclatement de son pays tout en restant lui-même au pouvoir.

À l'inverse de Gorbatchev, Chevarnadzé donnait l'impression de s'être totalement converti à la philosophie de la démocratie et de la réforme du marché. Dans la mesure où leurs antécédents étaient similaires (c'étaient tous les deux de purs produits du parti communiste), cet attachement plus marqué du second au changement n'est pas facile à expliquer : la différence de leurs choix, dès lors qu'il leur incomba de mettre leur pragmatisme à l'épreuve des faits en rapportant des fins à des moyens, tint peut-être à de simples différences de personnalité. Chaque fois que nous le mîmes en garde contre la tentation de recourir à la force, Chevarnadzé protesta avec véhémence – et sincèrement, je crois – que cette option était d'autant moins envisageable qu'elle aurait suffi à détruire la *perestroïka* : il considérait de toute évidence qu'il était impossible de transiger sur des principes aussi importants. Il se pourrait donc tout bonnement que Gorbatchev ait été plus « réaliste » que son ami : peut-être estimait-il que, du fait même de l'environnement politique extrêmement complexe auquel ils étaient confrontés, seule la patience et les compromis étaient susceptibles de déboucher sur des réformes pratiques et durables.

Nous découvrîmes au cours de l'année 1990 que Chevarnadzé dirigeait le clan des réformistes au sein du gouvernement soviétique : nous comprîmes alors que c'était un réformateur sincère qui ne craignait pas d'affronter les militaires et l'aile la plus droitière du parti au nom de Gorbatchev et dans l'intérêt des réformes. Il nous apparut par exemple au fil des mois qu'il n'hésitait pas à intervenir chaque fois que Gorbatchev donnait des signes de flottement ou de faiblesse : depuis les accords sur le contrôle des armements de février, négociations au cours desquelles il aplanit nombre de points litigieux avant que ces accords fussent contestés en mai par les militaires, jusqu'à ce mois d'août où il fit cavalier seul avec Baker (Gorbatchev l'ayant abandonné) pour condamner l'invasion irakienne, Chevarnadzé s'appliqua opiniâtrement à maintenir l'Union soviétique sur la voie des réformes.

Même si Chevarnadzé réussit en général à faire assez prévaloir ses positions pour que sa ligne diplomatique l'emporte tout au long de la crise du Golfe, il n'en affronta pas moins des difficultés croissantes à partir de la fin de l'automne 1990. Il obtint encore gain de cause à Helsinki en septembre, cependant même que Primakov essayait de persuader Gorbatchev que les États-Unis s'efforçaient de réduire à néant les trente années de savantes manœuvres que l'Union soviétique avait orchestrées en Irak ; mais le contrôle des affaires étrangères parut lui échapper à partir d'octobre – mois où Primakov se rendit à Bagdad. Dès cette époque, il nous avertit par des canaux détournés que Primakov faisait de son mieux pour saboter la coopération américano-soviétique. Or, même si Gorbatchev ne modifia pas sa politique moyen-orientale, il ne manqua pas non plus de prêter une attention soutenue aux machinations de Primakov – il n'y avait rien d'étonnant à cela : après tout, Primakov s'efforçait de sauver une partie au moins des énormes investissements que l'Union soviétique avait effectués en Irak tout en tentant d'éviter un conflit armé que Gorbatchev ne souhaitait pas voir éclater. Dès la fin de cette année 1990, nous eûmes donc de fortes raisons de penser que Primakov avait réussi, au moins en partie, à saper l'influence de Chevarnadzé auprès de Gorbatchev.

Chevarnadzé démissionna peut-être par lassitude : peut-être en avait-il assez de combattre tout seul une aile droitière en face de laquelle il était de plus en plus vulnérable ; comme il peut aussi s'être imaginé qu'il s'était définitivement aliéné Gorbatchev, ou avoir craint qu'une dictature hostile ou favorable (hypothèse pour lui encore plus inquiétante) à ce dernier n'arrive au pouvoir. Après le départ de Chevarnadzé, Gorbatchev nous donna le sentiment d'être encore plus indécis que précédemment, et, à l'instigation de Primakov et d'autres, il redoubla ensuite d'efforts pour empêcher les États-Unis de recourir à des solutions militaires dans le Golfe. Le contraste frappant que nous constatâmes entre les avancées remarquables de 1989 et 1990 (années où la politique étrangère soviétique avait progressé à pas de géant en Europe de l'Est, en Europe centrale et ailleurs) et le recul de 1991 nous permit par conséquent de vérifier *a posteriori* à quel point Chevarnadzé avait eu une influence pondératrice. Non seulement l'opposition aux réformes était de plus en plus forte, mais les conservateurs pressaient Gorbatchev de soumettre les républiques par la force.

Dès les premiers mois de 1991, alors même que Gorbatchev se démenait pour nous empêcher de déclencher les deux phases de notre offensive contre l'Irak (la guerre aérienne, puis la guerre terrestre), la Lituanie fut en proie à de nouvelles violences. Les tensions apparues entre Vilnius et Moscou couvaient sous la cendre depuis six mois : la situation était tendue depuis que les Lituaniens avaient accepté six mois plus tôt de suspendre leur déclaration d'indépendance. Mais, le 2 janvier, les troupes soviétiques mirent le feu aux poudres en s'emparant de plusieurs bâtiments publics lettons et lituaniens, et d'autres mesures aussi répressives ne tardèrent pas à suivre : nous apprîmes sur ces entrefaites que la décision d'envoyer des troupes supplémentaires dans d'autres républiques avait été prise par les autorités soviétiques. Or, il était évident que toute déclaration officielle du président Bush sur cette intervention armée aurait risqué d'être préjudiciable à la solidarité des coalisés : nous n'étions qu'à quelques jours de la date limite fixée par les résolutions de l'ONU, Baker devait rencontrer Aziz à Genève le 9 janvier, et l'intransigeance de Saddam n'aurait pas manqué de s'accroître au moindre signe de désaccord entre nous et Moscou – pire encore, Gorbatchev aurait peut-être pu céder aux pressions de ceux des membres de son entourage qui l'encourageaient à mettre fin à la coopération américano-soviétique ; mais nous ne pouvions pas non plus laisser passer cette intervention sans réagir. Le 8 janvier, Marlin Fitzwater lut donc le communiqué suivant au cours d'une conférence de presse : tout en regrettant ce déploiement de forces et en nous disant inquiets du surcroît de tensions qu'il entraînait, nous fîmes savoir que cette décision d'envoyer des unités militaires dans les pays baltes « nous semblait provocatrice et contre-productive » en cela même qu'elle risquait de faire obstacle à toute perspective de négociation future. Puis le président Bush contacta Gorbatchev trois jour plus tard afin de l'exhorter au dialogue.

*Le 13 janvier, la situation prit un tour tragique. Des troupes tirèrent sur les manifestants de Vilnius, tuant quinze personnes. Après s'être demandé s'il convenait ou non qu'il commente cet événement, le Président annonça publiquement qu'il condamnait ces violences. Gorbatchev déclara quant à lui que la décision de recourir à la force ne lui avait été communiquée qu'après coup : il prétendit que l'ordre d'assaut avait été donné à son insu par une clique de civils et de militaires conservateurs *. Une semaine plus tard, cependant, les soldats soviétiques firent de nouveau feu sur des civils – cette fois à Riga, en Lettonie : il y eut quatre morts parmi les manifestants. Or, plutôt que de se laisser intimider par ce nouveau tour de vis, plusieurs républiques soviétiques, y compris celle de Russie, soutinrent les Baltes : l'affaiblissement des autorités centrales soviétiques était patent, et Boris Eltsine conduisait la charge.*

Le jour même où les troupes soviétiques tiraient sur les manifestants de Vilnius, Eltsine, président attitré de la république de Russie, signa un pacte de sécurité mutuelle avec les représentants des trois États baltes. Non seulement cet acte revenait à appuyer les aspirations indépendantistes des populations de la Baltique, mais il équivalait aussi à défier Gorbatchev et le pouvoir central soviétique : les quatre républiques signataires de ce pacte s'engageaient à respecter la souveraineté des trois autres, s'interdisaient de reconnaître tout gouvernement non élu par le peuple qui pourrait arriver au pouvoir ici ou là et promettaient de se prêter mutuellement assistance au cas où le gouvernement central tenterait d'intervenir militairement contre l'un ou l'autre des États signataires ; et les présidents de ces quatre républiques publièrent en outre une déclaration commune dans laquelle ils sollicitèrent l'intervention des Nations unies. Quelques jours plus tard à peine, Eltsine réclama la démission de Gorbatchev.

Ces mesures répressives, ainsi que la réunion de ces opposants emmenés par Eltsine, influèrent également sur les plans de refonte du pouvoir central soviétique que Gorbatchev était en train de concocter. Il avait proposé, en effet, de contracter un nouveau traité d'Union qui visait à créer une nouvelle URSS dans laquelle l'adhésion volontaire devait se substituer à la coercition antérieure : sitôt que ce traité aurait été ratifié par toutes les républiques, il projetait de faire adopter une nouvelle Constitution qui prévoierait des mécanismes de sécession – il avait probablement en tête de créer une association fédérale, ou même confédérale, qui renoncerait à l'implacable centralisation précédente. Mais, dès le 6 février, six républiques – l'Arménie, l'Estonie, la Géorgie, la Lettonie, la

* [George Bush] Je le crus sur le moment, et je le crois toujours aujourd'hui. En 1995, lors d'une conférence sur la guerre froide qui se tint sous mon patronage, Gorbatchev répéta son accusation en précisant que ce groupe lui avait conseillé après coup de dire que c'était lui-même qui avait donné cet ordre.

Lituanie et la Moldavie – proclamèrent qu'elles boycotteraient le référendum national de ratification qu'il comptait organiser.

BRENT SCOWCROFT

Cet écrasement des velléités d'indépendance baltes décidé à la veille du déclenchement de la campagne aérienne contre l'Irak éveilla mes soupçons. Cette intervention armée avait-elle été programmée à ce moment précis à seule fin de tirer parti de l'impossibilité que l'on nous avait attribuée de recourir à des contre-mesures énergiques, eu égard au besoin que nous avions de continuer à disposer du soutien soviétique dans le Golfe ? Voilà la question que je me suis posée, et, que cette motivation ait joué ou non, ces mesures autoritaires ne manquèrent pas de provoquer chez nous un débat interne qui tourna exactement autour de ce point. La situation était très délicate : d'un côté, nous étions parvenus à une étape capitale du conflit du Golfe et ne pouvions pas nous permettre de porter atteinte à la solidarité internationale dont nous avions jusque-là bénéficié ; de l'autre, nous souhaitions ardemment nous joindre au concert de réprobations intérieures (et associer notre propre indignation à l'indignation générale) que ces événements baltes suscitaient.

Le 21 janvier, le président Bush parla de nouveau haut et fort : non seulement il encouragea les dirigeants soviétiques à renoncer à toute action violente, mais il fit savoir par écrit à Gorbatchev que, au cas où des violences continueraient à être commises en Lituanie, nous suspendrions toutes nos relations économiques avec son pays et ne consentirions pas à ce que l'URSS devienne un membre associé du FMI et de la Banque mondiale... Gorbatchev répondit qu'il s'efforçait uniquement d'éviter une guerre civile.

Durant ces mêmes événements baltes, nous prêtâmes une attention insuffisante à l'affrontement personnel de Gorbatchev et d'Eltsine. Pour nous, les actes et les déclarations d'Eltsine n'étaient rien de plus que ceux du président d'une république qui, comme tant de ses pareilles, souhaitait conquérir une plus grande autonomie politique et économique : de fait, tout semblait indiquer qu'Eltsine avait surtout entrepris de lutter contre le pouvoir central soviétique afin de prendre le contrôle de la partie « russe » de l'économie soviétique, si ce n'est en vue de consolider son propre pouvoir. Mais le défi qu'il avait lancé à Gorbatchev était important pour des raisons qui allaient bien au-delà de la rivalité de ces deux hommes, car Eltsine était aussi le président de la république la plus puissante de l'URSS. Historiquement parlant, l'Union soviétique et la Russie avaient été presque indissociables ; or, pour la première fois, Eltsine avait osé établir une distinction entre ceci et cela en faisant valoir que les intérêts russes et ceux de l'Union soviétique ne concordaient pas forcément.

Comme dans l'ancien empire tsariste, la Russie et les Russes formaient le cœur géographique et politique de l'Union soviétique et for-

çaient les autres républiques à rester unies. La Russie était de loin la république la plus puissante par son territoire et sa population – elle comptait près de cent quarante millions d'habitants, dont plus de quatre-vingts pour cent appartenaient à l'ethnie russe ; et, comme Gorbatchev l'avait maintes fois souligné, les Russes constituaient également des minorités importantes au sein des autres républiques. Inextricablement associée aux institutions politiques de l'URSS, la Russie dominait les autres républiques et les autres nationalités via le parti communiste : cette situation remontait aux années 1920, où l'Union soviétique n'avait pas été seulement l'enfant de la révolution russe et de la guerre civile, mais avait fait aussi puissamment écho à l'ancien empire. Sous l'effet conjoint des bouleversements révolutionnaires et des réorganisations territoriales qui avaient fait suite à la Première Guerre mondiale, l'empire s'était brisé, certaines des nations qu'il avait rassemblées proclamant leur indépendance après des siècles de domination russe – mais elles n'avaient joui que d'une brève période de souveraineté, la Russie révolutionnaire ne tardant pas à les annexer au nom du communisme international. Lénine et Staline avaient imposé l'union par la force : sous couvert de créer une libre association d'États socialistes chacun gouverné par son propre parti unique, ils avaient en fait mis en place un système où tout était contrôlé par ce qui s'appelait encore le parti communiste russe ; et ils s'étaient sciemment et systématiquement efforcés d'éradiquer ou de contenir les nationalismes et les cultures nationales (y compris en Russie) dans l'espoir de jeter les fondations d'une identité socialiste plus vaste.

BRENT SCOWCROFT

Quand Eltsine rejeta l'autorité de l'Union et du parti en arguant que les affaires politiques et économiques de la république de Russie ne devaient être contrôlées par personne d'autre que par les Russes, on peut dire rétrospectivement qu'il s'attaqua aux fondements les plus profonds de l'État soviétique et ébranla la structure politique de cet État dans ses racines mêmes. En faisant savoir que la Russie commençait à se détacher de l'Union soviétique, Eltsine, intentionnellement ou non, encouragea les autres républiques à faire sécession en leur montrant qu'elles n'avaient plus aucune raison de se soumettre à une autorité centrale : sans la Russie, la capacité du pouvoir central d'imposer sa volonté aux autres républiques ne pouvait qu'être mise en doute – cela, même si la loyauté des militaires et des forces du KGB était un facteur essentiel.

Gorbatchev méconnut probablement la profondeur des rancunes latentes que les groupes nationaux nourrissaient contre les autorités centrales soviétiques ou ne comprit pas à quel point le problème des nationalités compromettait la survie de l'Union. Il crut avec optimisme (ou naïveté) que ces groupes n'imagineraient leurs avenirs politico-économiques qu'à l'intérieur du cadre de l'Union et que les républiques et les nationalités qu'ils représentaient ne demanderaient pas mieux que de participer à l'association volontaire prévue par son nouveau traité d'Union : il était visiblement convaincu (ou, du moins, espérait fermement) que les ressentiments de la périphérie envers le centre s'estomperaient sitôt après que ses réformes auraient été adoptées. Mais ce fut tout le contraire qui se passa : au lieu de réduire les tensions, les projets de réformes de Gorbatchev attisèrent les revendications nationalistes. À certains égards, les États-Unis commirent sans doute une erreur d'appréciation – pendant des années, nous avions été enclins à supposer que les Soviétiques avaient mieux réussi à étouffer les nationalismes provinciaux que ce n'avait été le cas.

Les difficultés politiques, économiques et sociales de Moscou s'exacerbèrent donc sans que le moindre embryon de solution fût proposé – aucun dirigeant ne semblait en mesure de résoudre ces problèmes, ni partiellement ni globalement. Il nous apparut dès cette époque que l'Union soviétique était entrée dans une situation prérévolutionnaire, et voici comment je résumai la situation pour le Président dans un mémento daté du 7 mars :

> Plusieurs de ces événements, et notamment ceux qui devraient se dérouler le mois prochain, pourraient se révéler explosifs. Les mineurs de charbon menacent de se mettre en grève [...] et le parti communiste se prépare à exiger que toutes les républiques – même les plus récalcitrantes à l'Union – participent au référendum du 17 mars. La présence plus visible et plus agressive du KGB, de la police et de l'armée pourrait provoquer des flambées de violence à tout moment. Les dysfonctionnements déjà patents de l'économie ont toutes chances de s'aggraver au cours des mois suivants, et nul ne peut dire jusqu'à quand l'alimentation des citoyens soviétiques sera assurée. Personne ne sait quelle est la position de l'armée [...]. La situation actuelle de l'Union soviétique est si mauvaise qu'on voit mal comment une explosion pourrait être évitée [...].

Dans un contexte aussi difficile, assurer la bonne marche des relations américano-soviétiques tenait de la gageure ! Après nous être interrogés sur ce point, nous proposâmes au Président de donner la priorité à ces trois objectifs : confirmer les acquis des deux dernières années ; faire précautionneusement progresser la coopération américano-soviétique, en admettant que les progrès puissent être lents ; éviter de s'immiscer dans la politique intérieure soviétique et les luttes intestines qu'elle occasionnait. Après les avancées très rapides des années précédentes, tout indiquait que la fenêtre d'opportunité était en passe de se refermer : il était temps de consolider nos gains *.

* Vers la fin mars, Condoleezza Rice avait quitté la Maison Blanche pour retourner enseigner à Stanford : elle avait été remplacée par Ed Hewett, l'un des meilleurs spécialistes de l'Union soviétique. Ayant déjà assisté à de nombreuses conférences d'Ed ou m'étant déjà produit en public à ses côtés, je savais que ses

La coopération américano-soviétique connut de gros problèmes. Les accords conclus depuis deux ans dans le domaine du contrôle des armements furent brusquement remis en cause : sous la pression de leurs généraux, les Soviétiques critiquèrent l'application du traité CFE en alléguant que de vastes quantités d'équipements militaires devaient échapper à tout plafonnement en raison de leur appartenance à l'« infanterie navale », et ils exigèrent donc que ce qu'ils avaient déjà accordé à l'Occident fût renégocié. Même s'il y a lieu de noter que l'ensemble des signataires de ce traité (y compris les propres alliés de l'URSS au sein du pacte de Varsovie !) refusèrent de revenir sur ce qui avait été décidé, ce revirement soviétique nous amena à geler toutes les négociations en cours sur le contrôle des armements : si l'on ne pouvait même pas se fier aux Soviétiques pour ce qui était des mesures déjà actées, à quoi bon tenter de s'entendre sur les futurs détails de START ? Gorbatchev semblait incapable ou non désireux de régler ces problèmes de désarmement conventionnel, comportement qui était peut-être révélateur d'une modification des rapports de force entre les diverses factions du Kremlin.

À la veille du référendum du 17 mars sur le nouveau traité d'Union, au beau milieu de la grève des mineurs russes et alors que la répression s'abattait sur les pays baltes, Baker arriva à Moscou. Bien qu'ayant surtout effectué ce déplacement pour discuter de la question du contrôle des armements, il s'entretint brièvement avec des représentants des États baltes ; il nous câbla le 17 mars qu'il n'était pas du tout certain que Gorbatchev parviendrait à surmonter cette crise, si grande que fût sa détermination. Même si Gorbatchev cria à la victoire, les résultats du référendum du 17 mars furent aussi ambigus pour lui que pour l'Union : neuf républiques seulement avaient approuvé le traité, les six autres (l'Arménie, l'Estonie, la Géorgie, la Lettonie, la Lituanie et la Moldavie) ayant boycotté le scrutin comme elles avaient menacé de le faire – dans la pratique, ces résultats confirmèrent que ces républiques avaient acquis un poids politique spécifique au détriment du pouvoir central. Et Eltsine se mit en outre politiquement en vedette, ou propulsa la Russie sur le devant de la scène, en s'opposant au gouvernement soviétique à propos de la demande de révision du traité CFE : il fit savoir qu'il était hostile à toute renégociation de ce traité. Tout cela revenait à défier ouvertement le pouvoir central et l'autorité de Gorbatchev.

---

analyses étaient solides et pondérées, mais j'avais quand même hésité à l'engager en raison de ses origines universitaires : il provenait d'un monde si indépendant que j'avais douté de sa capacité de s'adapter à l'univers bureaucratique de la Maison Blanche et aux échanges du style « donnant-donnant » pratiqués par les agences gouvernementales. J'avais eu tort de m'en faire, car Ed s'intégra immédiatement à son nouvel environnement ; sa superbe mécanique intellectuelle se doublant d'une impressionnante compétence administrative, il accomplit sa tâche à la perfection tout au long du douloureux travail d'enfantement de la CEI – quoique atteint du cancer, il se dépensa sans compter jusqu'à sa mort, survenue en janvier 1993.

GEORGE BUSH

Journal, 17 mars

Ma recommandation, c'est : on ne danse qu'avec le danseur déjà en piste – on n'essaie pas d'influer sur cette succession, et on évite surtout de faire quoi que ce soit qui risque [de donner] l'impression flagrante [que nous poussons à] la déstabilisation. Nous avons rencontré les dirigeants des républiques, mais nous ne forçons pas la note. Jim doit s'entretenir avec Chevarnadzé [...] : lui [non plus], il n'est pas sûr que Gorbatchev puisse s'en sortir. [...] Où allons-nous et quel est le bon chemin ? Voilà ce que je me demande.

La conjonction de ces divers événements (cet emploi de la force dans les États baltes, plus cette contestation du traité CFE et les problèmes de START) me donna à penser que les entretiens que j'avais compté avoir avec Gorbatchev avant la réunion du G7 devraient être renvoyés à plus tard – je m'étais dit qu'un sommet lui permettrait d'échapper un peu aux pressions intérieures auxquelles il était soumis... Quelle que fût l'importance que nous attachions à la question du contrôle des armements, je n'aurais pas hésité à partir immédiatement pour Moscou s'il y avait eu la moindre chance que Gorbatchev annonce que les États baltes allaient recouvrer leur liberté – sa cote de popularité en Occident serait montée en flèche. Mais je savais aussi que je lui demandais beaucoup, et je n'étais pas certain qu'il fût politiquement en mesure de répondre à mes attentes : il payait déjà assez de sa personne comme cela en rejetant les exigences de l'aile droite du parti qui le pressait d'intervenir militairement en Lituanie !

À la fin du printemps 1991, il nous apparut que Gorbatchev était en train de reprendre le contrôle du parti : allié de nouveau au centre gauche, il s'efforçait visiblement de composer avec les réformateurs et les républiques. Début avril, le Premier ministre Valentin Pavlov annonça que la crise serait bientôt jugulée grâce un train de réformes qui répondait aux objectifs suivants : stabilisation de l'économie, étanchement de l'hémorragie de déclarations d'indépendance (la dernière république à voter en ce sens avait été celle de Géorgie, pas plus tard que le 31 mars) et restauration de l'autorité centrale. Gorbatchev exhorta les dirigeants des diverses républiques à oublier tout ce qui les séparait (leurs différends idéologiques et politiques, aussi bien que leurs « passions individuelles ») pour s'atteler de concert à sauver l'Union soviétique de l'anarchie où elle risquait de sombrer ; comme il demanda également aux républiques où son référendum avait recueilli une majorité de « oui » de ratifier le traité d'Union.

Un indice de changement particulièrement révélateur de ce repositionnement si important pour les orientations futures de ce pays se manifesta le 23 avril, lorsque Gorbatchev rencontra les réformateurs et les diri-

geants de neuf républiques (dont Eltsine) dans la datcha qu'il possédait aux environs de Moscou : tous promirent de l'aider à résoudre les problèmes économiques et politiques de l'Union soviétique. Bien entendu, cette coopération n'était gratuite ni pour lui-même ni pour le pouvoir central : il avait été admis au cours de cette rencontre que les républiques jouiraient désormais d'un plus grand pouvoir de décision politique au sein de l'Union, une révision du traité étant même prévue pour ce qui était du droit à la sécession. En échange, les républiques s'étaient engagées à honorer les accords économiques déjà conclus avec Moscou et à faire régner la loi et l'ordre soviétiques à l'intérieur de leurs frontières.

Deux jours plus tard, lors de la réunion du Comité central qui se tint le 25 avril, Gorbatchev contra l'offensive des conservateurs en laissant entendre qu'il pourrait démissionner de son poste de secrétaire général du parti, suggestion qui fut immédiatement rejetée. Et il réaffirma aussi son autorité dans le contexte des relations américano-soviétiques : dès la fin mars, le Président reçut une lettre signée de la main de Gorbatchev qui nous apprit que les Soviétiques s'apprêtaient à faire quelques concessions dans le domaine des accords CFE – c'était bon signe, même si la situation n'était pas totalement débloquée, et nous en déduisîmes que Gorbatchev avait réussi à mater ses militaires. Puis, le 20 mai, le Soviet suprême vota les lois sur l'émigration et les voyages à l'étranger que Gorbatchev avait promis de promulguer un an plus tôt à Camp David : un obstacle majeur à l'accroissement de nos échanges commerciaux fut ainsi levé. En mesure de réciprocité, le Président permit à l'URSS de bénéficier des mêmes droits que la plupart de nos partenaires commerciaux en faisant abroger l'amendement Jackson-Vanik de 1974.

Cet accord entre Gorbatchev et ces neuf républiques fut à l'origine de ce processus que d'aucuns qualifièrent de « Neuf plus Un ». L'ouverture de négociations en vue de réviser le traité d'Union, la rédaction d'une nouvelle Constitution soviétique, l'organisation d'élections dans l'ensemble des républiques, la création d'une union économique fondée sur l'adhésion volontaire (toute république qui préférerait rester en dehors de cette union devait être autorisée à suivre sa propre voie)... tout cela avait été octroyé. Les choses s'étaient bien mieux passées qu'on n'aurait pu l'imaginer : tant Eltsine que Gorbatchev s'étaient appliqués à trouver des compromis. Même si, aujourd'hui encore, on ne sait toujours pas exactement pourquoi ces deux hommes changèrent si soudainement d'attitude, le fait est que Gorbatchev évita de se mêler de l'élection présidentielle russe et félicita Eltsine après sa victoire du 12 juin. Le 17 juin, enfin, sept républiques adoptèrent un projet de traité d'Union qui visait à décentraliser nombre de pouvoirs de décision.

En dépit de la stabilité relative qu'elle concourut à restaurer, cette entente conclue entre, d'une part, Gorbatchev et les instances centrales, d'autre part, les républiques conduites par la Russie, laissait augurer que l'Union cesserait bientôt d'être dominée par un centre monolithique. Il était cependant impossible de prédire jusqu'à quel point et au bout de combien de temps le pouvoir pourrait être transféré aux républiques et quel serait le futur rôle du centre – et de Gorbatchev. Le vieil ordre que nous connaissions depuis des décennies était en train de se désintégrer, mais à quoi l'Union soviétique de demain allait-elle ressembler ? Assistions-nous à un simple changement de régime et de dirigeants, ou à la transformation radicale d'un système politique et de ses structures ? La question restait en suspens.

GEORGE BUSH

Que l'affaire prenne une tournure ou une autre – que le processus mis en branle s'avère durable ou non et quoi qu'il en résulte ultimement –, il était à mes yeux primordial que le changement ne soit pas préjudiciable à la stabilité et, surtout, qu'il se déroule pacifiquement. Pour moi, le facteur clé résidait dans la force politique de Gorbatchev et dans le maintien d'une structure centrale en état de gouverner ; le résultat final semblait dépendre en effet des intentions de Gorbatchev : s'il hésitait à appliquer les termes de l'accord qu'il venait de conclure avec les républiques, la désintégration politique de l'Union risquait de s'accélérer aux dépens de la stabilité du pays. En même temps, je me demandais comment les traditionalistes du parti, qui s'étaient rapprochés de Gorbatchev au cours de l'hiver en occupant nombre de postes de la haute administration précédemment attribués à des réformateurs, réagiraient à ce transfert d'autorité. Si Gorbatchev donnait l'impression d'aller trop loin dans la voie des compromis, un coup d'État pouvait tout à fait s'ensuivre – quand bien même aucun signe précurseur d'un tel événement n'avait été encore observé. Toute nouvelle escalade de la violence à l'intérieur de l'Union soviétique aurait pu nous forcer à participer à un conflit dont nous ne souhaitions pas nous mêler, et c'était une éventualité qui me préoccupait au plus haut point.

Tout au long de ce printemps et au début de cet été, les questions du contrôle des armements et de l'assistance économique furent au centre des relations américano-soviétiques. En mars, Gorbatchev m'écrivit pour solliciter l'achat à crédit de un milliard et demi de dollars de céréales en avance sur notre programme d'échanges agricoles : quel que fût mon désir de lui venir en aide, les comportements récents des Soviétiques (nos différends à propos du traité CFE et de START, tout autant que la répression balte) ne me permettaient guère de lui donner satisfaction. L'état de l'économie soviétique ne m'incitait pas non plus à l'optimisme : non seulement aucune des réformes annoncées ne me paraissait susceptible de favoriser le passage à une économie de marché, mais tout semblait indiquer, de surcroît, que cette économie resterait à jamais incapable de la moindre transformation, si mineure soit-elle. Et la faible solvabilité de ce pays le handicapait aussi – même si j'estimais pour ma part que l'Union soviétique souffrait plus de ses dysfonctionnements économiques et de ses médiocres priorités que de son manque de devises.

L'assistance économique devait constituer également un thème majeur du sommet du G7 prévu au mois de juillet. Gorbatchev voulait se rendre à Londres pour obtenir des aides immédiates tout autant que pour nous convaincre de permettre à son pays de devenir membre à part entière des institutions financières internationales : car les Soviétiques auraient pu avoir plus facilement accès aux prêts internationaux s'ils étaient devenus membres du Fonds monétaire international et de la Banque mondiale. Mais ces deux requêtes soulevaient à peu près le même problème que les demandes d'aides bilatérales : les Soviétiques étaient manifestement aussi incapables de réformer leur économie que de réduire leurs dépenses militaires. Et accepter que l'URSS devienne membre à part entière du FMI aurait été, de toute façon, difficile pour une autre raison encore : les pays membres étaient tenus de fournir des capitaux considérables à cette institution, sommes dont les Soviétiques ne disposaient pas. En ce qui me concernait, j'étais donc prêt à leur accorder un statut d'« associé spécial » qui aurait pu leur permettre de bénéficier des aides techniques indispensables à la restructuration de leur économie et à la mise en place de pratiques de marché, mais pas le statut de « membre à part entière » qu'ils réclamaient.

On pouvait se demander, en outre, s'il était politiquement opportun d'inviter Gorbatchev à participer à ce sommet. S'il venait à Londres, il fallait absolument que ce déplacement lui procure un succès politique, mais nous ne voulions pas non plus nous engager à lui accorder des aides excessives – selon certaines sources, il comptait réclamer cent milliards de dollars aux membres du G7 ! J'expliquai par conséquent à Primakov qu'il était capital que Gorbatchev ne reparte pas les mains vides après nous avoir prié de desserrer les cordons de notre bourse : il m'assura que Gorbatchev ne nous demanderait pas de lui signer un chèque colossal.

Cette invitation ne pouvant être lancée que par l'ensemble des membres du G7, nous nous consultâmes à ce propos. Brian Mulroney ayant fait valoir que nous devions avant tout demander l'avis de John Major, qui devait présider le sommet, et ce dernier ayant proposé d'inviter notre homologue soviétique à titre exceptionnel, nous décidâmes finalement de rencontrer Gorbatchev dans le cadre d'une réunion des chefs de gouvernement indépendante des séances habituelles.

BRENT SCOWCROFT

Trois semaines environ avant ce sommet du G7, et alors que nous commencions à envisager la possibilité d'accorder une aide groupée aux Soviétiques, un message alarmant nous parvint. Le 20 juin, l'ambassadeur Matlock nous apprit en effet que Gavril Popov, le maire réformateur de Moscou, venait de lui communiquer une information capitale dans le palais Spaso : craignant sans doute les micros du KGB, Popov avait remis à Matlock une note manuscrite qui précisait que le Premier ministre Pavlov, le chef du KGB Vladimir Kryuchkov, le ministre de la Défense Dmitri Yazov et le président du Soviet suprême de l'URSS Anatoly Lukyanov s'apprêtaient à destituer Gorbatchev – le coup d'État aurait lieu dès le lendemain, semblait-il. Popov nous conseillait donc d'avertir Eltsine, qui effectuait sa première visite officielle à Washington depuis sa victoire du 12 juin (nous le recevions en sa qualité de premier président de Russie élu au suffrage universel) et devait rencontrer le Président dans l'après-midi.

Il y a avait de quoi s'inquiéter ! Il nous avait été déjà rapporté que Pavlov, qui appartenait au courant traditionaliste, avait proposé au Soviet suprême de lui conférer certains des pouvoirs de Gorbatchev sans en référer à ce dernier : cette proposition devait être mise aux voix dans un jour ou deux. S'agissait-il du coup d'État annoncé, ou d'autre chose encore ? Là-dessus, Baker nous appela de Berlin, où il s'entretenait avec Bessmertnykh : venant de recevoir un message similaire de Matlock, il voulait savoir s'il pouvait prévenir Bessmertnykh de ce qui se tramait. Après lui avoir donné notre accord, il nous parut préférable de faire en sorte que Matlock puisse aller répéter ce qu'il savait à Gorbatchev au cas où Bessmertnykh ne réussirait pas à joindre ce dernier sans alerter le KGB. Pour être certains que Matlock ne serait pas éconduit, nous demandâmes à l'ambassade soviétique de faire savoir à Gorbatchev que le Président souhaitait qu'il reçoive immédiatement Matlock, après quoi nous décidâmes de discuter de cette affaire avec Eltsine.

GEORGE BUSH

Je reçus Eltsine à trois heures de l'après-midi et m'entretins avec lui pendant une bonne heure dans le Bureau Ovale – où il n'était encore jamais venu. Compte tenu de la rivalité hautement publicisée qui passait pour exister depuis plusieurs mois entre lui et Gorbatchev, j'avais craint qu'il ne saisisse de nouveau l'occasion de critiquer ce dernier en ma présence : je fus donc à la fois soulagé et surpris de l'entendre, au contraire, faire l'éloge du président soviétique. Eltsine m'impressionna beaucoup, et je fus enchanté de sa visite : non seulement il a une personnalité très attachante, mais son rire communicatif est des plus sympathiques... Contrairement à ce qui s'était produit lors de son voyage précédent, on aurait presque pu croire qu'il avait pris modèle sur Gorbatchev en veillant cette fois à se choisir un costume aussi impeccablement coupé et repassé que ceux de son rival !

D'emblée ou presque, je lui parlai du message de Popov en pesant mes mots avec le plus grand soin – il ne devait surtout pas s'imaginer que nous essayions de faire circuler une fausse nouvelle.

« Écoutez, lui dis-je, je ne cherche aucunement à m'ingérer dans vos affaires intérieures. Je me contente de vous transmettre cette information : d'après la note manuscrite que Popov a remise à Matlock, Gorbatchev devrait être renversé dès demain » ; et j'ajoutai que, toujours selon Popov, cette conspiration était ourdie par Pavlov, Lukyanov, Yazov et Kryuchkov. Eltsine m'opposa un démenti catégorique : c'était impossible, m'affirma-t-il en suggérant que nous téléphonions ensemble à Gorbatchev. Nous passâmes donc ce coup de fil, mais on nous dit que le président soviétique n'était pas joignable... il ne me restait plus qu'à espérer que Matlock réussirait à informer Gorbatchev de l'existence de cette étrange rumeur !

Par la suite, Eltsine me tint un discours plus convenu (il nous dit tout ce que nous souhaitions entendre à propos des réformes) tout en se dépeignant comme l'égal de Gorbatchev par sa stature politique. Devinant qu'il supportait mal que le centre soit le principal maître d'œuvre de la politique étrangère de l'Union et des républiques qui la composaient, je m'efforçai de tenir la balance égale entre le soutien que nous devions à ce nouveau président et celui qui devait être apporté aux autorités centrales soviétiques : je lui répétai plusieurs fois que nous lui témoignerions toujours le plus grand respect et comptions faire autant d'affaires que possible avec son pays, mais que je ne pouvais pas me permettre pour autant de saper l'autorité de Gorbatchev. Eltsine me dit qu'il comprenait notre position, puis il m'assura qu'il était lui-même en d'excellents termes avec Gorbatchev, qui, me confia-t-il, approuvait totalement ses actes.

J'interrogeai Eltsine sur la situation intérieure de l'Union soviétique et sur les forces qui faisaient pression sur Gorbatchev, et il revint alors sur les mois qui venaient de s'écouler. « Gorbatchev est harcelé par les militaires, par le KGB et par l'appareil du parti communiste, soutenu depuis peu par Pavlov, me répondit-il. La situation était particulièrement critique en janvier, février et mars : Gorbatchev hésitait, et il avait même commencé à faire machine arrière. Le rythme des réformes se ralentissait, une offensive était lancée contre la *glasnost*, et puis les événements que vous savez se sont passés en Lituanie et en Ossétie du Sud – en Géorgie. Mes déclarations de l'époque [il avait réclamé la démission de Gorbatchev] ne doivent pas prêter à malentendu : tout ce que je voulais dire, c'était que, si Gorbatchev ne voulait plus des réformes, il fallait qu'il se retire ! Mais, en avril, les forces démocratiques se sont ressaisies. Gorbatchev a compris qu'il ne peut pas se passer de l'aile gauche, et il s'est donc positionné autrement que pendant ces trois mois : la voie était ouverte pour l'accord "Neuf plus Un". »

Il me certifia que la Russie soutenait fermement Gorbatchev. « Sans lui, je ne peux rien faire », reconnut-il avant d'ajouter : « Nous ne pouvons agir qu'ensemble. Le départ de Gorbatchev et l'arrivée d'un général seraient une tragédie. Les gens descendraient dans la rue et ce serait la guerre civile. Mais je ne pousse pas le pessimisme à ce point : je ne crois pas à ces histoires ! Dans vingt-quatre heures, je serai rentré à Moscou et verrai bien de quoi il en retourne. Le Soviet suprême n'a pas le droit de destituer Gorbatchev : seul le Congrès des députés du peuple le pourrait, et il n'y consentirait certainement pas. Destituer Gorbatchev reviendrait à violer notre Constitution, et cela ne saurait se produire. »

Le lendemain, Gorbatchev me contacta ; il avait essayé de répondre à mon coup de fil de la veille, m'expliqua-t-il, mais il y avait eu une embrouille. (Il me précisa ultérieurement qu'il avait piqué une colère terrible quand il avait su qu'on ne lui avait pas passé mon appel.)

Il s'était entretenu avec Matlock et nous remerciait de lui avoir communiqué cette information : non seulement sa confiance était évidente, mais il donnait l'impression de dominer totalement la situation.

Mikhaïl me raconta que des députés réactionnaires avaient tenté de lui causer des ennuis au Soviet suprême – c'était une allusion directe à la tentative de prise de pouvoir de Pavlov. Il m'apprit qu'il avait été procédé à un vote qui avait mis promptement fin à toute discussion : « Aujourd'hui, ceux qui s'opposent à moi se sont fait flanquer une vraie raclée par les autres députés », s'exclama-t-il avec enthousiasme. Je lui demandai si cet incident avait quelque chose à voir avec l'information que Matlock lui avait communiquée, et il m'expliqua comment tout s'était emmanché. « George, j'ai demandé à l'ambassadeur de vous garantir que c'est impossible à mille pour cent, continua Mikhaïl.

– C'est parfait, repris-je. Mais je tiens aussi à vous préciser que j'ai parlé de ce message à Eltsine uniquement parce que Popov l'avait demandé ; et comprenez bien que je n'ai pas agi de la sorte en vue d'interférer dans vos affaires intérieures : je tenais seulement à ce que cette importante information vous parvienne ! » C'était la gaffe : j'avais malheureusement oublié que Popov avait expressément demandé à Matlock que son nom ne soit pas associé à cette rumeur – j'avais prévu initialement de dire que nous tenions ce renseignement d'« une personne digne de foi », et puis j'avais vendu la mèche malgré moi... Nous apprîmes plus tard que Gorbatchev avait accusé le maire de Moscou de s'être déloyalement abstenu de lui communiquer cette information, et Popov, comme on pouvait s'y attendre, nous reprocha pendant quelque temps d'avoir cité son nom.

BRENT SCOWCROFT

La question épineuse de ce qui pouvait être fait à propos (ou en faveur, plutôt) de l'Union soviétique lors du sommet du G7 nous préoccupa pendant tout le reste du mois de juin et le début de juillet. Certains membres du G7 étaient tentés, en effet, de promettre plus que nous n'aurions pu tenir : une sorte de division tacite régnait déjà dans nos rangs au sujet du type de soutien qui devait être accordé – tout était possible, depuis l'assistance strictement financière jusqu'à l'aide technique. Or, même si tout portait à croire que les dirigeants des six autres pays se préparaient à donner à Gorbatchev une réponse prudente et conditionnelle qui ne serait assortie d'aucune promesse d'assistance financière excessive, nous craignions quand même qu'ils ne se laissent entraîner plus loin quand ils se retrouveraient en face de lui. Dans notre optique, toute aide inconditionnelle nous aurait tous conduits à dilapider d'immenses ressources sans inciter pour autant les Soviétiques à passer à l'économie de marché.

GEORGE BUSH

Je m'arrêtai en France avant de me rendre à ce sommet ; c'était le 14 juillet, jour de la prise de la Bastille, et je rencontrai brièvement Mitterrand au château de Rambouillet. J'avais tenu à faire cette escale pour remettre notre prestigieuse Legion of Merit au général Michel Roquejeoffre, commandant des forces françaises pendant Tempête du Désert, en témoignage de notre gratitude envers son pays – la France avait magnifiquement contribué au succès de la coalition. Puis j'arrivai à Londres dans la soirée, juste à temps pour boire quelques cocktails suivis d'un délicieux dîner privé auquel John Major m'avait convié au 10, Downing Street – où je décernai la même décoration à Sir Peter de la Billiere, qui avait fait merveille à la tête des forces britanniques déployées dans le Golfe.

À Londres, Gorbatchev fut écouté avec attention. Il ne fit qu'une seule fois allusion à la question de l'assistance financière au cours de son exposé : il dit que, si nous étions capables de trouver cent milliards de dollars pour financer la guerre du Golfe, aider l'Union soviétique ne devrait pas être hors de notre portée – il semblait oublier que les dépenses occasionnées par cette guerre devaient être largement couvertes par les États du Golfe, le Japon et d'autres pays encore qui s'étaient sentis menacés par l'agression irakienne et nous savaient gré d'avoir paré à cette menace.

Gorbatchev nous avait fait parvenir au préalable un descriptif précis de toutes les réformes économiques et sociales qu'il projetait, et il revint devant nous sur les points majeurs de son programme (libéralisation des prix, convertibilité du rouble, etc.) sans réclamer ouvertement le soutien financier occidental que l'application de telles mesures aurait exigé. N'entrant pas dans les détails et continuant à mettre l'accent sur les principes de l'économie mixte et les objectifs socialistes, il s'engagea tout au plus à respecter les principes généraux de la construction d'une économie de marché – à privatiser, par exemple... il faisait du surplace, autrement dit : les Soviétiques se traînent à quatre pattes plutôt que de marcher, me surpris-je à penser. L'importance de leurs dépenses militaires et les aides qu'ils consentaient à Cuba ne laissant pas de nous inquiéter, je fis part de nos inquiétudes à Gorbatchev : il me répondit que ces aides avaient été réduites, mais Castro, de fait, bénéficiait encore des largesses soviétiques.

La réunion se passa bien dans l'ensemble, au sens où il n'y eut ni disputes ni affrontements. Je fus toutefois choqué par l'attitude de certains intervenants qui mirent Gorbatchev en difficulté en lui posant une myriade de questions très sentencieuses sur ses projets de réformes : Jacques Delors, le président de la Communauté européenne, interrogea Gorbatchev comme un professeur interroge un étudiant – la connotation implicite était presque : attention, vous ne serez pas forcément reçu ! D'autres, tel Brian Mulroney, soulevèrent des points tout aussi pertinents en gardant un ton plus convivial : ils ne donnèrent pas l'impression de faire la leçon à un mauvais élève, ils ne grondèrent aucun garnement. Pour ma part, j'avais toujours veillé à ne pas sermonner Gorbatchev : je savais qu'il affrontait d'énormes problèmes, et je considérais qu'il méritait d'être traité comme un pair et un ami.

Au cours d'une suspension de séance, j'expliquai à Mikhaïl que ces prêchi-prêcha ne le visaient pas personnellement, mais qu'on lui avait simplement posé des questions économiques auxquelles il pouvait être légitimement tenu de répondre avant de se voir accorder une aide quelconque : il m'interrompit en me disant qu'il n'avait pas eu le sentiment qu'on lui avait fait la leçon sur quoi que ce soit ! Et quelque chose encore m'avait irrité : j'avais remarqué que certains participants (ni Major ni Mulroney) n'étaient guère attentifs aux propos de Toshiki Kaifu et traitaient presque les Japonais comme des Martiens, alors qu'il m'était apparu, au contraire, que Kaifu disait des choses aussi sensées qu'utiles. Cette sorte d'incompréhension culturelle était à mes yeux d'autant plus regrettable qu'il ne s'agissait pas d'un incident isolé ; or, ce manque de courtoisie envers les dirigeants japonais n'était seulement pas blessant d'un point de vue humain, il risquait également de s'avérer préjudiciable à la bonne marche des sommets du G7 – nous avions tous besoin de la coopération des Japonais, qui faisaient d'ailleurs grand cas de ces sommets (peut-être les voient-ils même comme le plus important forum international auquel ils participent !).

Le plan de Gorbatchev reçut finalement une réponse prudente : convenant que les réformes devaient être plus étoffées, nous décidâmes que la meilleure solution consistait encore à offrir une assistance technique du type de celle que j'avais déjà proposée dans un cadre bilatéral – une assistance pratique focalisée sur l'énergie, la défense, la reconversion de l'agriculture et les circuits de distribution alimentaires ; et nous déclarâmes également que nous recommanderions au FMI et à la Banque mondiale d'accorder un statut d'associé spécial à l'Union soviétique. Cela peut paraître peu, mais nous avions fait notre maximum : tant que le traité d'Union n'aurait pas été définitivement arrêté et que les républiques n'auraient pas signé les accords économiques intérieurs qui devaient les lier, il était difficile d'aller plus loin dans le domaine des aides extérieures consenties aux Soviétiques.

Mes entretiens personnels avec Gorbatchev se déroulèrent dans une atmosphère particulièrement cordiale. Le 17 juillet, juste avant que nous nous retrouvions à Winfield House, Bessmertnykh fit savoir qu'il souhaitait rencontrer Baker : avec Brent, je crus d'abord que Bessmertnykh voulait tenter d'aplanir certains points de désaccord récents liés à START – qu'il comptait nous demander si les Soviétiques pourraient être ou non autorisés à mettre en service de nouveaux types de missiles... En fait, la teneur de ces différends nous préoccupait moins que les interprétations qu'ils induisaient : parce que nous discutions de paix et d'aides économiques avec l'URSS à un moment où tout le monde croyait que les Soviétiques voulaient déployer de nouvelles armes contre nous, d'aucuns nous trouvaient trop accommodants ! Je me préparai donc à expliquer tout cela à Mikhaïl, mais Baker vint me voir peu avant son arrivée : « Je crois bien que l'affaire est dans le sac », déclara-t-il. Brent opina en consultant les documents que Jim nous avait apportés, et ils ajoutèrent une clause précisant que les détails seraient discutés par des experts en contrôle des armements – Gorbatchev et moi-même posions pendant ce temps pour la photographie officielle qui devait précéder notre déjeuner. Puis, à l'issue de ce repas, après que j'eus entraîné Mikhaïl à l'écart pour avoir un entretien confidentiel avec lui, Jim et Brent vinrent nous annoncer que c'était dans la poche : un accord venait d'être conclu sur le contrôle des armements, nous apprirent-ils en levant le pouce en signe de victoire. Ce fut une minute aussi grisante que solennelle : nous venions de prendre la décision historique de supprimer plusieurs milliers de nos armes les plus mortelles de nos arsenaux nucléaires respectifs !

Plus j'écoutai Mikhaïl disserter sur la situation intérieure soviétique, plus je mesurai l'ampleur des difficultés qui l'assaillaient et compris à quel point il importait pour lui de s'entendre au plus vite avec les républiques. Après que je lui eus fait remarquer qu'Eltsine avait eu un comportement irréprochable lors de sa visite aux États-Unis, Gorbatchev répondit que le président russe lui causait beaucoup moins d'ennuis que les membres de son entourage : certains proches conseillers d'Eltsine lui avaient déjà tant menti qu'il s'en méfiait comme de la peste, me confia-t-il.

Le souvenir de notre rencontre de Camp David m'était revenu à l'esprit : Mikhaïl m'avait alors parlé d'Eltsine en des termes très différents... J'avais dit à Gorbatchev que, à de nombreux égards, Eltsine préconisait des changements que lui-même appelait de ses vœux – la réduction des aides à Cuba, la libération immédiate des pays baltes. S'il acceptait d'accorder l'indépendance aux Baltes, lui avais-je laissé entendre, les Américains seraient définitivement gagnés à sa cause ; et il m'avait décrit les rouages de la Constitution soviétique tout en m'expliquant de nouveau à quel point l'accès à l'indépendance des républiques était une procédure compliquée, compte tenu des mécanismes compensatoires et des liens d'interdépendance économique qui existaient à l'intérieur de l'Union : tout en m'assurant que le problème finirait par être réglé, il s'était bien gardé de s'engager à proclamer l'indépendance d'une république ou d'une autre. Gorbatchev m'avait proposé, lors de cette rencontre, d'effectuer un voyage officiel à Moscou vers la fin juillet, et j'avais accepté.

Quand Gorbatchev retrouva les autres chefs d'État et de gouvernement qui avaient été invités à passer une soirée détendue au 10, Downing Street, il ne détonna aucunement. Il n'hésita pas à plaisanter sur son compte, racontant notamment l'histoire de deux Russes qui se plaignent de devoir faire la queue pour acheter de la vodka : s'impatientant, l'un annonce à l'autre qu'il va aller descendre Gorbatchev, qui est responsable de ces pénuries ! Réapparaissant deux heures plus tard, il rejoint son ami, qui lui demande : « Alors, tu l'as eu ? – Non, je n'ai pas pu, répond le premier. Il y avait encore beaucoup plus de monde dans la file d'attente ! » Gorbatchev avait éclaté de rire à la chute de cette blague.

Le 18 juillet, je mis fin à mon séjour londonien : je m'envolai pour la Grèce et la Turquie, qui n'avaient plus accueilli de président des États-Unis depuis le temps d'Eisenhower. Ayant accepté quelques semaines plus tôt de me rendre à Istanbul à la demande de Turgut Ozal, j'avais tenu à m'arrêter également en Grèce, autre important allié de l'OTAN au flanc sud de l'Europe et pays dont le Premier ministre Konstantinos Mitsotakis m'avait aimablement invité à visiter sa demeure crétoise. Les fatigues de ce voyage s'ajoutant à un emploi du temps très chargé, je revins à Washington dans un état d'épuisement extrême – et je n'eus guère le temps de me reposer, n'étant qu'à quelques jours du sommet de Moscou.

Dans l'avion qui m'emmena à Moscou, je lus le rapport que Colin Powell avait rédigé à l'issue de la visite qu'il venait d'effectuer en URSS ; s'étant rendu dans ce pays la semaine précédente dans le cadre du programme d'échanges militaires américano-soviétiques, il avait été frappé par le profond mécontentement qui s'exprimait aux plus hauts échelons de la hiérarchie militaire soviétique – impression qui nous conforta dans l'idée que la plus grande prudence était de règle.

Voici ce que Powell écrivait à propos des soutiens militaires de Gorbatchev et des relations nouvelles qui se tissaient entre les républiques et le pouvoir central :

> Tout en soutenant Gorbatchev, les plus hauts responsables militaires dédaignent ouvertement les réformateurs, le chef du haut état-major soviétique Mikhaïl Moiseyev s'étant montré très clair sur ce point : il a qualifié Chevarnadzé de « traître » au parti communiste. (Que dirait-il si Gorbatchev s'en allait ?) Les généraux se plaignent d'avoir de trop nombreux « présidents ». L'un des réformateurs qu'ils honnissent le plus, le major Lopatine (aujourd'hui député du peuple), est venu m'accueillir à Vladivostock, et Moiseyev en a été furieux. [...] [Lors du banquet donné en l'honneur de Powell, Lopatine avait fait mine de porter un toast, mais le commandant de la flotte du Pacifique lui avait coupé la parole.] [...] Moiseyev m'ayant précisé qu'il avait ensuite remis Lopatine à sa place au cours d'un tête-à-tête, je lui ai demandé s'il traitait tous les députés du peuple de cette manière, et voici qu'il m'a répondu : « Chez nous, trois compétences suffisent pour être élu député : critiquer les généraux, critiquer le gouvernement et promettre n'importe quoi. »

Powell remarquait aussi que les militaires soviétiques « détestaient le pluralisme politique qui était en train de se développer, car il était pour eux synonyme d'un manque d'ordre et de contrôle ». Non seulement ils disposaient de toutes sortes d'équipements modernes, mais ils avaient eu jusque-là l'habitude d'être particulièrement choyés : « Les infrastructures militaires, depuis les casernes jusqu'aux sanatoriums et aux camps de vacances, semblent être le seul secteur qui fasse l'objet d'investissements. Nous avons aperçu des tas de nouveaux tanks – et pas un seul bus neuf », poursuivait-il. Même « réduite » à trois millions deux cent mille hommes, l'armée Rouge continuait à être ruineuse, soulignait Powell : le maintien d'effectifs aussi pléthoriques était à la fois inutile d'un point de vue militaire et totalement incompatible avec la rénovation de l'économie et de la société soviétiques... « mais Moiseyev et ses pareils ne se rendent pas à cette évidence. J'ai le sentiment qu'ils s'opposeront à toute nouvelle réduction d'effectifs, si inévitables que paraissent ces mesures », notait-il. Pour Colin, le général Moiseyev et ses officiers supérieurs étaient des soldats et des bureaucrates qui faisaient de leur mieux pour sauvegarder les intérêts de l'institution militaire : « Ils sont si étroitement contrôlés par les politiques que je vois mal l'un de ces gars monter sur son cheval blanc pour tenter de prendre le pouvoir ; et je doute que les conscrits les suivraient, de toute façon. Compte tenu de tout ce que Gorbatchev les a déjà contraints à avaler, il se pourrait que ce président ou un autre doive attendre quelque temps avant de pouvoir leur faire digérer autre chose, mais ils finiront par obéir », lisait-on dans son rapport. Et il écrivait enfin que Moiseyev, avec qui il avait noué de bonnes relations, « était plus un soldat intègre qu'un visionnaire ».

Nous atterrîmes à Moscou vers vingt-deux heures, le 29 juillet. Je fus accueilli à l'aéroport par le vice-président Gennady Yanayev, qui me surprit par son sens de l'humour et son amabilité – on me l'avait dépeint comme un membre de la faction dure aux manières glaciales. Après une cérémonie protocolaire assez brève (personne ne prononça de discours : on se contenta de me présenter « l'équipe numéro un » avant de me faire passer en revue une haie de jeunes soldats de la plus belle apparence) mais émouvante, nous fonçames vers le centre de Moscou ; le trajet prenant trente-cinq minutes et quelques badauds nous saluant de la main, je demandai à mon chauffeur d'allumer les feux de parade de ma limousine (ils éclairent l'habitacle pour que tout le monde puisse voir qui se trouve à l'intérieur) afin que Yanayev puisse avoir un avant-goût de ce à quoi ressemble une campagne présidentielle à l'américaine... mais la visibilité extérieure était si mauvaise qu'il nous arriva d'adresser des gestes de salutation à des réverbères, ce qui nous amusa beaucoup.

Dès le lendemain, je m'entretins à la fois avec Eltsine et avec Gorbatchev. Gorbatchev me reçut dans la matinée dans la grand-salle Sainte-Catherine, vaste pièce de réception ornée de chandeliers et de boiseries dorées : Mikhaïl, Chernyayev, Brent et moi-même bavardâmes ici pendant près de deux heures autour d'une table à la blancheur d'ivoire. Gorbatchev fut tout simplement fantastique – aujourd'hui encore, je ne comprends toujours pas comment un homme soumis à de telles pressions pouvait si bien tenir le coup... Après avoir cru dans un premier temps qu'il espérait toujours remettre l'économie soviétique à flot grâce à la manne occidentale (il semblait si sûr de lui que cette hypothèse m'était venue d'abord à l'esprit), je ne tardai pas à m'apercevoir qu'il n'en était rien : avec le pragmatisme qui lui était coutumier, il avait compris, au contraire, qu'il ne devait tabler sur aucun apport de fonds extérieur.

Il m'apprit que la rédaction du traité d'Union était achevée. Même si quelques républiques s'opposaient encore à ce traité, me dit-il, la plupart (entre les deux tiers et les trois quarts) l'approuvaient, si bien qu'il ne restait plus qu'à fixer la date de la signature, étant entendu que tous les États ne signeraient pas en même temps : « Le processus se poursuivra jusqu'à ce que l'Ukraine se décide à signer. Après quoi on pourra élaborer une nouvelle Constitution, élire le président et les membres du Soviet suprême et former un autre gouvernement », m'assura-t-il. Il était convaincu que, même si les changements continuaient à susciter de fortes oppositions à tous les niveaux de la société soviétique, les conservateurs étaient en perte de vitesse : « Certains vocifèrent et nos médias leur prêtent beaucoup d'attention. C'est un phénomène dont nous tenons compte. Mais le processus de la coopération avec les républiques se développe lui aussi. Les derniers mois de 1991 et toute l'année 1992 seront certainement très difficiles ; quoi qu'il en soit, il est bon que les gens s'habituent à prendre des initiatives », me déclara-t-il tout en ajoutant que son équipe était déterminée à accélérer le rythme des privatisations pour inciter la population à se mettre au travail quand bien même il leur faudrait pour cela étudier soigneusement « les expériences des pays de l'Europe orientale, l'Allemagne de l'Est y compris » en un temps très bref – il était conscient que les pays occidentaux n'accepteraient de coopérer avec eux que s'ils allaient plus vite !

Tenant à bien lui faire comprendre que nous entendions le soutenir au maximum, je lui parlai de nos problèmes économiques bilatéraux et de nos perspectives d'échanges commerciaux : question d'autant plus importante que tout exemple de coopération fructueuse – le premier succès patent, le premier gros projet mené à bonne fin – entre les entreprises américaines et l'URSS aurait pu se traduire par des milliards de dollars d'investissements dans ce pays. « Mais, vous-même, que souhaitez-vous véritablement ? Je veux dire si vous disposiez d'une baguette magique ? », lui demandai-je. Il me répondit qu'il souhaitait que son pays sorte le plus tôt possible de la phase de passage à l'économie de marché où il s'était engagé, considération qui nous conduisit à réfléchir de concert (ce fut une véritable séance de *brainstorming* informelle) aux moyens d'augmenter les réserves de devises fortes de l'Union soviétique.

Après avoir déjeuné ensemble, nous sortîmes sur la place de la Cathédrale du Kremlin, que Mikhaïl tenait à me faire découvrir. C'était une belle journée d'été (le soleil brillait, sans qu'il fasse pour autant trop chaud), et je le mitraillai de questions sur tout ce qui m'entourait. Il me montra fièrement la gigantesque statue de Lénine ceinte d'un parterre de fleurs amoureusement entretenu, aussi bien que l'énorme Canon de l'Empereur. Mais la presse nous serrait de si près que nous finîmes par être totalement immobilisés : les agents du KGB intervinrent, puis quelques incidents se produisirent – des membres de nos suites et des photographes furent renversés et une caméra fut brisée, notre « char d'assaut » ne pouvant redémarrer qu'après que Gorbatchev eut demandé aux journalistes agglutinés tout autour de nous de bien vouloir s'écarter. Tout cela fut quand même assez crispant : si les photographes ne s'étaient pas cru obligés de rester sans arrêt à moins de cinq mètres de nous pour photographier cent fois la même scène, ils ne se seraient pas fait bousculer par les services de sécurité... Au total, je crois bien que notre promenade ne dura pas plus d'une quinzaine de minutes, puisque je me souviens d'avoir dû partir précipitamment pour l'Institut des relations internationales de Moscou, où je devais prononcer une allocution.

Sitôt ce discours achevé, je m'acheminai successivement vers le Présidium du Soviet suprême et le bureau d'Eltsine : il avait refusé de participer à la rencontre bilatérale élargie (Gorbatchev avait côtoyé à cette occasion deux ou trois autres présidents de républiques) organisée au Présidium, alléguant qu'il s'interdisait de se mêler à « une masse d'individus anonymes ». Quand nous nous rencontrâmes ensuite seul à seul, il m'indiqua d'emblée qu'il lui importait avant tout que la Russie et l'Union soviétique soient traitées désormais sur un pied d'égalité dans toutes leurs relations avec les États-Unis : il m'apprit que j'étais le premier dirigeant étranger qu'il recevait depuis qu'il avait accédé à ses nouvelles fonctions présidentielles (on me signala par la suite que le bureau qu'il occupait au Kremlin avait été naguère utilisé par Gorbatchev lui-même !). Puis nous parlâmes abondamment des problèmes de l'Union et du désir d'indépendance des républiques : se faisant l'avocat du désir de liberté des Baltes, il me dit qu'il avait demandé la veille à Gorbatchev de faire un geste en leur faveur. Mais Eltsine n'en semblait pas moins préoccupé par les revendications indépendantistes de l'Ukraine : « L'Ukraine ne doit pas se détacher de l'Union soviétique. Sans elle, il ne resterait plus qu'une majorité bancale de républiques non slaves », déclara-t-il avec emphase.

Lorsque nous nous alignâmes ce soir-là dans la salle Saint-Vladimir pour accueillir les invités du dîner officiel auquel nous avions été conviés, Naïna, la sympathique épouse d'Eltsine (elle se rendit plus tard aux États-Unis en compagnie de son mari, nous donnant ainsi l'occasion de mieux la connaître : Barbara et moi-même l'apprécions beaucoup !), arriva sans son époux : ce fut à la fin des présentations seulement, après que tous les invités furent passés devant nous, qu'Eltsine fit son entrée dans le plus grand apparat. Il tenta de prendre le bras de Barbara pour l'accompagner lui-même jusqu'à notre table, ce qui aurait été très embarrassant pour Gorbatchev – il ne parvint pas à ses fins, heureusement : Mikhaïl réussit finalement à se rapprocher assez de Barbara pour lui servir de cavalier. (Eltsine dit également à Matlock qu'il voulait porter un toast en l'honneur du dîner que nous « rendrions » à l'ambassade : il essayait de se présenter à tous égards comme l'égal de Gorbatchev !)

Le lendemain matin, j'allai d'abord déposer une gerbe sur le tombeau du soldat inconnu qui jouxte les murs du Kremlin, puis je pris mon petit déjeuner en compagnie d'hommes d'affaires américains et soviétiques avant de monter dans une voiture qui m'emmena jusqu'à Novo Ogaryevo, banlieue de Moscou où Gorbatchev nous attendait dans sa datcha gouvernementale. Parmi les trois merveilleuses datchas qui s'élèvent sur ce complexe résidentiel, l'une servait de maison de week-end aux Gorbatchev, même si Raïssa prétendait qu'ils n'y venaient pas souvent : nous fûmes accueillis dans une splendide demeure aux plafonds très hauts, aux pièces meublées avec goût et aux immenses salles de bains – elle était très confortable, sans rivaliser pour autant avec le luxe du Kremlin. Nous nous promenâmes ensemble dans les vastes jardins environnants (ils s'étendaient sur près de cinq cents mètres), traversant des bois qui regorgeaient de daims et de sangliers que, nous dit-on, personne n'avait le droit de chasser.

Les cinq heures d'entretiens à bâtons rompus qui suivirent me rappelèrent nos conversations de Camp David. Comme à Camp David un an plus tôt, l'ambiance était particulièrement décontractée : Gorbatchev était tout de gris vêtu (sa chemise, son pull-over, son pantalon, ses mocassins, tout cela était gris) et j'étais moi-même en polo. Assis sur des chaises d'osier disposées autour d'une table circulaire, nous restâmes dehors, installés entre la datcha et les bois.

Gorbatchev se lança dans un monologue interminable que j'émaillai à grand-peine de quelques commentaires personnels. Il revint une fois encore sur la situation intérieure de l'Union soviétique et sur les rôles qui incombaient à nos deux pays dans un monde en mutation : il voulait, me dit-il, que les changements amorcés en URSS se poursuivent dans la légalité, sans que la multiplication des centres de pouvoir s'avère pernicieuse ou jette son pays dans le chaos. « Aucun dogme ne m'arrêtera. Les contraintes idéologiques ne doivent pas nous empêcher d'aller de l'avant », s'exclama-t-il en faisant allusion au défi qu'il avait lancé la semaine précédente au Comité central. Après m'avoir fait part de son intention de bâtir une économie qui puisse être un instrument de consensus social (« Les dirigeants des États-Unis seront nos meilleurs juges », remarqua-t-il à ce propos), il aborda les problèmes régionaux : « Les régimes totalitaires ou autoritaires disparaissent les uns après les autres et c'est nous qui avons été à l'origine de cette évolution », observa-t-il. Soulignant que les temps étaient mûrs pour une coopération dénuée de toute arrière-pensée dominatrice, il dit que l'esprit d'entente dont nous avions fait preuve pendant la guerre du Golfe et au Moyen-Orient devait continuer à inspirer toutes nos interactions futures.

Vers onze heures trente, peu après le début de cet entretien, Baker me fit savoir que six gardes lituaniens venaient d'être tués dans un poste de douane proche de la frontière biélorusse et que d'autres avaient été blessés. Je demandai immédiatement des explications à Gorbatchev : pâle comme un linge, il envoya Bessmertnykh se renseigner… J'espérais que l'information était fausse, mais une sorte de drap mortuaire s'abattit sur notre réunion ! Revenant un peu plus tard, Bessmertnykh murmura quelques mots à l'oreille de Gorbatchev : Mikhaïl m'expliqua ensuite qu'une série d'incidents s'étaient produits (la mort d'un Biélorusse, l'attaque d'une caserne de l'armée, puis ce dernier événement), et que son gouvernement venait tout juste d'apprendre que les Lituaniens et les Biélorusses avaient l'intention d'ouvrir une enquête commune à ce propos. Par la suite, Gorbatchev entendit beaucoup parler de cette affaire, nombre d'Américains le tenant pour responsable de ce qui s'était passé – mais je suis persuadé qu'il n'y fut pour rien.

Nous reprîmes nos discussions, mais notre enthousiasme initial avait fondu comme neige au soleil. Gorbatchev entreprit alors de me parler des « aspects problématiques » de l'autodétermination et de son désir de coopérer avec nous en la matière, tant en ce qui concernait la Yougoslavie que pour l'aider à régler les problèmes intérieurs de l'URSS : tout en critiquant les séparatistes qui faisaient pression sur le pouvoir central et en insistant sur les conflits frontaliers qui tendaient à se multiplier entre les républiques, il me répéta que c'était le « processus » (c'était l'un de ses termes favoris) qui était le plus important.

Nous retournâmes ensuite à Moscou pour signer le traité SALT dans la salle Saint-Vladimir, cérémonie qui m'émut au plus haut point. Je n'eus pas, en effet, le sentiment de participer à un simple rituel diplomatique : les réductions très importantes du nombre de nos missiles balistiques auxquelles nous avions mutuellement consenti prouveraient aux jeunes du monde entier que l'idéalisme n'était pas mort, songeai-je... Le discours que je prononçai dans ce contexte s'écarta quelque peu du texte que j'avais prévu de lire : j'ajoutai des remerciements improvisés à Ronald Reagan, mais bien d'autres encore – Richard Burt, notamment – avaient magnifiquement contribué à la négociation de ce traité historique, et je regrette de n'avoir pas pu les remercier nommément.

BRENT SCOWCROFT

En dépit des nombreux rapports qui nous parvenaient sur la grogne des militaires, nous n'avions pas l'impression qu'un coup de force était imminent. Certains comportements étaient des plus révélateurs, néanmoins... Lors du dîner que le président Bush donna en l'honneur de Gorbatchev au palais Spaso, par exemple, je fus placé tout près du ministre de la Défense Dmitri Yazov, homme dont le moins qu'on puisse dire est qu'il n'a pas un physique ordinaire – sorte d'ours aux mains aussi grosses que des jambons, Yazov a la complexion fleurie des amateurs de vodka. Plutôt taciturne et visiblement peu habitué aux subtilités des babillages diplomatiques, il affichait une humeur particulièrement maussade, se plaignant de ce que tout allait très bien pour nous cependant que l'armée Rouge se délitait de plus en plus : selon lui, les nouveaux équipements n'étaient pas livrés (Powell nous avait dit le contraire), les jeunes gens ne répondaient plus à l'appel sous les drapeaux, aucun logement n'était prévu pour les troupes qui rentraient d'Allemagne, etc. Je lui demandai donc pourquoi il se préoccupait encore autant de l'état de préparation de l'armée soviétique : par quoi se sentait-il menacé ? Par l'OTAN, me répondit-il. Je lui objectai alors que l'OTAN avait toujours été une alliance à caractère défensif et que, quand bien même cette alliance l'aurait sérieusement inquiété dans le passé (ce dont j'avais lieu de douter), toutes les éventuelles capacités offensives qu'elle aurait pu avoir seraient, de toute façon, désormais éliminées par les réductions d'armements décidées. Il ne fut guère réconforté par ma remarque, mais, les heures passant et la vodka aidant, je réussis malgré tout à le faire boire à la santé de l'OTAN !

En remontant dans Air Force One, nous étions loin de nous douter que nous ne nous entretiendrions plus jamais avec Gorbatchev dans le cadre d'un sommet officiel. Une série de conversations extrêmement positives venaient de se dérouler : nous étions enfin parvenus à creuser les fondations de START I, posant ainsi le premier jalon de la rationalisation des forces stratégiques de l'ère à venir. Gorbatchev s'était montré optimiste : il était manifestement convaincu que ses problèmes intérieurs seraient réglés tôt ou tard. Les nuages noirs qui s'amoncelaient au-dessus des États baltes avaient nui à la sérénité des débats, mais nous avions établi une procédure de concertation et noué des relations qui ne pouvaient que bénéficier à nos futurs dialogues au sommet bilatéraux, et, dans l'ensemble, nous avions tout lieu d'être satisfaits – de considérer que le verre était à moitié plein, plutôt qu'à moitié vide.

GEORGE BUSH

Le 1er août, nous décollâmes de Moscou et atterrîmes à Kiev afin de visiter brièvement l'Ukraine et de rencontrer Leonid Kravchuk, président du Soviet suprême ukrainien. De nouveau, le vice-président Yanayev m'accompagna : il me rejoignit à bord d'Air Force One, qui, c'est certain, n'avait encore jamais transporté de dignitaire soviétique d'aussi haut rang ! Ce sommet de Moscou nous ayant permis de faire plus amplement connaissance, Yanayev m'avait appris qu'il adorait pêcher en eau douce ; après avoir regagné la Maison Blanche, je fouillai donc dans les tiroirs du bureau de mes appartements privés pour en extraire un assortiment d'appâts destinés à divers poissons (aux perches, surtout) dont je comptais lui faire cadeau... Compte tenu de ce qui s'est passé ensuite, je me suis souvent demandé si ces appâts lui étaient parvenus et s'il les avait ou non essayés.

Barbara et moi-même fûmes accueillis par Kravchuk. Comme à l'aéroport de Moscou, la cérémonie militaire fut très spectaculaire : je n'ai jamais pu me faire au pas de l'oie modifié (eux balancent les bras, vous savez) des troupes des pays de l'Est... J'avais déjà vu cela à Moscou à l'occasion de funérailles nationales, mais c'était encore plus impressionnant vu de près ! En plus des hymnes soviétique et russe que j'avais entendus dans la capitale soviétique, l'orchestre joua également l'hymne ukrainien, et l'ambiance fut des plus chaleureuses : des milliers de personnes acclamèrent notre cortège. Puis je m'adressai aux membres du Soviet suprême ukrainien après avoir déjeuné avec Kravchuk.

BRENT SCOWCROFT

Ce discours du prédisent Bush est immédiatement passé à la postérité – et a été instantanément voué aux gémonies – sous le nom d'allocution du « trouillard de Kiev ». Parmi les innombrables allusions à la liberté, aux réformes, à la démocratie et à la tolérance qui ponctuèrent cette intervention, je citerai le passage suivant :

> La liberté ne peut survivre quand on laisse le despotisme prospérer ou que l'on permet à des restrictions mineures en apparence de se multiplier au point de former des chaînes qui entravent et emprisonnent. Je visiterai tout à l'heure le monument de Babi Yar, lieu sinistre et solennel qui rappelle ce qu'encourt tout peuple qui ne réussit pas à endiguer l'horrible marée de l'intolérance et de la tyrannie. Mais encore convient-il de noter que la liberté et l'indépendance ne reviennent pas au même.... Nous autres, Américains, ne soutiendrons pas ceux qui aspirent à devenir indépendants à seule fin de remplacer une tyrannie lointaine par un despotisme local. Nous ne viendrons pas en aide à ceux qui prônent un nationalisme suicidaire fondé sur la haine ethnique. En revanche, nous soutiendrons tous ceux qui veulent construire une démocratie authentique.

La presse en déduisit à tort que le Président ne soutenait pas les aspirations des Ukrainiens et des autres peuples à la liberté et à l'autodétermination : ce discours, ont prétendu les journalistes, encourageait les composantes de l'Union soviétique à ne pas se séparer. Mais ils se trompaient, car l'allusion au despotisme local n'était pas spécialement destinée à l'Ukraine – le Président parlait en fait de toutes ces zones de notre monde où des poussées de nationalisme intolérant risquaient d'entraîner des flambées de violences majeures : nous nous faisions beaucoup de souci à propos de la Yougoslavie, de la Moldavie et de diverses autres républiques soviétiques, par exemple. Ces paroles avaient été prononcées à Kiev pour la simple raison qu'il eût été malséant de tenir de tels propos à Moscou et que l'Ukraine était la seule escale extérieure à la Russie où le problème se posait – il était évident que la composition ethnique de l'Ukraine était potentiellement dommageable à l'unité de cette nation... Et l'histoire postérieure de la Yougoslavie et de plusieurs ex-républiques soviétiques a montré que le Président avait eu raison de délivrer cet avertissement.

GEORGE BUSH

Ma gorge avait commencé à se nouer sitôt que je m'étais approché de ce mémorial de Babi Yar où les occupants nazis avaient assassiné des dizaines de milliers de Juifs, d'Ukrainiens et de ressortissants d'autres pays. Je me souviens d'avoir presque défailli vers le milieu de mon discours : d'une voix tremblante, je m'étais mis à décrire l'horreur de cette funeste journée des années 1940 où les nazis avaient fait aligner des hommes et des femmes nus (les SS avaient ordonné à leurs prisonniers de se déshabiller pour pouvoir réutiliser leurs vêtements après leur retour en Allemagne) devant une vaste tranchée avant de fusiller méthodiquement plus de trente-trois mille personnes en quelque trente-six heures – les SS étaient même allés jusqu'à jouer des airs allègres dont les sonorités diffusées par haut-parleurs avaient étouffé les cris des victimes ! Ce que j'aperçus dans ce lieu où l'un des chapitres les plus terribles (et les plus durablement occultés) de l'histoire humaine avait été écrit me bouleversa à jamais, et voici ce que j'y dis :

> Nous voici donc à Babi Yar, confrontés à l'horrible vérité. Des extrémités si incroyables ont été ici atteintes en matière de comportements humains que nous nous devons de prêter plusieurs sermons solennels.
>
> Nous jurons que des meurtres de cette espèce ne seront plus jamais commis.
>
> Nous jurons que nous ne permettrons plus jamais aux forces du fanatisme et de la haine de s'affirmer sans que personne ne s'y oppose.
>
> Et nous jurons de tout faire pour que les années futures soient respectueuses de la liberté et des droits individuels plutôt que soumises à l'arbitraire de la violence aveugle et de la tyrannie.
>
> Et nous jurons de repenser à cet endroit chaque fois que notre attachement à ces principes viendra à faiblir. Ainsi nous souviendrons-nous que le mal prospère d'autant plus que les hommes et les femmes de bonne volonté oublient de défendre la vertu.

Nous honorâmes quelques-uns des rares survivants de ce massacre, aussi bien que ceux qui les avaient aidés à rester en vie.

Ce mois de juillet avait été particulièrement riche en événements. Lorsque je rentrai à Washington le 1er août au soir, j'attendis avec beaucoup d'impatience les quelques journées de repos que j'avais prévues de prendre à Kennebunkport – mes vacances d'été devaient commencer cinq jours plus tard. Après avoir annoncé le 2 août que son nouveau traité d'Union était prêt à être signé par les républiques, Gorbatchev s'accorda lui aussi quelques jours de détente en Crimée, mais, tout comme moi-même, il n'allait bénéficier que d'un court instant de répit.

CHAPITRE XXI

Coup d'État

BRENT SCOWCROFT

Le dimanche 18 août aux environs de vingt-trois heures trente, enfermé dans une chambre de l'hôtel Nonantum de Kennebunkport, je lisais des télégrammes au lit tout en écoutant CNN. Arrivé de Washington ce jour même pour relayer Bob Gates, j'espérais encore pouvoir goûter à une paix et à une tranquillité relatives pendant une dizaine de jours – mais, comme je l'ai déjà indiqué, je savais aussi d'expérience que des crises tendaient mystérieusement à éclater chaque fois que le Président était à Kennebunkport et que les responsables de la Sécurité nationale étaient dispersés.

N'écoutant la télé que d'une oreille distraite, j'entendis vaguement le présentateur annoncer que, selon certaines rumeurs, Gorbatchev venait de démissionner pour raisons de santé. Me rappelant qu'il nous avait donné l'impression de se porter comme un charme lorsque nous l'avions vu deux semaines plus tôt, j'ignorai les commentaires du journaliste, mais commençai cependant à prêter une oreille beaucoup plus attentive à ce qui se disait : l'information étant répétée un quart d'heure plus tard, j'appelai Gates à Washington pour lui demander de vérifier, après quoi je téléphonai à Roman Popadiuk, attaché de presse adjoint qui était alors de service à Kennebunkport – si quelque chose s'était vraiment produit, nous ne pourrions pas rester silencieux, lui dis-je en le priant de passer me voir dès qu'il en saurait davantage.

À minuit, je réveillai le Président pour lui rapporter ce que je venais d'entendre : lui précisant qu'aucune confirmation de cette information ne nous était encore parvenue et ajoutant que nous ne pourrions éviter de faire une déclaration d'un genre ou d'un autre si l'événement était avéré, je lui proposai de rédiger un avant-projet de déclaration avec Roman. Comme nous avions prévu de jouer au golf ensemble le lendemain matin à six heures trente, il fut convenu que je veillerais au grain pendant toute la nuit puis que je le rappellerais à cinq heures trente : si un événement grave était survenu, nous le saurions probablement d'ici là, remarquai-je avec espoir. Et autre chose encore était préoccupant : le passage de l'ouragan Bob au-dessus de la Nouvelle-Angleterre étant prévu pour le lendemain, nous risquions d'être coupés de Washington à un moment critique ! Mais le Président préféra que notre programme reste inchangé, car un retour prématuré à Washington aurait eu toutes chances d'être interprété comme un signe de crise aiguë ou de catastrophe imminente. De fait, comme cela s'était déjà passé un an plus tôt après que l'Irak avait envahi le Koweït, il nous était tout à fait possible de travailler efficacement à partir de Kennebunkport – non seulement nous disposions d'excellents moyens de communications, mais nous pouvions, si nécessaire, faire venir très rapidement des gens de Washington ou y envoyer du personnel par l'intérmédiaire du Pease AFB *.

GEORGE BUSH

En plus de ces rumeurs antérieures de coup d'État que Gorbatchev avaient démenties au mois de juillet, il nous avait été signalé que les faucons du Kremlin étaient peut-être en train de préparer quelque mauvais coup. Le matin du samedi 17 août, Bob Gates avait attiré mon attention sur une donnée préoccupante : il n'était pas exclu que la signature prochaine du traité d'Union incite les tenants de la ligne dure à passer très bientôt à l'action, m'avait-il indiqué en prenant son petit déjeuner à ma table. Selon Bob, la menace était sérieuse, même si nous ne savions pas exactement ce qui se tramait ni quand les conspirateurs agiraient... et ils frappèrent dès le lendemain.

Ces lignes, extraites du journal que j'ai enregistré au magnétophone à partir de cette mi-août, montreront comment j'ai réagi à cet événement :

> *Journal, lundi 19 août*
>
> Gorbatchev a démissionné pour raisons de santé : voilà ce que Brent vient de m'apprendre au téléphone ! J'ai contacté le PC de crise vers cinq heures trente, et ils m'ont confirmé que Gorbatchev venait d'être écarté du pouvoir, ainsi que Tass l'avait annoncé. Il n'en reste pas moins que nous nous sommes laissé surprendre ; j'en ai touché un mot à Brent dans la matinée, et il m'a dit : « Oui, et Gorbatchev doit être certainement très surpris lui aussi. » Effectivement, si eux-mêmes ne se doutaient de rien, comment aurions-nous pu prévoir ce qui est arrivé ? [...] Je me demande si je dois rentrer ou non à Washington, mais, à part donner l'impression de déborder d'activité, je ne pourrais rien faire de plus là-bas.

---

* Service de liaisons et de transports gouvernementaux *(NdT)*.

> [...] Pour moi, nous n'avons rien à nous reprocher : certains argueront que nous aurions pu adopter une autre ligne de conduite face à Gorbatchev, mais le fait est que seule l'éventualité d'un coup de force de l'aile droite nous préoccupait... nonobstant ma conviction croissante que la marche vers la démocratie était irréversible. Maintenant, il ne nous reste plus qu'à attendre pour voir si tout cela est bien vrai et comment les populations soviétiques vont réagir. Y aura-t-il des grèves générales ? Les forces démocratiques résisteront-elles ? Les militaires interviendront-ils si violemment et prendront-ils des mesures si sévères que la démocratisation sera à jamais interrompue ?

BRENT SCOWCROFT

Quand bien même nous ne disposions toujours à ce moment-là que de très peu d'informations détaillées, Moscou avait annoncé dès cinq heures du matin que Gorbatchev avait été relevé de ses fonctions et qu'un « comité d'état d'urgence » avait été constitué sous l'égide du vice-président Gennady Yanayev : y siégeaient le Premier ministre Valentin Pavlov, le ministre de la Défense Dmitri Yazov, le chef du KGB Vladimir Kryuchkov, Oleg Baklanov (en tant que responsable du complexe militaro-industriel), le ministre de l'Intérieur Boris Pugo et deux ou trois personnalités civiles de moindre renom – le dirigeant agricole Valery Starodubtsev et A I. Tizyakov, patron du syndicat national des directeurs d'usines, notamment. Je contactai le Président, qui m'informa que le PC de crise l'avait déjà mis au courant de la situation. Ne devrions-nous pas envisager de tenir une conférence de presse ? lui demandai-je. Si difficile qu'il soit de commenter un événement à partir d'informations si parcellaires, nous convînmes qu'une déclaration officielle devait quand même être faite. Et une complication supplémentaire tenait à l'avenir du coup d'État : le Président était plutôt enclin à condamner catégoriquement les putschistes, mais, au cas où ils auraient réussi, nous n'aurions pas pu faire autrement que de vivre avec les nouveaux dirigeants de l'Union soviétique, si répugnant que fût leur comportement. Nous choisîmes donc des formules de réprobation qui n'équivaillent pas à couper définitivement les ponts avec les Soviétiques ; et le Président me dit aussi qu'il allait consulter certains de ses collègues étrangers – pour lui laisser le temps de passer ces coups de fil, nous décidâmes de ne nous revoir qu'à sept heures trente.

GEORGE BUSH

Ma première réaction consista à me jeter sur mon téléphone pour consulter d'autres chefs d'État ou de gouvernement – cette diplomatie téléphonique étant plus ou moins active en fonction du déroulement des événements. Sans céder à aucune téléphonite aiguë, je m'efforçai simplement d'informer les autres pays de ce que nous comptions faire, en contactant non seulement nos alliés, mais même ceux qui n'étaient pas habituellement en première ligne : je tenais à faire passer le message que ce coup de force était inacceptable.

Je m'entretins d'abord avec John Major – surtout pour commencer à coordonner nos réactions diplomatiques respectives... Disposant en gros des mêmes informations que moi, il ignorait lui aussi ce qu'était devenu Gorbatchev, et nous nous accordâmes à penser que Yanayev avait tout d'un homme de paille. Puis je téléphonai quelques minutes plus tard à François Mitterrand : je lui expliquai que, si j'avais l'intention d'annoncer officiellement que nous continuerions à encourager le processus des réformes et de l'ouverture à l'Occident, je voulais aussi « éviter de dire quoi que ce soit qui suggère l'hypothèse d'un réarmement ». « Tout à fait d'accord ! Il ne faudrait pas donner l'impression que tout est perdu. Ce coup d'État pourrait échouer d'ici quelques jours ou quelques mois : il va à contre-courant de l'histoire, et il est très difficile d'imposer un régime ou de changer une nation par la force des armes. Ça ne marchera pas ! », me dit François tout en déclarant que le plus important était de ne pas démordre de nos principes et en me demandant si cet événement nous avait surpris. « Oui, mais Gorbatchev a dû l'être autant que nous », lui répondis-je alors en faisant écho à la remarque précédente de Brent.

Jim Collins, notre plus haut diplomate à Moscou (il faisait fonction d'ambassadeur en attendant l'arrivée de Bob Strauss), m'apprit qu'il s'était rendu à la Maison Blanche russe, mais qu'il n'y avait pas aperçu Eltsine : il n'en savait pas beaucoup plus que nous sur ce coup d'État ! Et Kohl me dit ensuite au téléphone qu'il espérait « que les nouveaux dirigeants auraient assez d'intelligence pour ne pas revenir aux politiques antérieures ». Quoi qu'il arrive, tous les traités internationaux et tous les accords de désarmement ou de contrôle des armements devaient être respectés, de même qu'il fallait faire savoir aux Soviétiques qu'ils ne bénéficieraient plus d'aucune aide s'ils violaient les droits de l'homme, observa-t-il avant d'ajouter que lui et son peuple respectaient beaucoup Gorbatchev : « En tant qu'Allemand, j'apprécie ce qu'il a fait pour nous », me confia-t-il.

BRENT SCOWCROFT

La conférence de presse avait été prévue à l'emplacement habituel : elle devait se tenir sur l'une des pelouses de Walker's Point, juste devant la petite maison qui abritait le bureau du Président. Mais une pluie annonciatrice d'un ouragan commença à tomber au moment même où la réunion aurait dû débuter, si bien qu'il nous fut malheureusement impossible de trouver une salle convenable à l'intérieur des bâtiments environnants ; nous nous installâmes finalement dans une petite pièce du bâtiment occupé par les services secrets, où les journalistes, trempés jusqu'aux os, s'entassèrent tant bien que mal.

Le Président commença par expliquer que nous ne connaissions pas encore les circonstances exactes du coup de force, qu'il qualifia d'« anticonstitutionnel » et d'« inquiétant », après quoi il fit l'éloge de Gorbatchev et précisa qu'il venait de contacter plusieurs hauts dirigeants étrangers. « Les coups d'État peuvent échouer », déclara-t-il : quand bien même nous devions envisager la possibilité que celui-ci réussisse, il n'entérina à aucun moment ce qui était en train de se passer, ni verbalement ni pratiquement ! Sitôt que nous eûmes vérifié que le forfait n'était pas totalement consommé, ces commentaires prudemment négatifs furent suivis d'une condamnation sans équivoque des conspirateurs : nous fîmes savoir par exemple que nous soutenions l'appel d'Eltsine à « la restauration des organes de pouvoir légalement élus et au rétablissement de M. S. Gorbatchev au poste de président de l'URSS ». Il s'avéra que le Président fut le premier dirigeant étranger à soutenir publiquement Eltsine, ce que, de son propre aveu, le président russe n'oublia jamais par la suite.

GEORGE BUSH

> *Journal, 19 août*
>
> Les questions ont été correctes pour la plupart – du style : « Pourquoi avez-vous été surpris ? » Notre politique sera analysée jusqu'à plus soif, mais, à mon sens, les événements en cours prouvent que nous avons eu *totalement* raison de jouer la carte de Gorbatchev. Si nous lui avions coupé l'herbe sous le pied pour essayer de favoriser Eltsine, la répression militaire serait encore beaucoup plus féroce que celle à laquelle on assiste aujourd'hui – j'en suis convaincu. Je crois que ce à quoi il faut surtout veiller, c'est à ce que les progrès enregistrés sous Gorbatchev ne soient pas remis en cause – je pense à l'Europe de l'Est, je pense à la réunification de l'Allemagne, je pense à toutes ces troupes qui doivent se retirer des pays du Pacte... comme il est indispensable aussi que les membres du pacte de Varsovie ne se mêlent pas de cette affaire ! La coopération [des Soviétiques] est vitale au Moyen-Orient, bien entendu, et peut-être nous sera-t-elle refusée à l'avenir... qui sait ?

J'appelai Toshiki Kaifu peu avant neuf heures, puis, quelques minutes plus tard, je conversai plus longuement avec Brian Mulroney. Après avoir avoué à ce dernier que nous nagions en plein brouillard (« Nous savons uniquement que ce sont des tenants de la ligne dure – Pugo, Kryuchkov, Yazov, Pavlov. Et nous ne savons pas où est Moiseyev : le bruit court qu'il a pris l'avion pour aller informer Gorbatchev de ce qui se passait », reconnus-je) et lui avoir parlé des entretiens que j'avais eus quelques semaines plus tôt avec Yanayev quand je l'avais rencontré en Union soviétique, j'ajoutai que « nous [avions été] aussi surpris que tout le monde » et que « la presse [ne manquerait pas de dénoncer ce] fiasco des services secrets ». J'avais en effet l'habitude de ce genre d'attaques : d'une part, les journalistes s'attendent à ce que chaque intrigue, chaque plan, chaque manœuvre, qu'ils réussissent ou non, soient anticipés par les « services de renseignements » ; d'autre part, ils contestent l'existence des services secrets en les dépeignant comme immoraux ou inutiles.

« George, intervint Brian, ces critiques pourraient nous être adressées à nous tous. Ils vont nous dire : "Si vous vous étiez montrés plus généreux à Londres, on n'en serait pas là !" » Puis il me rappela une conversation qui remontait au dernier sommet du G7 : « Souvenez-vous de ce déjeuner au cours duquel j'ai dit à Helmut Kohl, qui s'intéresse de très près à tout ce qui concerne l'Union soviétique : "Imaginez que Gorbatchev soit renversé le mois prochain et que l'on nous reproche alors de n'en avoir pas fait assez... est-ce que les propositions que nous allons lui faire vous paraîtraient après coup suffisantes ?" Il m'avait répondu : "Absolument !" Nos décisions de Londres lui paraissaient pleinement justifiées », poursuivit Mulroney. De fait, Kohl venait de rencontrer Gorbatchev à Kiev, et il nous avait répété que ce dernier l'avait assuré qu'il avait bien eu tout ce qu'il réclamait et souhaitait.

Je n'avais pas oublié cette conversation, et je lui dis quant à moi : « On va me tomber dessus en m'accusant d'avoir noué des liens trop étroits avec Gorbatchev. Mais je rétorquerai que j'ai sacrément bien fait de faire ce que j'ai fait, car, autrement, rien n'aurait changé ; sans compter que, si nous lui avions coupé l'herbe sous le pied, ce qui vient de se produire serait arrivé plus tôt encore.

– Vous doutez qu'il ait été renversé parce qu'il était trop proche de nous ? demanda Brian.

– Cela ne fait aucun doute, lui répondis-je. Il sera intéressant de voir ce que les nouveaux "dirigeants" déclareront à ce propos. Ils ont d'abord parlé de ses problèmes de santé... doit-on comprendre que les ongles de Gorbatchev n'auront plus jamais l'occasion de pousser ? Le risque de chaos économique, ainsi que les désordres et dérives idéologiques auxquels ils l'associent, doivent compter beaucoup plus à leurs yeux. Et ces gars doivent aussi se préoccuper du déclin du parti communiste : ils appartiennent à la faction dure, et ils s'aperçoivent que tout ce à quoi ils ont voué leur vie – non seulement le parti, mais même ce KGB qui lui a toujours servi de bras armé silencieux – est ébranlé et menacé. »

Brian me demanda ensuite si j'estimais que l'annonce de la signature imminente du traité d'Union (elle aurait dû avoir lieu d'ici quelques jours) avait constitué ou non un élément important : si Gorbatchev avait signé ce traité, remarqua-t-il, cela serait revenu à donner un « baiser de la mort » aux traditionalistes, et l'on pouvait par conséquent imaginer qu'ils avaient décidé de faire ce coup d'État pour éviter de recevoir cette accolade mortelle. Ce n'était pas certain, mais l'hypothèse était vraisemblable ! (Brent et moi-même convînmes plus tard que ce facteur avait probablement joué un rôle déterminant.) « Eltsine est monté sur la tourelle d'un tank pour annoncer que le coup d'État doit être contré. Il ne manque pas de cran, on doit au moins lui accorder ce mérite », conclus-je.

Journal, 19 août

Je ne peux pas m'empêcher de penser à Gorbatchev et aux vacances qu'il comptait prendre dans sa maison de Crimée. Je repense à son sens de l'humour, à son courage. Je me demande comment il va, où il est, comment on le traite. Je pense à la vieille garde militaire, et plus particulièrement à Yazov : chaque fois que nous nous sommes rencontrés en Union soviétique, il a passé son temps à rouspéter. Il buvait beaucoup, se plaignant à table de ce que tout allait mal en présence de John Sununu et d'autres.

[...] Les retranmissions en direct de CNN montrent le spectacle sinistre des APC * garés pare-choc contre pare-choc dans les rues de Moscou. Des chars patrouillent dans les rues, et il paraîtrait qu'un millier de personnes bloquent les entrées du Kremlin. Ils ont annoncé officiellement qu'ils honoreront leurs engagements internationaux, [question qui a] suscité beaucoup d'angoisse et d'inquiétude dans les États baltes. Landsbergis, qui avait mené la vie très dure à Gorbatchev, réclame maintenant qu'on le soutienne. Lui donner satisfaction est aussi difficilement envisageable que d'accorder un soutien intérieur aux autres membres de l'Union soviétique – en tout cas si l'on entend par là un soutien militaire. Les extrémistes qui voulaient qu'on largue Gorbatchev pour traiter avec Eltsine vont être obligés de sacrément rationaliser leur point de vue.

Eltsine exige que Gorbatchev soit rétabli dans ses fonctions. C'est intéressant ! Notre propre droite souhaitait que l'on oublie Gorbatchev, mais il incarnait une certaine stabilité, et, désormais, même lui, le plus souple et le plus pragmatique des réformateurs, semble s'être attiré de terribles ennuis – Dieu sait ce qui arrivera aux autres ! Mais il est évident que nous devons prêter assistance aux forces réformatrices. Gorbatchev, Eltsine, Chevarnadzé et d'autres encore m'ont affirmé récemment que les changements étaient irréversibles : l'épreuve de vérité ne va pas tarder.

Ce même jour, Viktor Komplektov, l'ambassadeur soviétique à Washington, remit une lettre à Eagleburger et à Gates. Voici les raisons « officielles » du coup d'État, telles que Yanayev les exposait dans cette lettre au nom des conspirateurs :

La situation était devenue incontrôlable du fait même de la multiplication excessive des centres de pouvoir. Non seulement la population affichait un mécontentement croissant, mais notre pays risquait même de se désintégrer : l'unité de

* *Armoured personnel carriers* : véhicules blindés de transport de troupes *(NdT)*.

notre espace économique, de notre espace civique, de notre défense, de notre politique étrangère était réellement menacée. Il était impossible, dans ces conditions, de continuer à mener une vie normale : dans nombre de régions de l'URSS, le sang a été versé consécutivement à des conflits interethniques. Or, la désintégration de l'URSS aurait eu de très graves implications, tant intérieures qu'internationales.

Les mesures énergiques que nous avons été forcés de prendre dans ces circonstances ne visent à rien d'autre qu'à enrayer notre lente glissade vers la catastrophe.

Le nouveau régime poursuivrait les réformes et respecterait les accords internationaux antérieurement conclus, spécifiait aussi Yanayev.

Journal, 19 août

[...] J'ai décidé de faire revenir Strauss [à Washington] et [d'aller] lui faire prêter serment dans le Bureau Ovale avant de le renvoyer là-bas. Jim Baker lui a parlé, et il est prévu qu'un avion aille le chercher [en même temps que Baker] : ils doivent arriver dans la soirée. Comme prévu, un ouragan se déchaîne dans les parages ; le Red Sox * Roger Clemens, Matt Young et d'autres personnalités encore [avec qui je devais jouer au golf] sont dans le coin, et nous nous demandons tous s'il ne vaudrait pas mieux évacuer la maison de Walker's Point – s'il n'est pas dangereux que Mère reste ici.

Eltsine vient de lancer un mot d'ordre de grève. Quant à nous, il faut avant tout que nous gardions notre calme tout en faisant de notre mieux pour inverser le cours de ce coup de force militaire – les rares options dont nous disposons ne consistant, bien entendu, qu'à naviguer entre deux extrêmes.

Je me fais de plus en plus de souci à propos des pays baltes. Pourquoi ne soutenons-nous pas militairement Landbergis ? va-t-on clamer. Nous avons appris que l'armée Rouge est intervenue en Estonie et que la radio et la télévision lituaniennes sont désormais sous le contrôle des troupes soviétiques : nous allons donc au-devant de gros problèmes qui auront un impact majeur dans le pays [...]. Mais, dans un contexte comme celui-ci, la meilleure démarche consiste encore à adhérer calmement et fermement à nos principes : gardons-nous de toute déclaration retentissante et regardons bien où nous allons !

J'ai eu une nouvelle conversation téléphonique avec John Major à bord d'Air Force One [qui ramenait le Président à Washington] : Major se demandait si une réunion de l'OTAN

---

* Équipe de baseball de Boston *(NdT)*.

de niveau ministériel ne serait pas souhaitable. J'ai émis des réserves en soulignant qu'une telle militarisation risquerait de donner l'impression que nous anticipons sur une menace militaire dirigée contre l'Occident. S'ils apprenaient que les membres de l'OTAN s'apprêtent à se réunir dans le quartier général de cette organisation, ai-je fait valoir, les dirigeants baltes pourraient nous demander (ce qu'ils feront peut-être de toute façon) de les soutenir en leur envoyant des troupes ; or, nous impliquer dans une confrontation de ce genre serait vraiment la dernière des choses dont nous avons besoin ! Eltsine veut que nous proclamions notre soutien aux réformes dans le cadre d'une assemblée des Nations unies, et nous le ferons – ce sera beaucoup plus fructueux.

Le Premier ministre espagnol Felipe González et bien d'autres encore convinrent avec moi que parler d'une action militaire ou même envisager de prendre des dispositions de cette nature aurait été prématuré. Et, lorsque je m'entretins avec eux, ni Vaclav Havel ni Lech Walesa ne se dirent inquiets pour la sécurité de leurs pays, quand bien même Havel compara la situation actuelle de l'Union soviétique à celle de la Tchécoslovaquie lors du printemps de Prague de 1968. Le Hongrois Antall ajouta même que ce qui était en train de se passer prouvait rétrospectivement que nous avions bien fait de nous hâter d'obtenir que les troupes soviétiques se retirent de son pays : l'hypothèse d'une réoccupation soviétique le préoccupait moins que l'activité des communistes hongrois.

Journal, 19 août

L'avion de Strauss et Baker doit atterrir à vingt-deux heures. J'ai discuté avec Quayle, qui s'est enquis de ce qu'il devait faire : je lui ai dit de rester où il était et de prendre un peu de repos tout en l'informant de mon intention de rentrer du Maine dès demain – je crois en effet qu'il serait bon que je revienne. Brent [...] ayant parlé de ces projets de retour à la presse, les journalistes l'ont interrogé sur les raisons de mon départ : qu'y a-t-il de si urgent, lui ont-ils demandé. Ils l'ont asticoté à ce propos sans se montrer aucunement agressifs.

J'essaie d'imaginer les critiques qu'on va nous adresser. Je ne suis pas sûr à cent pour cent qu'elles viendront de la droite, mais je ne pense pas qu'elles puissent émaner de la gauche. Par « droite », j'entends tous ceux qui crieront : que comptez-vous faire en faveur des Baltes ? Comment allez-vous garantir leur liberté ? Le traité d'Union aurait dû être signé d'ici vingt-quatre heures, et c'est sans doute pourquoi ce coup de force a eu lieu. Les conspirateurs ont fait savoir qu'ils entendaient se focaliser sur les problèmes du logement, de l'énergie et de l'alimentation [...]. Comment vont-ils s'y prendre, toute la question est là.

Vers trois heures, nous avons tenté d'établir une liaison vocale directe avec les gens du Kremlin pour leur signaler que je souhaitais parler à Gorbatchev, mais nous n'avons pas pu le joindre.

Eltsine a harangué la foule depuis la tourelle d'un char. Une autre question est : Comment les troupes soviétiques vont-elles réagir ? Soixante-dix pour cent des soldats – les Russes – ont voté pour lui, et il vient de déclarer qu'il assume désormais tous les pouvoirs en Russie. Comment les méchants – les conspirateurs – vont-ils avaler cela ?

Si je commentais ces événements dès ce soir, je dirais : Mikhaïl, j'espère que vous allez bien. J'espère qu'on ne vous maltraite pas. Votre pays s'est engagé sous votre direction dans une voie formidablement constructive. Vous avez subi les assauts conjoints de la droite et de la gauche, et nous vous devons énormément. Aujourd'hui, nous ignorons ce que vous êtes devenu, où vous vous trouvez et comment vous vous portez, mais nous ne regrettons pas de vous avoir offert notre soutien : je suis fier de vous avoir soutenu et, quels que soient les reproches qu'on ne manquera pas de nous adresser lors de savantes causeries télévisées, je tiens à vous dire que vous avez servi au mieux les intérêts de votre pays tout autant que la cause de la justice. Je me plais à penser que vous ne désespérez pas de revenir au pouvoir, même si cette hypothèse me laisse plutôt sceptique. Bien que n'ayant jamais été particulièrement proche de votre épouse, je pense à elle et à votre famille. J'avais sympathisé avec Yanayev quand je l'avais rencontré à Moscou, et, si évidents que soient désormais les indices de son adhésion à la doctrine communiste, je ne crois pas que ce soit lui qui tire les ficelles – je pense que ce n'est rien de plus qu'un pantin contrôlé par d'autres, comme le Hongrois Antall me l'a déclaré. Alors même que les forces de la nature s'abattent sur Kennebunkport (sans causer trop de dégâts, heureusement), je constate que de terribles forces politiques se sont abattues sur vous. Si jamais vous pouviez m'entendre, Mikhaïl, je vous exhorterais à ne pas pas écouter les sirènes de l'extrémisme : nous vous soutenons, comme nous l'avons toujours fait.

Mes meilleurs experts m'ont assuré que vous n'aviez guère de chances de revenir au pouvoir. J'espère que vous saurez résister à tous les compromis qui risqueraient de placer votre retour au pouvoir sous de mauvais auspices, comme j'espère aussi qu'Eltsine, qui a exigé que vous soyez rétabli dans vos fonctions, tiendra bon et ne sera pas évincé à son tour par cet affreux coup d'État de l'aile droite. Je suis convaincu que nous étions sur la bonne voie, mais il ne nous reste plus maintenant qu'à attendre pour voir comment les choses vont évoluer et comment l'opinion mondiale va réagir.

Des débats sont organisés à la télévision. Frank Gaffney, apparemment hostile jusque-là à notre politique de contrôle des armements (il semblait partager le point de vue de Paul Buchanan), a été interrogé par des journalistes. Ils lui ont demandé s'il prônait l'emploi de la force militaire, et il a répondu par la négative tout en précisant qu'il souhaitait que l'on soutienne les réformateurs au maximum. Eh bien, je suis totalement d'accord avec lui : Bill Colby a prononcé à ce propos des paroles très raisonnables. Mon problème, c'est que, contrairement à ce qui s'était produit il y a un an de cela lors de la crise irakienne, nous ne savons pas du tout vers quoi il faut tendre : il était alors évident que l'Irak devait se retirer du Koweït ; maintenant, je me demande ce qu'il *faut* faire.

J'aimerais que Gorbatchev revienne au pouvoir et que la démocratisation se poursuive, mais je ne vois pas très bien comment aboutir à ce résultat. [...] Les nouveaux dirigeants sont des communistes de stricte obédience : certaines déclarations de Yanayev donnent à penser que c'est un communiste pur et dur, et il l'est assurément. Ils assistent à ces réformes qui vont à l'encontre de tout ce à quoi on leur a appris à croire, et ils sont aussi incapables de s'y adapter que d'accepter que le parti soit moribond. [...] Mais l'essor des forces démocratiques me paraît inéluctable : je pense qu'elles ne pourront plus être mises sous le boisseau après avoir été libérées, et c'est pourquoi nous devons continuer à espérer que Gorbatchev sera finalement rétabli dans ses fonctions et que la marche vers la démocratie symbolisée par l'élection d'Eltsine ne s'interrompra pas. Mais ce n'est pas simple, ce n'est pas simple du tout.

En voilà assez pour cette soirée du 19. L'ouragan s'est apaisé, et Mère et Bar vont très bien. L'Union soviétique est en ébullition, tandis que l'Europe de l'Est s'inquiète, mais la vie continue. Ce 19 août sera une journée historique.

Le lendemain, peu avant que Bob Strauss prête serment à la Maison Blanche, je téléphonai à Boris Eltsine et (à ma grande surprise) réussis à lui parler : je lui demandai immédiatement de me dire comment le vent semblait tourner.

« La situation est très complexe, me répondit-il. [...] Le président Gorbatchev se trouve à Foros, en Crimée. Il y est totalement bloqué, et il n'y a pas moyen de le joindre. Le président *(sic)* Yanayev prétend que Gorbatchev est malade, mais cette maladie n'est pas confirmée. Un comité composé de huit personnes a pris le contrôle de la présidence et a décrété l'état d'urgence sur le territoire russe et dans les pays baltes. Des troupes ont convergé vers Moscou, occupant non seulement la ville, mais également le district et les agglomérations avoisinantes : en prenant ces mesures, le groupe de Yanayev s'est révélé n'être rien de plus qu'une junte issue de l'aile droite ! Me présentant devant le peuple et les soldats, j'ai déclaré que les actes du comité étaient inconstitutionnels et illégaux, et par conséquent ne pouvaient avoir force de loi en Russie.

Le bâtiment du Soviet suprême et le bureau du président sont cernés – je m'attends à ce qu'ils soient pris d'assaut à tout moment. Nous sommes ici depuis vingt-quatre heures, et nous ne partirons pas. J'ai appelé les cent mille personnes qui stationnent à l'extérieur à défendre le gouvernement légalement élu.

C'est fondamentalement un coup de force de droite – nous savons très bien ce que souhaitent les membres de ce groupe : ils veulent supplanter les autorités russes légalement élues à Leningrad, à Moscou et ailleurs. Ce matin même, j'ai demandé à Lukyanov, président du Soviet suprême, de satisfaire à dix requêtes au premier rang desquelles figurait la possibilité de rencontrer Gorbatchev. » (Eltsine me recommanda d'exiger moi aussi de m'entretenir téléphoniquement avec Gorbatchev et d'inciter les autres dirigeants mondiaux à faire de même.)

Il m'apprit que le travail était interrompu dans presque toutes les usines depuis qu'il avait lancé son mot d'ordre de grève. « Nous continuerons à présenter ces requêtes jusqu'à ce que le comité soit limogé et traduit en justice. Nous garderons espoir et confiance tant que le sang ne sera pas versé – bien entendu, nous savons que rien n'est plus dangereux qu'un animal blessé, et le recours à des mesures extrêmes n'est pas exclu », continua-t-il. Je lui précisai alors que nous soutenions totalement le gouvernement légitime et souhaitions ardemment que Gorbatchev revienne au pouvoir : ayant essayé vainement de le joindre hier, j'envisageais d'annoncer publiquement que je voulais parler à Gorbatchev, lui fis-je savoir.

« La situation évolue si vite que nous ferions mieux de nous reparler dès demain soir. Les choses changent littéralement d'heure en heure, remarqua Eltsine.

– J'en serai très heureux et j'espère que les lignes ne seront pas coupées », lui répondis-je en ajoutant que j'envisageais d'appeler Yanayev, mais que je ne voulais pas donner l'impression de légitimer le nouveau régime.

« Non, ne faites pas cela, lança Eltsine. Tout appel officiel de votre part équivaudrait à les légitimer. Nous avons envoyé un groupe en Crimée pour essayer de reprendre contact avec Gorbatchev, mais sa maison est surveillée par trois cercles de gardes armés et de membres du KGB.

– Nous continuerons à tenter de le joindre. Nous ne nous faisons guère d'illusions, mais ces appels répétés concourront à légitimer le régime de Gorbatchev », observai-je.

BRENT SCOWCROFT

À la fin de cette conversation téléphonique ou peut-être de celle du lendemain, je me souviens qu'Eltsine fit allusion aux chars : il les entendait s'approcher du Parlement, nous confia-t-il tout en expliquant qu'il était obligé de raccrocher et que ce serait peut-être la dernière fois où nous aurions l'occasion de nous entretenir avec lui. En fait, ces chars ne s'apprêtaient pas à faire feu sur le palais, mais l'ajout de cette petite note dramatique était du Eltsine tout craché !

GEORGE BUSH

Comme Eltsine l'avait souligné, la situation était prodigieusement complexe. J'étais résolu à gérer cette crise sans que nous nous laissions attirer dans une guerre, mais en n'en défendant pas moins les principes de la démocratie et des réformes.

Le lendemain matin – le mercredi 21 août –, je m'entretins de nouveau avec Eltsine. Il semblait plus confiant, sans pour autant crier victoire. « Depuis deux jours, nous siégeons sans discontinuer au Parlement : nous refusons de quitter les lieux », commença-t-il sur un ton mélodramatique.

« Monsieur le Président, poursuivit-il, je tiens à vous faire savoir que j'ai discuté avec Kryuchkov et les militaires, et que les forces qui nous menaçaient ont pu être arrêtées : des dizaines de milliers de personnes les ont empêchées d'envahir le Parlement. » Il m'expliqua que le Soviet suprême de Russie avait proclamé à l'unanimité que la tentative de coup d'État était illégale et que les décisions du comité ne sauraient donc s'appliquer sur le territoire russe – non seulement les membres de cette assemblée avaient entériné tous les décrets qu'Eltsine avait pris en sa qualité de président de Russie, mais ils lui avaient même « conféré le pouvoir supplémentaire de destituer toutes les autorités locales qui apporteraient leur soutien à la junte ».

Kryuchkov avait suggéré qu'ils se rendent tous les deux en Crimée afin de rencontrer Gorbatchev, mais le Soviet suprême de Russie avait refusé de laisser partir Eltsine pour des raisons de sécurité : il avait été décidé que le Premier ministre Ivan Silayev et le vice-président Alexander Rutskoï effectueraient ce voyage à sa place. Or, Primakov et Vadim Bakatin étaient également en route pour la Crimée, et Eltsine me dit à ce propos : « J'essaie de le persuader [le président ukrainien Leonid Kravchuk] de les intercepter. Je lui ai demandé de les faire atterrir à Simferopol et de ne pas les laisser le contacter les premiers. Trois avions volent actuellement dans cette direction, chacun essayant d'arriver avant les autres.

Le risque d'un siège du Parlement est toujours aussi grand, ajouta-t-il. Le commandant des troupes d'assaut aériennes a refusé d'exécuter les ordres du ministre de la Défense : choisissant le camp russe, il a retiré ses forces de Moscou et a regagné sa caserne plutôt que d'obéir. Par ailleurs, un petit groupe dirigé par mon vice-Premier ministre s'est installé au centre géographique de la Russie ; ainsi, une autorité russe continuerait à exister quand bien même je serais jeté en prison.

Hier soir, Kravchuk et [le président du Kazakhstan] Nazarbayev m'ont appris, en outre, qu'ils avaient décidé de ne pas obtempérer aux injonctions de la junte. Des dizaines de milliers de Moscovites continuent à entourer les bâtiments de la RSFR [de la république des Soviets fédérés de Russie]. Conformément à mes ordres, toutes les forces militaires et tous les tanks sont en train de se replier vers la périphérie de Moscou ; mais le KGB [et] les membres des Spetznaz * ne m'ont pas obéi et ils sont toujours capables d'attaquer. Voilà où l'on en est actuellement. »

Je demandai à Eltsine s'il pensait que Kravchuk consentirait à coopérer assez avec lui pour empêcher toute rencontre entre les conspirateurs et Gorbatchev. Il n'en était pas certain, Kravchuk l'ayant seulement assuré qu'il ferait son maximum : « Ces avions sont bourrés de membres des services de sécurité, me dit-il. Il a promis que les contrôleurs aériens ukrainiens les feraient atterrir à Simferopol plutôt que là où se trouve Gorbatchev. Mais il pourrait y avoir aussi des problèmes techniques imprévisibles.

– Y a-t-il quelqu'un en URSS qui soit en mesure de contacter Gorbatchev ? lui demandai-je encore.

– Non, me répondit-il. Je le sais parce que j'ai essayé de lui parler plusieurs fois aujourd'hui sans jamais y parvenir – je dispose d'un commutateur spécial, vous savez. Chaque fois, les standardistes nous ont dit qu'ils n'arrivaient pas à le joindre, ni lui ni aucun de ses assistants : la seule information nouvelle que nous avons pu glaner (ce sont ses gardes qui nous l'ont appris !), c'est que Gorbatchev va très bien et refuse de signer tout document attestant qu'il a délégué ses pouvoirs à tel ou tel individu. Si nous ne réussissons pas à intercepter le groupe adverse en Crimée, nous tenterons de les capturer quand ils reviendront à Moscou ; nous sommes prêts à aller jusque-là, mais mieux vaut que je ne vous donne pas trop de détails par téléphone. »

Je lui demandai ensuite ce que les autres instigateurs du coup d'État étaient devenus, espérant plus ou moins qu'il m'apprendrait que Moiseyev les avait lâchés. Eltsine m'indiqua alors que Lukyanov semblait faire machine arrière : non seulement il venait de déclarer qu'il n'avait jamais été de mèche avec les conspirateurs, mais il avait annoncé, de surcroît, qu'il ne soutiendrait que les mesures parfaitement conformes à la Constitution. Seuls trois chefs restaient à Moscou pour continuer à tirer les ficelles, et encore Pavlov s'était-il fait « hospitaliser ».

« Il est vraiment malade ?

– Non, c'est une maladie diplomatique », répondit Eltsine.

Comme je m'étonnai de ce que Bessmertnykh, carriériste s'il en est, ait repris son travail, Eltsine remarqua d'un ton méprisant : « Oui, mais il conserve une stricte neutralité. »

Y avait-il encore autre chose que nous puissions faire ? Eltsine dit que, à part informer l'opinion publique de l'évolution de la situation et le soutenir moralement par nos déclarations, il ne voyait pas quelle aide pratique nous pourrions lui fournir. Le Soviet suprême de l'URSS

* Troupes d'élite de l'armée soviétique *(NdT)*.

devait se réunir le 26 août, ajouta-t-il, et cette séance aurait une importance capitale : comptant faire adopter une résolution qui proclamerait que le comité avait pris le pouvoir illégalement, il s'employait activement à rallier chacun des députés à sa cause. Une fois le vote acquis, les auteurs du coup d'État ne seraient plus que des hors-la-loi à qui la justice pourrait et devrait réclamer des comptes... mais l'autre camp s'efforçait lui aussi de circonvenir les députés.

Je m'enquis de ce qui se passait dans les États baltes, cibles principales, semblait-il, des instigateurs du coup de force. L'Estonie venait de proclamer son indépendance, et la Lettonie était en train de l'imiter cependant même que cette conversation téléphonique se déroulait. Selon Eltsine, trente avions des Spetznaz avaient été envoyés dans cette zone : « Ils ont déjà commencé à s'emparer d'un certain nombre de sites et de localités. Nous tentons de convaincre le commandant des Spetznaz de passer dans notre camp et de cesser d'expédier des troupes là-bas : nous discutons avec lui en ce moment même. Si nous obtenons gain de cause, il ordonnera à ses forces de se retirer – il dépend directement de Yazov, le ministre de la Défense », m'expliqua-t-il.

Je lui promis que nous continuerions à le soutenir de notre mieux : « À l'exception de l'Irak, de la Libye et de Cuba, tous les peuples du monde sont derrière vous, l'assurai-je. On vous soutient beaucoup plus que vous ne l'imaginez.

– Je lutterai de toutes mes forces pour sauver la démocratie en Russie et dans le reste de l'URSS », conclut Eltsine de manière on ne peut plus théâtrale.

Peu après, je fis le point avec John Major, qui m'apprit que la dissolution du comité des Huit venait d'être annoncée par un communiqué de l'agence Tass. Qu'est-ce que cela signifiait exactement, et qui avait communiqué cette information encourageante à Tass ? Ne le sachant pas, nous décidâmes de ne pas annoncer que le coup d'État avait échoué. Je fis remarquer à Major que, si nous devions éviter de saper l'autorité d'Eltsine, nous devions veiller également à ne pas porter atteinte à la position de Gorbatchev : le premier avait été renforcé par cette épreuve et jouerait sans doute à l'avenir un rôle d'autant plus important que la stature politique du second continuerait à se dégrader, me répondit-il.

« Ils ont su au moins rester solidaires ; autrement, le visage de l'Union soviétique aurait pu être très différent », observai-je quant à moi.

Journal, 21 août

Dans le Maine, le temps a été à l'orage pendant toute la journée. Assis dans la salle de séjour, Brent et moi-même avons fait la navette entre le canapé et le téléphone. Strauss nous a fait savoir qu'il avait été proposé aux États-Unis de désigner des diplomates qui pourraient être chargés d'aller voir Gorbatchev en Crimée dans le cadre d'une mission internationale [...]. C'est d'un intérêt discutable, ai-je pensé, car ce n'est pas du tout comme si un avion avait décollé réellement pour atterrir vraiment là-bas [...].

De nouveau, que d'émotions fortes en un seul jour ! J'ai emmené [mon ami] Johnny Morris et ses copains [...] faire un tour en bateau – sur le *Fidelity*. Nous avons navigué ensemble sur des flots clapoteux, puis, sitôt que nous sommes revenus à l'embarcadère, John McGraw * m'a dit : « Vous avez un coup de fil d'un chef d'État. » « De qui s'agit-il ? », lui ai-je demandé : il m'a répondu qu'on n'avait pas voulu prononcer son nom au téléphone. Je suis donc rentré à la maison pour répondre à cet appel dans ma chambre, et c'était Gorbatchev !

BRENT SCOWCROFT

Depuis le début de la crise, j'avais demandé au standard (militaire) de Signal d'essayer régulièrement de joindre Gorbatchev, et, contre toute attente, ils avaient fini par réussir ce mercredi 21 août en début d'après-midi. Nous dûmes le faire patienter pendant qu'on allait chercher le Président, et je me souviens que Gorbatchev bavarda en attendant avec l'interprète Peter Afanasenko. « Il y a donc un Dieu ! s'exclama Gorbatchev. Cela fait quatre jours que je suis enfermé dans une forteresse. » Peter lui expliquant que le Président n'allait pas tarder à lui parler, il dit : « Nous attendrons le temps qu'il faut. Si je vous racontais ce que j'ai vécu, vous auriez du mal à en croire vos oreilles. J'étais totalement bloqué. »

GEORGE BUSH

Dès que je décrochai l'appareil, le service des communications m'apprit que Gorbatchev était en ligne. « Oh, mon Dieu, c'est merveilleux ! Mikhaïl ! m'écriai-je.

– Mon cher George. Si vous saviez comme je suis heureux d'entendre de nouveau votre voix, dit Gorbatchev.

– Mon Dieu, je suis moi aussi ravi de vous entendre. Comment vous portez-vous ?

– Monsieur le Président, répondit Gorbatchev, les aventuriers ne sont pas parvenus à leurs fins. Cela fait quatre jours que je suis ici, et ils ont essayé de faire pression sur moi en usant de toutes les méthodes possibles. Je ne pouvais plus communiquer avec l'extérieur, ni par la mer ni par la terre. Mais mes gardes m'ont protégé, et nous avons relevé le défi.

– D'où m'appelez-vous ? lui demandai-je.

– Je suis encore en Crimée. Je n'ai recouvré mes pouvoirs présidentiels que depuis une heure. J'ai repris contact avec les dirigeants

* Chef de mes services secrets personnels qui dirigea plus tard l'ensemble des services de renseignements.

des républiques, et j'ai confié le ministère de la Défense à Moiseyev en lui spécifiant bien de n'obéir qu'à mes ordres. Les troupes ne vont pas tarder à évacuer la ville ou à regagner leurs cantonnements habituels. » Il ajouta que tout ce qu'ils avaient fait pour améliorer leur coopération avec les républiques s'était avéré payant : « Tous s'en sont tenus à des positions de principe. Mais le plus grand opposant à ces actes illégaux a été Eltsine », remarqua-t-il. Si terrible qu'ait été cette tragédie, « elle a prouvé que les entreprises des aventuriers sont désormais vouées à l'échec. [Notre] société est différente, maintenant – des aventures de ce genre ne peuvent plus réussir ».

Je lui demandai ce que les conjurés étaient devenus. « Certains vont venir [me voir], répondit-il. Je ne sais pas ce qu'ils comptent me proposer, mais il est certain qu'il va falloir que je prenne des décisions capitales au cours des deux jours à venir. » Après m'avoir appris qu'il s'était déjà entretenu avec Eltsine (son premier coup de fil avait été pour lui), il me remercia pour notre soutien et précisa qu'il me rappellerait sitôt qu'il serait rentré à Moscou. « Nous voulons continuer à aller de l'avant avec vous, dit Mikhaïl. Nous ne devons pas nous laisser freiner par ce qui vient de se passer. Ce qui compte, c'est que la démocratie ait triomphé : c'est une garantie pour nous deux. Dans notre pays comme à l'extérieur, nous pourrons faire en sorte que la coopération se poursuive.

– Je vous retrouve tel que je vous ai toujours connu : plein de vie et sûr de vous. Téléphonez-moi dès votre retour pour que nous parlions du travail qui nous attend... », lui dis-je.

> *Journal, 21 août*
> Tout cela montre à quel point les réactions des États-Unis sont importantes. Nous aurions pu réagir trop vigoureusement en déplaçant des troupes, ce qui aurait flanqué la frousse à tout le monde ; et nous aurions pu réagir trop mollement en déclarant que nous traiterions avec tout pouvoir en place, quel qu'il soit. Mais on m'a bien conseillé et je crois que nous avons trouvé le bon équilibre. Les joueurs clés de l'Union soviétique nous sauront gré de notre attitude, cela ne fait aucun doute.
> Qu'arrivera-t-il aux divers participants ? C'est difficile à dire. Yanayev n'est plus que de l'histoire ancienne, c'est certain. Le bruit court que Yazov est mort – [qu'il] s'est suicidé. Pugo et Kryuchkov sembleraient avoir été arrêtés, mais, l'un dans l'autre, la situation reste très confuse. [...]

Eltsine me rappela dans la soirée pour me donner des nouvelles fraîches depuis le Soviet suprême. Silayev et Rutskoï avaient ramené Gorbatchev à Moscou, indemne et en bonne santé. Jusque-là, seuls Yazov, Pavlov et Kryuchkov avaient été mis sous les verrous, mais, à la demande d'Eltsine, le procureur général de l'URSS avait ouvert une instruction contre tous les conspirateurs.

« Je tiens à me féliciter avec vous de la grande victoire que la démocratie vient de remporter dans notre pays, me dit Eltsine. Nous devons veiller de concert à ce que des événements de ce genre ne se produisent plus jamais. Je vous remercie du fond du cœur pour l'aide formidable que vous nous avez apportée aux yeux du monde entier. Toutes mes félicitations, et merci au peuple américain.

– Mon ami, votre cote de popularité est ici au plus haut, répliquai-je. Vous avez respecté la loi et défendu les principes démocratiques, et je vous en félicite. C'est vous qui étiez en première ligne, sur les barricades – nous nous sommes contentés de faire savoir que nous vous soutenions. Gorbatchev est sain et sauf, et il a été rétabli dans ses fonctions. Vous vous êtes fait tout un tas d'amis partout dans le monde. Nous vous appuyons et vous complimentons pour votre courage et tout ce que vous avez fait. Si vous voulez bien accepter un conseil amical, prenez maintenant un peu de repos – allez dormir ! »

Je lui parlai aussi de Moiseyev : se tenait-il à carreau ? demandai-je. « Non, non, répondit Eltsine, il n'a pas été placé sous surveillance. La décision appartient au président Gorbatchev – mes ordres ne concernaient que Yazov, Pavlov et Kryuchkov *. »

Avant même que cette journée du 21 août se fût achevée, notre politique récente envers l'Union soviétique était sur la sellette – on alléguait déjà que le putsch n'aurait peut-être pas eu lieu si nous en avions fait davantage ! Voici mes réactions, telles que je les ai consignées dans mon journal ce jour-là et le lendemain :

> Je ne saurais décrire l'émotion qui m'a envahi quand la droite et la gauche ont commencé à nous attaquer. La gauche prétend que tout cela ne serait pas arrivé si nous avions donné plus d'argent à l'Union soviétique – je cite Gephardt ; et, selon la droite, nous n'aurions pas dû nouer des liens si étroits avec Gorbatchev. [...] Je pense quant à moi que nous avons fait exactement ce qu'il fallait. Je pense que la justesse de notre politique vient d'être démontrée avec éclat. Je pense que la démocratie est consolidée. Si prudent soit-il, Gorbatchev pourra moins se préoccuper des réactions de sa droite – des militaires, du KGB, etc. Peut-être même avancerons-nous sur Cuba, sur l'Afghanistan, sur la question balte, qui sait ? [...]
>
> Pourquoi ce coup d'État n'a-t-il pas eu grand-chose à voir avec telle ou telle considération financière ? Parce que ses causes étaient beaucoup plus complexes que cela : l'Union, le pouvoir de l'armée, les compressions budgétaires, les négociations sur le contrôle des armements (négociations fort décriées par Yazov et sa clique : les étapes du programme de désarmement leur étaient restées en travers de la gorge !), tous

* Sur les huit chefs du complot, seul Pugo s'était suicidé avant qu'on vienne l'arrêter. Les autres furent finalement pardonnés après que le parlement russe eut voté une loi d'amnistie en février 1994.

ces facteurs ont joué. Mais il est assurément plus facile de gloser après coup sur ces événements en adoptant des analyses simplistes ! Des problèmes vont se poser dans les États baltes. [...] Pour Gorbatchev, la meilleure solution [consisterait à leur rendre leur liberté] : je le lui ai dit quand je l'ai rencontré dans sa datcha des environs de Moscou. Parce que le coup d'État s'est soldé par leur défaite, les forces de droite vont lui opposer moins de résistance : il devrait en profiter pour aller de l'avant en se débarrassant des pays baltes et en proposant un plan qui tienne compte de cette nouvelle donne – un plan qui sauvegarde les intérêts soviétiques en compensant la perte de ces régions et réorganise les circuits de distribution tout en normalisant les liens de dépendance économique qui continueront à exister de part et d'autre.

BRENT SCOWCROFT

Le déclenchement d'un coup d'État était une possibilité que nous redoutions depuis quelque temps déjà : plus le mécontentement s'était accru, qu'il ait tenu à des motifs intérieurs ou à des questions de politique étrangère, plus nous avions craint que Gorbatchev ne soit renversé. Son autorité et ses projets avaient été gravement contestés à diverses reprises, à l'intérieur du parti comme au sein du gouvernement ; et il s'était retrouvé plusieurs fois au pied du mur, quand bien même il avait chaque fois manœuvré assez habilement pour faire mordre la poussière à ses rivaux et détracteurs.

La signature imminente du traité d'Union avait peut-être tenu lieu de facteur déclenchant : les conjurés étaient peut-être parvenus à la conclusion que, s'ils acceptaient que l'Union soviétique soit aussi profondément modifiée que ce traité le prévoyait, il aurait été ensuite trop tard pour faire marche arrière ; mais il apparaît aussi à l'évidence que les instigateurs de ce coup de force passèrent à l'action avant d'être réellement prêts. Après tout, il ne faut pas oublier qu'ils dirigeaient des organisations qui faisaient trembler l'Occident depuis quatre décennies : l'armée, les forces de sécurité et le parti. On peut raisonnablement supposer que leur empressement même finit par induire une exécution du style Marx Brothers – en fait, compte tenu de l'identité de ces huit personnages, il est incroyable qu'ils n'aient pas réussi.

Quand Gorbatchev revit le président Bush en 1992, il proposa une autre théorie. Il nous apprit alors que plusieurs membres des instances dirigeantes s'étaient réunis un jour dans cette datcha des environs de Moscou où il avait reçu le Président l'année précédente : après l'avoir fait entrer dans une pièce qui était certainement mise sous écoute, on l'avait poussé à discuter du remaniement ministériel qu'il projetait – il envisageait à cette époque de se séparer de Pavlov et de Kryuchkov. Entendant cela, expliqua Gorbatchev, les conjurés avaient dû décider d'accélérer la mise à exécution de leur plan.

En fin de compte, il se peut que les conjurés aient eu simplement le sentiment que tout allait trop vite et que l'on était allé beaucoup trop loin : peut-être agirent-ils pendant que Gorbatchev était en vacances parce que le moment leur parut propice. Mais, quel que soit le fin mot de l'histoire, tout porte à croire que ceux qui affirment que ce coup d'État aurait pu être évité si nous avions accordé plus d'aides à Gorbatchev au cours de cet été sont complètement à côté de la plaque : car il est à peu près certain que toute annonce d'un afflux massif de capitaux aurait encouragé les conspirateurs à passer encore plus tôt à l'action en leur laissant entrevoir la perspective redoutable des profits politiques que Gorbatchev n'aurait pas manqué de tirer de ce soutien financier supplémentaire.

CHAPITRE XXII

Un dépérissement historique

BRENT SCOWCROFT

Ce coup d'État raté accéléra le déclin du pouvoir central soviétique en jetant encore plus le discrédit sur le parti communiste et en étant finalement préjudiciable à Gorbatchev lui-même. Comme il refléta aussi l'irrésistible ascension d'Eltsine en montrant que les républiques n'avaient pas hésité à se soulever sitôt qu'il leur avait donné le signal de la révolte ; les répercussions de cet événement sur les relations entre Gorbatchev et Eltsine apparurent dès le 23 août, lorsque les deux hommes se présentèrent ensemble devant le Soviet suprême de Russie. Ce jour-là, Eltsine ne laissa passer aucune occasion d'humilier Gorbatchev : il fit comprendre à tout le monde que c'était lui, désormais, qui donnait les ordres ; et, après avoir remercié Eltsine pour son soutien (du fond du cœur, j'en suis sûr), Gorbatchev fut contraint de donner lecture d'un rapport qui détailla tous les appuis dont les conspirateurs avaient bénéficié au sein du gouvernement soviétique. Mais il avait été également l'artisan de son propre malheur en tentant maladroitement de défendre le communisme au cours d'une conférence de presse qu'il avait donnée peu après son retour à Moscou : il s'était entêté à soutenir que le communisme pouvait être transformé en une force positive ! Ces déclarations avaient prouvé à quel point il était déconnecté de la réalité tout en révélant la couleur de son idéologie véritable... L'ère Gorbatchev était terminée, c'était évident.

GEORGE BUSH

Même si Eltsine avait eu le mérite de se prononcer très clairement en faveur du retour au pouvoir de Gorbatchev, son comportement à l'issue du coup d'État manqua singulièrement de tact. Je savais déjà que ces deux hommes ne s'aimaient guère, mais il ne m'en sembla pas moins qu'Eltsine passait la mesure en témoignant un dédain si ostensible à son rival affaibli : il avait gagné et il avait le vent en poupe tandis que Gorbatchev commençait à être mis sur la touche, mais il aurait pu quand même y aller moins fort et faire montre d'un peu plus de mansuétude ! Néanmoins, le coup d'État eut aussi pour effet de transformer ces anciens adversaires politiques en des alliés de circonstance qui surmontèrent temporairement leurs différends pour réaffirmer leur autorité et empêcher l'opposition de se réorganiser.

Tout au long de la semaine qui fit suite au coup d'État, des événements presque incroyables survinrent. Comme on pouvait s'y attendre, une purge fut pratiquée dans l'entourage immédiat de Gorbatchev – elle ne se limita pas aux factieux avérés. Parmi tous les changements effectués, je ne saurais dire lesquels procédèrent de Gorbatchev lui-même et combien furent décidés sous la pression d'Eltsine : non seulement Gorbatchev sembla hésiter à punir certains vieux conspirateurs, mais il avait même gardé dans un premier temps Moiseyev auprès de lui. Nous ne tardâmes pas à apprendre qu'Eltsine l'avait forcé à limoger ce jeune général naguère encore si prometteur : admirant beaucoup Moiseyev, je fus désolé de découvrir qu'il avait été de mèche avec les comploteurs – je regrettai beaucoup moins Yazov, que je n'avais jamais trouvé sympathique. Toutefois, le suicide du maréchal Sergueï Akhromeyev m'attrista profondément : Akhromeyev avait plus ou moins apporté son soutien au coup d'État, quand bien même il ne semblait pas avoir été directement mêlé à ce qui s'était passé. C'était un soldat de carrière honnête et honorable qui avait été témoin (il l'avait dit autrefois à Brent) de la destruction de toutes les valeurs pour lesquelles il avait combattu sa vie durant. Et d'autres visages familiers disparurent également : Gorbatchev se sépara d'Alexander Bessmertnykh, qui ne s'était pas opposé aux putschistes – d'aucuns prétendirent même que le ministère des Affaires étrangères avait enjoint toutes les ambassades d'appuyer l'action en cours. Il fut remplacé d'abord par Boris Pankin, ambassadeur soviétique en Tchécoslovaquie, avant que Gorbatchev persuade finalement Chevarnadzé de réoccuper son ancien poste en novembre. Et Gorbatchev vira aussi tout le Conseil des ministres et ordonna que le KGB soit restructuré.

En même temps, Gorbatchev entreprit de juguler la toute-puissance de ce parti communiste qui s'était majoritairement rangé derrière la bannière des putschistes : son désir d'épurer et de réformer le parti l'incita sans doute à s'engager dans cette voie, bien qu'Eltsine ait là encore joué un rôle moteur. De sa propre initiative, Eltsine ferma le quartier général du Comité central soviétique, interdit les journaux communistes et suspendit même le parti communiste russe. Puis, le 24 août, Gorbatchev m'apprit au téléphone qu'il s'apprêtait à démissionner de son poste de secrétaire général (tout en restant membre du parti) et qu'il comptait ordonner à son gouvernement de procéder à la saisie de tous les biens communistes : quand il annonça publiquement ces décisions (ce qu'il fit le lendemain), il déclara en outre que le

Comité central devrait s'autodissoudre pour qu'un nouveau parti puisse être fondé. Quelques jours plus tard, enfin, le parlement soviétique proclama que les activités communistes étaient illégales... Si positive fût-elle, cette évolution ne me réjouit qu'à moitié, car le risque potentiel de conflits violents n'était pas éliminé pour autant : si Eltsine ou ses partisans avaient trop provoqué les tenants de la ligne dure en imposant une législation et des mesures trop audacieuses via le parlement soviétique, les battus auraient pu être tentés de ruer dans les brancards – ils auraient pu essayer de se réorganiser pour fomenter de nouveaux troubles, etc.

Certaines républiques achevèrent de se détacher de l'Union soviétique à la faveur de la tourmente ambiante. À la suite des pays baltes (l'Estonie et la Lettonie s'étaient déclarées indépendantes pendant le coup d'État, la Lituanie s'étant contentée de confirmer sa proclamation de souveraineté de 1990), le parlement de l'Ukraine, pays regroupant un cinquième de la population soviétique, prit plusieurs décisions capitales le 24 août : il vota en faveur de l'indépendance (cette question devant être soumise à référendum le 1er décembre de cette même année), annonça la création d'une monnaie ukrainienne et déclara que les troupes soviétiques stationnées sur le territoire ukrainien ne relèveraient désormais que de sa seule autorité. Et la Biélorussie vota également en faveur de l'indépendance dès le lendemain. Gorbatchev refusait toujours de reconnaître la souveraineté des États baltes en arguant que seul le Congrès des députés du peuple était habilité à franchir un tel pas, mais c'était une bataille perdue d'avance : non seulement la Russie fit savoir qu'elle reconnaissait les trois nouveaux États, mais Eltsine nous encouragea même à l'imiter au plus vite.

Dans son propre intérêt politique tout autant que dans l'intérêt des relations américano-soviétiques, j'espérais que Gorbatchev reconnaîtrait l'indépendance des États baltes avant les Occidentaux : plus il attendait, plus de nouvelles tensions risquaient de se manifester ! Si les États-Unis avaient reconnu immédiatement ces pays, Gorbatchev n'aurait pas manqué de subir toutes sortes de pressions internationales et intérieures qui l'auraient fragilisé tout autant que s'il avait donné l'impression d'agir sous la contrainte : il me paraissait préférable de lui éviter cela. Quoi que l'URSS devînt, il fallait que les Soviétiques puissent se dire (et comprendre) que nous leur avions laissé le temps – tout le temps nécessaire – de se séparer tranquillement des États baltes... Tel était le fond de ma pensée, et je prévoyais à cette fin d'user secrètement de notre influence pour travailler posément à induire les genres de changements que notre pays et tant d'autres nations souhaitaient voir apparaître dans cette région du monde. Et je ne voulais pas non plus que le pouvoir central soviétique se sente poussé dans ses derniers retranchements ou s'imagine n'avoir pas d'autre choix que de se lancer dans une ultime action militaire de grande envergure : car nul ne savait exactement de quoi les « petits malins » de la faction dure qui existait encore à l'intérieur du parti et des forces de sécurité étaient capables, surtout s'ils parvenaient à la conclusion qu'ils n'avaient plus rien à perdre !

BRENT SCOWCROFT

La position du Président était parfaitement justifiée. Les pressions en faveur d'une reconnaissance immédiate des États baltes étaient énormes, et on nous accusait d'atermoyer : il aurait été assurément plus facile de céder à ces pressions, d'autant que nul n'aspirait plus que nous à ce que les Baltes accèdent à la liberté. Mais nous tenions avant tout à ce que le problème soit résolu d'une manière définitive, et il valait mieux pour cela que la reconnaissance soviétique de l'indépendance de ces pays soit libre et volontaire – dans le cas inverse, la droite nationaliste aurait pu plus aisément retourner la situation si elle était revenue au pouvoir : elle aurait pu contester la validité de ces indépendances en excipant de ce que l'URSS avait agi sous la contrainte, dans un contexte où elle était particulièrement affaiblie. Pour éviter qu'un tel argument puisse être utilisé un jour par quiconque avec quelque chance de succès, il fallait attendre que Moscou se prononce de son plein gré.

GEORGE BUSH

Je suggérai aux dirigeants alliés de patienter quelques jours de plus avant de prendre acte de l'indépendance de ces États, après quoi je fis savoir à Gorbatchev que nous ne saurions attendre beaucoup plus longtemps : nous lui câblâmes que nous comptions reconnaître les États baltes le 30 août. Il me demanda si nous pouvions attendre jusqu'au 2 septembre en me précisant que le nouveau Conseil d'État soviétique statuerait ce jour-là sur cette question, et j'acceptai. À mon sens, mieux valait encourager les Russes à aller de l'avant qu'annoncer unilatéralement une reconnaissance des États baltes déjà acquise dans son principe – chacun sachant très bien que nous en arriverions là de toute façon... Une telle initiative américaine, prise à un moment où l'URSS était si affaiblie, n'aurait abouti, en effet, qu'à ajouter une dissonance supplémentaire à la cacophonie ambiante en donnant publiquement à penser que nous essayions une fois encore de forcer la main à Gorbatchev.

Journal

Treize heures, heure de Kennebunkport, le 2 septembre 1991. Je suis assis sur notre terrasse, tout seul. C'est mon dernier jour de vacances – vacances formidables en dépit des chambardements soviétiques. Je viens de finir de déjeuner : soupe de palourdes et petit sandwich au jambon arrosés d'un verre de xérès, voilà mon menu.

Une quarantaine de mouettes sont perchées sur les rochers les plus proches, un groupe de dix à quinze cormorans se tenant à l'écart ; ils sont un peu plus loin, tout en haut du rocher où j'ai l'habitude de m'installer pour pêcher. C'est la première fois, peut-être, qu'il fait ici aussi beau en septembre, et je repense à cette journée du 2 septembre 1944 où j'ai été blessé dans les îles Bonin : cela fait quarante-sept ans aujourd'hui ! Dans ma vie personnelle comme dans le monde, que de choses se sont passées depuis cette date ! Je viens de donner une conférence de presse au cours de laquelle j'ai annoncé que nous allions reconnaître les États baltes. J'avais téléphoné auparavant aux présidents estonien et letton – j'avais parlé avant-hier à Landbergis, le président lituanien – pour leur faire part de nos intentions : je leur ai expliqué pourquoi nous avions attendu quelques jours de plus. Plutôt que de chercher à prendre une certaine posture ou à monter les premiers à bord, leur ai-je dit, nous avons préféré que la puissance et le prestige des États-Unis se mettent au service d'une autre cause : encourager Gorbatchev à libérer plus vite les pays baltes ! Il s'est exprimé hier à ce sujet, et un accord « à dix plus un » a été négocié aujourd'hui : les diverses républiques auront désormais le droit de déterminer individuellement la nature des relations qu'elles souhaitent établir avec le pouvoir central – ce qui devrait convenir tout à fait aux Baltes.

Qu'allait devenir l'Union soviétique ? Telle était la question. Moins de deux semaines après l'échec du coup d'État, le Congrès des députés du peuple se réunit pour discuter des retombées de ce putsch avorté : dès le 5 septembre, les députés votèrent en faveur du « respect des déclarations de souveraineté et des actes d'indépendance approuvés par les républiques », en stipulant toutefois que l'accès à l'indépendance totale restait soumis à certaines conditions telles que la discussion des points techniques impliqués avec les autorités soviétiques, l'adhésion aux conventions sur les droits de l'homme et l'engagement de signer le traité de non-prolifération nucléaire et de participer à la CSCE. Le Congrès appela à la création d'une nouvelle Union d'États souverains de caractère confédéral et décida qu'un gouvernement de transition traiterait les affaires courantes jusqu'à ce que les détails du nouveau traité d'Union puissent être précisés. Un Conseil d'État réunissant les présidents des républiques (ou du moins, de celles qui décideraient de faire partie de la nouvelle Union politique) sous la présidence du président de l'URSS devait tenir lieu de gouvernement commun et coordonner les politiques nationales ; un Conseil économique commun à toutes les républiques devait commencer à travailler sur un traité économique distinct du traité d'Union ; et un Soviet suprême bicaméral devait être élu. Il était enfin prévu que le nouveau gouvernement respecterait tous les traités existants, le contrôle des armes nucléaires restant centralisé et l'armée soviétique continuant à exister également, bien que son commandement (réorganisé) doive être assuré en commun par le pouvoir central soviétique et les républiques.

Nul ne savait encore quelles républiques adhéreraient à la nouvelle

Union ou à quoi ressemblerait le résultat final. Le 6 septembre, le nouveau Conseil d'État soviétique entérina l'indépendance de l'Estonie, de la Lettonie et de la Lituanie : il était vraisemblable qu'aucun de ces trois pays ne déciderait de devenir membre de la nouvelle Union, à l'instar de la Géorgie ou de l'Azerbaïdjan. En l'espace de quelques semaines à peine, la plupart des républiques (seules la Russie, le Kazakhstan et le Turkménistan avaient fait exception) s'étaient proclamées indépendantes, même si presque toutes continuaient à siéger dans les institutions soviétiques et s'appliquaient à mettre au point un nouveau traité d'Union.

Le lendemain de mon retour à Washington, lors de la réunion de cabinet du 4 septembre, nous discutâmes de la façon dont il convenait de répondre à ces bouleversements, notamment dans le domaine économique. Pour le président Bush, il n'aurait servi à rien que les États-Unis feignent d'être en mesure d'exercer une influence majeure sur l'issue des négociations ouvertes en Union soviétique : il estimait que les populations soviétiques – et les républiques – devaient décider elles-mêmes de leur avenir et que nous devions résister à la tentation de réagir à chaque développement nouveau ou de commenter chaque nouvelle décision. La dynamique était nettement favorable à la liberté : dans ce contexte, toute revendication ou déclaration américaine aurait risqué de s'avérer contre-productive en incitant les tenants de la ligne dure à s'opposer encore plus aux changements.

GEORGE BUSH

Plus j'écoutai mes ministres discuter des tenants et des aboutissants de ce problème, plus j'acquis la conviction que les informations dont nous disposions étaient trop lacunaires pour que nous puissions envisager de proposer des plans d'assistance détaillés. Bien entendu, nous ne voulions pas que les Soviétiques meurent de faim ou manquent de médecins... mais, en ce qui me concernait, le vaste programme d'aides techniques antérieurement adopté par les membres du G7 restait encore la meilleure approche. Nous avions déjà réagi de deux manières : j'avais fait savoir, premièrement, que les États-Unis s'efforceraient d'atténuer les probables pénuries alimentaires de l'hiver suivant et enverraient des experts qui détermineraient quels sont les besoins prioritaires ; deuxièmement, que nous offririons une assistance médicale aux Soviétiques jusqu'à la fin de 1992. Kohl et Major suggérèrent, en outre, que chaque État occidental procède au réexamen de ses relations économiques bilatérales avec l'URSS (c'est-à-dire ses programmes d'assistance technique) et se demande en quoi une amplification de ces relations pourrait aider cette nation à surmonter ses problèmes immédiats.

Le lendemain, le NSC débattit longuement de la stratégie future des États-Unis face à l'URSS : nous nous demandâmes avant tout si le démembrement de ce pays était ou non une solution à laquelle nous devions prêter notre appui et en quoi le contrôle des armements pourrait être affecté par un tel démembrement – il était évident que l'avenir des forces nucléaires de l'Union soviétique nous intéressait au premier chef.

Le président Bush remarqua que la situation était plus complexe depuis que les Baltes avaient accédé à la liberté et que cette épidémie de déclarations d'indépendance s'était propagée. Un autre problème encore consistait à savoir ce que deviendraient les petites régions ou républiques autonomes de la Fédération de Russie ou des autres républiques et les nombreuses enclaves ethniques disséminées dans toute l'Union soviétique : tous ces territoires menaçaient de faire sécession, et personne, ici ou ailleurs, n'était capable de dire ce qui ressortirait finalement de tout cela. Par ailleurs, Eltsine faisait figure de héros – sa conduite avait été véritablement héroïque –, mais de quoi aurait-il l'air dans un mois ? Dans un tel contexte, souligna le Président, rien ne serait pire que de déployer une activité désordonnée dans le seul but de paraître affairé.

Cheney était partisan d'une approche plus « agressive ». Selon lui, nous disposions de davantage de moyens de pression que nous ne l'imaginions, et nous risquions de laisser passer notre chance en nous contentant de réagir au coup par coup. « Je pars du principe que la situation n'est pas figée, dit-il [...]. L'instauration d'un régime autoritaire reste possible. Si les choses tournaient au vinaigre d'ici un an ou deux, nous aurions beaucoup de mal à expliquer pourquoi nous ne nous sommes pas montrés plus actifs... » Proposant que des consulats soient établis dans toutes les républiques comme Bob Gates l'avait préconisé, il suggéra que nous réfléchissions très attentivement à la question de l'assistance humanitaire : « Nous devons diriger et façonner les événements », dit-il – ce qui serait revenu à donner un assentiment à peine déguisé aux partisans du démembrement de l'URSS. Scowcroft objecta que nos programmes d'aide supposaient l'existence d'un pouvoir central puissant, tout comme ceux des Européens et des membres du G7. « C'est un exemple typique de pensée ancienne », protesta Cheney. Baker recommanda pour sa part que nous continuions à soutenir le centre : « Nous réfléchissons aux moyens de traiter directement avec les républiques. [...] Nous devrions tabler sur les consulats tout en faisant de notre mieux pour renforcer le pouvoir central. Il est important que nous nous demandions comment il conviendrait de réagir à une accentuation des tendances indépendantistes des républiques, commenta-t-il.

– Mais que devrions-nous donc faire vis-à-vis de l'Ukraine ? demanda Cheney. Nous sommes beaucoup trop réactifs. » Scowcroft observa que Cheney semblait supposer que nous serions en mesure de traiter avec quinze ou seize pays indépendants. « Nous avons tout intérêt à ce que les membres de l'Union soviétique se séparent volontairement, argua Cheney. Si l'association est volontaire, la séparation sera inéluctable. Et si la démocratie est mise en échec, mieux vaut qu'ils soient le moins nombreux possible.

– Il est dans notre intérêt que l'Union soviétique soit démembrée pacifiquement, corrigea Baker. Nous n'avons pas besoin d'une autre Yougoslavie. »

Le Président nous demanda alors si nous pensions que l'Ukraine *adhérerait ou non à la nouvelle Union. « Elle n'en fera pas partie », prédit Cheney. « Devons-nous l'encourager publiquement à s'orienter dans cette direction ? », interrogea le Président. Cheney ne le pensait pas : « Mieux vaut que nos déclarations publiques se bornent à commenter les événements en insistant exclusivement sur ce que nous souhaitons préserver, et ainsi de suite », dit-il.*

Cheney lui ayant demandé s'il soutiendrait toujours l'Union soviétique si le sang venait à couler, Baker répondit que nous avions « surtout intérêt à ce que les modifications de frontières s'effectuent pacifiquement et soient conformes au traité d'Helsinki ». « Mais, en supposant que le démembrement s'acompagne de massacres, devrions-nous nous opposer à ce que l'Union soviétique soit démembrée ? », s'enquit Scowcroft. Baker estimait que nous devions nouer des relations avec les dirigeants des républiques telles qu'elles existaient présentement, et sans les encourager à aller plus loin dans la voie de la séparation.

« Pourrions-nous traiter avec un centre faible ? Le pouvoir central serait-il à même de contrôler les militaires si ses attributions se limitaient à ce pouvoir de contrôle ? », lança Scowcroft. Cheney déclara que l'imprécision de nos choix politiques limitait notre marge de manœuvre, mais Powell fut moins affirmatif : « Nous aimerions tous assister à la dissolution de l'ancien empire soviétique ; néanmoins, je ne suis pas sûr que nous arriverions à nous débrouiller avec quinze républiques. Une confédération assortie de relations bilatérales serait préférable », dit-il.

Scowcroft souleva aussi le problème du commandement et du contrôle des armes nucléaires soviétiques (arsenal déployé dans quatre républiques) en soulignant que la question de l'utilité ou de l'inutilité du démembrement de l'Union soviétique devait être aussi envisagée sous cet éclairage. « Les emplacements actuels de ces armes me vont très bien, dit Powell. Le plus important, c'est de savoir qui les détient. Actuellement, elles sont aux mains de l'armée Rouge. Si elles reviennent en Russie, je ne sais pas par qui elles seront contrôlées.

– N'inquiétons pas les gens avec cela ! », rappela le Président avant de demander si ces circonstances nouvelles ne pourraient pas nous permettre de consacrer moins d'argent au budget de la Défense tout en profitant des changements en cours. Cheney dit que le Pentagone avait déjà entrepris de réexaminer tous ses programmes et ses choix stratégiques : non seulement des réductions supplémentaires des systèmes d'armes nucléaires à courte portée étaient envisageables, expliqua-t-il, mais il serait peut-être même possible d'aller encore plus loin que les limitations prévues par les accords START déjà signés. Scowcroft suggéra que l'on repense aux essais nucléaires et que la question du contrôle des armements soit réétudiée globalement, puis Powell préconisa que les niveaux d'alerte de nos bombardiers stratégiques soient changés, mais le président Bush déclara que « multiplier les propositions de ce genre nous placerait en position trop offensive » – essayons d'atteindre des eaux tranquilles avant que la situation n'empire, recommanda-t-il. Il conclut cette réunion en nous demandant avec impatience s'il n'y avait pas quelque chose de plus ambitieux à faire.

GEORGE BUSH

Au cours des mois suivants, mon Administration continua à débattre de ces questions primordiales : que souhaitions-nous exactement, et que devions-nous faire pour profiter au maximum de l'influence accrue des réformateurs tant que cette possibilité s'offrait à nous ? Valait-il mieux traiter avec des républiques indépendantes ou avec un centre faible associé à une sorte de fédération, dans le domaine économique au moins ? À mon sens, une dispersion du pouvoir entre plusieurs États dont aucun n'eût possédé la terrible puissance de l'Union soviétique aurait constitué la solution idéale. Mais les républiques auraient été incapables de poursuivre la restructuration de leurs économies respectives sans continuer à entretenir des relations mutuelles par l'intermédiaire d'un « centre » : leurs économies étaient si interdépendantes qu'une coopération ou une coordination interétatique était indispensable. La disparition de toutes les barrières douanières aurait été aussi catastrophique que le déclenchement d'une guerre économique entre une république et une autre – si l'un ou l'autre des États récemment apparus avait refusé de vendre ou de fournir des céréales ou de l'énergie à son voisin, on aurait pu tout à fait en arriver là !

La faiblesse des aspirations unionistes des républiques et l'importance des réformes économiques qui restaient encore à accomplir avant que l'indépendance fût pratiquement possible m'apparurent à l'évidence lorsque Leonid Kravchuk se rendit à Washington vers la fin septembre. Que d'eau avait coulé sous les ponts depuis ce mois d'août où nous nous étions rencontrés à Kiev ! Kravchuk, membre influent du parti communiste soviétique depuis des lustres, m'expliqua que son pays brûlait de devenir totalement indépendant ; or, la déclaration d'indépendance de l'Ukraine devait être confirmée en décembre par voie de référendum conformément aux recommandations du Soviet suprême soviétique, et il n'était pas du tout certain que Kravchuk serait encore en place à cette date, quand bien même le soutien qu'il avait apporté à Gorbatchev lors du coup d'État avait redoré son blason auprès de son peuple.

Kravchuk me confia que les Ukrainiens ne croyaient plus que le pouvoir central pût faire autre chose que leur gâcher la vie. Il demanda à bénéficier d'aides et d'investissements économiques américains tout en réclamant que nous commencions à traiter directement avec l'Ukraine à tous les niveaux – Moscou devait être mise hors circuit, autrement dit ! Les implications extrêmement complexes de ce qu'il souhaitait semblant lui échapper, je lui fis remarquer que l'Ukraine devait d'abord mettre de l'ordre dans sa législation commerciale et fiscale et conclure des accords avec les autres républiques avant que nous puissions envisager de satisfaire à ses demandes : s'ils voulaient que nous investissions dans leur pays, lui précisai-je, il fallait avant tout qu'un climat favorable s'instaure – que chacun sache exactement avec qui il négociait et que le traitement des affaires impliquant plus d'une république soit simplifié.

BRENT SCOWCROFT

Même si je ne l'avais pas dit de but en blanc lors de la réunion du NSC, j'étais convaincu qu'une Union soviétique démembrée serait de loin préférable. Ce n'était sans doute pas la meilleure solution d'un point de vue économique, mais j'estimais malgré tout que les intérêts de notre sécurité seraient mieux servis par un démembrement en cela que toute solution de ce genre aurait fractionné la menace militaire que nous affrontions. Cependant, je n'estimais pas pour autant que telle devait être la politique officielle des États-Unis : car nous aurions été alors presque à coup sûr en butte à l'hostilité de la plupart des Russes, largement majoritaires en URSS. En fait, notre capacité d'influer sur le résultat final, dans un sens comme dans l'autre, était quasi inexistante, et ce fut pourquoi nous convînmes finalement que toute prise de position publique en faveur du démembrement aurait présenté plus d'inconvénients que d'avantages.

Afin de favoriser la transition paisible que Baker appelait de ses vœux, le Département d'État proposa une liste de principes fondamentaux qui nous parurent de nature à prévenir les risques de violence entraînés par les déclarations d'indépendance tout en étant propices à l'atteinte de nos propres objectifs : Jim discuta de tous ces points avec moi avant d'en faire état publiquement la veille de la réunion du NSC. Ces « cinq principes » étaient plus ou moins similaires à ceux que nous avions déjà formulés au moment de la réunification de l'Allemagne : autodétermination conforme aux usages démocratiques ; respect des frontières existantes, toute modification de leurs tracés devant faire l'objet de négociations diplomatiques ; respect de la démocratie et des règles de droit en vigueur ; respect des droits de l'homme ; adhésion aux lois internationales et respect des obligations inhérentes aux traités antérieurement signés par l'URSS. Et nous ajoutâmes plus tard un sixième principe à ces cinq premiers points : contrôle centralisé des armes nucléaires et clauses de sauvegarde contre la prolifération intérieure ou extérieure. Ces principes, toutefois, ne conduisirent pas notre Administration à s'en tenir à une politique immuable quant aux effets potentiels du démembrement de l'Union soviétique : la diversité des perspectives envisageables, aussi bien que l'évolution très rapide des événements et la crainte de la dilution du contrôle des armes nucléaires que tout démembrement aurait risqué d'entraîner, concoururent à nous en empêcher.

Concernant ce dernier point, j'étais peut-être celui qui se faisait le moins de souci. Pour moi, en effet, toute dispersion du commandement et du contrôle des armements nucléaires stratégiques de l'Union soviétique entre plusieurs républiques aurait été globalement positive : à mes yeux, tout ce qui contribuait à amoindrir l'ampleur de l'attaque nucléaire que nous aurions pu subir était bon à prendre, si préoccupante que l'éventualité d'une détérioration du contrôle unifié de ces armements pût sembler à d'autres égards. Mais j'étais conscient aussi que l'érosion du pouvoir central posait de graves problèmes de sécurité dans la mesure même où l'hypothèse d'une perte du contrôle matériel des armes soviétiques de destruction massive ne pouvait être exclue... L'arsenal nucléaire stratégique de l'URSS était déployé dans quatre républiques : la Russie, le Kazakhstan, l'Ukraine et la Biélorussie, tous États dont l'expérience en matière de gestion et d'entretien des têtes nucléaires ou des matériaux fissiles était loin d'être égale. Bien que le danger couru par les États-Unis se fût amoindri, nous craignions que l'apparition de ces nouveaux États ne pose une multitude de nouveaux problèmes de contrôle et de prolifération aussi dommageables à leur propre sécurité qu'à celle des républiques environnantes. Nous avions donc conclu (comme Gorbatchev et Eltsine) qu'il serait préférable que ces armes soient détenues par une seule entité politique : il s'avéra en fin de compte que cette « unique entité » fut la Russie, mais, en ces jours de septembre, l'émergence d'un gouvernement centralisé restait une perspective plausible.

Comme il l'avait indiqué lors de la réunion du NSC du 5 septembre et ensuite, le Président souhaitait également que le nombre des armes nucléaires détenues par les deux camps fût encore plus réduit que les accords START ne le prévoyaient : il était bien entendu indispensable pour cela que nous puissions traiter avec des dirigeants qui acceptent de collaborer avec nous, en Union soviétique comme dans les divers États successeurs. Le Président ayant laissé entendre à la fin de cette réunion qu'il nous incombait de prendre de nouvelles initiatives dans le domaine du contrôle des armements tant tactiques que stratégiques, une idée me vint à l'esprit : en pensant à la fois à l'aversion de Cheney pour les accords de désarmement diplomatiquement négociés et à divers problèmes spécifiquement afférents aux armements nucléaires tactiques, je me dis que nous devrions peut-être essayer de profiter de cette conjoncture inédite pour tenter de parvenir à une solution globale dans le domaine des armes nucléaires tactiques.

En Europe, par exemple, l'unification de l'Allemagne interdisait de recourir à des armes nucléaires à courte portée qui auraient fatalement explosé sur le territoire allemand : c'était au vu de cette donnée nouvelle que Cheney avait suggéré que la nécessité de disposer de telles armes fût reconsidérée. Et les arsenaux coréens de la Navy soulevaient d'autres problèmes encore qui étaient eux aussi susceptibles d'être résolus : bien que la Corée du Sud eût déjà demandé à plusieurs reprises que la marine américaine cesse d'entreposer des armes nucléaires sur son territoire en arguant que l'existence de ces arsenaux contrariait ses tentatives de rapprochement avec la Corée du Nord, la limitation d'une telle mesure à la Corée ne nous paraissait pas souhaitable, compte tenu des déductions erronées que Pyongyang aurait pu en tirer – les dirigeants nord-coréens auraient pu s'imaginer à tort qu'un geste de ce genre préludait à un retrait américain... Et la Navy avait un autre problème : parce qu'un certain nombre de pays refusaient d'accueillir nos navires de guerre porteurs d'armes nucléaires dans leurs ports, nos amiraux avaient pour habitude de s'abstenir de toute déclaration sur la présence ou l'absence de telles armes à bord de nos bâtiments (ni ils n'infirmaient ni ne confirmaient ce point), ce qui ne manquait pas de nous causer toutes sortes d'ennuis diplomatiques, notamment avec le Japon et la Nouvelle-Zélande. L'emploi d'armes nucléaires, enfin, n'était plus préconisé contre les sous-marins. La conjonction de ces diverses données m'incita à suggérer cette idée au Président : je lui proposai de déclarer unilatéralement que les États-Unis entendaient renoncer à toutes leurs armes nucléaires tactiques (à l'exception de celles transportées par des vecteurs aériens).

Le président Bush et moi-même avions commencé à discuter de la possibilité de prendre une initiative de grande envergure dans le domaine des armements nucléaires, qu'ils fussent tactiques ou stratégiques, sur les pontons de Walker's Point. Mon idée lui ayant beaucoup plu, il m'avait demandé de conférer de tout cela avec Dick Cheney, qui finit par se rallier à ma suggestion en dépit de son scepticisme initial – il m'invita simplement à apporter certaines modifications à mon projet, telles que le non-engagement de détruire tous les armements que nous retirerions du théâtre des opérations. S'agissant des armes stratégiques, nous nous focalisâmes sur la dé-MIRVation * des ICBM **, missiles nucléaires qui comptaient parmi les plus déstabilisants de tous ceux qui figuraient dans nos armements respectifs, proposition que les Soviétiques avaient jusque-là toujours rejetée – contrairement aux réductions d'armements tactiques ; les décisions liées aux ICBM ne pouvaient prendre effet que si elles étaient réciproques, ce qui nous conduisit à ouvrir des négociations sur ce thème. Et nous décidâmes, en outre, que nos bombardiers ne seraient plus en état d'alerte en permanence. Non seulement le nombre des armes nucléaires détenues ici et là put être ainsi considérablement réduit, mais un pas de géant fut franchi dans le domaine de la stabilisation des forces encore en service. Ainsi furent jetées les bases de progrès majeurs en matière de contrôle des armements : des avancées sans précédent purent être promptement négociées, les concepts précités étant au cœur des accords START II qui furent signés en janvier 1993 juste avant que nous quittions nos fonctions (le Sénat ratifia ces accords en décembre 1995).

GEORGE BUSH

Le Pentagone étudia nos projets à la vitesse grand V, Dick Cheney et Colin Powell (ainsi que les chefs d'état-major) balayant tous les obstacles en un temps record : ce fut grâce à eux que nous pûmes aller aussi vite, et je rends hommage à leur diligence. Dès le 27 septembre,

---

* *Multiple Independant Re-entry Vehicules*, soit missiles à têtes multiples ; la dé-MIRVation revient donc à réduire le nombre des charges nucléaires transportées par un missile *(NdT)*.

** *Intercontinental Ballistic Missiles (NdT)*.

nous étions déjà prêts à annoncer des mesures de désarmement unilatérales particulièrement spectaculaires : depuis ce début des années 1950 où nous avions commencé à appliquer la stratégie de *containment* qui avait prévalu pendant toute la guerre froide, aucun des changements apportés à la stratégie nucléaire des États-Unis n'avait été aussi vaste et ambitieux que celui que nous venions d'arrêter. Je me préparai donc à détailler ces propositions dans le cadre d'une allocution télévisée, tout en m'inquiétant un peu des réactions de l'opinion américaine : nos propositions étant peut-être un peu trop techniques pour l'auditeur moyen, nous nous efforçâmes de décrire ce qui allait se passer dans un langage clair – mais les réactions extrêmement favorables de l'opinion publique montrèrent finalement que les nombreux acronymes et termes spécialisés (SLCM, ALCM, etc.) qui parsemèrent mon discours furent sans doute mieux compris de la plupart des gens que nous ne l'avions initialement imaginé.

Notre initiative porta sur les éléments suivants : suppression de l'état d'alerte permanente de nos bombardiers stratégiques ; mise hors service de tous les ICBM dont la désactivation était prévue par les accords START I (qui n'étaient pas encore ratifiés) ; suspension puis annulation de plusieurs programmes de construction de missiles ; repli et destruction de nos munitions d'artillerie nucléaires ; retrait de nos ogives tactiques nucléaires de tous nos navires de surface et de nos sous-marins, aussi bien que des armes nucléaires transportées par notre aviation navale basée à terre. J'exhortai les Soviétiques à faire de même, puis j'esquissai d'autres propositions encore dans le domaine des armements stratégiques : je leur demandai d'accepter que les déploiements de défenses antimissiles destinées à contrer les frappes balistiques limitées de toute provenance soient eux-mêmes limités. Et je suggérai pour finir que l'Union soviétique et les États-Unis débattent ensemble des moyens de mieux coopérer au démantèlement et à la destruction des ogives nucléaires, au renforcement de la sécurisation des armes nucléaires et à l'amélioratiion des procédures de commandement et de contrôle nucléaires.

Je téléphonai à Gorbatchev avant de prononcer ce discours – je l'avais déjà mis au courant de cette annonce dans une lettre détaillée où j'avais souligné que nos propositions ne visaient aucunement à déstabiliser les forces nucléaires soviétiques. Il réagit favorablement, quoique ne pouvant pas me préciser encore comment son pays allait répondre à nos avances : il me demanda si les mesures que nous venions d'annoncer étaient unilatérales, et je lui répondis par l'affirmative. Le seul point de friction avait trait aux essais nucléaires : ils avaient besoin de consulter leurs experts, me fit-il savoir.

Cette conversation téléphonique, aussi bien que les autres contacts intergouvernementaux que nous prîmes à cette époque, nous confirmèrent que les relations américano-soviétiques étaient de plus en plus placées sous le signe de la coopération : le soutien que nous avions apporté à Gorbatchev et à Eltsine lors du coup d'État – nous avions clairement montré que nous souhaitions que leurs efforts soient couronnés de succès –, ainsi que la relation d'amitié et de confiance encore plus étroite que nous avions établie depuis Malte et Camp David, n'y étaient sans doute pas pour rien ! Quoi qu'il en soit, tout semblait indiquer que l'heure était de plus en plus à la concertation : Mikhaïl semblait vraiment désireux de résoudre les problèmes les plus épineux... Le voyage que Jim Baker avait effectué à Moscou au début de ce mois de septembre avait été des plus révélateurs : au cours des entretiens séparés qu'il avait eus avec Eltsine et Gorbatchev, Baker avait constaté que ces deux hommes ne répugnaient plus à travailler de concert – il avait été convenu à cette occasion que les États-Unis et l'Union soviétique n'accorderaient plus aucun soutien militaire aux combattants afghans. Et Mikhaïl avait accepté également de retirer les forces soviétiques de Cuba : il avait annoncé ce retrait avant même d'en parler aux Cubains. Tant Gorbatchev qu'Eltsine s'étaient déclarés partisans d'un maintien des armes nucléaires sous contrôle centralisé – quoi que l'Union devienne.

Pour la première fois depuis que des initiatives étaient prises de part et d'autre dans le domaine du désarmement, j'appelai Eltsine, qui me dit d'emblée que nos propositions lui convenaient et promit de tout faire pour que la réponse de l'URSS soit à la hauteur de notre dernière avancée. J'avais hésité à prendre contact à la fois avec Eltsine et Gorbatchev ; mais, si nous ne voulions pas saper l'autorité du président soviétique, nous ne voulions pas non plus négliger l'étoile montante de la Russie – il était clair qu'Eltsine était un homme d'avenir. Il n'en restait pas moins que le contrôle des armes nucléaires restait du ressort de Gorbatchev, et je savais qu'il ne manquerait pas de regretter le précédent que j'allais créer en passant ce coup de fil qui revenait à reconnaître la stature politique d'Eltsine : quand j'avais informé Gorbatchev que j'avais essayé vainement de joindre Eltsine pour lui faire part de nos propositions et lui avais demandé de faire savoir à ce dernier que je souhaitais m'entretenir avec lui, j'avais comme senti un ange passer.

Gorbatchev répondit à notre initiative le 5 octobre en émettant une liste de contre-propositions qu'il me fit lui aussi connaître à l'avance : il souhaitait pour sa part que les armes nucléaires tactiques de nos forces navales respectives soient détruites, et il était prêt à accepter de nouvelles réductions des armements stratégiques. Non seulement les bombardiers lourds soviétiques cesseraient également d'être en état d'alerte permanente, m'annonça-t-il, mais il proposait un moratoire de un an sur les essais nucléaires, consentait à discuter d'un plan de réduction des matériaux fissiles et s'engageait à diminuer les effectifs de l'armée Rouge de quelque sept cent mille hommes. Nos positions différaient, mais ces contre-propositions n'en étaient pas moins positives et prometteuses. Mikhaïl me précisa qu'il avait discuté de ces points avec Eltsine et que celui-ci lui avait donné son aval – ce qui me ravit ; et il m'apprit enfin qu'un projet d'union économique avait été accepté par douze républiques et qu'un nouveau traité d'Union ne tarderait pas à voir le jour.

Le 8 octobre, je discutai de ce traité économique avec Eltsine, qui me dit espérer que la réunion qui devait se tenir à Moscou trois jours plus tard permettrait de régler les problèmes encore irrésolus. « Nous savons très bien que c'est nous qui aurons le moins à gagner – en fait, il se pourrait même que nous soyons les gros perdants de l'affaire. Mais nous signerons quand même, car les enjeux politiques sont trop importants – c'est le seul moyen de sauver l'Union », me confia-t-il : il tenait à ce que toutes les républiques signent ce traité d'union économique afin que ce texte puisse servir de socle à une union politique ultérieure. Après m'avoir informé que ces initiatives afférentes au contrôle des armements l'avaient amené à travailler main dans la main avec Gorbatchev, il se déclara favorable à des réductions encore plus drastiques des forces soviétiques, compte tenu de l'énormité du potentiel miltaire russe.

Le 19 octobre, un vague traité qui instaura une « communauté économique d'États souverains » finit par être signé par huit républiques – l'Ukraine et la Moldavie s'ajoutant quelques semaines plus tard à ces huit premiers signataires.

Durant tout ce mois d'octobre, je préparai la conférence sur la paix au Moyen-Orient de Madrid, événement prévu pour la fin du mois que les Soviétiques avaient accepté de coparrainer à notre demande. L'organisation de cette conférence me gratifiait d'autant plus qu'elle résultait directement du conflit du Golfe : si nous n'avions pas bâti cette coalition victorieuse avec nos alliés arabes, une telle rencontre eût été impossible. Espérant que les liens d'amitié que nous venions de forger avec nombre de pays arabes permettraient d'instaurer une paix et une sécurité accrues au Moyen-Orient, nous nous étions énormément investis dans la préparation de cette conférence depuis le début de cette année 1991 – Jim Baker, notamment, s'était employé sans relâche à rapprocher des joueurs réticents et difficiles.

Et j'étais impatient également d'avoir de nouveau l'occasion de m'entretenir de vive voix avec Gorbatchev, qui devait se rendre à Madrid.

Journal, 26 octobre

Il est clair que rien ne va plus ni pour Gorbatchev ni pour le pouvoir central. Il s'affaiblit de jour en jour, et il me tarde de voir comment il prend cela. Il a toujours la haute main sur les affaires nucléaires, mais l'économie lui échappe – j'ai l'impression que les républiques se remuent de plus en plus. Il sera donc très intéressant de sonder ses dispositions. Il n'y a pas si longtemps de cela, il ne pouvait pas supporter Eltsine : à Camp David [en juin 1990], il m'avait dit carrément qu'il pensait qu'Eltsine n'allait nulle part. Mais, maintenant, tout a changé : il vient de déclarer qu'il n'en avait peut-être plus pour très longtemps. Peut-être n'aurons-nous donc plus jamais l'occasion de nous rencontrer dans un contexte de ce genre – la marche du temps est inexorable.

Le 29 octobre (la veille de la conférence), je déjeunai avec Mikhaïl au domicile de l'ambassadeur soviétique à Madrid, qui était logé dans un immeuble aux formes disgracieuses construit en contrebas de l'ambassade. Gorbatchev semblait en bonne forme et son sourire était toujours là, mais il n'était plus tout à fait le même – il n'avait plus son mordant d'autrefois. Il me décrivit l'évolution intérieure de l'Union soviétique et sollicita des aides financières... je savais à quel point cette démarche lui coûtait. Il m'apprit qu'il avait besoin que nous lui ouvrions un crédit supplémentaire de cinq milliards de dollars pour moderniser son agriculture et que nous lui accordions des assistances alimentaires d'un montant de un milliard de dollars. Ne voulant pas le décevoir, je lui dis que nous ne pourrions pas aller au-delà de un milliard et demi de dollars de crédits agricoles – on m'avait signalé que les finances des Soviétiques étaient encore plus mal en point que nous ne l'avions soupçonné, leur système bancaire étant au bord de la faillite. Mais Gorbatchev prétendit que son pays avait largement les moyens de rembourser tous les prêts qui viendraient à lui être consentis – il ne semblait pas mesurer les implications pratiques de ce qu'il demandait.

Je lui dis en aparté : « Écoutez, nous ne cherchons pas à vous torpiller au profit d'Eltsine, mais il faudrait quand même que nous sachions un peu mieux en quoi consistent vos relations réelles. » Eltsine venait en effet de prononcer un discours majeur sur les réformes économiques au cours duquel il avait non seulement annoncé des mesures draconiennes (la suppression du contrôle des prix, la privatisation accélérée de l'agriculture et de certaines branches de l'industrie, et l'arrêt des aides étrangères), mais aussi averti les autres républiques que la Russie se doterait d'une armée et d'une monnaie autonomes (projets également caressés par l'Ukraine) si elles ne coopéraient pas avec plus d'empressement à l'élaboration du nouveau traité d'Union ; ne faisant pas mention de Gorbatchev ni du gouvernement central, il avait laissé entendre dans ces circonstances qu'il envisageait de ne plus participer au financement de plusieurs ministères et agences de l'« ancienne Union » à partir du 1er novembre... Selon Mikhaïl, autant la composante proprement économique de l'allocution d'Eltsine était positive, autant ses autres propos étaient inquiétants : « Il a battu en retraite par rapport à plusieurs clauses du projet de traité d'Union. Mais je continuerai à le soutenir en raison de ses options réformistes – tant qu'il n'ira pas jusqu'au séparatisme », commenta-t-il.

Le roi Juan Carlos donnant ce soir-là un dîner officiel dans son palais de la Zarzuela, nous retrouvâmes le Premier ministre Felipe González dans cette résidence royale. Le roi m'accueillit avec chaleur, et je me félicitai de ce que nos rencontres antérieures de Tokyo (lors des funérailles de l'empereur Hirohito) et de Camp David nous aient permis de briser la glace. Je pense le plus grand bien de ce roi : universellement reconnu comme un grand monarque et aussi respecté en Espagne qu'à l'étranger, Juan Carlos a rendu un immense service à son pays en lui permettant de se doter d'un régime démocratique après les années franquistes.

Mikhaïl et Raïssa arrivèrent peu après nous. Raïssa parlant des conditions de leur détention en Crimée lors du coup d'État, je lui dis que Barbara (qui n'avait pas pu m'accompagner) avait eu les larmes au yeux quand elle l'avait vue débarquer de l'avion qui l'avait ramenée à Moscou avec l'un de ses petits-enfants – elle avait ensuite écrit à Raïssa pour lui dire à quel point elle avait été soulagée d'apprendre qu'ils étaient sains et saufs. Raïssa appréciait beaucoup Barbara, songeai-je en l'écoutant.

Nous devisâmes sur des canapés disposés autour d'une table à café surmontée d'un plateau de verre carré, et je fus frappé par l'extraordinaire confort de cette salle de séjour : sur les tables comme sur les murs, des photographies des membres de la famille royale côtoyaient des portraits et des tapisseries plus guindés. Plusieurs photos de groupe furent prises, puis le roi raccompagna Raïssa jusqu'à la porte du salon avant que nous passions à table – tous les quatre, seulement.

Assis à côté du roi, je faisais face à Mikhaïl, qui se montra plutôt optimiste. Il nous brossa un tableau fascinant des soixante-douze heures fatidiques qu'il avait passées en Crimée : ses propres gardes lui étaient restés fidèles, nous dit-il, mais le chef de son détachement de sécurité était « passé » aux comploteurs et leur avait permis d'accéder à lui. Il nous précisa qu'il avait enregistré des déclarations sur bande vidéo pour informer le monde extérieur de la situation où il se trouvait et montrer à tous qu'il était en excellente santé : il avait enregistré quatre déclarations sur une seule bande qui avait été découpée en quatre morceaux soigneusement roulés en liasse, après quoi il avait essayé d'imaginer comment faire sortir ces bandes de sa prison sans que ses gardiens s'en aperçoivent – le coup d'État avait probablement échoué avant qu'il parvienne à ses fins, mais il m'avait fait parvenir l'un de ces bouts de bande vidéo par l'intermédiaire de Jim Baker lorsque celui-ci s'était rendu à Moscou en septembre.

Mikhaïl médita sur la chute de Khrouchtchev : il nous rappela comment le Comité central avait démis Khrouchtchev de ses fonctions au début des années 1960 en lui reprochant son autoritarisme. Il avait dit lui-même aux dirigeants des républiques que « le pouvoir ne l'intéressait pas », nous précisa-t-il : il leur avait expliqué qu'il cherchait uniquement à sauver l'Union, et non pas son propre pouvoir, et qu'il était prêt à démissionner s'ils préféraient qu'il s'en aille – mais personne ne l'avait pris au mot. Le roi remarquant qu'on tentait de lui « rogner les ailes », Mikhaïl répondit qu'il ne pensait pas que ses adversaires le pourraient ou le voudraient, quand bien même beaucoup souhaitaient que les pouvoirs du centre soient réduits.

Il était convaincu que l'Ukraine resterait membre de l'Union (je m'abstins de le contredire, tout en repensant à la conversation que j'avais eue avec Kravchuk à peine un mois plus tôt), bien que le « problème russe » compliquât énormément la situation, à cet égard comme vis-à-vis d'autres républiques. Il ne semblait guère avoir une haute opinion de Kravchuk, qui, nous dit-il, « ne remporterait sans doute pas l'élection présidentielle », mais il fit l'éloge du président du Kazakhstan Nursultan Nazarbayev, personnage qui « voyait très bien comment l'Union devrait marcher ». Quant à Eltsine, Mikhaïl m'assura qu'il avait l'intention de continuer à collaborer avec lui, mais j'eus quand même l'impression (peut-être erronée) qu'il avait du mal à le supporter.

Grâce à cette soirée, j'avais eu la chance insigne de revoir un homme que je tenais en très haute estime et avec qui j'avais noué une profonde amitié. Voici ce que j'écrivis dans mon journal :

> Il affronte des problèmes énormes, et je me demande si ce que d'aucuns ont prédit va se vérifier : « Ce sera la dernière rencontre du président Bush et du président Gorbatchev. Tout va trop vite pour Gorbatchev, et il ne peut plus prétendre à la même autorité qu'autrefois. En fait, ce ne sera bientôt plus qu'une sorte de concierge », augurent certains. Mais, si tant est que Gorbatchev se sente en terrain glissant, force est de constater que ses propos ne l'ont pas laissé transparaître : tout en reconnaissant que leurs problèmes sont énormes, il n'a manifesté aucune inquiétude apparente et ne s'est comporté à aucun moment comme un homme au bout du rouleau.

Parmi toutes les difficultés que nous dûmes surmonter lorsqu'il nous fallut réagir à la dissolution de l'Union soviétique, la plus épineuse eut trait à nos relations avec la Russie et avec l'Ukraine. À partir de novembre, Eltsine commença à s'arroger nombre de pouvoirs précédemment dévolus à l'URSS : distendant de plus en plus ses liens avec le centre, il s'employa systématiquement à affirmer l'autorité économique, financière et politique de la Russie. Et les Ukrainiens étaient confrontés à deux choix : ils devaient d'abord être consultés sur l'indépendance par voie de référendum ; et, s'ils choisissaient de devenir indépendants, ils devaient décider ensuite d'adhérer ou non à la nouvelle Union que Gorbatchev proposait. Tout portait à croire qu'ils voteraient en faveur de l'indépendance, ce qui posait le problème de la reconnaissance de ce nouvel État : une reconnaissance américaine trop précipitée aurait risqué de donner à penser que nous encouragions les revendications des nationalistes les plus radicaux d'Ukraine et de Russie – où beaucoup s'opposaient à la perte de l'Ukraine et de ses douze millions d'habitants ethniquement russes. Un affrontement frontal entre ces deux pays était la dernière des choses auxquelles nous souhaitions assister : une guerre économique au cours de laquelle la Russie aurait reproché à l'Ukraine de faire monter les prix mondiaux du pétrole et les Ukrainiens auraient répliqué en privant les Russes de leurs biens manufacturés et de leurs produits agricoles aurait été désastreuse.

Non seulement il n'était pas certain que l'Ukraine adhérerait à la nouvelle Union (malgré l'optimisme de Gorbatchev), mais nous ignorions tout autant à quel genre d'accord global les républiques parviendraient. Gorbatchev et les républiques discutaient encore de la structure qu'il convenait de retenir : Gorbatchev était partisan d'une Union intégrée à un État unique ; Eltsine et les autres dirigeants préféraient une confédération de républiques souveraines, leur seul point de désaccord tenant au caractère plus ou moins étroit des liens organisationnels institués. Le 14 novembre, le Conseil d'État trancha en faveur d'une confédération d'États souverains fondée sur un traité, mais dépourvue de Constitution commune : le traité pourrait être signé sitôt que les parlements des États concernés auraient été consultés, semblait-il. Or, une situation particulièrement confuse en découla, car ce traité s'avéra finalement comporter de graves ambiguïtés quand son texte fut rendu public : il était prévu tout à la fois que chacun des nouveaux États aurait une politique étrangère et même une armée autonomes, et que des forces centralisées (incluant les arsenaux nucléaires) subsisteraient ; et les procédures de fonctionnement de l'Union étaient des plus brumeuses. Le traité aurait dû être signé lors de la réunion du Conseil d'État du 25 novembre, mais Eltsine déclara au cours de cette réunion que le Soviet suprême de Russie contestait certaines parties du document et réclamait un ajournement – requête à laquelle les présidents des autres républiques firent écho ; et il fit valoir, de surcroît, qu'il valait mieux que les travaux ne reprennent qu'après le référendum ukrainien du 1er décembre : si un traité avait été signé auparavant, souligna-t-il, les électeurs ukrainiens auraient pu se sentir incités à voter contre l'Union... Les présidents décidèrent donc de soumettre le texte du traité à l'approbation de leurs parlements respectifs puis de se revoir avant la fin de l'année pour la signature, ce qui revenait à attendre que l'Ukraine ait fait son choix. Gorbatchev ne put faire autrement que d'annoncer cet ajournement.

GEORGE BUSH

La veille du référendum, je fis savoir à Mikhaïl que, si la nation démocratique que nous étions se devait de soutenir le peuple ukrainien quel que fût son choix, nous tenions également à ce que la transition vers le nouvel ordre qui était en passe d'être créé s'effectue le plus paisiblement possible : une reconnaissance de l'Ukraine était susceptible de bénéficier au processus de la signature du traité en cela même que la question de la souveraineté ukrainienne en serait *ipso facto* résolue, lui dis-je avant de détailler les arrangements que nous tenions pour indispensables – contrôle collectif et centralisé des armes nucléaires, dénucléarisation de l'Ukraine, respect des droits de l'homme et des minorités et application de tous les traités existants tels que les accords START et CFE. Un envoyé spécial américain viendrait discuter de tous ces points à Moscou, lui précisai-je.

Ces informations ne plurent pas du tout à Gorbatchev – des fuites ayant malheureusement eu lieu à l'issue de mon entrevue avec des Américains d'origine ukrainienne, il savait déjà que nous envisagions sérieusement de reconnaître l'Ukraine : « Il semblerait que les États-Unis non seulement tentent d'influer sur le cours des événements, mais essaient bel et bien de s'ingérer dans nos affaires intérieures », se plaignit-il. La plupart des républiques avaient proclamé leur indépendance, et cela ne les avait pas empêchées de s'impliquer dans la rédaction du traité d'Union, me fit-il remarquer – il pensait visiblement que l'indépendance de l'Ukraine et son appartenance à l'Union n'étaient pas incompatibles.

De toute évidence, Gorbatchev continuait donc à croire que les républiques décideraient spontanément de rester dans l'Union. M'exhortant à m'abstenir de toute initiative visant à « orienter les événements dans la mauvaise direction », il souligna, *primo*, que les Russes et les autres populations non ukrainiennes vivant en Ukraine deviendraient « citoyens d'un pays étranger » si les Ukrainiens optaient pour l'indépendance ; *secundo*, que la Crimée (qui avait fait partie de la Russie jusqu'à ce que Brejnev la donne à l'Ukraine) menacerait dans ce cas de « reconsidérer son statut » de province ukrainienne, alors que la récupération de toutes sortes de « terres russes » (du Kazakhstan, de l'Ukraine et d'autres régions encore) était déjà revendiquée par Eltsine. « Un tel processus, m'avertit-il, serait catastrophique pour la Russie, pour l'Ukraine et pour le reste du monde. » J'assurai Mikhaïl que je ne demandais pas mieux que de coopérer avec lui, mais que nous n'en estimions pas moins que l'indépendance de l'Ukraine permettrait de refréner les ardeurs des extrémistes russes et ukrainiens : je ne souhaitais causer des embarras à personne – ni à lui ni à Eltsine – et n'avais aucunement l'intention de m'immiscer dans leurs affaires intérieures, lui certifiai-je. Il m'apprit alors que les réformateurs s'étaient déjà réunis pour discuter de ces questions et que tous avaient reconnu que l'union politique était essentielle : « Si nous ne parvenions pas à ce résultat, m'avertit-il de nouveau, ce serait une catastrophe pour l'Union soviétique, pour vous autres, Américains, et pour le monde entier. »

Téléphonant à Eltsine trois quarts d'heure plus tard, je lui répétai ce que je venais de dire à propos de l'Ukraine tout en insistant sur le prix que nous attachions à la stabilité de l'Union, et, contrairement à Gorbatchev, il comprit très bien mon point de vue. Sept États seulement – cinq républiques islamiques et deux républiques slaves : la Biélorussie (rebaptisée Bélarus) et la Russie – avaient signé le traité d'Union, constata-t-il : il en découlait que les deux plus grands États (russes) pourraient être mis en minorité, perspective qu'il jugeait inquiétante.

« Comme toujours, je vais vous parler franchement, me déclara-t-il. Je crois que l'Ukraine ne se joindra pas à nous [...], ce qui ne manquera pas d'affaiblir l'Union. J'ai expliqué aujourd'hui à Gorbatchev – j'avais dit la même chose la veille à des journalistes à qui j'avais accordé une interview – que, si l'Ukraine n'adhère pas à l'Union, cela posera un problème à la Russie. » Selon lui, les Ukrainiens ne signeraient pas le nouveau traité s'ils décidaient de devenir indépendants : « Je pense que le nouveau président ukrainien préférera ouvrir des pourparlers avec la Russie plutôt que de commencer par négocier avec Gorbatchev », me confia-t-il à ce propos.

Il me fit savoir également que, en raison même de l'importance fondamentale des relations russo-ukrainiennes, la Russie ne pourrait éviter de reconnaître l'Ukraine si jamais les électeurs ukrainiens votaient en faveur de l'indépendance, et que cette nouvelle nation serait reconnue par son pays qu'elle signe ou non le traité d'Union. « Votre reconnaissance serait immédiate ? », demandai-je. « Oui, nous ne pourrions faire autrement que d'agir sur-le-champ, répondit-il d'une voix ferme. [...] Gorbatchev ne le sait pas. Il croit toujours que l'Ukraine signera. » Et Eltsine ajouta même qu'il comptait rencontrer le nouveau président de l'Ukraine dès décembre pour discuter avec lui des fondements de leurs nouvelles relations et aborder la question capitale de la résolution des problèmes nucléaires.

Il me prévint enfin que, si la Russie ne reconnaissait pas l'Ukraine, et cela, que les conditions que j'avais exposées à Gorbatchev et à lui-même fussent ou non satisfaites, les extrémistes se soulèveraient. « Mais vous avez raison, me dit-il. Il serait impensable que la Russie et l'Ukraine n'aient plus de relations. Avec mes plus proches conseillers, je réfléchis énormément aux moyens de sauver l'Union. [...] L'Ukraine compte beaucoup plus à nos yeux que les républiques d'Asie centrale – au moins, nous n'avons pas à la nourrir ! » Et il me demanda de ne pas divulguer le contenu de cette conversation avant que les résultats du référendum soient connus.

Comme je le précisai à Brian Mulroney ce même après-midi, je ne voulais pas laisser passer trop de temps avant que les États-Unis reconnaissent l'Ukraine, mais je tenais aussi à ce que ce pays et la Russie aient une chance de régler leurs différends ; car, même si les avis de Gorbatchev et d'Eltsine différaient pour ce qui était du maintien ou du non-maintien de l'Ukraine dans l'Union, il me semblait que l'un et l'autre finiraient par consentir à ce que ce pays devienne indépendant.

Les populations d'origine ukrainienne établies dans les provinces occidentales du Canada poussaient Brian à reconnaître l'Ukraine. « Je ne voudrais pas porter préjudice à Gorbatchev... même si nous pressentons tous que le combat qu'il mène pour la cause de l'Union est déjà perdu, me confia-t-il.

– C'est bien ce qui me semble, lui dis-je.

– J'en fais presque une affaire personnelle – je tiens vraiment à aider Gorbatchev. J'ai peu ou prou la même impression que lorsqu'il nous a fallu prendre position par rapport aux Baltes : je crois que nous devons veiller avant tout à ne pas envenimer les choses. Nos sémantiques ou nos formulations sont différentes, mais notre approche n'est pas si éloignée de la vôtre : nous reconnaîtrons ou entérinerons l'indépendance de l'Ukraine, puis nous négocierons l'établissement de relations diplomatiques, poursuivit Brian.

– C'est aussi ce que nous allons faire », répliquai-je.

BRENT SCOWCROFT

L'Union n'était pas viable sans l'Ukraine, et Gorbatchev pensait plus ou moins que les Ukrainiens pouvaient voter en faveur de l'indépendance sans refuser pour autant d'adhérer à l'Union. Mais Eltsine avait un autre point de vue : ses allusions à une reconnaissance rapide de l'Ukraine signifiaient peut-être tout simplement qu'il s'efforçait de faire capoter l'Union en incitant les Ukrainiens à ne pas y participer. Il était probablement conscient que ses décisions auraient d'inévitables implications intérieures : non seulement une reconnaissance russe de l'Ukraine (pays comportant d'importantes minorités russes !) n'aurait pas manqué d'influer sur la politique intérieure de la Russie, mais l'identité du pays (la Russie ou l'Ukraine) qui poignarderait la nouvelle confédération n'était pas non plus indifférente. Et puis il devait tenir compte également de l'antagonisme à long terme qu'il susciterait en Ukraine si la Russie ne reconnaissait pas l'indépendance de ce pays... La partie était donc on ne peut plus délicate, et nous devions en quelque sorte arbitrer entre Eltsine, d'un côté, et Gorbatchev, de l'autre : les Américains d'origine ukrainienne réclamaient que nous reconnaissions immédiatement l'Ukraine, mais on aurait pu en déduire que nous nous rangions d'un côté plutôt que de l'autre et nous prononcions sur la destinée de l'Union soviétique.

Quand l'ambassadeur Robert Strauss fit part de nos intentions à Chevarnadzé, le ministre des Affaires étrangères fut très alarmiste : il laissa entendre à Strauss que les militaires pourraient réagir très brutalement si jamais l'Ukraine s'orientait vers l'indépendance. Il avait parlé la veille au général qui avait organisé la défense de la Maison Blanche russe lors du coup d'État d'août : cet officier l'avait prévenu que les éléments conservateurs de l'armée étaient toujours puissants et se préparaient secrètement à passer à l'action. Les troupes soviétiques non encore retirées des États baltes indépendants étaient extrêmement mécontentes, remarqua Chevarnadzé, et des problèmes similaires pouvaient se développer sur une échelle plus large encore en Ukraine : « Ils sont désespérés », conclut-il.

Chevarnadzé nous conseilla de ne pas trop compter sur les dirigeants des nombreuses républiques qui voguaient sur la vague du nationalisme. Non seulement le parti communiste ukrainien était le plus conservateur de tous ceux que comptait l'URSS, nous signala-t-il, mais ses dirigeants avaient en fait soutenu le coup d'État d'août : il affirma que Kravchuk avait été informé à l'avance de l'existence du complot et qu'il s'était bien gardé d'avertir Gorbatchev. Selon lui, ce parti essayait de tirer son épingle du jeu en s'unissant aux forces séparatistes.

GEORGE BUSH

Le 1er décembre, une majorité écrasante d'électeurs ukrainiens (quatre-vingt-dix pour cent environ) votèrent pour l'indépendance, et Kravchuk fut élu à la présidence avec soixante-deux pour cent des suffrages. Quand je l'appelai le 3 décembre pour le féliciter, il m'apprit qu'Eltsine l'avait déjà contacté afin de lui annoncer que la Russie allait reconnaître l'Ukraine : ils devaient se rencontrer le 8 décembre pour coordonner leurs politiques, comme Eltsine m'en avait avisé. Pour ma part, je lui décrivis tout ce que nous attendions de son pays (renoncement aux armements nucléaires, adhésion aux principes de la CSE, stabilité des frontières et protection des droits des minorités) tout en l'informant qu'un émissaire américain chargé de discuter de ces questions se rendrait bientôt à Kiev.

Le 8 décembre, je reçus un coup de fil d'Eltsine : il voulait me parler de ses entretiens avec Kravchuk et Stanislav Chuchkevich, président du Bélarus – en fait, il était encore auprès d'eux : il m'appelait depuis la salle de conférences, située dans un pavillon de chasse proche de Brest *.

« Aujourd'hui, un événement très important vient d'avoir lieu dans notre pays, et je tenais à vous communiquer personnellement cette information avant que vous en preniez connaissance par la presse », proclama-t-il avec son emphase habituelle. Voici en quoi consistait ledit événement : après deux jours d'entretiens, les trois présidents venaient de conclure que « le système en vigueur et le traité d'Union [qu'on leur proposait] de signer n'était pas satisfaisant ». « C'est pourquoi, ajouta Eltsine, nous nous sommes réunis et avons signé un accord collectif il y a à peine quelques minutes de cela. »

Eltsine me donna ensuite l'impression de lire un récapitulatif écrit des problèmes induits par la négociation du traité d'Union et par l'existence de l'Union soviétique : il déclara en l'espèce qu'ils avaient signé cet accord à seule fin de juguler la crise institutionnelle et économique que la politique à courte vue du pouvoir central avait provoquée. « Cet accord, récita-t-il, consiste en six articles qui visent fondamentalement à créer un Commonwealth ou un groupe d'États indépendants. » Bref, Eltsine venait de me faire savoir qu'il avait décidé (après s'être concerté avec les présidents de l'Ukraine et du Bélarus) de dissoudre l'Union soviétique !

D'une voix beaucoup moins monocorde – son ton changea sitôt qu'il eut fini de lire ce texte –, il précisa que cet accord comprenait un article qui stipulait que ce Commonwealth serait ouvert à toutes les anciennes républiques et que les membres de cette association s'engageraient à respecter toutes les obligations internationales entraînées par les conventions et traités ratifiés par l'ancienne Union, y compris

* Brest-Litovsk, ville de Biélorussie proche de la frontière polonaise *(NdT)*.

les remboursements d'aides extérieures. « Nous sommes favorables également au contrôle unitaire des armes nucléaires et de la non-prolifération », m'assura-t-il avant d'ajouter que le document en question avait été déjà signé par les dirigeants des trois républiques représentées et approuvé par un quatrième chef d'État – Nursultan Nazarbayev, le président du Kazakhstan, venait de dire à Eltsine qu'il approuvait pleinement son action et signerait dès qu'il le pourrait.

On aurait pu croire que les clauses de cet accord avaient été spécialement conçues pour que les États-Unis avalisent ce qui était en train de se passer : car elles satisfaisaient explicitement à toutes les conditions de reconnaissance diplomatique que nous avions posées ; mais je me contentai de dire : « Je vois... », ne voulant pas laisser entendre prématurément que nous acceptions ou rejetions cette décision.

« C'est très sérieux, dit Eltsine. À eux seuls, nos quatre États représentent quatre-vingt-dix pour cent du produit national de l'Union soviétique. Par cette tentative, ou par ces mesures, nous ferons en sorte de nous maintenir au sein d'un Commonwealth tout en nous libérant de l'emprise globale de ce centre qui nous donne des ordres depuis plus de soixante-dix ans. Notre démarche est on ne peut plus sérieuse, et nous espérons... non, nous sommes sûrs, nous avons la certitude qu'il n'y a pas d'autre moyen de sortir de la situation critique où nous nous trouvons.

Monsieur le Président, continua-t-il, je me dois de vous signaler en toute confidence que le président Gorbatchev n'est pas au courant de ces résultats. Il savait que nous devions nous rencontrer – en fait, je lui avais parlé moi-même de cette rencontre. Nous ne tarderons pas à lui faire parvenir le texte de notre accord, car il aura sûrement des décisions à prendre à son niveau. Monsieur le Président, aujourd'hui, j'ai été particulièrement franc avec vous : pour nos quatre États, la situation est si critique qu'il n'y a pas d'autre issue possible. Et nous n'agissons pas en secret – un communiqué sera remis d'ici peu à la presse. Nous comptons sur votre compréhension.

Mon cher George, conclut-il, j'en ai fini. C'est extrêmement, extrêmement important. Comme d'habitude – entre nous, c'est devenu une tradition –, je n'ai même pas pu attendre dix minutes avant de vous téléphoner. » Je lui promis de lire le texte de l'accord dès que je le recevrais et de réagir rapidement, mais je n'étais quand même pas très à l'aise. « Nous travaillerons avec vous et avec les autres, et nous espérons, bien entendu, que cette évolution s'effectuera paisiblement », observai-je simplement : éludant la question du soutien américain implicitement posée par Eltsine, je déclarai qu'il était évident que cette affaire ne pouvait être réglée que par les parties directement concernées, à l'exclusion de tout élément extérieur tel que les États-Unis. « Vous avez raison », convint Eltsine avant d'augurer qu'il ne faisait pas de doute que toutes les autres républiques se rallieraient bientôt à eux.

BRENT SCOWCROFT

Après ce 8 décembre où il décida de créer ce Commonwealth d'États indépendants, Eltsine s'appliqua assidûment à parachever le démantèlement de l'URSS. En réalité, il avait engagé ce processus depuis plus de trois mois – depuis qu'il s'était présenté avec Gorbatchev devant le Soviet suprême après l'échec du coup d'État d'août ; et, dans la mesure où sa cible principale semblait être Gorbatchev plutôt que l'Union soviétique en tant que telle, une question se pose : Eltsine poursuivit-il un objectif à long terme, ou saisit-il simplement l'occasion inespérée d'affaiblir Gorbatchev (et de renforcer sa propre autorité) que le coup d'État lui avait offerte ?

Si le vote du traité d'Union normalement prévu au mois d'août s'était avéré important en concourant à déclencher le coup d'État, la perspective du référendum ukrainien sur l'indépendance paraîtrait avoir joué elle aussi un rôle décisif en raison même des craintes qu'elle inspirait à Eltsine : sa détermination à prendre les devants avant que l'Ukraine n'adhère à l'Union proposée par Gorbatchev était patente. Tant pour les auteurs du coup d'État que pour Eltsine, la nouvelle Union projetée était en effet synonyme d'un élan nouveau et d'un nouveau départ de l'URSS qui aurait menacé de saper les fondements mêmes de leur influence.

Voir Eltsine défaire l'édifice de l'Union soviétique brique après brique pour transférer à la Russie la plupart des pouvoirs antérieurement dévolus à Gorbatchev fut un spectacle particulièrement pénible. Finalement, Gorbatchev ne détint guère plus de pouvoirs que le général Evguéni Chapochnikov, commandant en chef de l'armée soviétique dont les forces furent très vite morcelées entre les anciennes républiques. Peut-être l'heure de Gorbatchev avait-elle sonné, mais il aurait assurément mérité une fin moins ignominieuse.

GEORGE BUSH

Il va sans dire que Gorbatchev entra dans une fureur noire quand il prit connaissance de cet accord : ces machinations délibérément ourdies par Eltsine pour donner ce coup d'assommoir institutionnel à une Union déjà en état de collapsus le mirent hors de lui. Et les deux hommes rivalisèrent ensuite de plus belle en tentant chacun de s'assurer le soutien de l'armée.

Journal, 8 décembre

Gorbatchev vient de déclarer que les actes d'Eltsine et de ses comparses étaient illégaux. « Il faut que le peuple puisse se prononcer par voie de référendum », a-t-il observé. Cette soirée de lundi repose donc la question préoccupante du risque d'une intervention militaire : je me fais de nouveau du souci à ce propos. Où en est l'armée ? – jusque-là, elle est restée silencieuse. Que va-t-il arriver ? Un dérapage est-il possible ? Gorbatchev va-t-il démissionner ? Va-t-il essayer de remonter le courant ? Eltsine a-t-il bien calculé son affaire ? C'est compliqué – c'est une situation on ne peut plus complexe.

Cinq jours plus tard, Eltsine me passa un autre coup de fil. Non seulement l'accord afférent à la création de ce Commonwealth avait été ratifié la veille par les parlements d'Ukraine, du Bélarus et de Russie et les dirigeants des cinq républiques d'Asie centrale avaient décidé de signer à leur tour le texte de cet accord le 21 décembre dans la ville kazakh d'Alma-Ata, m'apprit-il, mais la Moldavie et l'Arménie allaient se joindre à ces huit républiques. « Du train où vont les choses, cet accord aura été cosigné par dix États à la date du 20, du 21 ou du 22 décembre, m'annonça-t-il. Et j'ai rencontré également des représentants de l'état-major général de l'armée, des forces de sécurité et des forces de police intérieures : ils soutiennent tous notre décision. Aujourd'hui, le calme règne à Moscou » – il s'entretenait tous les jours avec Gorbatchev pour faire en sorte que la transition s'effectue sans heurts, m'assura-t-il.

« Fin décembre ou début janvier, nous nous serons donc dotés d'un véritable Commonwealth d'États indépendants et les structures du pouvoir central auront cessé d'exister. Nous respectons profondément Mikhaïl Sergueïevitch Gorbatchev et le traitons avec déférence. C'est à lui de décider de son destin », poursuivit-il. Les forces nucléaires devaient rester placées sous un commandement unifié, de même que toutes leurs autres forces (uniquement composées de troupes terrestres, puisqu'ils considéraient que leur marine et leur aviation faisaient partie intégrante de leurs forces stratégiques) – seule l'Ukraine avait prévu de posséder une armée autonome.

Après que je lui eus demandé comment il pensait que Gorbatchev allait réagir, Eltsine me précisa qu'il avait discuté avec ce dernier pas plus tard que la veille. « Il ne refuse pas d'avaliser la décision des dix. Il est bien forcé de tenir compte de la réalité. Conformément au traité de 1922, on peut dire dès maintenant que dix républiques signeront cet accord et que leur décision est irrévocable. Par voie de conséquence, les organes centraux cesseront tout bonnement d'exister », m'expliqua-t-il. Bref, l'Union soviétique était en train de se volatiliser !

Estimant que Gorbatchev aurait mérité d'être traité avec moins de désinvolture (quoi qu'il advînt, on ne pouvait oublier les immenses services qu'il avait rendus à l'URSS et à la cause de la paix !), je rappelai à Eltsine que nous avions collaboré étroitement avec lui et avec Gorbatchev tout au long de ces dernières années. « Gorbatchev, Chevarnadzé et les réformateurs sont des hommes que nous tenons en très haute estime, et l'histoire leur rendra justice », remarquai-je : j'espérais vraiment que les changements en cours pourraient se passer dignement et en douceur... « Monsieur le Président, je vous garantis et vous promets personnellement que tout ce qui se produira sera conforme aux règles de la bienséance. Nous traiterons Gorbatchev et Chevarnadzé avec le plus grand respect et ne prendrons pas de mesures trop radicales – la transition sera paisible et progressive », répondit Eltsine.

J'appelai Gorbatchev ce même après-midi pour lui signaler que nous n'essayions aucunement d'influer sur les événements en cours : tout en l'assurant que « je [pensais à lui] professionnellement et personnellement », je le priai « de nous fournir des éclaircissements sur cette situation si confuse pour nous ». En proie à une fureur évidente, il revint à toute allure sur ce qui était survenu depuis ce 25 novembre où tous les membres du Conseil d'État (Eltsine y compris) avaient adopté une résolution approuvant le projet de traité d'Union : les articles de ce traité avaient été soumis aux ratifications successives des parlements des républiques et du Soviet suprême de l'URSS, récapitula-t-il avec colère, « Eltsine ayant coopéré avec moi à toutes les étapes de ce processus, puis virant totalement de bord dès son arrivée à Minsk. Pendant deux jours, il ne m'a plus donné signe de vie. [...] J'ai donc été très surpris par son revirement ». Gorbatchev me précisa qu'il avait fait de son mieux pour que la négociation de ce traité aboutisse et que tout lui avait donné à penser que le parlement russe réagirait favorablement, mais qu'« Eltsine avait changé son fusil d'épaule du jour au lendemain. En politique, n'importe quoi peut arriver, surtout quand on a affaire à des politiciens de ce genre ». Quand bien même tout le monde soutenait maintenant que le processus avait abouti à une impasse, il ne comprenait pas pourquoi on prétendait cela, car seule l'Ukraine s'était montrée réticente : « L'Ukraine voulait devenir indépendante, j'en conviens, me déclara-t-il. Pourtant, elle avait clairement indiqué qu'elle n'excluait pas d'adhérer au traité économique et de défense – Kravchuk me l'avait laissé entendre, et ce qu'il vient de faire équivaut à une adhésion en bonne et due forme. Alors, quelle est la différence ? L'Ukraine aurait pu tout à fait adhérer aux traités d'Union. » Bien que les événements aient suivi un cours différent de celui qu'il aurait voulu impulser et si meurtri qu'il fût par les « trahisons » d'Eltsine et de Kravchuk, son regard restait donc extrêmement pragmatique – « Nous sommes des hommes politiques. Nous devons tenir compte des réalités et agir en conséquence », souligna-t-il.

Il tenait avant tout à ce que le processus amorcé se déroule dans un cadre constitutionnel. « Je respecterai les décisions des républiques. Mais la déclaration de Minsk a été improvisée, et trop de points sont imprécis. Le pays était uni, et puis voilà maintenant qu'il vole en éclats », commenta-t-il. Non seulement il espérait que les autres républiques s'opposeraient au démantèlement de l'ancienne Union voulu par la Russie et l'Ukraine, mais il considérait que beaucoup trop de questions juridiques demeuraient sans réponse, notamment en ce qui concernait la diplomatie et la sécurité de l'ex-URSS et les obligations internationales de ce pays : qui serait responsable, et qui siégerait désormais au Conseil de sécurité des Nations unies ? « Tout cela ressemble fort à du travail d'amateurs », se plaignit-il.

Gorbatchev me parut quelque peu décontenancé par ce qu'il était en train de subir, tant personnellement qu'institutionnellement parlant

– en tant que président de plus en plus affaibli de ce grand pays que constituait l'Union soviétique. « Ils m'ont dépouillé du rôle que je me proposais de jouer. Les tenants et les aboutissants de cette situation ne m'échappent pas, même si je ne partage pas leur approche », me confia-t-il avant de me confirmer ce qu'Eltsine m'avait appris à propos de leurs forces armées et du contrôle de leurs forces nucléaires. « Quel rôle puis-je compter jouer à l'avenir ? Si ce Commonwealth ne s'avérait être qu'une organisation informe, dépourvue de politique étrangère ou de défense commune et dont les membres n'interagiraient pas économiquement, je ne vois pas quel rôle je pourrais y jouer. À mon sens, cette situation nouvelle – et je maintiens que la création de ce Commonwealth est une erreur – obligera les républiques à faire preuve d'une coordination accrue : sinon, nous ne nous sortirons jamais de ce bourbier ! », dit-il. L'évocation de cette « coordination accrue » signifiait-elle que Gorbatchev s'imaginait rester président ou croyait pouvoir continuer à occuper une place dans cette nouvelle organisation, je l'ignore – Eltsine l'avait déjà méthodiquement dépossédé de tout ce qui avait trait à l'Union !

La conclusion ne se fit pas attendre : le 21 décembre, à Alma-Ata, toutes les républiques (à l'exception des pays baltes et de la Géorgie) déclarèrent adhérer à ce nouveau Commonwealth d'États indépendants – plus rien ne restait de l'ancienne URSS.

Mon ami Mikhaïl Gorbatchev démissionna de sa charge de président de l'Union soviétique le jour de Noël : ayant appris dès le matin – à dix-sept heures, heure de Moscou et à dix heures, heure de Washington – qu'il désirait me passer un « dernier coup de fil », je répondis à son appel à Camp David, où j'étais venu passer les fêtes en famille.

Après avoir commencé par nous souhaiter un joyeux Noël à Barbara et à moi-même, il m'expliqua qu'il avait tenu à me faire part oralement de la teneur de la lettre qu'il venait de m'adresser : il était fier de tout ce qu'il avait accompli depuis qu'il avait accédé à la vice-présidence puis à la présidence de l'URSS, me dit-il, et il ne s'offusquait pas plus de l'effondrement de l'Union soviétique que de sa propre infortune politique. Mais cette absence d'amertume ne l'empêchait pas d'être épuisé et en proie à de cruelles incertitudes : car il aimait son pays et se demandait ce qu'il allait devenir.

« Le débat actuellement en cours dans notre Union sur le type d'État qu'il convient de créer ne s'est pas engagé dans la direction que je tenais pour souhaitable. Mais sachez que je m'appliquerai quand même à faire en sorte que ce nouveau Commonwealth réussisse : je me servirai à cette fin de tout le poids et de toute l'influence politiques que je conserverai. J'ai été satisfait d'apprendre que les dirigeants présents à Alma-Ata avaient déjà conclu ces importants accords nucléaires et stratégiques, et j'espère que les décisions qu'ils prendront à Minsk permettront de mettre en place des mécanismes de coopération efficaces entre les républiques », me déclara-t-il.

Il se faisait également du souci pour son pays. « George, permettez-moi de vous parler de quelque chose qui me paraît présenter une extrême importance, poursuivit-il. Il est bien entendu nécessaire que nous continuions à reconnaître tous ces pays, mais je voudrais aussi que vous n'oubliiez pas que le processus de désintégration ne doit pas s'aggraver – autrement, ce Commonwealth serait condamné d'avance. Encourager les républiques à coopérer est un devoir pour nous tous, et je tenais vraiment à attirer votre attention sur ce point.

J'en arrive maintenant à la Russie – c'est le second thème majeur de cette conversation, me dit-il ensuite. Sur mon bureau est posé un décret : il stipule que je démissionne de ma charge de président de l'URSS, et je ferai savoir en même temps que je me démets de mes fonctions de commandant en chef et transfère le contrôle des armes nucléaires au président de la Fédération russe. Je resterai donc en poste jusqu'à ce que le processus constitutionnel de mon départ soit mené à son terme, et je peux vous assurer que tout sera parfaitement maîtrisé : ces décrets étant exécutoires sitôt que ma démission aura été annoncée, il n'y aura pas d'interruption dans la chaîne de commandement – vous pouvez passer une soirée de Noël tout à fait tranquille. Toujours en ce qui concerne la Russie, permettez-moi de vous dire encore que nous devrions tous essayer de la soutenir au maximum – ce que je m'apprête à faire ne vise à rien d'autre qu'à lui apporter mon soutien, mais nos partenaires devraient s'efforcer eux aussi de la soutenir de leur mieux.

Je n'ai pas l'intention de me cacher dans la taïga. Je poursuivrai mes activités politiques et veillerai avant tout à ce que tous les processus que nous avons mis en branle – les évolutions entraînées chez nous par la *perestroïka* aussi bien que la nouvelle conception des affaires mondiales – se poursuivent. Votre presse et les journalistes d'ici m'ont souvent interrogé sur nos relations personnelles : je tiens à ce que vous sachiez que, tout au long de la période historique que nous venons de traverser, notre coopération mutuelle, notre partenariat et notre amitié m'ont été des plus précieux. Quand bien même nos rôles changeront, les liens que nous avons noués ne s'altéreront pas. Raïssa et moi-même nous faisons toutes nos amitiés à Barbara et à vous.

– Mikhaïl, répondis-je, sachez d'abord que je vous suis très reconnaissant de m'avoir passé ce coup de fil. [...] Nous continuerons à nous intéresser à votre pays, et plus particulièrement encore à la République russe dont les énormes problèmes pourraient bien s'aggraver cet hiver. J'ai été ravi d'apprendre que vous ne projetez pas de vous terrer dans les bois et comptez rester politiquement et publiquement actif : je suis certain que tout ce que vous ferez bénéficiera au nouveau Commonwealth.

Je vous ai écrit une lettre qui sera probablement postée aujourd'hui : je vous y exprimais ma conviction que vos actes marqueront l'histoire et seront appréciés à leur juste valeur par les historiens. [...] Voici maintenant, Mikhaïl, ce que je tiens à vous déclarer sur un plan plus personnel : les choses très belles et très fortes que vous venez de me dire à propos de nos relations ou de celles que vous avez entretenues avec Jim Baker n'ont pas manqué de me frapper, et j'apprécie d'autant plus ces propos qu'ils dépeignent exactement ce que je ressens. Vous m'avez joint une fois de plus à Camp David, où Barbara et moi-même nous sommes rendus en compagnie de trois de nos petits-enfants. [...] Le poteau autour duquel vous avez accroché ce fer à cheval est toujours à la même place, ce qui me rappelle que je vous ai écrit dans ma lettre que j'espère que nos routes se croiseront à nouveau. Non seulement vous serez toujours le bienvenu parmi nous, mais tous les conseils que vous pourrez être amené à me donner après avoir pris le temps de mettre de l'ordre dans vos affaires me seront des plus utiles – peut-être même aurons-nous l'occasion de nous revoir à Camp David, qui sait ? Quoi qu'il en soit, sachez que l'amitié à laquelle vous venez de faire allusion est (en ce qui me concerne, en tout cas) plus solide que jamais et qu'aucun des événements qui viendront à se dérouler ne parviendra à l'entamer – n'ayez aucun doute à ce sujet !

Bien entendu, je témoignerai le plus grand respect – un respect sincère, massif et, je l'espère, vecteur de progrès mutuels – au dirigeant de la république de Russie et à ceux des autres républiques. Nous reconnaîtrons chaque république et les traiterons toutes comme des États souverains. Nous travaillerons avec ces pays dans toutes sortes de domaines, exactement comme nous avons travaillé ensemble. Mais sachez qu'aucun de ces événements futurs ne saurait interférer avec mon désir de rester en contact avec vous, d'écouter toutes les suggestions que vous jugerez bon de m'adresser quelles que soient vos fonctions à venir, et d'entretenir cette amitié si chère à Barbara et à moi-même.

En cette période de l'année si particulière et en ces temps historiques, nous vous saluons et vous remercions pour tout ce vous avez fait pour la paix mondiale. Merci du fond du cœur.

– Je vous remercie, George, reprit Mikhaïl. Vos propos d'aujourd'hui m'ont fait très plaisir. Je vous dis au revoir et je vous serre la main. Vous m'avez dit nombre de choses importantes auxquelles j'ai été profondément sensible.

– Bonne chance, Mikhaïl !

– Au revoir. »

Sitôt après avoir raccroché, voici ce que j'enregistrai sur le petit magnétophone qui avait déjà recueilli tant de mes pensées au fil des ans :

> C'était la voix d'un excellent ami ; c'était la voix d'un homme à qui l'histoire rendra hommage.
>
> Ce coup de fil avait un aspect très émouvant – une réelle portée historique. Je lui ai dit que je souhaiterais qu'il revienne à Camp David – qu'il revoie l'endroit où il avait jeté ce fer à cheval –, et je crois que cela ne lui déplairait pas... c'est ce qui m'a semblé, à tout le moins. Je ne veux pas céder à une tristesse ou à une sensiblerie excessives, mais, tout au long de ce

coup de fil, j'ai eu littéralement l'impression d'être en train d'écrire une page de l'histoire humaine. C'était quelque chose de très important, un tournant capital. Mon Dieu, quelle veine nous avons dans ce pays... nous somme si avantagés !

Postface

BRENT SCOWCROFT

C'était terminé : un événement auquel je n'aurais jamais imaginé assister de mon vivant venait de se dérouler, me laissant à la fois incrédule et atone. Ce n'était pas que je n'avais pas vu la chose venir : quand bien même j'avais fini par m'habituer (au point, parfois, d'être presque blasé par ce spectacle) aux batailles incessantes de Gorbatchev, toutes sortes de signes révélateurs d'une dégradation accélérée s'accumulaient depuis le coup d'État avorté. Les événements en eux-mêmes participaient d'une tendance évidente... j'eus simplement du mal à comprendre qu'un événement aussi mémorable était bel et bien en train de se produire.

Quand le drapeau soviétique fut amené pour la dernière fois au Kremlin, ma réaction initiale consista dans un élan de fierté : je fus fier du rôle que nous avions joué, eu égard à l'atteinte de ce résultat. Nous avions travaillé d'arrache-pied à pousser l'URSS dans cette direction à un rythme qui ne risque pas de provoquer une explosion à Moscou, sans même parler d'une conflagration mondiale – bref, nous nous étions efforcés d'induire un concours d'événements historiques rarissime, compte tenu des agonies si agitées dans lesquelles tant de grands empires étaient entrés avant cette date... Mais, même si nous avions contribué à ce que ce drame ait un dénouement heureux, le principal acteur des scènes finales fut quand même Gorbatchev. Il n'avait ni prévu ni souhaité le scénario finalement suivi : bien qu'ayant commencé à transformer l'Union soviétique en une variante plus efficiente, plus efficace et plus humaine de ce qu'elle avait été, une donnée lui avait échappé – il n'avait pas compris que, chaque fois qu'il tentait d'imposer des réformes à un système qui résistait à tout changement, ses méthodes défaisaient les coutures mêmes de ce qu'il essayait de sauver ; et ce fut pourquoi il finit par détruire ce système plutôt que de le réformer.

Si brillant fût-il, Gorbatchev avait un défaut fatal : il était manifestement incapable de prendre des décisions énergiques et de ne plus revenir sur ce qu'il avait décidé – il était passé maître dans l'art de la temporisation et de la correction de tir. Quand il était en butte à des attaques personnelles et se retrouvait le dos au mur (situation particulièrement fréquente en Union soviétique), il savait riposter avec talent et habileté ; mais, à partir du moment où il lui incomba de sélectionner et d'appliquer des réformes économiques contraignantes, il se déroba tel Hamlet. Cette tendance, que j'ai qualifiée de « défaut », fut au contraire une vraie bénédiction de notre point de vue ; car, si Gorbatchev avait possédé l'autoritarisme, la volonté politique et la détermination quasi staliniennes de ses prédécesseurs, l'URSS existerait peut-être encore aujourd'hui : elle serait rajeunie et revigorée, mais continuerait, en partie au moins, à présenter des traits potentiellement dommageables à la stabilité et à la sécurité de l'Occident.

Nous avions vécu un moment historique aussi rare qu'important. La fin d'une ère empreinte d'une hostilité implacable était arrivée en un instant... et, chose plus incroyable encore, sans qu'un seul coup de feu fût tiré.

L'écroulement final des autorités soviétiques et la dissolution de leur empire mit fin à la plus grande transformation du système international qui était intervenue depuis la Première Guerre mondiale et conclut près de huit décennies de bouleversements et de conflits. Le monde auquel nous avions été confrontés en janvier 1989 pouvait être défini en termes d'une rivalité de superpuissances : nos postulats en matière de politiques extérieure et intérieure, nos institutions et nos fonctionnements, nos forces armées et notre stratégie militaire, etc., avaient été façonnés par les années de guerre froide, puis tout cela avait disparu en un clin d'œil. Nous nous retrouvâmes soudain dans une position unique et sans précédent : pour la première fois dans l'histoire humaine, un pays fut propulsé tout seul au faîte de la puissance. C'était, et c'est encore aujourd'hui, une situation qui ne peut être mise en parallèle avec aucune autre expérience historique : elle nous fournit une occasion exceptionnelle de remodeler le monde avec sagesse, au bénéfice non seulement des États-Unis, mais de toutes les nations – lourde responsabilité s'il en est.

GEORGE BUSH

Le spectacle de la dislocation finale de l'Union soviétique ne manqua pas de me remuer. Je fus bien entendu ravi de constater que la liberté et l'autodétermination prévalaient partout, les républiques proclamant leur indépendance l'une après l'autre. Certes, comme Gorbatchev me l'avait déclaré lors de notre dernière conversation téléphonique, la Russie et ses voisins avaient encore beaucoup de chemin à faire, mais je n'avais jamais douté que, en fin de compte et pour autant qu'ils aient la possibilité de choisir leur destin, les peuples de l'Europe centrale et orientale et les populations soviétiques finiraient par préférer la liberté au communisme. Dès qu'elles avaient senti que l'heure de leur libération était proche, les foules de Varsovie, de Gdansk, de Prague et de Budapest avaient été transportées par une allégresse que je n'oublierai jamais : elles avaient enfin vaincu ! En fait, nous étions tous victorieux, à l'Est comme à l'Ouest, et c'est pourquoi, je crois, ce processus fut possible – il ne s'effectua au détriment de personne ! J'avais réussi à convaincre Gorbatchev que nous n'essayions pas de tirer avantage des problèmes de l'Union soviétique ou de ses alliés et que nous souhaitions sincèrement que la *perestroïka* réussisse. Je le savais digne de confiance, et j'espérais qu'il savait lui aussi qu'il pouvait compter sur moi pour tenter d'apporter des solutions communes aux délicats problèmes internationaux soulevés par la transformation de notre monde – la qualité de nos relations nous permit certainement d'aplanir bien des difficultés en ces heures si critiques.

J'ai eu le privilège extraordinaire d'assumer les fonctions de président au moment même où la guerre froide s'acheva. Les changements qui survinrent à cette époque couronnèrent les efforts d'une multitude d'individus, tant aux États-Unis qu'ailleurs : nous bénéficiâmes des planifications minutieuses et des succès remarquables de Ronald Reagan et des membres de son Administration, qui avaient eux-mêmes parachevé l'œuvre de leurs prédécesseurs. Tant les membres de nos forces armées que ceux qui conçurent et appliquèrent les politiques successives des diverses Administrations américaines concoururent à apporter une conclusion paisible aux années de guerre froide. Mais il va sans dire que Gorbatchev, Chevarnadzé et tous les autres courageux réformateurs qui les aidèrent à ramener l'Union soviétique dans la famille des nations démocratiques jouèrent un rôle capital : sans eux, la guerre froide se serait éternisée et la peur de la guerre nucléaire nous habiterait toujours.

Bien que nous n'ayons pas prévu (c'était fondamentalement imprévisible) ce qui allait se passer lors de notre entrée en fonctions, j'estime que l'on peut nous créditer d'avoir réussi ou contribué à faire en sorte que les événements critiques décrits tout au long de ces pages s'orientent vers une issue satisfaisante. Certains tendent en effet à considérer que les révolutions de l'Europe orientale, les péripéties de la réunification de l'Allemagne ou les manœuvres de Tempête du Désert n'auraient pu connaître d'autres dénouements que ceux qu'elles ont connus... or, rien n'était couru d'avance ! Nous sûmes trouver le ton juste pour encourager discrètement les réformateurs des pays de l'Europe de l'Est à aller de l'avant, de même que nous incitâmes habilement les gouvernements communistes à aller plus loin dans la voie de la libéralisation sans risquer pour autant de s'exposer à la répression sanglante à laquelle les Soviétiques auraient pu être tentés de se livrer s'ils s'étaient sentis poussés dans leurs derniers retranchements. Pour ce qui est de l'Allemagne, travaillant en liaison étroite avec Helmut Kohl, nous avons tout à la fois persuadé nos alliés de soutenir la cause de l'unification et obtenu que l'adhésion de l'Allemagne unifiée à une OTAN rénovée soit acceptée par les Soviétiques – ce qui fut peut-être la phase la plus importante de la transformation du continent européen : non seulement l'Europe cessa d'être divisée, mais cet événement montra qu'une paix réelle, une paix dénuée de peur, était à portée de main. Et j'espère également que Tempête du Désert nous aura donné l'occasion de créer un précédent positif qui permettra de répondre efficacement aux futures crises internationales en forgeant des coalitions dûment mandatées par les Nations unies : cette crise a déjà montré que l'ONU peut être un instrument efficace de la paix mondiale tout en nous apprenant, quant à nous, que cultiver les soutiens intérieurs et extérieurs ne va pas forcément à l'encontre des objectifs américains. J'espère par-dessus tout que nous aurons prouvé dans ce contexte que les États-Unis ne toléreront jamais que l'agression prétende avoir force de loi dans les relations internationales.

Je suis fier de ce que nous avons accompli, et je sais gré aux membres de mon Administration de m'avoir fait si généreusement bénéficier de leur sagesse, de leur expérience et de leurs intuitions. Si tant est que le travail en équipe et la camaraderie aient jamais influé d'une manière décisive sur les choix politiques, ce fut bien durant ces années : je suis convaincu que les gens qu'il fallait se sont trouvés au bon endroit au moment opportun ! Et j'ai eu en outre la chance de pouvoir compter sur l'amitié éclairée de nombre de dirigeants de notre monde : d'Ottawa à Paris, Bonn et Londres et à Tokyo aussi bien qu'au Caire, à Ankara ou à Ryad, ces amis m'ont donné des conseils avisés chaque fois que j'en avais besoin.

En ce qui concerne l'avenir, ma principale préoccupation a trait au rôle que les États-Unis pourront et devront jouer dans le monde de demain. Bien que l'influence et le dynamisme politico-économique de notre pays soient assez grands pour nous permettre de poursuivre des objectifs spécifiquement américains, notre statut de terre d'élection de la démocratie et de flambeau de la liberté tout autant que nos atouts institutionnels, matériels et géographiques nous confèrent l'immense responsabilité de mettre notre puissance au service du bien commun : il nous appartient également de nous conduire en leaders. Mais il n'en est pas moins évident que notre leadership ne saurait s'étayer uniquement sur notre force économique ou nos muscles militaires de superpuissance, car la plupart des peuples nous font confiance et souhaitent que nous ne nous désintéressions pas des affaires de ce monde. Or, force est de constater que les États-Unis sont essentiellement perçus comme une nation bienveillante qui est totalement dépourvue d'ambitions territoriales, mais répugne ou a du mal à se servir des pouvoirs considérables dont elle dispose.

L'une de nos contributions les plus précieuses consisterait assurément à accroître la prévisibilité et la stabilité des relations internationales, et nous sommes d'autant plus habilités à nous atteler à cette tâche que chacun ou presque nous demande de jouer ce rôle – il est très largement admis que nos ressources et notre prestige nous autorisent à le jouer bien mieux que toute autre nation. Je ne veux pas dire par là que nous devrions nous laisser embringuer dans chaque crise locale : il suffit pour ce faire que nous nous efforcions de promouvoir des réponses multilatérales appropriées. Nous pouvons certes tenter de mettre fin unilatéralement à des litiges mineurs, mais nous devons surtout nous astreindre à intervenir activement (autant que possible, après nous être concertés avec des partenaires également concernés) que dans les cas les plus graves – chaque fois, par exemple, qu'une agression majeure n'aura pas pu être empêchée, comme cela s'est produit au golfe Persique.

Pour toutes ces raisons, je suis enclin à croire que le leadership présidentiel n'a jamais été aussi essentiel que de nos jours. Au plan intérieur, le Président doit prendre son rôle constitutionnel très au sérieux : en tant que principal maître d'œuvre de la politique étrangère américaine, il lui incombe constitutionnellement de fixer des objectifs et de déterminer des priorités sans se préoccuper de sa cote de popularité – il doit faire ce qui est bon pour le pays quand bien même cela implique de prendre des mesures impopulaires, et ne se préoccuper de l'opinion publique que dans un deuxième temps. En matière de politique étrangère, ce leadership inhérent à la fonction présidentielle implique que les présidents ne se rallient pas à des opinions consensuelles, mais s'appliquent, au contraire, à forger un consensus tant intérieur qu'extérieur : tel est le défi qu'ils doivent relever, et ce leadership n'a jamais été plus nécessaire qu'aujourd'hui, compte tenu du nouveau consensus national qu'il importe actuellement de créer autour du rôle mondial de l'Amérique.

Il ne fait pas de doute à mes yeux que nous devrons relever bravement tous les nouveaux défis qui viendront à nous être lancés, sans retourner à notre isolationnisme et à notre protectionnisme du début du siècle. Notre nation ne peut plus se permettre de se retirer égoïstement dans son pré carré sitôt que la situation internationale devient moins critique, puis de ne recommencer à regarder au-delà de ses frontières que sous la pression du grand bouleversement international suivant : je me suis appliqué à rompre avec ce modèle dès l'après-guerre froide, et nous devons faire en sorte de le laisser définitivement derrière nous.

Si turbulente soit-elle, la scène internationale actuelle ressemble plus que jamais à une ardoise vierge de toute inscription, et l'importance de l'engagement américain n'a jamais été aussi flagrante que de nos jours : si les États-Unis ne jouent pas le rôle directeur qu'il leur incombe de jouer, aucun leadership ne se dégagera. Il nous appartient donc désormais de tirer les leçons de l'histoire sanglante de notre siècle : si nous ne nous montrons pas à la hauteur de nos responsabilités, si nous refusons de remplir la mission qui nous revient plus qu'à tout autre pays, si nous regardons le monde avec indifférence plutôt que de satisfaire à nos obligations, nous paierons tôt ou tard le prix de notre insouciance et de notre myopie.

Sources des photographies

Reagan, Gorbatchev et Bush à Governors Island : *Courtesy Ronald Reagan Library.*
Bush et Mitterrand à Kennebunkport : *George Bush Presidential Library/Carol Powers.*
Bush et Walesa à Gdansk : *George Bush Presidential Library/David Valdez.*
Mitterrand, Bush et Kohl au sommet du G7 de Paris : *George Bush Presidential Library/Susan Biddle.*
Thatcher et Bush à Camp David : *George Bush Presidential Library/Carol Powers.*
Kohl et Bush à Camp David : *George Bush Presidential Library/Susan Biddle.*
Discussion à Camp David pendant le sommet de 1990 : *George Bush Presidential Library/David Valdez.*
Bush, Gorbatchev et un interprète : *George Bush Presidential Library/David Valdez.*
Tentative de remporter le « prix Scowcroft » : *George Bush Presidential Library/David Valdez.*
Réunion avec les journalistes accrédités par la Maison Blanche après l'invasion irakienne : *George Bush Presidential Library/Joyce Nalchayan.*
Bush en train de téléphoner au roi Fahd : *George Bush Presidential Library/Susan Biddle.*
Rencontre avec les Saoudiens à Walker's Point : *George Bush Presidential Library/Susan Biddle.*
Bush, Scowcroft et Ellie : *George Bush Presidential Library/Susan Biddle.*
Briefing de Rice à Helsinki : *George Bush Presidential Library/David Valdez.*
Petit déjeuner avec Michel et Dole : *George Bush Presidential Library/David Valdez.*
Bush et Havel : *George Bush Presidential Library/David Valdez.*
Bush et Fahd : *George Bush Presidential Library/Susan Biddle.*
Bush et Schwarzkopf : *George Bush Presidential Library/David Valdez.*
Bush, Scowcroft et Eagleburger : *George Bush Presidential Library/Susan Biddle.*
Bush et les troupes : *George Bush Presidential Library/Susan Biddle.*
Bush marchant tout seul : *George Bush Presidential Library/David Valdez.*
Scowcroft au téléphone : *George Bush Presidential Library/Steven Purcell.*
Les Bush et les Quayle en train de prier : *George Bush Presidential Library/David Valdez.*

Le Bureau Ovale pendant Tempête du Désert : *George Bush Presidential Library/David Valdez.*
Powell et Bush au téléphone : *George Bush Presidential Library/David Valdez.*
Réunion de la « Bande des Huit » : *George Bush Presidential Library/David Valdez.*
Bush avec Thomas et Dodson : *George Bush Presidential Library/David Valdez.*
Scowcroft recevant la médaille de la Liberté : *George Bush Presidential Library/David Valdez.*
Bush passant en revue une garde d'honneur soviétique : *George Bush Presidential Library.*
Bush répondant à un coup de fil de Gorbatchev : *George Bush Presidential Library/Susan Biddle.*
Ranger, Millie et Eltsine : *George Bush Presidential Library/David Valdez.*
Réunion du G7 à Munich : *George Bush Presidential Library/David Valdez.*
Bush, Scowcroft et Major : *George Bush Presidential Library/Susan Biddle.*
Bush et Mulroney : *George Bush Presidential Library/David Valdez.*

Remerciements

Ce livre est le fruit du travail d'un grand nombre de personnes. Au départ, nous pensions pouvoir faire à nous deux toutes les recherches et le travail d'écriture. Après tout, nous avions vécu tous les événements capitaux que nous décrivions et analysions, et ce sont nos efforts et ce que nous avions accompli que nous voulions mettre en avant. Nous nous sommes cependant très vite rendu compte qu'individuellement ou collectivement, nous ne parvenions pas à nous souvenir de tout ce dont nous aurions souhaité nous souvenir, et que ce dont nous nous souvenions comportait de nombreux blancs. Malgré tout, notre première ébauche du chapitre Premier faisait plus de quatre cents pages.

Notre appel au secours a été entendu par James McCall, qui avait déjà effectué ce genre de travail pour Paul Nitze. Avec lui, notre équipe de rédaction se dotait d'un allié précieux. Il a très vite su délimiter et réorganiser notre projet. Il s'est également montré expert en recherche, en écriture et en relecture – nous aidant ainsi à donner corps à notre livre – mais il a également réussi à travailler avec deux auteurs séparés par plus de mille kilomètres. Qui plus est, James a réussi à tirer quelque chose des milliers de cartons de documents entreposés à College Station, au Texas, en attendant l'ouverture de la Bibliothèque présidentielle George-Bush. Il a été capable d'identifier, de trouver ou de rechercher tous les éléments qui ont finalement trouvé leur place dans ce livre. Il possède un véritable sens de l'histoire et sa vision des choses, qui n'est pas brouillée par sa participation aux événements relatés ici, s'est révélée d'une grande valeur. Nous devons énormément à James.

Notre éditeur chez Knopf, Ashbel Green, a su faire preuve d'une infinie patience, ainsi que de sagesse et de compréhension. Il a toujours été là lorsque nous avions besoin de lui et nous a toujours laissé le champ libre lorsque nous avions besoin de temps pour mettre les choses à plat. Nous n'aurions jamais pu souhaiter meilleur mélange de dévouement et d'indulgence. Plus près de nous, Jean Becker et Virginia Lampley se sont occupés de nous deux, veillant à ce que la communication entre nous reste ouverte et productive, et nous encourageant chaque fois que notre enthousiasme s'étiolait. Elles se sont révélées des juges et conseillers éclairés, dans chaque aspect de ce projet, travaillant sans rechigner même lorsque nous étions un peu bougons. L'attorney Terri Lacy nous a mis en relation avec Knopf, a négocié notre contrat et s'est occupé de tous les détails juridiques. Elle a ainsi considérablement allégé notre travail. Arnold Kanter nous a également beaucoup aidés. Il nous a aidés à délimiter la longueur de notre manuscrit et à définir une méthode. Il a été le premier à voir comment l'on pouvait utiliser les archives à l'état brut, et nous avons trouvé en lui une source inépuisable de conseils au fur et à mesure que nous avancions dans notre entreprise.

Notre reconnaissance va également à Don Wilson, directeur de la Fondation pour la Bibliothèque présidentielle George-Bush, ainsi qu'à Dave Alsobrook, directeur de la bibliothèque. Nous adressons des remerciements particuliers à Warren Finch, Mary Finch, Gary Foulk, Kathleen Dillon, et Jimmie Purvis, l'équipe des Archives nationales à College Station. En dépit des conditions difficiles qui leur étaient imposées par des locaux de travail temporaires, ils se sont toujours montrés aimables et serviables dans la recherche des documents et des clichés dont nous avions besoin.

Lorsque nous avons dû mettre en place certains des chapitres principaux du livre, nous avons reçu l'aide décisive de Richard Haass et Condoleezza Rice, qui se sont rendus respectivement à Houston et Kennebunkport pour discuter longuement avec nous de tel ou tel élément du texte ou pour rafraîchir notre mémoire sur certains détails ou événements. Ils ont tous deux relu le manuscrit et nous ont fait des remarques et des suggestions fort utiles. Qu'ils en soient remerciés, ainsi que tous ceux qui ont bien voulu donner de leur temps et de leur énergie à lire notre manuscrit : Bob Blackwill, Dick Cheney, Bob Gates, Bill Hyland, John Karaagac, l'ex-Premier ministre Brian Mulroney, Kevin Nealer, Doug Paal, Richard North Patterson, Paul Wolfowitz, Philip Zelikow et Bob Zoellick. D'autres encore, comme Richard Greco et Suzie Peake, nous ont aidés à localiser nos sources et à vérifier les faits. Nous sommes éternellement reconnaissants envers ceux, et ils sont innombrables, qui nous ont aidés dans des domaines trop variés pour qu'ils soient mentionnés. Enfin, ils y a tous ceux qui ont réellement effectué le travail dont il est question dans ce livre, œuvrant anonymement sur le terrain – militaire, politique et diplomatique – pour écrire jusqu'au bout cette exceptionnelle page d'histoire. Sans leurs efforts inlassables, ni cette page d'histoire ni ce livre n'auraient vu le jour.

Enfin, il y a nos épouses, Barbara et Jackie, qui sont restées à nos côtés pendant ces heures interminables passées à vivre ces événements puis à les raconter. Alors que Barbara aime à nous rappeler que nous avons commencé notre livre en même temps qu'elle commençait le sien, sans son inspiration, son calme et ses encouragements – et ceux de Jackie lorsqu'elle était encore parmi nous – ses pages n'existeraient pas.

GEORGE BUSH ET BRENT SCOWCROFT.
Janvier 1998.

Table

CET OUVRAGE A ÉTÉ TRANSCODÉ
ET ACHEVÉ D'IMPRIMER SUR ROTO-PAGE
PAR L'IMPRIMERIE FLOCH À MAYENNE
EN JANVIER 1999

N° d'impression : 44964.
N° d'édition : 7381-0676-X.
Dépôt légal : janvier 1999.

Imprimé en France.